02/27

ÍA
& PORTUGAL

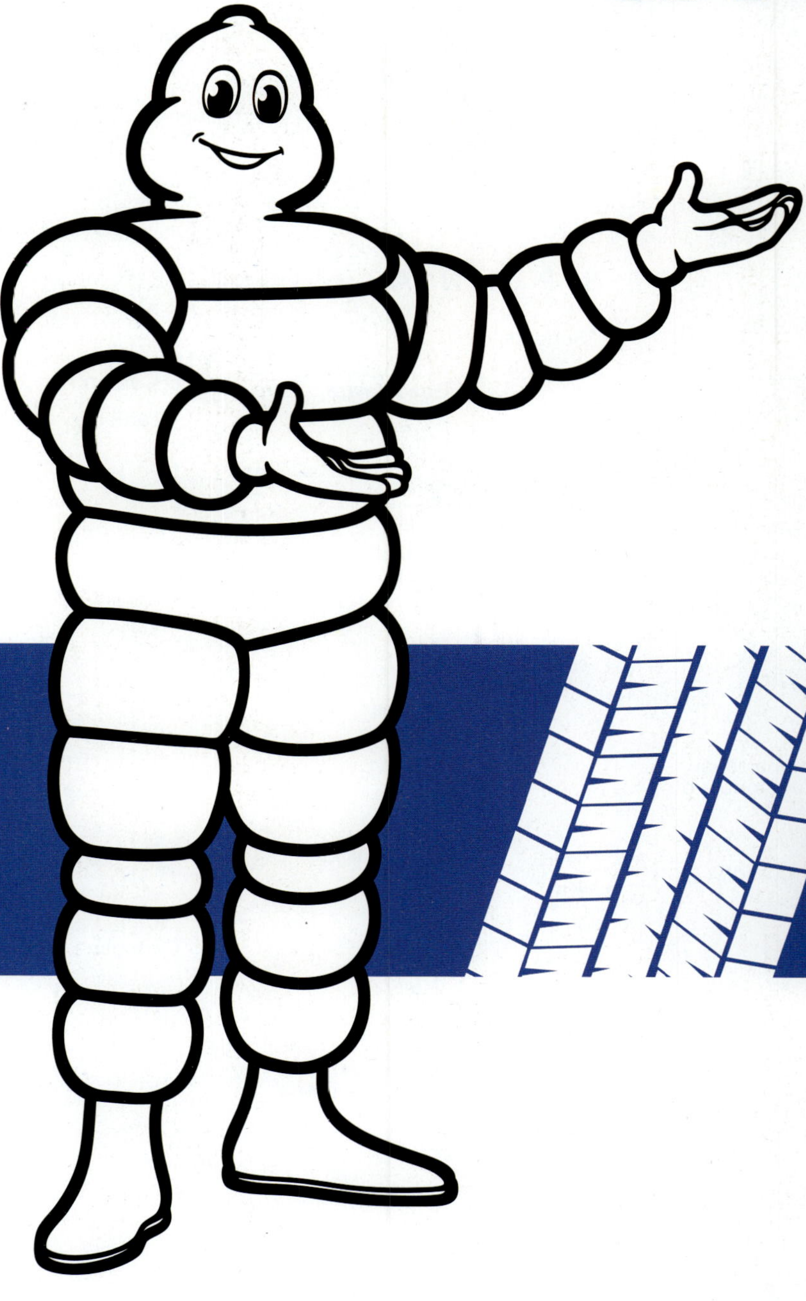

ATLAS DE CARRETERAS y TURÍSTICO
ATLAS RODOVIÁRIO e TURÍSTICO
ATLAS ROUTIER et TOURISTIQUE
TOURIST and MOTORING ATLAS
STRASSEN- und REISEATLAS
TOERISTISCHE WEGENATLAS

Grandes itinerarios / Grandes itinerários
Grands itinéraires / Route planning
Reiseplanung / Grote verbindingswegen

Sumario

Sumário / Sommaire / Contents / Inhaltsübersicht / Inhoud

Portada interior: mapa índice
Verso da capa: quadro de articulação / Intérieur de couverture : tableau d'assemblage
Inside front cover: key to map pages
Umschlaginnenseite: Übersicht / Binnenzijde van het omslag: overzichtskaart

II - III

Grandes itinerarios
Grandes itinerários / Grands itinéraires / Route planning
Reiseplanung / Grote verbindingswegen

1

Signos convencionales
Legenda / Légende / Key
Zeichenerklärung / Verklaring van de tekens

2 - 132

España - Portugal 1:400 000   **2 - 103**
Espanha - Portugal / Espagne - Portugal / Spain - Portugal
Spanien - Portugal / Spanje - Portugal

Islas Baleares   **104 - 106**
Ilhas Baleares / Îles Baléares
Balearic Islands / Balearische Inseln / Balearen

Islas Azores   **107**
Açores / Îles Açores / Azores Islands / Die Azoren / Azoren

Islas Canarias   **108 - 132**
Ilhas Canárias / Îles Canaries
Canary Islans / Kanarische Inseln / Canarische

133 - 183

Índice Andorra   **134**
Índice Andorra / Index Andorre /
Index Andorra / Register Andorra / Register Andorra

Índice España   **134 - 173**
Índice Espanha / Index Espagne
Index Spain / Register Spanien / Register Spanje

Índice Portugal   **174 - 182**
Índice Portugal / Index Portugal
Index Portugal / Register Portugal / Register Portugal

183 - 243

Signos convencionales   **184**
Legenda / Légende / Key / Zeichenerklärung / Verklaring van de tekens

Planos de ciudades España   **185 - 233**
Plantas das cidades Espanha / Plans de ville Espagne / Town plans Spain /
Stadtpläne Spanien / Stadsplattegronden Spanje

Planos de ciudades Portugal   **234 - 243**
Plantas das cidades Portugal / Plans de ville Portugal / Town plans Portugal
Stadtpläne Portugal / Stadsplattegronden Portugal

Al final del volumen: distancias
No fim do volume: distâncias / En fin de volume : distances / Back of the guide: distances
Am Ende des Buches: Entfernungen / Achter in het boek: afstanden

III

Signos convencionales	Legenda	Légende
Carreteras	**Estradas**	**Routes**
Autopista - Áreas de servicio	Auto-estrada - Área de serviço	Autoroute - Aires de service
Autovía	Estrada com 2 faixas de rodagem do tipo auto-estrada	Double chaussée de type autoroutier
Enlaces: completo, parciales	Nós: completo - parciais	Échangeurs : complet - partiels
Números de los accesos	Número de nós	Numéros d'échangeurs
Carretera de comunicación internacional o nacional	Estrada de ligação internacional ou nacional	Route de liaison internationale ou nationale
Carretera de comunicación interregional o alternativo	Estrada de ligação interregional ou alternativo	Route de liaison interrégionale ou de dégagement
Carretera asfaltada - sin asfaltar	Estrada asfaltada - não asfaltada	Route revêtue - non revêtue
Carretera en mal estado	Estrada em mau estado	Route en mauvais état
Camino agrícola - Sendero	Caminho para exploração - Atalho	Chemin d'exploitation - Sentier
Autopista, carretera en construcción (en su caso: fecha prevista de entrada en servicio)	Auto-estrada - Estrada em construção (eventualmente: data prevista estrada transitável)	Autoroute - Route en construction (le cas échéant : date de mise en service prévue)
Ancho de las carreteras	**Largura das estradas**	**Largeur des routes**
Calzadas separadas	Faixas de rodagem separadas	Chaussées séparées
Cuatro carriles - Dos carriles anchos	com 4 vias - com 2 vias largas	4 voies - 2 voies larges
Dos carriles - Un carril	com 2 vias - com 1 via	2 voies - 1 voie
Distancias	**Distâncias**	**Distances**
(totales y parciales)	(totais e parciais)	(totalisées et partielles)
Tramo de peaje en autopista	Em secção com portagem em auto-estrada	Section à péage sur autoroute
Tramo libre en autopista	Em secção sem portagem em auto-estrada	Section libre sur autoroute
en carretera	em estrada	sur route
Numeración - Señalización	**Numeração - Sinalização**	**Numérotation - Signalisation**
Carretera europea - Autopista	Estrada Europeia - Auto-estrada	Route européenne - Autoroute
E 54 A 66	E 54 A 66	E 54 A 66
Carretera nacional radial - Carretera nacional	Estrada nacional radial - Estrada nacional	Route nationale radiale - Route nationale
N IV N 301	N IV N 301	N IV N 301
Otras carreteras	Outras estradas	Autres routes
M 530 VA 223	M 530 VA 223	M 530 VA 223
Obstáculos	**Obstáculos**	**Obstacles**
Pendiente Pronunciada (las flechas indican el sentido del ascenso)	Forte declive (flechas no sentido da subida)	Forte déclivité (flèches dans le sens de la montée)
7-12% +12%	7-12% +12%	7-12% +12%
Puerto - Altitud	Passagem de montanha - Altitude	Col - Altitude
793 (304)	793 (304)	793 (304)
Recorrido difícil o peligroso	Percurso difícil ou perigoso	Parcours difficile ou dangereux
Pasos de la carretera: a nivel, superior, inferior	Passagens da estrada: de nível - superior - inferior	Passages de la route : à niveau - supérieur - inférieur
Tramo prohibido	Estrada proibida	Route interdite
Carretera restringida	Estrada com circulação regulamentada	Route réglementée
Barrera de peaje - Carretera de sentido único	Portagem - Estrada de sentido único	Barrière de péage - Route à sens unique
Vado	Vau	Gué
Nevada: Período probable de cierre	Nevadas: período provável de encerramento	Enneigement : période probable de fermeture
12-5	12-5	12-5
Transportes	**Transportes**	**Transports**
Línea férrea - Estación de viajeros	Via férrea - Estação de passageiros	Voie ferrée - Station voyageurs
Transporte de coches:	Transporte de automóveis:	Transport des autos :
por barco	por barco	par bateau
por barcaza (carga máxima en toneladas)	por barcaça (carga máxima em toneladas)	par bac (charge maximum en tonnes)
Barcaza para el paso de peatones	Barcaça para peões	Bac pour piétons
Aeropuerto - Aeródromo	Aeroporto - Aeródromo	Aéroport - Aérodrome
Alojamiento - Administración	**Alojamento - Administração**	**Hébergement - Administration**
Parador (España) - Pousada (Portugal) (establecimiento hotelero administrado por el Estado)	Parador (Espanha) - Pousada (Portugal) (Estabelecimentos geridos pelo Estado)	Parador (Espagne) - Pousada (Portugal) (établissement hôtelier géré par l'état)
Capital de división administrativa	Capital de divisão administrativa	Capitale de division administrative
Límites administrativos	Limites administrativos	Limites administratifs
Frontera	Fronteira	Frontière
Deportes - Ocio	**Desportos - Ocio**	**Sports - Loisirs**
Plaza de toros - Golf	Praça de touros - Golfe	Arènes (plaza de toros) - Golf
Refugio de montaña	Refúgio de montanha	Refuge de montagne
Puerto deportivo - Playa	Porto de recreio - Praia	Port de plaisance - Plage
Teleférico, telesilla	Teleférico	Téléphérique, télésiège
Funicular - Línea de cremallera	Telecabine - Vias de cremalheira	Funiculaire - Voie à crémaillère
Curiosidades	**Curiosidades**	**Curiosités**
Edificio religioso - Castillo - Ruina	Edifício religioso - Castelo - Ruínas	Édifice religieux - Château - Ruine
Cueva - Monumento megalítico	Gruta - Monumento megalítico	Grotte - Monument mégalithique
Otras curiosidades	Outras curiosidades	Autres curiosités
Vista panorámica - Vista parcial	Panorama - Vista	Panorama - Point de vue
Recorrido pintoresco	Percuso pitoresco	Parcours pittoresque
Signos diversos	**Signos diversos**	**Signes divers**
Edificio religioso - Castillo - Ruinas	Edifício religioso - Castelo - Ruínas	Édifice religieux - Château - Ruines
Cueva - Monumento megalítico	Gruta - Monumento megalítico	Grotte - Monument mégalithique
Transportador industrial aéreo	Transportador industrial aéreo	Transporteur industriel aérien
Torreta o poste de telecomunicación	Torre ou posto de telecomunicação	Tour ou pylône de télécommunications
Industrias - Central eléctrica	Indústrias - Central eléctrica	Industries - Centrale électrique
Refinería - Pozos de petróleo o de gas	Refinaria - Petróleo ou gás natural	Raffinerie - Puits de pétrole ou de gaz
Mina - Cantera	Mina - Pedreira	Mine - Carrière
Faro - Presa	Farol - Barragem	Phare - Barrage
Parque nacional - Reserva de caza	Parque nacional - Reserva de caça	Parc national - Réserve de chasse

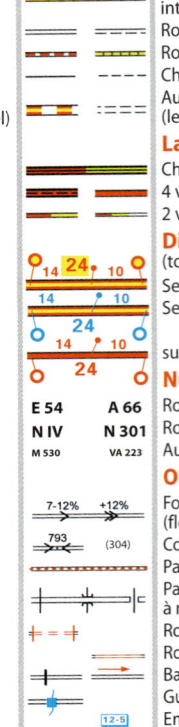

Key	Zeichenerklärung	Verklaring van de tekens

Roads / Straßen / Wegen

Key	Zeichenerklärung	Verklaring van de tekens
Motorway - Service areas	Autobahn - Tankstelle mit Raststätte	Autosnelweg - Serviceplaatsen
Dual carriageway with motorway characteristics	Schnellstraße mit getrennten Fahrbahnen	Gescheiden rijbanen van het type autosnelweg
Interchanges: complete, limited	Anschlussstellen: Voll- bzw. Teilanschlussstellen	Aansluitingen: volledig, gedeeltelijk
Interchange numbers	Anschlussstellennummern	Afritnummers
International and national road network	Internationale bzw. nationale Hauptverkehrsstraße	Internationale of nationale verbindingsweg
Interregional and less congested road	Überregionale Verbindungsstraße oder Umleitungsstrecke	Interregionale verbindingsweg
Road surfaced - unsurfaced	Straße mit Belag - ohne Belag	Verharde weg - onverharde weg
Road in bad condition	Straße in schlechtem Zustand	Weg in slechte staat
Rough track - Footpath	Wirtschaftsweg - Pfad	Landbouwweg - Pad
Motorway / Road under construction (when available: with scheduled opening date)	Autobahn, Straße im Bau (ggf. voraussichtliches Datum der Verkehrsfreigabe)	Autosnelweg in aanleg - Weg in aanleg (indien bekend: datum openstelling)

Road widths / Straßenbreiten / Breedte van de wegen

Key	Zeichenerklärung	Verklaring van de tekens
Dual carriageway	getrennte Fahrbahnen	Gescheiden rijbanen
4 lanes - 2 wide lanes	4 Fahrspuren - 2 breite Fahrspuren	4 rijstroken - 2 brede rijstroken
2 lanes - 1 lane	2 Fahrspuren - 1 Fahrspur	2 rijstroken - 1 rijstrook

Distances / Straßenentfernungen / Afstanden

Key	Zeichenerklärung	Verklaring van de tekens
(total and intermediate)	(Gesamt- und Teilentfernungen)	(totaal en gedeeltelijk)
Toll roads on motorway	Mautstrecke auf der Autobahn	gedeelte met tol op autosnelwegen
Toll-free section on motorway	Mautfreie Strecke auf der Autobahn	tolvrij gedeelte op autosnelwegen
on road	auf der Straße	op andere wegen

Numbering - Signs / Nummerierung - Wegweisung / Wegnummers - Bewegwijzering

Key	Zeichenerklärung	Verklaring van de tekens
European route - Motorway **E 54 A 66**	Europastraße - Autobahn	Europaweg - Autosnelweg
National radial - National road **N IV N 301**	Radiale Nationalstraße - Nationalstraße	Radiale nationale weg - Nationale weg
Other roads **M 530 VA 223**	Sonstige Straßen	Andere wegen

Obstacles / Verkehrshindernisse / Hindernissen

Key	Zeichenerklärung	Verklaring van de tekens
Steep hill (ascent in direction of the arrow) 7-12% +12%	Starke Steigung (Steigung in Pfeilrichtung)	Steile helling (pijlen in de richting van de helling)
Pass - Altitude 793 (304)	Pass - Höhe	Pas - Hoogte
Difficult or dangerous section of road	Schwierige oder gefährliche Strecke	Moeilijk of gevaarlijk traject
Level crossing: railway passing, under road, over road	Bahnübergänge: schienengleich - Unterführung - Überführung	Wegovergangen: gelijkvloers - overheen - onderdoor
Prohibited road	Gesperrte Straße	Verboden weg
Road subject to restrictions	Straße mit Verkehrsbeschränkungen	Beperkt opengestelde weg
Toll barrier - One way road	Mautstelle - Einbahnstraße	Tol - Weg met eenrichtingsverkeer
Ford	Furt	Wad
Snowbound, impassable road during the period shown 12-5	Eingeschneite Straße: voraussichtl. Wintersperre	Sneeuw : vermoedelijke sluitingsperiode

Transportation / Verkehrsmittel / Vervoer

Key	Zeichenerklärung	Verklaring van de tekens
Railway - Passenger station	Bahnlinie - Haltestelle	Spoorweg - Reizigersstation
Transportation of vehicles:	Autotransport:	Vervoer van auto's:
by boat	per Schiff	per boot
by ferry (load limit in tons) 15	per Fähre (Höchstbelastung in t)	per veerpont (maximum draagvermogen in t.)
Passenger ferry	Personenfähre	Veerpont voor voetgangers
Airport - Airfield	Flughafen - Flugplatz	Luchthaven - Vliegveld

Accommodation-Administration / Unterkunft - Verwaltung / Verblijf - Administratie

Key	Zeichenerklärung	Verklaring van de tekens
Parador (Spain) - Pousada (Portugal) (hotel run by the state)	Parador (Spanien) - Pousada (Portugal) (staatlich geleitetes Hotel)	Parador (Spanje) - Pousada (Portugal) (hotel dat door de staat wordt beheerd)
Administrative district seat **R P D**	Verwaltungshauptstadt	Hoofdplaats van administratief gebied
Administrative boundaries	Verwaltungsgrenzen	Administratieve grenzen
National boundary	Staatsgrenze	Staatsgrens

Sport & Recreation Facilities / Sport - Freizeit / Sport - Recreatie

Key	Zeichenerklärung	Verklaring van de tekens
Bullring - Golf course	Stierkampfarena - Golfplatz	Arena voor stierengevechten - Golfterrein
Mountain refuge hut	Schutzhütte	Berghut
Pleasure boat harbour - Beach	Yachthafen - Badestrand	Jachthaven - Strand
Cable car, chairlift	Seilbahn, Sessellift	Kabelbaan, stoeltjeslift
Funicular - Rack railway	Standseilbahn - Zahnradbahn	Kabelspoor - Tandradbaan

Sights / Sehenswürdigkeiten / Bezienswaardigheden

Key	Zeichenerklärung	Verklaring van de tekens
Religious building - Historic house, castle - Ruins	Sakral-Bau - Schloss, Burg - Ruine	Kerkelijk gebouw - Kasteel - Ruïne
Cave - Prehistoric monument	Höhle - Vorgeschichtliches Steindenkmal	Grot - Megaliet
Other places of interest	Sonstige Sehenswürdigkeit	Andere bezienswaardigheden
Panoramic view - Viewpoint	Rundblick - Aussichtspunkt	Panorama - Uitzichtpunt
Scenic route	Landschaftlich schöne Strecke	Schilderachtig traject

Other signs / Sonstige Zeichen / Diverse tekens

Key	Zeichenerklärung	Verklaring van de tekens
Religious building - Castle - Ruins	Sakralbau - Schloss, Burg - Ruine	Kerkelijk gebouw - Kasteel - Ruïne
Cave - Prehistoric monument	Höhle - Vorgeschichtliches Steindenkmal	Grot - Megaliet
Industrial cable way	Industrieschwebebahn	Kabelvrachtvervoer
Telecommunications tower or mast	Funk-, Sendeturm	Telecommunicatietoren of -mast
Industrial activity - Power station	Industrieanlagen - Kraftwerk	Industrie - Elektriciteitscentrale
Refinery - Oil or gas well	Raffinerie - Erdöl-, Erdgasförderstelle	Raffinaderij - Olie- of gasput
Mine - Quarry	Bergwerk - Steinbruch	Mijn - Steengroeve
Lighthouse - Dam	Leuchtturm - Staudamm	Vuurtoren - Stuwdam
National park - Game reserve	Nationalpark - Jagdgebiet	Nationaal park - Jachtreservaat

0 4 8 12 km

B

RÍAS ALTA

Illas Sisargas
107
Cabo de San Adrián
Punta de Nariga
Punta das Olas
Beo
Malpica
RÍAS
Barizo
de Bergantiños
Praia
Punta Roncudo
Niñons
Corme
Caión
de Baldaio
Aldea
Mens
6,5
Corme-Porto
Cores
Cambre
Razo Noicela
Arment
GALLEGAS
Nemeño
Cerqueda
Leiloio Sta
Ría de Corme y Laxe
Cospindo
100
11
Buño
Mariña
Oza
Vilela
AG 55
Punta Insúa
Praia
AC 422
387
308
22
de Balarés
Pazos
Pontceso
Río
Cances
A Laracha
Laxe
Anllóns
Anllóns
Campo
Cándvas
Bosque
Esto
Corcoesto
Berdillo
Piña
Cabo Veo
Praia
Corcoesto
Sisamo
120
Cabo Tosto
de Traba
Boaño
(Cabana)
Cereo
(Coristanco)
Cerdeir
C
Sarces
Borneiro
Cundíns
440
San Roque
35
Cabo Vilán
Arou
Treba
Fornelos
AG 55
40
Carballo
Camelle
Anós
27
Ardana
Xaviña
Ponte Carantoña
Pasarela
60
59
15
53
49
45
Seavia
Rus
Silva
Camariñas
do Porto
Calo
Baio
Erbeceo
400
Ría de Camariñas
Tufiones
Leis
Carnes
Lamas
AC 552
Pazos
Rabadeira
Entrecruces
Punta da Barca
Ozón
Vimianzo
412
Tines
Carreira
Salgueiras
Anxeriz
Muxía
448
240
200
567
Pico de Meda
Andoio
Cabo da Buitra
Tabernanova
Ogas
Zas
518
Bardaos
319
Molinos
9,5
36
Romelle
Sabiña
Castriz
Viladabade
Cabo Touriñán
Berdoias
Serramo
Padreiro
568
(Tordoia)
Morquitián
Villarmid
476
Travesas
Bazar
Arabexo
Pontepedra
Touriñán
Bardullas
Senande
Grixoa
Sta
400
Rial
514
Nemiña
Frixe
Salgueiros
Berdeogas
Baíñas
Brandomil
Catalina
Sta Comba
Niveiro
Pereiriñ
Bermún
Dumbría
Antes
Esmorode
Freixeiro
Buxán
Praia del Rostro
Morancelle
Brandoñas
Ser
Pereira
56
Paramos
Tobo
Olveiroa
Albores
Barbeira
Ponte
Buján
Cee
561
Aro
Maroñas
Corneira
A Baña
527
Albar
Sardiñeiro
Miñóns
Eirón
Ordoeste
Villar da Torre
Portomouro
de Abaixo
Corcubión
Ameixenda
Picota
Pesadoira
A Pena
D
Cabo de la Nave
Redonda
Ézaro
Arcos
(Mazaricos)
Negreira
200
Lens
Mallás
Beba
A Pena
SANTIAGO
Fisterra
Montes
Piño do Val
Cabanamoura
Ponte
DE COMPOSTE
Cabo Fisterra
O Pindo
de la Ruña
Chacín
Gonte
Maceira
Ames
Cabo Finisterre
Illa Lobeira
Fornis
360
Liñaio
Pedrouzos
Grande
Valadares
Entis
(Brión)
Quilmas
Suevos
Arzón
Cornanda
Caldebarcos
Punta de Caldebarcos
O Viso
Esperante
Serra
Praia de Carnota
12
(Outes)
Ponte Nafonso
33
Carnota
Silvosa
Abellera
Crucero
Urdilde
Punta dos Remedios
O Lira
de Ró
Vara
27
CG 1.5
19
Serres
Tal
Sábardes
Aguasantas
MUROS

1

MAR

COSTA VERDE

Cabo de Peñas

Cabo Vidio

Cudillero

Avilés

GIJ

Luarca

Luanco

Candás

Salinas

Arcallana

Pravia

Grado

OVIEDO

Langreo

Tineo

Sama

Mieres

Cangas
del Narcea

Pola de la Lena

Reserva
Nacional de Somiedo

Puerto de
Pajares

CANTÁBRICA

A

B

Cantabria

de

Costa

Cabo
Mayor

Sancibrian

SANT

El Sardinero

Punta de Somocueva

San Román

Soto de
la Marina

Liencres

Sta Cruz
de B.

Pedreña

Punta del Dichoso

Guchia

Mogro

Suances

Revilla

Maliaño

Somo

Rubayo

Tagle

Miengo

Puente
Arce

Muriedas

Llanes

Cué

Andrín

Vidiago

La Franca

Colombres

Cueva
del Pindal

Pechón

Hinojedo

Oreña

Santillana
del Mar

Escobedo

Polanco

El Astillero

Solares

Peña
Cabarga

Vidiago

Pendueles

Buelna

San Vicente
de la Barquera

Playa de
Oyambre

Universidad
Pontificia

Trasvía

Liandres

Cóbreces

Oreña

Cueva de
Altamira

Quevedo

Barreda

Parbayón

Peñamellera Alta

Allés

Llonin

Alevia

Villanueva

Abanillas

Gandarilla

Labarces

Comillas

Ruiloba

Novales

San Pedro de R.

Cerrazo

San Miguel

Pte de
S.M.

Torrelavega

Renedo

Parque de
Cabárceno

Peñagos

Trescares

Robriguero

Panes

Merodio

Peñamellera Baja

Biélva

Roíz
(Valdáligo)

Treceño

Bustriguado

Villanueva
de la Peña

Las Caldas
de Besaya

Riocorvo

Barros

Viérnoles

Castañeda

Lloreda

Esles

Mirones

Helgueras

La Revilla

Ruiseñada

Pumalverde
(Udías)

Casar

Quijas

Valles
(Reocín)

Cartes

Sta María de Cayón

La Canal

Villacarriedo

Selaya

Desfiladero
de la Hermida

La Hermida
(Peñarrubia)

Linares

Lafuente

Célis

Carmona

Ruente

Ucieda

Coo

Rivero

Hornos
de la Mata

Corvera

Cillero

Villasevil

Penilla

Vega

Llerana

Saro

Morilla

Abionzo

Tresviso

Bejes

Colio
Viñón

Collado
de Ozalba

Sobrelapeña
(Lamasón)

Quintanilla

Cosio

Rozadío

Valle de Cabuérniga
(Cabuérniga)

Collado
(Cieza)

Villasuso

Quintana
de Toranzo

Borleña

Santiurde
de T.

Santibáñez

Tezanos

Villacarriedo

Pisueña

Reserva

Camaleño

Cable

Turieno

Ojedo

Esanos

Nacional

Sarceda
de

Viaña

Saja

Parque

Los Llares

San Vicente
de Toranzo

Castillo
Pedroso

Ontaneda

Alceda

Gamonal

Vega de Pas

Potes

Tama
(Cillorigo-
Castro)

Santotis

Mir.dor del Pico
del Castro

El Tojo

Correpoco

San Vicente de León

Arenas de Iguña

Entrambasmestas

Campollo

Enterrías

La Vega

Pesaguero

Sta Eulalia

Tresabuela

La Lastra

Tudanca

Colsa

Los Tojos

San Pedro
del Romeral

Vejo

Barrio

Bárago

Lomeña

Valdeprado

Puente
Pumar

Saja

Bárcena Mayor

Molledo

Silió

Sel de la Carrera

Candolias

Yera

Cucayo

Pto de
Piedrasluengas

Sierra
del Cordel

Puerto de
Palombera

Besaya

Pesquera

Ventorillo

Bárcena de Pie de Concha

S. Andrés

San Miguel
de Luena

Piedrasluengas

Pico de
Tres Mares

Alto Campoo

Proaño

Soto

Argüeso

Camino

Fontecha

Rioseco

Sta María de Aguayo

San Miguel de A.

Reservorio

Pto de la Magdalena

Abiada

Espinilla

Villapaderne

Lanchares

Corconte

Reinosa

Requejo

Bustamante

La Riva

Bimón

Arija

Cidad de

Valdeporres

Curavacas

Lores

Camasobres

Sta María
de Redondo

Valdecebollas

Fuente del Ebro

Suano

Salces

Bolmir

Arroyo

Llano

Sirran

Ahedo de las Pueblas

Dosante

Fuentes

Carrionas

Abadía

San Salvador
de Cantamuda

La Pernía

Celada de

Villaescusa

Las Rozas

Cervatos

Matamorosa

Requejo

Nela

CA 171

Villapaderne

La Costana

La Población

Embalse
del Ebro

Soncillo

N 232

Virtus

San Ma

A

B

GOLFO   DE   VIZCA

Cabo Matxitxako

Gaztelugatxe
Bakio
Bermeo
Mundaka
Cabo Ogoño
Elantxobe
Ibarrangelu
Lekeitio
Mendexa
Ondarroa
Mutriku
Deba
Zumaia
Getaria
Zarautz
Orio
Meaga
Aginaga

DONOSTIA/
SAN SEBASTIÁN

Pasaia
Hondarribia
Errenteria
Hernani
Andoain
Villabona
Tolosa
Beasain
Zumarraga
Oñati
Arrasate / Mondragón
Durango
Abadiño
Elorrio
Bergara
Eibar
Elgoibar
Azkoitia
Azpeitia
Gernika-Lumo
Markina-Xemein

BIZKAIA

GIPUZKOA

Sierra
de
Aralar

VIZCAYA

GOLFO   DE

Costa   Vasca

DONOSTIA/ SAN SEBASTIÁN

Bermeo   Mundaka   Cabo Ogoño   Elantxobe

Lekeitio   Ondarroa   Mutriku   Zumaia   Getaria   Zarautz

Hondarribia   Henda   St JEA   Cabo Hig

Pasaia   Pasai   Lezo   Irun   Oiartzun

Gernika-Lumo   Markina-Xemein   Deba   Orio   Aginaga

Errenteria   Monte Urdaburu

Hernani   Astigarraga   Urnieta   Andoain

Eibar   Elgoibar   Azkoitia   Azpeitia   Hernio

Leitza

Durango   Abadiño   Elorrio   Bergara   Zumarraga

GIPUZKOA

Tolosa   Berrobi

Arrasate / Mondragón   Aretxabaleta   Oñati

Beasain   Ordizia   Lazkao   Idiazabal

Lekunberri

Zegama   Aizkorri   Sierra de Urkilla

Sierra de Aralar   Pto. de Lizarrusti

VITORIA-GASTEIZ

Salvatierra   Agurain   **Altsasu/ Alsasua**   Etxarri-Aranatz

E. de Urdalur   Bakaiku   Arruazu

Sierra   de   Andia

Sierra de Urbasa   Pto. de Urbasa   Monasterio de Iranzu

Sierra de Opakua   Baquedano (Améscoa Baja)

Parque Natural de Izki   Pto. del Perdón

Estella   Monasterio de Irache   Ayegui/Aiegi

Santa María de Eunate   Puente la Reina de Eunate

Viana   Los Arcos   San Marcos

LOGROÑO

Río Ebro

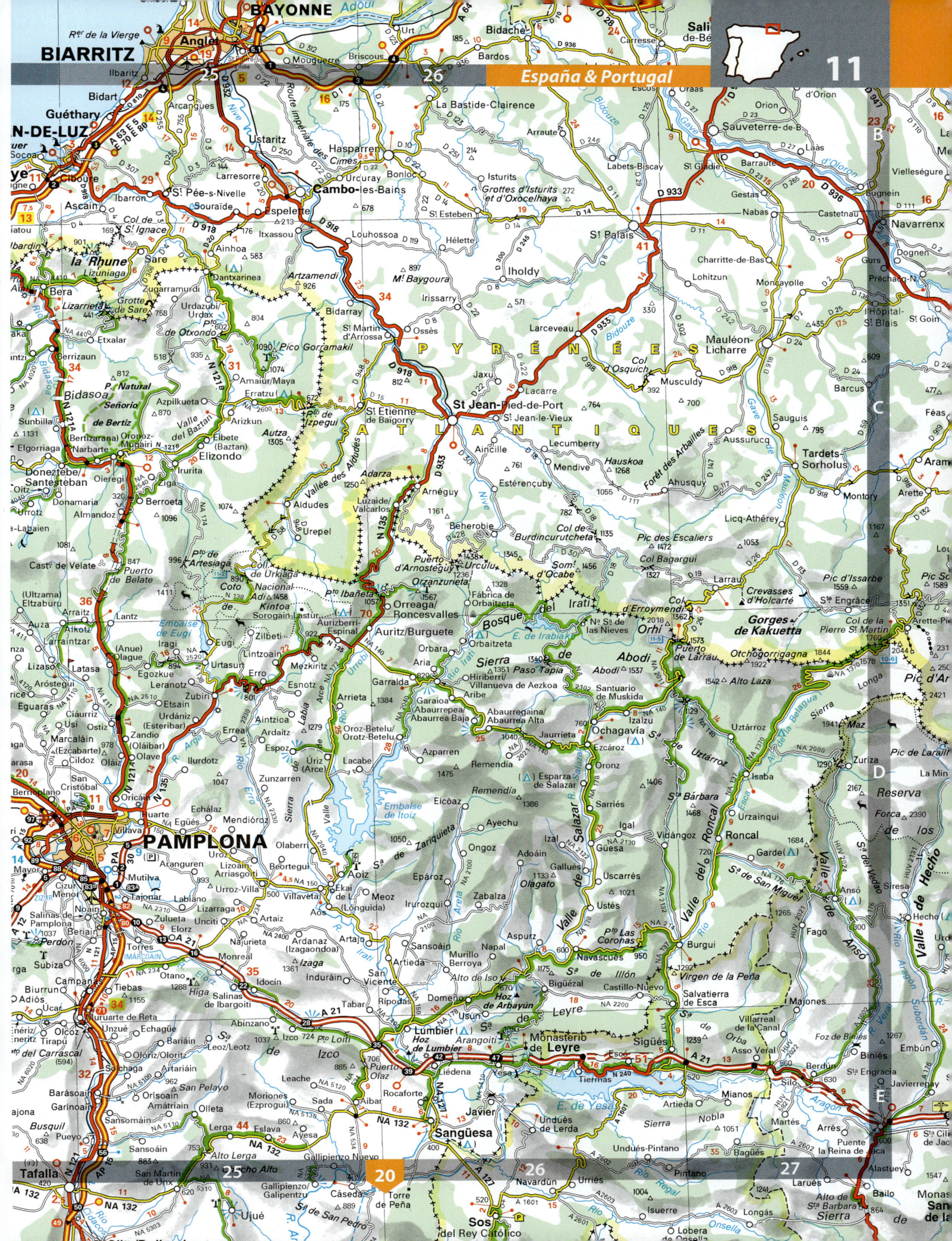

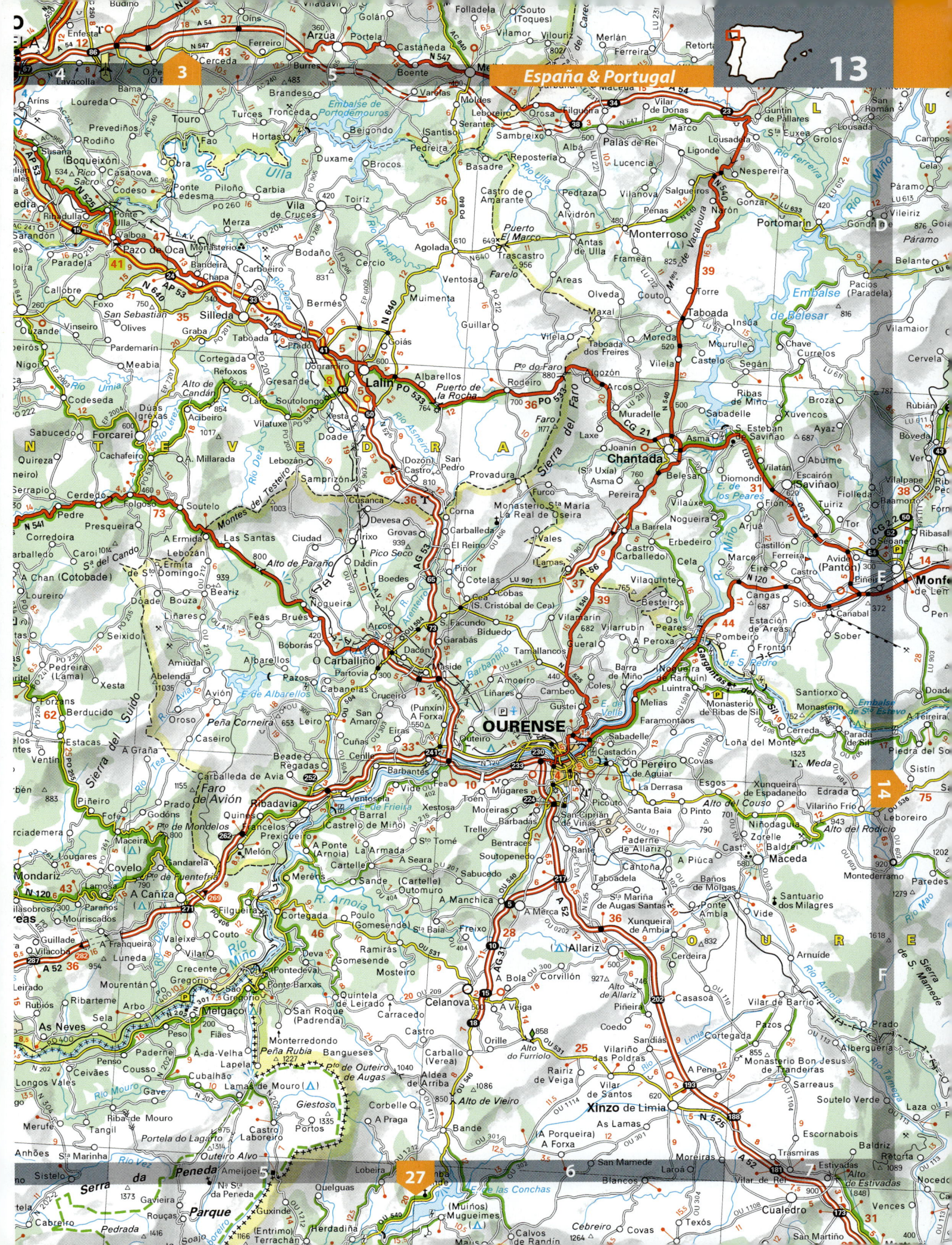

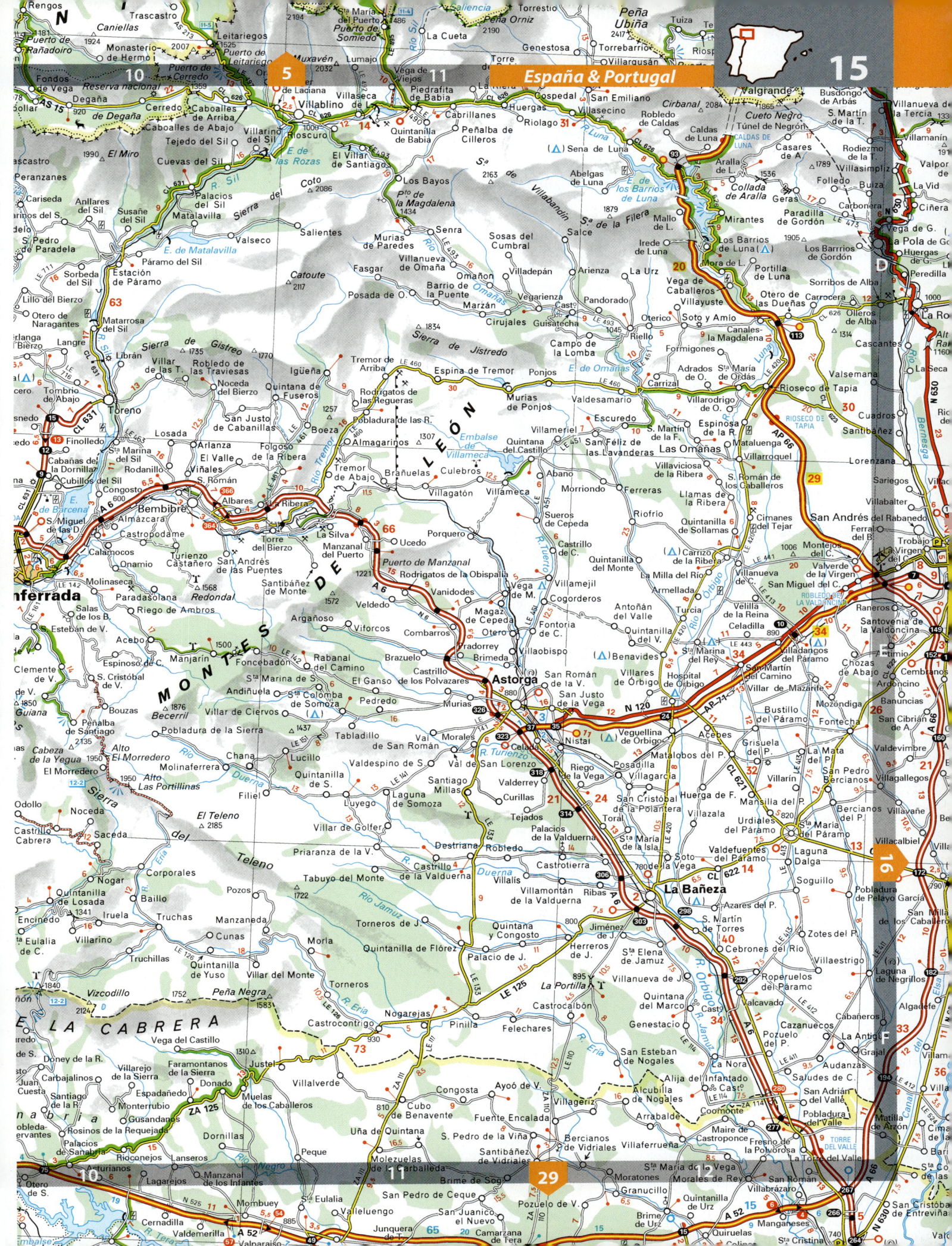

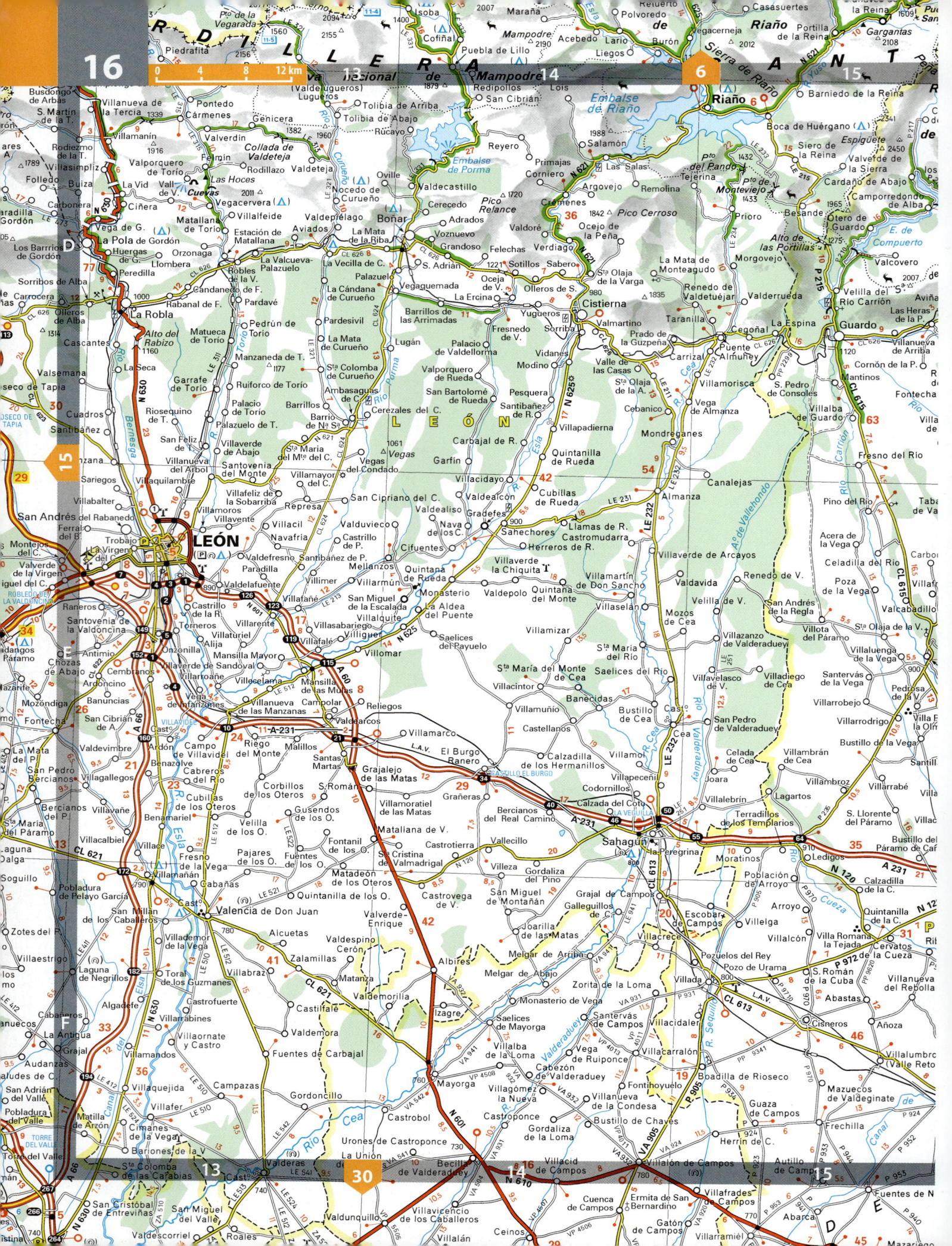

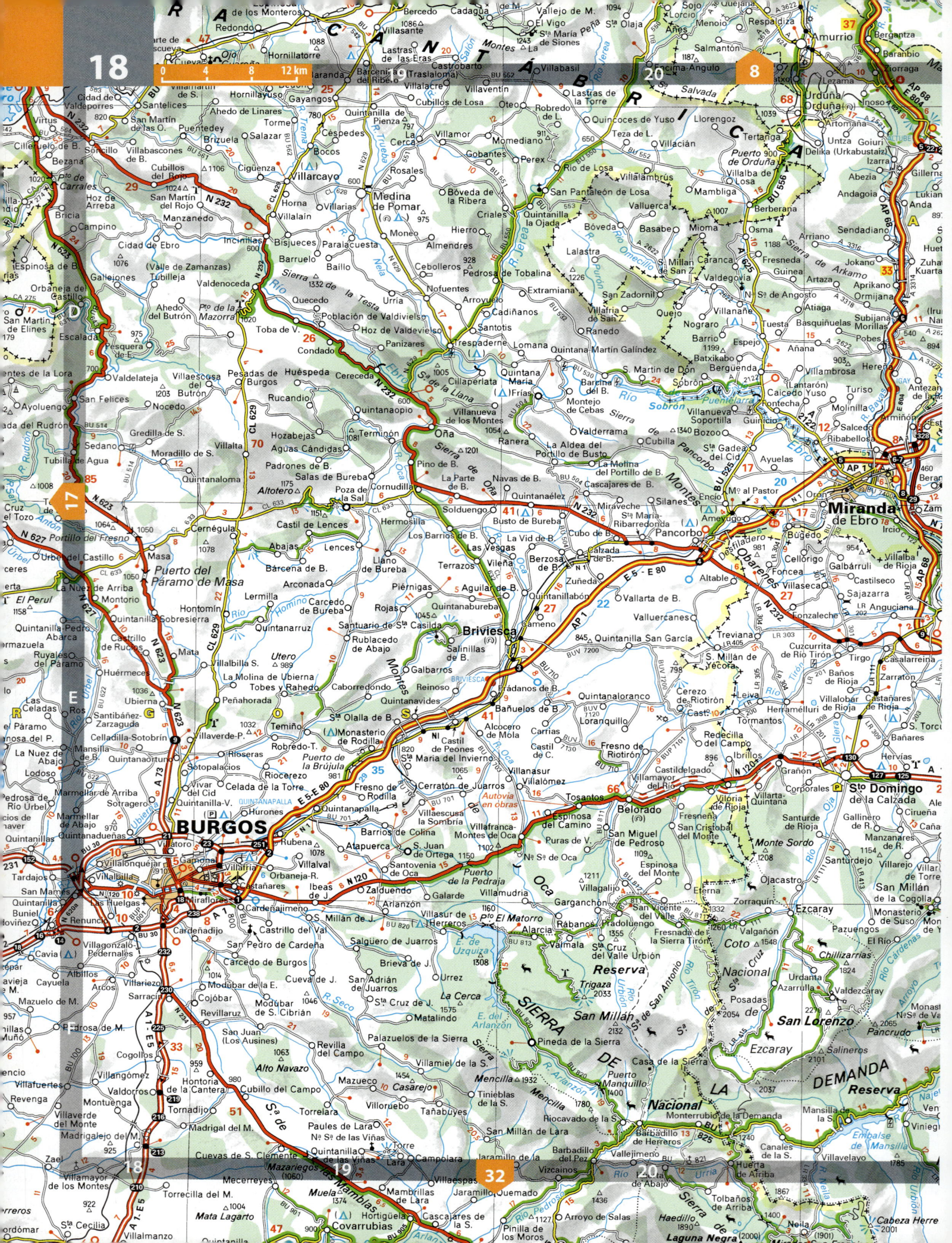

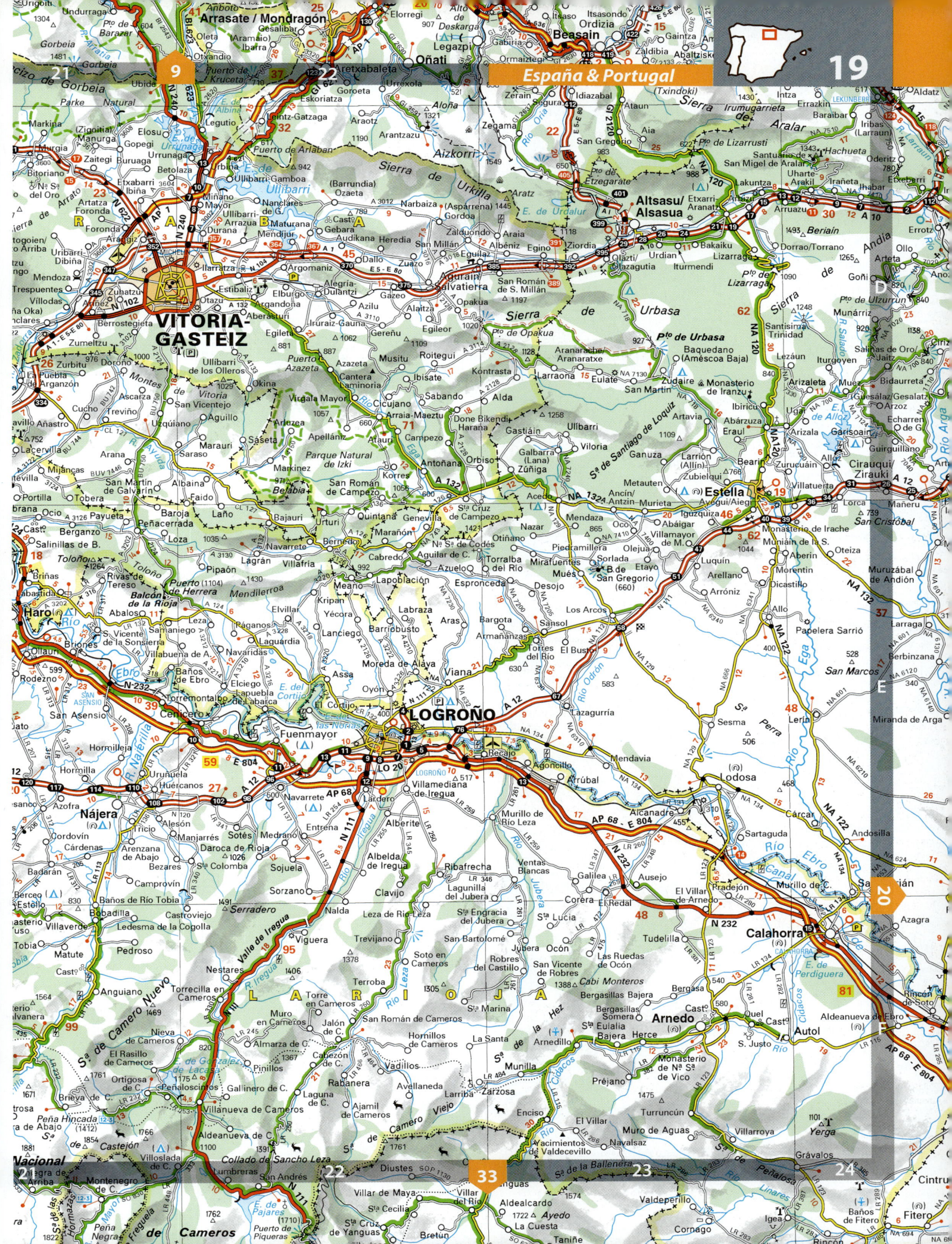

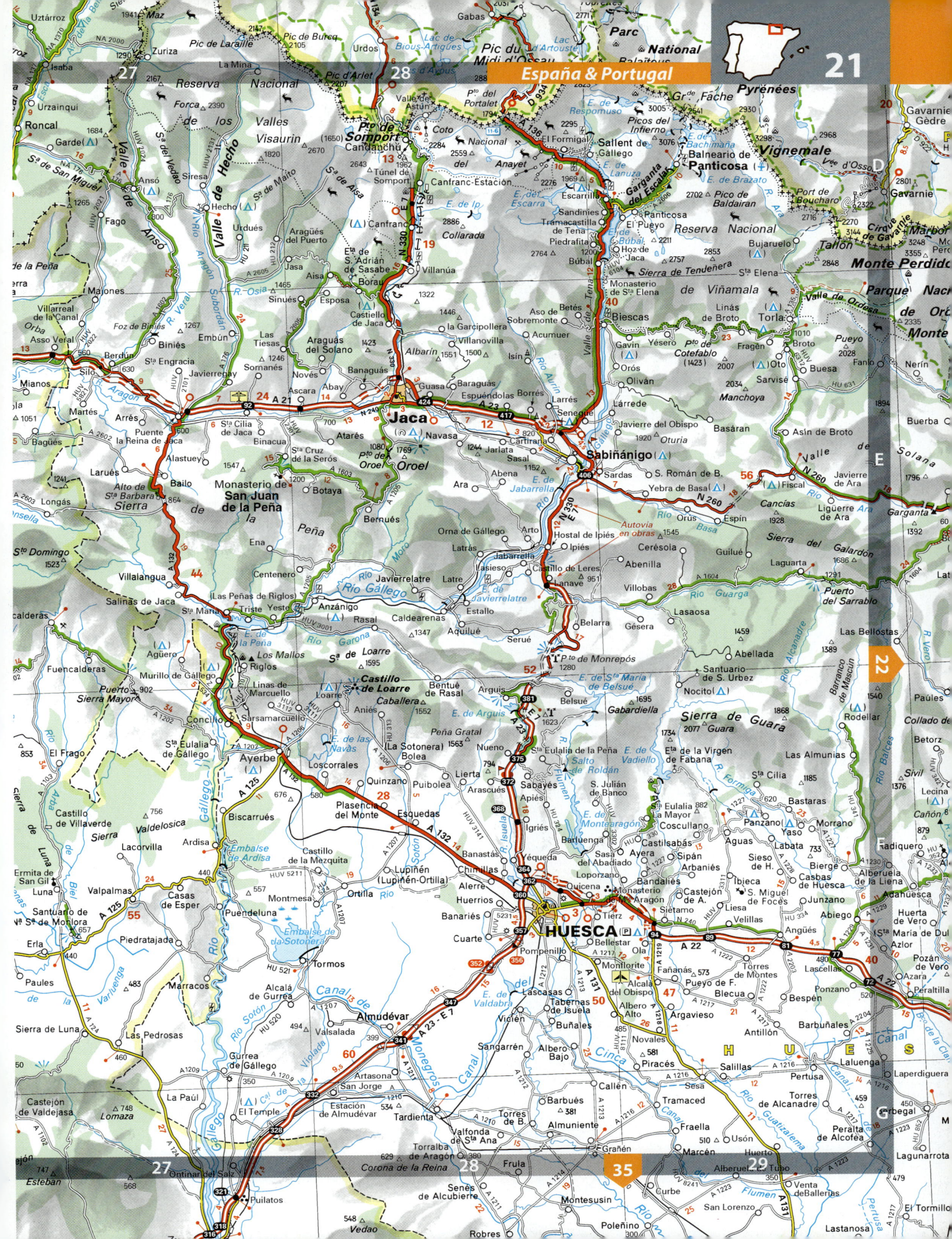

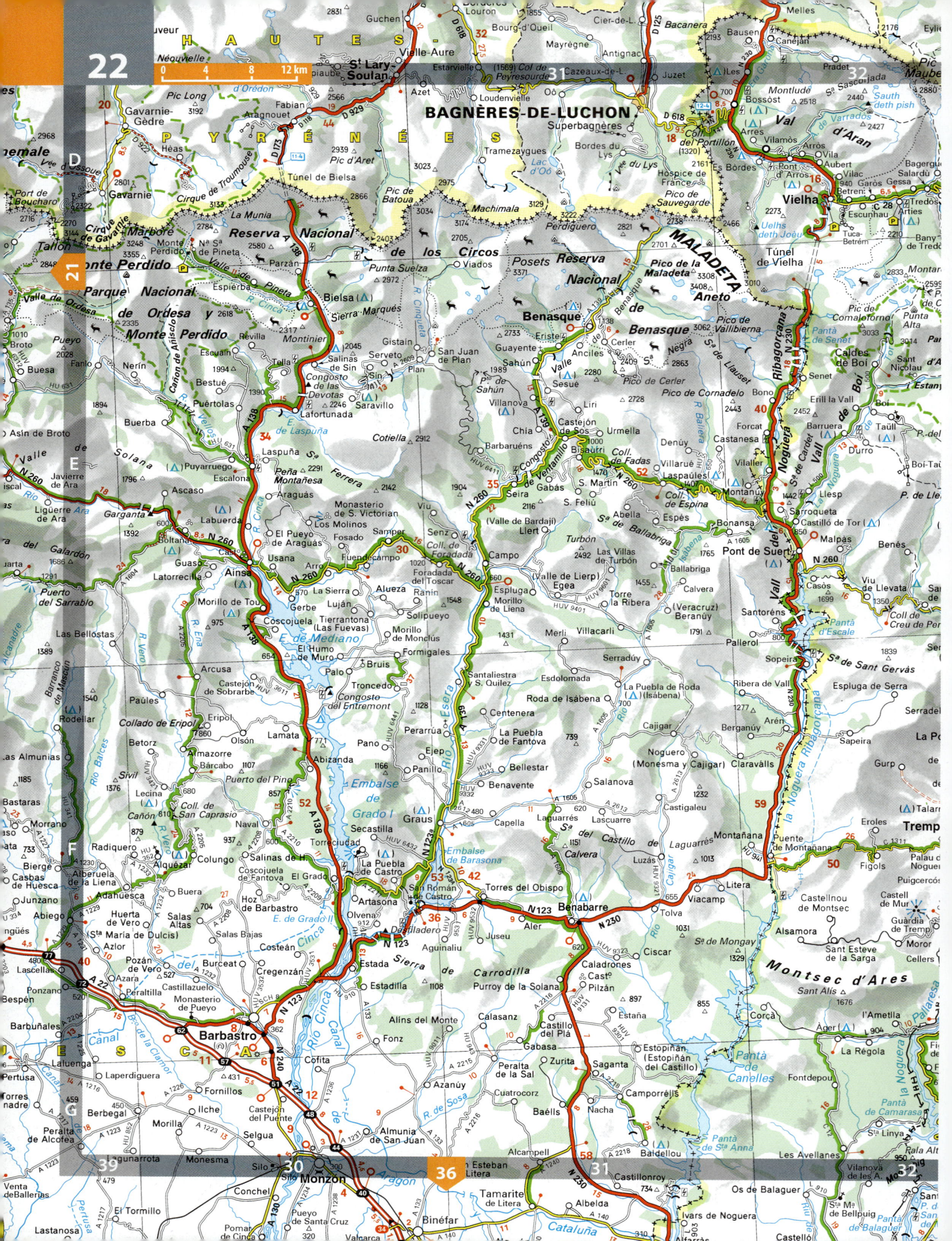

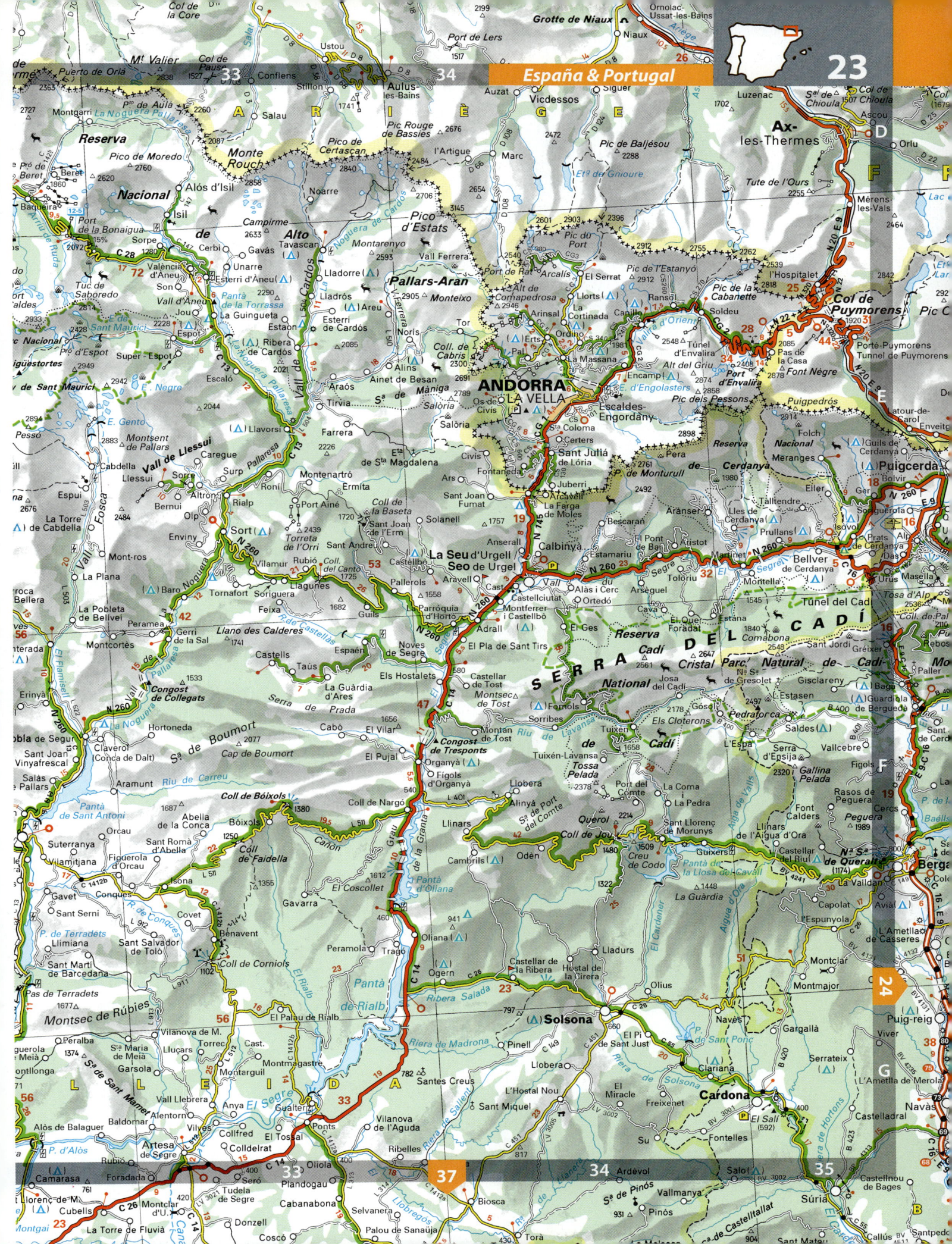

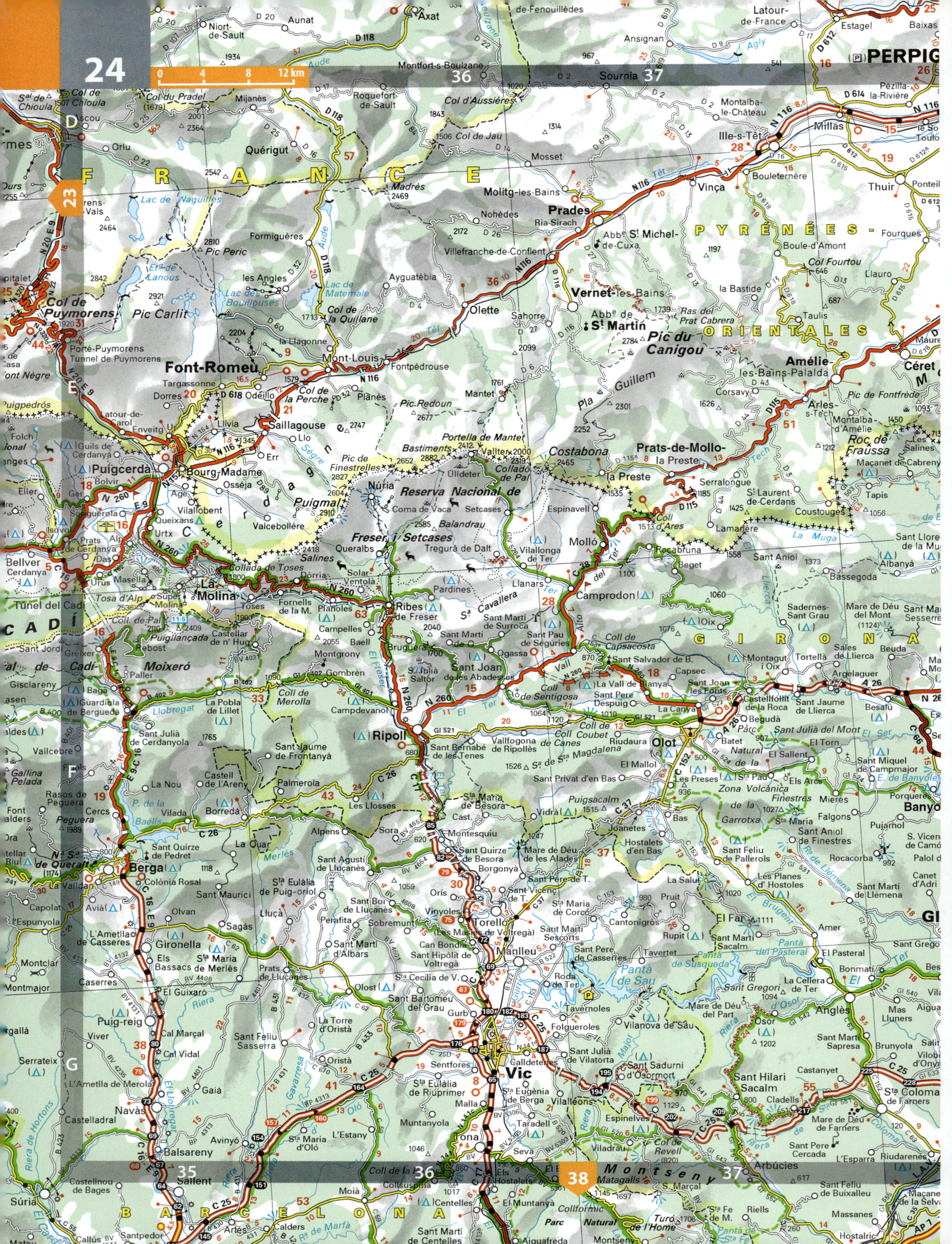

GOLFE
DU
LION

Côte Vermeille

España & Portugal

E

F

B
R
A
V
A

G

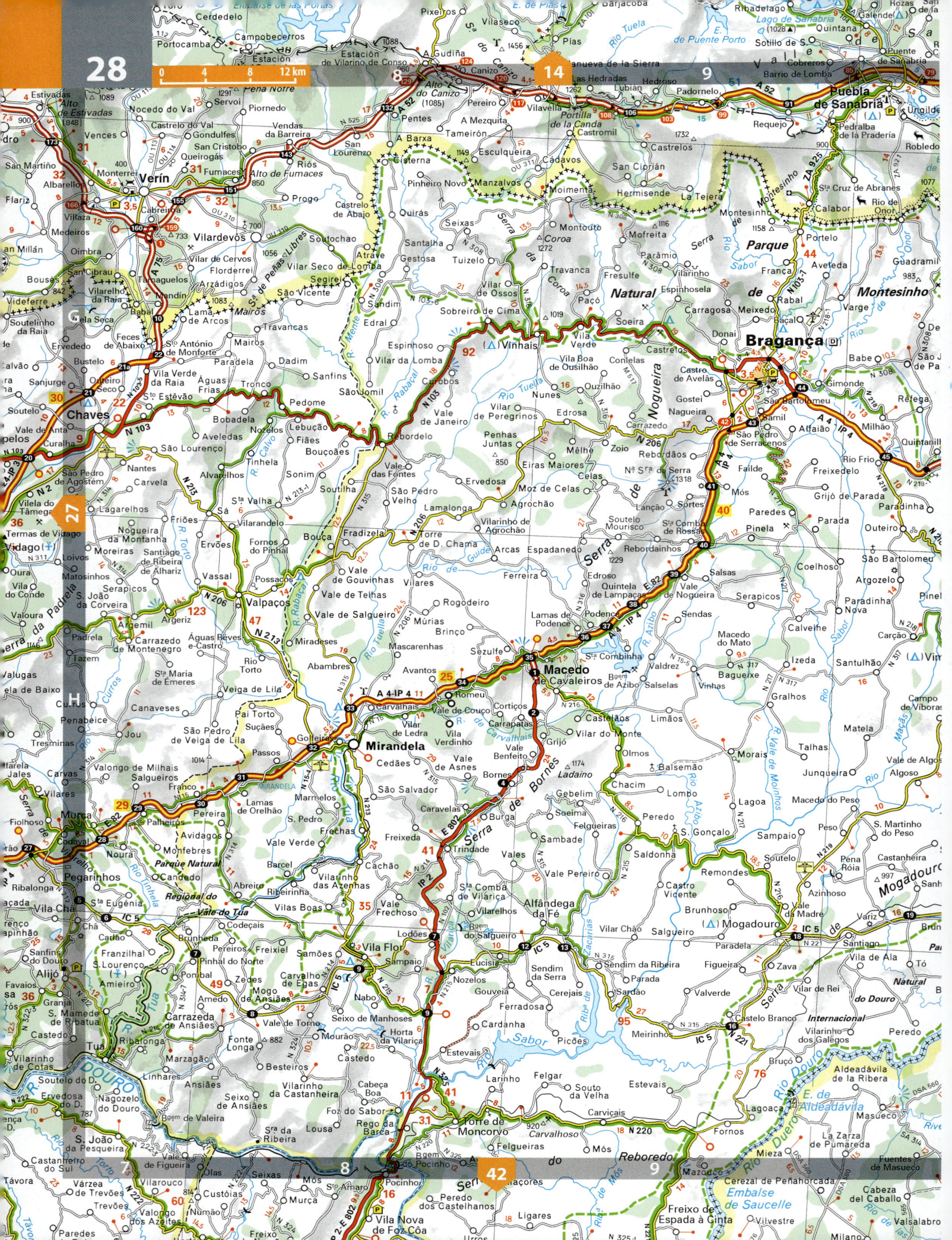

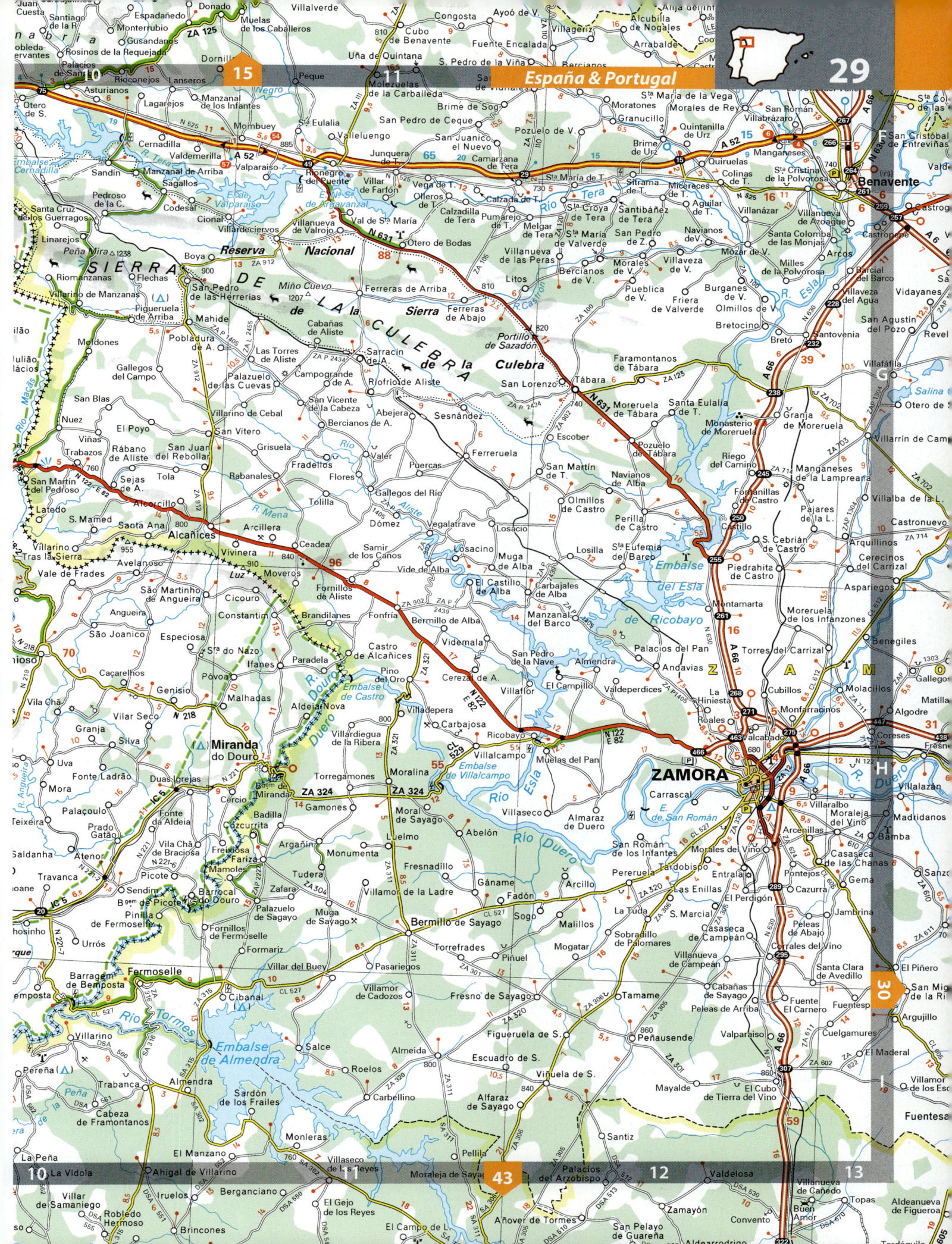

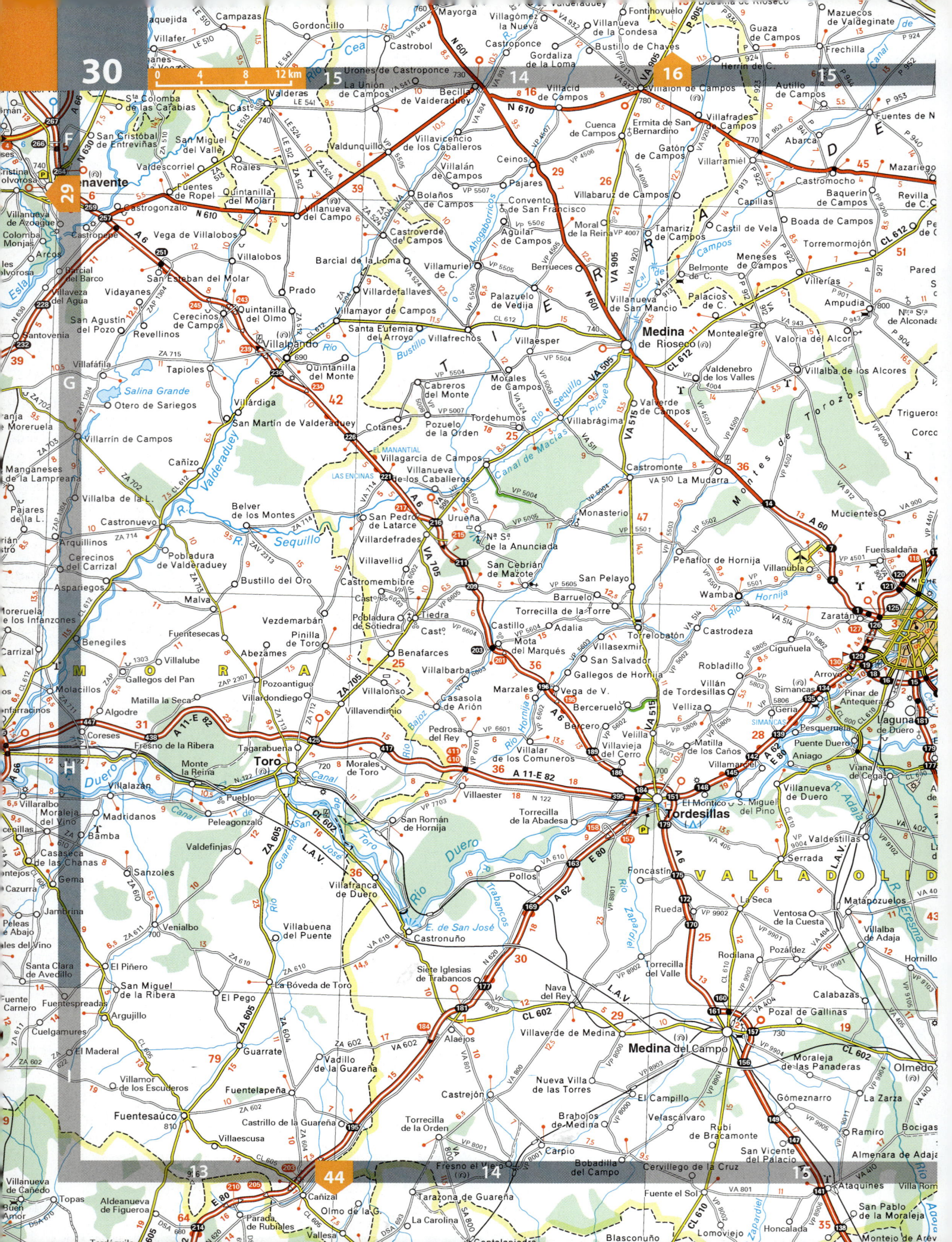

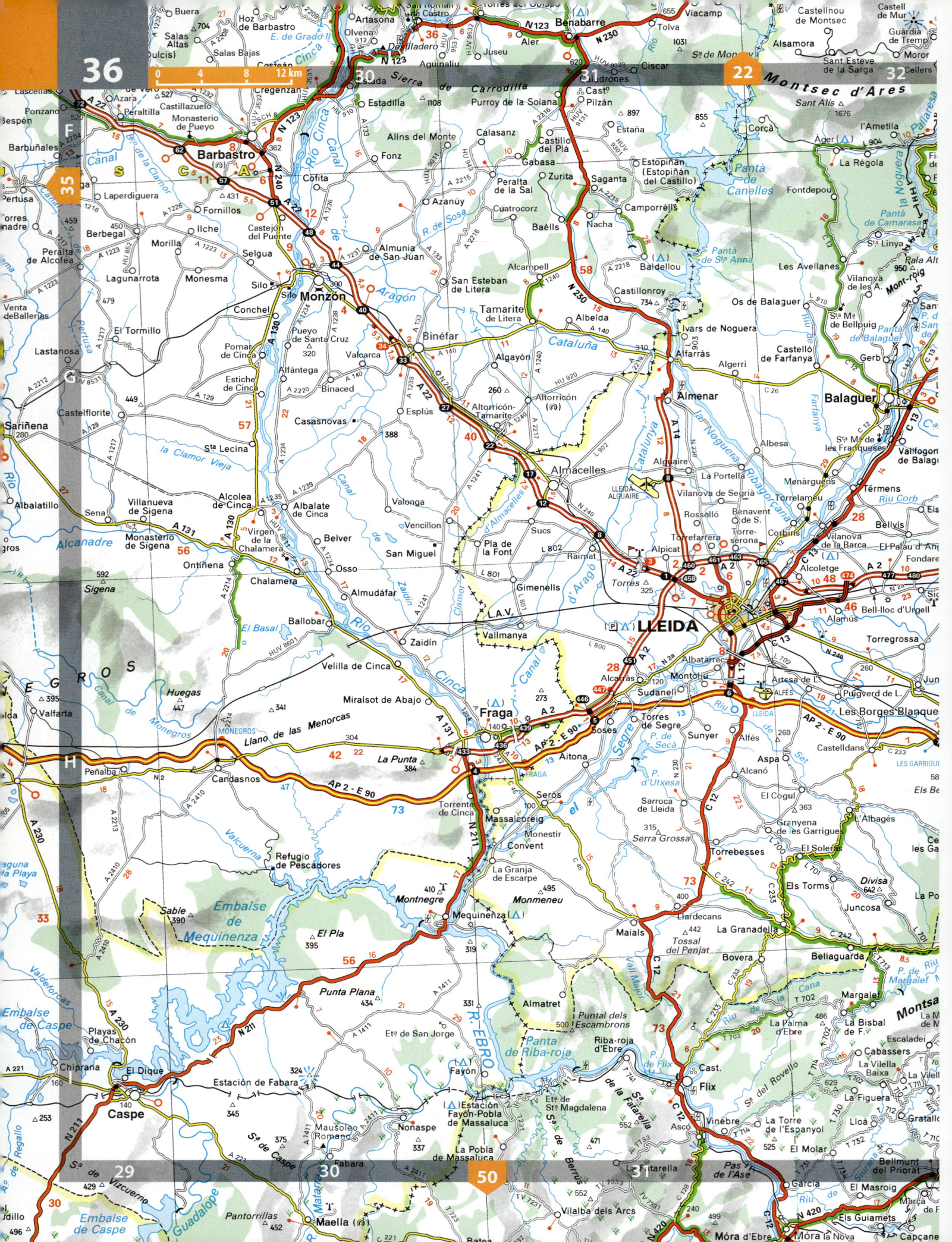

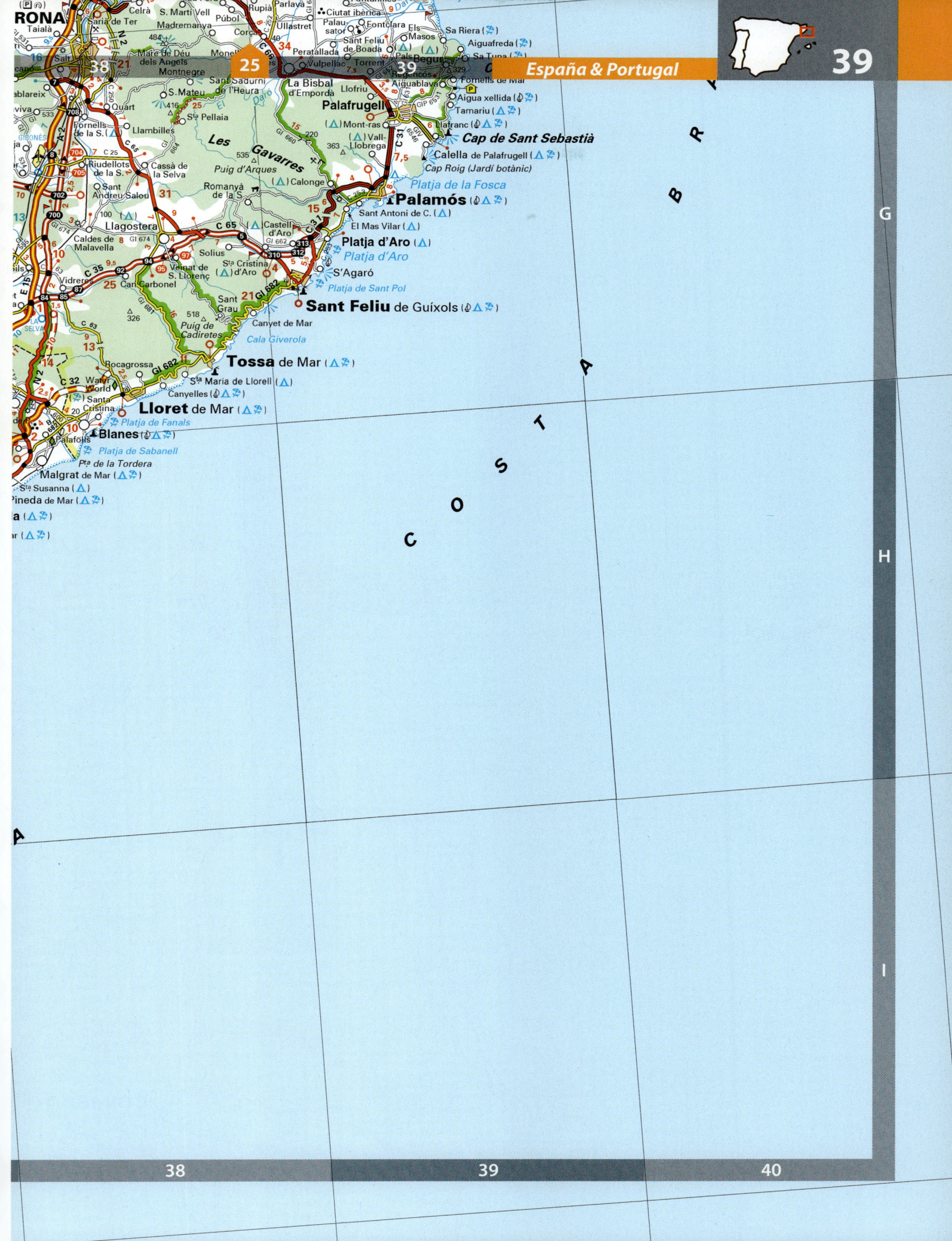

RONA
Taialà

Celrà
S. Martí Vell
Madremanya

La Pera
Púbol
Rupià
Parlavà

Ullastret
Corça
Ciutat ibèrica
Fontclara
Els
Palau-
sator
Sa Riera
Aiguafreda
Masos
Sa Tuna
Fornells de Mar

Cassà de Ter
Sant Sadurni de l'Heura
La Bisbal d'Empordà
Vulpellac
Torrent
Peratallada
Begur
Aigua xellida
Tamariu
Cap de Sant Sebastià

Palafrugell
Mont-ras
Llofriu
Vall-Llobrega
Llafranc
Calella de Palafrugell

Quart
S. Mateu
S. Pellaia
Calonge
Cap Roig (Jardí botànic)
Platja de la Fosca

Fornells de la S.
Llambilles
Romanyà de la S.
Palamós

Llagostera
Castell d'Aro
Sant Antoni de C.
El Mas Vilar

Riudellots de la S.
Cassà de la Selva
Sant Andreu Salou
Solius
Platja d'Aro
Platja d'Aro

Caldes de Malavella
Sta Cristina d'Aro
S'Agaró
Platja de Sant Pol

Veïnat de S. Llorenç
Can Carbonel
Sant Grau
Sant Feliu de Guíxols

Vidreres
Puig de Cadiretes
Canyet de Mar
Cala Giverola

Bocagrossa
Tossa de Mar
Sta Maria de Llorell
Canyelles

Water World
Santa Cristina
Lloret de Mar
Platja de Fanals

Blanes
Platja de Sabanell
Pta de la Tordera

Malgrat de Mar
Sta Susanna
Pineda de Mar

Les Gavarres
Puig d'Arques

COSTA BRAVA

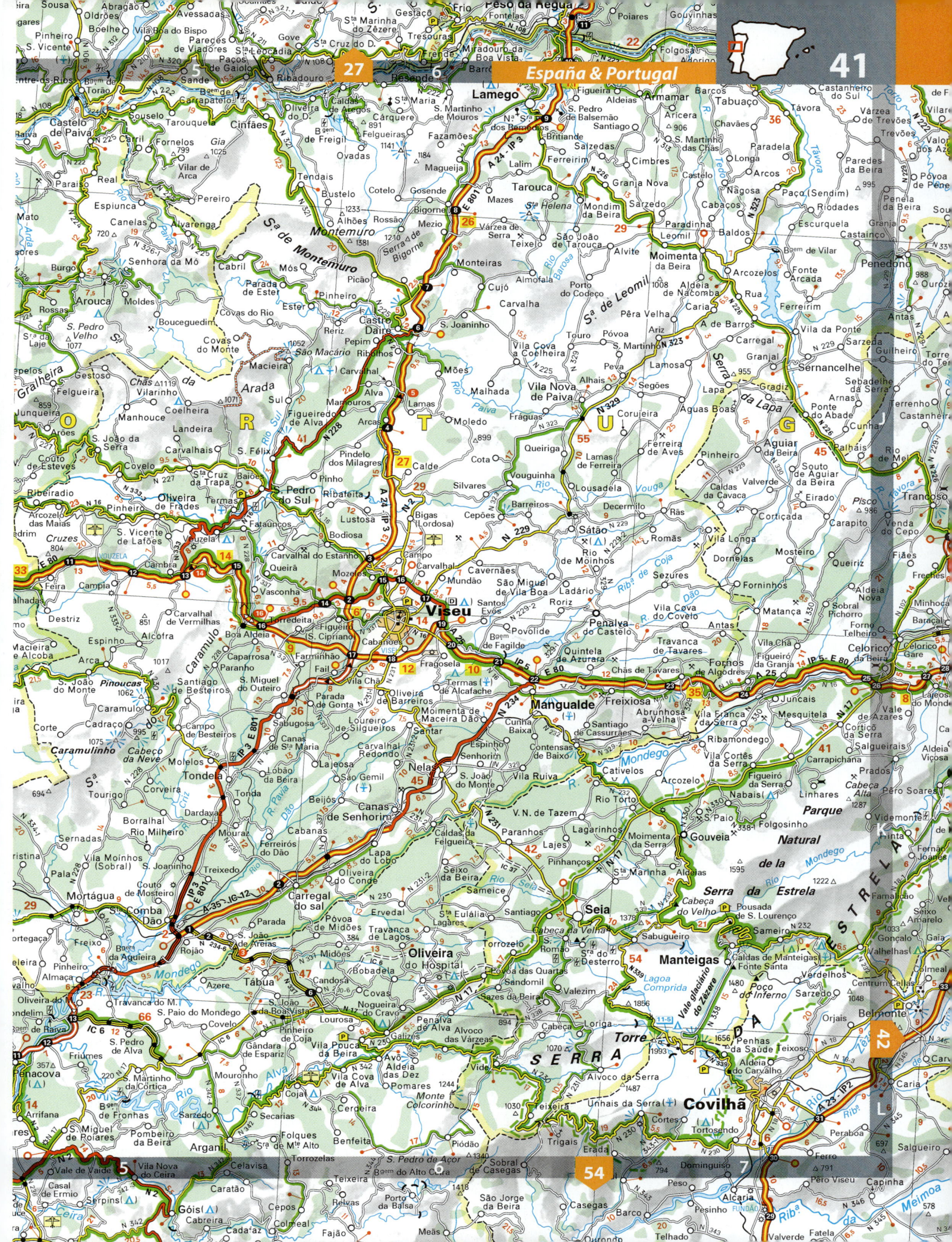

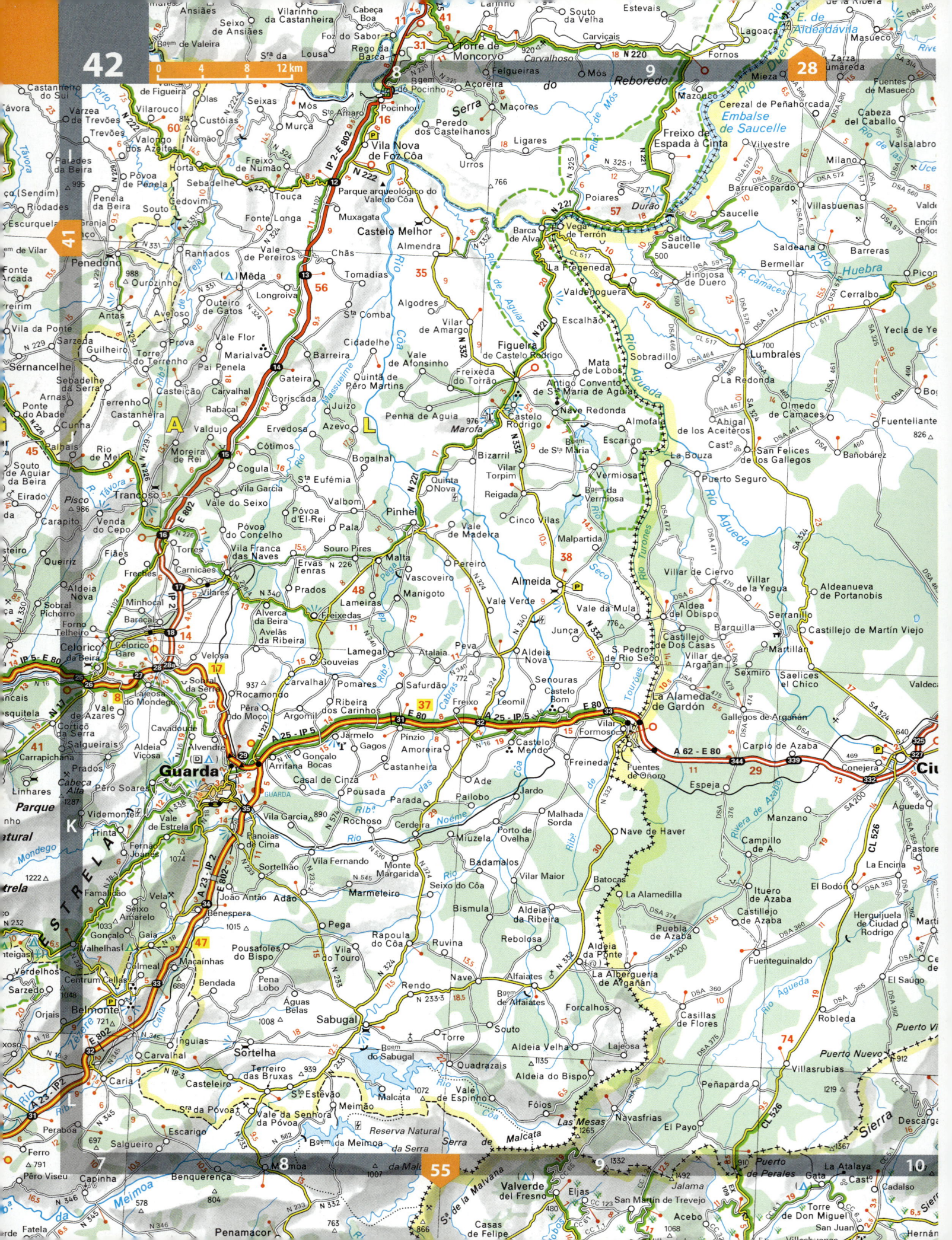

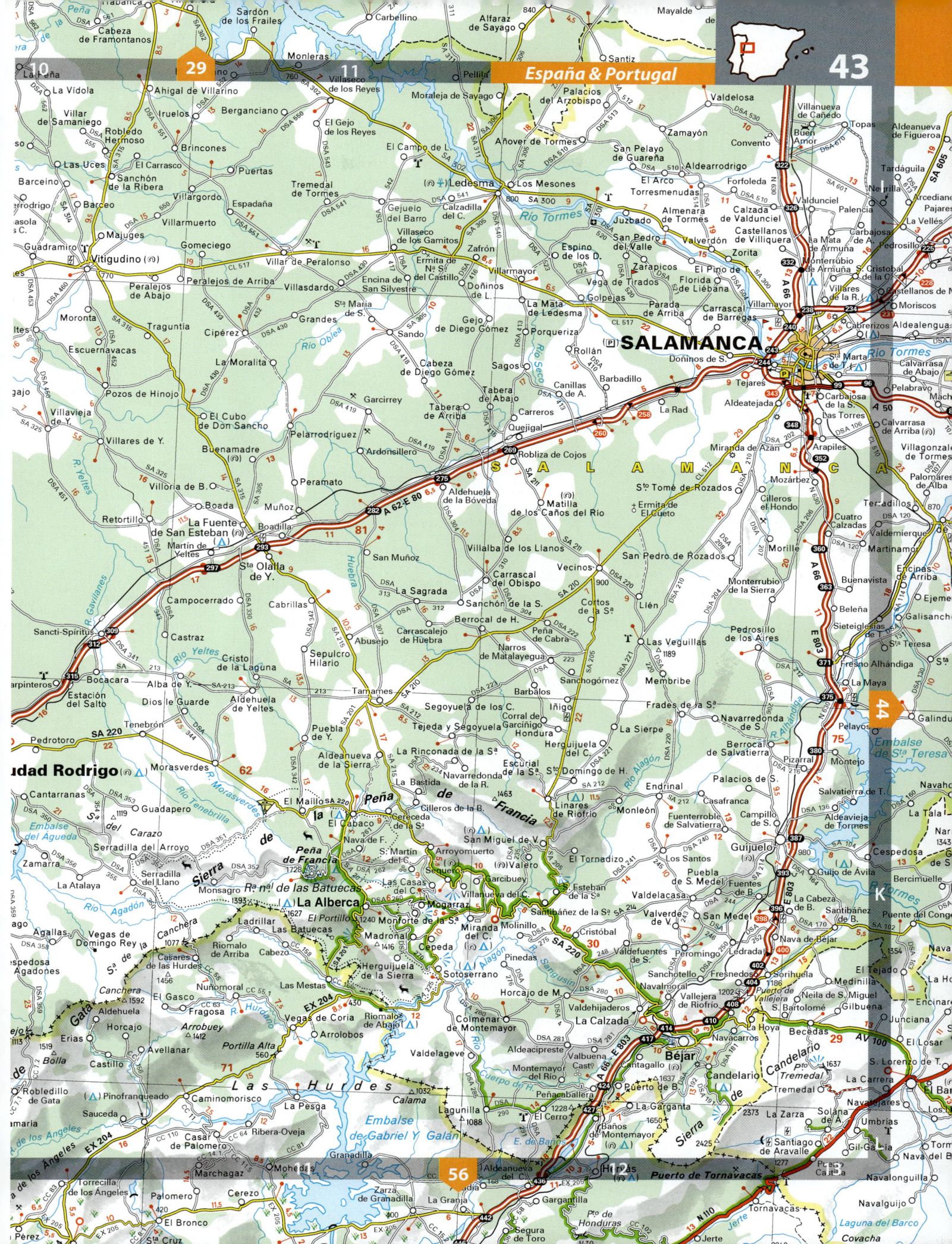

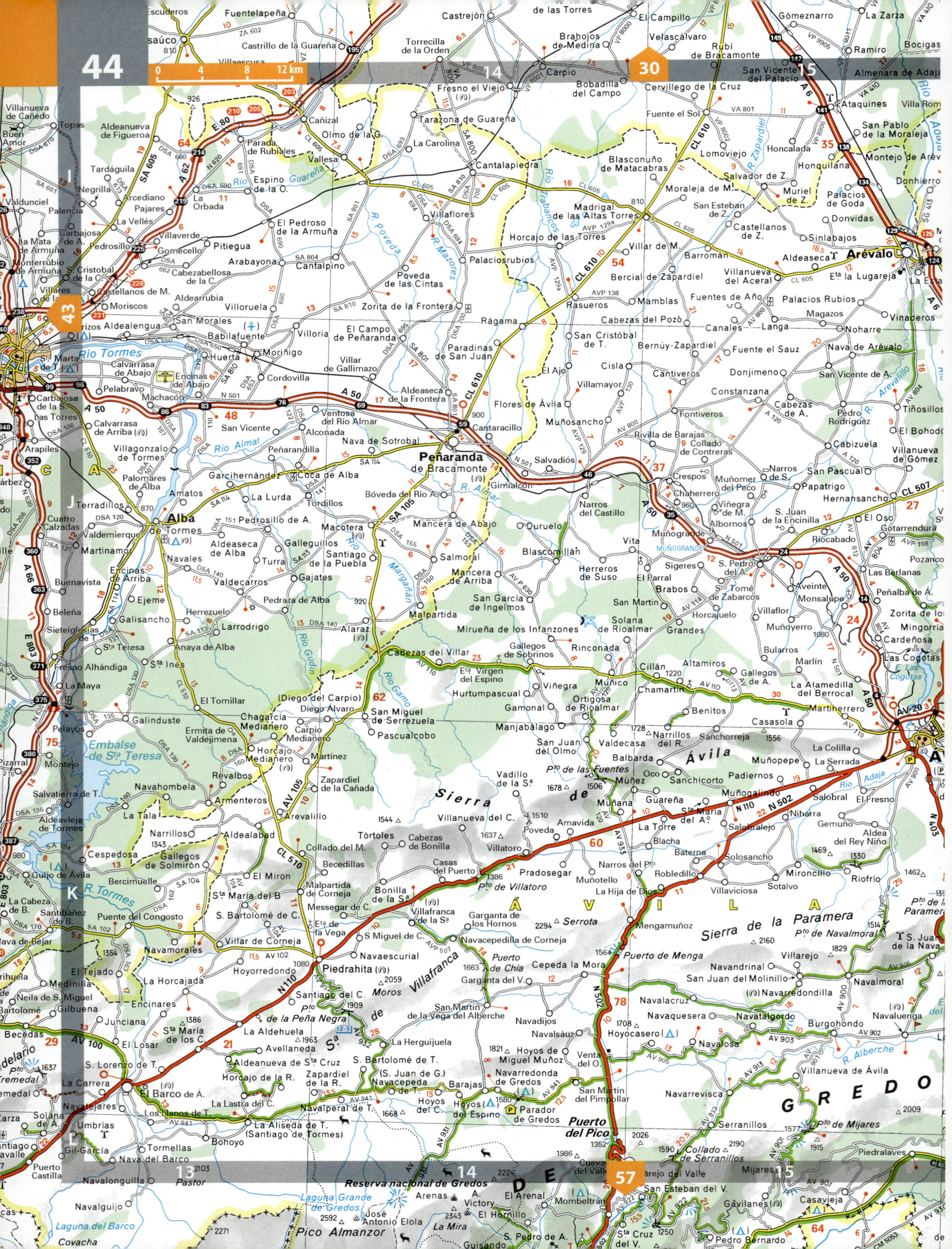

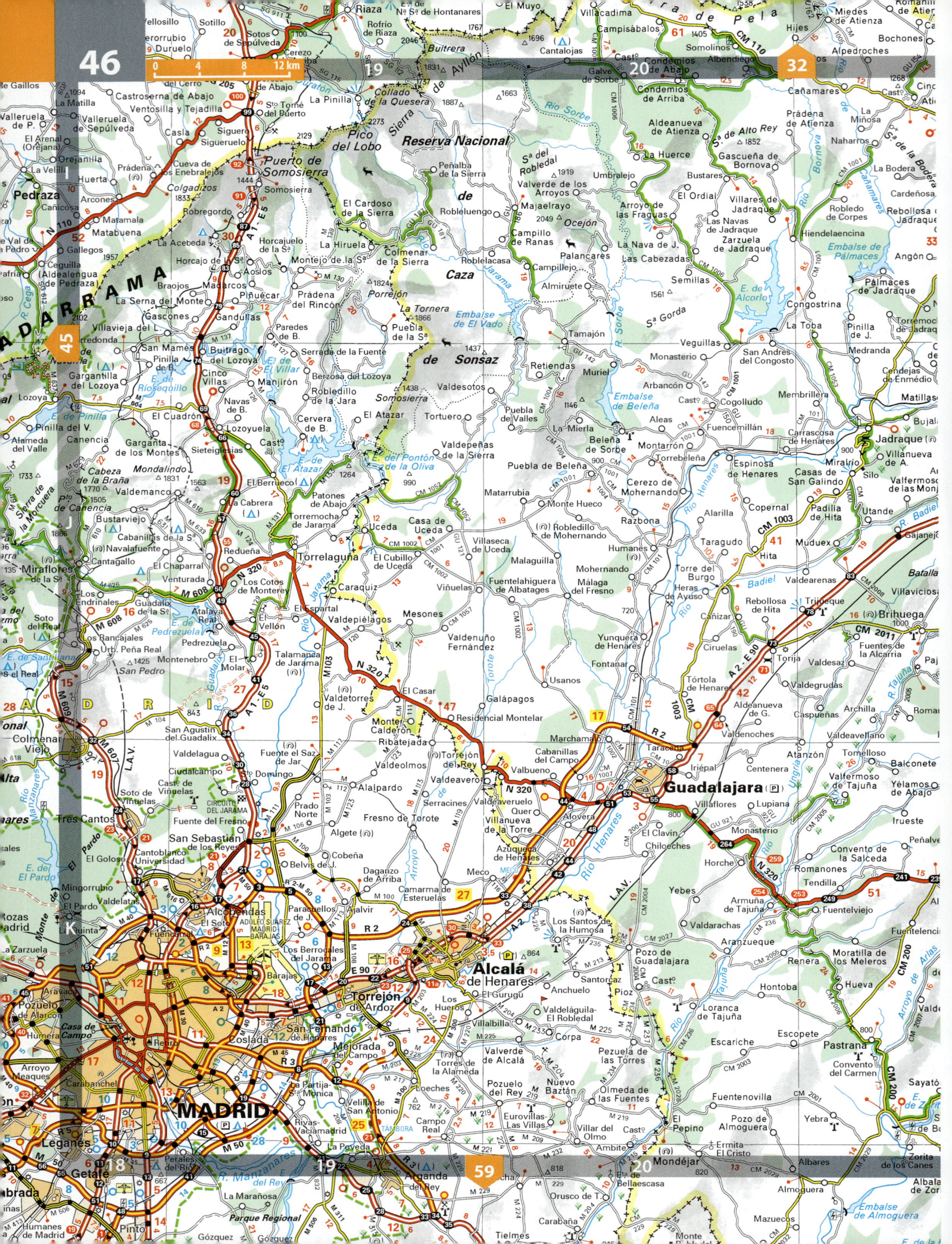

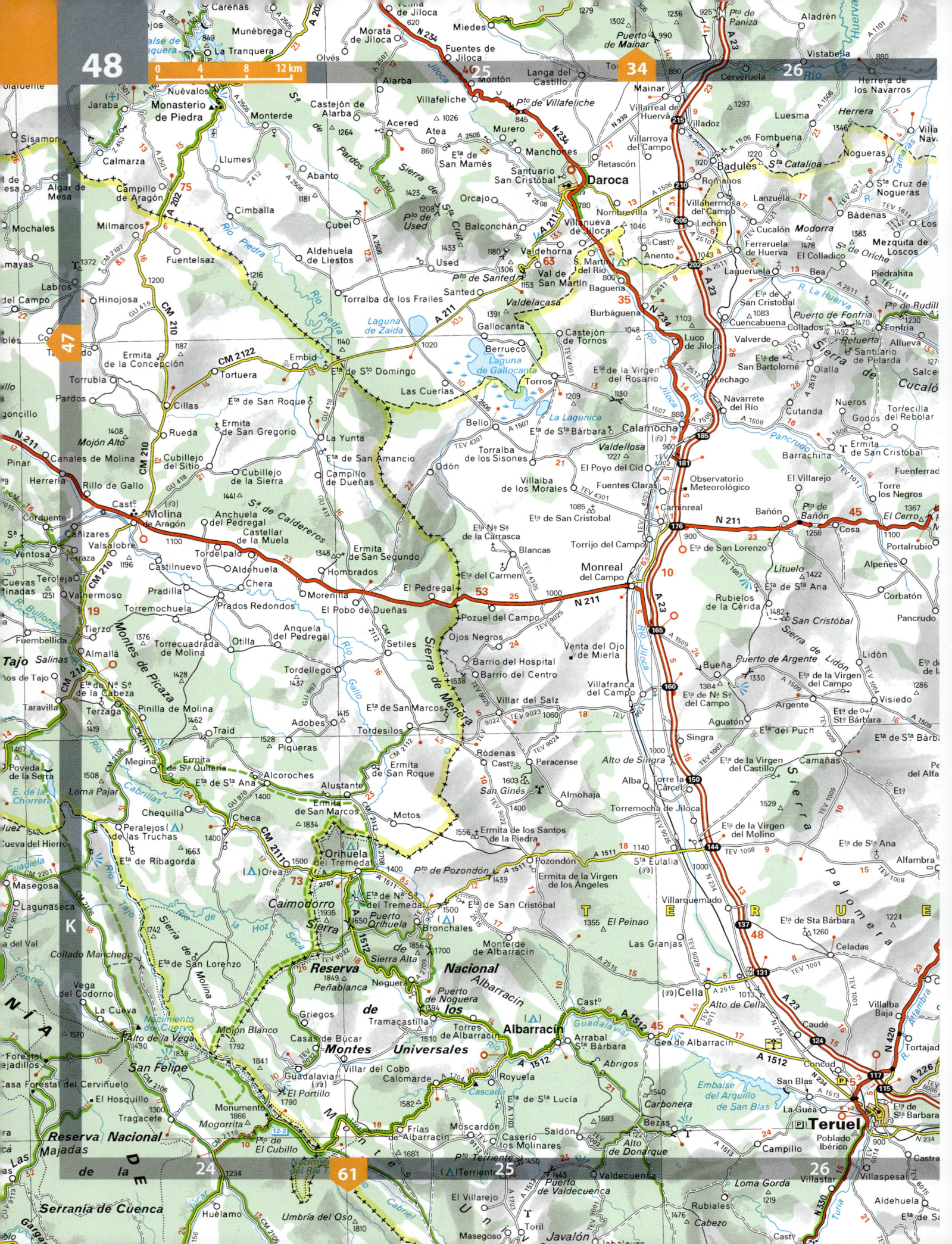

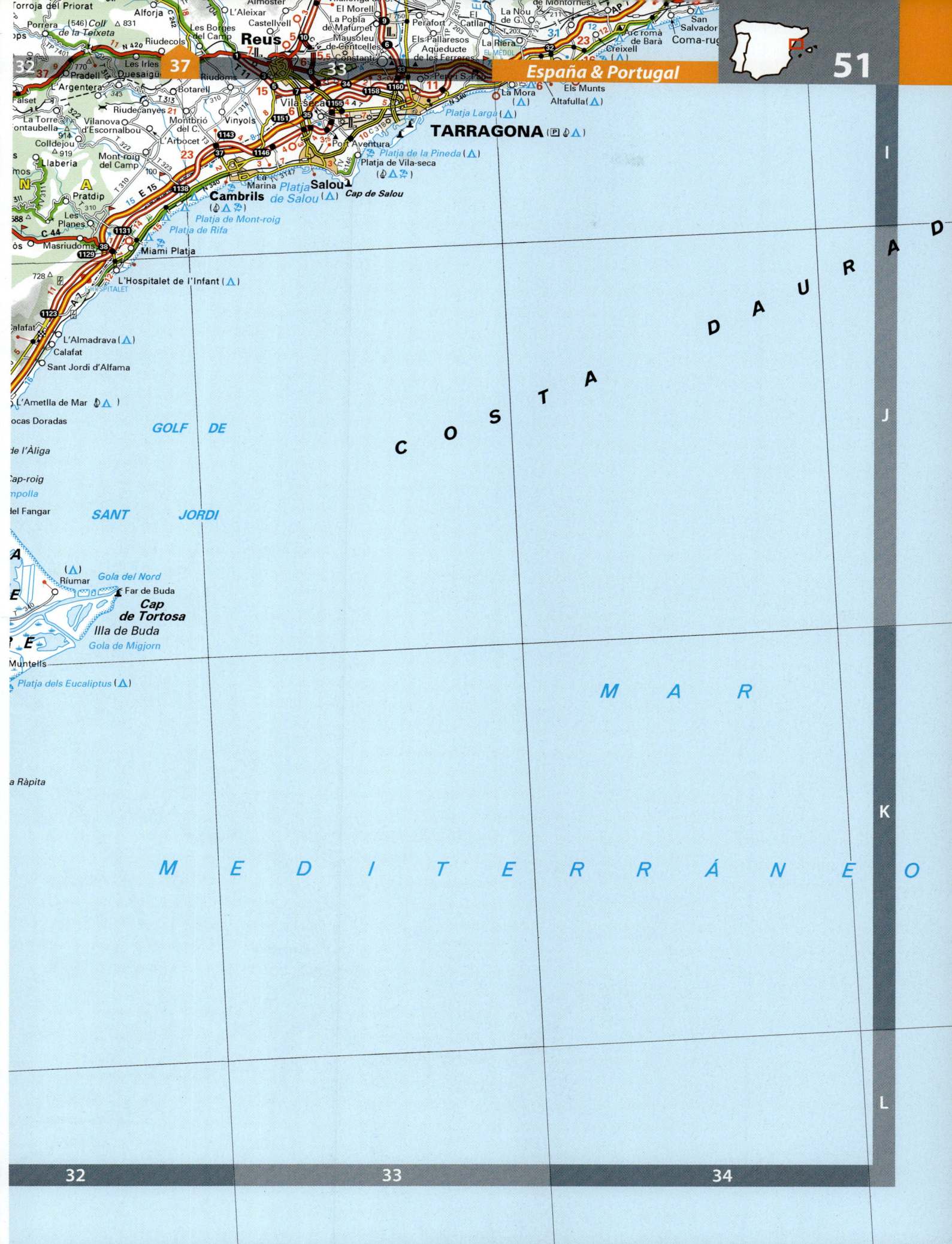

0 4 8 12 km

1

2

Figueira da Foz

L

M

O C E A N O

A T L Â N T I C O

Praia de Quiaios

Cabo Mondego

Costa de Lavos

Praia de Leirosa
Leirosa

Marinha

Pinhal
do
Urso

Ervideira

(△) Pedrógão

(△) Praia da Vieira

Coimbrão

Vieira de Leiria

Carvide

Carvalhos

Monte Real

Ortigosa

Pilado

Amor
Barreiros

Pedras Negras

Praia Velha

São Pedro de Moel

Agua de Madeiros

Garcia

Albergaria

Gândar

Barosa

Marinha
Grande

N 242

Pedra do Ouro

Comeira

Parcen

Polvoeira

23

Cavalinhos

Moita

28 33

Maceira

Vale Furado

Burinhosa

Martingança

Légua

138

Falca

Patalaias

Pisões
Porto
do Carro

27

Calvaria
de Cima

Andam

Pataias
Garé

Fanhais

Alpedriz

Cós

NAZARÉ

Juncal

Cruz da
Légua

N

(△) O Sítio

(△) **Nazaré**

Maiorga

Cumeira

Praia Nova

Valado
dos Frades

Aljubarrota

Serro
Ventoso

Pedreiras

Praia do Salgado

Cela Velha

Fervença

24

Alcobaça

Natural

Gralha

Famalição

Cela

615

(△) **São Martinho do Porto**

Cacho

1123

Molianos

Alqueidão
do Arrimal

Serr

(△) Salir do Porto

Farilhões

Reserva Natural
das Berlengas

Estelas

Berlenga (85 △)

Ponta dos Covinhos

Chão
da Parada
Cidade

162

Alto de
S. Martinho

Alfeizerão

Casal
Velho

Évora
de Alcobaça

Vimeiro

Mendiga

das

Cabe
das N

Serra

de Airé e

(△) Foz do Arelho

Serra
do Bouro

Tornada

Carvalhal

Turquel

Benfeito

Sta Catarina

Valverde

487

Amiães

Aldeia dos Pescadores

Nadadouro

Praia do Rei Cortiço

Ferrarias

Lagoa
de Óbidos

20

Caldas
da Rainha

Benedita

Alcobertas

Xartinho

Alcanede

O

Baleal

Arelho

11

Matoeira

Almofala

Gançaria

Teira

Papoa

Remédios

Cabo Carvoeiro

(△) **Peniche**

Cidadela

Ferrel

Atouguia
da Baleia

Serra
d'El-Rei

Sobral da Lagoa

Amoreira

Vidais

16

Alvorninha

Pé de Serra
Alto da Serra

63

Fráguas

48

Rio Maior

Bgem de Sto Domingos

(△) Consolação

Geraldes

Olho
Marinho

S.Mamede

São Gregório
da Fanadia

Casais do
Chafariz

Aldeia dos Francos

3

Azinheira

Arruda
dos Pisões

(△) São Bernardino

Ribafria

Reguengo
Grande

Po

Roliça

15

Salgueiro

Landal

Abuxanas

Asseiceira

Boiças

São João
da Ribeira

39

(△) Praia da Areia Branca

S. Bartolomeu
dos Galegos

Vermelha

Peral

Alguber

Marmeleira

15

(△) **Lourinhã**

Miragaia

Moita
dos Ferreiros

Sanguinhal

Zortelã

Cadaval

Arrouquelas

Assentiz

Azambujeira

Porto de Barcas

Praia de Ribeira

1

(△) Ribamar

154

Campelos

Toledo

Vimeiro

43

27

Pêro
Moniz

Lamas

Pragança

Alcoentre

Almoster

Quebradas

2

Manique
do Intendente

Vila Nova
de S. Pedro

Praia do Porto Novo

Outeiro
da Cabeça

Vilar

Macussa

3

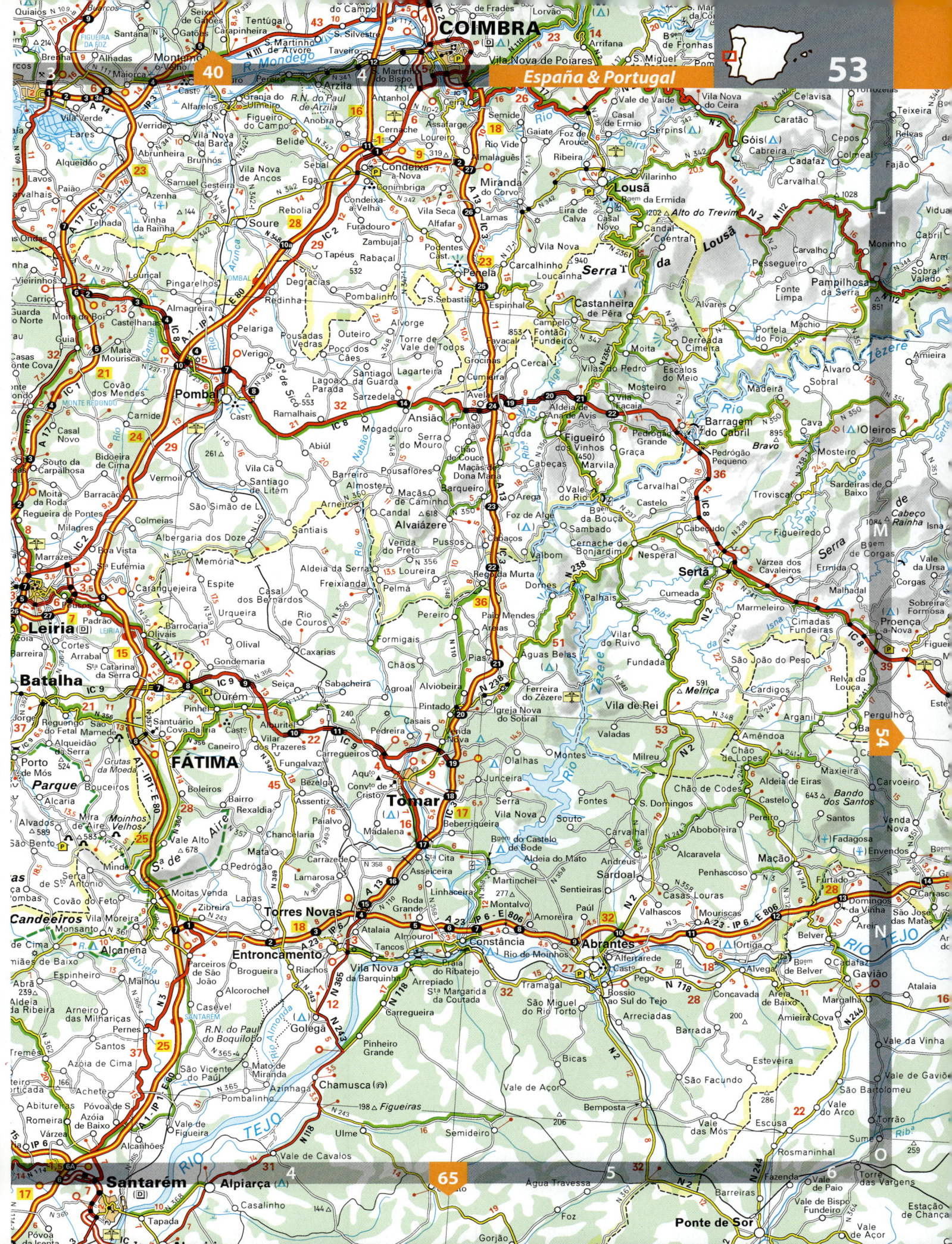

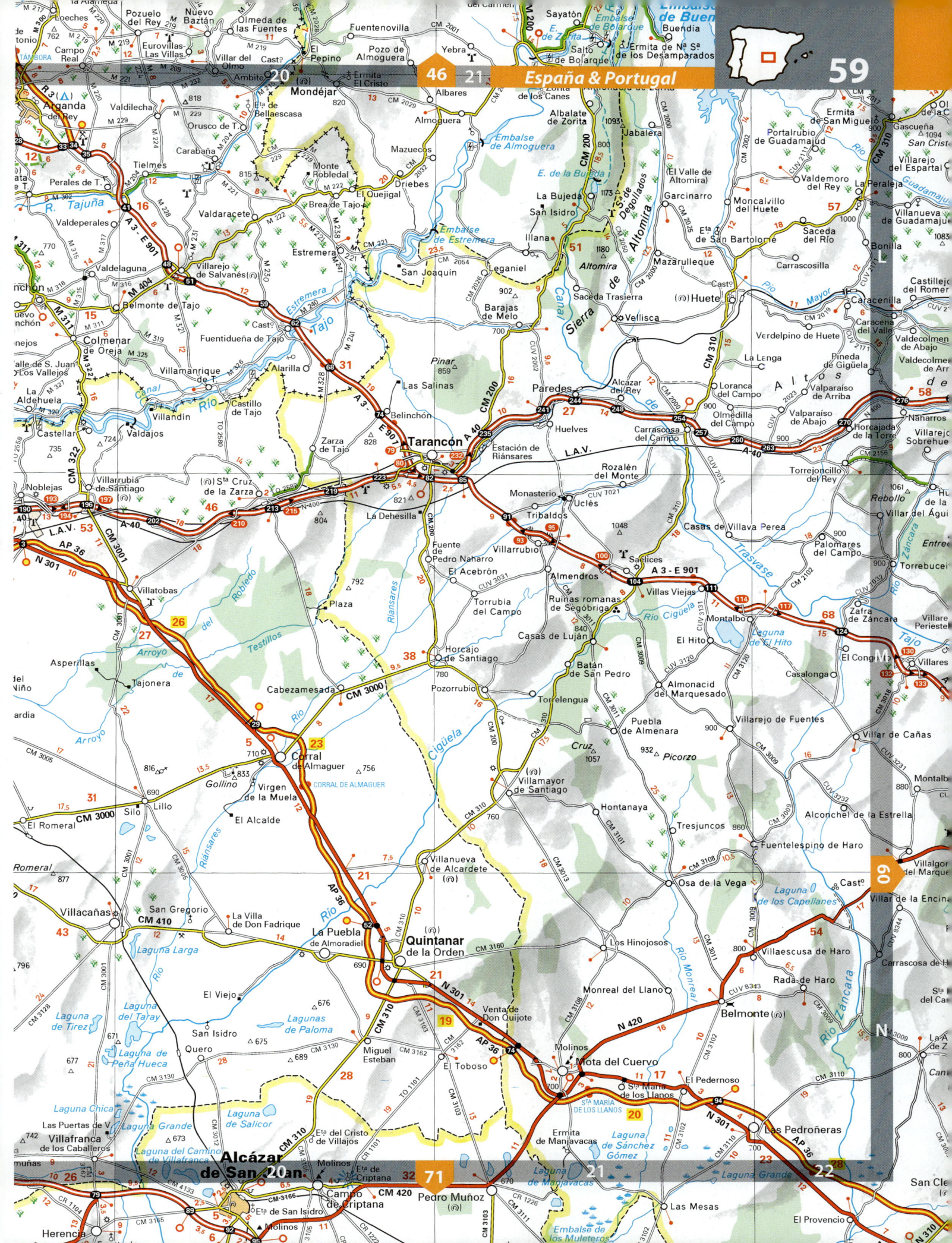

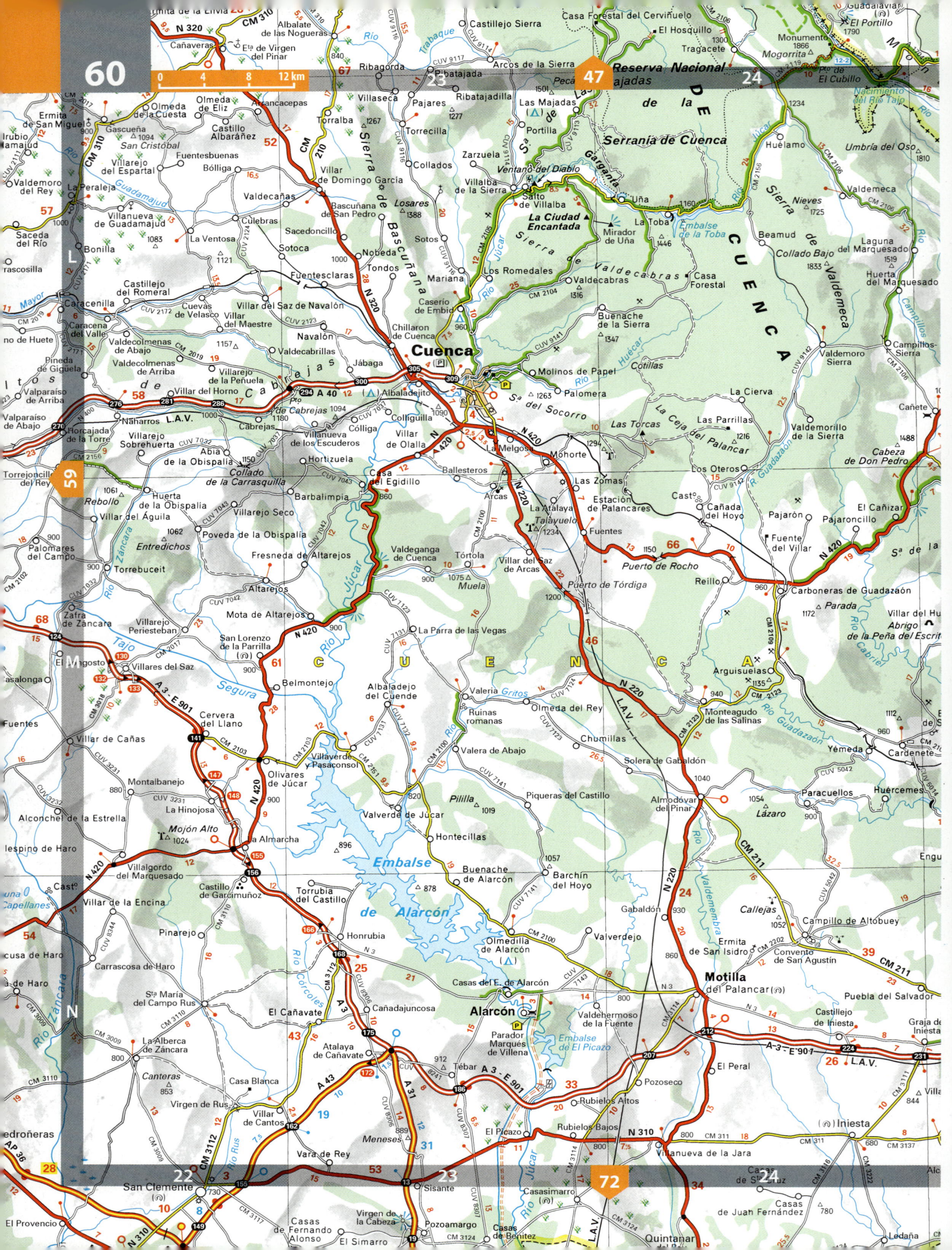

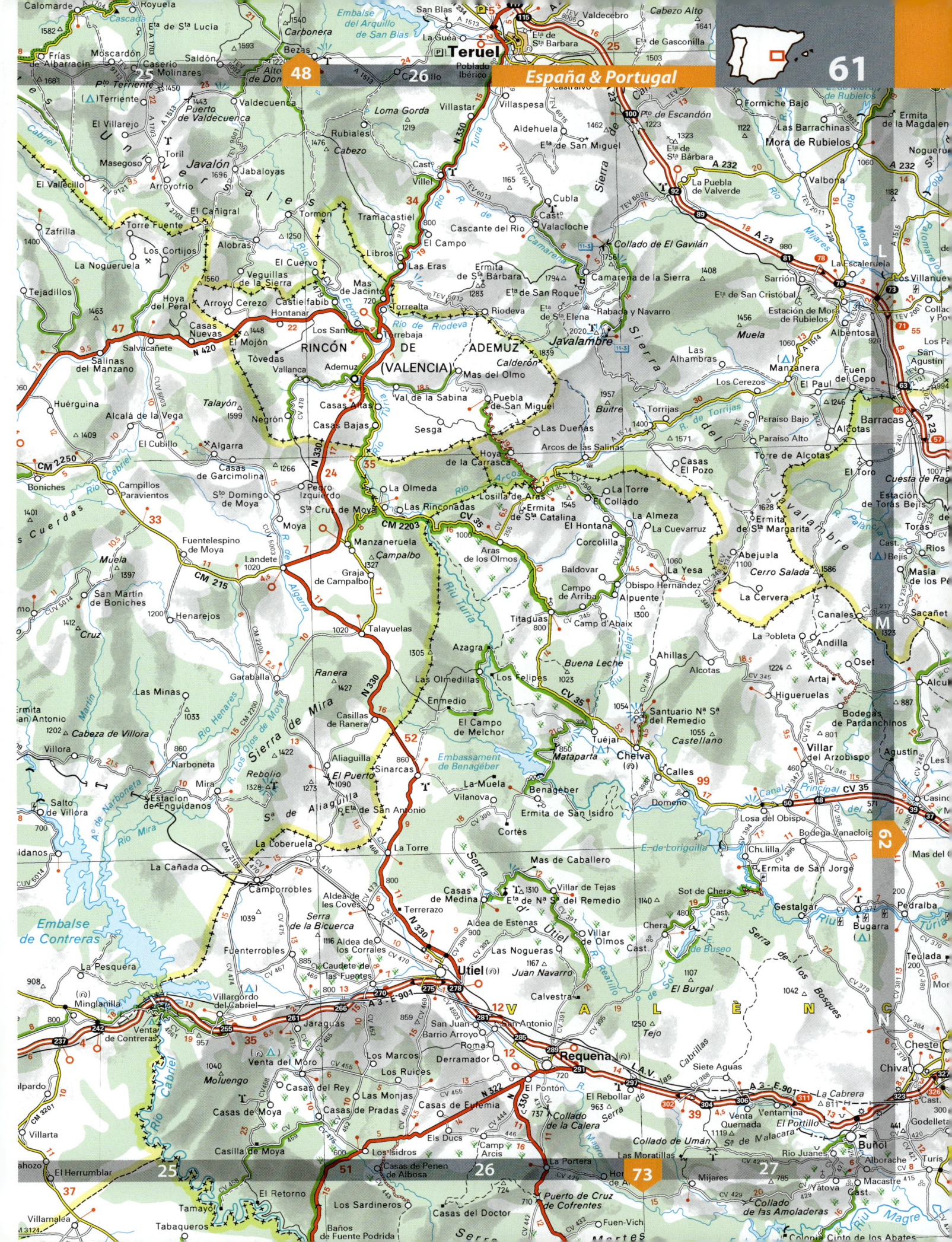

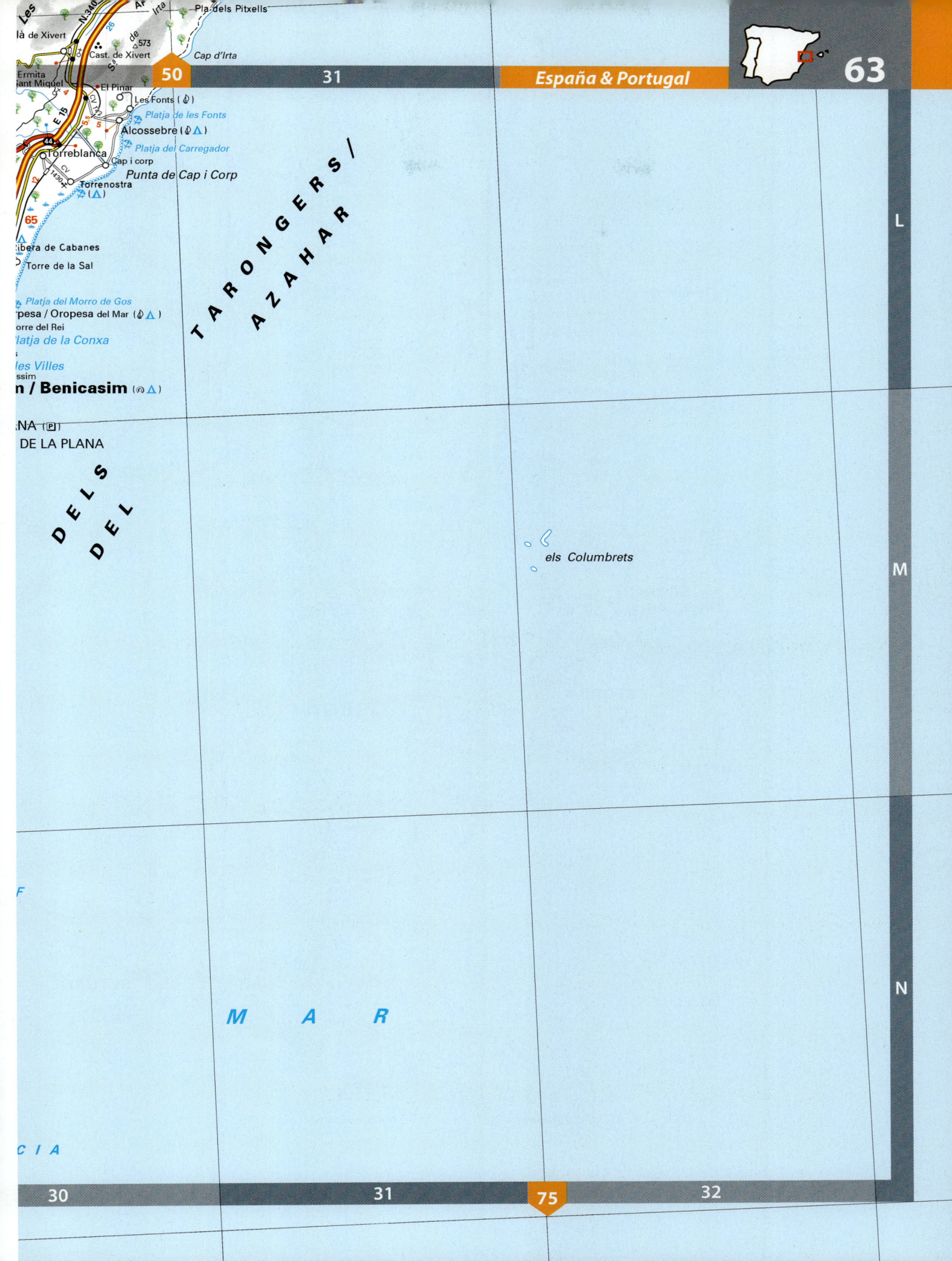

Les

N-340

Pla dels Pitxells

là de Xivert

Sª de

573

Cast. de Xivert

Cap d'Irta

Ermita
Sant Miquel

El Pinar

Les Fonts

50

31

L

Platja de les Fonts

Alcossebre

Torreblanca

Platja del Carregador

Cap i corp

Punta de Cap i Corp

T A R O N G E R S /

Torrenostra

1430

65

A Z A H A R

Ribera de Cabanes

Torre de la Sal

Platja del Morro de Gos

pesa / Oropesa del Mar

orre del Rei

latja de la Conxa

les Villes

ssim

n / **Benicasim**

NA

DE LA PLANA

D E L S

D E L

M

D E L S

D E L

els Columbrets

N

M A R

F

CIA

30

31

31

75

32

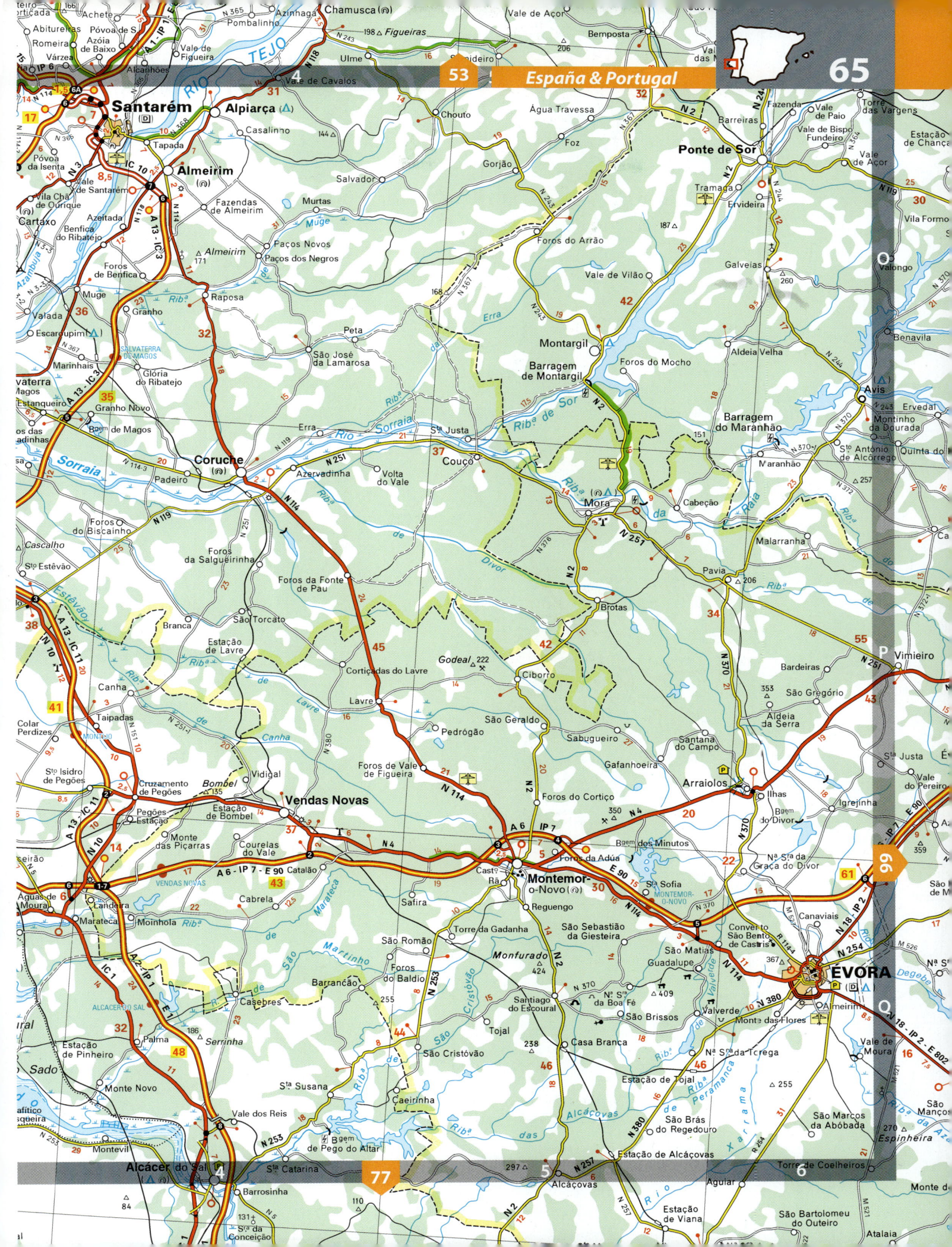

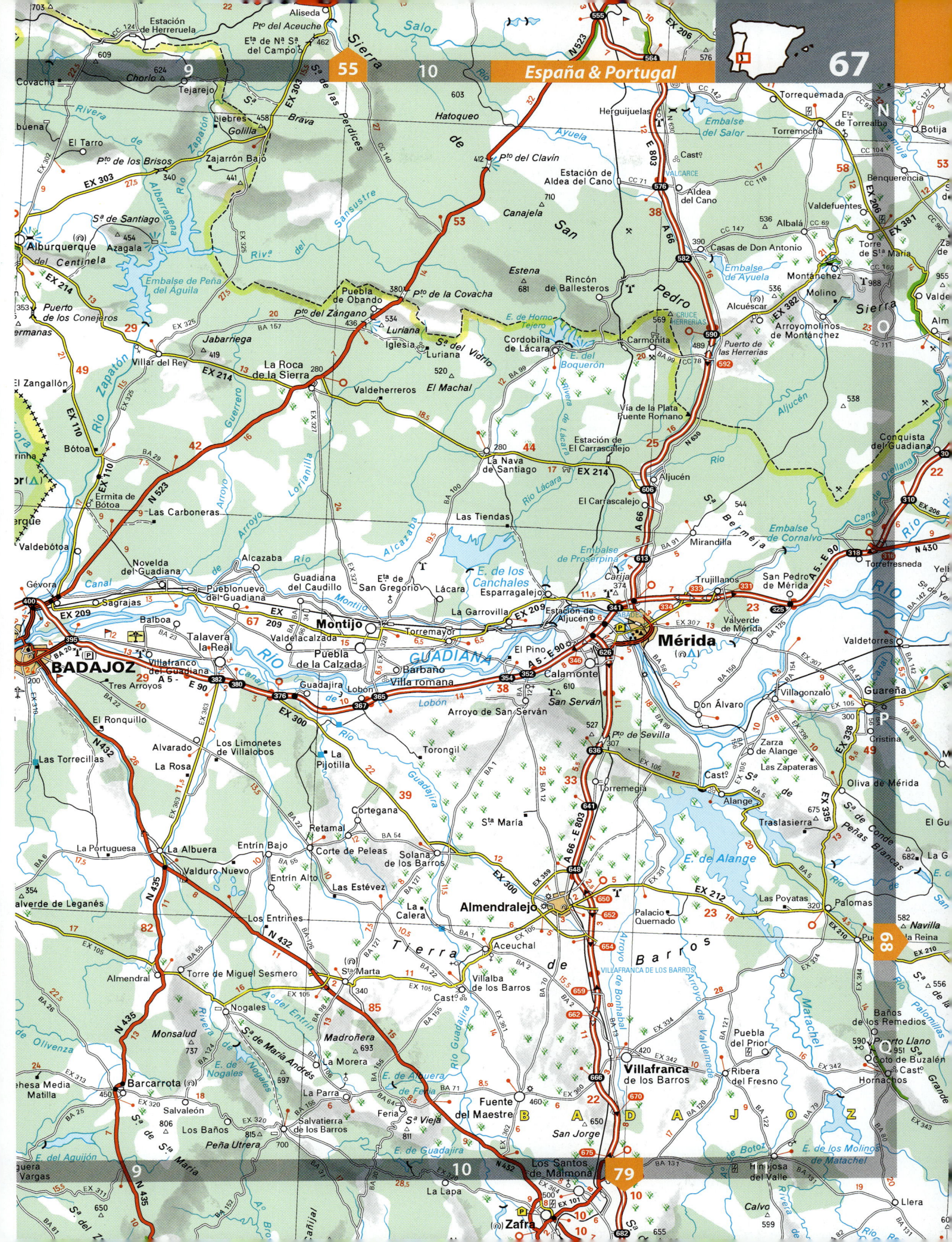

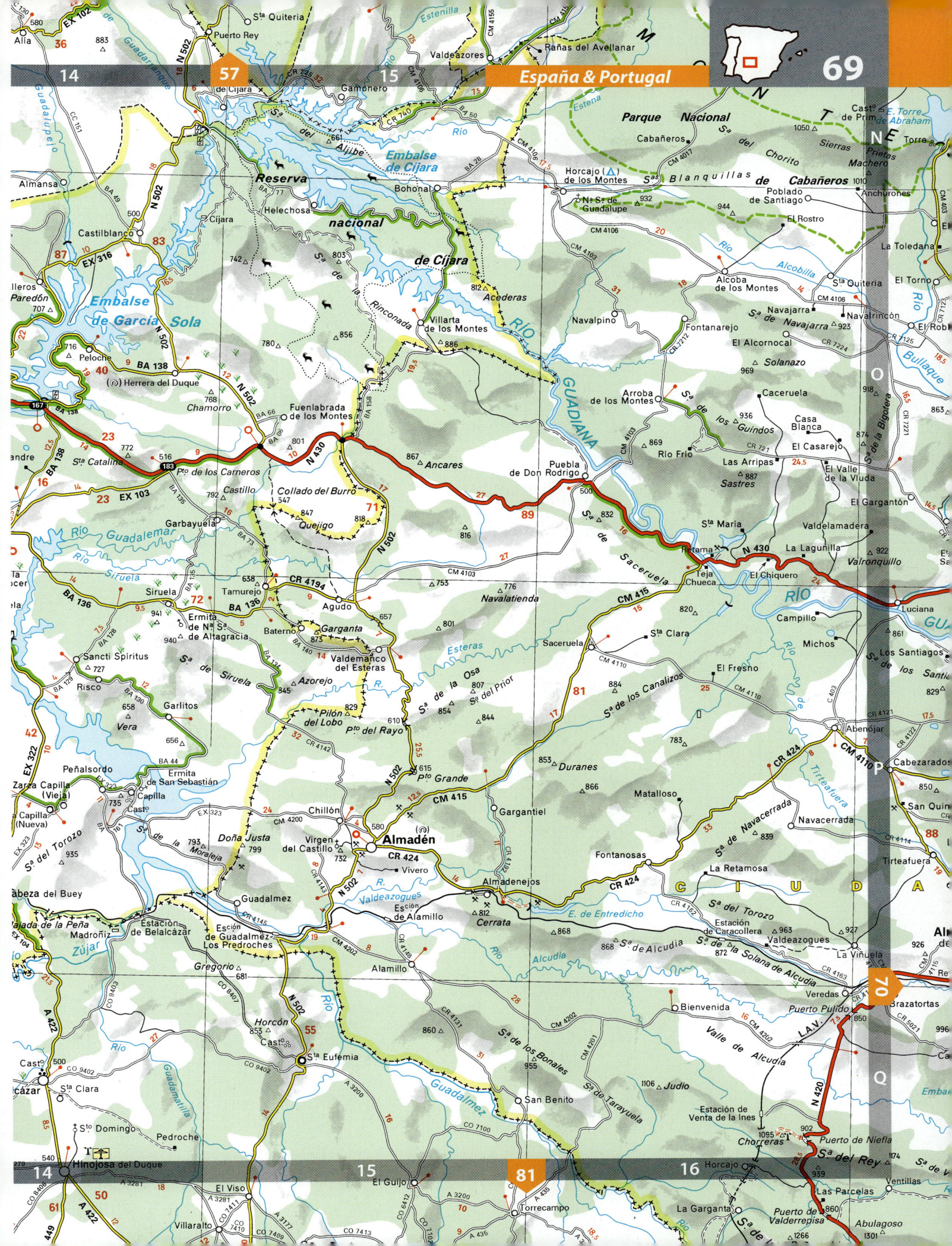

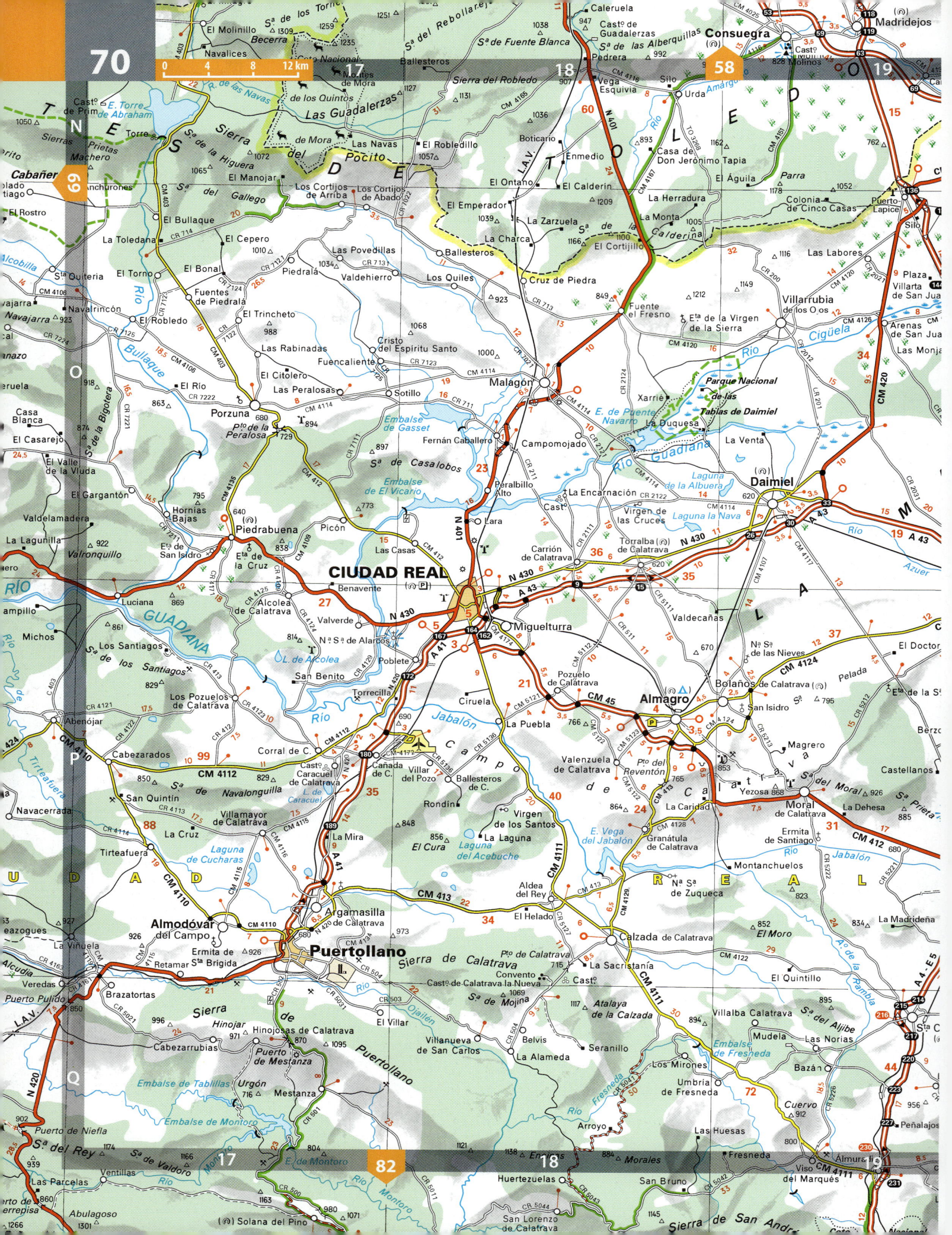

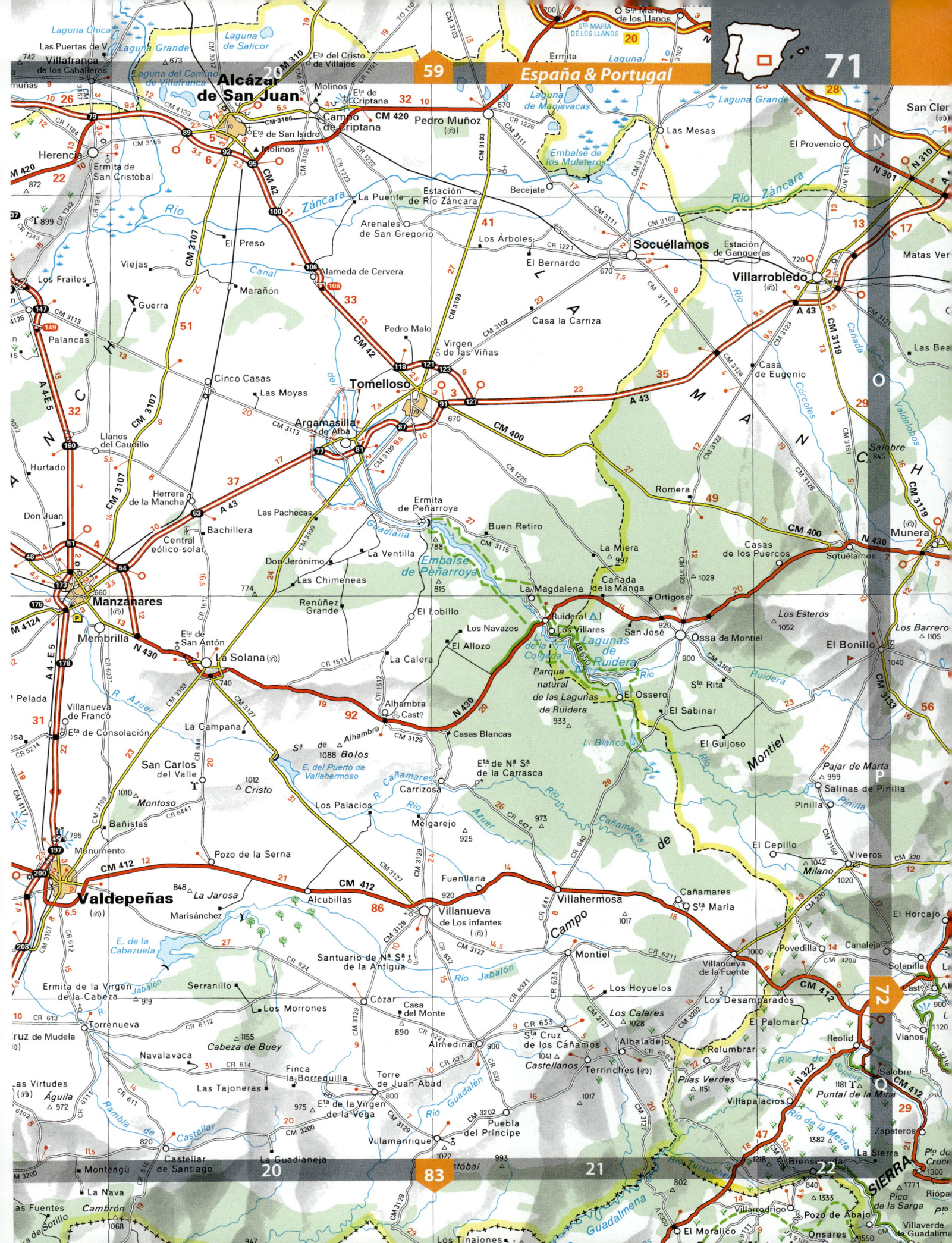

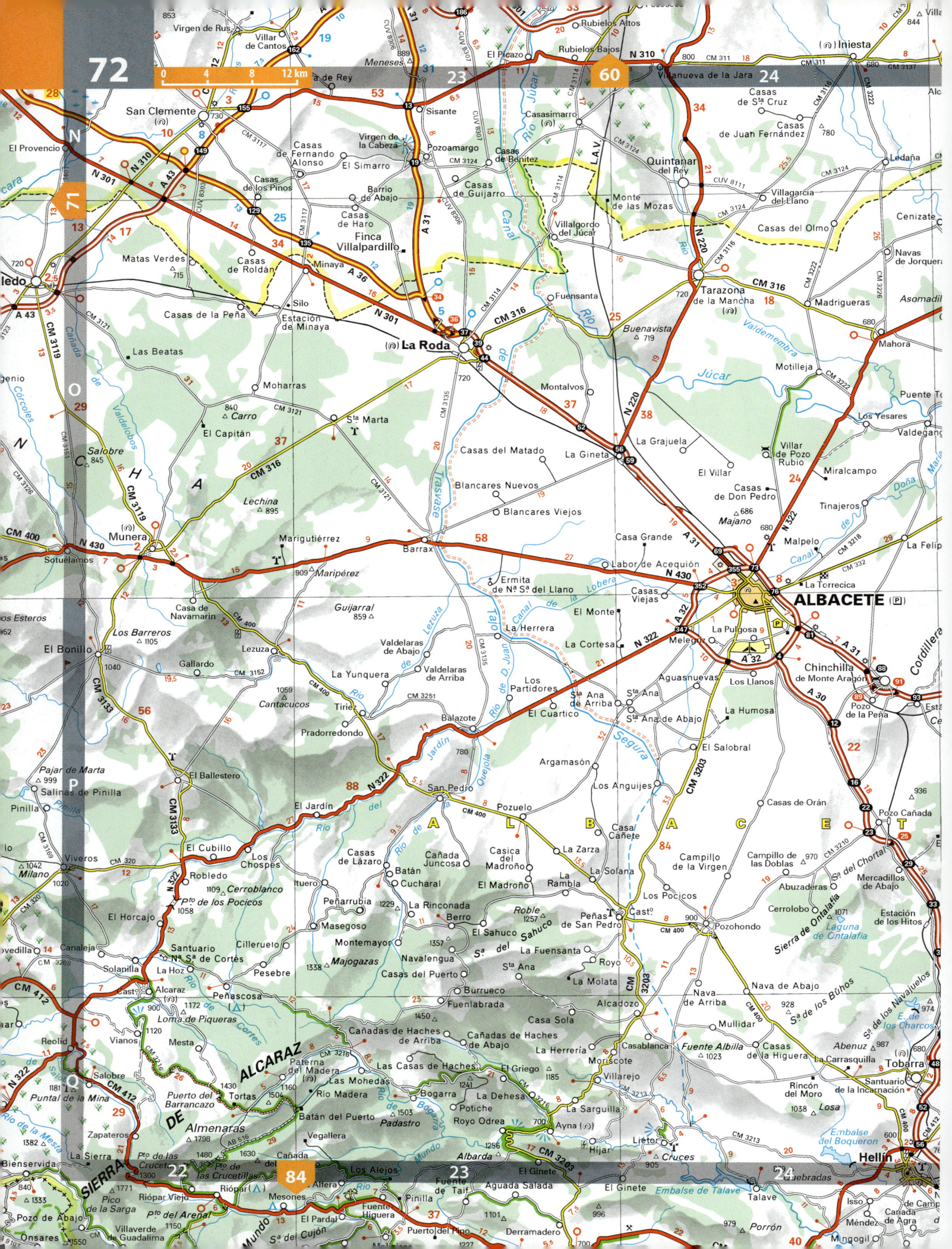

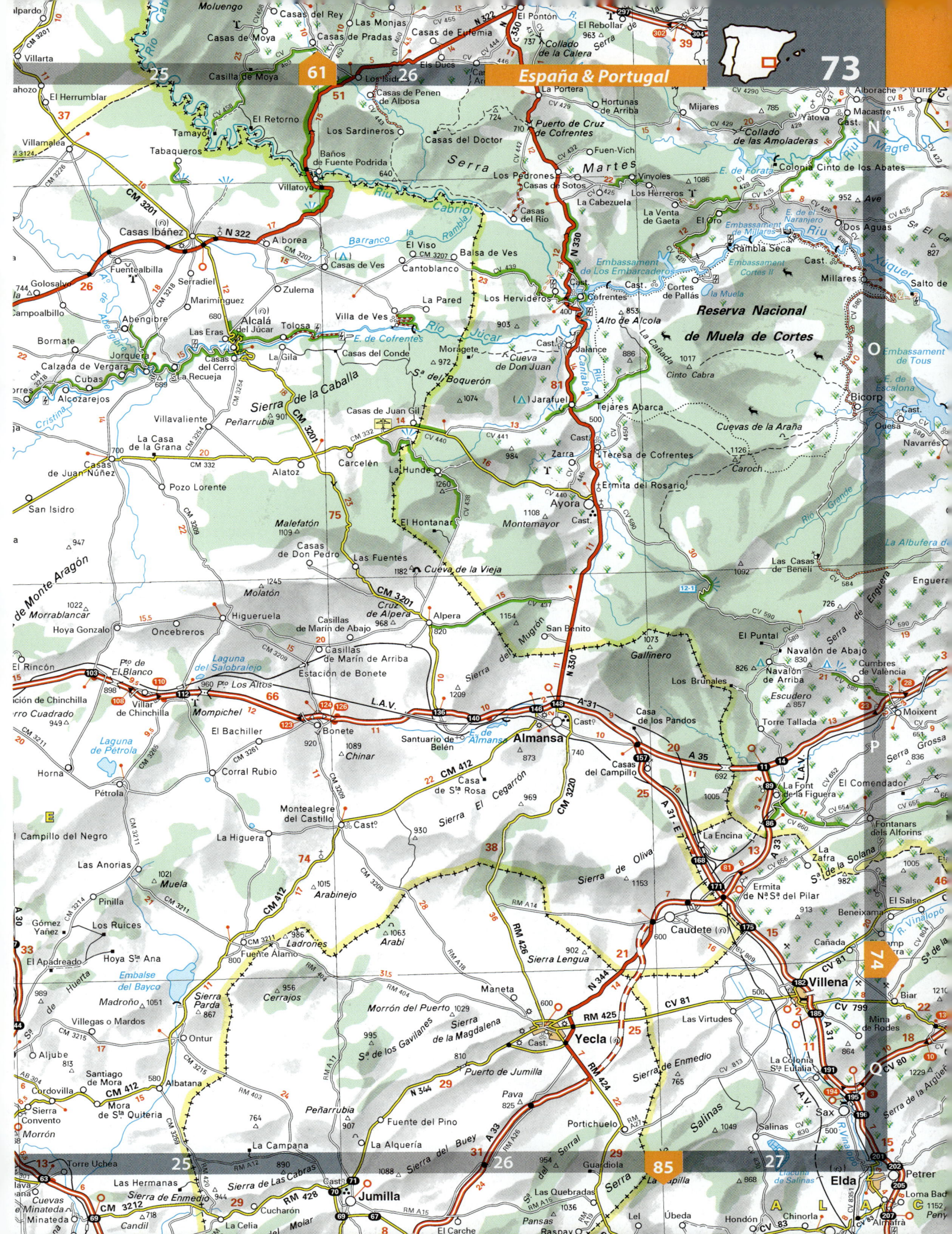

VALEN...

N · O · P · Q

73 · 62 · 29 · 86 · 27 · 28

Major places:

Torrent · Picassent · Silla · Alcàsser · Montroi · Carlet · Algemesí · Alzira · Carcaixent · Sueca · Cullera · Tavernes de la Valldigna · Xàtiva · Ontinyent · Gandia · Platja i Grau de Gandia · Oliva · Pego · Pedreguer · Benissa · Calp · Altea · Benidorm · Alcoi / Alcoy · Cocentaina · Muro de Alcoy · Ibi · Castalla · Villena · Elda · Sax · Petrer · La Vila Joiosa / Villajoyosa

El Saler · El Perelló · Platja de Gandia · Platja d'Oliva · Polop · La Nucia · Altea la Vella · Finestrat

Embassament de Tous · Embassament d'Amadorio · La Albufera

MEDITERRÀNEA / M E

D I T E R R Á N E O

O

P

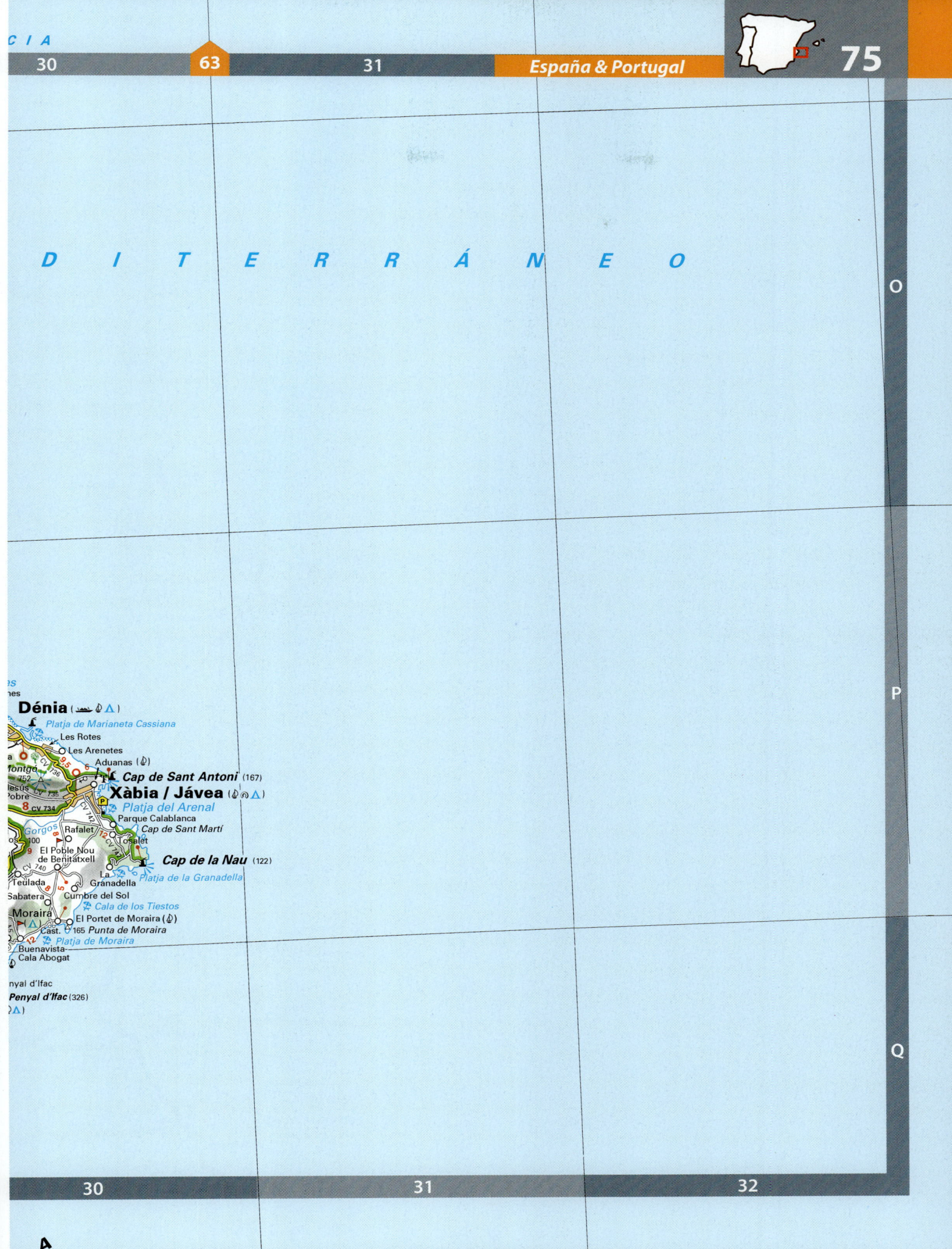

Dénia (⛴ ⚓ △)
⚓ *Platja de Marianeta Cassiana*
Les Rotes
Les Arenetes
Aduanas (⚓)
Montgó
752
Cap de Sant Antoni (167)
Jesús
Pobre
Xàbia / Jávea (⚓ ⌂ △)
CV 734
Platja del Arenal
Parque Calablanca
Gorgós
Rafalet
Cap de Sant Martí
Tosalet
El Poble Nou
de Benitàtxell
CV 740
Cap de la Nau (122)
Teulada
La
Granadella
Platja de la Granadella
Sabatera
Cumbre del Sol
Cala de los Tiestos
Moraira
El Portet de Moraira (⚓)
Cast.
165 *Punta de Moraira*
Platja de Moraira
Buenavista
Cala Abogat
nyal d'Ifac
Penyal d'Ifac (326)
△)

Q

A

Cabo Espichel

0   4   8   12 km

VIA

DE

SETÚBAL

Praia de Comporta

Comporta

N 253-1

Cais Palafítico
da Carrasqueira

Monte

Torre

N 261

Carvalhal

Torroal

Casa
Branca

N 261-1

N 253

R

Fontainhas

Boiças

IC

N 261

Atalaia

N 261-2   325

Nª Sª
da Pen

Lagoa de Melides

Praia de Melides

Melides (△)   **29**

Costa de Sto André

São Francisco
da Serra

Praia de Sto André

Lagoa de
Sto André

Cruz de
João Mendes

Reserva

Vila Nova
de Sto André

IC 33   Sta Cruz

31

Sto André

Sta Cruz

São Bar
da Serra

Natural
das Lagoas
de Sto André
e da Sancha

51

A 26-1

N 261

Santiago
do Cacém

N 121

Cast

Ruínas
Romanas
de Miróbriga

A 26

22

282

N 261

Verge

Cabo de Sines

(△ ✈) **Sines**

Zonas Industriais

Boavista do Paiol

Porto de Sines

Provença

S

Praia de São Torpes

Bgem de Morgavel

Muda

Praia de Morgavel

214

Vale de Água

N 120

Sol Posto

N 390   149

Praia de Porto Covo

IC 4

(△) Porto Covo

6

Tanganheira

Bgem de
Campilhas

Praia da Ilha

△

Bracial

26

Praia do Malhão

Malpensado

Cercal

N 262

23

N 389

341

Casa Nova

Parque

Brunheiras

N 120

Ribeira do Seissal

△

Vila Nova
de Milfontes

Sª das Neves

Praia das Furnas

São Luís

Vale Beijinha

31

Zambujeiras

Vale de
Ferro

T

Almograve

Troviscais

N 393

Rio

Praia Grande

P

37

Natural

Cavaleiro

N 393-1

Telheiro

Cabo Sardão

Maroufenha

Odemira

N 123

Touril

Fontinha

Boavista
dos Pinheiros

209

Porto das Barcas

N 393-1

Estibeira

N 120

(△) Zambujeira do Mar

São
Teotónio

Sobreiro

Sta C

Carvalhal

do Sudoeste

220

Praia da Azenha do Mar

Brejão

38

Sta Bárbara

Praia de Odeceixe

Caeiro   455

Odeceixe

Oleiros

Samauqueira

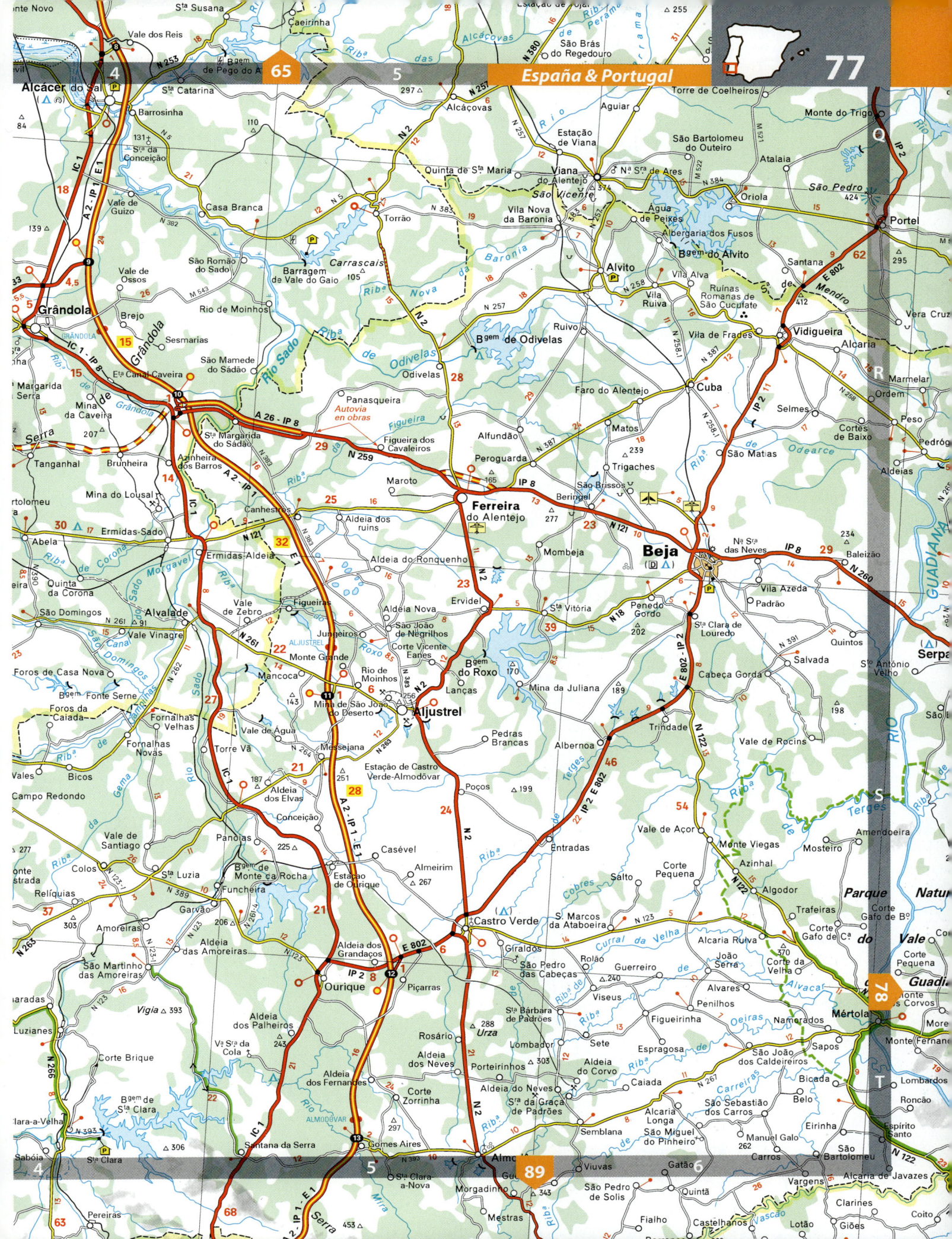

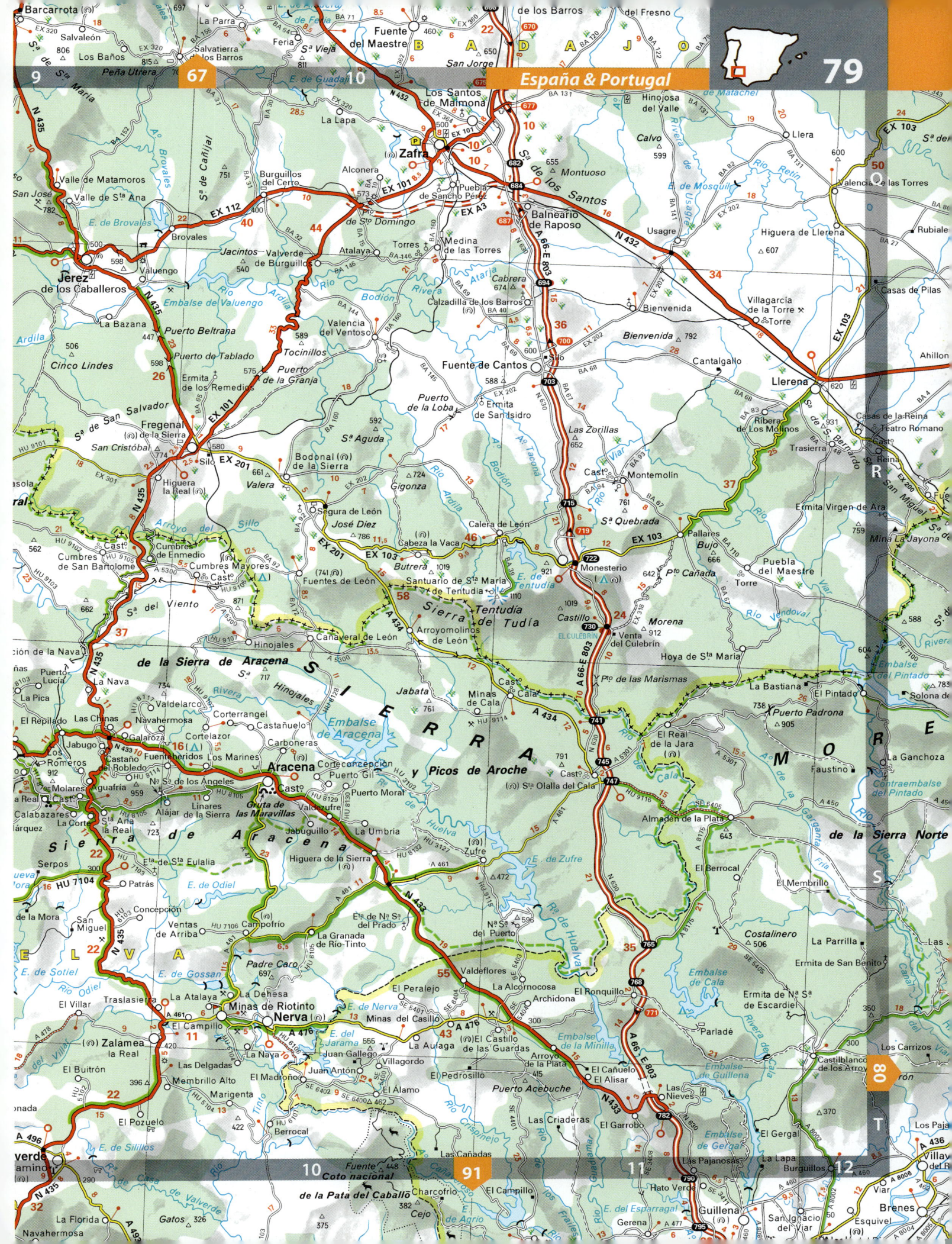

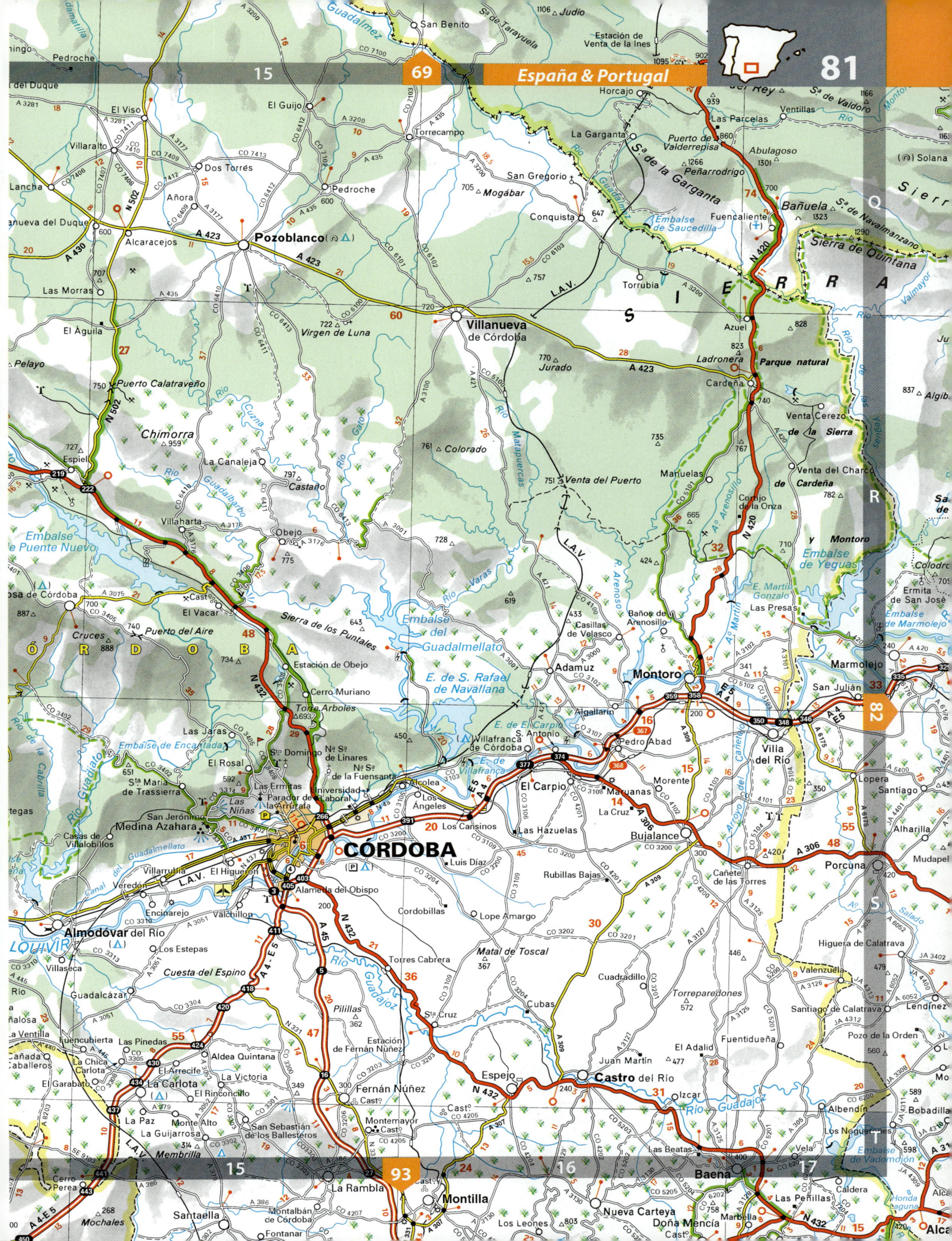

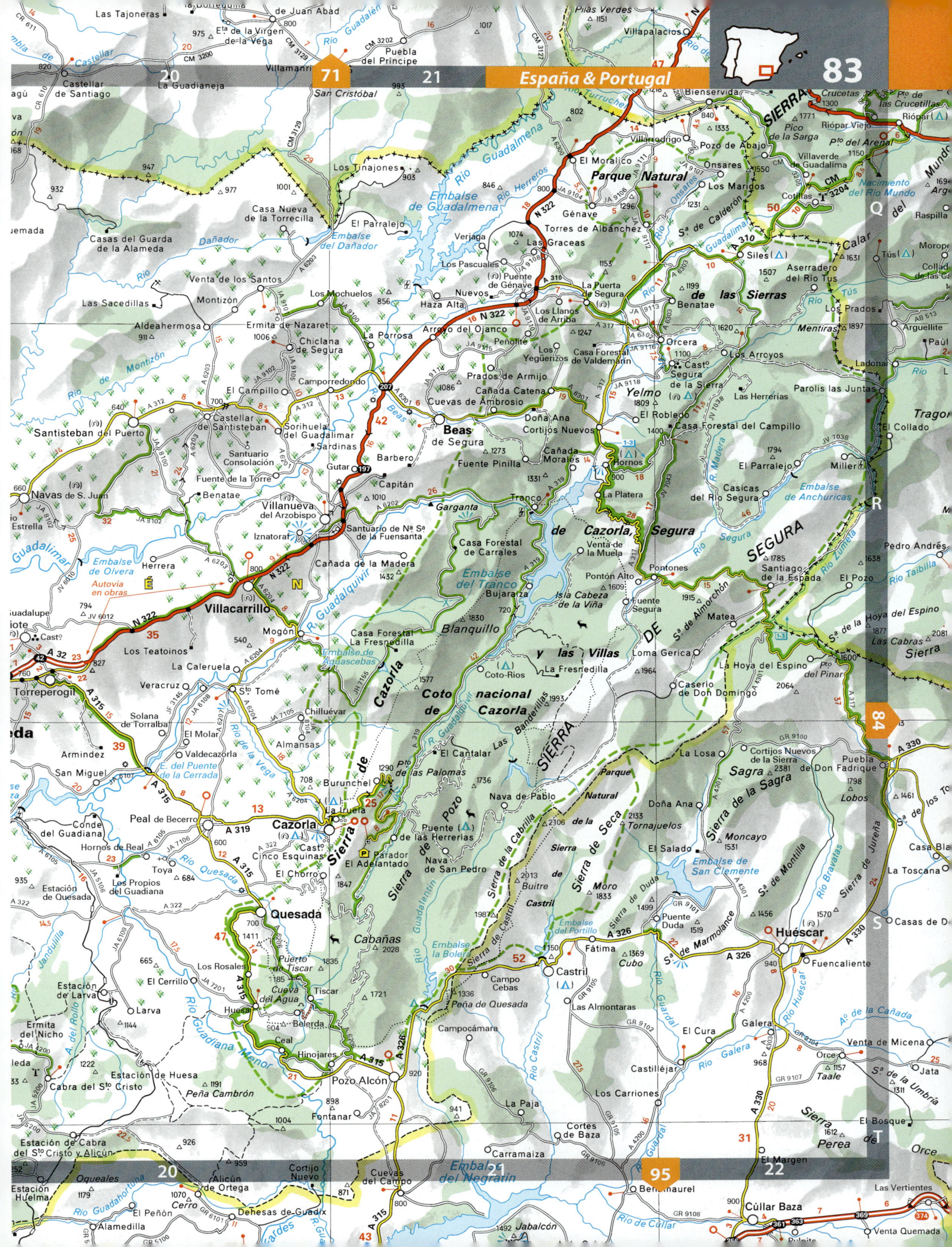

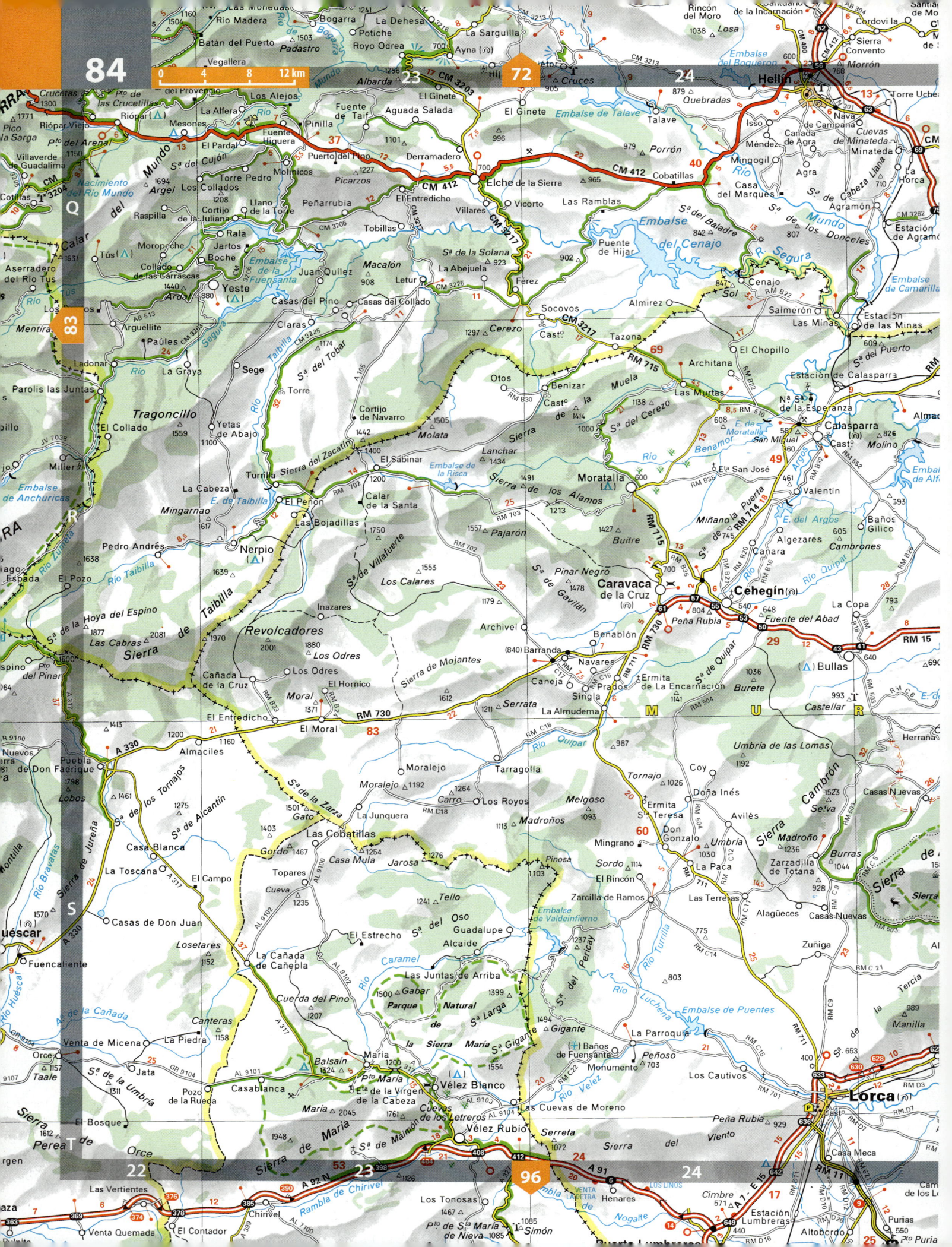

O

IBIZA

Cala de Portinatx
Cala Xarraca
Punta de sa Creu
Cap d'Albarca
Camp Vell
Stª Agnès de Corona
Sant Mateu d'Albarca
Cap Nunó
Cala Salada
Buscastell
Cala Gracio
Sant Antoni de Portmany
Illa Conillera
Cala Bassa
Illes Bledes
Illa s' Espartar
Port des Torrent
Cala Tarida
Caló d'en Real
Cala Vedella
Cala Barcó
es Cubells
Cap Blanc
Illa Vedrà
Cap Llentrisca
Punta de sa Rana

Port de Sant Miquel
Sant Miquel de Balansat
Sant Joan de Labritja
Sant Carles de Péralta
Stª Gertrudis de Fruitera
Stª Llorenç de Balafía
Punta des Gat
Portinatx
Sant Vicent
Cala de Sant Vicent
Punta Grossa
Cala Sant Vicent
Platja des Figueral
es Figueral
Illa de Tagomago
Cap Roig
la Joya
es Canar
Platja des Canar
Illa de Stª Eulària
Stª Eulària des Riu
Cala Llonga
Cap des Llibrell
Roca Llisa
Nª Sª de Jesús
Talamanca
Punta Grossa
EIVISSA / IBIZA
Platja d'en Bossa
Sant Jordi de ses Salines
Sant Francesc de s' Estany
Salines
sa Canal
Platja des Cavallet
Punta de sa Torre de ses Portes

Sant Rafel de sa Creu
Cala de Bou
Sant Agustí des Vedrà
Sant Josep de sa Talaia
sa Carroca
Puig Gros
Cova Santa
Talaiassa

Illa des Penjats
Illa Espardell
Illa Espalmador
Parque Natural de Ses Salines d'Eivissa i Formentera

Cala Savina
Punta Pedrera
la Savina
Punta de sa Gavina
Sant Francesc de Formentera
Cala Saona
Punta Rasa
Punta Prima
es Pujols
Sant Ferran
Punta de Sa Creu
es Caló
el Pilar de la Mola
Far de la Mola
Punta des Far
Mola
Mar y Land
Punta Rotja
Platja de Migjorn

FORMENTERA

Cap de Barbaria

P

Q

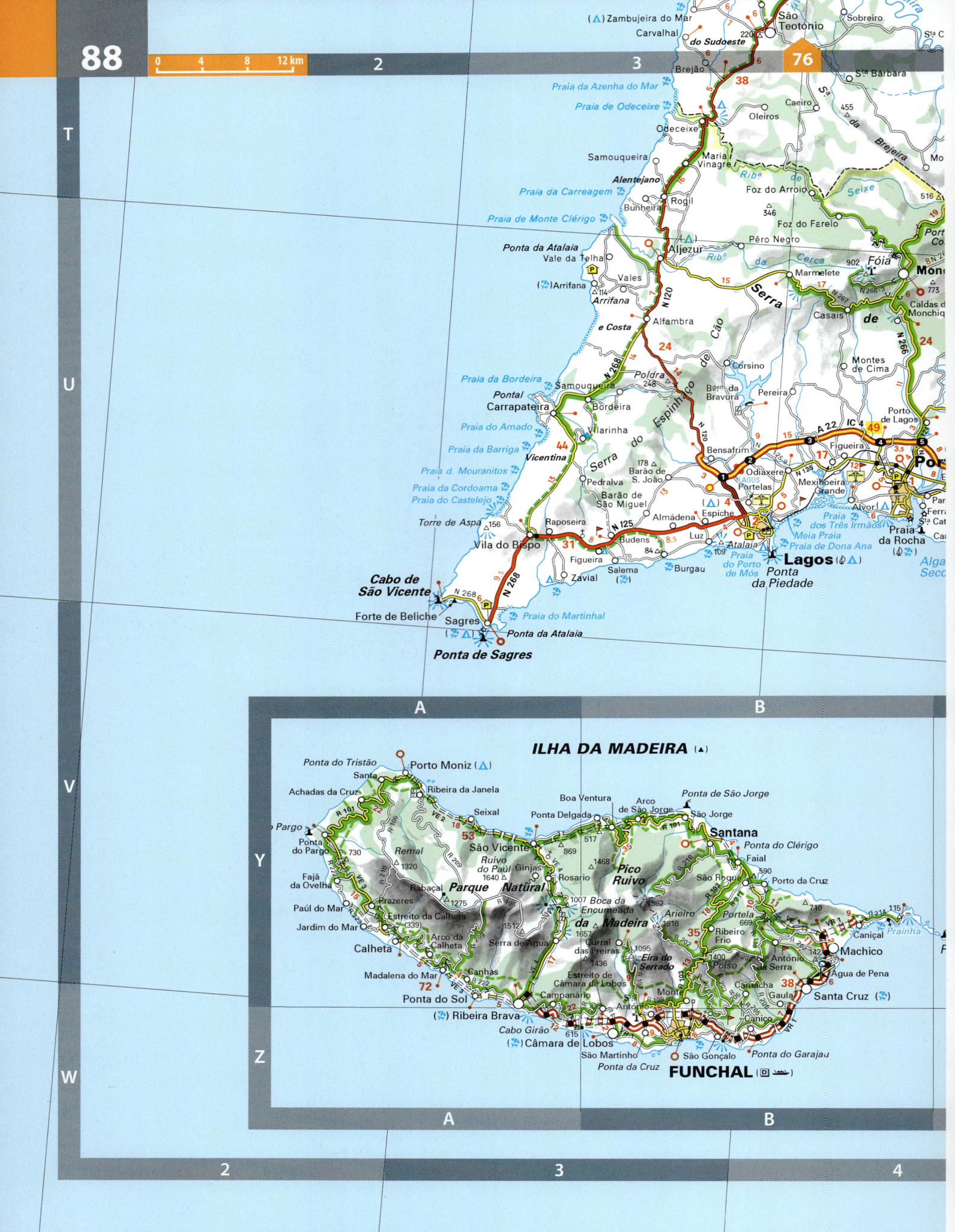

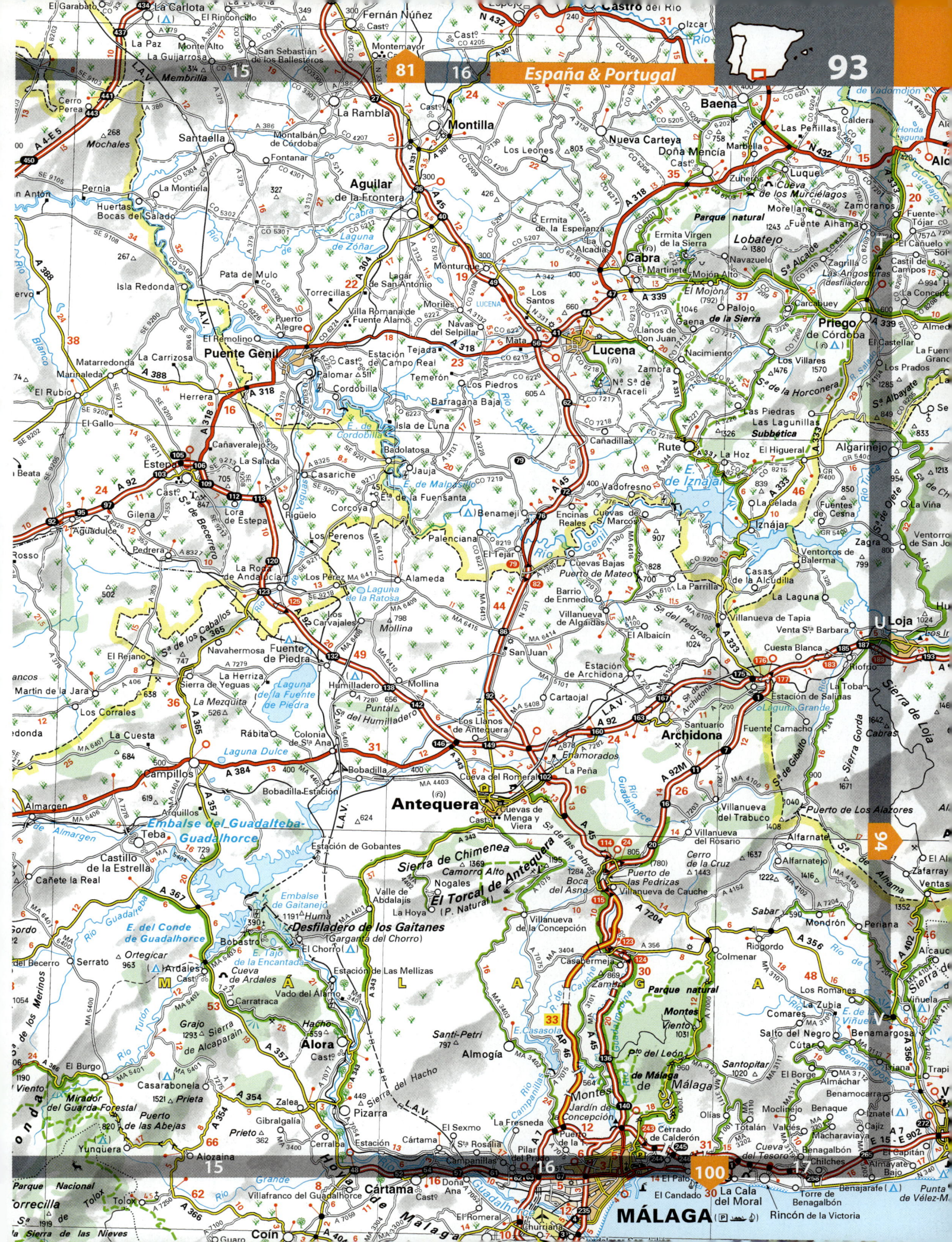

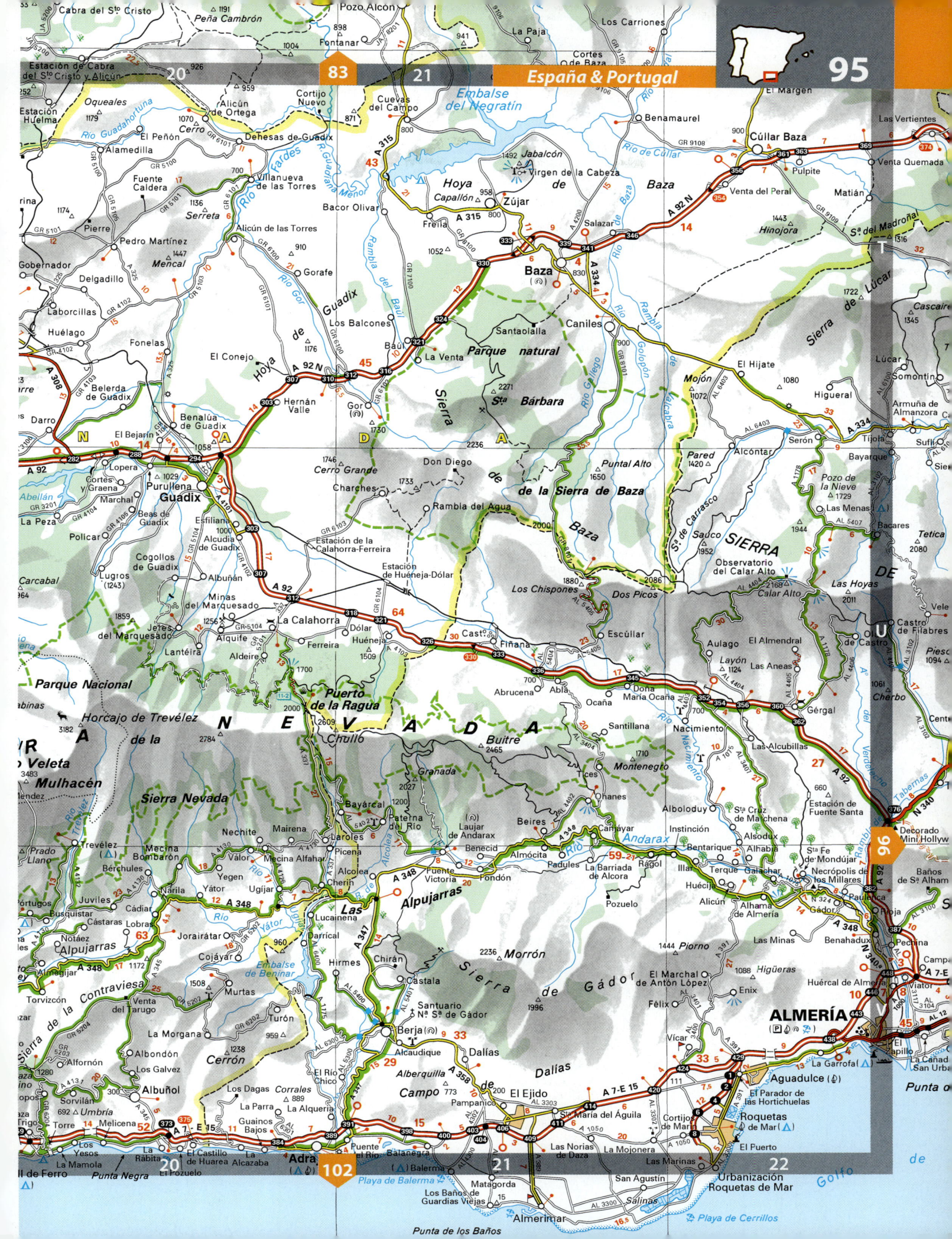

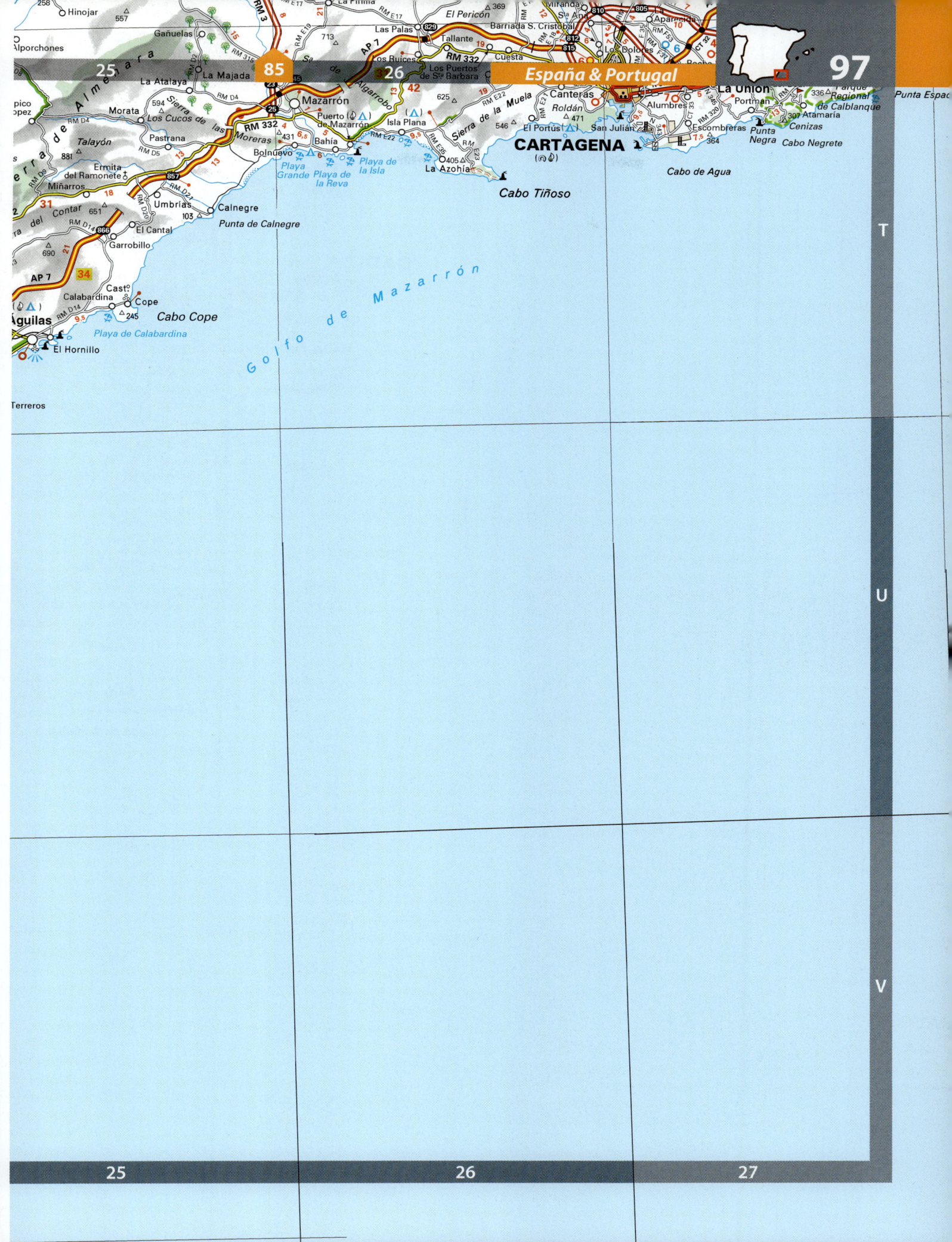

0 4 8 12 km

del Perro
Chipiona
la Jara
Los Asientos
Alijar
Guadalcacín
A 480
22 **JEREZ**
Nª Sª de Regla
DE LA FRONTERA
10 Costa Ballena
23
Playa de Regla
Peña del Águila
Playa de la Ballena
11
A 2001
Rota
A 491
6
20
A 2075
Punta Candor
La Almadraba
Fuenterrabia
Doña
Playa de Costilla
San Marcos
21 Blanca
El Manantial
El Ancla
Vistahermosa
Valdelagrana
Bolaños
Playa Sª Catalina
El Puerto
de Stª María
Bahía
CÁDIZ
AP 4 - E 5
26
Castº de San Sebastián
Matagorda
104
Playa de la Victoria
Puerto Real
12
Playa de Cortadura
La Chacona
El Ped
17
La Carraca
Barriada
de Jarana
Los
San Fernando
Pinar de los Franceses
Medin
Torre Gorda
Isla
El Rosal
23
Chiclana
de la Frontera
Parque Natural
León
Sta Teresa
A 390
de la Bahía de Cádiz
Los Gallos
Sancti Petri
Novo
Sancti Petri
186
Isla Sancti Petri
Cast.º
La Barrosa
Pago del Humo
Playa de la Barrosa
Campano
15
Playa
del
30
Roche El Colorado
Puerco
Fuente del Gallo
Puerto
de Conil
CONIL
Cabo Roche
26 A 48-E 5
Playa de Fontanilla
Conil de la Frontera
30
Playa de Bateles
El Palmar
de la Fr
Eta de la Porquer
Zahora
Meca
Parque natural
Los
La Breña y Marismas de Barbate
de
Cabo de Trafalgar

C O S T A   D E   L A   L U Z

W

X

Y

Gérgal
360
362
Cherbo
958
A 1100
Los Gités
de Agu
La Huelga
Cortijo Grande
Cabrera
Central Solar
Sorbas
N 340
Los Molinos
del Río A
Gafarillos
Sopalmo
62
Las Alcubillas
A 92
N 340
Tabernas
Los Yesos
N 340
400
Cantona
754
A 7-E 15
300
La Cueva del Pájaro
Estación de
Fuente Santa
Lucainena
de las Torres
A 1103
Argamasón
AL 6112
Decorado
Mini Hollywood
Turrillas
1092
Níjar
494
Río
Venta del Pobre
Don Antonio
Carboneras
Sta Fe
de Mondújar
Peñón de Turrillas
A 7-E 15
Llano
N 341
Necrópolis de
los Millares
1387
Huebro
Níjar
487
Parque natural
La Mesa Roldán
Baños
de Sª Alhamilla
1368
Minas
de Laíquez
Campohermoso
El Pozo Usero
Agua Amarga
Torre
Faro Roldán
Paulenca
Sierra
481
Cuevas
de los Úbedas
479
San Isidro
Jayón
351
El Plomo
Punta de la Media Naranja
Pechina
Campo
San Pedro
Campamento
Puébloblanco
Fernán Pérez
Punta Javana
Huércal de Almería
Las Cuevas
de los Medinas
Yeguas
de Cabo de Gata - Níjar
Las Negras
ALMERÍA
Viator
El Alquián
467
471
Atochares
Los Albaricoques
Rodalquilar
Punta de la Polacra
El Zapillo
Costacabana
Retamar
Barranquete
Rellana
478
Gata
La Isleta
Los Escullos
La Garrofa
La Cañada de
San Urbano
Ruescas
Las Presillas
Bajas
COSTA
Aguadulce
Punta del Río
C.E.M.A
del
493
Punta de Loma Pelada
Cabo de Gata
435
de los Frailes
Salinas de Acosta
San José
Sierra
El Coyote
DE
La Almadraba de Monteleva
Morrón de los Genoveses
Faro de Gata
Cabo de Gata

Golfo
de
Almería

S   O   L

0   4   8   12 km

M

Mirad

Punta Beca   546
Port de

838 △ Sant
de
Sª Pollença
Nª Sª

Cala de sa Calobra   T de Pareis
Morro de   Puig Roig   13
sa Vaca   △ 1002
(⚓) sa Calobra   Tomir
Puig Major   Escorca   △ 1102   442 △
△ 664   P. 1445 △   Monestir de Nª. Sª. de Lluc
Port de Sóller   Mʳᵒʳ de   Desfilada   Coll de Sabataia   Coves de Campa
ses Barques   Gorg Blau   △ 1365   9
Cap Gros   Maçanella   Caimari   586   Campanet   37
Cala Deià   Fornalutx   P. de Cúber   Moscari
Biniaraix   Sóller   Selva   Búger
Punta de Deià   1094   Mancor   Ma 13   35
Punta de sa Foradada   Sª   d'Alfàbia   de la Vall   Sª Magdal
Son Marroig   1067   Cast°   Lloseta   Inca   (305)
Miramar   Teix   497   Orient   Alaró   Ma 2130   30
Port de Valldemossa   △ 1064   Coll   △ 674   Binissalem   Ma 2110   27   Ma 3440
Cala de Valldemossa   de Sóller   Lloseta
Port des Canonge   Valldemossa   Raixa   Bunyola   Consell   8   Biniali   Ma 134
sa Cartoixa   Sª Maria   Ma 3420   Costitx
Banyalbufar   626   del Camí   Sª Eugènia   Lloret de
Esporles   Palmanyola   31   Vistalegre
Mirador de ses Ànimes   s'Esgleieta   29   Ma 2020   Sencelles
Estellencs   sa Granja   Ma 10   Ma 2031   sa Cabaneta   Pina
Ram   Son   Pòrtol   Ma 3011
833   Establiments   Sardina   es Pont d'Inca
Galatzó   (P) S   Ma 2C   Ma 3011
Mirador Ricardo Roca   △ 1027   PALMA   Son Ferriol   Ma 15
Morro d'Es Fabioler   614   DE MALLORCA   Algaida   51
928   Puigpunyent   sa Vileta   Sant Jordi   Randa   Monestir
493   Galilea   Son Vida   sa Casa Blanca   de Cura
Cap de Tramuntana   es Capdellà   Bellver   es Coll d'en   ses Meravelles
Illa   △ 376   Calvià   Sant Agustí   Rabassa   s'Arenal   Llucmajor
sa Dragonera   Son'Arracó   Costa   Cas   Can Pastilla
Cap d'es Llebeig   Andratx   Gènova   Català   11   13
Port d'Andratx   Peguera   d'en Blanes   Portals Nous   Cala Blava   Ma 19   22   26
Cap de sa Mola   es Camp   Costa   Palmanova   les Palmeres   25
229   de Mar   sa Calma   Magaluf   Cap Enderrocat   24
Cap des Llamp   Sª Ponça   Cala Vinyes   Badia   de   Palma   Badia Gran
el Toro   Son Ferrer   Platja de Caluià   Cap de Regana   Capocorp
Illa del Toro   164   Portals Vells   Cap Blanc   s'Estanyol   sa Ràpita
Cap de Cala Figuera   Cala Pi   de Migjorn
Cala Vallgornera   Punta   Platja
Plana   de   Tra
Ansa   de   sa   Ràpita

N   MALLORCA   (⚓) Colònia de Sa

O   Cap de Llebeig

172 △
Punta de Anciola

L

Cap de
Cavalleria

Illa
dels Porros

Cala Pregonda

Platja de Tirant

Badia de Fornells

Punta Pantinat

△ 123

Fornells (⚓)

Illes Bledes

Platjes
de Fornells

Punta Codolar

(⚓) Cala Morell

Cala de Algaiarèns

206 △
Falconera

Sta Agueda

Arenal
d'en Castell

Urb. Coves Noves
na Macaret (⚓)

Punta Nati

△ 268

Addaia

Cap de Favàritx

Cap Menorca
o Bajoli

Ciutadella
de Menorca (⚓)(⚓)

15

es
Mercadal

Monte Toro
△ 358

Binifabini

Illa Colom

△ 80

Ferreries

8

Santuari

CF 1

△ 82

es Grau

Cala en Blanes

Naveta
des Tudons

Me 1   △ 131

Me 1

9

45

22.5

S'Albufera

Punta de sa Galera

(⚓) Cala Santandria

Barranc
d'Algendar

Me 20

Me 19

Me 16

Alaior

Shangri-Lá

Santandria

7

10.5

Me 1 △

155

sa Mesquida

Cala Mesquida
Cala Fonduco

(⚓) Cala Blanca

Son Olivaret

Cala'n
Turqueta

Cala Galdana

es Migjorn Gran

(⚓)

Cap Negre

Tamarinda

62

Sant Tomàs

7.5

Maó / Mahón

Torre-saura

Torre-solí Nou

Talatí
de Dalt   13

es Castell

Punta de s'Esperó

Cap d'Artrutx

Cala en Bósc

Cala Turqueta

Cala Macarella

Cala Galdana

Platja de
Sant Tomàs

Son Bou

Platja de Son Bou

△ 75

Sant Climent   13

Me 14

Fort la Mola

Cala en Porter

Coves
d'en Xoroi

Me 12

S'Ullastrar

Sant Lluís

Me 8

s'Algar (⚓)

Binidalí

4.5

Alcalfar

MENORCA

Cap d'en Font

△ 73

Punta Prima

Binibèquer

Cala Binibeca

Illa de l'Aire

Capdepera
(⚓)

N

R R À N I A

À N E O

Ilhas Açores

1 31°20 **2** 31°

D

Ilha do Corvo
Ponta Torrais
Caldeirão
718 △
Vila do Corvo

39°40

E

Ponta do Albarnaz — Ponta Delgada
(▲) *Ilha das Flores*
914 △
Fajã Grande
Fajãzinha — Santa Cruz das Flores
Rocha dos Bordões — Ponta da Caveira
Lajedo
Fazenda das Lajes
Ponta dos Ilhéus — Lajes das Flores

39°20

F

0   10 km

20 **21**

L

Anjos
Pico 587
Alto
Ilha de Santa Maria Baía do São Lourenço 37°
(▲) Santa Bárbara
Almagreira
Santo Espírito
Praia
M Vila do Porto — Maia
Ponta do Castelo

25°20 25° 0   10 km

11 **12**

F

Ilha Graciosa (▲)
Ponta da Barca — Stª Cruz da Graciosa
Guadalupe
Praia
Furna do
Luz *Enxofre*
Carapacho (✈)

39°

13 **14**

G

Ilha Terceira (▲)
Raminho — Biscoitos — Agualva
Ponta do
Queimado
Serreta — *Furnas do Enxofre* — Lajes
Caldeira 1021
Praia
da Vitória
Algar
do Carvão
Stª Bárbara
São Mateus
da Calheta
Ribeirinha
Monte Brasil — **Angra do**
Heroísmo — São Sebastião
Ponta das
Contendas

38°40

H

27°20 27° 0   10 km 38°20

30° **28°** **26°**

40°

Corvo
Flores

Graciosa
S. Jorge Terceira
Faial
Pico S. Miguel 38°

Formigas
Stª Maria

0   100 km

---

9 **10**

Atlântico Norte

Oceano

G

Ponta dos Rosais — Monte Trigo
Ilha de São Jorge (▲ △)
503
Beira
Rosais
502
Cedros
(▲) *Ilha do Faial* (▲)
Velas
Santo
Praia do — Ribeirinha Antão — Fajã do Ouvidor
Capelinhos Norte
São
Norte Grande — Fajã dos Cubres
Caldeira Amaro
Capelo 1043
Varadouro Flamengos
Urzelina
Manadas
Santa Luzia
Cachorro — Santo António
Castelo Branco **Horta**
Madalena — São Roque do Pico
Mte da Bandeiras
Guia 2351 △ *Pico* Prainha de Baixo
Candelária
São Mateus — Lajes do Pico
São João — Ribeiras
Ilha do Pico (▲)
Ponta da
Queimada

Norte Pequeno
Calheta
Ribeira
Seca
Serra do Topo
Fajãs
942
Fajãs
Piedade
Ponta da ilha
Calheta de Nesquim
Santo
Antão
Ponta do
Topo

Canal de São Jorge

28°40 28°20 28° 27°40

0   10 km

---

18 **19** **20**

0   5   10 km

J

Ponta da Bretanha — Bretanha
João Bom — Remédios
Mosteiros
Ponta da Agulha
Várzea Santa Bárbara
Ponta da Ferraria *Caldeira das Sete Cidades*
Sete Santo António
Ginetes Cidades
Ilha de São Miguel (▲)
Candelária
Carvão 813 △
Capelas
Feteiras Fenais da Luz — Calhetas
São Vicente Rabo
Ferreira de Peixe
Sª Pico da
Gorda Pedra
483 △ Faja
de Cima
Covoada Arrifes
Livramento
Relva São
Roque
Ponta Lagoa
Delgada
Ponta da Galera

Ponta do Cintrão
São Brás
Ribeira
Grande
Ribeirinha
Porto
Formoso
Maia
Fenais da Luz
Stª Ribeira
Bárbara Seca
Caldeiras
889 △
Mte Escuro
Barrosa
Água de Pau
de Água de Pau
Água de
Alto
Caloura
Ribeira
Chã — Vila Franca
Ponta da Galera — do Campo — Ponta Garça

Ponta da Ajuda
Fenais Achadinha — Achada
da Ajuda Algarvia — Nordestinho
Ponta da Ribeira
planalto dos
Graminhais
Lomba da 1103 △ Nordeste
Lomba da Maia Fazenda
Pico da Ponta do Arnel
Vara Pedreira
805 △ Pico do
Cavalo Senhora
do Monte Ponta da Madrugada
Caldeira
Furnas Água Retirada
673 △ Faial da Terra
Povoação
Ribeira
Quente
Ponta Garça Ponta do
Faial

37°40 Oceano Norte

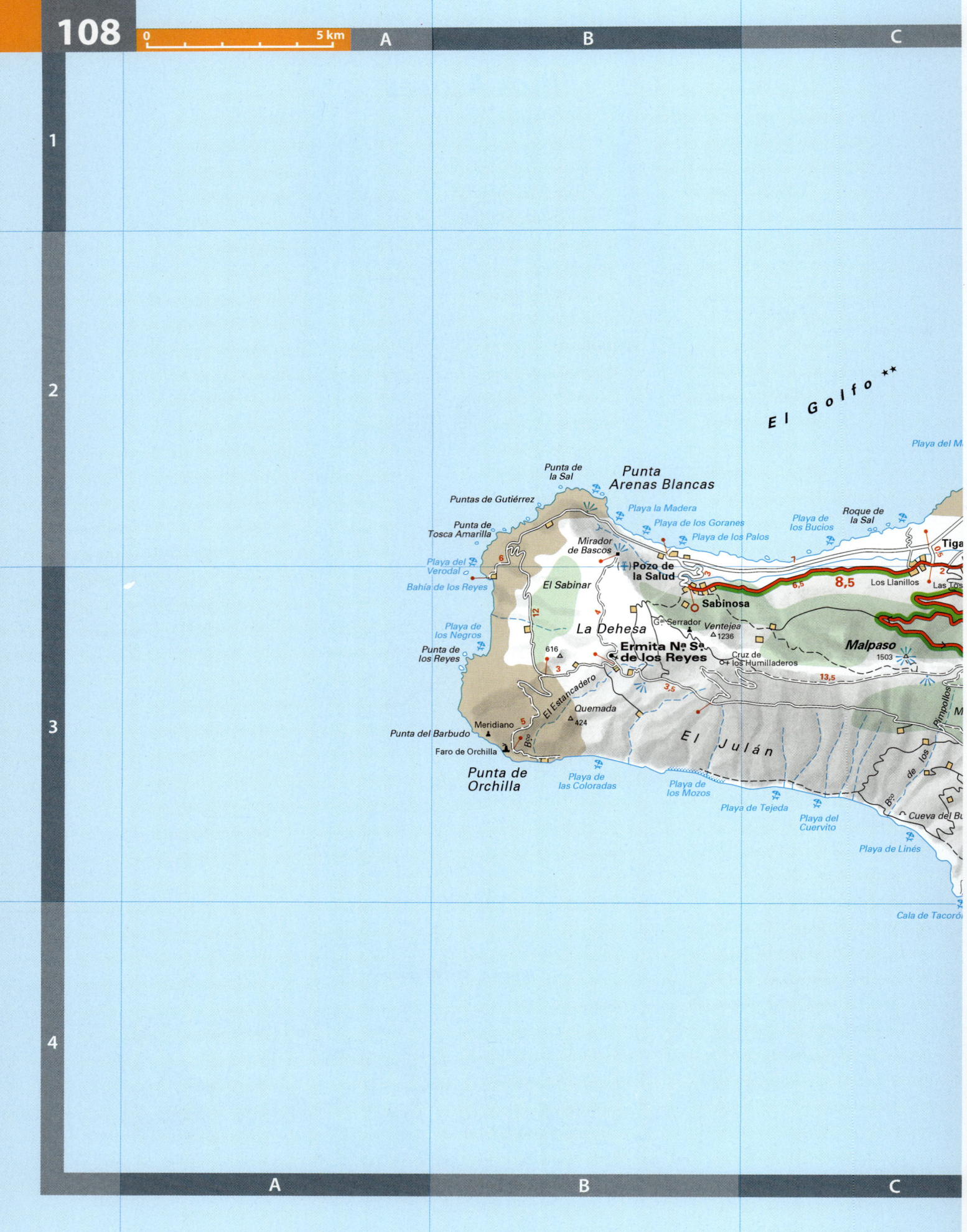

0   5 km

A   B   C

1

2

El Golfo **

Playa del M...

Punta de
la Sal

**Punta
Arenas Blancas**

Puntas de Gutiérrez

Playa la Madera

Playa de
los Bucios

Roque de
la Sal

Punta de
Tosca Amarilla

Playa de los Goranes

Playa de la Sal

Tiga...

*Mirador
de Bascos*

Playa de los Palos

8,5

Playa del
Verodal

6

**Pozo de
la Salud**

3

7

6,5

Los Llanillos

Las To...

Bahía de los Reyes

El Sabinar

Sabinosa

12

La Dehesa

Gº Serrador

Ventejea

△ 1236

Malpaso

Playa de
los Negros

4

**Ermita Nª Sª
de los Reyes**

1503

Punta de
los Reyes

616
△

3

Cruz de
los Humilladeros

13,5

3

El Estancadero

El Julán

Punta del Barbudo

Meridiano

5

Quemada

△ 424

3,5

Cueva del Bu...

Faro de Orchilla

**Punta de
Orchilla**

Playa de
las Coloradas

Playa de
los Mozos

Playa de Tejeda

Playa del
Cuervito

Playa de Linés

Cala de Tacorón

A   B   C

Punta del Guanche
Punta Norte
Bahía de las Calcosas
Punta de Amacas
Pozo de las Calcosas
Playa de Adentro
Echedo
Punta de Agache
346
Playa del Salto
Mocanal
Ermita de San Pedro
Tamaduste
Roque Salmor
Ermita de San Lázaro
Playa del Piloto
Guarazoca
Hoyo del Barrio
761
Playas Largas
Santiago
Erese
Betenama
HI 3
★★ Mirador de la Peña
642
Playa del Catadal
Valverde
9
Caleta
Jarales
Pedrâje
1025
HI 2
Punta de la Caleta
Embarcadero de Punta Grande
Las Montañetas
10
8
Las Puntas
1041
Ventejís
1139
4
HI 2
Ermita de San Telmo
Tiñor
541
1,5
Puerto de la Estaca
Izique
1234
HI 1
1,5
4
La Gomera
Tenerife
Guinea
San Andrés
1,5
Las Rosas
Playa de Tijeretas
Los Mocanes
Mirador de Jinama
(1180)
3
La Cuesta
Bahía Temijiraque
Temijiraque
1327
Los Llanos
Punta de Temijiraque
Frontera
La Torre
12
HI 1
Alto de Fileba
2,5
1330
Isora
HI 1
1118
Mirador de Isora
Punta de Ajones
24
3,5
(800)
17
Mirador de las Playas
Roque de la Bonanza
5
El Pinar ★
Las Playas
1253
Hoya del Morcillo
Las Casas
P Parador de El Hierro
12,5
3,5
El Pinar
Playa de los Cardones
1002
Taibique
774
Tembargena
Playa de Miguel
25
Playa Brava
14
Roques de Los Joraditos
Playa del Pozo
Playa de Manchas Blancas
Los Lajiales
Playa del Cantadal
Restinga
197
Bahía de Naos
La Restinga
Punta de la Restinga
Punta de los Saltos

1 : 125 000

0   5 km

1

2

3

A   B   C   D   E   F

O C É A N O

A T L Á N T I C O

Punta

Play

Playa de la
Playa de Jaru

Punta del Salvaje

Los Molinos

Punta de Fuente Blanca   Sali

Playa de los Mozos   B^{co} de los M

Playa del Valle

Aguas Verdes

Punta de los Caletones

Punta del Junquillo   Morro Alto
417

Val

Punta Gorda   Morro de la C
676

Punta de la Herradura

Mirador de
Morro Velosa

Morro Negro
480

★ Betancuria

Barranco   724
Betancuria

29

Ajuy

Puerto de la Peña   Vega de Río
Palmas

Playa de los Muertos   FV 62.1

E^{ta} de N^a S^a
de la Peña

9

Punta de la Nao

FV 62.1

Mézquez

Gran

Playa de la Solapa

C   D   112   E   F

Faro de Lobos
Punta Martiño
Playa del Sobrado   Playa de la Arena
Punta Salidero   Lobos
127   **Isla de Lobos**
Punta el Marrajo   El Puertito   **Parque Natural**
Roques del Puertito

Playa del Majanicho   Punta de la Tiñosa
Punta de la Vera   Playa del Bajo de la Burra

Punta del Rincón   **Corralejo**
Majanicho   152
Montaña de la Mancha   Solyplayas

Punta Aguda   La Costilla   Bayuyo   **Playas de Corralejo**
△ 269

Punta de la Ballena o de Tostón   Playa Bajo Negro

Faro de Tostón   Calderon Hondo   Playa de los Matos
Punta de la Enrocadiza   167   **Parque Natural de las Dunas de Corralejo** ★   Playa del Moro

Los Lagos   La Costilla   Playa Alzada
Punta La Barra   El Roque   FV 10   8   Peña Azul

Tostón   **El Cotillo**   **Lajares**   Los Apartaderos
Playa del Castillo   Casto de Rico Roque   9   FV 109   5   Casilla de Costa   **31**
Playa del Aljibe de la Cueva   **16**   Arriba   **17**   **Roja**   Costa Roja
312 △

Playa del Águila   Blanca   **Villaverde**   Playa de La Cazuela
308 △   420 △   Arena   Montaña de Escanfraga   **33**

Playa de Esquinzo   Taca   **La Oliva**   529 △   Puerto de la Oliva
Museo del Grano   FV 101   Barranco   Azul   Playa del Chinchorro
de Paso Chico   FV 10   **Casa del Capellán**   **Casa de los Coroneles**

Montaña Tindaya   El Cantil   Playa del Perchel
Playa de Tebeto   401 △   FV 102   8   **Vallebrón**   FV 103   FV 102   Bco de Tinojay   Las Llanadas
Mujer   **Tindaya**   Muda   Caldereta   Playa de los Valdivias
Rubio   689 △   El Tío Machín
Barranco   de   La Matilla   Valhondo   Guisguey   La Tía Cristina   **Punta de la Tiñosa**
332 △   686 △   Aceitunal   El Time   FV 214   Playa del Charquito
Colonia de García Escámez   511   La Herradura   Gamón   Puerto Lajas
11   **15**   **Tetir**   La Herradura   214 △   Playa de Las Lajas
Tefía   Majadas   FV 10   Rosa de la Monja   Punta del Roque
FV 221   Ermita de San Agustín   FV 220   La Asomada   FV 1

Embalse de los Molinos   625 △   Cuchillos   2,5   Punta del Gavioto
FV 207   **Casillas del Angel**   FV 3   **Puerto del Rosario**
Tao   **13**   Tesjuates   FV 20   Zurita   Playa Blanca
425 △   275 △   Los Pozos   Lanzarote
Llanos de la Concepción   FV 30   3   5   Llano del Sol   Gran Canaria
El Almácigo   La Ampuyenta   8,5   Cabras
8   593 △   Punta del Viento
de Sta Inés   Rosa del Taro   Barranco   **El Matorral**   Punta Gonzalo
Cruz   6   Casa Blanca   de   Playa del Matorral
Ermita San Diego   337 △   Jenejey   Punta del Cangrejito
645 △   **Centro de Artesanía**   **Triquivijate**
Museo Arqueológico   **Antigua**   Escaque   Castillo de la Caleta de Fustes
Las Pocetas   Bco de   Risco   **1 : 175 000**
Ermita de San Francisco   Boca   del
Valles de Ortega   Majada Blanca   Caleta de Fustes
12   Eta de San Roque   El Cortijo   La Guirra
Montaña   Morales   FV 415   FV 50   FV 2
708 △   Agua de Bueyes   Agua   Finca del Vicario   Punta del Muellito
1   2   3

0 5 km

A   B   C   D   E

3

4

5

Punta del Peñón Blanco

Las Salinas

Playa Amanay

Punta de las Goteras

Playa de Terife

Playas Negras

Playa de Ugán   Ugán

Puerto Nuevo

Playa de la Pared

Playa del Viejo Rey   La P

Morros Negros

123
Granillo

Agua Tres Piedras   El Jable   64

Costa
Calma   Punta

Punta Paloma   63   Bahía Calma

FV 2   *Playa Barca*

*Playa de Barlovento
de Jandía*   Las Verodes

11   El Paso   *Playa de
Sotaventó*

El Islote   Pecenescal   253

Montaña
Blanca   24

Playa de Cofete   Parque   Natural   402   Los Cañados
de Abajo

Punta
Pesebre   807   Risco del Paso

Punta de
Barlovento   Cofete   Jandía   Esquinzo

Punta Cotillo
o de Cachorros   435   Montaña Aguda   77   Tierra Dorada

Fraile
683   Gran
Valle   Ciervo   79   Marabú

Playa de Ojos   P e n í n s u l a   Cueva
de la Negra

Punta del Tigre   *Playa de las Pilas*   Corral Bermejo   *Playa de
Butihondo*

Faro de
Jandía   Puerto
de la Cruz   Jorós   336

Punta
del Viento   9,5   Butihondo

**Punta
de Jandía**   *Playa de Juan Gómez*   Matorral

Gran Canaria   **Morro
Jable**   *Playa del
Matorral*

A   B   C   D   E

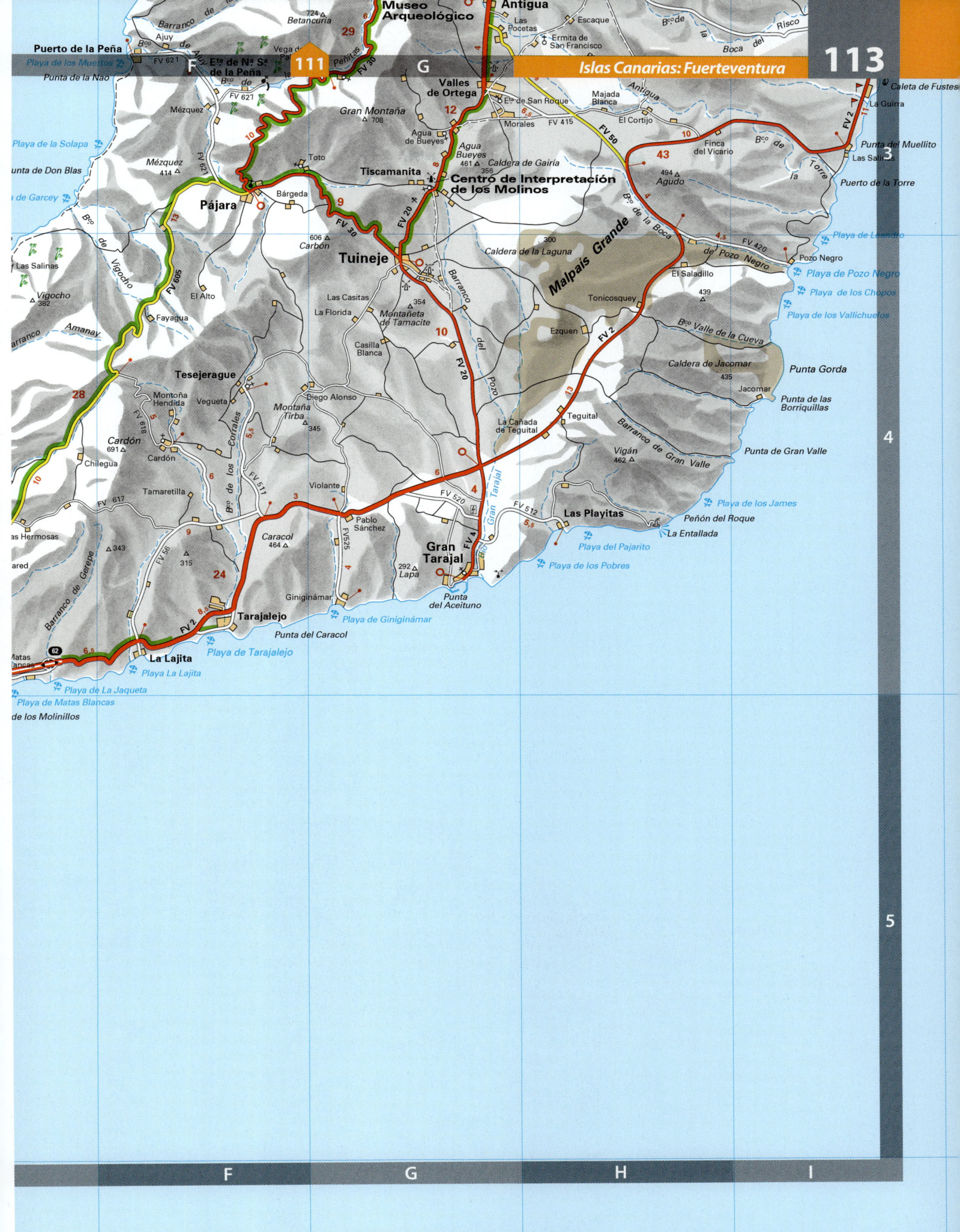

Museo
Arqueológico
Antigua

Puerto de la Peña
Playa de los Muertos
Punta de la Nao

FV 621
Etª de Nª Sª
de la Peña

Ajuy
Betancuria
724
Vega de
peñitas
FV 30

Las
Pocetas
Escaque
Ermita de
San Francisco

B°o de
la
Boca
del
Risco
Caleta de Fustes

Valles
de Ortega
Etª de San Roque
FV 2
La Guirra

Mézquez
Gran Montaña
708
12
Antigua
Majada
Blanca

Playa de la Solapa
Punta de Don Blas
Mézquez
414

10
Morales
FV 415
El Cortijo
FV 50
10
Finca
del Vicario
B°o
de
Punta del Muellito
Las Salinas

Toto
Agua
de Bueyes
Agua
Bueyes
461
356
Caldera de Gairía

43
494
Agudo
la
Torre
Puerto de la Torre

Pájara
Bárgeda
9
Tiscamanita
Centro de Interpretación
de los Molinos

B°o de la Boca
Playa de Leandro

606
Carbón
Caldera de la Laguna
300
Malpaís Grande
de Pozo Negro
4,5
FV 420
Pozo Negro

Tuineje
El Saladillo
Playa de Pozo Negro
Playa de los Chopos

El Alto
Las Casitas
354
439
Tonicosquey
Playa de los Vallichuelos

Fayagua
La Florida
Montañeta
de Tamacite
10
Ezquen
FV 2
B°o Valle de la Cueva

Casilla
Blanca
FV 20
Caldera de Jacomar
435
Punta Gorda

28
Tesejerague
Vegueta
Montaña
Tirba
345
Diego Alonso
Jacomar
Punta de las
Borriquillas

Montoña
Hendida
5,5
5,5
La Cañada
de Teguital
Teguital
Vigán
462
Punta de Gran Valle

Cardón
691
Cardón
B°o de los Corrales
FV 511
Violante
6
FV 520
4
Playa de los James

Chilegua
343
FV 617
Tamaretilla
3
Pablo
Sánchez
FV 525
FV 512
Las Playitas
Peñón del Roque
La Entallada

10
315
24
Caracol
464
4
292
Lapa
Gran
Tarajal
5,5
Playa del Pajarito
Playa de los Pobres

s Hermosas
8,5
Giniginámar
Punta
del Aceituno
Playa de Giniginámar

62
6,5
FV 2
9
Tarajalejo
Punta del Caracol
Playa de Giniginámar

Matas
Blancas
La Lajita
Playa de Tarajalejo
Playa La Lajita

Playa de La Jaqueta
Playa de Matas Blancas
de los Molinillos

0   **5 km**

B   C   D

1

Punta de Sardina

Punta de Gáldar   **Necrópolis de**   Punta de Guanarteme
         la Guancha   Puerto Nuevo

Puerto de la Caleta   Caleta de Abajo

Llanos de Caleta y Sobradillo   El Agujero   **La**   Punta del Mármol

Pico de Gáldar   **Atalaya**   Playa de San Felipe

Playa de Sardina   **Sardina**   **GÁLDAR**

Puerto de Sardina

Roque Partido   **Barrial**   Cenobio de Valerón

Cueva Pintada

Punta Marqués   **San Isidro**   **Sta. María**   **San Juan**
         501   Almagro   **de Guía**   El Calabozo   Tres Palma

Punta del Cardonal   Efa de San Isidro   Aguilar   Trujil

GC 2   El Viejo   Paso María de los Santos

8   Cuevas de las Cruces   Hoya de Pineda   El Palmital

Punta del Tumas   **Agaete**   837   Vergara   Verdejo

Puerto de las Nieves   Los Llanos   Pico de Viento

Tenerife   Saucillo   **Los Tilos**
         San Pedro   Montaña Alta   **de Moya**

Dedo de Dios   951   Bascamao

Playa de Guayedra   **Valle de Agaete**   El Camino   Calderos   Barranco del Laurel   Jurada

Autopista en construction   Guayedra   Vecindad de Enfrente

Playa Segura   Los Berrazales   Fagajesto   Fontanales   **Valle**
         1082   Valsend

2   Cruz de Dionisio

La Laja del Risco   Tamadaba   El Hornillo   Embalse de Los Pel

Playa del Risco   Cruz de Tabaibal   Casa Forestal   Lugarejos   Pinos de Gáldar   Lanzara
         1444   Tamadaba

Playa de la Virgen   **Pinar de**   **Juncalillo**   1368

Punta de Góngora   **29**   El Risco   **Tamadaba**   Las Hoyas   Cruz de Valerón   **Montañón**

Job   **Parque**   **Natural**   Coruña   El Tablero   1663 **Negro**

La Fajanita   693   Tirma   Las Cuevas   Moriscos   1771
         Lentisco   Cruz de María   **Artenara**   **Cruz de**

Punta de   514   **de**   **Tamadaba**   1335   (1270)   **Tejeda**

la Aldea   Cuevas Nuevas   1376   El Majuelo

Puerto San Nicolás   Altavista   Guardaya de Abajo   El Rincón

Playa de la Aldea   El Hoyo   Acusa Verde   La Degollada

Las Marciegas   Candelaria   La Higuerilla   **Tejeda**

Albercón   **La Aldea**   Embalse de El Parrallilo   Barranco   1412   El Lomo

Mederos   **de San Nicolás**   **de Tolentinó**   **Roque Bentaiga**   La Culat

Los Espinos   GC 210   El Carrizal   El Chorrillo   El Espinillo   Cuevas Caidas

Roque Colorado   Embalse de   La Solana

3   Amurgar   Artejévez   El Siberio   Timagada   Roque Nublo

Punta de la Soga   790   Los Molinos   Pino Gordo   1813   Ayacata

Punta del Peñón Bermejo   El Pinillo   997   El Toscón   El Juncal

         Tocodomán   Lomo del Mulato   **PO**

El Hoyo   de   Siberio   **LAS N**

Montaña de Hogarzales   Casa Forestal de Pajonales   Pargana

Playa de Güigüí   1065   1434   1613   La Plata

Reserva Natural   Morro Pajonales

C   **116**   **Integral de Inagua**   D

Tasartico   GC 204   **22**   Pto de Cruz Grande   1251

628   **Tasarte**   Efa de Santiago   Casa Forestal   Embalse de Cueva de Las Niñas   **San Bartolo**

Los Albarderos
Las Coloradas
Punta del Confital
Montaña del Vigía
Roque Negro
212
La Isleta
239

La Costa
Felipe
San Andrés
15 GC 2
Bañaderos
Punta de las Coloradas
Punta del Camello
Punta de Arucas
Cabo Verde
GC 72
Cruz de Pineda
Costa Ayala
Punta de Arucas
Playa de las Canteras
Isleta
Cardonal
Trasmontaña
Sta Catalina
Puerto de la Luz

Casablanca
Lomo Quintanilla
Trapiche
Cambalud
253
Cardones
Bahía del Confital
Playa de las Alcaravaneras
Tenerife

Buenlugar
Los Rosales
M. de Arucas
Ayala
289
Los Giles
Fuerteventura

6
Arucas
Tenoya
Las Torres
Triana
Lanzarote

Firgas
Santidad
Visvique
Las Mesas
Tamaraceite
LAS PALMAS
DE GRAN CANARIA

Carretería
Los Portales
Los Castillos
La Suerte
Almatriche
Lomo Blanco
Vegueta

16
Huertas del Palmar
San Lorenzo
El Toscón
441
Tafira Baja
San Cristóbal
Punta Casa Blanca

Zumacal
12
Teror
San José del Alamo
Dragonal
Jardín Canario
El Fondillo
16
Punta del Palo

Miraflor
La Angostura
Tafira Alta
San Francisco de Paula
Los Hoyos
Playa de la Laja

Mirador de Zamora
El Alamo
Arbejales
24
Pico de Bandama
Jinámar
Punta de Jinámar

Sta Brígida
Monte Lentiscal
574
17
POLÍGONOS DE JINÁMAR
Playa de Malpaso

Vega de San Mateo
Vega de Enmedio
La Atalaya
Caldera de Bandama
Los Caserones
San Antonio
La Estrella

Ariñez
30
Lomito de Correa
La Barrera
Montaña de las Palmas
S. José de las Longueras
GC 10
Marpequeña
Playa del Hombre

Las Lagunetas
Valsequillo de Gran Canaria
TELDE
El Calero
La Garita
Playa de Melenara

Tenteñiguada
Las Vegas
Lomo Magullo
Las Huesas
Melenara
Playa de Salinetas

Reserva Natural
33
Las Medianías
GC 140
El Goro
Playa de la Hullera

POZO DE NIEVES
1949
1919
Roque Redondo
Cuatro Puertas
Playa de Tufia

Aguatona
Benitez
AEROPUERTO DE GRAN CANARIA
Bahía de Gando
Roque de Gando
Punta de Gando

Ingenio
Guayadeque
Carrizal
Playa de San Agustín

0 5 km

A   B

1

El Roquillo   Los Órganos
Playa de
Arguamul   Chiguaré   Playa de
Playa de   Cumbre de Chiguaré   Vallehermoso
Santa Catalina   Chiguaré   La Playa
Punta del Peligro   Arguamul   Tf 112
Eta de Sta Clara   Val e Abajo   14   Ermita
△ 876   5   9   Tamargada
Teselinde   GM 1
Ermita de   Vallehermoso   Las Rosas
Sta Lucía   Tazo   3   650   Roque   Rosa de
Cubaba   3   Cano   las Piedras
4,5   La Quilla   9   Macayo   △ 499
Playa del Trigo   Epina   Roque
5   6,5   Embalse   Blanco
Playa de Alojera   La Encantadora   El Carmen   Meriga
4   2,5   4,8   Los Ace
Alojera   GM 1
Punta del Viento   6   El Carmen
GM 2   Banda de
Punta Talisca Negra   Acardece   las Rosas
5   3   Parque   Nacional
Taguluche   6   de   Garajonay ★★
Mirador del   Arure   5   Eta Nª Sª
Santo   Mirador del   6   4   de Lourdes
Palmarejo   Las Hayas   17
La Mérica   15 △ 700 Lomo del Balo   2   Zarcita
△ 857   Los   El Cercado
Baja de Juan Amaro   Granados   La Vizcaina   Chipude   Garajonay   GM 2
GM 1   3   1487 △   Roque de
El Guro   El Hornillo   Jagüe   La Dehesa   Pavón   2   Benchi
Playa del Inglés   Gerián   Montaña   Igualero   Loma de Eretos   Ermita de
La Calera   Bco Valle   Fortaleza   △ 1355   San Juan
Playa de la Calera   Gran Rey ★★   Lo del Ga
Valle Gran Rey   Topogache   7   Eta de Nª Sª
del Buen Paso   Imada
Vueltas   Ermita de   Ermita de
Playa de Vueltas   San Sebastián   San Lorenzo   Guarimiar   Las
Playa de las Arenas   El   8
Drago   Barranco   Ermita de
Roque de Iguala   4   Alajeró   de Santiago
Bco de la Rajita   Arguayoda   de   la   5   Targa
La Dama   Bco   Negra   4
Almácigos   Calvario   Antoncoj
Playa de la Negra   La Rajita   △ 808
Quise   10
Punta de la Nariz   La Cántera
Cala Cantera   Caldera
Punta Falcones   △ 291   Playa de
Punta del   Ereses
Becerro

A   B

2

3

C　　　　　　　　　　　D　　　　　　　　　　　E

Punta del Jurado
Playa de San Marcos
a de San Marcos
Agulo ★
Playa de Agulo
Cañada Grande
5 791
Playa de Santa Catalina
Sta Catalina
Punta Gabiña
E. de la Palmita
Punta de la Caleta
Hérmigua
E. de San Juan
La Palmita
Llano Campos
Punta San Lorenzo
Las Nuevitas
El Palmar
Playa de Tegüijuel
Las Casas
Taguluche
El Estanquillo
Playa Molino
viños
Parque **Natural**
Punta Majona
Embalse
Encherada
de **Majona**
del Mulagua
1065
Playa Majona
El Cedro
Cuevas Blancas
Encherada
Playa Zamora
Valle de Hérmigua
Punta Llana
Jaragán
Ermita de Nuestra
24
Señora de Guadalupe
6
Aluce
Playa del Cangrejo
E. de Chejelipes
642
Chejelipes
Jaragán
Roque de Ojila
E. de Llano
1171
El Atajo
GM 1
Punta de Avalo
1236
San Antonio
El Molinito
Playa de Avalo
Embalse
y Pilar
Palacios
La Laja
Matanza
gando
Casas Blancas
268
Punta de San Cristóbal
GM 2
983
Vegaipala
Ayamosna
384
jigua
Degollada
Langrero
San Sebastián
de Peraza
GM 2
de la Gomera
Jerduñe
691
Roque de
14
Magro
663
Roque del
Sombrero
9
Playa de San Sebastián
Toscas
Barranco
La Palma
Pastrana
Seima
Tenerife
Tejiade
El Cabrito
Playa de la Guancha
15
Contrera
Playa del Cabrito
El Hierro
El Joradillo
Punta Gorda
Playa de la Roja
Laguna de
Playa del Guincho
Santiago
Tecina
Punta Gaviota
Playa de Chinguarime
Playa de Santiago
Punta del
Espino

1 : 125 000

0   5 km

C   D   E

1

2

3

Punta

Isla Alegranz

Punta de

Isla de
Montaña Clara

M

Playa de

Isla Graci

Punta de las Carreras

Costa de
Ame

172

Punta del Pobre

Punta Marrajo

O C É A N O

A T L Á N T I C O

Punta

Parque   **Natural**

Punta de
Penedo

Las Bajas

La Puntilla

Archipiélago   **Chinijo**

Punta Prieta

*Playa de
Famara*

C   **123**   D   E

La Santa
Sport

Caleta
de Caballo

**Caleta de
FAMARA**

Fama

La Santa

132

199

293

6

LZ-402

El Rinc

Montaña Bermeja

El Molino

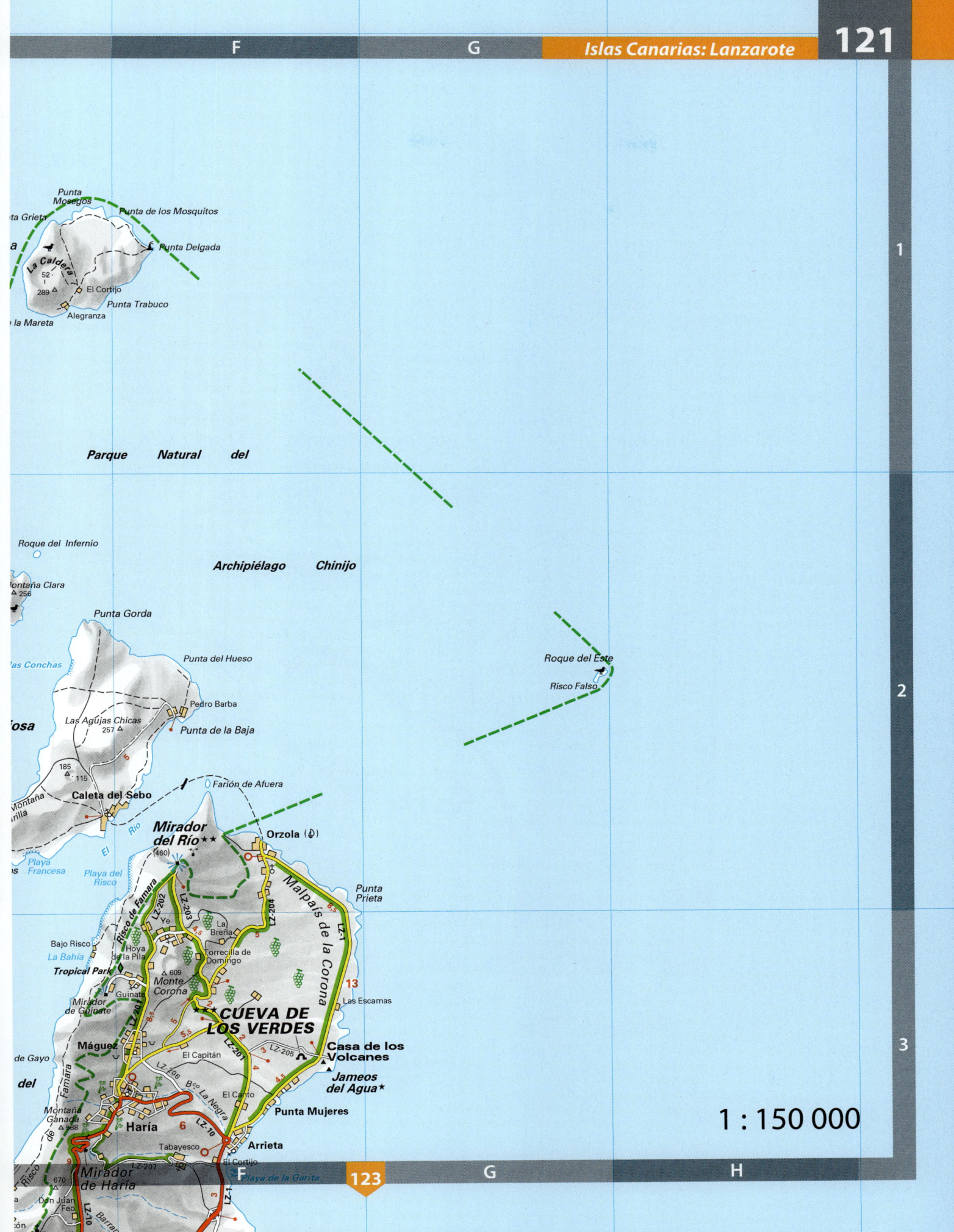

1

Punta
Mosegos
Punta de los Mosquitos
ta Grieta
Punta Delgada
La Caldera
52
289 △
El Cortijo
Punta Trabuco
Alegranza
e la Mareta

Parque   Natural   del

Roque del Infierno

Archipiélago   Chinijo

Montaña Clara
△ 256

Punta Gorda

las Conchas

Punta del Hueso

Roque del Este

2

Risco Falso

Pedro Barba

Las Agujas Chicas
257 △

Punta de la Baja

osa

185
△ 115

Montaña
arilla

Fariòn de Afuera

Caleta del Sebo

El Rio

s

*Playa
Francesa*

*Playa del
Risco*

**Mirador
del Río** ★★
(460)

Orzola

Punta
Prieta

Ye
LZ-202
LZ-203
La
Breña
4.5

Malpaís de la Corona

LZ-204

LZ-1

Bajo Risco
La Bahía

Tropical Park

Hoya
de la Pila
Torrecilla de
Domingo

△ 609
**Monte
Corona**

13

Las Escamas

Mirador
de Guinate

Guinate

★★ **CUEVA DE
LOS VERDES**

**Casa de los
Volcanes**

Máguez

El Capitán
LZ-205
3
LZ-201
4

3

del

de Gayo

Bº La Negra
El Canto

**Jameos
del Agua** ★

Montaña
Ganada
△ 588

LZ-206
4

Punta Mujeres

Haría
6
LZ-10

Tabayesco

Arrieta
El Cortijo

1 : 150 000

**Mirador
de Haría**
670
LZ-207

Don Juan
Feo
LZ-10

Ermita de
las Nieves

24

Punta Pasito

0   5 km

A   B   C

3

La Isleta

(✈) **La Santa** ✝

Montaña Bermeja
100 △

El Melián

6

Tina

Punta Gaviota

Parque   Natural

Montaña de
Teneza
368 △   Tenesar

Tajaste

Guiguan   M.ª Tinach
△ 448

de   Los   Volcanes

El Islote   **Mancha
Blanca**

Punta del Paletón   Ermita de
los Dolores

5

El   149   322 △   Montaña
Calderet

El Volcán   Caldera Blanca   458

Playa de la Madera 🏊

Playa del Cochino 🏊   **9,5**   435 △
LZ-67   Montaña
del Cortijo

PARQUE NACIONAL   **6**   Montaña
Ortiz
△ 470

DE TIMANFAYA ★★★   Peaje   416   Pereyr

Islote de Hilario   3   Caldera
Colorada

Islote de
Halcones   Ruta   M.ª del Fuego   267   El Rinc
△ 103   de los   510 △   Cal dera
Playa del Paso 🏊   Volcanes   del Corazoncillo   **16**   LZ-30

Montaña   **Parque   Natural   Geria**
Encantada
△ 246   Montaña
Diana
△ 484   Vegas de
Tegoyo

230 △   328 △   **9**   LZ-501
El Golfo   Montaña   Montaña Tremesana   **de   Los   Volcanes**   432 △   **★★ La**   Conil

LZ-703   175   Montaña
Hernández   1   **2,5**
152   **Guardilama**
603 △   **La Asomada**
Montaña   LZ-30   LZ-502
★★ El Golfo   del Golfo   Uga   **8**
Playa de Montaña Bermeja 🏊   74   Los Morriles   LZ-67   **Mácher**
Caldera
de Chozas   **7**   LZ-504
Los Hervideros ▲   B-2

La Hoya   Yaiza   LZ-2
Salinas de Janubio ●   LZ-701
Playa de Janubio 🏊   **3,5**   Uga   Los
Mojones   Cortijo
Viejo
La Degollada   Las Casitas   Puerto Calero (⚓)   Playa Bl
1,5   Atalaya de   415 △   Pri
Femés   LZ-702   Pico Naos
Punta de Piedra Alta   **17**   608   **Femés**   del
La Mareta   La Breñas   LZ-703   Playa Quemada   Agua
Atlante del Sol   Maciot   Barranco de la Higuera   Playa de la Arena
LZ-701   Barranco de la Casita   Bahía
**Punta
Ginés**   de
560 △   Barranco Parrado   Ávila
Caleta Negra   8,5   La Punta
Costa de   Montaña   Montaña   Hacha Grande   Punta Gorda
Rubicón   Roja   Baja
194 △   La Punta
4,5   **Playa Blanca**

**Punta
Pechiguera**   Punta
Limones   Las Coloradas   Peaje
Playa de las Coloradas
Fuerteventura   Playa Mujeres
Playa Papagayo   Caleta del Congrio

**★ Punta del
Papagayo**

4

5

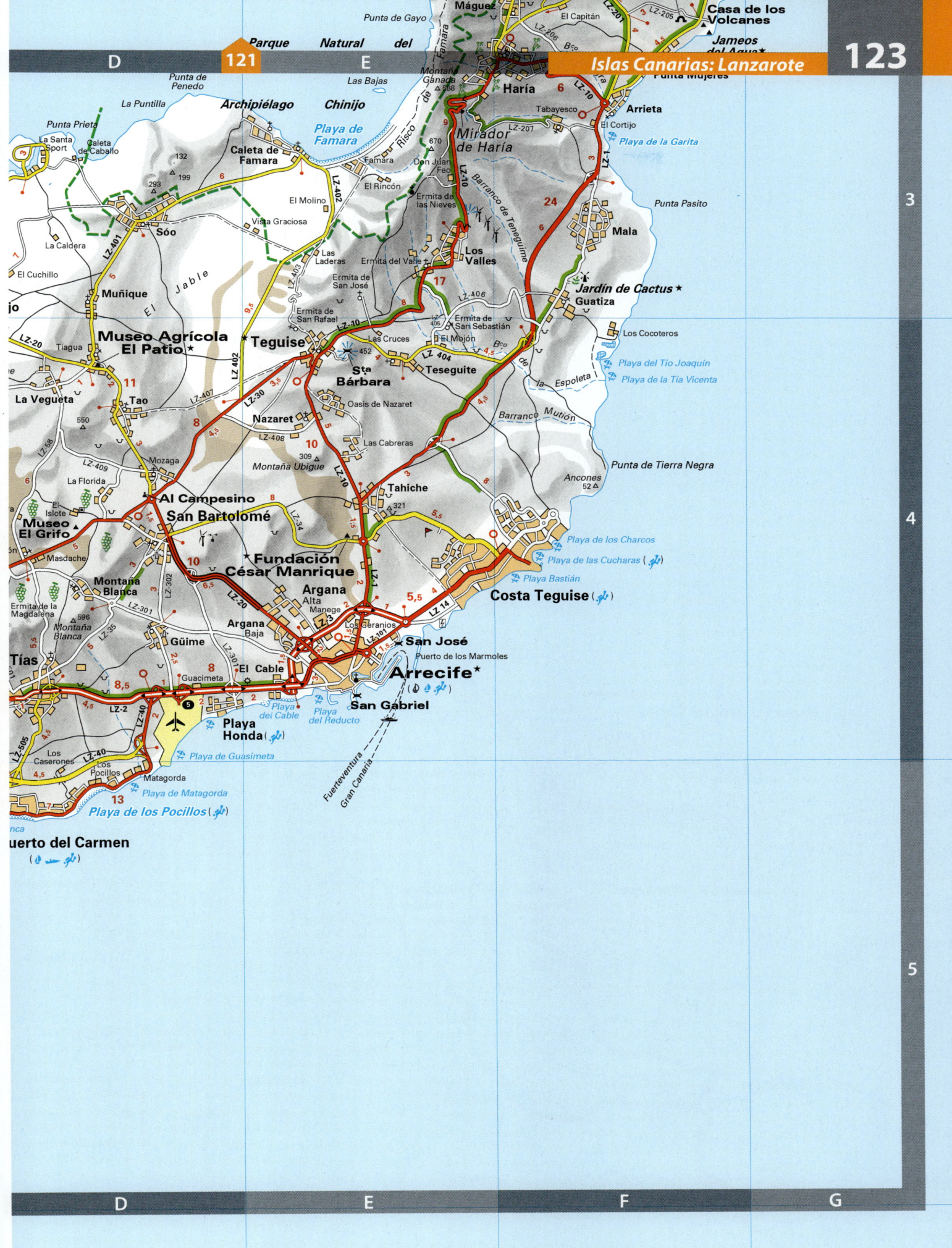

LOS VERDES

Máguez

Punta de Gayo
El Capitán
Casa de los
Volcanes
LZ-205
Jameos
del Agua ★

Parque Natural del

D 121 E

Punta Mujeres

Haría
El Capitán

Archipiélago Chinijo
Punta de
Penedo
Las Bajas
Tabayesco
Arrieta
El Cortijo

La Puntilla
Playa de
Famara
Montaña Gánada
LZ-10
9

Punta Prieta
Risco
Playa de la Garita

La Santa Sport
Caleta de Caballo
Caleta de Famara
132
199
Famara
El Rincón
Mirador de Haría
670
Ermita de las Nieves
LZ-207
24
3

El Molino
Don Juan Feo
Punta Pasito

El Cuchillo
La Caldera
293
Vista Graciosa
Las Laderas
Los Valles
8
Mala
El Jable

Muñique
Ermita del Valle
Ermita de San José
17
Jardín de Cactus ★
Guatiza

Museo Agrícola El Patio ★
LZ-401
Tiagua
Jable
Ermita de San Rafael
Las Cruces
Ermita de San Sebastián
El Mojón
405
LZ-406
Los Cocoteros

La Vegueta
Tao
11
Teguise
Sta. Bárbara
LZ-404
4,5
Playa del Tío Joaquín
Playa de la Tía Vicenta

550
8
Teseguite
4,5
Barranco Mutión

LZ-409
Nazaret
LZ-408
10
Las Cabreras
Punta de Tierra Negra

La Florida
Mozaga
309
Montaña Ubique
LZ-10
3
Ancones
52

Museo El Grifo
Islote
Al Campesino
San Bartolomé
8
Tahiche
321
Playa de los Charcos
Playa de las Cucharas
Playa Bastián

Masdache
Fundación César Manrique ★
10
6,5
LZ-20
5,5
LZ-14
Costa Teguise

Montaña Blanca
Argana Alta
Manege
5,5

Ermita de la Magdalena
596
Argana Baja
Los Geranios
San José

Tías
Güime
LZ-301
LZ-302
El Cable
Guacimeta
Puerto de los Marmoles
Arrecife ★

LZ-2
8,5
4,5
Playa del Cable
Playa del Reducto
San Gabriel

LZ-40
Playa Honda
Playa de Guasimeta
Fuerteventura
Gran Canaria

Los Caserones
Los Pocillos
Matagorda
Playa de Matagorda
13
Playa de los Pocillos

Puerto del Carmen

Roque de Fuera

Roques de Anaga

Roque de Dentro

Playa de
El Draguillo

Playa del Junquillo

Las
Palmas

Faro de Anaga

Playa de
los Troches

Playa de
Benijo

Roque Bermejo

Punta
Fajana

Punta de
Tamadite

Playa del
Tamadite

Punta Poyata

Playa de
San Roque

El Draguillo

Benijo

Punta El Jurado

Punta del Drago

a del
algo

go

Almáciga

Chamorga

La Cumbrilla

Lomo de
las Bodegas

Punta de
Anaga

Eª Nª Sª
del Carmen

Bco. del RIO

Teneịlas
812

Taborno

Afur

Taganana

Roque
de las Bodegas

707

Chinobre
910

TF 123

Reserva Natural
Integral de Ijuana

Los Batanes

Monte de Las

Parque

643

10

Playa de Ijuana

Goleta

Mirador de
Cruz del Carmen

Taborno
1020

Roque Negro

Mercedes

El Bailadero

rural

de Anaga

Lomo Bermejo

Bco. de Ijuana

La Cumbrilla

960

Paso
933

Embalse
de Acamo

Semáforo
427

Playa de Antequera

gueste

Pedro
Álvarez

Mirador del Pico
del Inglés

La Cumbrilla

Igueste
de San Andrés

TF 13

Las Mercedes

TF 12

Valle Brosque

Valle
Crispín

755

Las Canteras

Jardina

Valle
Grande

Bco. de Valle Seco

TF 12

Ermita de
Las Mercedes

Tahodio

369

TF 13

Playa de las Gaviotas

San
Lázaro

Valle
Jiménez

Cueva
Bermeja

TF 11

Playa de las Teresitas

LA LAGUNA

María
Jiménez

San Andrés

La Palma

Los
Campitos

Ramonal

Valle Tabares

Gracia

Los
Campitos

Dársena Pesquera

Finca
España

La
Cuesta

Valleseco

Dique del Este

Cádiz

San
Bartolomé

Geneto

Sᵀᴬ CRUZ DE TENERIFE

Gran Canaria

Baldíos

TF 5

El
Sobradillo

Taco

Punta de Roque Manzano

anza

TF 4

Barranco
Grande

TF 1

Sᵗᵃ María
del Mar

Playa del Muerto

TF 28

San Isidro

Punta de la Encendida

Añaza

TF 28

Playa Berruguete

Playa de la Nea

Tabaiba

Radazul

aiba

Punta de
Guadamojete

ta del Morro

llas

s Caletillas

1 : 150 000

0 5 km

C D

Punta de
la Fajana

Punta de
Marrero Sa

2

Pª de Juan
Centellas

Sto Domingo

Buen
Paso

Sta
Catalina

5

Punta de
la Laja

Punta de
Buenavista

Playa de
San Marcos

Punta de
Ríquer

La
Mancha

9

Punta
Negra

Buenavista
del Norte

Pª del Risco
de Daute

La
Caleta

Roque de
Garachico

San Marcos

San Marcos

TF 5 342

9,5

5

Playa
del Fraile

Punta
del Norte

La Costa

Garachico

El
Guincho

TF 42

La
Florida

Sta Bárbara

La
Guan

Pª Morro
del Diablo

Montaña
de Taco
321

San
José

Las
Cruces

Piscina

Genovés

TF 42

Icod
de los Vinos

Sta
Topet

Punta de
la Gaviota

TF 445

San
Bernardo
436

San
Bernardo

Los Silos

Mirador Lomo
Molino

San Juan
del Reparo

La
Vega

Eta de San
Bernabé

Castro

Eta de la Cruz
del Tronco

682

Roque de
Marrubio

Mª de
Talavera
745

El Palmar

El Tanque

La
Montañeta

Fuente de
la Vega

El
Amparo

12

Cueva
del Viento

Faro
de Teno

Parque

rural

Valle de
El Palmar

Ruigómez

El Trigo

Poyo

687

Reserva Natural

San José
de los Llanos

Gordo
1121

Redondo

3

Punta
de Teno

Teno

1003
Baracán

de

Cuevas
del Palmar

Las Portelas

22

Erjos

8,5

TF 82

14

Las Abiertas

Parque Natural de

Punta de
la Hábiga

Los Carrizales

Cruz
de Gilda

Erjos del Tanque

TF 373

Eta de
San José

Especial

Punta Vizcaíno

La Vica

1345

1117

Valle de Arriba

Las Montañas

1409

1621

Corona Forestal

Teno

Masca

1089

del Chinyero

Negras

1560

Playa de
Juan López

Barranco de Masca

Santiago
del Teide

Mª Bilma
1372

Montaña de
las Cuevitas
1809

Cueva
del Hielo

PICO

Playa de Masca

El Molledo

Las Manchas

Punta de
la Higuera

El Retamar

Mª de los
Guirres

Mª Samara
1939

2234

2995

3134

Punta de los Machos

Malpaís
884

6

Arguayo

Pico Viejo

Playa de
Bco Seco

Mª de
Guama

Tamaimo

1504

2086

28

PARQUE

NA

Acantilado de
Los Gigantes

TF 454

3

TF 82

Chío

TF 38

Montaña del Cedro
2265

Boca
de Tauce
2055

Los R

Los Gigantes

1

Chiguergue

Puerto de
Santiago

13

TF 47

5

Llano de
L

Playa de la Arena

4,5

Aripe

Chirche

1402

2191

2534

TF 21

15

Punta de
Barbero

Lomo
del Balo

TF 1

Guía de Isora

El Jaral

Acojeja

Tejina

Punta Blanca

TF 463

9

16

de

Tejina
1047

Vera de
Erques

1666

Parque

Natural

4

Punta de
Alcalá

Alcalá

Playa de Alcalá

Fonsalía

Bco

Piedra
Hincada

Tejina

TF 465

Playa de la Barrera

1,5

Playa Rosalía

Playa de
San Juan

de Abana

87

Tijoco Alto

Punta de
la Tixera

B C

TF 47

TF 465

Tijoco
Bajo

128

D

Ricasa

Barranco

Taucho

Marazul

1405

12

6

TF 82

TF 583

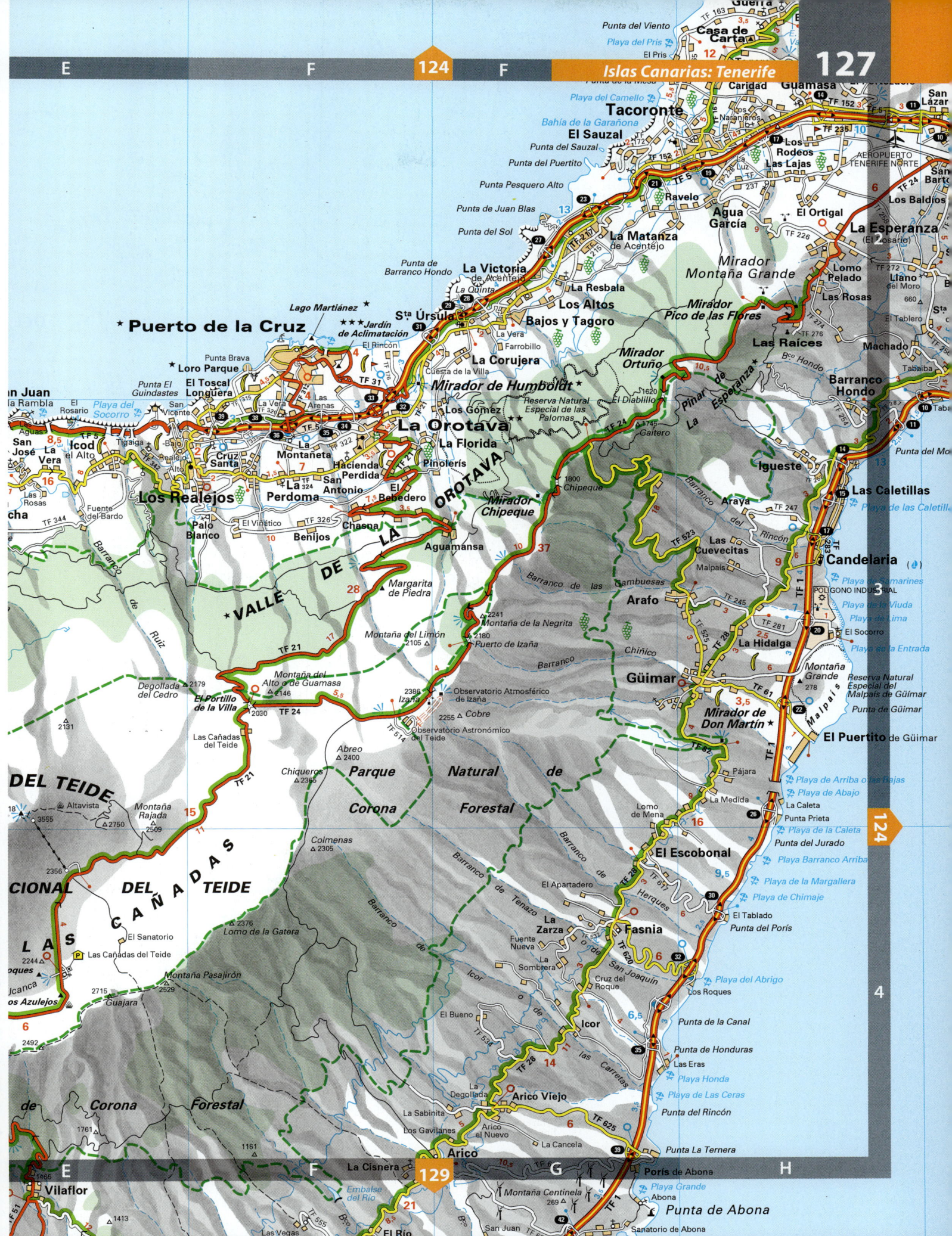

VALLE DE

28 Margarita de Piedra

Montaña de 2241
Montaña de la Negrita
2180 Puerto de Izaña

Arafo

Playa de Samarines
Playa de la Viuda
Playa de Lima

POLÍGONO INDUSTRIAL

2179 Montaña del
2146 Alto o de Guamasa
El Portillo
de la Villa
2030 TF 21
2386
Izaña
Observatorio Atmosférico
de Izaña

Güímar

Montaña
Grande
278
Reserva Natural
Especial del
Malpaís de Güímar
Punta de Güímar

Playa de la Entrada

Las Cañadas
del Teide

TF 24
2255 Cobre
Observatorio Astronómico
del Teide

Mirador de
Don Martín ★
3,5

El Puertito de Güímar

TF 514

Abreo
2400
TF 21

Parque Natural de

Chiqueros 2395

15
TF 21

Colmenas
2305

Corona Forestal

Lomo
de Mena
16

Pájara

La Medida
26

Playa de Arriba o las Bajas
Playa de Abajo
La Caleta
Punta Prieta
Playa de la Caleta

2376
Lomo de la Gatera

TEIDE

Barranco de Tenazo

Barranco de

El Escobonal
9,5

Punta del Jurado
Playa Barranco Arriba
Playa de la Margallera

Montaña Pasajirón
2529

El Apartadero

30

El Tablado

Playa de Chimaje

Herques

La Zarza
Fuente
Nueva

Fasnia
6
32

San Joaquín

Los Roques
Playa del Abrigo

La Sombrera

Cruz del
Roque

Icor

Punta de la Canal

El Bueno

6,5

Punta de Honduras
Las Eras
Playa Honda
Playa de Las Ceras

Forestal

La Degollada

TF 28
14
Arico Viejo

35

Punta del Rincón

La Sabinita
Arico
el Nuevo

6 TF 625

La Cancela

Punta La Ternera

1161

Los Gavilanes

Arico
La Cisnera
Embalse
del Río

10,5 TF 627

39

Porís de Abona
Playa Grande
Abona

21

Montaña Centinela
269

42

Punta de Abona

El Río
8,5
TF 555
Las Vegas

San Juan TF 629

Sanatorio de Abona

Abades

Playa de los Abrigos

7,3

Chimiche

Punta de Abades

Los Cuervos
Los
Blanquitos

Pegueras
46

La Jaca
Playa de la Jaca

adilla
Abona

El Draguito

El Desierto

Río

Punta del Sordo

2,5

TF 28
Las
Palomas

Los Quemados

49

San Miguel de Tajao

Cueva Honda
Playa del Río

TF 64

El Salto

Montaña
de Ifara
302

51

645

Yaco
TF 636

52

POLÍGONO
INDUSTRIAL
DE GRANADILLA

Playa Los Tarajales
Playa del Tambor
Punta del Camello

7,5

Chuchurumbache

San Isidro
TF 634

Las
Montañas

El Guirre

Playa del Medio
Playa del Vidrio
Punta del Tanque del Vidrio

54 TF 1

57

55

TF 64
3,5

Punta de los Mejillones

59

AEROPUERTO
TENERIFE SUR
REINA SOFÍA

El Médano
Playa del Médano

Los
Abrigos
La Mareta

TF 643

La
Tejita

Punta del Bocinegro
Mª Roja
172

Punta de
los Abrigos

Playa de
la Tejita

Punta Roja

0   5 km

A   B   C

2

Punta de Rabisca
Altura
Las Hoyas
Punta del Mudo
Punta Las Maderas
El Mudo
Punta de Valiero
El Palmar
Juan Adalid
Proís de Don Pedro
(Garafía)
Santo Domingo
Don Pedro
Roque de
las Tabaibas
El Jaral
El Tablado
Punta y Proís de Sto. Domingo
El Calvario
LP 112
Barranco
Proís de Lomada Grande
El Rito
Ermita de
San Antonio
982
LP 114
7
Llano Negro
Cueva
del Agua
**Parque cultural
la Zarza**
Roque
del Faro
24
Lomada Grande
La Mata
Casa Forestal
Montaña
1154
LP 1
Punta de Gutiérrez
El Castillo
Hoya
Grande
Las Palmeras
Montaña
Vaqueros
Punta Gorda
3
Las Tricias
24
Fuente
Grande
LP 1
Reserva Natural
11
Barranco
de
LP 4
Integral Pinar
1209
Trícias
de Garafía
El Pinar
3
LP 1
8
Briestas
Punta de las Llanadas
**Pino de
la Virgen**
Fagundo
Pico de
Fuente Nueva
Puntagorda
2366
Punta del Serradero
El
Roque
2
**Observatorio
Astrofísico**
11
2426
★**Barranco
de Garome**
Tinizara
Roque
Chico
2375
ROQUE DE
MUCHACHO
Playa de Camariño
Cascajo
Barranco
de
la
★★★
CALDE
La Castellana
Tabladitos
Baranda
Aguatavar
1516
Parque
TABU
Camellón
del
Jorado
Somada Alta
4
Playa de la Veta
Tabladito
7
El Pinillo
1926
Tenerra
DE
El Pueblo
(Tijarafe)
Barranco
LOMO
Playa de las Vinagreras
LAS CHO
Cueva Bonita
El Jesús
El Pinar
Hoya Grande
La Cumbrec
Playa de Jorado
La Capellanía
-1387
La Caldera
1601
Punta de la Corvina
13
El Gánigo
LA
LAS CHOZ
Las Traviesas
5
Arecida
19
Barranco de las Angustias
La Viña
Punta de
los Gomeros
LP 1
Las Cabezadas
La Punta
Amagar
Los Barros
Salto del Perro
★**El Time**
Pedregales
Punta del Moro
594
Argual
Los Llanos de Aridane
El
Barri
Las
Angustias
1.5
Hermosilla
4
**Puerto de
Tazacorte**
7
Tarajal
Las Rosas
Malpaís
5
383
El Paso
Tazacorte
Montaña
Triana
Triana
Paso de Abajo
Cardón
3
Tácande
5
Marina
Tajuya
Tacande d
Playa de la Viña
La Laguna
LP 2
San Borondón
342
Tajuya
Tajuya
Montaña
La Laguna
Montaña
La Costa
Todoque
Triana
Tacan
Los Barriales
132
Todoque
Los
Campitos
Playa Nueva
Eta de San Nicolás
Santuario de
LP 124
San Nicolás

A   B   C

5

2

3

4

5

Proís de
Gallegos

Punta de
Topaciegas

Punta Gaviota

Faro de
Punta Cumplida

Punta Cumplida

Franceses
Gallegos
Topaciegas
La
Tosca
Barlovento
Las Paredes
LP 1
La
Palmita
Lomo Machín
10
La Cuesta
Lomo Romero
La Verada
Ramírez
Las Cabezadas
Laguna de
Barlovento
Hoya Grande
El
Cardal
Puerto Espíndola
Charco Azul
Punta Gorda
5
6
San Andrés
Los Sauces
Verada de
las Lomadas
El Tanque
6
San Pedro
Llano el Pino
Oretoya
San Juan
Los Tilos
El Salto
Garachico
El Canal
El Roque
Llano la Palma
El Monte
Fuente Nueva
Eª de San Bartolomé
LP 1
La Galga
13
La Galga
Barranco
de
la
Galga
La Galga
Playa de Nogales
Parque
Natural
de
la Galga
Nogales
38
El Granel
Pico de la Cruz
2351
Barranco
2321
Piedra Llana
Casa Forestal
Barranco
Punta Salinas
LOS
OS ***
Barranco del Agua
2230
Puntallana
Pico de las Nieves
Punta Sancha
de
las
Sta Lucía
Nacional
de Idafe
Barranco de la Madera
LP 4
Punta Stª Lucía
Barranco del Río de las Nieves
Tenagua
Punta de
los Roques
RIENTE
Los Álamos
Lomo de
los Gomeros
Nieves
Miranda
Las Toscas
1287
5
El Morro
Corralejo
**Nª Sª de
las Nieves**
Lomo del Centro
9044
Las Nieves
Dehesa
El Planto
4
1
Las
Tierritas
8
Velhoco
7
**Buenavista
de Arriba**
La
Cuesta
1,5
Stª Cruz
de la Palma
Juan Mayor
Buenavista
de Abajo
*Mirador de la
Concepción* ★
Tenerife
Eª Virgen
del Pino
La Gomera
Nueva
Reventón
1435
Botazo
7
Playa de Bajamar
San Pedro
(Breña Alta)
3
26
El Fuerte
El Socorro
3
15
Breña
El Llanito
P
Los Cancajos
Túnel de
la Cumbre
**Las
Ledas**
5
Miranda
Las Ledas
Playa de los Cancajos
Finca-El Sitio
19
San José
(Breña Baja)
3
LP 2
San Antonio
Beltrán
LP 5
Arriba
La Montaña
565
La Polvacera
Abajo
La Rosa
Eª Stª Rosalía
rque
Natural
Monte
de Breña
1505
de
Monte
Eª de
los Dolores
1808
Pico Birigoyo
Monte de Pueblo
Poleal
132
Playa del Hoyo
Vieja
Lodero
Callejones
de
El Pueblo
(Villa de Mazo)
Hoyo de Mazo

1 : 125 000

Islas Canarias: La Palma

Número de página / Numero da página/ Número de page /
Page number / Seitenzahl / Paginanummer

Localidad / Localidade / Localité / Place
Ort / Plaatsen / Località

Abelgas *LE*...........................**15** D 12

Coordenadas en los mapas /
Referência da quadrícula /
Coordonnées de carroyage / Grid coordinates
Koordinatenangabe / Verwijstekens ruitsysteem

Provincias / Distritos

España: Comunidades autónomas & Provincias

Andalucía
AL.............................Almería
CA.................................Cádiz
CO.............................Córdoba
GR.............................Granada
H....................................Huelva
J...Jaén
MA..............................Málaga
SE..............................Sevilla

Aragón
HU...............................Huesca
TE......................................Teruel
Z............................... Zaragoza

Canarias
GC.........................Las Palmas
TF.......Santa Cruz de Tenerife

Cantabria
S......... Cantabria (Santander)

Castilla y León
AV ....Ávila
BU ....Burgos
LE ....León
P.................................Palencia
SA.............................Salamanca
SG...............................Segovia
SO.......................................Soria
VA............................Valladolid
ZA..................................Zamora

Castilla-La Mancha
AB ....Albacete
CR ....Ciudad Real
CU...............................Cuenca
GU...................Guadalajara
TO......................................Toledo

Cataluña
B .... Barcelona
GI ....Girona

L........................ Lleida
T............................. Tarragona

Comunidad Foral de Navarra
NA............Navarra (Pamplona)

Comunidad Valenciana
A ....Alacant / Alicante
CS..............Castelló / Castellón
V ....Valencia

Comunidad de Madrid
M...............................Madrid

Extremadura
BA..............................Badajoz
CC ....Cáceres

Galicia
C .... A Coruña
LU....................................Lugo

OU..........................Ourense
PO ....Pontevedra

Illes Balears
IB ....Balears
(Palma de Mallorca)

La Rioja
LO ....La Rioja (Logroño)

País Vasco
SS .... Gipuzkoa
(Donostia-San Sebastián)
BI .... Vizcaya (Bilbao)
VI .... Álava (Vitoria-Gasteiz)

Principado de Asturias
O....................Asturias (Oviedo)

Región de Murcia
MU ....Murcia

Ceuta

Melilla

Portugal: Distritos

01 ....Aveiro
02 ....Beja
03 ....Braga
04 ....Bragança
05 ....Castelo Branco
06 ....Coimbra
07 ....Évora
08 ....Faro
09 ....Guarda
10 ....Leiria
11 ....Lisboa
12 ....Portalegre
13 ....Porto
14 ....Santarém
15 ....Setúbal
16 .....Viana do Castelo
17 ....Vila Real
18 ....Viseu
20 ....Açores
31 ....Ilha da Madeira
32 ....Ilha de Porto Santo

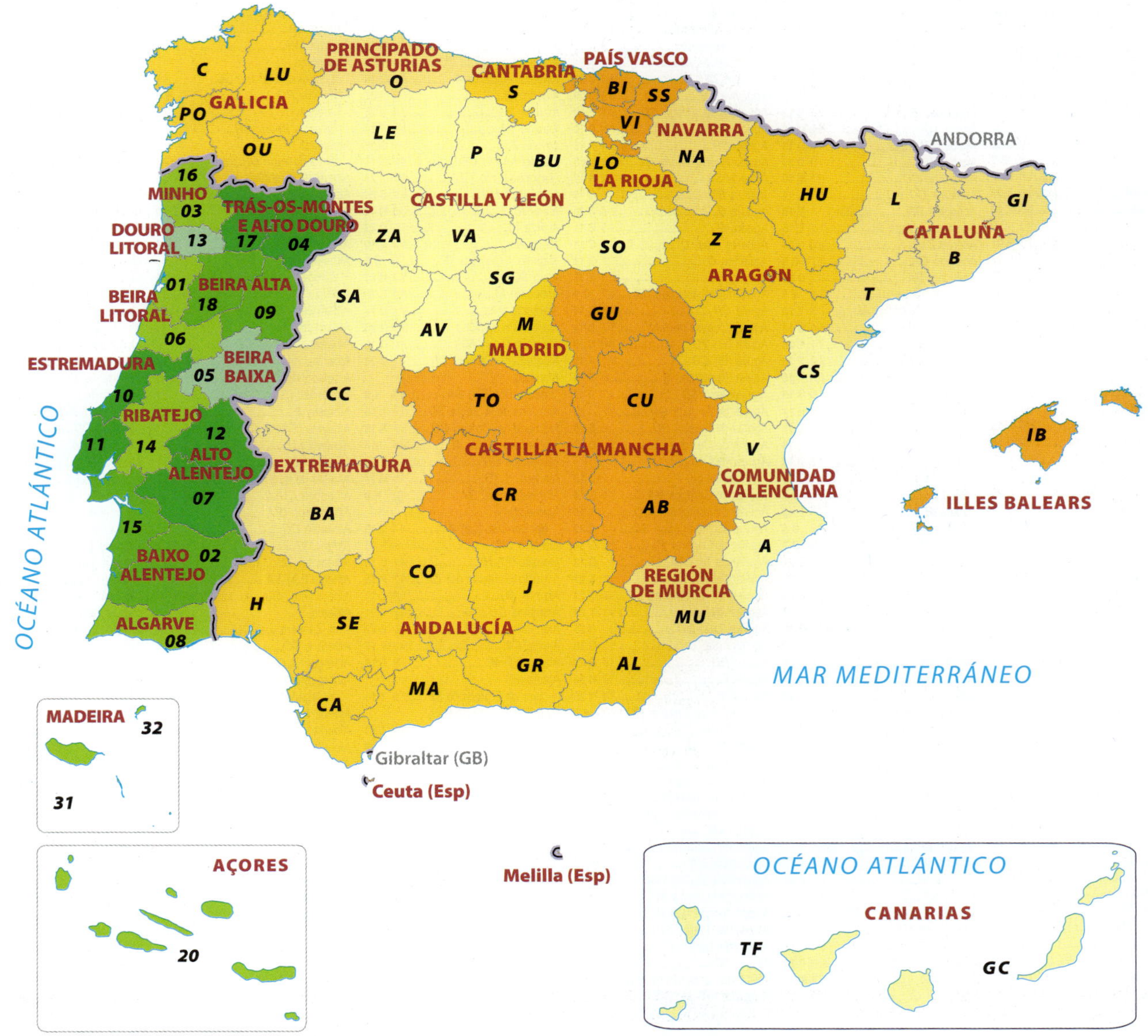

A B C D E F G H I J K L M N O P Q R S T U V W X Y Z

ANDORRA

Andorra la Vella *AND* .....23 E 34
Arinsal *AND* .....23 E 34
Cabanette
  (Pic de la) *AND* .....23 E 35
Cabris (Collado de) *AND* .....23 E 34
Canillo *AND* .....23 E 34
Certers *AND* .....23 E 34
Comapedrosa
  (Alt de) *AND* .....23 E 34
Cortinada (La) *AND* .....23 E 34
Encamp *AND* .....23 E 34
Envalira (Port d') *AND* .....23 E 35
Erts *AND* .....23 E 34
Escaldes
  Engordany *AND* .....23 E 34
Estanyó (Pic de l') *AND* .....23 E 34
Fontaneda *AND* .....23 E 34
Griu (Alt del) *AND* .....23 E 34
Juberri *AND* .....23 E 34
Llorts *AND* .....23 E 34
Massana (La) *AND* .....23 E 34
Monturull (Pic de) *AND* .....23 E 34
Ordino *AND* .....23 E 34
Pal *AND* .....23 E 34
Pas de la Casa *AND* .....23 E 35
Pessons (Pic dels) *AND* .....23 E 34
Port (Pic du) *AND* .....23 E 34
Ransol *AND* .....23 E 34
Rat (Port de) *AND* .....23 E 34
Sant Julià de Lòria *AND* .....23 E 34
Santa Coloma *AND* .....23 E 34
Serrat (El) *AND* .....23 E 34
Soldeu *AND* .....23 E 35
Valira d'Orient *AND* .....23 E 34

ESPAÑA

A

Ababuj *TE* .....49 K 27
Abad *C* .....3 B 6
Abades *SG* .....45 J 17
Abadía *CC* .....56 L 12
Abadía de Lebanza *P* .....17 D 16
Abadín *LU* .....4 B 7
Abadiño *BI* .....10 C 22
Abáigar *NA* .....19 E 23
Abajas *BU* .....18 E 19
Abalario (El) *H* .....91 U 9
Abalos *LO* .....19 E 21
Abaltzisketa *SS* .....10 C 23
Abánades *GU* .....47 J 22
Abanco *SO* .....32 H 21
Abaniella *O* .....5 C 10
Abanilla *MU* .....85 R 26
Abanillas *S* .....7 B 16
Abano *LE* .....15 E 11
Abanqueiro *C* .....12 E 3
Abanto *Z* .....48 I 24
Abarán *MU* .....85 R 25
Abarca *P* .....30 F 15
Abárzuza *NA* .....19 D 23
Abastas *P* .....16 F 15
Abaurrea Alta /
  Abaurregaina *NA* .....11 D 26
Abaurrea Baja /
  Abaurrepea *NA* .....11 D 26
Abaurregaina /
  Abaurrea Alta *NA* .....11 D 26
Abaurrepea /
  Abaurrea Baja *NA* .....11 D 26
Abay *HU* .....21 E 28
Abdet (L') *A* .....74 P 29
Abegondo *C* .....3 C 5
Abejar *SO* .....33 G 21
Abejas
  (Puerto de las) *MA* .....100 V 15
Abejera *ZA* .....29 G 11
Abejuela *TE* .....61 M 27
Abejuela *AB* .....96 T 24
Abejuela (La) *AB* .....84 Q 23
Abelgas *LE* .....15 D 12
Abella *HU* .....22 E 31
Abellà *C* .....3 C 5
Abella de la Conca *L* .....23 F 33
Abellada *HU* .....21 E 29
Abelleira *C* .....12 D 2
Abelón *ZA* .....29 H 11
Abena *HU* .....21 E 29
Abenfigo *TE* .....49 J 29
Abengibre *AB* .....73 O 25
Abenilla *HU* .....21 E 29
Abenójar *CR* .....69 P 16
Abenuz *AB* .....72 Q 24
Aberásturi *VI* .....19 D 22

Abertura *CC* .....68 O 12
Abezames *ZA* .....30 H 13
Abezia *VI* .....18 D 21
Abia de la Obispalía *CU* .....60 L 22
Abia de las Torres *P* .....17 E 16
Abiada *S* .....7 C 17
Abiego *HU* .....21 F 29
Abiertas (Las) *Tenerife TF* .126 D 3
Abínzano *NA* .....20 E 25
Abionzo *S* .....7 C 18
Abizanda *HU* .....22 F 30
Ablanque *GU* .....47 J 23
Ablaña *S* .....5 C 12
Ablitas *NA* .....34 G 25
Abona (Punta de)
  Tenerife TF .....129 G 4
Abreo *Tenerife TF* .....127 F 3
Abrera *B* .....38 H 35
Abrigos *TE* .....48 K 25
Abrigos (Los) *Tenerife TF* ..129 E 5
Abril (Collado de) *A* .....85 Q 27
Abrucena *AL* .....95 U 21
Abuime *LU* .....13 E 7
Abulagoso *CR* .....81 Q 17
Abusejo *SA* .....43 J 11
Abuzaderas *AB* .....72 P 24
Acaderas *BA* .....69 O 15
Acebeda (La) *M* .....46 I 19
Acebedo *LE* .....6 C 14
Acebes *LE* .....15 E 12
Acebo *LE* .....15 E 10
Acebo *CC* .....55 L 9
Acebo (Alto de) *O* .....4 C 9
Acebrón (El) *CU* .....59 M 21
Acebrón (El) *H* .....91 U 10
Acebuchal (El) *J* .....82 R 19
Acebuchal (El) *SE* .....80 T 13
Acebuche *BA* .....80 Q 13
Acebuche *H* .....91 U 10
Acebuche (El) *H* .....91 U 10
Acebuche (El) *SE* .....92 U 14
Acebuche (Puerto) *SE* .....79 T 11
Acebuche (Punta) *CA* .....99 X 13
Aceca *TO* .....58 M 18
Acedera *BA* .....68 O 13
Acedo *NA* .....19 D 23
Acehúche *CC* .....55 M 10
Aceituna *SA* .....55 L 11
Acequias *GR* .....101 V 19
Acera de la Vega *P* .....16 E 15
Acered *Z* .....48 I 25
Aceredo *OR* .....27 G 5
Aceuchal *BA* .....67 Q 10
Acibeiro *PO* .....13 E 5
Acosta (Salinas de) *AL* .....103 V 23
Ácula *GR* .....94 U 18
Acumuer *HU* .....21 E 28
Adahuesca *HU* .....22 F 29
Adaja *AV* .....44 K 15
Adal Treto *S* .....8 B 19
Adalia *VA* .....30 H 14
Adalid (El) *CO* .....81 S 16
Adamuz *CO* .....81 R 16
Adanero *AV* .....45 J 16
Adarra *SS* .....10 C 24
Aday *LU* .....4 D 7
Addaia *IB* .....106 L 42
Adeje *Tenerife TF* .....128 D 5
Adelán *LU* .....4 B 7
Adelantado (Parador El) *J* .....83 S 21
Ademuz *V* .....61 L 26
Adi *NA* .....11 C 25
Adina *PO* .....12 E 3
Adino *S* .....8 B 19
Adiós *NA* .....11 D 24
Adoáin *NA* .....11 D 26
Adobes *GU* .....48 J 24
Adra *AL* .....102 V 20
Adrada (La) *AV* .....57 L 16
Adrada de Haza *BU* .....31 H 18
Adrada de Píron *SG* .....45 I 17
Adradas *SO* .....33 H 22
Adrados *SG* .....31 H 17
Adrados *LE* .....16 D 14
Adrados de Ordás *LE* .....15 D 12
Adrall *L* .....23 F 34
Adriano *SE* .....91 U 12
Adsubia *A* .....74 P 29
Aduanas *A* .....75 P 30

Àger *L* .....22 F 32
Aginaga *SS* .....10 C 23
Agoitz / Aoiz *NA* .....11 D 25
Agolada *PO* .....13 D 5
Agón *Z* .....34 G 25
Agoncillo *LO* .....19 E 23
Agra *AB* .....84 Q 24
Agramaderos (Los) *J* .....94 T 18
Agramón *AB* .....84 Q 25
Agramunt *L* .....37 G 33
Agraviados (Los) *CA* .....99 W 12
Ágreda *SO* .....34 G 24
Agrio *SE* .....91 T 11
Agrio (Embalse de) *SE* .....91 T 11
Agrón *GR* .....94 U 18
Agua (Cabo de) *MU* .....97 T 27
Agua (Cueva del) *J* .....83 S 20
Agua Amarga *AL* .....103 V 24
Agua García *Tenerife TF* .....124 H 2
Aguacil (Puerto de) *CA* .....99 V 13
Aguada Salada *AB* .....84 Q 23
Aguadulce *AL* .....103 V 22
Aguadulce *SE* .....93 U 15
Aguafría *H* .....79 S 9
Agualada *C* .....2 C 3
Aguamansa *Tenerife TF* .....127 G 3
Aguarón *Z* .....34 H 26
Aguarón (Puerto de) *Z* .....34 I 25
Aguas *HU* .....22 F 29
Aguas (Las) *Tenerife TF* .....127 E 3
Aguas Cándidas *BU* .....18 D 19
Aguas Vivas (Río) *J* .....49 I 27
Aguasal *VA* .....31 I 16
Aguasantas cerca
  de Ponte-Caldelas *PO* .....13 E 4
Aguasantas
  cerca de Rois *C* .....12 D 3
Aguasmestas *O* .....5 C 11
Aguasnuevas *AB* .....72 P 24
Aguatón *TE* .....48 J 26
Aguaviva *TE* .....49 J 29
Aguaviva de la Vega *SO* .....33 I 22
Aguda (Sierra) *BA* .....79 R 10
Agudo *CR* .....69 P 15
Agudo *Fuerteventura GC* ..113 H 3
Águeda *SA* .....42 K 10
Agüera *O* .....8 C 19
Agüera *S* .....8 C 20
Agüera *O* .....5 B 11
Agüeras (Las) *O* .....5 C 11
Agüerina *O* .....5 C 11
Agüero *HU* .....21 E 27
Aguilafuente *SG* .....33 I 17
Aguilar de Anguita *GU* .....47 I 22
Aguilar de Bureba *BU* .....18 E 20
Aguilar de Campoo *P* .....17 D 17
Aguilar de Campoo
  (Embalse de) *P* .....17 D 16
Aguilar de Campos *VA* .....30 G 14
Aguilar de la Frontera *CO* .....93 T 16
Aguilar de Montuenga *SO* .....47 I 23
Aguilar de Segarra *B* .....37 G 34
Aguilar de Tera *ZA* .....29 G 12
Aguilar del Alfambra *TE* .....49 K 27
Aguilar del Río Alhama *LO* ..33 G 24
Águilas *MU* .....97 T 25
Aguilas (Las) *MU* .....85 S 25
Aguilera (La) *BU* .....32 G 18
Aguiló *T* .....37 H 34
Agüimes *Gran Canaria GC* .117 F 3
Aguinaliu *HU* .....22 F 31
Aguiño *C* .....12 E 2
Agullana *GI* .....25 E 38
Agullent *V* .....74 P 28
Agulo *La Gomera TF* .....119 C 1
Agurain / Salvatierra *VI* .....19 D 22
Agustín *LU* .....4 D 8
Agustín *V* .....62 M 27
Aguzadera *MA* .....99 W 14
Aguzadera (Castillo) *SE* .....92 U 13
Ahedo de la Sierra *BU* .....32 F 19
Ahedo de las Pueblas *BU* .....7 C 18
Ahedo de Linares *BU* .....18 C 19
Ahedo del Butrón *BU* .....18 D 18
Ahigal *CC* .....55 L 11
Ahigal de los Aceiteros *SA* ..42 J 9
Ahigal de Villarino *SA* .....43 I 10

Ahillas *V* .....61 M 27
Ahillones *BA* .....80 R 12
Aia *SS* .....19 D 23
Aia *SS* .....10 C 23
Aibar / Oibar *NA* .....20 E 25
Aielo de Malferit *V* .....74 P 28
Aiguablava *GI* .....39 G 39
Aiguafreda *B* .....38 G 36
Aiguafreda *GI* .....25 G 39
Aiguamolls de l'Empordà
  (Parc natural dels) *GI* .....25 F 39
Aiguamúrcia *T* .....37 I 34
Aiguaviva *GI* .....25 G 38
Aiguaviva *T* .....37 H 34
Aigües de Busot *A* .....74 Q 28
Aigües Vives
  (Santa María d') *V* .....74 O 28
Aigüestortes i Estany de Sant
  Maurici (Parc nacional d') *L* 23 E 32
Aín *CS* .....62 M 28
Ainet de Besan *L* .....23 E 33
Ainsa *HU* .....22 E 30
Aintzioa *NA* .....11 D 25
Ainzón *Z* .....34 G 25
Aire (Puerto del) *CO* .....81 R 15
Aisa *HU* .....21 D 28
Aisa (Sierra de) *HU* .....21 D 28
Aisl *S* .....3 B 5
Aitona *L* .....36 H 31
Aizarna *SS* .....10 C 23
Aizarnazabal *SS* .....10 C 23
Aja *S* .....8 C 19
Ajalvir *M* .....46 K 19
Ajamil *LO* .....19 F 22
Ajangiz *BI* .....10 C 22
Ajo *S* .....8 B 19
Ajo (Cabo de) *S* .....8 B 19
Ajo (El) *AV* .....44 J 14
Ajofrin *TO* .....58 M 18
Ajuy *Fuerteventura GC* .....110 F 3
Alacant / Alicante *A* .....86 Q 28
Alacón *TE* .....49 I 27
Aladrén *Z* .....34 I 26
Alaejos *VA* .....30 I 14
Alagón *Z* .....34 G 26
Alagón del Río *CC* .....55 M 11
Alagones (Los) *TE* .....49 J 29
Alaior *IB* .....106 M 42
Alaitza *VI* .....19 D 22
Alajar *H* .....79 S 10
Alajeró *La Gomera TF* .....118 D 3
Alaló *SO* .....32 H 21
Alalpardo *M* .....46 K 19
Alameda *MA* .....93 U 16
Alameda (La) *SO* .....33 H 23
Alameda (La) *AB* .....70 Q 18
Alameda de Cervera *CR* .....71 O 20
Alameda
  de Gardón (La) *SA* .....42 K 9
Alameda de la Sagra *TO* .....58 L 18
Alameda del Obispo *CO* .....81 S 15
Alameda del Valle *M* .....45 J 18
Alamedilla *GR* .....95 T 20
Alamedilla *TO* .....58 M 17
Alamedilla (La) *SA* .....42 K 9
Alamedilla
  del Berrocal (La) *AV* .....44 J 15
Alamillo *CO* .....69 R 15
Alamillo (El) *H* .....91 U 10
Alamillo (Estación de) *CR* .....69 P 15
Alamín *M* .....58 L 17
Alaminos *GU* .....47 J 21
Alamitos (Los) *SE* .....80 S 13
Álamo *CA* .....99 W 12
Álamo (El) *M* .....58 L 18
Álamo (El)
  cerca de El Madroño *SE* .....79 T 10
Álamo (El) cerca de Lora
  del Río *SE* .....80 T 13
Álamos (Los) *AL* .....96 T 23
Alamús (Els) *L* .....36 H 32
Alandre *BA* .....69 O 14
Alange *BA* .....67 P 11
Alanís *SE* .....80 R 12
Alanís (Estación de) *SE* .....80 S 12
Alar del Rey *P* .....17 E 17
Alaraz *SA* .....44 J 14
Alarba *Z* .....48 I 25
Alarcia *BU* .....18 F 19
Alarcón *CU* .....60 N 23
Alarcón (Embalse de) *CU* .....60 N 23
Alarcones *J* .....82 R 18
Alares (Los) *TO* .....57 N 15
Alarilla *GU* .....46 J 20

Alarilla *M* .....59 L 20
Alaró *IB* .....104 M 38
Alàs i Cerc *L* .....23 E 34
Alastuey *HU* .....20 E 26
Alatoz *AB* .....73 O 25
Álava *Provincia O* .....19 D 21
Alazores (Puerto de los) *GR* 93 U 17
Alba cerca de Palas
  de Rei *LU* .....13 D 6
Alba cerca de Villalba *LU* .....3 C 7
Alba de Cerrato *P* .....31 G 16
Alba de los Cardaños *P* .....17 D 15
Alba de Tormes *SA* .....44 J 13
Alba de Yeltes *SA* .....43 J 11
Albacete *AB* .....72 P 24
Albaicín *MA* .....93 U 16
Albaida (Port d') *A* .....74 P 28
Albaida del Aljarafe *SE* .....91 T 11
Albaina *BU* .....19 D 22
Albal *V* .....74 N 28
Albalá *CC* .....67 O 11
Albaladejito *CU* .....60 L 23
Albaladejo *CR* .....71 Q 21
Albaladejo del Cuende *CU* .....60 M 23
Albalat de la Ribera *V* .....74 O 28
Albalate de Cinca *HU* .....36 G 30
Albalate
  de las Nogueras *CU* .....47 K 23
Albalate de Zorita *GU* .....59 L 21
Albalate del Arzobispo *TE* .....49 I 28
Albánchez *AL* .....96 U 23
Albánchez de Mágina *J* .....82 S 19
Albarda *AB* .....72 Q 23
Albardos *MU* .....85 R 26
Albarderos
  (Los) *Gran Canaria GC* ..115 F 1
Albarellos *PO* .....13 E 5
Albarellos
  cerca de Beariz *OR* .....13 E 5
Albarellos
  cerca de Verín *OR* .....28 G 7
Albarellos (Embalse de) *OR* .13 E 5
Albariño (Parador del)
  Cambados *PO* .....12 E 3
Albariza *O* .....5 C 11
Albarracín *TE* .....48 K 25
Albarracín (Sierra de) *TE* .....48 K 25
Albarreal de Tajo *TO* .....58 M 17
Albatana *AB* .....73 Q 25
Albatàrrec *L* .....36 H 31
Albatera *A* .....85 R 27
Albayate (Sierra) *CO* .....94 T 17
Albeiros *LU* .....4 C 7
Albelda *HU* .....36 G 31
Albelda de Iregua *LO* .....19 E 22
Albendea *CU* .....47 K 22
Albendiego *GU* .....32 I 20
Albendín *CO* .....81 S 17
Albentosa *TE* .....61 L 27
Alberca (La) *SA* .....43 K 11
Alberca (La) *MU* .....85 S 26
Alberca
  de Záncara (La) *CU* .....60 N 22
Alberguería *OR* .....13 F 7
Alberguería
  de Argañán (La) *SA* .....42 K 9
Alberic *V* .....74 O 28
Alberite *LO* .....19 E 22
Alberite de San Juan *Z* .....34 G 25
Albero Alto *HU* .....21 F 28
Albero Bajo *HU* .....21 F 28
Alberquilla *AB* .....72 Q 22
Alberuela de la Liena *HU* .....22 F 29
Alberuela de Tubo *HU* .....35 G 29
Albesa *L* .....36 G 31
Albeta *Z* .....34 G 25
Albi (L') *L* .....37 H 32
Albillos *BU* .....18 F 18
Albiñana *T* .....37 I 34
Albiol (L') *T* .....37 I 33
Albires *LE* .....16 F 14
Albiztur *SS* .....10 C 23

Albocàsser *CS* .....50 K 30
Alboloduy *AL* .....95 U 22
Albolote *GR* .....94 U 19
Albondón *GR* .....102 V 20
Albons *GI* .....25 F 39
Alborache *V* .....73 N 27
Alboraya *V* .....62 N 28
Alborea *V* .....73 O 25
Alboreca *GU* .....47 I 22
Albores *C* .....2 D 3
Alborge *Z* .....35 H 28
Albornos *AV* .....44 J 15
Albox *AL* .....96 T 23
Albudeite *MU* .....85 R 25
Albuera (La) *BA* .....67 P 9
Albufera (L') *V* .....74 N 28
Albufera de Anna (La) *V* .....74 O 28
Albujón *MU* .....85 S 26
Albujón (Rambla de) *MU* .....85 S 26
Albuñán *GR* .....95 U 20
Albuñol *GR* .....102 V 20
Albuñuelas *GR* .....101 V 19
Alburquerque *BA* .....67 O 9
Alcabala Alta *SE* .....92 U 13
Alcabón *TO* .....57 L 16
Alcachofar (El) *SE* .....92 T 12
Alcadozo *AB* .....72 Q 24
Alcahozo *CU* .....73 N 25
Alcaide *AL* .....84 S 23
Alcaidía (La) *CO* .....93 T 16
Alcaine *TE* .....49 J 27
Alcalá *Tenerife TF* .....128 C 4
Alcalá (Puerto de) *TE* .....49 K 27
Alcalá de Ebro *Z* .....34 G 26
Alcalá de Guadaíra *SE* .....92 T 12
Alcalá de Gurrea *HU* .....21 F 27
Alcalá de Henares *M* .....46 K 19
Alcalá de la Selva *TE* .....49 K 27
Alcalá de la Vega *CU* .....61 L 25
Alcalá de los Gazules *CA* .....99 W 12
Alcalá de Moncayo *Z* .....34 G 24
Alcalá de Xivert *CS* .....50 L 30
Alcalá del Júcar *AB* .....73 O 25
Alcalá del Obispo *HU* .....21 F 29
Alcalá del Río *SE* .....91 T 12
Alcalá del Valle *CA* .....92 V 14
Alcalá la Real *J* .....94 T 18
Alcalalí *A* .....74 P 29
Alcalde (El) *TO* .....59 M 20
Alcalfar *IB* .....106 M 42
Alcampel *HU* .....36 G 31
Alcanà *A* .....85 Q 27
Alcanadre *LO* .....19 E 23
Alcanadre (Río) *HU* .....21 E 29
Alcanar *L* .....50 K 31
Alcanar Platje *T* .....50 K 31
Alcanó *L* .....36 H 31
Alcántara *CC* .....55 M 9
Alcántara (Embalse de) *CC* ..55 M 9
Alcantarilla *MU* .....85 S 26
Alcantarillas
  (Estación de las) *SE* .....92 U 12
Alcantud *CU* .....47 K 23
Alcañices *ZA* .....29 G 10
Alcañiz *TE* .....49 I 29
Alcañizo *TO* .....57 M 14
Alcaparrosa *J* .....82 R 17
Alcaracejos *CO* .....81 Q 15
Alcaraz *AB* .....72 P 22
Alcarràs *L* .....36 H 31
Alcarria (La) *GU* .....47 J 21
Alcàsser *V* .....74 N 28
Alcaucín *MA* .....101 V 17
Alcaudete *J* .....94 T 17
Alcaudete de la Jara *TO* .....57 M 15
Alcaudique *AL* .....102 V 21
Alcazaba *BA* .....67 P 9
Alcazaba (La) *AL* .....103 V 22
Alcázar *GR* .....102 V 19
Alcázar *J* .....94 T 19
Alcázar de San Juan *CR* .....71 N 20
Alcázar del Rey *CU* .....59 L 21
Alcazarén *VA* .....31 H 15
Alcázares (Los) *MU* .....85 S 27
Alceda *S* .....7 C 18
Alcoba de la Torre *SO* .....32 G 19
Alcoba de los Montes *CR* .....69 O 16
Alcobendas *M* .....46 K 19
Alcocer *GU* .....47 K 22
Alcocero de Mola *BU* .....18 E 19
Alcohujate *CU* .....47 K 22
Alcoi / Alcoy *A* .....74 P 28
Alcola (Alto de) *V* .....73 O 26
Albir *A* .....74 Q 29
Alcolea *V* .....102 V 21
Alcolea *CO* .....81 S 15
Alcolea de Calatrava *CR* .....70 P 17

Alcolea de Cinca HU.....36 G 30
Alcolea de las Peñas GU.....47 I 21
Alcolea de Tajo TO.....57 M 14
Alcolea del Pinar GU.....47 I 22
Alcolea del Río SE.....80 T 12
Alcoleja A.....74 P 29
Alcoletge L.....36 H 32
Alcollarín CC.....68 O 12
Alconaba SO.....33 G 22
Alconada SA.....44 J 13
Alconada de Maderuelo SG.....32 H 19
Alconchel BA.....66 Q 8
Alconchel de Ariza Z.....47 I 23
Alconchel de la Estrella CU.....59 M 22
Alconera BA.....79 Q 10
Alconétar (Puente romano de) CC.....55 M 10
Alcóntar AL.....95 T 22
Alcor H.....90 U 9
Alcor (El) M.....45 K 17
Alcora (L') CS.....62 L 29
Alcoraya (L') A.....86 Q 28
Alcorcillo ZA.....29 G 10
Alcorcón M.....45 K 18
Alcorisa TE.....49 J 28
Alcorlo (Embalse de) GU.....46 I 20
Alcorneo CC.....66 O 8
Alcornocal SE.....80 S 13
Alcornocal (El) CR.....69 O 16
Alcornocal (El) CO.....80 R 14
Alcornocalejo SE.....80 T 12
Alcornocales (Parque natural de los) CA.....99 W 13
Alcornocosa CO.....80 Q 14
Alcornocosa (La) SE.....79 S 11
Alcoroches GU.....48 K 24
Alcossebre CS.....63 L 30
Alcotas TE.....61 L 27
Alcotas V.....61 M 27
Alcover T.....37 I 33
Alcoy / Alcoi A.....74 P 28
Alcozar SO.....32 H 20
Alcozarejos AB.....73 O 25
Alcubierre HU.....35 G 28
Alcubierre (Puerto de) HU.....35 G 28
Alcubierre (Sierra de) Z.....35 G 28
Alcubilla de Avellaneda SO.....32 G 20
Alcubilla de las Peñas SO.....33 I 22
Alcubilla de Nogales ZA.....15 F 12
Alcubilla del Marqués SO.....32 H 20
Alcubillas CR.....71 P 20
Alcubillas (Las) AL.....95 U 22
Alcubillete TO.....58 M 17
Alcublas V.....62 M 27
Alcúdia Mallorca IB.....105 M 39
Alcúdia (L') V.....74 O 28
Alcúdia (L') (Ruines d'Ilici) A.....86 R 27
Alcúdia de Crespins (L') V.....74 P 28
Alcúdia de Guadix GR.....95 U 20
Alcúdia de Monteagud AL.....96 U 23
Alcúdia de Veo CS.....62 M 28
Alcuéscar CC.....67 O 11
Alcuetas LE.....16 F 13
Alcuneza GU.....47 I 22
Alda VI.....19 D 23
Aldaba NA.....10 D 24
Aldaia V.....62 N 28
Aldán PO.....12 F 3
Aldanas BI.....9 C 21
Aldaris C.....12 D 3
Aldatz NA.....10 C 24
Aldea SO.....32 H 20
Aldea LU.....3 C 6
Aldea (L') T.....50 J 31
Aldea (Punta de la) Gran Canaria GC.....114 B 2
Aldea Blanca Tenerife TF.....128 E 5
Aldea de Arango TO.....57 L 15
Aldea de Arriba OR.....13 F 6
Aldea de Ebro S.....17 D 17
Aldea de Estenas V.....61 N 26
Aldea de los Coves V.....61 N 26
Aldea de los Corrales V.....61 N 26
Aldea de Pallarés BA.....79 R 11
Aldea de San Miguel VA.....31 H 16
Aldea de San Nicolás (La) Gran Canaria GC.....114 B 3
Aldea de Trujillo CC.....56 N 12
Aldea del Cano CC.....67 O 11
Aldea del Cano (Estación de) CC.....67 O 10
Aldea del Fresno M.....45 L 17
Aldea del Obispo SA.....42 J 9
Aldea del Pinar BU.....32 G 20

Aldea del Portillo de Busto (La) BU.....18 D 20
Aldea del Puente (La) LE.....16 E 14
Aldea del Rey CR.....70 P 18
Aldea del Rey Niño AV.....44 K 15
Aldea Moret CC.....55 N 10
Aldea Quintana CO.....81 S 15
Aldea Real SG.....45 I 17
Aldeacentenera CC.....56 N 13
Aldeacipreste SA.....43 K 12
Aldeacueva BI.....8 C 19
Aldeadávila (Embalse de) SA.....28 I 10
Aldeadávila de la Ribera SA.....28 I 10
Aldeahermosa J.....83 R 20
Aldealabad del Mirón AV.....44 K 13
Aldealafuente SO.....33 G 23
Aldealázaro SG.....32 H 19
Aldealbar VA.....31 H 16
Aldealcardo SO.....33 F 23
Aldealcorvo SG.....31 I 18
Aldealengua SA.....44 J 13
Aldealengua de Pedraza SG.....45 I 18
Aldealengua de Santa María SG.....32 H 19
Aldealices SO.....33 G 23
Aldealpozo SO.....33 G 23
Aldealseñor SO.....33 G 23
Aldeamayor de San Martín VA.....31 H 16
Aldeanueva de Atienza GU.....46 I 20
Aldeanueva de Barbarroya TO.....57 M 14
Aldeanueva de Cameros LO.....19 F 22
Aldeanueva de Ebro LO.....20 F 24
Aldeanueva de Figueroa SA.....44 I 13
Aldeanueva de Guadalajara GU.....46 J 20
Aldeanueva de la Sierra SA.....43 K 11
Aldeanueva de la Serrezuela SG.....32 H 18
Aldeanueva de la Vera CC.....56 L 12
Aldeanueva de Portanobis SA.....42 J 10
Aldeanueva de San Bartolomé TO.....57 N 14
Aldeanueva de Santa Cruz AV.....44 K 13
Aldeanueva del Camino CC.....56 L 12
Aldeanueva del Codonal SG.....45 I 16
Aldeaquemada J.....82 Q 19
Aldearrodrigo SA.....43 I 12
Aldearrubia SA.....44 I 13
Aldeaseca AV.....44 I 15
Aldeaseca de Alba SA.....44 J 13
Aldeaseca de la Frontera SA.....44 J 14
Aldeasoña SG.....31 H 17
Aldeatejada SA.....43 J 12
Aldeavieja AV.....44 J 16
Aldeavieja de Tormes SA.....43 K 13
Aldehorno SG.....32 H 18
Aldehuela GU.....48 J 24
Aldehuela cerca de Aliaga TE.....49 J 27
Aldehuela cerca de Teruel TE.....61 L 26
Aldehuela (La) M.....59 L 19
Aldehuela (La) AV.....44 K 13
Aldehuela de Ágreda SO.....34 G 24
Aldehuela de Calatañazor SO.....33 G 21
Aldehuela de Jerte CC.....55 L 11
Aldehuela de la Bóveda SA.....43 J 11
Aldehuela de Liestos Z.....48 I 24
Aldehuela de Periáñez SO.....33 G 23
Aldehuela de Yeltes SA.....43 K 11
Aldehuela del Codonal SG.....45 I 16
Aldehuelas (Las) SO.....33 G 22
Aldeire GR.....95 U 20
Aldeonte SG.....32 H 18
Aldeyuso VA.....31 H 17
Aldige LU.....4 C 7
Aldover T.....50 J 31
Alea O.....6 B 14
Aleas GU.....46 J 20
Aledo MU.....85 S 25

Alegia SS.....10 C 23
Alegranza Lanzarote GC.....120 E 1
Alegranza (Isla) Lanzarote GC.....120 E 1
Alegría (La) SE.....92 U 13
Alegría-Dulantzi VI.....19 D 22
Alejos (Los) AB.....84 Q 23
Alella B.....38 H 36
Alentisque SO.....33 H 23
Aler HU.....22 F 31
Alerre HU.....21 F 28
Alesanco LO.....19 E 21
Alesón LO.....19 E 21
Alevia O.....7 B 16
Alfacar GR.....94 U 19
Alfacs (Port dels) T.....50 K 31
Alfafar V.....62 N 28
Alfafara A.....74 P 28
Alfaix AL.....96 U 24
Alfajarín Z.....35 H 27
Alfambra TE.....49 K 26
Alfambra (Río) TE.....49 K 26
Alfamén Z.....34 H 26
Alfántega HU.....36 G 30
Alfara d'Algímia V.....62 M 28
Alfara de Carles T.....50 J 31
Alfaraz de Sayago ZA.....29 I 12
Alfarb V.....74 O 28
Alfarnate MA.....101 V 17
Alfarnatejo MA.....101 V 17
Alfaro LO.....20 F 24
Alfarràs L.....36 G 31
Alfarrasí V.....74 P 28
Alfàs del Pi (L') A.....74 Q 29
Alfera (La) AB.....84 Q 23
Alfès L.....36 H 31
Alfocea Z.....35 G 27
Alfondeguilla CS.....62 M 29
Alfonso XIII SE.....91 U 11
Alfoquia (La) AL.....96 T 23
Alforja T.....37 I 32
Alfornón GR.....102 V 20
Alforque Z.....35 I 28
Alfoz LU.....14 D 8
Alfoz Castro de Ouro LU.....4 B 7
Algaba (La) SE.....91 T 11
Algadefe LE.....16 F 13
Algaida IB.....104 N 38
Algaida (La) MU.....85 R 26
Algaida (La) CA.....91 V 11
Algallarín CO.....81 R 16
Algámitas SE.....92 U 14
Algar CA.....99 W 13
Algar (El) MU.....85 T 27
Algar (S') IB.....106 M 42
Algar de Palància V.....62 M 28
Algar de Palància (Embassament d') V.....62 M 28
Algarabejo (El) SE.....92 U 13
Algarín SE.....80 T 13
Algarinejo GR.....94 U 17
Algarra CU.....61 L 25
Algarróbillo (El) SE.....92 V 12
Algarrobo MA.....101 V 17
Algarrobo Costa MA.....101 V 17
Algatocín MA.....99 W 14
Algayón HU.....36 G 31
Algeciras CA.....99 X 13
Algeciras (Bahía de) CA.....99 X 13
Algemesí V.....74 O 28
Algendar (Barranc d') IB.....106 M 41
Algerri L.....36 G 31
Algete M.....46 K 19
Algezares cerca de Cehegín MU.....84 R 24
Algezares cerca de Murcia MU.....85 S 26
Algibillo J.....82 R 17
Algímia d'Alfara V.....62 M 28
Algimia de Almonacid CS.....62 M 28
Alginet V.....74 O 28
Algodonales CA.....92 V 13
Algodor M.....58 M 18
Algodre ZA.....30 H 13
Algora GU.....47 J 22
Algorfa A.....85 R 27
Algorta B.....8 B 20
Algoz LU.....13 E 6
Alguaire L.....36 G 31
Alguazas MU.....85 R 26
Algueña (L') A.....85 Q 26
Alhabia AL.....102 V 22
Alhama (Tierras de) GR.....101 V 17

Alhama de Almería AL.....103 V 22
Alhama de Aragón Z.....34 I 24
Alhama de Granada GR.....94 U 18
Alhama de Murcia MU.....85 S 25
Alhambra CR.....71 P 20
Alhambra (La) GR.....94 U 19
Alhambras (Las) TE.....61 L 27
Alhanchete (El) AL.....96 U 24
Alharilla J.....82 S 17
Alhaurín de la Torre MA.....100 W 16
Alhaurín el Grande MA.....100 W 15
Alhendín GR.....94 U 19
Alhóndiga GU.....47 K 21
Alía CC.....57 N 14
Aliaga TE.....49 J 27
Aliaguilla CU.....61 M 26
Alias AL.....103 V 23
Alicante / Alacant A.....86 Q 28
Alicante (Golfo de) A.....86 R 28
Alicún AL.....102 V 22
Alicún de las Torres GR.....95 T 20
Alicún de Ortega GR.....95 T 20
Alienes O.....5 B 10
Alija LE.....16 E 13
Alija del Infantado LE.....16 F 12
Alijar (Puerto de) MA.....100 W 14
Alins L.....23 E 33
Alíns del Monte HU.....22 F 31
Alinyà L.....23 F 34
Alió T.....37 I 33
Alisar (El) SE.....79 T 11
Alisas (Puerto de) S.....8 C 19
Aliseda CC.....55 N 9
Aliseda (La) J.....82 R 19
Aliseda de Tormes (La) AV.....44 L 13
Aliste ZA.....29 G 11
Aliste (Cabañas de) ZA.....29 G 11
Aliud SO.....33 H 23
Aljaraque H.....90 U 8
Aljariz AL.....96 U 24
Aljibe (El) MU.....96 T 24
Aljibe (Sierra del) CR.....70 Q 19
Aljibe (Sierra del) BA.....80 R 13
Aljorra (La) MU.....85 S 26
Aljube AB.....73 Q 25
Aljucén (Estación de) BA.....67 P 10
Aljucén (La) BA.....67 P 10
Aljunzarejo (El) MU.....85 R 26
Alkiza SS.....10 C 23
Alkotz NA.....11 C 24
Allariz OR.....13 F 6
Allariz (Alto de) OR.....13 F 6
Allepuz TE.....49 K 27
Allés O.....7 B 15
Allín NA.....19 D 23
Alloz NA.....10 D 24
Alloza TE.....49 J 28
Allozo (El) CR.....71 P 21
Allueva TE.....48 J 26
Almacelles L.....36 G 31
Almáchar MA.....101 V 17
Almaciles GR.....84 S 22
Almadén CR.....69 P 15
Almadén (El) J.....82 S 19
Almadén de la Plata SE.....79 S 11
Almadenejos CR.....69 P 15
Almadenes MU.....85 R 25
Almadraba (La) CA.....98 W 10
Almadraba de Monteleva (La) AL.....103 V 23
Almadrava (L') T.....51 J 32
Almadrones GU.....47 J 21
Almafrà A.....85 Q 27
Almagarinos LE.....15 D 11
Almagra (Cabeza) BA.....80 R 14
Almagrera (Sierra) AL.....96 U 24
Almagro CR.....70 P 18
Almajalejo AL.....96 U 24
Almajano Z.....33 G 22
Almallá GU.....48 J 24
Almaluez SO.....33 I 23
Almandoz NA.....11 C 25
Almansa AB.....73 P 26
Almansa (Embalse de) AB.....73 P 26
Almansas J.....83 S 20
Almanza LE.....16 E 14
Almanzor (Pico) AV.....56 L 14
Almanzora AL.....96 T 23
Almarail SO.....33 H 22
Almaraz CC.....56 M 12
Almaraz de Duero ZA.....29 H 12

Almarcha (La) CU.....60 M 22
Almarchal (El) CA.....99 X 12
Almargen MA.....93 U 14
Almarza SO.....33 G 22
Almarza de Cameros LO.....19 F 22
Almàssera V.....62 N 28
Almassora CS.....62 M 29
Almatret L.....36 I 31
Almayate Bajo MA.....101 V 17
Almazán SO.....33 H 22
Almázcara LE.....15 E 10
Almazorre HU.....22 F 30
Almazul SO.....33 H 23
Almedíjar cerca de Segorbe CS.....62 M 28
Almedina CU.....71 Q 21
Almedinilla CO.....94 T 17
Almegíjar GR.....102 V 20
Almeida ZA.....29 I 11
Almenar L.....36 G 31
Almenar de Soria SO.....33 G 23
Almenara Castelló CS.....62 M 29
Almenara de Adaja VA.....31 I 15
Almenara de Tormes SA.....43 I 12
Almenaras AB.....72 Q 22
Almendra SA.....29 I 10
Almendra ZA.....29 I 11
Almendra (Embalse de) SA.....29 I 11
Almendral GR.....94 U 17
Almendral CC.....56 L 11
Almendral (El) AL.....95 U 22
Almendral (El) AL.....101 V 17
Almendral de la Cañada TO.....57 L 13
Almendralejo BA.....67 P 10
Almendres BU.....18 E 20
Almendricos MU.....96 T 24
Almendros CU.....59 M 21
Almensilla SE.....91 U 11
Almería AL.....103 V 22
Almería (Golfo de) AL.....103 V 21
Almerimar AL.....102 V 21
Almez (La) V.....61 M 27
Almiruete GU.....46 I 20
Almirez AL.....84 Q 24
Almócita AL.....102 V 22
Almodóvar CA.....99 X 12
Almodóvar del Campo CR.....70 P 17
Almodóvar del Pinar CU.....60 M 24
Almodóvar del Río CO.....81 S 14
Almogía MA.....100 V 16
Almoguera GU.....59 L 21
Almohaja TE.....48 K 25
Almoharín CC.....68 O 11
Almoines V.....74 P 29
Almonacid de la Cuba Z.....35 I 27
Almonacid de la Sierra Z.....34 H 26
Almonacid de Toledo TO.....58 M 18
Almonacid de Zorita GU.....47 L 21
Almonacid del Marquesado CU.....59 M 21
Almonaster la Real H.....79 S 9
Almontaras (Las) GR.....83 S 21
Almonte H.....91 U 10
Almoradí A.....85 R 27
Almoraima CA.....99 X 13
Almorchón BA.....68 P 14
Almoster T.....37 I 33
Almudáfar HU.....36 H 30
Almudena (La) MU.....84 R 24
Almudévar HU.....21 F 28
Almuniente HU.....35 G 28
Almunia de Doña Godina (La) Z.....34 H 25
Almunia de San Juan HU.....36 G 30
Almunias (Las) HU.....21 F 29
Almuña O.....5 B 10
Almuñécar GR.....101 V 18
Almuradiel CR.....71 Q 19
Almurfe O.....5 C 11
Almussafes V.....74 O 28
Alobras TE.....61 L 25
Alocén GU.....47 K 21
Alojera La Gomera TF.....118 B 2
Alomartes GR.....94 U 18
Alonso de Ojeda CC.....68 O 13
Alonsótegi BI.....8 C 21
Alor BA.....66 Q 8
Álora MA.....100 V 15
Alòs de Balaguer L.....37 G 32

Alòs d'Isil L.....23 D 33
Alosno H.....90 T 8
Alovera GU.....46 K 20
Alozaina MA.....100 V 15
Alp L.....24 E 35
Alpandeire MA.....99 W 14
Alpanseque SO.....33 I 21
Alpartir Z.....34 H 25
Alpatró A.....74 P 29
Alpedrete M.....45 K 17
Alpedroches GU.....32 I 21
Alpens B.....24 F 36
Alpeñés TE.....48 J 26
Alpera AB.....73 P 26
Alpicat L.....36 G 31
Alpizar H.....91 T 10
Alporchones MU.....85 T 25
Alpuente V.....61 M 26
Alpujarras (Las) GR.....102 V 20
Alquería (La) MU.....73 Q 26
Alquería (La) AL.....102 V 26
Alquería Blanca (S') IB.....105 N 39
Alqueria del Fargue GR.....94 U 19
Alquerías MU.....85 R 26
Alquézar HU.....22 F 30
Alquián (El) AL.....103 V 23
Alquife GR.....95 U 20
Alquité SG.....32 I 19
Alsamora L.....22 F 32
Alsasua / Altsasu NA.....19 D 23
Alsodux AL.....95 U 22
Alta LU.....3 C 7
Alta Gracia (Ermita de) CC.....55 N 10
Altable BU.....18 E 20
Altafulla T.....37 I 34
Altamira BI.....9 B 21
Altamira (Cuevas de) S.....7 B 17
Altamiros AV.....44 J 15
Altarejos CU.....60 M 22
Altavista (Refugio) Tenerife TF.....127 E 3
Altea A.....74 Q 29
Altea la Vella A.....74 Q 29
Altet (L') A.....86 R 28
Altico (El) J.....82 R 18
Alto (Puntal) GR.....95 U 21
Alto de la Madera O.....6 B 12
Alto de Ter (Vall) GI.....24 F 37
Altos (Los) TF.....18 D 19
Altotero BU.....18 D 19
Alto Tajo (Parque natural del) GU.....47 J 23
Altobordo MU.....96 T 24
Altomira CU.....59 L 21
Altorricón HU.....36 G 31
Altorricón-Tamarite HU.....36 G 31
Altrón L.....23 E 33
Altsasu / Alsasua NA.....19 D 23
Altube VI.....18 C 21
Altura CS.....62 M 28
Altzo SS.....10 C 23
Altzola SS.....10 C 22
Aluenda Z.....34 H 25
Alueza HU.....22 E 30
Alumbres MU.....97 T 27
Alustante GU.....48 K 25
Alvarado BA.....67 P 9
Alvarizones (Los) CA.....98 W 11
Alvedro (Aeropuerto de) C.....3 C 4
Alvidrón LU.....13 D 6
Alzira V.....74 O 28
Amadòrio (Embassament d') A.....74 Q 29
Amaiur / Maya NA.....11 C 25
Amandi O.....6 B 13
Amasa SS.....10 C 23
Amatos SA.....44 J 13
Amatriáin NA.....20 E 25
Amavida AV.....44 K 14
Amaya BU.....17 E 17
Amayas GU.....47 I 24
Amayuelas P.....17 D 16
Ambás cerca de Avilés O.....5 B 12
Ambás cerca de Villaviciosa O.....6 B 13
Ambasaguas LE.....16 D 13
Ambasmestas LE.....14 E 9
Ambel Z.....34 G 25
Amblés M.....46 L 20
Ambojo CA.....8 B 19
Ambores LU.....3 B 6
Amboto BI.....10 C 22
Ambrona SO.....47 I 22
Ameixenda C.....2 D 2
Amer GI.....24 F 37
Ames C.....2 D 4
Ametlles (Els) CS.....50 K 31

A
B
C
D
E
F
G
H
I
J
K
L
M
N
O
P
Q
R
S
T
U
V
W
X
Y
Z

Ametlla (L') cerca de Àguer *L* **22** F 32
Ametlla (L') cerca de Tàrrega *L* **37** H 33
Ametlla de Mar (L') *T* **51** J 32
Ametlla de Merola (L') *B* **38** G 35
Ametlla del Vallès (L') *B* **38** G 36
Ameyugo *BU* **18** E 20
Amezketa *SS* **10** C 23
Amieva *O* **6** C 14
Amil *PO* **12** E 4
Amil *AU* **11** D 27
Amiudal *OR* **13** E 5
Amoedo *PO* **12** F 4
Amoeiro *OR* **13** E 6
Amorebieta *BI* **9** C 21
Amoroto *BI* **10** C 22
Amparo (El) Tenerife *TF* **126** D 3
Amposta *T* **50** J 31
Ampudia *P* **30** G 15
Ampuero *S* **8** B 19
Ampuyenta (La) Fuerteventura *GC* **111** H 3
Amurrio *VI* **8** C 20
Amusco *P* **17** F 16
Amusquillo *VA* **31** G 17
Anadón *TE* **49** J 27
Anafreita *O* **3** C 6
Anaga (Punta de) Tenerife *TF* **125** K 1
Anaya *SG* **45** J 17
Anaya de Alba *SA* **44** J 13
Anayet (Coto nacional del) *HU* **21** D 28
Ancares *CR* **69** O 15
Ancares (Refugio de) *LU* **14** D 9
Ancares Leoneses (Reserva nacional de los) *LE* **14** D 9
Anchuela del Campo *GU* **47** I 23
Anchuela del Pedregal *GU* **48** J 24
Anchuelo *M* **46** K 20
Anchuras *CR* **57** N 15
Anchurones *CR* **69** N 16
Anciles *HU* **22** E 31
Ancillo *S* **8** C 19
Ancín *NA* **19** E 23
Ancla (El) *CA* **98** W 11
Anclas (Las) *GU* **47** K 21
Anda *VI* **18** D 21
Andagoia *VI* **18** D 21
Andaluz *SO* **33** H 21
Andarax *AL* **102** V 21
Andatza *SS* **10** C 23
Andavias *ZA* **29** H 12
Andilla *V* **61** M 27
Andiñuela *LE* **15** E 11
Andoain *SS* **10** C 23
Andoio *C* **2** C 4
Andorra *TE* **49** J 28
Andosilla *NA* **19** E 24
Andrade (Castillo de) *C* **3** B 5
Andratx *IB* **104** N 37
Andrés *O* **4** B 9
Andrín *O* **7** B 15
Andújar *J* **82** R 17
Aneas (Las) *AL* **95** U 22
Anento *Z* **48** I 25
Anero *S* **8** B 19
Aneto (Pico de) *HU* **22** E 31
Àneu (Vall d') *L* **23** E 33
Angel (El) *MA* **100** W 15
Ángeles (Los) *CA* **99** W 13
Ángeles (Los) *CO* **81** S 16
Ángeles (Los) / Anxeles (Os) *C* **2** D 3
Angiozar *SS* **10** C 22
Anglès *GI* **24** G 37
Anglesola *L* **37** H 33
Angón *GU* **46** I 20
Angostura (Río de la) *M* **45** J 18
Anguciana *LO* **18** E 21
Angües *HU* **21** F 29
Anguijes (Los) *AB* **72** P 24
Anguila (Cala) *IB* **105** N 39
Anguita *GU* **47** I 22
Anguix *BU* **31** G 18
Anguix *GU* **48** K 21
Aniago *VA* **30** H 15
Aniés *HU* **21** F 28
Anievas *S* **7** C 17
Aniezo *S* **7** C 16
Aniñón *Z* **34** H 24
Anleo *O* **4** B 9
Anllares *LE* **15** D 10
Anllarinos *LE* **15** D 10
Anllóns *C* **2** C 3

Anna *V* **74** O 28
Anoeta *SS* **10** C 23
Anoia (L') *B* **37** H 34
Anorias (Las) *AB* **73** P 25
Anós *C* **2** C 3
Anoz *NA* **10** D 24
Anquela del Ducado *GU* **47** I 23
Anquela del Pedregal *GU* **48** J 24
Ansares (Lucio de los) *SE* **91** V 10
Anserall *L* **23** E 34
Ansó (Valle de) *HU* **11** D 27
Antas *AL* **96** U 24
Antas de Ulla *LU* **13** D 6
Antella *V* **74** O 28
Antequera *MA* **93** U 16
Antes *C* **2** D 3
Antezana *VI* **18** D 21
Antigua Fuerteventura *GC* **111** G 3
Antigua (La) *LE* **15** F 12
Antigüedad *P* **31** G 17
Antilla (La) *H* **90** U 8
Antillón *HU* **21** F 29
Antimio *LE* **16** E 13
Antoñán del Valle *LE* **15** E 12
Antoñana *VI* **19** D 22
Antzuola *SS* **10** C 22
Añana *VI* **18** D 21
Añastro *BU* **19** D 21
Añavieja *SO* **33** G 24
Añaza Tenerife *TF* **125** I 2
Añe *SG* **45** I 17
Añes *VI* **8** C 20
Añides *O* **4** B 9
Añisclo (Cañón de) *HU* **22** E 30
Añora *CO* **81** Q 15
Añorbe *NA* **20** E 24
Añover de Tajo *TO* **58** M 18
Añover de Tormes *SA* **43** I 12
Añoza *P* **16** F 15
Aoiz / Agoitz *NA* **11** D 25
Aos / Aós *NA* **11** D 25
Aoslos *M* **46** I 19
Apadreado (El) *AB* **73** P 25
Aparecida (La) *A* **85** R 26
Aparecida (La) *MU* **85** S 27
Apellániz *VI* **19** D 22
Apiés *HU* **21** F 28
Apricano *VI* **18** D 21
Aqua Brava *GI* **25** F 39
Aquaola *GR* **94** U 19
Aquijón *CC* **55** N 11
Aquilué *HU* **21** E 28
Aquópolis *M* **45** K 18
Ara *HU* **21** E 28
Arabayona *SA* **44** I 13
Arabexo *C* **2** C 4
Arabí *MU* **73** P 26
Arabinejo *AB* **73** P 25
Aracena *H* **79** S 10
Aracena (Embalse de) *H* **79** S 10
Aracena (Sierra de) *H* **79** S 9
Arafo Tenerife *TF* **127** G 3
Aragó i Catalunya (Canal d') *L* **36** H 31
Aragón (Canal Imperial de) *Z* **34** G 25
Aragón (Río) *ESP* **21** E 27
Aragón y Cataluña (Canal d') *HU* **36** F 30
Aragoncillo *GU* **47** J 23
Aragoncillo (Monte) *GU* **47** J 23
Aragoneses *SG* **45** I 16
Aragosa *GU* **47** J 21
Araguás *HU* **22** E 30
Araguás del Solano *HU* **21** E 28
Aragüés del Puerto *HU* **11** D 27
Arahal (El) *SE* **92** U 13
Arahuetes *SG* **45** I 18
Araia / Araya *VI* **19** D 23
Araitz *NA* **10** C 23
Arakaldo *BI* **8** C 21
Aralla *LE* **15** D 12
Aralla (Collada de) *LE* **15** D 12
Aramaio *VI* **10** C 22
Aramil *O* **6** B 13
Aramunt *L* **23** F 32
Arán *C* **50** J 30

Aran (Val d') *L* **22** D 32
Arana *BU* **19** D 21
Aranarache *NA* **19** D 23
Arancedo *O* **4** B 9
Arancón *SO* **33** G 23
Aranda *MA* **100** W 15
Aranda de Duero *BU* **32** G 18
Aranda de Moncayo *Z* **34** H 24
Arándiga *Z* **34** H 25
Arandilla *BU* **32** G 19
Arandilla del Arroyo *CU* **47** K 22
Aranga *C* **3** C 5
Aranga (Estación de) *C* **3** C 5
Arangas *O* **6** C 15
Arangiz *VI* **19** D 21
Aranguren *SS* **11** D 25
Aranjuez *M* **58** L 19
Arano *NA* **10** C 24
Aranquite *NA* **20** E 26
Arànser *L* **23** E 34
Arantes *SA* **43** J 13
Arantzazu *SS* **19** D 22
Arantzazu *BI* **9** C 21
Aranyó (L') *L* **37** G 33
Aranza *U* **14** D 8
Aranzueque *GU* **46** K 20
Araña (Cuevas de la) *V* **73** O 27
Arañuel *CS* **62** L 28
Araós *L* **23** E 33
Araotz *SS* **19** D 22
Arapiles *SA* **43** J 13
Aras *NA* **19** E 22
Aras de los Olmos *V* **61** M 26
Arascués *HU* **21** F 28
Aratzerreka *SS* **10** C 23
Arauzo de Miel *BU* **32** G 19
Arauzo de Salce *BU* **32** G 19
Arauzo de Torre *BU* **32** G 19
Aravell *L* **23** E 34
Aravaca *M* **45** K 18
Arbancón *GU* **46** J 20
Arbaniés *HU* **21** F 29
Arbeca *L* **37** H 32
Arbedales (Cuevas de) *O* **5** B 12
Arbejal *P* **17** D 16
Arbeteta *GU* **47** J 22
Arbillas (Mirador de) *AV* **57** L 14
Arbizu *NA* **19** D 23
Arbo *PO* **13** F 5
Arboç (L') *T* **37** I 34
Arboçar de Dalt (L') *B* **38** I 35
Arbocet (L') *T* **51** I 32
Arboleas *AL* **96** T 23
Árboles (Los) *CR* **71** O 21
Arbolí *T* **37** I 32
Arbón *O* **4** B 9
Arbón (Embalse de) *O* **4** B 9
Arbúcies *B* **38** G 37
Arbujuelo *SO* **47** I 22
Arbuniel *J* **94** T 19
Arc de Cabanes *CS* **62** L 30
Arca *PO* **13** E 4
Arcade *PO* **12** E 4
Arcallana *O* **5** B 11
Arcángeles (Los) *M* **46** K 19
Arcas *CU* **60** M 23
Arcavell *L* **23** E 34
Arce *NA* **11** D 25
Arcediano *SA* **44** I 13
Arcellana *O* **5** C 11
Arcenillas *ZA* **29** H 12
Arcentales *BI* **8** C 20
Arceo *C* **2** C 5
Archena *MU* **85** R 26
Archez *MA* **101** V 18
Archidona *SE* **92** T 13
Archidona *SE* **93** U 16
Archilla *GU* **46** J 21
Archivel *MU* **84** R 23
Arcicóllar *TO* **58** L 17
Arcillera *ZA* **29** H 12
Arcillo *ZA* **29** H 11
Arco *CC* **55** M 10
Arco (El) *SA* **43** I 12
Arconada *BU* **18** E 19
Arconada *P* **17** F 16
Arcones *SG* **46** I 18

Arcos *BU* **18** F 18
Arcos *LU* **13** E 6
Arcos *OR* **13** E 5
Arcos *ZA* **29** G 12
Arcos cerca de Carnota *C* **2** D 2
Arcos cerca de Cuntis *PO* **12** E 4
Arcos (Embalse de) *CA* **92** V 12
Arcos (Los) *NA* **19** E 23
Arcos de Jalón *SO* **47** I 23
Arcos de la Frontera *CA* **92** V 12
Arcos de la Sierra *CU* **47** K 23
Arcos de las Salinas *TE* **61** M 26
Ardaitz *NA* **11** D 25
Ardàvol *L* **37** G 34
Ardisa *Z* **21** F 27
Ardón *LE* **16** E 13
Ardoncino *LE* **16** E 13
Ardonsillero *SA* **43** J 11
Arduas (Las) *SE* **92** U 12
Ardaña *C* **2** C 3
Areas cerca de Ponteareas *PO* **12** F 4
Areas cerca de Tui *PO* **12** F 4
Areas (Estación de) *LU* **13** E 7
Arejos (Los) *MU* **96** T 24
Arellano *NA* **19** E 23
Arén *HU* **22** F 32
Arena (La) *O* **5** B 11
Arenal (El) *AV* **57** L 14
Arenal (El) *SG* **45** I 18
Arenal (S') Mallorca *IB* **104** N 38
Arenal d'en Castell *IB* **106** L 42
Arenales de San Gregorio *CR* **71** O 20
Arenales del Sol (Los) *A* **86** R 28
Arenas *MA* **101** V 17
Arenas de Cabrales *O* **6** C 15
Arenas de Iguña *S* **7** C 17
Arenas de San Juan *CR* **70** O 19
Arenas de San Pedro *AV* **57** L 14
Arenas del Rey *GR* **101** V 18
Arenetes (Les) *A* **75** P 30
Arenillas *SO* **33** H 21
Arenillas *SE* **80** S 12
Arenillas de Muñó *BU* **17** F 18
Arenillas de Riopisuerga *BU* **17** E 17
Arenillas de Villadiego *BU* **17** E 18
Arenoso *CC* **81** R 16
Arens de Lledó *TE* **50** J 30
Arenteiro *OR* **13** E 5
Arenys de Mar *B* **38** H 37
Arenys de Munt *B* **38** H 37
Arenzana de Abajo *LO* **19** E 21
Ares *P* **17** D 16
Ares *C* **3** B 5
Ares (Coll d') *GI* **24** E 37
Ares (Mola d') *CS* **50** K 29
Ares del Maestrat *CS* **50** K 29
Areta *VI* **8** C 21
Aretxabaleta *SS* **10** C 22
Areu *L* **23** E 33
Arevalillo *AV* **44** K 13
Arevalillo de Cega *SG* **45** I 18
Arévalo *AV* **44** I 15
Arévalo *SO* **33** G 23
Argallanes (Sierra de) *BA* **68** Q 12
Argallón *CO* **80** R 13
Argamasilla *SE* **92** T 13
Argamasilla de Alba *CR* **71** O 20
Argamasilla de Calatrava *CR* **70** P 17
Argamasón *AB* **72** P 23
Argamasón *AB* **96** U 24
Argamassa (S') *IB* **87** P 34
Arganda del Rey *M* **59** L 19
Argandoña *VI* **19** D 22
Arganza *O* **5** C 10
Arganza *LE* **14** E 9
Argañín *ZA* **29** H 11
Argañoso *LE* **15** E 11
Argavieso *HU* **21** F 28
Argecilla *GU* **47** J 21
Argel *AB* **84** Q 22
Argelaguer *GI* **24** F 37

Argelita *CS* **62** L 28
Argençola *B* **37** H 34
Argente *TE* **48** J 26
Argentera (L') *T* **51** I 32
Argentona *B* **38** H 37
Argés *TO* **58** M 17
Argomaniz *VI* **19** D 22
Argomoso *LU* **4** B 7
Argoños *S* **8** B 19
Argos *MU* **84** R 24
Argovejo *LE* **16** D 14
Arguedas *NA* **20** F 25
Argüelles *S* **5** B 12
Arguellite *AB* **84** R 22
Argüeña (Serra de la) *A* **74** Q 27
Argüero *O* **6** B 13
Arguijuela *CC* **67** N 10
Arguillos *MA* **93** U 15
Arguineguín Gran Canaria *GC* **116** C 4
Arguis *HU* **21** F 28
Arguis (Embalse de) *HU* **21** F 28
Arguisuelas *CU* **60** M 24
Arguijillo *ZA* **30** I 13
Aria *NA* **11** D 26
Aria *MA* **92** V 14
Ariany *IB* **105** N 39
Aribe *NA* **11** D 26
Arico Tenerife *TF* **129** G 4
Arico El Nuevo Tenerife *TF* **129** G 4
Arico Viejo Tenerife *TF* **129** G 4
Arienza *LE* **15** D 11
Ariño *TE* **49** I 28
Aripe Tenerife *TF* **128** C 4
Arisgotas *TO* **58** N 18
Aristebano (Alto de) *O* **5** B 10
Aristot *L* **23** E 34
Ariza *Z* **33** I 23
Arizala *NA* **10** D 24
Arizkun *NA* **11** C 25
Arjona *J* **82** S 17
Arjonilla *J* **82** S 17
Arjuá *LU* **13** E 6
Arlaban (Puerto de) *SS* **19** D 22
Arlanza *LE* **15** E 10
Arlanzón *BU* **18** F 19
Arlos *O* **5** B 12
Arluzea *VI* **19** D 21
Armada *O* **5** C 12
Armada (Castillo de la) *SE* **80** S 13
Armallones *GU* **47** J 23
Armañanzas *NA* **19** E 23
Armas *MA* **100** W 15
Armellada *LE* **15** E 12
Armenteira *PO* **12** E 3
Armentera (L') *GI* **25** F 39
Armenteros *SA* **44** K 13
Armentón *C* **3** C 4
Armeñime Tenerife *TF* **128** C 3
Armilla *GR* **94** U 19
Armillas *TE* **49** J 27
Armindez *J* **83** S 20
Armintza *BI* **8** B 21
Armiñón *VI* **18** D 21
Armuña *SG* **45** I 17
Armuña de Almanzora *AL* **96** T 22
Armuña de Tajuña *GU* **46** K 20
Arnadelo *LE* **14** E 9
Arnado *LE* **14** E 9
Arnao *O* **5** B 12
Arnedillo *LO* **19** F 23
Arnedo *LO* **19** F 23
Arnego (Río) *PO* **13** D 5
Arnés *T* **50** J 30
Arneva *A* **85** R 27
Arnicio (Puerto de) *O* **6** C 13
Arnoia (Río) *OR* **13** F 5
Arnuero *S* **8** B 19
Aróstegui *NA* **11** D 24
Arousa (Isla de) *PO* **12** E 3
Arousa (Ría de) *PO* **12** E 3
Arquijo *SO* **33** G 22
Arquillo de San Blas (Embalse del) *TE* **48** K 26
Arquillos *J* **82** R 19

Arrabal Santa Barbara *TE* **48** K 25
Arrabalde *ZA* **15** F 12
Arracó (S') *IB* **104** N 37
Arraia-Maeztu *VI* **19** D 22
Arraitz-Orkin *NA* **11** C 25
Arrancacepas *CU* **60** L 22
Arrankudiaga *BI* **8** C 21
Arrarats *NA* **10** C 24
Arrasate / Mondragón *SS* **10** C 22
Arrate *SS* **10** C 22
Arratzu *BI* **10** C 22
Arrazola *BI* **10** C 22
Arrebatacapas (Collado de) *CC* **56** N 14
Arrebatacapas (Puerto de) *AV* **45** K 16
Arrecife Lanzarote *GC* **123** E 4
Arrecife (El) *CO* **81** S 15
Arredondo *S* **8** C 19
Arres *L* **22** D 32
Arrés *HU* **21** E 27
Arriano *VI* **18** D 21
Arriate *MA* **92** V 14
Arriba *TO* **58** N 17
Arriba-Atallu *NA* **10** C 24
Arrieta *NA* **11** D 25
Arrieta *BI* **9** B 21
Arrieta Lanzarote *GC* **123** F 3
Arrigorriaga *BI* **8** C 21
Arriondas *O* **6** B 14
Arripas (Las) *CR* **69** O 16
Arro *HU* **22** E 30
Arroba de los Montes *CR* **69** O 16
Arrobuey *CC* **43** K 11
Arrocampo-Almaraz (Embalse de) *CC* **56** M 12
Arrojo *O* **5** C 12
Arrolobos *CC* **43** K 11
Arróniz *NA* **19** E 23
Arròs *L* **22** D 32
Arroyal *S* **17** D 17
Arroyal *S* **17** D 17
Arroyo *MA* **16** F 15
Arroyo *CR* **70** Q 18
Arroyo *H* **79** S 9
Arroyo *VA* **30** H 15
Arroyo *V* **61** N 26
Arroyo Bremudo (Embalse de) *CC* **55** M 11
Arroyo Cerezo *V* **61** L 25
Arroyo de Cuéllar *SG* **31** H 16
Arroyo de la Luz *CC* **55** N 10
Arroyo de la Miel *MA* **100** W 16
Arroyo de la Plata *SE* **79** S 11
Arroyo de las Fraguas *GU* **46** I 20
Arroyo de Salas *BU* **32** F 20
Arroyo de San Serván *BA* **67** P 10
Arroyo de Torote *ESP* **46** K 19
Arroyo del Ojanco *J* **83** R 21
Arroyo-Malpartida (Estación) *CC* **55** N 10
Arroyo Meaques *M* **45** K 18
Arroyofrío *TE* **61** L 25
Arroyomolinos *M* **58** L 18
Arroyomolinos de la Vera *CC* **56** L 12
Arroyomolinos de Léon *H* **79** R 10
Arroyomolinos de Montánchez *CC* **67** O 11
Arroyomuerto *SA* **43** K 11
Arroyos (Los) *M* **45** K 17
Arroyos (Los) *J* **83** R 22
Arroyuelo *BU* **18** D 19
Arrozo (Sierra del) *BA* **68** P 12
Arruazu *NA* **10** D 24
Arrúbal *LO* **19** E 23
Ars *L* **23** E 34
Arsèguel *L* **23** E 34
Artà *IB* **105** M 40
Artà (Coves d') *IB* **105** N 40
Artaiz *NA* **11** D 25
Artaj *V* **61** M 27
Artajo / Artaxo *NA* **11** D 25
Artajona *NA* **20** E 24
Artana *CS* **62** M 29
Artariáin *NA* **20** E 25
Artasona cerca de Almudévar *HU* **21** F 28
Artasona cerca de El Grado *HU* **22** F 30
Artavia *NA* **19** D 23
Artaza cerca de Subijana *VI* **18** D 21

Artatza Foronda
cerca de Vitoria-Gasteiz VI....**19** D 21
Artazu NA....**10** D 24
Artea BI....**9** C 21
Artea (El) AL....**96** U 24
Artedo O....**5** B 11
Artedosa O....**6** C 13
Arteixo C....**3** C 4
Artejuela CS....**62** L 28
Artekona BI....**8** C 20
Artenara
Gran Canaria GC....**114** D 2
Artés B....**38** G 35
Artesa CS....**62** M 29
Artesa de Lleida L....**36** H 32
Artesa de Segre L....**37** G 33
Artesiaga (Puerto de) NA....**11** C 25
Arteta NA....**10** D 24
Artichuela (La) GR....**94** T 19
Artieda NA....**11** D 26
Artieda Z....**21** E 27
Arties L....**22** D 32
Artikutza NA....**10** C 24
Arto HU....**21** E 28
Artomaña....**18** D 21
Artrutx (Cap d') IB....**106** M 41
Artziniega VI....**8** C 20
Arucas Gran Canaria GC..**115** E 2
Arucas (Montaña de)
Gran Canaria GC....**115** E 2
Arure La Gomera TF....**118** B 2
Arvas
(Ruinas romanas de) SE....**80** T 13
Arzádigos OR....**28** G 8
Arzón C....**2** D 3
Arzoz NA....**10** D 24
Arzúa C....**3** D 5
Ascara HU....**21** E 28
Ascarza BU....**19** D 21
Ascaso MU....**22** E 30
Ascó T....**36** I 31
Ascopalls V....**74** O 28
Ascoy MU....**85** R 25
Ase (Pas de l') T....**50** I 31
Aserradero del Río Tús J....**83** Q 22
Asiáin NA....**10** D 24
Asiego O....**6** C 15
Asientos (Los) CA....**91** V 11
Asín Z....**20** F 26
Asín de Broto HU....**21** E 29
Asma
cerca del Río Miño LU....**13** E 6
Asma Santa Eugenia LU....**13** E 6
Asno (Boca del) MA....**100** V 16
Asno (Boca del) SG....**45** J 17
Asno
(Cabeza del) MU....**85** R 25
Aso de Sobremonte HU....**21** E 28
Asomadilla AB....**73** O 25
Asón S....**8** C 19
Asón (Puerto del) S....**8** C 19
Aspa L....**36** H 32
Aspai U....**3** C 6
Aspariegos ZA....**30** G 13
Aspárrena VI....**19** D 22
Aspe A....**85** Q 27
Asperillas TO....**59** M 19
Asperillo H....**91** U 10
Aspurz NA....**11** D 26
Assa VI....**19** E 22
Asso Veral Z....**21** E 27
Asteasu SS....**10** C 23
Astelarra BI....**8** C 19
Astigarraga SS....**10** C 24
Astigarreta SS....**10** C 23
Astillero (El)....**7** B 18
Astor (L') B....**37** G 34
Astorga LE....**15** E 11
Astráin NA....**10** D 24
Astrana S....**8** C 19
Astudillo P....**17** F 17
Astún (Valle de) HU....**21** D 28
Asturianos ZA....**29** F 10
Asua BI....**8** C 21
Atajate MA....**99** W 14
Atalaya V....**62** N 28
Atalaya BA....**79** Q 10
Atalaya MA....**100** W 14
Atalaya
(Estación de) MA....**92** V 14
Atalaya (La) AV....**43** K 10
Atalaya (La) SA....**43** K 10
Atalaya (La) CU....**60** M 23
Atalaya (La) MU....**97** T 25
Atalaya (La) H....**79** S 10
Atalaya (La) SE....**92** T 13
Atalaya (La) CC....**55** L 10

Atalaya (La)
Gran Canaria GC....**114** D 1
Atalaya (La)
Gran Canaria GC....**115** F 2
Atalaya del Alberche TO....**57** L 16
Atalaya del Cañavate CU....**60** N 23
Atalaya Real M....**46** J 19
Atamaría MU....**97** T 27
Atán C....**2** D 3
Atance (El) GU....**47** I 21
Atance (Embalse de) GU....**47** I 21
Atanzón GU....**46** J 21
Atapuerca BU....**18** E 19
Ataquines VA....**44** I 15
Atarés HU....**21** E 28
Atarfe GR....**94** U 18
Ataun SS....**10** C 23
Atauri VI....**19** D 22
Atauta SO....**32** H 20
Atazar (El) M....**46** J 19
Atazar (Embalse de El) M....**46** J 19
Atea L....**22** D 32
Atea Z....**48** I 25
Ateca Z....**34** H 24
Atez NA....**11** D 24
Atienza GU....**46** I 21
Atios C....**3** B 5
Atochares AL....**103** V 23
Atrave OR....**28** G 8
Atxondo BI....**9** C 22
Atzeneta d'Albaida V....**74** P 28
Atzeneta del Maestrat CS....**62** L 29
Aubert L....**22** D 32
Audanzas LE....**15** F 12
Audikana VI....**19** D 22
Aula Dei (La Cartuja de) Z....**35** G 27
Aulaga (La) SE....**79** S 10
Aulago AL....**95** U 22
Aulesti BI....**10** C 22
Aurín HU....**21** E 28
Auritz / Burguete NA....**11** D 26
Auritzberri / Espinal NA....**11** D 25
Ausejo LO....**19** E 23
Ausejo de la Sierra SO....**33** G 22
Ausines (Los) BU....**18** F 19
Autilla del Pino P....**31** G 16
Autillo de Campos P....**30** F 15
Autol LO....**19** F 23
Autza NA....**11** C 25
Auza NA....**11** D 24
Avall (S') IB....**105** O 39
Ave V....**73** O 27
Aveinte AV....**44** J 15
Avellà (L') CS....**50** K 29
Avellanar TO....**58** N 17
Avellanar CC....**43** K 10
Avellaneda AV....**44** K 13
Avellaneda LO....**19** F 22
Avellanes (Les) L....**36** G 32
Avellanosa de Muñó BU....**31** G 18
Avellanosa del Páramo BU....**17** E 18
Avià B....**24** F 35
Avia (Río) OR....**13** E 5
Aviados LE....**16** D 13
Avide LU....**13** E 7
Ávila AV....**44** K 15
Ávila (Bahía de)
Lanzarote GC....**122** C 5
Avilés....**5** B 12
Avilés MU....**84** S 24
Avileses MU....**85** S 27
Avín O....**6** B 15
Avinyó B....**38** G 35
Avinyonet GI....**25** F 38
Avinyonet del Penedès B....**38** H 35
Aviñante P....**17** D 15
Aviño....**3** B 5
Avión O....**13** E 5
Avión (Faro de) PO....**13** F 5
Axpe BI....**10** C 22
Aya (Peñas de) /
Harria (Aiako) ESP....**10** C 24
Ayacata
Gran Canaria GC....**116** D 3
Ayagaures (Embalse ce)
Gran Canaria GC....**116** D 4
Ayamonte H....**90** U 7
Ayaz LU....**14** E 7
Ayechu NA....**11** D 26
Ayegui NA....**19** E 23
Ayera HU....**21** F 28
Ayerbe HU....**21** F 27
Ayesa NA....**20** E 25
Ayllón SG....**32** H 19

Ayna AB....**72** Q 23
Ayódar CS....**62** L 28
Ayoluengo BU....**17** D 18
Ayones O....**5** B 10
Ayoó de Vidriales ZA....**15** F 11
Ayuela P....**17** E 16
Ayuela (Embalse de) CC....**67** O 11
Ayuelas BU....**18** D 20
Azafor VC....**74** P 29
Azagala BA....**67** O 9
Azagra NA....**20** F 24
Azaila TE....**35** I 28
Azanaque SE....**80** T 13
Azanúy HU....**36** G 30
Azañón GU....**47** J 22
Azara HU....**22** F 29
Azara del Páramo LE....**15** F 12
Azarrulla LO....**18** F 20
Azazeta VI....**19** D 22
Azazeta (Puerto de) VI....**19** D 22
Azcamellas SO....**47** I 22
Azilu VI....**19** D 22
Azkarate NA....**10** C 23
Azkarate (Puerto de) SS....**10** C 23
Azkoitia SS....**10** C 23
Azlor HU....**22** F 29
Aznalcázar SE....**91** U 11
Aznalcóllar SE....**91** T 11
Azoberines TO....**58** M 17
Azofra LO....**19** E 21
Azohía (La) MU....**97** T 26
Azorejo BA....**69** P 15
Azparren NA....**11** D 26
Azpeitia SS....**10** C 23
Azpilkueta NA....**11** C 25
Azpirotz (Puerto de) NA....**10** C 24
Azuaga BA....**80** R 13
Azuara Z....**35** I 27
Azucaica TO....**58** M 18
Azud de Matacavas H....**90** T 7
Azuébar CS....**62** M 28
Azuel CO....**81** R 17
Azuelo NA....**19** E 22
Azul (Charco)
La Palma TF....**131** D 3
Azuqueca de Henares GU....**46** K 20
Azután TO....**57** M 14
Azután
(Embalse de) TO....**57** M 15

B

Baamonde LU....**3** C 6
Baamorto LU....**14** E 7
Babilafuente SA....**44** J 13
Bacanera L....**22** D 32
Bacares AL....**96** U 22
Bacarot A....**86** R 28
Bachiller (El) AB....**73** P 25
Bachillera CR....**71** O 20
Bacoco BA....**66** O 8
Bacoi LU....**4** B 7
Bacor Olivar GR....**95** T 21
Badajoz BA....**67** P 9
Badalejos (Los) CA....**99** W 12
Badalona B....**38** H 36
Bádames....**8** B 19
Badarán LO....**19** E 21
Bádenas TE....**48** I 26
Badia Gran IB....**104** N 38
Badilla ZA....**29** H 11
Badolatosa SE....**93** U 15
Badostáin NA....**20** D 25
Baell (El) GI....**24** F 36
Baélls HU....**36** G 31
Baélls (Pantà de la) B....**24** F 35
Baelo
(Ruinas romanas de) CA....**99** X 12
Baena CO....**93** T 17
Baeza J....**82** S 19
Baezuela M....**46** K 19
Bàga B....**24** F 35
Bagergue L....**22** D 32
Báguena TE....**48** I 25
Bagüés Z....**21** E 27
Bahabón VA....**31** H 17
Bahabón
de Esgueva BU....**32** G 18
Bahía MA....**99** T 26
Bahía Dorada MA....**99** W 14
Bahíllo P....**17** E 16
Baides GU....**46** I 21
Bailadero
(El) Tenerife TF....**125** J 1
Bailén J....**82** R 18

Baíllo BU....**18** D 19
Baillo LE....**15** F 10
Bailo HU....**21** E 27
Baiña O....**5** C 12
Baíñas C....**2** C 2
Baio SO....**33** H 22
Baiona PO....**12** F 3
Baiuca (A) Arteixo C....**3** C 4
Baja (Punta de la)
Lanzarote GC....**121** F 2
Bajamar Tenerife TF....**124** H 1
Bajauri BU....**19** E 22
Bajo (Collado) CU....**60** L 24
Bajo Guadalquivir
(Canal del) SE....**92** T 12
Bakaiku NA....**10** D 23
Bakio BI....**9** B 21
Balaguer L....**36** G 32
Balaïtous HU....**21** D 29
Balanegra AL....**102** V 21
Balazote AB....**72** P 23
Balbacil GU....**47** I 23
Balbarda AV....**44** K 15
Balboa L....**4** C 8
Balboa BA....**67** P 9
Balcarca HU....**36** G 30
Balcón de Bizkaia BI....**10** C 22
Balcón
de los Alcores (El) SE....**92** T 12
Balcón de Madrid (El) M....**46** J 19
Balconchán Z....**48** I 25
Balcones (Los) A....**85** S 27
Balcones (Los) GR....**95** T 21
Balconete GU....**46** K 21
Baldairan (Pico de) HU....**21** D 29
Baldellou HU....**36** G 31
Baldío CC....**56** M 13
Baldomar L....**37** G 33
Baldovar V....**61** M 26
Baldrei OR....**13** F 7
Baldriz OR....**13** F 7
Baleira LU....**4** C 8
Balerma AL....**102** V 21
Balerma GR....**93** U 17
Balitres (Coll de) GI....**25** E 39
Ballabriga HU....**22** E 31
Ballena o de Tostón (Punta
de la) Fuerteventura GC....**111** G 1
Ballestero (El) AB....**72** P 22
Ballesteros CU....**70** O 18
Ballesteros CU....**60** M 23
Ballesteros TO....**58** N 18
Ballesteros
de Calatrava CR....**70** P 18
Balma CS....**49** J 29
Balmaseda BI....**8** C 19
Balmonte O....**4** B 9
Balmonte LU....**4** C 7
Balmori O....**6** B 15
Balneario de Jabalcuz J....**82** S 18
Balneario de Panticosa HU....**21** D 29
Balneario de Raposo BA....**72** P 8
Baloira PO....**12** D 4
Balones V....**74** P 28
Balouta LE....**14** D 9
Balsa LU....**3** B 7
Balsa de Ves AB....**73** O 26
Balsaín SG....**44** J 17
Balsapintada MU....**85** S 26
Balsareny B....**38** G 35
Balsicas MU....**85** S 27
Baltanás P....**31** G 17
Baltar OR....**27** G 6
Baltar LU....**4** C 7
Baltar cerca de Arzua C....**3** D 5
Baltar cerca de Ferrol C....**3** B 5
Baltasana
(Tossal de la) T....**37** I 33
Balzaín GR....**94** U 19
Bama C....**13** D 4
Bamba ZA....**30** H 13
Bamio PO....**12** E 3
Banaguás HU....**21** E 28
Banariés HU....**21** F 28
Banastás HU....**21** F 28
Bandaliés HU....**21** F 29
Bandama (Caldera de)
Gran Canaria GC....**115** F 2
Bandama (Pico de)
Gran Canaria GC....**115** F 2
Bande OR....**13** F 6
Bandeira PO....**13** D 5

Bandereta (La) CS....**62** L 29
Banderillas (Las) J....**83** R 21
Banecidas LE....**16** E 14
Bangueses OR....**13** F 5
Baniel SO....**33** H 22
Banos de la Peña P....**17** D 15
Banuncias LE....**16** E 13
Bany de Tredos L....**23** E 32
Banya (Far de la) T....**50** K 31
Banyalbufar IB....**104** M 37
Banyeres de Mariola A....**74** P 28
Banyeres del Penedès T....**37** I 34
Banyoles (Estany de) GI....**25** F 38
Banyuls (Coll de) GI....**25** E 39
Bañaderos Cardonal
Gran Canaria GC....**115** E 1
Bañares LO....**18** E 21
Bañeza (La) LE....**15** F 12
Bañistas CS....**71** P 19
Baño MU....**85** R 26
Bañobárez SA....**42** J 10
Baños TE....**48** J 26
Baños (Los) MU....**85** R 26
Baños (Los) BA....**67** Q 9
Baños (Punta de los) AL....**102** V 21
Baños de Alcantud CU....**47** K 23
Baños de Arenosillo CO....**81** R 16
Baños de Benasque HU....**22** E 31
Baños de Cerrato P....**31** G 16
Baños de Ebro VI....**19** E 21
Baños de Campos P....**17** E 16
Baños de Fitero NA....**20** F 24
Baños de Fuente Podrida V....**73** N 25
Baños de Gigonza CA....**99** W 12
Baños de Guardias Viejas
(Los) AL....**102** V 21
Baños de la Encina J....**82** R 18
Baños de la Fuensanta....**84** S 14
Baños de los Remedios BA....**68** Q 11
Baños de Martos J....**82** S 18
Baños de Molgas OR....**13** F 6
Baños de Montemayor CC....**43** L 12
Baños de Mula MU....**85** R 25
Baños de Río Tobía LO....**19** F 21
Baños de Rioja LO....**18** E 21
Baños
de Santa Alhamilla AL....**103** V 22
Baños de Tajo GU....**47** J 24
Baños
de Valdearados BU....**32** G 19
Baños del Robledillo TO....**57** N 16
Baños Gilico MU....**84** R 25
Baños y Mendigo MU....**85** S 26
Bañuela CR....**81** Q 17
Bañuela Alta TO....**57** M 16
Bañuelos GU....**32** I 21
Bañuelos de Bureba BU....**18** E 20
Bañugues O....**5** B 12
Bao (Embalse de) OR....**14** F 8
Baquedano NA....**19** D 23
Baqueira L....**22** D 32
Baquerín de Campos P....**30** F 15
Barà (Arc romà de) T....**37** I 34
Baradal C....**5** C 10
Bárago S....**7** C 16
Baraguás HU....**21** E 28
Barahona SO....**33** I 22
Barahona (Altos de) SO....**33** H 22
Baraibar NA....**10** D 24
Barajas AV....**44** K 14
Barajas M....**46** K 19
Barajas de Melo CU....**59** L 21
Barakaldo BI....**8** C 20
Baralla LU....**14** D 8
Baranbio VI....**8** C 19
Baranda BU....**8** C 19
Barásoain NA....**20** E 25
Barasona
(Embalse de) HU....**22** F 31
Barazar(Puerto de) BI....**9** C 21
Barbadás OR....**13** F 6
Barbadillo SA....**43** J 12
Barbadillo de Herreros BU....**18** F 20
Barbadillo del Mercado BU....**32** F 19
Barbadillo del Pez BU....**32** F 20
Barbalimpia CU....**60** M 22
Barbalos SA....**43** J 12
Barbantes OR....**13** E 5
Barbantiño LU....**13** E 6
Barbanza (Sierra de) C....**12** D 3
Barbaño BA....**67** P 10
Barbaría (Cap de) IB....**88** Q 34
Barbarroja A....**85** R 27
Barbaruéns HU....**22** E 31
Barbastro HU....**22** F 30

Barbate CA....**99** X 12
Barbate
(Ensenada de) CA....**99** X 12
Barbate
(Marismas de) CA....**99** X 12
Barbatona GU....**47** I 22
Barbeira C....**2** D 3
Barbeitos LU....**4** C 8
Barbens L....**37** G 33
Barberà B....**38** H 36
Barberà de la Conca T....**37** H 33
Barbero....**83** R 21
Barbolla SG....**32** I 18
Barbolla (La) GU....**47** I 21
Barbudo PO....**12** E 4
Barbués HU....**35** G 28
Barbuñales HU....**21** F 29
Barca O....**5** B 10
Barca (Embalse de la) O....**5** C 11
Barca (Punta de la) C....**2** C 2
Barca (Soto de la) O....**5** B 10
Barca de la Florida (La) CA..**99** W 12
Bárcabo HU....**22** F 30
Barcarrota BA....**67** Q 9
Barcebal SO....**32** H 20
Barcebalejo SO....**32** H 20
Barceino....**43** I 10
Barcelona B....**38** H 36
Bàrcena
(Embalse de) LE....**15** E 10
Bárcena de Bureba BU....**18** E 19
Bárcena de Ebro....**17** D 17
Bárcena de la Abadía LE....**14** D 10
Bárcena
de Pié de Concha S....**7** C 17
Bárcena del Monasterio O....**5** B 10
Bárcena Mayor S....**7** C 17
Bárcena Mayor (Sierra de) S....**7** C 17
Bárcenas BU....**8** C 19
Barcenillas del Ribero BU....**8** C 19
Barceo....**43** I 10
Barciademera PO....**13** F 4
Barcia de Miño OR....**13** E 6
Barcial de la Loma VA....**30** G 14
Barcial del Barco ZA....**29** G 13
Barcience TO....**58** M 17
Barcina BU....**18** D 20
Barció (Cala) IB....**87** P 33
Barco (O) OR....**14** E 9
Barco de Ávila (El) AV....**44** K 13
Barcones SO....**33** I 21
Bardají (Valle de) HU....**22** E 31
Bardallur Z....**34** G 26
Bardaos C....**3** C 4
Bardenas (Canal de las)....**20** E 26
Bardullas C....**2** C 2
Baredo PO....**12** F 3
Bareyo S....**8** B 19
Bargas TO....**58** M 17
Bargis GR....**102** V 20
Bargota NA....**19** E 23
Bariáin NA....**20** E 25
Barillas NA....**34** G 24
Barinaga BI....**10** C 22
Barinas MU....**85** R 26
Bariones de la Vega LE....**16** F 13
Barizo C....**2** C 3
Barjacoba ZA....**14** F 9
Barjas LE....**14** E 9
Barlovento La Palma TF....**131** D 3
Barlovento (Punta de)
Fuerteventura GC....**112** C 5
Barluenga HU....**21** F 28
Baro L....**23** E 33
Baroja VI....**19** E 21
Barona (La) CS....**62** L 29
Barqueira (A) C....**3** B 6
Barqueros MU....**85** S 25
Barquilla SA....**42** J 9
Barquilla de Pinares CC....**56** L 13
Barra (Punta de la) GI....**25** F 39
Barra de Miño OR....**13** E 6
Barraca d'Aigües
Vives (La) V....**74** O 28
Barracas CS....**62** L 27
Barrachina TE....**48** J 26
Barrachinas (Las) TE....**61** L 27
Barraco AV....**45** K 16
Barrado CC....**56** L 12

A B C D E F G H I J K L M N O P Q R S T U V W X Y Z

Barragana Baja CO .... **93** T 16
Barraix V. .... **62** M 28
Barral OR .... **13** F 5
Barranca (La) M .... **45** J 18
Barranco Hondo
  Tenerife TF .... **127** H 3
Barrancos Blancos
  (Los) SE .... **92** U 14
Barrancos Blancos
  (Puerto de los) SE .... **92** U 14
Barranda MU .... **84** R 24
Barranquera (La)
  Tenerife TF .... **124** H 1
Barranquete AL .... **103** V 23
Barrax AB .... **72** O 23
Barreda S .... **7** B 17
Barreiros LU .... **4** B 8
Barrela (La) LU .... **13** E 6
Barreras SA .... **42** I 10
Barres O .... **4** B 9
Barriada
  de Alcora (La) AL .... **102** V 21
Barriada de Jarana CA .... **98** W 11
Barriada San Cristobal MU... **85** T 25
Barrié de la Maza
  (Embalse) C .... **12** D 3
Barrika BI .... **8** B 21
Barrillos LE .... **16** D 13
Barrillos
  de las Arrimadas LE .... **16** D 14
Barrina A .... **74** Q 29
Barrio VI .... **18** D 20
Barrio S .... **7** C 15
Barrio LE .... **14** D 9
Barrio OR .... **14** E 8
Barrio de Abajo CU .... **72** O 23
Barrio de Enmedio MA .... **93** U 16
Barrio de la Estación CC .... **54** N 7
Barrio de la Estación J .... **82** R 19
Barrio de la Puente LE .... **15** D 11
Barrio de Lomba ZA .... **14** F 10
Barrio de los Pajares BA .... **68** P 12
Barrio
  de Nuestra Señora LE .... **16** D 13
Barrio del Centro TE .... **48** J 25
Barrio del Hospital TE .... **48** J 25
Barrio-Panizares BU .... **17** D 18
Barriobusto VI .... **19** E 22
Barriomartín SO .... **33** G 22
Barriopedro GU .... **47** J 21
Barrios (Los) CA .... **99** X 13
Barrios (Los) J .... **82** R 17
Barrios de Bureba (Los) BU..**18** E 19
Barrios de Colina BU .... **18** E 19
Barrios de Gordón (Los) LE..**15** D 12
Barrios de Luna
  (Embalse de los) LE .... **15** D 12
Barrios de Luna (Los) LE .... **15** D 12
Barrios de Villadiego BU .... **17** E 17
Barriosuso P .... **17** E 16
Barro S .... **6** B 15
Barro PO .... **12** E 4
Barromán AV .... **44** I 15
Barros S .... **7** C 17
Barros O .... **6** C 12
Barros SE .... **92** U 13
Barros (Tierra de) BA .... **67** Q 10
Barrosa (La) CA .... **98** W 11
Barruecopardo SA .... **42** I 10
Barruelo BU .... **18** D 19
Barruelo VA .... **30** G 14
Barruelo de Santullán P .... **17** D 17
Barruera L .... **22** E 32
Barués Z .... **20** E 26
Barx V. .... **74** O 29
Barxa (A) OR .... **28** G 8
Barxeta V .... **74** O 28
Bárzana O .... **5** C 12
Basabe VI .... **18** D 20
Basaburua NA .... **10** C 24
Basadre PO .... **13** D 6
Basáran HU .... **21** E 29
Basardilla SG .... **45** I 17
Basauri BI .... **8** C 21
Bàscara GI .... **25** F 38
Basconcillos del Tozo BU... **17** D 18
Báscones P .... **17** D 17
Báscones de Ojeda P .... **17** D 16
Bascuñana
  de San Pedro CU .... **60** L 23
Baseta
  (Collado de la) L .... **23** E 33
Basquiñuelas VI .... **18** D 21
Bassa (Coll de la) CS .... **62** L 29
Bassacs (Els) B .... **24** F 35
Bassars (Els) A .... **86** R 28
Bassegoda GI .... **24** F 37

Bastaras HU .... **21** F 29
Bastiana (La) SE .... **79** S 11
Bastida (La) SA .... **43** K 11
Bastiments (Pic de) GI .... **24** E 36
Batalla GU .... **47** J 21
Batán AB .... **72** P 23
Batán (El) CC .... **55** M 10
Batán de San Pedro CU .... **59** M 21
Batán del Puerto AB .... **72** Q 23
Batea T .... **50** I 30
Baterna AV .... **44** K 15
Baterno BA .... **69** P 15
Batet GI .... **24** F 37
Batllòria (La) GI .... **38** G 37
Batoua (Pic de) HU .... **22** D 30
Batres M .... **58** L 18
Batuecas
  (Monasterio Las) SA .... **43** K 11
Batuecas (Reserva nacional
  de las) SA .... **43** K 11
Batxikabo VI .... **18** D 20
Baúl (El) GR .... **95** T 21
Baul (Rambla del) GR .... **95** T 21
Bausen L .... **22** D 32
Bayárcal AL .... **95** U 21
Bayarque AL .... **96** U 22
Bayas (Las) A .... **86** R 28
Bayo O. .... **5** B 11
Bayo (El) Z .... **20** F 26
Bayona (La) TO .... **57** M 16
Bayos (Los) LE .... **15** D 11
Bayubas de Abajo SO .... **32** H 21
Bayubas de Arriba SO .... **32** H 21
Baza GR .... **95** T 21
Baza (Hoya de) GR .... **95** T 21
Bazagona
  (Estación de la) CC .... **56** M 12
Bazán (La) BA .... **70** Q 19
Bazana (La) BA .... **79** R 9
Bazar C .... **2** C 3
Bazar cerca de Castro LU... **4** C 7
Bazar cerca de Lugo LU .... **3** D 7
Bea TE .... **48** I 26
Beade O. .... **13** E 5
Beade PO .... **12** F 3
Beamud CU .... **60** L 24
Bearin NA .... **19** D 23
Beariz OR .... **13** E 5
Beas H. .... **91** T 9
Beas (Embalse de) H .... **91** T 9
Beas de Granada GR .... **94** U 19
Beas de Guadix GR .... **95** U 20
Beas de Segura J .... **83** R 21
Beasain SS .... **10** C 23
Beata (Las) AB .... **72** O 22
Beatas (Las) CO .... **93** T 16
Beba C .... **2** D 2
Bebares O .... **5** C 10
Becedas AV .... **43** K 13
Becedillas AV .... **44** K 14
Beceite TE .... **50** J 30
Becejate CR .... **71** N 21
Becerreá LU .... **4** C 7
Becerrero (Sierra de) SE... **93** U 15
Becerril SG .... **32** I 19
Becerril de Campos P .... **17** F 16
Becerril de la Sierra M .... **45** J 18
Becerril del Carpio P .... **17** D 17
Becerro (Punta del)
  La Gomera TF .... **118** C 3
Becilla
  de Valderaduey VA .... **30** F 14
Bedaio SS .... **10** C 23
Bédar AL .... **96** U 24
Bédar (Sierra de) AL .... **96** U 24
Bedaroa B. .... **9** B 22
Bedia BI. .... **9** C 21
Bedmar J .... **82** S 19
Bedón BU. .... **8** C 19
Bedriñana O .... **6** B 13
Beget GI .... **24** F 37
Begíjar J .... **82** S 19
Begonte LU .... **3** C 6
Begudà GI .... **24** F 37
Begues B .... **38** I 35
Begur GI .... **25** G 39
Béjar SA .... **43** K 12
Bejarín (El) GR .... **95** T 20
Bejes S .... **7** C 16

Bejís CS .... **62** M 27
Bel CS .... **50** K 30
Belagua (Arroyo de) NA .... **11** D 27
Belalcázar CO .... **69** Q 14
Belalcázar
  (Estación de) CO .... **69** P 14
Belante LU .... **14** D 7
Belarra HU. .... **21** E 28
Belascoáin NA .... **10** D 24
Belate (Puerto de) NA .... **11** C 25
Belauntza SS .... **10** C 23
Belbimbre BU .... **17** F 17
Belchite Z .... **35** I 27
Belén O .... **5** B 10
Belén LU .... **4** B 7
Belén CC .... **56** N 12
Belén (Ermita de) BA .... **68** P 14
Beleña A .... **74** P 29
Beleña
  (Embalse de) GU .... **46** J 20
Beleña de Sorbe GU .... **46** J 20
Beleño O .... **6** C 14
Belerda O .... **6** C 14
Belerda O .... **83** S 20
Belerda de Guadix GR .... **95** T 20
Belesar PO .... **12** F 3
Belesar LU .... **13** E 6
Bèlgida V .... **74** P 28
Belianes L .... **37** H 33
Belicena GR .... **94** U 18
Belinchón CU .... **59** L 20
Bell-lloc CS .... **62** L 30
Bell-lloc d'Urgell L .... **36** H 32
Bellaguarda L .... **36** H 32
Bellavista H .... **90** U 8
Bellavista SE .... **91** U 12
Bellcaire d'Empordà GI .... **25** F 39
Bellcaire d'Urgell L .... **37** G 32
Bellestar
  cerca de Grau HU .... **22** F 31
Bellestar
  cerca de Huesca HU .... **21** F 28
Bellestar
  de la Tinença (El) CS .... **50** K 30
Bellmunt cerca de Bellcaire
  d'Urgell L .... **37** G 32
Bellmunt cerca de Sta Coloma
  de Queralt T .... **37** H 34
Bellmunt del Priorat T .... **36** I 32
Bello TE .... **48** J 25
Bello O. .... **6** C 13
Bellostas (Las) HU .... **22** E 29
Bellprat B. .... **37** H 34
Bellpuig L .... **37** H 33
Bellreguard V .... **74** P 29
Belltall T .... **37** H 33
Bellús V .... **74** P 28
Bellús (Embalse de) V .... **74** P 28
Bellvei T .... **37** I 34
Bellver IB .... **104** N 37
Bellver de Cerdanya L .... **23** E 35
Bellvís L .... **36** G 32
Belmaco (Cueva de)
  La Palma TF .... **132** D 6
Bélmez CO .... **80** R 14
Bélmez J .... **82** S 19
Bélmez de la Moraleda J... **82** S 19
Belmonte CU .... **59** N 21
Belmonte
  (Estación de) H .... **90** T 9
Belmonte de Campos P .... **30** G 15
Belmonte de Gracian Z .... **34** I 25
Belmonte de Miranda O .... **5** C 11
Belmonte de San José TE .... **50** J 29
Belmonte de Tajo M .... **59** L 19
Belmontejo CU .... **60** M 22
Belones (Los) MU .... **85** T 27
Belorado BU .... **18** E 20
Belsué HU .... **21** F 28
Beltejar SO .... **33** I 22
Beltrana (Puerto) BA .... **79** R 9
Belver HU .... **36** G 30
Belver de los Montes ZA... **30** G 13
Belvís de Jarama M .... **46** K 19
Belvís de la Jara TO .... **57** M 15
Belvís de Monroy CC .... **56** M 13
Bembézar CO .... **80** R 13
Bembézar
  (Embalse de) CO .... **80** S 14
Bembézar del Caudillo CO..**80** S 14
Bembibre C .... **2** C 4
Bembibre LE .... **15** E 10
Bemil PO .... **12** E 4
Benabarre HU .... **23** F 31
Benablón MU .... **84** R 24
Benacazón SE .... **91** T 11

Benadalid MA .... **99** W 14
Benafarces VA .... **30** H 14
Benafer CS .... **62** M 28
Benafigos CS .... **62** L 29
Benagalbón MA .... **101** V 17
Benagéber V .... **61** M 26
Benaguasil V .... **62** N 28
Benahadux AL .... **103** V 22
Benahavís MA .... **100** W 14
Benajarafe MA .... **101** V 17
Benalauría MA .... **99** W 14
Benalmádena MA .... **100** W 16
Benalmádena-Costa MA....**100** W 16
Benalúa de Guadix GR .... **95** T 20
Benalúa de las Villas GR .... **94** T 18
Benalup-Casas Viejas CA....**99** W 12
Benalup de Sidonia CA .... **99** W 12
Benamahoma CA .... **92** V 13
Benamargosa MA .... **101** V 17
Benamariel LE .... **16** E 13
Benamaurel GR .... **95** T 21
Benamejí CO .... **93** U 16
Benamira SO .... **47** I 22
Benamocarra MA .... **101** V 17
Benaocaz CA .... **99** V 13
Benaoján MA .... **99** V 14
Benaque MA .... **101** V 17
Benarrabá MA .... **99** W 14
Benasau V .... **74** P 28
Benasque HU .... **22** E 31
Benasque (Reserva
  nacional de) HU .... **22** D 31
Benasque
  (Valle de) HU .... **22** E 31
Benassal CS .... **49** K 29
Benatae J .... **83** Q 22
Benatanduz TE .... **49** K 28
Benavent L .... **23** F 33
Benavent de Segrià L .... **36** G 31
Benavente HU .... **22** F 31
Benavente CR .... **70** O 17
Benavente BA .... **66** O 8
Benavides LE .... **15** E 12
Benavites V .... **62** M 29
Benazolve LE .... **16** E 13
Benchijigua
  La Gomera TF .... **119** C 2
Bencid AL .... **102** V 21
Bendón O .... **4** C 9
Benecid AL .... **102** V 21
Benegiles ZA .... **29** H 13
Beneixama V .... **74** P 27
Benejúzar A .... **85** R 27
Benés L .... **22** E 32
Benetússer V .... **62** N 28
Benferri A .... **85** R 27
Bengoa VI .... **19** D 22
Benia O .... **6** B 15
Beniaia V .... **74** P 29
Beniaján MU .... **85** S 26
Beniarbeig A .... **74** P 29
Beniardá A .... **74** P 29
Beniarjó V .... **74** P 29
Beniarrés A .... **74** P 28
Beniatjar V .... **74** P 28
Benicarló CS .... **50** K 31
Benicasim / Benicàssim CS.**62** L 30
Benicàssim / Benicasim CS.**62** L 30
Benichembla A .... **74** P 29
Benicolet V .... **74** P 28
Benicull de Xúquer V .... **74** O 28
Benidoleig A .... **74** P 29
Benidorm A .... **74** Q 29
Beniel MU .... **85** R 26
Benifaió V .... **74** O 28
Benifairó de les Valls V .... **62** M 29
Benifallet T. .... **50** J 31
Benifallim A .... **74** Q 28
Benifallim (Port de) A .... **74** Q 28
Benifassà
  (Convent de) CS .... **50** J 30
Benifato A .... **74** P 29
Benigànim V .... **74** P 28
Benijo Tenerife TF .... **125** J 1
Benijófar A .... **85** R 27
Benilloba A .... **74** P 28
Benillup A .... **74** P 28
Benimantell A .... **74** P 29
Benimarco A .... **74** P 30
Benimarfull A .... **74** P 28
Benimassot A .... **74** P 29
Benimaurell A .... **74** P 29
Benimuslem V .... **74** O 28
Beninar
  (Embalse de) AL .... **102** V 20

Beniparrell V .... **74** N 28
Benirrama A .... **74** P 29
Benisanó V .... **62** N 28
Benissa A .... **74** P 30
Benissanet T .... **50** I 31
Benitagla AL .... **96** U 23
Benitorafe AL .... **96** U 23
Benitos AV .... **44** J 15
Benizalón AL .... **96** U 23
Benizar MU .... **84** R 24
Benquerencia LU .... **4** B 8
Benquerencia CC .... **68** O 11
Benquerencia
  de la Serena BA .... **68** P 13
Bentaíga (Roque)
  Gran Canaria GC .... **114** D 3
Bentarique AL .... **102** V 22
Bentraces OR .... **13** F 6
Bentué de Rasal HU .... **21** E 28
Benuza LE .... **14** E 9
Benyamina MA .... **100** W 16
Beranga S .... **8** B 19
Berango BI .... **8** B 21
Berantevilla VI .... **18** D 21
Beranúy HU .... **22** E 31
Berastegi SS .... **10** C 24
Beratón SO .... **34** G 24
Berbe Bajo GR .... **94** U 18
Berbegal HU .... **36** G 29
Berberana BU .... **18** D 20
Berbes O .... **6** B 14
Berbinzana NA .... **20** E 24
Berbucido PO .... **13** E 4
Bercedo BU .... **8** C 19
Berceo LO .... **19** E 21
Bercero VA .... **30** H 14
Bercerueo VA .... **30** H 14
Bérchules GR .... **102** V 20
Bercial SG .... **45** J 16
Bercial (El) TO .... **57** M 14
Bercial
  de San Rafael (El) TO .... **57** M 14
Bercial de Zapardiel AV .... **44** I 15
Bercianos de Aliste ZA .... **29** G 11
Bercianos
  de Valverde ZA .... **29** G 12
Bercianos
  de Vidriales ZA .... **29** F 12
Bercianos
  del Páramo LE .... **15** E 12
Bercianos
  del Real Camino LE .... **16** E 14
Bercimuel SG .... **32** H 19
Bercimuelle SA .... **44** K 13
Berdejo Z .... **33** H 24
Berdeogas C .... **2** D 3
Berdía C .... **3** D 4
Berdillo C .... **2** C 4
Berdoias C .... **2** C 2
Berducedo O .... **4** C 9
Berdún HU .... **21** E 27
Berengueles (Los) A .... **101** V 18
Beret L .... **23** D 32
Beret (Portarró de) L .... **23** D 32
Berga B .... **24** F 35
Berganciano SA .... **43** I 11
Berganúy HU .... **22** F 32
Bergantza VI .... **19** D 22
Berganzo VI .... **19** E 21
Bergara SS .... **10** C 22
Bergasillas Bajeras LO .... **19** F 23
Bergasillas Somera LO .... **19** F 23
Berge TE .... **49** J 28
Bergondo C .... **3** C 5
Bergüenda VI .... **18** D 20
Beriáin NA .... **11** D 25
Berja AL .... **102** V 21
Berlanas (Las) AV .... **44** J 15
Berlanga BA .... **80** R 12
Berlanga de Duero SO .... **32** H 21
Berlanga del Bierzo LE .... **15** D 10
Berlanga de Roa BU .... **18** G 18
Bermeja (Sierra) BA .... **67** O 11
Bermejales
  (Embalse de los) GR .... **101** V 18
Bermejo (Roque)
  Tenerife TF .... **125** K 1
Bermellar SA .... **42** J 9
Bermeo BI. .... **9** B 21
Bermés PO .... **13** D 5

Bermiego O .... **5** C 12
Bermillo de Alba ZA .... **29** H 11
Bermillo de Sayago ZA .... **29** H 11
Bermún C .... **2** D 2
Bernadilla (La) GR .... **101** V 19
Bernagoitia BI. .... **9** C 21
Bernales BI. .... **8** C 19
Bernardo (El) CR .... **71** O 21
Bernardos SG .... **45** I 16
Bernedo VI .... **19** E 22
Bèrnia A .... **74** Q 29
Berninches GU .... **47** K 21
Bernués HU .... **21** E 28
Bernui L .... **23** E 33
Bernuy TO .... **57** M 16
Bernuy de Porreros SG .... **45** I 17
Bernúy-Salinero AV .... **45** J 16
Bernúy-Zapardiel AV .... **44** J 15
Berrazales (Los)
  Gran Canaria GC .... **114** D 2
Berriatúa BI. .... **10** C 22
Berrioplano NA .... **11** D 24
Berriz BI. .... **10** C 22
Berrizaun NA .... **11** C 24
Berro AB .... **72** P 23
Berro (El) MU .... **85** S 25
Berrobi SS. .... **10** C 23
Berrocal H .... **79** T 10
Berrocal (El) SE .... **79** S 11
Berrocal de Huebra SA .... **43** J 12
Berrocal
  de Salvatierra SA .... **43** K 12
Berrocalejo CC .... **56** M 13
Berrocalejo
  de Aragona AV .... **45** J 16
Berrocales
  del Jarama (Los) M .... **46** K 19
Berroeta NA .... **11** C 25
Berrostegieta VI. .... **19** D 21
Berrueces VA .... **30** G 14
Berrueco J .... **48** J 25
Berrueco (El) M .... **46** J 19
Berrueco (El) J .... **82** S 18
Berrueco
  (Peñón del) MA .... **99** W 13
Berrús (Ermita de) T .... **36** I 31
Bertamiráns C .... **12** D 4
Beruete NA. .... **10** C 24
Berzalejo CC .... **56** M 12
Berzocana CC .... **56** N 13
Berzocana
  (Puerto de) CC .... **56** N 13
Berzosa SO .... **32** H 20
Berzosa CR .... **71** P 19
Berzosa de Bureba BU .... **18** E 20
Berzosa
  de los Hidalgos P .... **17** D 16
Berzosa del Lozoya M .... **46** J 19
Berzosilla P .... **17** D 17
Besalú GI .... **24** F 38
Besande LE .... **16** D 15
Bescanó GI .... **25** G 38
Bescaran L .... **23** E 34
Bespén HU .... **21** F 29
Besteiros OR .... **13** E 6
Bestué HU .... **22** E 30
Besullo O .... **5** C 10
Betancuria
  Fuerteventura GC .... **110** G 3
Betanzos C .... **3** C 5
Betanzos (Ría de) C .... **3** B 5
Betelu NA .... **10** C 24
Bétera V .... **62** N 28
Betés HU .... **21** E 28
Beteta CU .... **47** K 23
Betlem IB .... **105** M 39
Betlem
  (Ermita de) IB .... **105** M 39
Betolaza VI. .... **19** D 21
Betorz HU .... **22** F 30
Betren L .... **22** D 32
Betxí CS .... **62** M 29
Beuda GI .... **24** F 38
Beunza NA .... **11** D 24
Beyos
  (Desfiladero de los) LE .... **6** C 16
Bezana BU .... **17** D 18
Bezanes O .... **6** C 14
Bezares LO .... **19** E 21
Bezas TE .... **48** K 26
Béznar O .... **101** V 19
Béznar
  (Embalse de) GR .... **101** V 19
Bianditz (Alto de) NA .... **10** C 24
Biar A .... **74** Q 27
Biasteri VI. .... **19** E 22
Bibéi OR .... **14** F 8

España 139

Bicorp V 73 O 27
Bidania SS 10 C 23
Bidankoze / Vidángoz NA 11 D 26
Bidasoa SS 11 C 25
Bidasoa (Montes de) NA 10 C 24
Bidaurreta NA 10 D 24
Biduedo OR 13 E 6
Biel-Fuencalderas Z 21 E 27
Bielsa HU 22 E 30
Bielsa (Túnel de) HU 22 D 30
Bielva S 7 C 16
Bien Aparecida (La) S 8 C 19
Bienservida AB 83 Q 22
Bienvenida CR 69 Q 16
Bienvenida BA 79 R 11
Bienvenida (Ermita de) TO 57 M 14
Bienvenida (Monte) BA 79 R 11
Bierge HU 21 F 29
Biescas HU 21 E 29
Bigastro A 85 R 27
Bigornia (Puerto) SO 33 H 24
Bigues B 38 G 36
Bigüézal NA 11 D 26
Bijuesca Z 34 H 24
Bilbao BI 8 C 21
Bilbao SE 92 U 13
Billelabaso BI 8 B 21
Bimeda O 5 C 10
Bimón S 17 D 18
Binaced HU 36 G 30
Binacua HU 21 E 27
Binéfar HU 36 G 30
Biniali IB 104 N 38
Biniaraix IB 104 M 38
Binibèquer IB 106 M 42
Binidali IB 106 M 42
Biniés HU 21 E 27
Binifabini IB 106 M 42
Binissalem IB 104 M 38
Biosca L 37 G 34
Biota Z 20 F 26
Bisaurri HU 22 E 31
Bisbal de Falset (La) T 36 I 32
Bisbal del Penedès (La) T 37 I 34
Bisbal d'Empordà (La) GI 25 G 39
Biscarrués HU 21 F 27
Bisimbre Z 34 G 25
Bisjueces BU 18 D 19
Bitem T 50 J 31
Bitoriano VI 19 D 21
Biure GI 25 E 38
Biurrun NA 11 D 24
Blacos SO 32 G 21
Blanc (Cap) IB 104 N 38
Blanc (Mas) CS 62 L 29
Blanca MU 85 R 25
Blanca (Laguna) AB 71 P 21
Blanca (Punta) *Fuerteventura* GC 111 H 2
Blanca (Sierra) MA 100 W 15
Blanca de Solanillos GU 47 J 23
Blancafort T 37 H 33
Blancares Nuevos AB 72 O 23
Blancares Viejos AB 72 O 23
Blancas TE 48 J 25
Blanco SE 93 T 14
Blancos OR 27 G 6
Blanes GI 39 G 38
Blanes (Costa d'en) IB 104 N 37
Blanquillo J 83 R 21
Blanquitos (Los) *Tenerife* TF 129 F 5
Blascoeles AV 45 J 16
Blascomillán AV 44 J 14
Blasconuño de Matacabras AV 44 I 15
Blascosancho AV 45 J 16
Blázquez (Los) CO 80 Q 13
Blecua HU 21 F 29
Blesa TE 49 I 27
Bliecos SO 33 H 23
Blimea O 6 C 13
Blocona SO 33 I 22
Boa C 12 D 3
Boada SA 43 J 11
Boada de Campos P 30 G 15
Boada de Roa BU 31 G 18
Boadella (Pantà de) GI 25 E 38
Boadella d'Empordà GI 25 F 38
Boadilla SA 43 J 11
Boadilla de Rioseco P 16 F 15
Boadilla del Camino P 17 F 16
Boadilla del Monte M 45 K 18
Boal O 4 B 9
Boalo (El) M 45 J 18
Boaño C 2 C 2
Bobadilla LO 19 F 21
Bobadilla J 82 T 17
Bobadilla MA 93 U 15
Bobadilla del Campo VA 44 I 14
Bobadilla Estación MA 93 U 15
Bobastro MA 100 V 15
Bobia O 4 B 9
Boborás OR 13 E 5
Boca Chanza H 78 T 7
Boca de Huérgano LE 16 D 15
Bocacara SA 43 J 10
Bocairent V 74 P 28
Bocal (El) NA 20 F 25
Boceguillas SG 32 H 19
Boche AB 84 Q 23
Bochones GU 32 I 21
Bocigas VA 31 I 15
Bocigas de Perales SO 32 H 19
Bocinegro (Punta del) *Tenerife* TF 129 F 5
Bocos BU 18 D 19
Bocos VA 31 H 17
Bodaño PO 13 D 5
Bodegas de Pardanchinos V 61 M 27
Bodegones (Los) H 91 U 9
Bodegues del Camp (Les) V 62 M 27
Bodera (La) GU 46 I 21
Bodón (El) SA 42 K 10
Bodonal de la Sierra BA 79 R 10
Boecillo VA 31 H 15
Boedes OR 13 E 5
Boedo P 17 D 16
Boente C 3 D 5
Boeza LE 15 D 11
Bogajo SA 42 J 10
Bogarra AB 72 Q 23
Bogarre GR 94 T 19
Bogarre (Monte) GR 94 T 19
Bohodón (El) AV 44 J 14
Bohonal BA 69 O 15
Bohonal de Ibor CC 56 M 13
Bohoyo AV 44 L 13
Boí L 22 E 32
Boí (Vall de) L 22 E 32
Boimente LU 4 B 7
Boimorto C 3 D 5
Boiro C 12 E 3
Boiro O 4 D 9
Bóixar (El) CS 50 J 30
Bóixols L 23 F 33
Bóixols (Coll de) L 23 F 33
Bojadillas (Las) AB 84 R 23
Bola (A) OR 13 F 6
Bolaño LU 4 C 8
Bolaños CA 98 W 11
Bolaños de Calatrava CR 70 P 19
Bolaños de Campos VA 30 F 14
Bolarque (Embalse de) CU 47 K 21
Bolbaite V 74 O 27
Bolea HU 21 F 28
Boliches (Los) MA 100 W 16
Bolla CC 43 K 10
Bólliga CU 60 L 22
Bolullos de la Mitación SE 91 T 11
Bolullos Par del Condado H 91 T 10
Bolmir S 17 D 17
Bolnuevo MU 97 T 26
Bolo (O) OR 14 F 8
Bolón A 85 Q 27
Bolonia (Ensenada de) CA 99 X 12
Bolos CR 71 P 20
Boltaña HU 22 E 30
Bolulla A 74 Q 29
Bolvir de Cerdanya GI 24 E 35
Bon Any IB 105 N 39
Bon Jesus de Trandeiras (Monasterio) OR 13 F 7
Bonaigua (Port de la) L 23 E 32
Bonal (El) CR 70 O 17
Bonales (Sierra de los) CR 69 Q 15
Bonansa HU 22 E 32
Bonanza CA 91 V 10
Bonanza (Roque de la) *El Hierro* TF 109 D 3
Bonares H 91 U 9
Bonastre T 37 I 34
Bonete AB 73 P 25
Bonge LU 4 C 7
Boniches CU 61 M 25
Bonielles O 5 B 12
Bonilla CU 59 L 22
Bonilla de la Sierra AV 44 K 14
Bonillo (El) AB 72 P 22
Bonita (Cueva) *La Palma* TF 130 B 4
Bonmatí GI 24 G 37
Bono HU 22 E 32
Boñar LE 16 D 14
Bóo O 5 C 12
Boo de Guarnizo S 7 B 18
Boós SO 32 H 21
Boqueixón C 13 D 4
Boquerón MU 85 R 26
Boquerón (Puerto del) AV 45 K 16
Boquiñeni Z 34 G 26
Borau HU 21 E 28
Borbollón (Embalse de) CC 55 L 10
Bordalba Z 33 H 23
Bordecorex SO 33 H 21
Bordejé SO 33 H 22
Bórdes (Es) L 22 D 32
Bordils GI 25 F 38
Bordón TE 49 J 29
Borge (El) MA 101 V 17
Borges Blanques (Les) L 37 H 32
Borges del Camp (Les) T 37 I 33
Borgonyà B 24 F 36
Borja Z 34 G 25
Borjabad SO 33 H 22
Borleña S 7 C 18
Bormate AB 73 O 25
Bormujos SE 91 T 11
Borneiro C 2 C 3
Bornos CA 92 V 12
Bornos (Embalse de) CA 92 V 12
Boroa BI 9 C 21
Borobia SO 34 H 24
Borox TO 58 L 18
Borrachina BA 66 Q 8
Borrassà GI 25 F 38
Borredà B 24 F 35
Borreguilla (Finca la) CR 71 Q 20
Borrenes LE 14 E 9
Borrés HU 21 E 28
Borres O 5 B 10
Borriana / Burriana CS 62 M 29
Borriol CS 62 L 29
Borriquillas (Punta de las) *Fuerteventura* GC 113 I 4
Bosque C 2 C 3
Bosque (El) M 45 K 18
Bosque (El) TO 57 M 16
Bosque (El) GR 84 T 22
Bosque (El) CA 92 V 13
Bosque Alto Z 35 H 27
Bossòst L 22 D 32
Bot T 50 I 31
Botarell T 51 I 32
Botaya HU 21 E 28
Boticario TO 70 N 18
Botija CC 68 N 11
Bótoa BA 67 O 9
Bótoa (Ermita de) BA 67 O 9
Botorrita Z 34 H 26
Bou (Cala de) IB 87 P 33
Boumort (Serra de) L 23 F 33
Bousés OR 27 G 7
Boutra (Cabo de la) C 2 C 2
Bouza OR 13 E 5
Bouza (La) SA 42 J 9
Bouzas LE 15 E 10
Bouzas PO 12 F 3
Bóveda VI 18 D 20
Bóveda *cerca de Monforte* LU 14 E 7
Bóveda de la Ribera BU 18 D 19
Bóveda de Toro (La) ZA 30 H 13
Bóveda del Río Almar SA 44 J 14
Bovera L 36 I 31
Box O 5 B 12
Boya ZA 29 G 10
Boyar (Puerto del) CA 92 V 13
Bozoo BU 18 D 20
Brabos AV 44 J 15
Brácana CO 94 T 17
Brácana GR 94 U 18
Bràfim T 37 I 34
Braguia (Puerto de) S 8 C 18
Brahojos de Medina VA 30 I 14
Bramadero H 78 S 8
Brandeso C 13 D 5
Brandilanes ZA 29 H 11
Brandomil C 2 C 3
Brandoñas C 2 C 3
Braña (La) O 4 B 9
Braña (La) LE 14 D 9
Braña Vieja S 7 C 16
Brañalonga O 5 B 10
Brañes O 5 B 12
Brañosera P 17 D 17
Brañuás O 5 B 10
Brañuelas LE 15 E 11
Braojos M 46 I 19
Bravatas GR 83 S 22
Bravo (El) H 78 R 9
Bravos LU 3 B 7
Brazacorta BU 32 G 19
Brazato (Embalse de) HU 21 D 29
Brazatortas CR 70 Q 17
Brazomar S 8 B 20
Brazuelo LE 15 E 11
Brea Z 34 H 25
Brea de Tajo M 59 L 20
Breda GI 38 G 37
Brence LU 14 E 7
Brenes SE 92 T 12
Breña (Embalse de la) CO 81 S 14
Breña Alta *La Palma* TF 132 D 5
Breña Baja *La Palma* TF 132 D 5
Breñas (Las) *Lanzarote* GC 122 B 5
Bres O 4 B 8
Bretó ZA 29 G 12
Bretocino ZA 29 G 12
Bretoña LU 4 B 8
Bretún SO 33 F 22
Brias SO 32 H 21
Bricia BU 17 D 18
Brieva SG 45 I 17
Brieva AV 45 J 16
Brieva de Cameros LO 19 F 21
Brieva de Juarros BU 18 F 19
Brieves O 5 B 10
Brihuega GU 46 J 21
Brime de Sog ZA 29 F 11
Brime de Urz ZA 29 F 12
Brimeda LE 15 E 11
Brincones SA 43 I 10
Briñas LO 19 E 21
Briones LO 19 E 21
Briongos BU 32 G 19
Brisas (Las) GU 47 K 21
Brisos (Puerto de los) BA 67 O 9
Briviesca BU 18 E 20
Brizuela BU 18 D 19
Brocos PO 13 D 5
Bronchales TE 48 K 25
Bronco (El) CC 55 L 11
Brosquil (El) V 74 O 29
Broto HU 21 E 29
Brovales BA 79 Q 9
Brovales (Embalse de) BA 79 Q 9
Broza LU 13 E 7
Brozas CC 55 N 9
Bruc (El) B 38 H 35
Brués OR 13 E 5
Bruguera GI 24 F 36
Bruis HU 22 F 30
Brujas (Cuevas de) NA 11 C 25
Brull (El) B 38 G 36
Brullés BU 17 E 18
Brunales (Los) V 73 P 27
Brunete M 45 K 18
Brunyola GI 24 G 38
Búbal HU 21 D 29
Búbal (Embalse de) HU 21 D 29
Buberos SO 33 H 23
Bubierca Z 34 I 24
Bubión GR 102 V 19
Bucher TO 57 L 14
Buciegas CU 47 K 22
Búcor GR 94 U 18
Buda (Illa de) T 51 J 32
Budia GU 47 K 21
Budián LU 4 B 7
Budiño C 3 D 4
Budiño PO 12 F 4
Buelna O 7 B 16
Buen Amor SA 43 I 12
Buen Retiro CR 71 O 21
Buena Leche V 61 M 26
Buenache de Alarcón CU 60 N 23
Buenache de la Sierra CU 60 L 24
Buenafuente (Monasterio de) GU 47 J 23
Buenamadre SA 43 J 11
Buenas Noches MA 99 W 14
Buenasbodas TO 57 N 15
Buenaventura TO 57 L 15
Buenavista SA 43 J 13
Buenavista GR 94 U 18
Buenavista (Monte) AB 72 O 24
Buenavista-Cala Abogat A 75 P 30
Buenavista de Valdavia P 17 E 16
Buenavista del Norte *Tenerife* TF 126 B 3
Buendía CU 47 K 21
Buendía (Embalse de) CU 47 K 21
Bueno (El) *Tenerife* TF 129 G 4
Buenos Aires A 86 R 28
Bueña TE 48 J 26
Buera HU 22 F 30
Buerba HU 22 E 30
Bueres O 6 C 13
Buesa HU 21 E 29
Bueu PO 12 F 3
Buey TO 58 M 18
Bufali V 74 P 28
Bugallido C 12 D 4
Bugarra V 61 N 27
Bugedo BU 18 E 20
Búger IB 104 M 38
Buitrago SO 33 G 22
Buitrago (Pinilla de) M 46 J 18
Buitrago del Lozoya M 46 J 19
Buitre MU 84 R 24
Buitre AL 95 U 21
Buitre (Monte) TE 61 L 26
Buitrera GU 32 I 19
Buitrón (El) H 79 T 9
Buitrón (El) *Monte* H 78 S 8
Buiza LE 16 D 12
Bujalance CO 81 S 16
Bujalaro GU 46 J 21
Bujalcayado GU 47 I 21
Buján C 2 D 2
Bujaraiza J 83 R 21
Bujaraloz Z 35 H 29
Bujarda (La) H 78 S 8
Bujardo BA 78 Q 9
Bujarrabal GU 47 I 22
Bujaruelo HU 21 D 29
Bujeda (La) GU 59 L 21
Bujeo (El) CA 99 X 13
Bujeo (Puerto del) CA 99 X 13
Bujo BA 79 R 11
Bularros AV 44 J 15
Bulbuente Z 34 G 25
Bullaque (El) CR 70 O 17
Bullas MU 84 R 24
Bulnes O 6 C 15
Buniel BU 17 F 18
Bunyola IB 104 M 38
Buñales HU 21 F 28
Buño C 2 C 3
Buñol V 61 N 27
Buñuel NA 34 G 25
Burbáguena TE 48 I 25
Burbia LE 14 D 9
Burceat HU 22 F 30
Burceña BU 8 C 19
Burela LU 4 B 7
Burés C 12 D 3
Bureta Z 34 G 25
Burete MU 84 R 24
Burgal (El) V 61 N 27
Burganes de Valverde ZA 29 G 12
Burgi / Burgui NA 11 D 26
Burgo LU 3 D 7
Burgo (El) MA 100 V 15
Burgo de Ebro (El) Z 35 H 27
Burgo de Osma (El) SO 32 H 20
Burgo Ranero (El) LE 16 E 14
Burgohondo AV 44 K 15
Burgomillodo SG 31 H 18
Burgos BU 18 E 18
Burgueira PO 12 F 3
Burguete / Auritz NA 11 D 26
Burgui / Burgi NA 11 D 26
Burguilla CC 57 M 14
Burguillos SE 91 T 12
Burguillos de Toledo TO 58 M 18
Burguillos del Cerro BA 79 Q 10
Buriz LU 3 C 6
Burjassot V 62 N 28
Burlada / Burlata NA 11 D 25
Burlata / Burlada NA 11 D 25
Burón LE 6 C 14
Burras MU 84 S 24
Burres C 3 D 5
Burriana / Borriana CS 62 M 29
Burrueco AB 72 P 23
Buruaga VI 19 D 21
Burujón TO 58 M 17
Burunchel J 83 S 21
Busante O 4 D 9
Buscastell IB 87 O 34
Busdongo LE 15 D 12
Busloñe O 5 C 12
Busmente O 4 B 9
Busot A 86 Q 28
Busquístar GR 102 V 20
Bustablado S 8 C 19
Bustamante S 17 C 17
Bustantigo O 4 B 9
Bustares GU 46 I 20
Bustarviejo M 46 J 18
Bustasur S 17 D 17
Buste (El) Z 34 G 25
Bustidoño S 17 D 18
Bustillo de Cea LE 16 E 14
Bustillo de Chaves VA 16 F 14
Bustillo de la Vega P 16 E 15
Bustillo del Monte S 17 D 17
Bustillo del Oro ZA 30 G 13
Bustillo del Páramo LE 15 E 12
Bustillo del Páramo de Carrión P 16 E 15
Busto *cerca de Luarca* O 5 B 10
Busto *cerca de Villaviciosa* O 6 B 13
Busto (Cabo) O 5 B 10
Busto (El) NA 19 E 23
Busto de Bureba BU 18 E 20
Bustoburniego O 5 C 12
Bustriguado S 7 C 16
Busturia BI 9 B 21
Butihondo *Fuerteventura* GC 112 D 5
Butrera BA 79 R 10
Butroe BI 8 B 21
Buxán *cerca de Rois* C 12 D 3
Buxán *cerca de Val do Dubra* C 2 C 4
Buxantes (Monte de) C 2 D 2
Buxu (Cueva del) O 6 B 14

C

Caamaño C 12 E 2
Caaveiro C 3 B 5
Cabaco (El) SA 43 K 11
Caballar SG 45 I 18
Caballera HU 21 F 28
Caballeros J 82 Q 18
Caballo GR 94 U 19
Caballo (Cerro del) GR 94 U 19
Caballó (Serra El) V 74 O 27
Caballón H 91 T 9
Caballos (Sierra de los) MA 93 U 15
Cabalos (Sierra de los) LU 14 E 8
Cabana C 2 C 3
Cabanabona L 37 G 33
Cabanamoura C 2 D 3
Cabanas LU 3 B 6
Cabanas C 3 B 5
Cabanelas OR 13 E 5
Cabanelles GI 25 F 38
Cabanes GI 25 F 38
Cabanes *Castelló* CS 62 L 30
Cabanes (Barranc de) CS 62 L 29
Cabanillas NA 20 F 25
Cabanillas SO 33 H 22
Cabanillas de la Sierra M 46 J 19
Cabanillas del Campo GU 46 K 20
Cabanyes (Les) B 37 H 35
Cabañaquinta O 6 C 13
Cabañas Z 34 G 26
Cabañas LE 16 F 13
Cabañas (Monte) J 83 S 21
Cabañas (Puerto) CA 92 V 14
Cabañas de Castilla (Las) P 17 E 16
Cabañas de la Dornilla LE 15 E 10

A B C D E F G H I J K L M N O P Q R S T U V W X Y Z

140 España

A B C D E F G H I J K L M N O P Q R S T U V W X Y Z

Cabañas de la Sagra TO 58 L 18
Cabañas de Polendos SG 45 I 17
Cabañas de Sayago ZA 29 I 12
Cabañas de Yepes TO 58 M 19
Cabañas del Castillo CC 56 N 13
Cabañas Raras LE 14 E 9
Cabañeros LE 16 F 13
Cabañeros CR 69 N 16
Cabañeros (Parque nacional) CR 69 N 16
Cabañes de Esgueva BU 32 G 18
Cabarga (Peña) S 8 B 18
Cabassers T 36 I 32
Cabdella L 23 E 32
Cabe LU 14 E 7
Cabeza (La) AB 84 R 23
Cabeza de Béjar (La) SA 43 K 13
Cabeza de Buey CR 71 Q 20
Cabeza de Campo LE 14 E 9
Cabeza de Diego Gómez SA 43 J 11
Cabeza de la Viña (Isla) J 83 R 21
Cabeza del Buey BA 68 P 14
Cabeza del Caballo SA 42 I 10
Cabeza Gorda J 49 I 28
Cabeza la Vaca BA 79 R 10
Cabezabellosa CC 56 L 12
Cabezabellosa de la Calzada SA 44 I 13
Cabezadas (Las) GU 46 I 20
Cabezamesada TO 59 M 20
Cabezarados CR 70 P 17
Cabezarrubias CR 70 Q 17
Cabezas de Alambre AV 44 J 15
Cabezas de Bonilla AV 44 K 14
Cabezas de San Juan (Las) SE 91 V 12
Cabezas del Pasto H 78 T 7
Cabezas del Pozo AV 44 I 15
Cabezas del Villar AV 44 J 14
Cabezas Rubias H 78 S 8
Cabezo CC 43 K 11
Cabezo (Monte) TE 61 L 26
Cabezo de la Plata MU 85 S 27
Cabezo de Torres MU 85 R 26
Cabezo Jara AL 96 T 24
Cabezón VA 31 G 16
Cabezón de Cameros LO 19 F 22
Cabezón de la Sal S 7 C 17
Cabezón de la Sierra BU 32 G 20
Cabezón de Liébana S 7 C 16
Cabezón de Valderaduey VA 16 F 14
Cabezón del Oro (Serra de) A 74 Q 28
Cabezudos (Los) H 91 U 10
Cabezuela SG 31 I 18
Cabezuela (La) V 73 O 26
Cabezuela del Valle CC 56 L 12
Cabezuelas (Las) M 45 K 17
Cabezuelos (Los) GU 47 K 22
Cabizuela AV 44 J 15
Cabó L 23 F 33
Cabo Blanco Tenerife TF 128 D 5
Cabo Cervera-Playa La Mata A 86 R 28
Cabo de Gata AL 103 V 23
Cabo de Gata-Níjar (Parque natural de) AL 96 V 23
Cabo de Palos MU 86 T 27
Caboalles de Abajo LE 15 D 10
Caboalles de Arriba LE 15 D 10
Cabolafuente Z 47 I 23
Cabornera LE 15 D 12
Caborno O 5 B 10
Caborredondo BU 18 E 19
Cabra CO 93 T 16
Cabra (Cinto) V 73 O 27
Cabra de Mora TE 49 L 27
Cabra del Camp T 37 H 33
Cabra del Santo Cristo J 83 S 20
Cabras GR 94 U 17
Cabras (Las) AB 84 R 22
Cabredo NA 19 E 22
Cabreiroá OR 28 G 7
Cabreiros LU 3 B 6
Cabrejas CU 60 L 22
Cabrejas (Altos de) CU 60 L 22
Cabrejas (Puerto de) CU 60 L 23
Cabrejas del Campo SO 33 G 23
Cabrejas del Pinar SO 33 G 21
Cabrera BA 79 R 11
Cabrera (La) M 46 J 19
Cabrera (La) GU 47 I 22
Cabrera (La) V 61 N 27
Cabrera (Río de la) J 82 R 17
Cabrera de Mar B 38 H 37
Cabrerizos SA 43 J 13
Cabrero CC 56 L 12
Cabreros del Monte VA 30 G 14
Cabreros del Río LE 16 E 13
Cabretón LO 34 G 24
Cabril (El) CO 80 R 13
Cabrilla (Río de la) CO 81 S 14
Cabrillanes LE 15 D 11
Cabrillas SA 43 J 11
Cabrillas (Puerto de las) TE 49 K 29
Cabrils B 38 H 37
Cabrito (Alto El) CA 99 X 13
Cabruñana O 5 B 11
Cabuérniga S 7 C 17
Cacabelos LE 14 E 9
Cáceres CC 55 N 10
Cáceres (Embalse de) CC 55 N 11
Caceruela CR 69 O 16
Cachafeiro PO 13 E 4
Cachaza CC 55 L 9
Cacheiras C 12 D 4
Cachorilla CC 55 M 9
Cacín GR 94 U 18
Cacín (Canal del) GR 94 U 18
Cadabedo LU 4 B 7
Cádabo (O) LU 4 C 8
Cadafresnas LE 14 E 9
Cadagua BU 8 C 19
Cadalso CC 55 L 10
Cadalso de los Vidrios M 57 L 16
Cadaqués GI 25 F 39
Cadavedo O 5 B 10
Cádavos OR 28 G 8
Cadena (Puerto de la) MU 85 S 26
Cadí L 23 F 34
Cadí (Serra del) L 23 F 34
Cadí (Túnel de) GI 24 F 35
Cadí-Moixeró (Parc natural de) B 24 F 35
Cádiar GR 102 V 20
Cadiñanos BU 18 D 19
Cádiz CA 98 W 11
Cádiz (Bahía de) CA 98 W 11
Cadreita NA 20 F 24
Cadrete Z 35 H 27
Caicedo Yuso VI 18 D 21
Caídero de la Niña (Embalse) Gran Canaria GC 114 C 3
Caimari IB 104 M 38
Caimodorro TE 48 K 24
Caín LE 6 C 15
Caión C 2 C 4
Cajigar HU 22 F 31
Cajiz MA 101 V 17
Cal Vidal B 38 G 35
Cala H 79 S 11
Cala (Embalse de) SE 79 S 11
Cala (La) A 74 Q 29
Cala Agulla IB 105 M 40
Cala Bassa IB 87 P 33
Cala Blanca Menorca IB 106 M 41
Cala Blava IB 104 N 38
Cala Bona IB 105 N 40
Cala de los Tiestos A 75 P 30
Cala de Salionç GI 39 G 38
Cala Deià IB 104 M 37
Cala del Moral cerca de Rincón de la V. MA 100 V 17
Cala d'Or IB 105 N 39
Cala en Blanes IB 106 L 41
Cala en Bosc IB 106 M 41
Cala en Porter IB 106 M 42
Cala Ferrera IB 105 N 39
Cala Figuera IB 105 O 39
Cala Fonduco IB 106 M 42
Cala Fornells IB 104 N 37
Cala Galdana IB 106 M 41
Cala Gració IB 87 P 33
Cala Llonga Ibiza IB 87 P 34
Cala Mesquida Mallorca IB 105 M 40
Cala Mesquida Menorca IB 106 M 42
Cala Millor IB 105 N 40
Cala Montjoi GI 25 F 39
Cala Morell IB 106 L 41
Cala Murada IB 105 N 39
Cala Pi IB 104 N 38
Cala Puntal CS 50 K 31
Cala Rajada IB 105 M 40
Cala Sahona IB 87 P 34
Cala Sant Vicenç IB 105 M 39
Cala Sant Vicent Localidad IB 87 O 34
Cala Santa Galdana IB 106 M 41
Cala Santanyí IB 105 O 39
Cala Tarida IB 87 P 33
Cala Turqueta IB 106 M 41
Cala Vallgornera IB 104 N 38
Cala Vedella IB 87 P 33
Cala Vinyes IB 104 N 37
Calabardina MU 97 T 25
Calabazar (Embalse del) H 78 T 9
Calabazares H 79 S 9
Calabazas SG 31 H 17
Calabazas VA 30 H 15
Calabor ZA 28 G 9
Calaburra (Punta de) MA 100 W 16
Calaceite TE 50 I 30
Caladrones HU 22 F 31
Calaf B 37 G 34
Calafat T 51 J 32
Calafell T 37 I 34
Calafell Platja T 37 I 34
Calahonda GR 102 V 19
Calahonda MA 100 W 15
Calahorra LO 19 F 24
Calahorra (Estación de La) GR 95 U 20
Calahorra (La) GR 95 U 20
Calahorra de Boedo P 17 E 16
Calalberche TO 58 L 17
Calama CC 43 K 11
Calamocha TE 48 J 26
Calamocos LE 15 E 10
Calamonte BA 67 P 10
Calanda TE 49 J 29
Calanda (Embalse de) TE 49 J 29
Calañas H 78 T 9
Calar Alto AL 95 U 22
Calar de la Santa MU 84 R 23
Calar del Mundo AB 84 Q 22
Calares (Los) CR 71 Q 21
Calasanz HU 22 F 31
Calasparra MU 84 R 24
Calasparra (Estación de) MU 84 R 24
Calatañazor SO 33 G 21
Calatayud Z 34 H 25
Calatorao Z 34 H 25
Calatrava (Campo de) CR 70 P 18
Calatrava (Puerto de) CR 70 P 18
Calatraveño (Puerto) CO 81 R 15
Calaveruela CO 80 R 13
Calbinyà L 23 E 34
Calcena Z 34 H 24
Caldas (Las) O 5 C 12
Caldas de Besaya (Las) S 7 C 17
Caldas de Luna LE 15 D 12
Caldas de Reis PO 12 E 4
Calde LU 3 D 7
Caldearenas HU 21 E 28
Caldebarcos C 12 D 2
Caldelas PO 12 F 4
Caldera CO 93 T 17
Caldereta Fuerteventura GC 111 I 2
Calderín (El) TO 70 O 18
Calderón V 61 L 26
Calderones (Los) MU 85 S 25
Calders B 38 G 35
Calderuela SO 33 G 23
Caldes de Boí L 22 E 32
Caldes de Malavella GI 25 G 38
Caldes de Montbui B 38 H 36
Caldes d'Estrac B 38 H 37
Caldones O 6 B 13
Caldueño O 6 B 15
Caleao O 6 C 13
Calella B 38 H 37
Calella de Palafrugell GI 25 G 39
Calera (La) CR 71 P 20
Calera (La) H 91 U 10
Calera (La) CC 56 N 14
Calera (La) BA 67 P 10
Calera de León BA 79 R 11
Calera del Prado (La) BI 8 C 19
Calera y Chozas TO 57 M 15
Caleruega BU 32 G 19
Caleruela TO 56 M 14
Caleruela cerca de Los Yébenes TO 58 N 18
Caleruela (La) J 83 R 20
Cales de Mallorca IB 105 N 39
Caleta El Hierro TF 109 E 2
Caleta (La) GR 101 V 19
Caleta (La) Tenerife TF 126 C 3
Caleta (La) Tenerife TF 128 C 5
Caleta de Famara Lanzarote GC 123 E 3
Caleta de Fustes (Castillo de) Fuerteventura GC 111 I 3
Caleta de Vélez (La) MA 101 V 17
Caleta del Sebo Lanzarote GC 121 E 2
Caletas (Las) La Palma TF 132 D 7
Caletillas (Las) Tenerife TF 127 H 3
Caleyos (Los) O 6 C 13
Calicasas GR 94 U 19
Càlig CS 50 K 31
Callao Salvaje Tenerife TF 128 C 5
Calldetenes B 38 G 36
Callejas CU 60 N 24
Callejones La Palma TF 132 D 5
Callejos (Los) O 6 B 15
Callén HU 35 G 28
Calleras O 5 B 10
Calles V 61 M 27
Callezuela O 5 B 12
Callobre C 3 C 5
Callobre PO 13 D 4
Callosa de Segura A 85 R 27
Callosa d'en Sarrià A 74 Q 29
Callús B 37 G 35
Calmarza Z 48 I 24
Calnegre MU 97 T 25
Calnegre (Punta de) MU 97 T 25
Calo C 2 C 2
Calo C 12 D 4
Calobra (Sa) IB 104 M 38
Calomarde TE 48 K 25
Calonge GI 25 G 39
Calonge Mallorca IB 105 N 39
Calonge (El) CO 80 T 13
Calonge de Segarra B 37 G 34
Calp A 74 Q 30
Calpes (Los) CS 62 L 28
Caltojar SO 33 H 21
Calvarrasa de Abajo SA 44 J 13
Calvarrasa de Arriba SA 44 J 13
Calvera HU 22 E 31
Calvestra V 61 N 26
Calvià IB 104 N 37
Calvín Bajo TO 58 M 17
Calvo BA 79 Q 11
Calvos de Randín OR 27 G 6
Calypo TO 58 L 17
Calzada (Atayala de la) CR 70 Q 18
Calzada de Béjar (La) SA 43 K 12
Calzada de Bureba BU 18 E 20
Calzada de Calatrava CR 70 P 18
Calzada de los Molinos P 17 F 16
Calzada de Oropesa (La) TO 56 M 14
Calzada de Tera ZA 29 G 11
Calzada de Valdunciel SA 43 I 12
Calzada de Vergara AB 73 O 25
Calzada del Coto LE 16 E 14
Calzadilla CC 55 L 10
Calzadilla de la Cueza P 16 F 15
Calzadilla de los Barros BA 79 R 11
Calzadilla de los Hermanillos LE 16 E 14
Calzadilla de Tera ZA 29 G 11
Calzadilla del Campo SA 43 I 11
Camaleño S 7 C 15
Camallera GI 25 F 38
Camañas TE 48 K 26
Camarasa L 37 G 32
Camarasa (Pantà de) L 36 G 32
Camarena TO 58 L 17
Camarena (Sierra de) TE 61 L 27
Camarena de la Sierra TE 61 L 26
Camarenilla TO 58 L 17
Camarillas TE 49 K 27
Camarillas (Embalse de) AB 84 Q 25
Camarinal (Punta) CA 99 X 12
Camariñas C 2 C 2
Camariñas (Ría de) C 2 C 2
Camarles T 50 J 32
Camarma de Esteruelas M 46 K 19
Camarmeña O 6 C 15
Camarma del Caño M 46 K 19
Camarzana de Tera ZA 29 G 11
Camás O 6 B 13
Camas SE 91 T 11
Camasobres P 7 C 16
Camba OR 14 F 8
Cambados PO 12 E 3
Cambás C 3 C 6
Cambela OR 14 F 8
Cambeo OR 13 E 6
Cambil J 82 S 19
Cambre C 3 C 4
Cambre cerca de Malpica C 2 C 3
Cambrils L 23 F 34
Cambrils de Mar T 51 I 33
Cambrón CR 83 Q 20
Cambrón (Peña) J 83 S 20
Cambrón (Sierra del) CO 80 Q 13
Camelle C 2 C 2
Camello (Punta del) Tenerife TF 129 G 5
Cameno BU 18 E 20
Camino S 7 C 17
Caminomorisco CC 43 L 11
Caminreal TE 48 J 26
Camocha (La) O 6 B 13
Camocho CC 56 L 12
Camorro Alto MA 100 V 16
Camós GI 25 F 38
Camp d'Abaix V 61 M 26
Camp d'Arcís V 61 N 26
Camp de Mar IB 104 N 37
Camp de Mirra (El) A 74 P 27
Camp-redo T 50 J 31
Campalbo CU 61 M 26
Campamento AL 103 V 22
Campamento (El) CA 99 X 13
Campamento Matallana SE 80 T 13
Campana (La) CR 71 P 20
Campana (La) MU 85 Q 25
Campana (La) SE 92 T 13
Campana (Río de) J 82 R 18
Campanario BA 68 P 13
Campanario (Embalse de) H 90 T 9
Campanas NA 11 D 25
Campanet IB 104 M 38
Campanet (Coves de) IB 104 M 38
Campanillas MA 100 V 16
Campano CA 98 W 11
Camparañón SO 33 G 22
Campaspero VA 31 H 17
Campazas LE 16 F 13
Campdevànol GI 24 F 36
Campelles GI 24 F 36
Campello (El) A 86 Q 28
Campezo VI 19 D 22
Campico de los López MU 97 T 25
Campillejo GU 46 I 20
Campillo TE 48 L 26
Campillo CR 69 P 16
Campillo (Casa Forestal del) J 83 R 22
Campillo (El) VA 30 I 14
Campillo (El) ZA 29 H 12
Campillo (El) H 79 S 10
Campillo (El) J 83 R 20
Campillo (El) SE 92 T 14
Campillo de Altobuey CU 60 N 24
Campillo de Aragón Z 48 I 24
Campillo de Aranda BU 32 H 18
Campillo de Arenas J 94 T 19
Campillo de Azaba SA 42 K 9
Campillo de Deleitosa CC 56 M 13
Campillo de Dueñas GU 48 J 24
Campillo de la Jara (El) TO 57 N 14
Campillo de la Virgen AB 72 P 24
Campillo de las Doblas AB 72 P 24
Campillo de Llerena BA 68 Q 12
Campillo de Ranas GU 46 I 20
Campillo de Salvatierra SA 43 K 12
Campillo del Negro (El) AB 73 P 24
Campillo del Río J 82 S 19
Campillos MA 93 U 15
Campillos (Río) CU 60 L 24
Campillos Paravientos CU 61 M 25
Campillos Sierra CU 60 L 24
Campino BU 17 D 18
Campins B 38 G 37
Campiña C 32 F 20
Campirme L 23 E 33
Campisábalos GU 32 I 20
Campllong GI 39 G 38
Camplongo LE 16 D 12
Campo HU 22 E 31
Campo C 2 C 3
Campo LE 6 D 13
Campo S 17 D 18
Campo (El) TE 61 L 26
Campo (El) GR 84 S 22
Campo (Los) SO 33 G 22
Campo (O) C 3 D 5
Campo Cebas GR 83 S 21
Campo da Árbore (Porto de) LU 14 D 8
Campo da Feira Antemil C 3 C 4
Campo de Arriba V 61 M 26
Campo de Caso O 6 C 13
Campo de Criptana CR 71 N 20
Campo de Cuéllar SG 31 I 16
Campo de la Lomba LE 15 D 12
Campo de Ledesma (El) SA 43 I 11
Campo de Peñaranda (El) SA 44 J 14
Campo de San Pedro SG 32 H 19
Campo de Villavidel LE 16 E 13
Campo del Agua LE 14 D 9
Campo del Hospital C 3 B 6
Campo Lameiro PO 12 E 4
Campo Lugar CC 68 O 12
Campo Real M 46 K 19
Campo Real (Estación de) CO 93 T 15
Campo Xestada C 3 C 4
Campoalbillo AB 73 O 25
Campobecerros OR 14 F 8
Campocámara GR 83 S 21
Campocerrado SA 43 J 11
Campofrío H 79 S 10
Campogrande de Aliste ZA 29 G 11
Campohermoso AL 103 V 23
Campolar LE 16 E 13
Campolara BU 32 F 19
Campollo S 7 C 16
Campolongo C 3 B 5
Campomanes O 5 C 12
Campomojado CR 70 O 18
Camponaraya LE 14 E 9
Campóo (Alto) S 7 C 16
Camporredondo VA 31 H 16
Camporredondo J 83 R 20
Camporredondo (Embalse de) P 17 D 15
Camporredondo de Alba P 16 D 15
Camporrélls HU 36 G 31
Camporrobles V 61 N 25
Campos TE 49 J 27
Campos Mallorca IB 105 N 39
Campos (Los) O 5 B 12
Campos del Río MU 85 R 25
Camposancos PO 26 G 3
Camposo LU 14 D 7
Campotéjar MU 85 R 26
Campotéjar GR 94 T 19
Camprodon GI 24 F 37
Camprovín LO 19 E 21
Camuñas TO 70 N 19
Can Amat B 38 H 35
Can Bondia B 24 F 36
Can Ferrer T 37 I 34
Can Pastilla IB 104 N 38
Can Picafort IB 105 M 39
Canabal LU 13 E 7
Canajela CC 67 O 10
Canal (La) S 7 C 18
Canal (Sa) Ibiza IB 87 P 34
Canal de las Bárdenas 20 E 26
Canaleja AB 72 P 22
Canaleja (La) CO 81 R 15
Canalejas LE 16 D 15
Canalejas de Peñafiel VA 31 H 17
Canalejas del Arroyo CU 47 K 22
Canales AV 44 I 15
Canales LO 18 F 20
Canales LE 15 D 12
Canales Castelló CS 61 M 27
Canales (Embalse) GR 94 U 19
Canales (Mirador de) GR 94 U 19
Canales de Molina GU 47 J 24
Canales del Ducado GU 47 J 22

España 141

Canaletes B.........37 H 35
Canalosa (La) A.........85 R 27
Canals V.........74 P 28
Canar (es) IB.........87 O 34
Canara MU.........84 R 24
Canario (Jardín)
  Gran Canaria GC.........115 F 2
Cancarix AB.........85 Q 25
Cancelada LU.........14 D 8
Cancelada MA.........100 W 14
Cances C.........2 C 3
Canchera CC.........43 K 10
Cancías HU.........21 E 29
Canda (Portilla de la) ZA.........28 F 9
Candado (El) MA.........100 V 16
Candai LU.........3 C 6
Candamil LU.........3 B 6
Candamo O.........5 B 11
Candán (Alto de) PO.........13 E 5
Cándana
  de Curueño (La) LE.........16 D 13
Candanal O.........6 B 13
Candanchú HU.........21 D 28
Candanedo de Fenar LE.........16 D 13
Candanosa O.........4 C 9
Candás O.........5 B 12
Candasnos HU.........36 H 30
Candelaria Tenerife TF.........127 H 3
Candelario SA.........43 K 12
Candeleda AV.........57 L 14
Candieira (Punta) C.........3 A 5
Candil AB.........85 Q 25
Candilichera SO.........33 G 23
Candín LE.........14 D 9
Candolias S.........8 C 18
Candón H.........91 T 9
Candoncillo
  (Embalse de) H.........91 T 9
Candor (Punta) CA.........98 W 10
Cánduas C.........2 C 3
Canedo C.........3 C 5
Canedo LU.........14 E 7
Canedo LE.........14 E 9
Caneja MU.........84 R 24
Canejan L.........22 D 32
Canelles (Pantà de) L.........36 G 31
Canena J.........82 R 19
Canencia M.........46 J 18
Canencia (Puerto de) M.........46 J 18
Canero O.........5 B 10
Canet d'Adri GI.........24 F 38
Canet de Mar B.........38 H 37
Canet d'en Berenguer V.........62 M 29
Canet lo Roig CS.........50 K 30
Canfranc HU.........21 D 28
Canfranc-Estación HU.........21 D 28
Cangas
  cerca de Burela LU.........4 B 7
Cangas
  cerca de Pontón LU.........13 E 7
Cangas
  cerca de Vigo PO.........12 F 3
Cangas de Onis O.........6 B 14
Cangas del Narcea O.........5 C 10
Canicosa de la Sierra BU.........32 G 20
Canido PO.........12 F 3
Caniles GR.........95 T 21
Canillas TO.........58 M 17
Canillas de Abajo SA.........43 J 12
Canillas de Albaida MA.........101 V 18
Canillas de Esgueva VA.........31 G 17
Canizo (Alto do) OR.........14 F 8
Canizo (O) OR.........14 F 8
Canjáyar AL.........95 U 21
Cano J.........82 S 19
Canós (El) L.........37 G 33
Cánovas (Las) MU.........85 S 26
Cánoves B.........38 G 37
Canredondo GU.........47 J 22
Canseco LE.........6 D 13
Cansinos
  (Estación de los) CO.........81 S 16
Cantacucos AB.........72 P 22
Cantagallo M.........4 J 18
Cantagallo SA.........43 K 12
Cantal (El) MU.........97 T 25
Cantal (El) AL.........96 T 23
Cantal (Punta del) AL.........96 U 24
Cantalapiedra SA.........44 I 14
Cantalar (El) J.........83 S 21
Cantalejo SG.........31 I 18
Cantalgallo BA.........79 R 11
Cantallops GI.........25 E 38
Cantalobos HU.........35 G 28
Cantalojas GU.........32 I 20
Cantalpino SA.........44 I 14
Cantalucía SO.........32 G 21

Cantaracillo SA.........44 J 14
Cantareros (Los) MU.........85 S 25
Cantarranas SA.........43 K 10
Cantarranas CA.........99 X 12
Cantavieja TE.........49 K 28
Cantera (La) SE.........80 S 12
Cantera Blanca J.........94 T 18
Canteras MU.........97 T 26
Canteras GR.........84 S 23
Canteras
  (Estación de) MU.........85 S 27
Cantillana SE.........80 T 12
Cantimpalos SG.........45 I 17
Cantiveros AV.........44 J 15
Cantó (Coll de) L.........23 E 33
Cantoblanco AB.........73 O 26
Cantoblanco Universidad M.........46 K 18
Cantón (El) MU.........85 R 27
Cantoñigrós B.........24 F 37
Cantoña OR.........13 F 6
Cantoral P.........17 D 16
Cantoria AL.........96 T 23
Canya (La) GI.........24 F 37
Canyada (La)
  cerca de Sant Vicent A.........86 Q 28
Canyamars B.........38 H 37
Canyamel IB.........105 N 40
Canyelles B.........37 I 35
Cañada
  cerca de Villena A.........73 P 27
Cañada (la) CU.........61 N 25
Cañada (La) V.........62 N 28
Cañada (Puerto) BA.........79 R 11
Cañada Catena J.........83 R 21
Cañada de Agra AB.........84 Q 24
Cañada
  de Benatanduz TE.........49 K 28
Cañada
  de Caballeros SE.........81 S 14
Cañada
  de Calatrava CR.........70 P 17
Cañada
  de Cañepla (La) AL.........84 S 23
Cañada
  de Herrádon (La) AV.........45 K 16
Cañada de la Cruz MU.........84 R 23
Cañada de la Madera J.........83 R 21
Cañada de San Urbano
  (La) AL.........103 V 22
Cañada
  de Verich (La) TE.........50 J 29
Cañada del Gamo CO.........80 R 13
Cañada del Hoyo CU.........60 M 24
Cañada del Provencio AB.........84 Q 23
Cañada del Rabadán SE.........80 T 14
Cañada del Trigo MU.........85 Q 26
Cañada Juncosa AB.........72 P 23
Cañada Morales J.........83 R 21
Cañada Rosal SE.........92 T 14
Cañada Vellida TE.........49 J 27
Cañadajuncosa CU.........60 N 23
Cañadas (Las) SE.........79 T 10
Cañadas
  (Las) Tenerife TF.........128 E 4
Cañadas de Haches
  de Abajo AB.........72 Q 23
Cañadas de Haches
  de Arriba AB.........72 Q 23
Cañadas del Romero SE.........80 S 12
Cañadas del Teide
  (Las) Tenerife TF.........127 F 3
Cañadilla (La) TE.........49 J 28
Cañadillas CO.........93 T 16
Cañadillas (Monte) GR.........94 U 19
Cañamaque SO.........33 H 23
Cañamares J.........82 S 19
Cañamares CR.........71 P 21
Cañamares CU.........47 K 23
Cañamero CC.........68 N 13
Cañar GR.........102 V 19
Cañares
  (Embalse de) TO.........57 M 16
Cañas LO.........19 E 21
Cañavate (El) CU.........60 N 23
Cañaveral CC.........55 M 10
Cañaveral de León H.........79 R 10
Cañaveralejo SE.........93 U 15
Cañaveras CU.........47 K 22
Cañaveruelas CU.........47 K 22
Cañedo S.........7 C 17
Cañete CU.........60 L 25
Cañete de las Torres CO.........81 S 17
Cañete la Real MA.........93 V 14
Cañicera SO.........32 H 20
Cañicosa SG.........45 I 18
Cañigral (El) TE.........61 L 25
Cañijal (Sierra de) BA.........79 Q 10

Cañiza (A) PO.........13 F 5
Cañizal ZA.........44 I 13
Cañizar GU.........46 J 20
Cañizar (El) CU.........46 M 24
Cañizar de Argaño BU.........17 E 18
Cañizar del Olivar TE.........49 J 28
Cañizares SA.........48 J 24
Cañizares CU.........47 K 23
Cañizo ZA.........30 G 13
Caños de Meca (Los) CA.........99 X 12
Cañuelo (El) CO.........94 T 17
Cañuelo (El) SE.........79 T 11
Cap de Creus
  (Parc natural de) GI.........25 F 39
Cap d'en Font IB.........106 M 42
Cap i Corp CS.........63 L 30
Cap Roig A.........85 S 27
Capafonts T.........37 I 33
Capallón GR.........95 T 21
Caparacena GR.........94 U 18
Caparra
  (Ruinas de) CC.........56 L 11
Caparroso NA.........20 E 25
Capçanes T.........50 I 32
Capdepera IB.........105 M 40
Capdepera
  (Punta de) IB.........105 M 40
Capdesaso HU.........35 G 29
Capela C.........3 B 5
Capella HU.........22 F 31
Capellades B.........37 H 35
Capeza
  de Framontanos SA.........29 I 10
Capileira GR.........102 V 19
Capilla BA.........69 P 14
Capilla (La) MU.........85 Q 26
Capillas P.........30 F 15
Capitán J.........83 R 21
Capitán (El) AB.........72 O 22
Capitán (El) MA.........101 W 17
Capmany GI.........25 E 38
Capocorp IB.........104 N 38
Capolat B.........23 F 35
Capones J.........82 R 19
Caprés MU.........85 R 26
Capricho (El) GR.........101 V 18
Capsacosta (Coll de) GI.........24 F 37
Capsec GI.........24 F 37
Carabanchel M.........46 K 18
Carabantes SO.........33 H 24
Carabanzo O.........5 C 12
Carabaña M.........59 L 20
Carabias SG.........32 H 19
Carabias SO.........47 I 21
Caracena de Valle CU.........60 L 24
Caracenilla CU.........59 L 22
Caracollera
  (Estación de) CR.........69 P 16
Caracuel de Calatrava CR.........70 P 17
Caramel AL.........84 S 23
Caranca VI.........18 D 20
Caranga de Abajo O.........5 C 11
Carantoña C.........2 C 8
Caraño LU.........4 C 8
Caraquiz GU.........46 J 19
Carasa B.........8 B 19
Carataunas GR.........102 V 19
Caravaca de la Cruz MU.........84 R 24
Carazo BU.........32 G 19
Carazuelo SO.........33 G 23
Carbajal de Rueda LE.........16 D 14
Carbajales de Alba ZA.........29 G 12
Carbajalinos ZA.........15 F 10
Carbajo CC.........54 N 8
Carbajosa ZA.........34 H 26
Carbajosa de Armuña SA.........43 I 13
Carbajosa
  de la Sagrada SA.........43 J 13
Carballal LU.........3 D 6
Carballeda OR.........13 E 5
Carballeda de Avia OR.........13 E 4
Carballedo PO.........13 E 4
Carballedo LU.........13 E 6
Carballido
  cerca de Lugo LU.........4 C 7
Carballido
  cerca de Villalba LU.........4 C 7
Carballiño (O) OR.........13 E 5
Carballo C.........5 C 10
Carballo (El) O.........6 C 12
Carballo LU.........3 C 6
Carballo OR.........13 F 6
Carbasí B.........37 H 34
Carbayín O.........6 B 13
Carbayo (El) O.........6 C 12
Carbellino ZA.........29 I 11
Carbes O.........6 C 14

Carbia PO.........13 D 5
Carboeiro PO.........13 D 5
Carbón
  Fuerteventura GC.........113 G 4
Carbonera P.........16 E 15
Carbonera de Frentes SO.........33 G 22
Carboneras AL.........103 V 24
Carboneras H.........79 S 10
Carboneras (Las) BA.........67 P 9
Carboneras
  de Guadazón CU.........60 M 24
Carbonero Ahusín SG.........45 I 17
Carbonero el Mayor SG.........45 I 17
Carboneros J.........82 R 19
Carcabada O.........6 B 13
Carcaboso CC.........55 L 11
Carcabuey CO.........93 T 17
Carcagente / Carcaixent V.........74 O 28
Carcaixent / Carcagente V.........74 O 28
Cárcar NA.........19 E 24
Carcastillo NA.........20 E 25
Carcedo
  cerca de Luarca O.........5 B 10
Carcedo de Bureba BU.........18 E 19
Carcedo de Burgos BU.........18 F 19
Carcelén AB.........73 O 26
Cárcer V.........74 O 28
Carche (El) MU.........85 Q 26
Cárchel J.........82 T 19
Carchelejo J.........94 T 19
Carchuna GR.........102 V 19
Carchuna o del Llano
  (Punta) GR.........102 V 19
Cardaño de Abajo P.........16 D 15
Cardaño de Arriba P.........16 D 15
Cardedeu B.........38 H 37
Cardejón SO.........33 H 23
Cárdenas LO.........19 E 21
Cardenchosa (La) CO.........80 R 13
Cardenchosa (La) BA.........80 R 13
Cardenete CU.........60 M 24
Cardeña CO.........81 R 17
Cardeñadijo BU.........18 F 19
Cardeñajimeno BU.........18 F 19
Cardeñas H.........90 U 9
Cardeñosa AV.........44 J 15
Cardeñosa (El) SA.........43 I 10
Cardeñosa de Volpejera P.........17 F 15
Cardiel de los Montes TO.........57 L 16
Cardó T.........50 J 31
Cardón
  Fuerteventura GC.........113 F 4
Cardona B.........37 G 35
Cardonal (Punta del)
  Gran Canaria GC.........114 C 2
Cardones
  Gran Canaria GC.........115 E 2
Cardós (Vall de) L.........23 E 33
Cardosa (Balcón de la) S.........7 C 17
Cardoso
  de la Sierra (El) GU.........46 I 19
Cardoso
  (Collado de la) CU.........60 L 22
Carducha CC.........13 D 4
Caregue L.........23 E 33
Carenas SO.........34 I 24
Careñes O.........6 B 13
Cargadero
  (El Cerro del) BU.........32 G 21
Cariatiz AL.........96 U 23
Caridad (La) O.........4 B 9
Caridad (La) CR.........70 P 18
Carija BA.........67 P 10
Cariñena Z.........34 H 26
Cariño C.........3 A 6
Cariseda LE.........15 D 10
Caritel PO.........13 E 4
Carivete MU.........85 S 25
Carla Alto
  (Observatorio del) AL.........95 U 22
Carlet V.........74 O 28
Carlota (La) CO.........81 S 15
Carme B.........37 H 34
Carme (Museu del) CS.........62 M 29
Carmen (Ermita del) SE.........80 S 12
Carmen (Ermita del)
  cerca de Cantavieja TE.........49 K 28
Carmen (Ermita del) cerca de
  Monreal del Campo TE.........48 J 25
Carmena TO.........57 M 16
Cármenes LE.........16 D 13
Carmoli (El) MU.........85 S 27
Carmona S.........7 C 16
Carmona SE.........92 T 13
Carmonita BA.........67 O 10
Carne (Pico de la) GR.........94 U 19
Carnero (Punta del) CA.........99 X 13
Carneros
  (Puerto de los) BA.........69 O 14

Carnés C.........2 C 2
Carnoedo C.........3 B 5
Carnota C.........12 D 2
Caro T.........50 J 31
Caroch V.........73 O 27
Caroi PO.........13 E 4
Carolina (La) J.........44 I 14
Carolina (La) J.........82 R 19
Carollo C.........3 D 4
Carondio (Sierra de) O.........4 C 9
Carpio VA.........30 I 14
Carpio (El) CO.........81 S 16
Carpio (El) H.........78 S 9
Carpio
  (Embalse de El) TO.........57 M 16
Carpio
  (Embalse de El) CO.........81 S 16
Carpio de Azaba SA.........42 K 10
Carpio de Tajo (El) TO.........57 M 16
Carucedo LE.........14 E 9
Carvajal O.........100 W 16
Carraca (La) CA.........98 W 11
Carracedelo LE.........14 E 9
Carracedo LE.........14 E 9
Carracedo OR.........13 F 5
Carracedo PO.........12 E 4
Carrales
  (Casa Forestal de) J.........83 R 21
Carrales (Puerto de) BU.........17 D 18
Carramaiza GR.........83 T 21
Carrandi O.........6 B 14
Carranque TO.........58 L 18
Carranza TO.........58 L 18
Carrales SG.........45 I 18
Carrascal
  (Puerto del) NA.........20 E 25
Carrascal SG.........45 I 18
Carrascal ZA.........29 H 12
Carrascal (El) T.........50 J 31
Carrascal
  (Puerto del) NA.........20 E 25
Carrascal
  de Barregas SA.........43 J 12
Carrascal del Obispo SA.........43 J 12
Carrascal del Río SG.........31 H 18
Carrascalejo CC.........57 N 14
Carrascalejo (El) BA.........67 O 10
Carrascalejo
  (Estación de El) BA.........67 O 10
Carrascalejo
  de Huebra SA.........43 J 11
Carrascosa CU.........47 K 23
Carrascosa de Abajo SO.........32 H 20
Carrascosa de Haro CU.........60 N 22
Carrascosa de Henares GU.........46 J 20
Carrascosa
  de la Sierra SO.........33 G 23
Carrascosa de Tajo GU.........47 J 22
Carrascosa del Campo CU.........59 L 21
Carrascosilla CU.........59 L 22
Carrascoy MU.........85 S 26
Carrasqueta
  (Port de la) A.........74 Q 28
Carrasquilla
  (Collado de la) CU.........60 L 22
Carrasquilla (La) AB.........72 Q 24
Carratraca MA.........100 V 15
Carrea O.........5 C 11
Carreira
  cerca de Ribeira C.........12 E 2
Carreira cerca de Zás C.........2 C 3
Carreño O.........6 C 15
Carreño O.........5 B 12
Carrera (La) AV.........44 K 13
Carreros SA.........43 J 12
Carretero (Puerto de) J.........94 T 19
Carrias BU.........18 E 20
Carril PO.........12 E 3
Carriles (Los) O.........6 B 15
Carrió Bergondo C.........3 C 5
Carrión PO.........17 D 16
Carrión (Ermita de) BA.........66 O 8
Carrión de Calatrava CR.........70 P 18
Carrión
  de los Céspedes SE.........91 T 11
Carrión de los Condes P.........17 E 16
Carriones (Los) GR.........83 S 21
Carrizal
  cerca de Cistierna LE.........16 D 15
Carrizal cerca
  de Soto y Amio LE.........15 D 12
Carrizal (El)
  Gran Canaria GC.........114 C 3
Carrizales (Los)
  Tenerife TF.........126 B 3
Carrizo de la Ribera LE.........15 E 12
Carrizosa CR.........71 P 21

Carrizosa (La) SE.........93 T 15
Carro AB.........72 O 22
Carroja (La) A.........74 P 29
Carrova (La) T.........50 J 31
Cartagena MU.........97 T 27
Cartajima MA.........100 W 14
Cártama MA.........100 V 16
Cartaojal MA.........93 U 16
Cartaya H.........90 U 8
Cartelle OR.........13 F 5
Carteya-Guadarranque CA.........99 X 13
Cartirana HU.........21 E 28
Cartuja
  (Monasterio de la) CA.........98 W 11
Cartuja
  de Monegros (La) HU.........35 G 29
Carucedo LE.........14 E 9
Carvajal O.........100 W 16
Carvajales (Los) MA.........93 U 15
Cas Concos IB.........105 N 39
Casa Blanca CU.........60 N 22
Casa Blanca AB.........72 Q 24
Casa Blanca CA.........69 O 16
Casa Blanca GR.........84 S 22
Casa Blanca (sa) IB.........104 N 38
Casa Cañete AB.........72 P 23
Casa de Campo M.........46 K 18
Casa de Carta
  Tenerife TF.........124 H 2
Casa de la Sierra BU.........18 F 20
Casa de Navamarin AB.........72 P 22
Casa de Uceda GU.........46 J 19
Casa de Valdepalacios J.........68 O 13
Casa del Barón
  (Parador) PO.........12 E 4
Casa del Egidillo CU.........60 M 23
Casa del Lléo A.........85 R 27
Casa Grande P.........31 G 16
Casa Grande P.........72 Q 24
Casa la Carriza CR.........71 O 21
Casa Longa CU.........59 M 22
Casa Meca MU.........84 T 24
Casa Mula AL.........84 S 23
Casa Nueva M.........58 M 19
Casa Nueva GR.........94 U 18
Casa Nueva
  de la Torrecilla J.........83 Q 20
Casa Sola AB.........72 Q 23
Casabermeja MA.........100 V 16
Casablanca LU.........4 C 7
Casablanca MU.........85 R 26
Casablanca AL.........84 S 23
Casablanca CA.........91 V 11
Casafranca SA.........43 K 12
Casaio OR.........14 E 9
Casalarreina LO.........18 E 21
Casalgordo TO.........58 N 18
Casalonga C.........12 D 4
Casanova BU.........32 G 19
Casanova C.........13 D 4
Casar S.........7 B 17
El Casar M.........46 J 19
Casar de Cáceres CC.........55 N 10
Casar de Cáceres
  (Estación de) CC.........55 N 10
Casar de Escalona (El) TO.........57 L 16
Casar de Miajadas CC.........68 O 12
Casar de Palomero CC.........43 L 11
Casarabonela MA.........100 V 15
Casarejo CA.........91 V 11
Casarejo (El) CR.........69 O 16
Casarejos SO.........32 G 20
Casares MA.........99 W 14
Casares
  (Cueva de los) GU.........47 J 23
Casares de Arbás LE.........6 D 13
Casares de las Hurdes CC.........43 K 11
Casariche SE.........93 U 15
Casariego O.........4 B 9
Casarrubios del Monte TO.........58 L 17
Casarrubuelos M.........58 L 18
Casas (Las) SO.........33 G 22
Casas (Las) CR.........70 O 18
Casas Altas V.........61 L 26
Casas Bajas V.........61 L 26
Casas Blancas CR.........71 P 21
Casas de Belvis CC.........56 M 13
Casas de Benalí (Las) V.........73 O 27
Casas de Búcar TE.........48 K 24
Casas de Don Antonio CC.........67 O 11
Casas de Don Gómez CC.........55 L 10
Casas de Don Juan GR.........84 S 22
Casas de Don Pedro AB.........73 O 25
Casas de Don Pedro BA.........68 O 14
Casas de Esper Z.........21 F 27

A B C D E F G H I J K L M N O P Q R S T U V W X Y Z

A B C D E F G H I J K L M N O P Q R S T U V W X Y Z

Casas de Eufemia V............61 N 26
Casas de Felipe CC............55 L 9
Casas de Fernando Alonso CU............72 N 23
Casas de Garcimolina CU............61 M 25
Casas de Guijarro CU............72 N 23
Casas de Guijarro CU............60 N 23
Casas de Haches (Las) AB............72 Q 23
Casas de Haro CU............72 O 23
Casas de Ibáñez A............85 Q 26
Casas de Juan Fernández CU............72 N 24
Casas de Juan Gil AB............73 O 26
Casas de Juan Núñez AB............73 O 25
Casas de la Alcudilla CO............93 U 17
Casas de la Calera CA............98 W 11
Casas de la Higuera AB............72 Q 24
Casas de la Peña AB............72 O 22
Casas de Lázaro AB............72 P 23
Casas de los Hierros CA............99 X 12
Casas de los Pinos CU............72 N 22
Casas de los Puercos AB............71 O 22
Casas de Luján V............59 M 21
Casas de Medina V............61 N 26
Casas de Millán CC............55 M 11
Casas de Miravete CC............56 M 12
Casas de Moya V............61 N 25
Casas de Orán AB............72 P 24
Casas de Penen V............73 N 26
Casas de Pradas V............61 N 25
Casas de Reina BA............79 R 12
Casas de Roldán CU............72 O 22
Casas de San Galindo GU............46 J 21
Casas de Santa Cruz CU............72 N 24
Casas de Soto V............73 O 26
Casas de Ves AB............73 O 25
Casas de Villalobillos CO............81 S 15
Casas de Villava Perea CU............59 M 21
Casas del Campillo AB............73 P 26
Casas del Castañar CC............56 L 12
Casas del Cerro AB............73 O 25
Casas del Collado AB............84 Q 23
Casas del Conde (Las) SA............43 K 11
Casas del Embalse de Alarcón CU............60 N 23
Casas del Matado AB............72 O 23
Casas del Monte TO............58 M 19
Casas del Monte CC............56 L 12
Casas del Monte CR............71 Q 20
Casas del Olmo CU............72 O 24
Casas del Pino AB............84 Q 23
Casas del Puerto AV............44 K 14
Casas del Puerto AB............72 P 23
Casas del Puerto MU............85 Q 26
Casas del Rey V............61 N 25
Casas del Río V............73 O 26
Casas El Pozo TE............61 M 27
Casas Ibáñez AB............73 O 25
Casas Nuevas V............61 L 25
Casas Nuevas MU............84 S 25
Casas Nuevas cerca de Librilla MU............85 S 25
Casas Nuevas cerca de Lorca MU............84 S 24
Casas Viejas AB............72 P 24
Casasana GU............47 K 22
Casasbuenas TO............58 M 17
Casaseca de Campeán ZA............29 H 12
Casaseca de las Chanas ZA............29 H 12
Casasimarro CU............72 N 23
Casasnovas HU............36 G 30
Casasoá OR............13 F 6
Casasola AV............44 J 15
Casasola (Embalse) MA............100 V 16
Casasola de Arión VA............30 H 14
Casasuertes LE............6 C 15
Casatejada CC............56 M 12
Casavegas P............7 C 16
Casavieja AV............57 L 15
Casbas de Huesca HU............21 F 29
Cascaire AL............96 T 22
Cascajares MA............100 W 14
Cascajares de Bureba BU............18 D 20
Cascajares de la Sierra BU............32 F 19
Cascajosa SO............33 H 21
Cascante NA............34 G 24
Cascante del Río TE............61 L 26
Cascantes LE............16 D 13
Cascón de la Nava P............31 F 16
Cáseda NA............20 E 25
Caseres T............50 I 30
Caserío de Don Domingo J............83 R 22
Caserío de Embid CU............60 L 23

Caserío de Torrubia J............82 R 19
Caserío los Molinares TE............48 L 25
Caserío San José SG............31 H 18
Caserres B............24 F 35
Cases d'Alcanar (Les) T............50 K 31
Cases de Sitjar CS............62 L 29
Cases del Senyor (Les) A............85 Q 27
Casetas Z............34 G 26
Casica del Madroño AB............72 P 23
Casicas del Río Segura J............83 R 22
Casillas AV............45 L 16
Casillas GU............32 I 21
Casillas (Embalse de) CC............56 N 12
Casillas (Las) GU............47 I 23
Casillas (Las) H............91 U 10
Casillas (Las) J............82 T 17
Casillas (Las) Gran Canaria GC............116 C 3
Casillas de Berlanga SO............33 H 21
Casillas de Coria CC............55 M 10
Casillas de Flores SA............42 K 9
Casillas de Marín de Abajo AB............73 P 26
Casillas de Marín de Arriba AB............73 P 25
Casillas de Ranera CU............61 M 26
Casillas de Velasco CO............81 R 16
Casillas del Angel Fuerteventura GC............111 H 3
Casinos V............62 M 27
Casiñas (Las) CC............54 N 8
Casitas (Las) Fuerteventura GC............113 Q 4
Casla SG............46 I 19
Casoio OR............14 E 9
Casomera O............6 C 13
Caspe Z............36 I 29
Caspe (Embalse de) TE............50 I 29
Caspueñas GU............46 J 21
Cassà de la Selva GI............25 G 38
Castadón OR............13 E 6
Castala AL............102 V 21
Castalla A............74 Q 27
Castanedo S............8 B 18
Castanesa HU............22 E 31
Castanyet B............24 G 37
Castañar (El) TO............58 N 17
Castañar de Ibor CC............56 N 13
Castañares BU............18 E 19
Castañares de Rioja LO............18 E 21
Castañeda S............7 C 18
Castañeda C............3 D 5
Castaño (El) CA............81 R 15
Castaño (El) CA............99 X 13
Castaño del Robledo H............79 S 9
Castaños (Los) AL............96 U 23
Castaños (Puerto de los) CC............55 M 10
Castañuelo H............79 S 10
Cástaras GR............102 V 20
Castejón SO............33 G 23
Castejón CU............47 K 22
Castejón NA............20 F 24
Castejón de Alarba Z............48 I 25
Castejón de Arbaniés HU............21 F 29
Castejón de Henares GU............47 J 21
Castejón de las Armas Z............34 I 24
Castejón de Monegros HU............35 H 29
Castejón de Sobrarbe HU............22 F 30
Castejón de Sos HU............22 E 31
Castejón de Tornos TE............48 J 25
Castejón de Valdejasa Z............35 G 27
Castejón del Puente HU............36 G 30
Castel de Cabra TE............49 J 27
Castelflorite HU............36 G 29
Castell (El) T............50 K 31
Castell (es) IB............106 M 42
Castell d'Aro GI............25 G 39
Castell de Cabres CS............50 K 30
Castell de Castells A............74 P 29
Castell de Ferro GR............102 V 19
Castell de Guadalest (El) A............74 P 29
Castell de l'Areny B............24 F 35
Castelladral B............37 G 35
Castellana B............3 C 5
Castellano V............61 M 27
Castellanos LE............16 E 14
Castellanos CR............71 P 19

Castellanos (Montes) CR............71 Q 21
Castellanos de Castro BU............17 F 17
Castellanos de Moriscos SA............44 I 13
Castellanos de Villiquera SA............43 I 12
Castellanos de Zapardiel AV............44 I 15
Castellar TO............59 L 19
Castellar B............37 G 34
Castellar (El) TE............49 K 27
Castellar (El) CO............94 T 17
Castellar (El) Z............34 G 26
Castellar de la Frontera CA............99 X 13
Castellar de la Muela GU............48 J 24
Castellar de la Ribera L............23 F 34
Castellar de N'Hug B............24 F 36
Castellar de Santiago CR............71 Q 20
Castellar de Santisteban J............83 R 20
Castellar de Tost L............23 F 34
Castellar del Riu B............23 F 35
Castellar del Vallès B............38 H 36
Castellás L............23 F 33
Castellbell B............38 H 35
Castellbisbal B............38 H 35
Castellbó L............23 E 34
Castellcir B............38 G 36
Castellciutat L............23 E 34
Castelldans L............36 H 32
Castelldefels B............38 I 35
Castellet B............37 I 34
Castellfollit de la Roca GI............24 F 37
Castellfollit de Riubregós B............37 G 34
Castellfollit del Boix B............37 G 35
Castellfort CS............49 K 29
Castellgalí B............38 G 35
Castellnou de Bages B............38 G 35
Castellnou de Montsec L............22 F 32
Castellnou de Seana L............37 H 32
Castellnovo CS............62 M 28
Castelló de Farfanya L............36 G 32
Castelló de la Plana / Castellón de la Plana CS............62 M 29
Castelló de la Ribera V............74 O 28
Castelló de Rugat V............74 P 28
Castelló d'Empúries GI............25 F 39
Castelló L............37 H 35
Castellón de la Plana / Castelló de la Plana CS............62 M 29
Castellote TE............49 J 29
Castells L............23 F 33
Castellserà L............37 G 32
Castellterçol B............38 G 36
Castellvell T............37 I 33
Castellví de la Marca B............37 H 34
Castellví de Rosanes B............38 H 35
Castelnou TE............35 I 28
Castelo cerca de Cervo LU............4 B 7
Castelo cerca de Taboada LU............13 D 6
Castelserás TE............49 J 29
Castelvispal TE............62 L 28
Castielfabib V............61 L 26
Castiello de Jaca HU............21 E 28
Castigaleu HU............22 F 31
Castil de Campos CO............94 T 17
Castil de Carrias BU............18 E 20
Castil de Lences BU............18 E 19
Castil de Peones BU............18 E 19
Castil de Tierra SO............33 H 23
Castil de Vela P............30 G 15
Castilblanco BA............69 O 14
Castilblanco de los Arroyos SE............79 S 12
Castildelgado BU............18 E 20
Castilfalé LE............16 F 13
Castilforte GU............47 K 22
Castilfrío de la Sierra SO............33 G 23
Castiliscar Z............20 E 26
Castilla (Canal de) VA............31 G 15
Castillazuelo HU............22 F 30
Castilleja de la Cuesta SE............91 T 11
Castilléjar GR............83 S 21
Castillejo M............58 M 18
Castillejo de Azaba SA............42 K 9
Castillejo de Dos Casas SA............42 J 9
Castillejo de Iniesta CU............60 N 24

Castillejo de Martín Viejo SA............42 J 10
Castillejo de Mesleón SG............32 I 19
Castillejo de Robledo SO............32 H 19
Castillejo de San Pedro SO............33 G 23
Castillejo del Romeral CU............60 L 22
Castillejo Sierra CU............47 K 23
Castillejos MA............100 W 15
Castillo CC............43 K 10
Castillo cerca de Garbayuela BA............69 O 15
Castillo cerca de Monesterio BA............79 R 11
Castillo (Puerto del) J............94 T 18
Castillo Albaráñez CU............60 L 22
Castillo de Alba (El) ZA............29 H 11
Castillo de Bayuela TO............57 L 15
Castillo de Calatrava la Nueva (Convento) CR............70 P 18
Castillo de Don Juan A............85 S 27
Castillo de Escalona TO............57 L 16
Castillo de Garcimuñoz CU............60 N 22
Castillo de Huarea (El) GR............102 V 20
Castillo de las Guardas (El) SE............79 S 11
Castillo de Leres HU............21 E 28
Castillo de Locubín J............94 T 18
Castillo de Tajarja GR............94 U 18
Castillo de Tajo M............59 L 20
Castillo de Villamalefa CS............62 L 28
Castillo del Plá HU............22 F 31
Castillo del Romeral Gran Canaria GC............117 F 4
Castillo-Nuevo NA............11 D 26
Castillo-Pedroso S............7 C 18
Castillón LU............13 E 7
Castillonroy HU............36 G 31
Castilmimbre GU............47 J 21
Castilnuevo GU............48 J 24
Castilruiz SO............33 G 23
Castilsabás HU............21 F 29
Castilseco LO............18 E 21
Castiltierra SG............32 H 19
Castiñeira OR............14 F 8
Castiñeiras C............12 E 3
Castiñeiros LU............3 B 6
Castralvo TE............61 L 26
Castraz SA............43 J 10
Castrecias BU............17 D 17
Castrejón VA............30 I 14
Castrejón TO............57 M 16
Castrejón (Embalse de) TO............58 M 17
Castrejón de la Peña P............17 D 16
Castrelo (Estación de) OR............14 F 8
Castrelo de Abajo OR............28 G 8
Castrelo de Miño OR............13 F 5
Castrelo do Val OR............28 G 7
Castrelos ZA............28 G 9
Castri GR............83 S 21
Castril BU............32 G 19
Castrill LU............13 D 17
Castrillo de Cabrera LE............15 E 10
Castrillo de Cepeda LE............15 E 11
Castrillo de Don Juan P............31 G 17
Castrillo de Duero VA............31 H 17
Castrillo de la Guareña ZA............30 I 14
Castrillo de la Reina BU............32 G 20
Castrillo de la Ribera LE............16 E 13
Castrillo de la Valduerna LE............15 F 11
Castrillo de la Vega BU............32 H 18
Castrillo de los Polvazares LE............15 E 11
Castrillo de Matajudíos BU............17 F 17
Castrillo de Murcia BU............17 E 17
Castrillo de Onielo P............31 G 17
Castrillo de Porma LE............16 E 13
Castrillo de Riopisuerga BU............17 E 17
Castrillo de Rucios BU............18 E 18
Castrillo de Sepúlveda SG............31 H 18
Castrillo de Villavega P............17 E 16
Castrillo del Haya S............17 D 17
Castrillo del Val BU............18 F 19
Castrillo-Tejeriego VA............31 G 16
Castrillón O............5 B 12
Castrillón O............4 B 9
Castriz C............2 C 3

Castro C............3 B 5
Castro OR............13 F 5
Castro O............4 C 9
Castro Carballedo LU............13 E 6
Castro cerca de Lugo LU............4 C 7
Castro Dozón PO............13 E 5
Castro Pantón LU............13 E 7
Castro (El) LE............14 D 8
Castro (Embalse de El) TO............58 M 18
Castro Caldelas OR............14 E 7
Castro de Alcañices ZA............29 H 11
Castro de Amarante LU............13 D 6
Castro de Filabres AL............96 U 22
Castro de Fuentidueña SG............31 H 18
Castro de Ouro LU............4 B 7
Castro de Rei LU............4 C 7
Castro del Río CO............81 S 16
Castro-Urdiales S............8 B 20
Castrobarto BU............8 C 19
Castrobol VA............16 F 14
Castrocalbón LE............15 F 12
Castrocontrigo LE............15 F 11
Castroceda S............6 B 13
Castrodeza VA............30 H 15
Castrofuerte LE............16 F 13
Castrogonzalo ZA............30 G 13
Castrojeriz BU............17 F 17
Castrojimeno SG............31 H 18
Castromaior LU............4 B 7
Castromao OR............14 F 8
Castromembibre VA............30 G 14
Castromil ZA............28 F 9
Castromocho P............30 F 15
Castromonte VA............30 G 14
Castromudarra LE............16 E 14
Castroncán LU............14 D 7
Castronuevo ZA............30 G 13
Castronuevo de Esgueva VA............31 G 16
Castronuño VA............30 H 14
Castropepe ZA............30 G 13
Castropodame LE............15 E 10
Castropol O............4 B 8
Castroponce VA............30 F 14
Castroquilame LE............14 E 9
Castroserna de Abajo SG............46 I 18
Castroserracín SG............31 H 18
Castrotierra cerca de la Bañeza LE............15 F 12
Castrotierra cerca de Sahagún LE............16 E 14
Castrove PO............12 E 3
Castrovega de Valmadrigal LE............16 F 14
Castroverde LU............4 C 8
Castroverde de Campos ZA............30 G 14
Castroverde de Cerrato VA............31 G 17
Castroviejo LO............32 F 20
Castroviejo LO............19 F 22
Castuera BA............68 P 13
Catadau V............74 O 28
Catarroja V............62 N 28
Catí CS............50 K 30
Catí (El) CS............3 C 4
Catllar (El) T............37 I 33
Catoira PO............12 E 3
Catral A............85 R 27
Cauche (Río de) MA............100 V 16
Caudal (El) SE............92 T 12
Caudé TE............48 K 26
Caudete AB............73 P 27
Caudete de las Fuentes V............61 N 26
Caudiel CS............62 M 28
Caudilla TO............58 L 17
Cauneo O............5 C 11
Cauro OR............94 T 18
Cautivos (Los) MU............84 S 24
Cava L............23 F 34
Cava (La) T............50 J 32
Cavada (La) S............8 B 18
Cavalleria (Cap de) IB............106 L 42
Cavia BU............17 E 17
Caxado C............3 B 6
Cayes O............5 B 12
Cayuela BU............17 F 18
Cazadores Gran Canaria GC............117 E 3
Cazalegas (Embalse de) TO............57 L 15
Cazalilla J............82 S 18
Cazalla de la Sierra SE............80 S 12
Cazalla y Constantina (Estación de) SE............80 S 12
Cazanuecos LE............15 F 12

Cazás LU............3 C 6
Cazo O............6 C 14
Cazorla J............83 S 21
Cazorla (Coto nacional de) J............83 R 21
Cazorla (Sierra de) J............83 R 21
Cazurra ZA............29 H 12
Cea LE............16 E 14
Cea OR............13 E 6
Cea PO............12 E 3
Ceadea ZA............29 G 11
Ceal J............83 S 20
Cebanico LE............16 D 14
Cebolla TO............57 M 16
Cebollar H............90 T 8
Cebolleros BU............18 D 19
Cebrecos BU............32 G 19
Cebreiro (O) LU............14 D 8
Cebreros AV............45 K 16
Cebrón SE............80 T 12
Cebrones del Río LE............15 F 12
Cecebre C............3 C 5
Ceceda O............6 B 13
Ceclavín CC............55 M 9
Cecos O............4 C 9
Cedeira C............3 B 5
Cedeira (Ría de) C............3 A 5
Cedemonio O............4 B 9
Cedena (Río) TO............57 M 16
Cedillo CC............54 N 7
Cedillo (Embalse de) CC............54 N 8
Cedillo de la Torre SG............32 H 19
Cedillo del Condado TO............58 L 17
Cedofeita LU............4 B 8
Cedramán CS............62 L 28
Cedrillas TE............49 K 27
Cedrón LU............14 D 8
Cee C............2 D 2
Cefiñas (Las) H............78 S 9
Cega SG............45 I 18
Cegoñal LE............16 D 15
Ceguilla SG............45 I 18
Cehegín MU............84 R 24
Ceinos VA............30 F 14
Ceja del Palancar (La) CU............60 L 24
Cejancas S............17 D 18
Cejo H............91 T 10
Cela LE............14 D 9
Cela OR............27 G 5
Cela cerca de Becerreá LU............14 D 9
Cela cerca de Sarria LU............14 D 7
Celada LE............15 E 11
Celada S............17 D 17
Celada de Cea LE............16 E 15
Celada de la Torre BU............18 E 19
Celada de Roblecedo P............17 D 16
Celada del Camino BU............17 F 18
Celadas TE............48 K 26
Celadas (Las) BU............17 E 18
Celadilla BU............15 E 12
Celadilla del Río P............16 E 15
Celanova OR............13 F 6
Celas C............3 C 4
Celia (La) MU............85 Q 25
Celis S............7 C 16
Cellera de Ter (La) GI............24 G 37
Cellers L............23 F 32
Cellórigo LO............18 E 20
Celorio O............6 B 15
Celrà GI............25 F 38
Celtigos LU............14 D 7
Cembranos LE............16 E 13
Cenajo MU............84 Q 24
Cenajo (Embalse del) AB............84 Q 24
Cenegro SO............32 H 19
Cenes de la Vega GR............94 U 19
Cenicero LO............19 E 22
Cenicientos M............57 L 16
Cenizas MU............97 T 27
Cenizate AB............73 O 25
Cenobio de Valerón Gran Canaria GC............114 D 1
Centcelles (Mausoleu de) T............37 I 33
Centelles B............38 G 36
Centenales O............4 C 9
Centenera HU............22 F 31
Centenera GU............46 K 20
Centenera de Andaluz SO............33 H 21

Centenera
del Campo SO ....33 H 22
Centenero HU ....21 E 28
Centenillo (El) J ....82 Q 18
Centinela (Mirador de la)
Tenerife TF ....128 E 5
Cepeda PO ....12 F 4
Cepeda SA ....43 K 11
Cepeda la Mora AV ....44 K 14
Cepero (El) CR ....70 O 17
Cepillo (El) AB ....71 P 22
Cequeril PO ....12 E 4
Cera S ....5 C 10
Cerbi L ....23 E 33
Cerbón SO ....33 G 23
Cerca de Abajo J ....18 F 19
Cerca (La) Monte BU ....18 F 19
Cercadillo GU ....47 I 21
Cerceda M ....45 J 18
Cerceda C ....3 D 5
Cercedilla M ....45 J 17
Cercio PO ....13 D 5
Cercs B ....24 F 35
Cerdà V ....74 P 28
Cerdanya
(Reserva nacional de) L ....23 E 34
Cerdanyola B ....38 H 36
Cerdedelo OR ....14 F 7
Cerdedo PO ....13 E 4
Cerdeira C ....2 C 4
Cerdeira OR ....13 F 6
Cerdeira (Puerto de) OR ....14 E 8
Cerdido C ....3 B 6
Cerdido (Estación de) C ....3 B 6
Cerdigo S ....8 B 20
Cereceda BU ....18 D 19
Cereceda S ....8 C 19
Cereceda O ....6 B 14
Cereceda GU ....47 K 22
Cereceda de la Sierra SA ....43 K 11
Cerecedo LE ....16 D 14
Cerecinos de Campos ZA ....30 G 13
Cerecinos del Carrizal ZA ....29 G 13
Cereixal LU ....14 D 8
Cereixedo LU ....14 D 9
Cereo C ....2 C 3
Cerésola HU ....21 E 29
Cerezal de Alba ZA ....29 H 11
Cerezales
del Condado LE ....16 D 13
Cerezo CC ....55 L 11
Cerezo de Abajo SG ....46 I 19
Cerezo de Arriba SG ....32 I 19
Cerezo
de Mohernando GU ....46 J 20
Cerezo de Riotirón BU ....18 E 20
Cerezos (Los) TE ....61 L 27
Cerillar (El) CA ....92 V 13
Cerler HU ....22 E 31
Cerler (Pico de) HU ....22 E 31
Cermoño O ....5 B 11
Cernadilla ZA ....29 F 10
Cernadilla
(Embalse de) ZA ....29 G 10
Cernégula BU ....18 E 19
Cerollera TE ....50 J 29
Cerponzons PO ....12 E 4
Cerqueda O ....2 C 3
Cerrada OR ....13 E 7
Cerrado de Calderon MA .. 100 V 16
Cerradura (La) J ....82 S 19
Cerrajos MU ....73 Q 25
Cerralba MA ....100 V 16
Cerralbo SA ....42 J 10
Cerralbos (Los) TO ....57 M 16
Cerrata CR ....69 P 15
Cerrazo S ....7 B 17
Cerredo O ....15 D 10
Cerredo (Alto de) LU ....4 C 8
Cerredo (Puerto de) LE ....15 D 10
Cerricos (Los) AL ....96 T 23
Cerrillo (El) J ....83 S 20
Cerrillo (Punta del)
Gran Canaria GC ....116 B 4
Cerro GR ....95 T 20
Cerro (El) SA ....43 L 12
Cerro (El) BU ....32 G 20
Cerro Alarcón M ....45 K 17
Cerro
de Andévalo (El) H ....78 S 9
Cerro del Hierro SE ....80 S 13
Cerro Grande GR ....95 U 21
Cerro Muriano CO ....81 R 15
Cerro Perea SE ....93 T 15
Cerroblanco AB ....72 P 22

Cerrolobo AB ....72 P 24
Cerrón GR ....102 V 20
Certascan (Pico de) L ....23 D 33
Cervales CC ....56 N 14
Cervantes CR ....71 Q 19
Cervantes LU ....14 D 8
Cervatos S ....17 D 17
Cervatos de la Cueza P ....16 F 15
Cervelló B ....38 H 35
Cervera L ....37 G 33
Cervera (La) TE ....61 M 27
Cervera (Peñas de) BU ....32 G 19
Cervera (Rambla de) CS ....50 K 30
Cervera de Buitrago M ....46 J 19
Cervera de la Cañada Z ....34 H 24
Cervera de los Montes TO ....57 L 15
Cervera de Pisuerga P ....17 D 16
Cervera del Llano CU ....60 M 22
Cervera del Maestrat CS ....50 K 30
Cervera del Rincón TE ....49 J 27
Cervera
del Río Alhama LO ....33 F 24
Cervero O ....4 C 9
Cerveruela Z ....34 I 26
Cervià L ....25 F 38
Cervià
de les Garrigues L ....37 H 32
Cervillego de la Cruz VA ....44 I 15
Cerviñuelo
(Casa Forestal del) CU ....47 K 24
Cervo C ....4 A 7
Cesantes PO ....12 F 4
César Manrique (Fundación)
Lanzarote GC ....123 E 4
Céspedes BU ....18 D 19
Cespedosa CO ....80 S 14
Cespedosa SA ....44 K 13
Cespedosa
de Agadones SA ....42 K 10
Cespón C ....12 D 3
Cesuras C ....3 C 5
Cetina Z ....33 I 24
Ceutí MU ....85 R 26
Cevico de la Torre P ....31 G 16
Cevico Navero P ....31 G 17
Cezeral
de Peñahorcada SA ....42 I 10
Cezura P ....17 D 17
Chacín C ....2 D 3
Chacón SE ....80 S 12
Chacona (La) CA ....98 W 11
Chacones (Los) AL ....96 T 23
Chagarcía Medianero SA ....44 K 13
Chaguazoso OR ....14 F 8
Chaherrero AV ....44 J 15
Chalamera HU ....36 G 30
Chamartín AV ....44 J 15
Chamorga Tenerife TF ....125 K 1
Chamorro BA ....69 O 14
Chan (A) PO ....11 F 3
Chana LE ....15 E 10
Chanca (La) BA ....78 Q 9
Chandávila
(Ermita de) BA ....66 O 8
Chandrexa OR ....14 F 7
Chandrexa
(Embalse de) OR ....14 F 7
Chano LE ....14 D 9
Chantada LU ....13 E 6
Chanteiro C ....3 B 5
Chanza (Embalse del) H ....78 T 7
Chanzas (Sierra de) GR ....94 U 17
Chañe SG ....31 H 16
Chaorna SO ....47 I 23
Chapa PO ....13 E 5
Chaparral GR ....94 U 19
Chaparral (El) M ....46 J 19
Chaparral (El) CA ....99 X 12
Chapatales SE ....91 U 10
Chapela PO ....12 F 3
Chapinería M ....45 K 17
Charca (La) TO ....70 O 18
Charches GR ....95 U 21
Charco (El) La Palma TF ....132 C 6
Charco
de los Hurones CA ....99 W 13
Charco del Pino
Tenerife TF ....128 E 5
Charcofrío SE ....91 T 10
Charilla J ....94 T 18
Charpona TO ....57 L 16
Chatún SG ....31 I 16
Chauchina AV ....94 U 18
Chavaga LU ....14 E 7
Chavaler SO ....33 G 22
Chave LU ....13 D 7

Chavín LU ....4 B 7
Chayofa Tenerife TF ....128 D 5
Checa GU ....48 K 24
Cheles BA ....66 Q 8
Chella V ....74 O 28
Chelva V ....61 M 27
Chenlo PO ....12 F 3
Chequilla GU ....48 K 24
Chera GU ....48 J 24
Chera V ....61 N 27
Cherbo AL ....96 U 22
Chércoles SO ....33 H 23
Chercos AL ....96 U 23
Chercos Viejo AL ....96 U 23
Cherín GR ....102 V 20
Cheste V ....62 N 27
Chía HU ....22 E 31
Chica Carlota (La) CO ....81 S 15
Chícamo MU ....85 R 26
Chiclana
de la Frontera CA ....98 W 11
Chiclana de Segura J ....83 R 20
Chiguergue Tenerife TF ....128 C 4
Chilches MA ....101 V 17
Chilches / Xilxes CS ....62 M 29
Chilladeras (Las) H ....78 T 9
Chillarón de Cuenca CU ....60 L 23
Chillarón del Rey GU ....47 K 21
Chillón CR ....69 P 15
Chilluevar J ....83 R 20
Chiloeches GU ....46 K 20
Chimenea
(Sierra de la) BA ....68 O 14
Chimeneas GR ....94 U 18
Chimeneas (Las) CR ....71 O 20
Chimiche Tenerife TF ....129 F 5
Chimillas HU ....21 F 28
Chimorra CO ....81 R 15
Chinar AB ....73 P 26
Chinas (Las) H ....79 S 9
Chinchilla
de Monte Aragón AB ....72 P 24
Chinchón M ....59 L 19
Chinorla A ....85 Q 27
Chinorlet A ....85 Q 27
Chío Tenerife TF ....128 C 4
Chipeque Tenerife TF ....127 G 3
Chipiona CA ....91 V 10
Chiprana Z ....35 I 29
Chiquero (El) CR ....69 O 16
Chira (Embalse de)
Gran Canaria GC ....114 D 3
Chirivel AL ....95 V 21
Chirigota (La) CA ....92 V 12
Chirivel (Rambla de) AL ....96 T 23
Chirlateira (Punta) C ....3 B 5
Chispones (Los) AL ....95 U 21
Chite GR ....101 V 19
Chiva V ....62 N 27
Chive (El) AL ....96 U 23
Chodes Z ....34 H 25
Chopillo (El) MU ....84 R 24
Chorillo (El) CS ....62 L 28
Chorlo BA ....67 O 9
Chorreras CR ....69 O 16
Chorro (El) J ....83 S 20
Chorro (El) MA ....100 V 15
Chorro
(Garganta del) MA ....100 V 15
Chospes (Los) AB ....72 P 22
Chóvar CS ....62 M 29
Chozas (Lomo de las)
La Palma TF ....130 C 4
Chozas de Abajo LE ....15 E 12
Chozas de Canales TO ....58 L 17
Chucena H ....91 T 10
Chuchurumbache
Tenerife TF ....129 F 5
Chueca TO ....58 M 18
Chulilla V ....61 N 27
Chulilla (Baños de) V ....61 N 27
Chullera
(Punta de la) CA ....99 X 14
Chullo GR ....95 U 20
Chumillas CU ....60 M 23
Churriana MA ....100 V 16
Churriana de la Vega GR ....94 U 19
Ciaño O ....6 C 12
Ciaurriz NA ....11 D 25
Cibanal ZA ....29 I 11
Cibea O ....5 C 10
Cibuyo O ....5 C 10
Cicero S ....8 B 19

Cicujano VI ....19 D 22
Cidad de Ebro BU ....18 D 18
Cidad
de Valdeporres BU ....18 C 18
Cidones SO ....33 G 22
Cielo MA ....101 V 18
Ciempozuelos M ....58 L 19
Cienfuegos (Puerto de) LE .. 14 D 9
Cierva (La) CU ....60 L 24
Cierva (La) SE ....92 T 12
Cíes (Islas) PO ....12 F 3
Cieza MU ....85 R 25
Cieza BI ....7 C 17
Cifuentes LE ....16 E 14
Cifuentes GU ....47 J 22
Cigales VA ....31 G 15
Cigudosa SO ....33 G 23
Cigüenza BU ....18 D 19
Ciguñuela VA ....30 H 15
Cihuela SO ....33 H 24
Cijara BA ....69 O 14
Cijara (Embalse de) CC ....69 N 15
Cijara
(Reserva national de) BA ....69 O 15
Cijuela GR ....94 U 18
Cillamayor P ....17 D 17
Cillán AV ....44 J 15
Cillaperlata BU ....18 D 19
Cillas CU ....48 J 24
Cillero CC ....7 C 18
Cilleros CC ....55 L 9
Cilleros de la Bastida SA ....43 K 11
Cilleros el Hondo SA ....43 J 12
Cilleruelo de Abajo BU ....31 G 18
Cilleruelo de Arriba BU ....32 G 19
Cilleruelo de Bezana BU ....17 D 18
Cilleruelo
de San Mamés SG ....32 H 19
Cimada (La) MA ....92 V 14
Cimanes de la Vega LE ....16 F 13
Cimanes del Tejar LE ....15 E 12
Cimballa Z ....48 I 24
Cimbre MU ....96 T 24
Cinca (Canal del) HU ....21 F 28
Cinca (Río) HU ....22 E 30
Cinco Casas CR ....71 O 20
Cinco Casas
(Colonia de) TO ....70 O 19
Cinco Esquinas
(Castillo) J ....83 S 20
Cinco Lindes BA ....79 R 9
Cinco Olivas Z ....35 H 28
Cinco Villas A ....46 J 19
Cinco Villas (Las) Z ....20 F 26
Cincovillas GU ....47 I 21
Cinctorres CS ....49 K 29
Cintruénigo NA ....20 F 24
Ciñera LE ....16 D 13
Ciordia NA ....19 D 23
Ciperez SA ....43 J 11
Ciprés (La) AV ....44 J 14
Ciruela SO ....33 H 21
Ciruela CR ....70 P 18
Ciruelas GU ....46 J 20
Ciruelos SG ....32 H 18
Ciruelos TO ....58 M 19
Ciruelos de Cervera BU ....32 G 19
Ciruelos de Coca SG ....31 I 16
Ciruelos del Pinar GU ....47 I 23
Cirueña LO ....18 E 21
Cirueña J ....82 S 19
Cirugeda TE ....49 J 27
Cirujales LE ....15 D 11
Ciscar HU ....22 F 31
Cisla AV ....44 J 14
Cisneros P ....16 F 15
Cistella GI ....25 F 38
Cistérniga V ....31 H 15
Cistierna LE ....16 D 14
Citolero (El) CR ....70 O 17
Citores BU ....17 E 18
Ciudad OR ....13 E 5
Ciudad de Osma SO ....32 H 20
Ciudad Ducal AV ....45 K 16
Ciudad
Encantada(La) CU ....60 L 23
Ciudad Real CR ....70 P 18

Ciudad Rodrigo SA ....42 K 10
Ciudadeja
(Ribera de) SE ....80 S 13
Ciudalcampo M ....46 K 19
Ciutadella
de Menorca IB ....106 M 41
Ciutadilla L ....37 H 33
Cívica GU ....47 J 21
Civís L ....23 E 34
Claras AB ....84 R 23
Claraválls HU ....22 F 32
Claraválls L ....37 G 33
Clares GU ....47 I 23
Clarés de Ribota Z ....34 H 24
Clariana Z ....37 G 34
Clariana B ....37 H 34
Claveles (Los) SE ....92 T 12
Clavería CC ....54 N 8
Claverol L ....23 F 32
Clavijo LO ....19 E 22
Clavín (El) GU ....46 K 20
Clavín (Puerto del) CC ....67 O 10
Clotes (Les) B ....50 J 30
Clunia BU ....32 G 19
Coalla O ....5 B 11
Coaña O ....4 B 9
Coba LU ....3 C 6
Coba OR ....14 F 8
Coballes O ....6 C 13
Cobas OR ....14 F 9
Cobatillas TE ....49 J 27
Cobatillas (Las) AL ....84 S 23
Cobatillas (Las) CA ....99 W 12
Cóbdar AL ....96 U 23
Cobeja TO ....58 L 18
Cobeña M ....46 K 19
Cobertelada SO ....33 H 22
Cobeta GU ....47 J 23
Cobisa TO ....58 M 17
Cobos de Cerrato P ....31 F 17
Cobos
de Fuentidueña SG ....31 H 18
Cobos de Segovia AV ....45 J 16
Cóbreces S ....7 B 17
Cobreros ZA ....14 F 9
Cobres PO ....12 F 4
Cobres
(San Adrián de) PO ....12 F 4
Cobujón (El) H ....90 T 9
Coca SG ....31 I 16
Coca de Alba SA ....44 J 13
Cocentaina A ....74 P 28
Cocoll A ....74 P 29
Cocón (El) AL ....96 T 24
Cocosa (La) BA ....66 P 9
Coculina BU ....17 E 18
Codes GU ....47 I 23
Codesal ZA ....29 G 10
Codeseda PO ....13 E 4
Codeso P ....13 D 4
Codo Z ....35 H 27
Codoñera (La) TE ....50 J 29
Codornillos LE ....16 E 14
Codorniz SG ....45 I 16
Codos Z ....34 I 25
Codosera (La) BA ....66 O 8
Coedo OR ....13 F 6
Coelleira (Isla) LU ....4 A 7
Coeo LU ....4 C 7
Coeses LU ....4 D 7
Cofete
Fuerteventura GC ....112 C 5
Cofiñal LE ....6 C 14
Cofio (Río) M ....45 K 17
Cofita HU ....36 G 30
Cofrentes V ....73 O 26
Cofrentes
(Embalse de) AB ....73 O 26
Cogeces de Iscar VA ....31 H 16
Cogeces del Monte VA ....31 H 17
Cogollor GU ....47 J 21
Cogollos BU ....18 F 19
Cogollos (Sierra de) GR ....94 U 19
Cogollos de Guadix GR ....95 U 20
Cogollos Vega GR ....94 U 19
Cogorderos LE ....15 E 11
Cogul (El) L ....36 H 32
Cogullada (La) V ....74 O 28
Cojáyar GR ....102 V 20
Cójbar BU ....18 F 19
Colativí AL ....103 V 23

Colera GI ....25 E 39
Colgada
(Laguna de la) AB ....71 P 21
Colgadizos ESP ....46 I 19
Colilla (La) AV ....44 K 15
Colinas SE ....91 U 11
Colinas (Las) M ....58 L 18
Colinas
de Trasmonte ZA ....29 F 12
Colindres S ....8 B 19
Colio S ....7 C 16
Coll de Nargó L ....23 F 33
Coll
d'en Rabassa (es) IB ....104 N 38
Collado O ....6 B 13
Colladico (El) TE ....48 I 26
Collado SE ....7 C 17
Collado CC ....56 L 12
Collado (El) SO ....33 G 23
Collado (El) AB ....84 R 22
Collado (El) V ....61 M 26
Collado de Contreras AV ....44 J 15
Collado
de las Carrascas AB ....84 Q 22
Collado del Mirón AV ....44 K 13
Collado Hermoso SG ....45 I 18
Collado Mediano M ....45 J 17
Collado
Royo y Poviles TE ....62 L 27
Collado Villalba M ....45 K 18
Colladona (La) O ....6 C 13
Collados CU ....60 L 23
Collados TE ....48 J 26
Collados (Los) AB ....84 Q 23
Collarada HU ....21 D 28
Colbató B ....38 H 35
Colldejou T ....51 I 32
Colldelrat L ....37 G 33
Collegats
(Congost de) L ....23 F 33
Collera O ....6 B 14
Collformic B ....38 G 37
Collfred L ....37 G 33
Collía O ....6 B 14
Cólliga CU ....60 L 23
Colliguilla CU ....60 L 23
Colloto O ....5 B 12
Collsuspina B ....38 G 36
Colmenar MA ....100 V 17
Colmenar (El) MA ....99 W 13
Colmenar
de la Sierra GU ....46 I 19
Colmenar
de Montemayor SA ....43 K 12
Colmenar de Oreja M ....59 L 19
Colmenar del Arroyo M ....45 K 17
Colmenar Viejo M ....46 K 18
Colmenarejo M ....45 K 17
Colmenares P ....17 D 16
Colodro J ....82 R 17
Colombres O ....7 B 16
Colomera GR ....94 T 18
Colomera
(Embalse de) GR ....94 T 18
Colomers GI ....25 F 38
Colón
(Monumento a) H ....90 U 9
Colonia (La) MU ....85 R 25
Colonia Cinto
de los Abates V ....73 N 27
Colonia
de la Estación SA ....42 K 9
Colònia
de Sant Jordi IB ....105 O 38
Colònia
de Sant Pere IB ....105 M 39
Colonia
de Santa Ana MA ....93 U 15
Colonia Iberia TO ....58 M 18
Colònia Rosal B ....23 F 35
Colonia
Santa Eulalia (La) A ....73 Q 27
Coloradas (Las)
Lanzarote GC ....122 B 5
Coloradas (Punta de las)
Gran Canaria GC ....115 E 1
Colorado MU ....96 T 24
Colorado BA ....68 P 13
Colorado (El) CA ....98 W 11
Colorado (Monte) CO ....81 R 16
Colsa S ....7 C 17
Columbrets (Els) CS ....63 M 32
Columbrianos LE ....15 E 10
Colunga O ....6 B 14
Colungo HU ....22 F 30
Coma (La) L ....23 F 34
Coma (La) Castelló CS ....62 L 29

A
B
C
D
E
F
G
H
I
J
K
L
M
N
O
P
Q
R
S
T
U
V
W
X
Y
Z

A B C D E F G H I J K L M N O P Q R S T U V W X Y Z

Coma (Sa) *IB* .... **105** N 40
Coma-ruga *T* .... **37** I 34
Comaloforno (Pic de) *L* .... **22** E 32
Comares *MA* .... **101** V 17
Combarro *PO* .... **12** E 3
Combarros *LE* .... **15** E 11
Comendador (El) *V* .... **74** P 27
Comillas *S* .... **7** B 17
Comiols (Coll de) *L* .... **23** F 33
Comparada *C* .... **12** D 3
Cómpeta *MA* .... **101** V 18
Compuerto
(Embalse de) *P* .... **16** D 15
Comtat de Sant Jordi *GI* .... **25** G 39
Con *O* .... **6** C 14
Concabella *L* .... **37** G 33
Concepción
(Ermita de la) *GU* .... **48** J 24
Concepción
(Finca de la) *MA* .... **100** V 16
Concepción (La) *SO* .... **33** H 22
Concepción (La) *CO* .... **94** T 17
Concepción (La) *AL* .... **96** U 24
Concepción (Mirador de la)
La Palma *TF* .... **131** D 4
Concha *BI* .... **8** C 19
Concha *GU* .... **47** I 24
Concha (La) *cerca de San Roque
de Riomeira S* .... **8** C 18
Cónchar *GR* .... **101** V 19
Conchas
(Embalse de las) *OR* .... **27** G 6
Conchel *HU* .... **36** G 30
Concilio *Z* .... **21** F 27
Concud *TE* .... **48** K 26
Condado *BU* .... **18** D 19
Condado (El) *O* .... **6** C 13
Condado de Castilnovo *SG* .... **32** I 18
Conde (Casas del) *AB* .... **73** O 26
Conde (Sierra del) *BA* .... **67** P 11
Conde de Gondomar
(Parador) Baiona *PO* .... **12** F 3
Conde de Guadiana *J* .... **83** S 20
Condemios de Abajo *GU* .... **46** I 20
Condemios de Arriba *GU* .... **46** I 20
Condes de Alba y Aliste
(Parador) *ZA* .... **29** H 12
Condesa (La) *J* .... **82** R 18
Conejera *SA* .... **42** K 10
Conejeros *TO* .... **57** L 16
Conejeros
(Puerto de los) *BA* .... **67** O 9
Conejo (El) *GR* .... **95** T 20
Conesa *T* .... **37** H 33
Confital (Punta del)
Gran Canaria *GC* .... **115** F 1
Conforto *LU* .... **4** B 8
Confrides *A* .... **74** P 29
Congosta *ZA* .... **15** F 11
Congosto *BU* .... **17** E 17
Congosto *LE* .... **15** E 10
Congosto (El) *CU* .... **59** M 22
Congosto de Valdavia *P* .... **17** D 16
Congostrina *GU* .... **46** I 21
Conil *Lanzarote GC* .... **122** C 4
Conil de la Frontera *CA* .... **98** X 11
Conill *B* .... **37** G 34
Connio (Puerto del) *O* .... **4** C 9
Conques *L* .... **23** F 33
Conquezuela *SO* .... **47** I 22
Conquista *CO* .... **81** Q 16
Conquista de la Sierra *CC* .... **68** N 12
Conquista
del Guadiana *BA* .... **68** O 11
Consell *IB* .... **104** M 38
Consolación
(Ermita de) *CR* .... **71** P 19
Consolación
(Ermita de la) *TE* .... **50** J 29
Consolación
(Santuario) *J* .... **83** R 20
Consolación
(Santuario de la) *H* .... **90** U 8
Constantí *T* .... **37** I 33
Constantina *SE* .... **80** S 13
Constanzana *AV* .... **44** J 15
Consuegra *TO* .... **58** N 19
Contador (El) *AL* .... **96** T 22
Contamina *Z* .... **34** I 24
Contar (Sierra del) *MU* .... **97** T 25
Conti *SE* .... **91** T 11
Contienda (La) *H* .... **78** R 9
Contreras *BU* .... **32** F 19
Contreras *J* .... **82** S 18
Contreras (Embalse de) *CU* .**61** N 25
Contreras (Venta de) *CU* .... **61** N 25

Convento
de San Clemente *CC* .... **56** N 12
Convento de San Miguel
de las Victorias *CU* .... **47** K 23
Convoy (El) *AL* .... **96** T 24
Coo *S* .... **7** C 17
Coomonte *ZA* .... **15** F 12
Coop (La) *MU* .... **84** R 25
Cope (Cabo) *MU* .... **97** T 25
Copernal *GU* .... **46** J 20
Copons *B* .... **37** H 34
Corao *O* .... **6** B 14
Coratxà *CS* .... **50** J 30
Corb (Riu) *T* .... **37** H 33
Corbalán *TE* .... **49** K 27
Corbatón *TE* .... **48** J 26
Corbelle *OR* .... **13** F 5
Corbelle *LU* .... **14** D 7
Corbera (Punta de la) *LU* .... **4** B 8
Corbera de Dalt *B* .... **38** H 35
Corbera de Llobregat *B* .... **38** H 35
Corbera d'Ebre *T* .... **50** I 31
Corbillos de los Oteros *LE* .... **16** E 13
Corbins *L* .... **36** G 32
Corboeira *LU* .... **4** B 7
Corçà *L* .... **22** F 32
Corçà *GI* .... **25** G 39
Corcho *BA* .... **68** Q 12
Corchuela *TO* .... **57** M 14
Corchuela *BA* .... **66** P 8
Corchuela (La) *SE* .... **91** U 12
Corchuela (El) *H* .... **91** U 9
Corchuelo *C* .... **2** C 3
Corcoesto *C* .... **2** C 3
Córcoles *GU* .... **47** K 22
Córcoles (Río) *CU* .... **60** N 23
Córcoles (Río) *AB* .... **71** O 21
Corcolilla *V* .... **61** M 26
Corconte *S* .... **7** C 18
Corcos *VA* .... **31** G 15
Corcoya *SE* .... **93** U 15
Corcubión *C* .... **2** D 2
Cordido *LU* .... **4** C 7
Cordiñanes *LE* .... **6** C 15
Córdoba *CO* .... **81** S 15
Cordobilla *CO* .... **93** T 15
Cordobilla
(Embalse de) *CO* .... **92** U 15
Cordobilla de Lácara *BA* .... **67** O 10
Cordobillas *CO* .... **81** S 16
Cordovilla *P* .... **17** D 17
Cordovilla *SA* .... **44** J 13
Cordovilla *AB* .... **73** Q 25
Cordovilla la Real *P* .... **31** F 17
Cordovín *LO* .... **19** E 21
Corduente *GU* .... **47** J 24
Corella *NA* .... **20** F 24
Corera *LO* .... **19** E 23
Cores *C* .... **2** C 3
Coreses *ZA* .... **30** H 13
Corgo *LU* .... **4** D 7
Coria *CC* .... **55** M 10
Coria (Sierra de) *CC* .... **55** L 10
Coria del Río *SE* .... **91** U 11
Corias *cerca de Cangas
de Narcea O* .... **5** C 10
Corias *cerca de Pravia O* .... **5** B 11
Coripe *SE* .... **92** V 13
Coristanco *C* .... **2** C 3
Corme Aldea *C* .... **2** C 3
Corme-Porto *C* .... **2** C 3
Corme y Laxe (Ría de) *C* .... **2** C 3
Corna *OR* .... **13** E 5
Cornadelo
(Pico de) *HU* .... **22** E 32
Cornago *LO* .... **33** F 23
Cornalvo
(Embalse de) *BA* .... **67** P 11
Cornanda *C* .... **12** D 3
Corneda *C* .... **3** D 5
Corneira *C* .... **2** C 3
Cornejo *BU* .... **8** C 19
Cornellà de Terri *GI* .... **25** F 38
Cornellana *O* .... **5** B 11
Corniero *LE* .... **16** D 14
Cornisa
del Suroeste *GC* .... **116** C 4
Corollo *O* .... **4** C 9
Cornón *P* .... **16** D 15
Cornoncillo *P* .... **16** D 15
Cornudella de Montsant *T* .... **37** I 32
Cornudilla *BU* .... **18** D 19
Coronada (La) *CO* .... **80** R 13
Coronada (La) *BA* .... **68** P 12
Coronas (Puerto Las) *NA* .... **11** D 26
Coronela (La) *SE* .... **92** U 14

Coroneles (Casa de los)
Fuerteventura *GC* .... **111** H 2
Coronil (El) *SE* .... **92** U 13
Corpa *M* .... **46** K 20
Corporales *LO* .... **18** E 21
Corporales *LE* .... **15** F 10
Corral de Almaguer *TO* .... **59** M 20
Corral de Ayllón *SG* .... **32** H 19
Corral de Calatrava *CR* .... **70** P 17
Corral de Cantos *TO* .... **57** N 16
Corral de Garcíhojo *SA* .... **43** K 12
Corral Rubio *AB* .... **73** P 25
Corralejo
Fuerteventura *GC* .... **111** I 1
Corralejo (El) *TO* .... **58** M 19
Corrales *H* .... **90** U 9
Corrales *LE* .... **14** E 9
Corrales (Los) *SE* .... **93** U 15
Corrales de Buelna (Los) *S* .... **7** C 17
Corrales de Duero *VA* .... **31** G 17
Corrales del Vino *ZA* .... **29** H 12
Corralín *O* .... **4** D 9
Corrals (Els) *V* .... **74** O 28
Corredoiras (Las) *J* .... **82** Q 19
Corredoira *PO* .... **13** E 4
Corredoiras *C* .... **3** C 5
Correpoco *S* .... **7** C 17
Correcera *LE* .... **15** D 12
Corrochana *TO* .... **57** M 14
Corrubedo *C* .... **12** E 2
Corrubedo (Cabo de) *C* .... **12** E 2
Corte (La) *H* .... **79** S 9
Corte de Peleas *BA* .... **67** P 9
Corteconcepción *H* .... **79** S 10
Cortecampo
cerca de Ribadavia *OR* .... **13** F 5
Cortegada cerca
de Xinzo de Limia *OR* .... **13** F 7
Cortegana *PO* .... **78** S 9
Cortegana *BA* .... **67** P 10
Cortelazor *H* .... **79** S 10
Corterrangel *H* .... **79** S 10
Cortes *NA* .... **34** G 25
Cortés *V* .... **61** M 26
Cortes de Aragón *TE* .... **49** J 27
Cortes de Arenoso *CS* .... **62** L 28
Cortes de Baza *GR* .... **83** T 21
Cortes de la Frontera *MA* .... **99** W 13
Cortes de la Frontera (Reserva
nacional de) *MA* .... **99** W 13
Cortes de Pallás *V* .... **73** O 27
Cortes de Tajuña *GU* .... **47** J 22
Cortes y Graena *GR* .... **95** U 20
Cortijillo (El) *TE* .... **70** O 18
Cortijo (El) *LO* .... **19** E 22
Cortijo (El)
Lanzarote *GC* .... **120** E 4
Cortijo de la Herrera *CC* .... **56** M 11
Cortijo de la Juliana *A* .... **84** Q 23
Cortijo de Navarro *AB* .... **84** R 23
Cortijo Grande *AL* .... **96** U 24
Cortijo Nuevo *SE* .... **92** V 12
Cortijo Nuevo *J* .... **95** T 20
Cortijos (Los) *CU* .... **61** L 25
Cortijos
de Abajo (Los) *CR* .... **70** O 17
Cortijos
de Arriba (Los) *CR* .... **70** O 17
Cortijos Nuevos *J* .... **83** R 21
Cortijos Nuevos
de la Sierra *GR* .... **83** S 22
Cortijuelos (Los)
cerca de Andújar *J* .... **82** R 18
Cortijuelos (Los)
cerca de Martos *J* .... **82** S 17
Cortos *AV* .... **45** J 16
Cortos *SO* .... **33** G 23
Cortos de la Sierra *SA* .... **43** J 12
Corullón *LE* .... **14** E 9
Corumbel *H* .... **91** T 10
Corumbela *MA* .... **101** V 17
Coruña (A) *C* .... **3** B 4
Coruña (Ría de La) *C* .... **3** B 4
Coruña del Conde *BU* .... **32** G 19
Coruxou *C* .... **3** C 5
Corvelle *LU* .... **4** B 7
Corvera *MU* .... **85** S 26
Corvera de Asturias *O* .... **5** B 12
Corvera de Toranzo *S* .... **7** C 18
Corvillón *OR* .... **13** F 6
Corvio *P* .... **17** D 17
Corvite *LU* .... **4** C 7
Corzos *OR* .... **14** F 8
Covarrubias *BA* .... **67** N 9
Covarrubias *BU* .... **32** F 19
Covas
cerca de Carucedo *OR* .... **14** E 9

Coscojuela *HU* .... **22** E 30
Coscojuela de Fantova *HU* .... **22** F 30
Coscollet (El) *CS* .... **23** F 33
Coscollano *HU* .... **21** F 29
Coscurita *SO* .... **33** H 22
Cosgaya *S* .... **7** C 15
Cosio *S* .... **7** C 16
Coslada *M* .... **46** K 19
Cospedal *LE* .... **15** D 11
Cospeito *LU* .... **4** C 7
Cospindo *C* .... **2** C 3
Costa Ballena *CA* .... **91** V 10
Costa Blanca *VC* .... **86** R 29
Costa Blanca (Parador)
Jávea *A* .... **75** P 30
Costa Brava *CT* .... **39** H 39
Costa Brava (Parador de la)
Aiguablava *GI* .... **25** G 39
Costa Calma
Fuerteventura *GC* .... **112** E 5
Costa Daurada /
Costa Dorada *CT* .... **51** J 33
Costa de Almería *AL* .... **102** V 21
Costa de Cantabria *CB* .... **7** B 17
Costa de Canyamel *IB* .... **105** N 40
Costa de la Calma *IB* .... **104** N 37
Costa de la Luz *AN* .... **90** U 8
Costa de Madrid *M* .... **45** K 16
Costa de Maresme *B* .... **38** H 37
Costa del Azahar / Costa dels
Tarongers *VC* .... **63** M 30
Costa del Azahar
(Parador) *Benicarló CS* .... **50** K 31
Costa
del Montseny (La) *B* .... **38** G 37
Costa del Silencio
Tenerife *TF* .... **128** E 5
Costa del Sol *AN* .... **100** X 14
Costa dels Pins *IB* .... **105** N 40
Costa dels Tarongers /
Costa del Azahar *VC* .... **63** M 30
Costa Dorada /
Costa Daurada *CT* .... **51** J 33
Costa Esuri *HU* .... **90** U 7
Costa Teguise
Lanzarote *GC* .... **123** F 4
Costa Vasca *PV* .... **9** B 22
Costa Verde *AS* .... **5** B 10
Costabona *CT* .... **24** E 37
Costacabana *AL* .... **103** V 22
Costana (La) *S* .... **7** C 17
Costas de Garraf *B* .... **38** I 35
Costeán *HU* .... **22** F 30
Costitx *IB* .... **104** N 38
Costur *CS* .... **62** L 29
Cosuenda *Z* .... **34** H 26
Cota *LU* .... **3** C 6
Cotanes *ZA* .... **30** G 14
Cotefablo (Puerto de) *HU* .... **21** E 29
Cotelas *OR* .... **13** E 6
Cotiella *HU* .... **22** E 30
Cotilfar Baja *GR* .... **94** T 19
Cotillas *AB* .... **83** Q 22
Cotillas *CU* .... **60** L 24
Cotillo *S* .... **7** C 17
Cotillo (El)
Fuerteventura *GC* .... **111** G 1
Coto *O* .... **5** C 11
Coto de Bornos *CA* .... **92** V 12
Coto de Buzalén *BA* .... **67** O 11
Coto de Puenteviejo *AV* .... **45** J 16
Coto Redondo *PO* .... **12** E 3
Cotobade *PO* .... **13** E 4
Cotorios *J* .... **83** R 21
Cotorredondo *M* .... **58** L 18
Cotos (Puerto de) *ESP* .... **45** J 18
Cotos
de Monterrey (Los) *M* .... **46** J 19
Coubet (Coll de) *GI* .... **25** F 37
Courel (Sierra del) *LU* .... **14** E 7
Couso (Alto del) *OR* .... **13** F 6
Couso (Punta de) *PO* .... **12** F 3
Couto *LU* .... **13** D 6
Couto *PO* .... **13** F 5
Couzadoiro *C* .... **3** B 7
Couzo (Punta de) *C* .... **12** E 2
Cova Santa (La) *CS* .... **62** M 28
Covacha
(Puerto de la) *CC* .... **67** O 10
Covadonga *O* .... **6** C 14
Covalanas (Cuevas de) *S* .... **8** C 19
Covaleda *SO* .... **32** G 21
Covas
cerca de Pereiro *OR* .... **13** E 6
Covas cerca de Vivero *LU* .... **4** A 7
Covas cerca de Xinzo *OR* .... **27** G 6
Covas (As) *PO* .... **12** E 3
Covelo *PO* .... **13** F 4
Covelo (Alto de) *OR* .... **14** F 8
Coves de Vinromà (Les) *CS*.**50** L 30
Coves dels Canelobres *A* .... **74** Q 28
Coves Noves
(Urbanitzacio) *IB* .... **106** L 42
Covet *L* .... **23** F 33
Coveta Fumà (La) *A* .... **86** Q 28
Cox *A* .... **85** R 27
Coy *MU* .... **84** S 24
Coya (El) *AL* .... **103** V 23
Cózar *CR* .... **71** Q 20
Cozcurrita *ZA* .... **29** H 11
Cozuelos de Fuentidueña *SG* .... **31** H 17
Cozuelos de Ojeda *P* .... **17** D 16
Cozvíjar *GR* .... **101** V 19
Crecente *PO* .... **13** F 5
Cregenzán *HU* .... **22** F 30
Creixell *T* .... **37** I 34
Crémenes *LE* .... **16** D 14
Crende *LU* .... **4** C 8
Crendes *C* .... **3** C 5
Crespos *AV* .... **44** J 15
Cretas *TE* .... **50** J 30
Creu de Codo *L* .... **23** F 34
Creu de Perves
(Coll de) *L* .... **22** E 32
Creus (Cap de) *GI* .... **25** F 39
Crevillent *A* .... **85** R 27
Criaderas (Las) *SE* .... **79** T 11
Criales *BU* .... **18** D 20
Criptana (Ermita de) *CR* .... **71** N 20
Crispinejo *SE* .... **79** T 11
Cristal *T* .... **23** F 34
Cristales (Los) *H* .... **90** T 9
Cristiano *GR* .... **101** V 18
Cristianos (Los)
Tenerife *TF* .... **128** D 5
Cristina *BA* .... **68** P 11
Cristiñade *PO* .... **12** F 4
Cristo *C* .... **71** P 20
Cristo (Ermita del) *GU* .... **46** L 20
Cristo de la Laguna *SA* .... **43** J 11
Cristo
del Espíritu Santo *CR* .... **70** O 17
Cristóbal *SA* .... **43** K 12
Crivillén *TE* .... **49** J 28
Crivillén (Mases de) *TE* .... **49** J 28
Cruceiro *OR* .... **13** E 5
Cruceras (Las) *AV* .... **45** K 16
Crucero (El) *O* .... **5** B 10
Cruces *AB* .... **72** Q 24
Cruces *O* .... **81** R 15
Cruces (Cuevas de las)
Gran Canaria *GC* .... **114** C 2
Cruces
(Ermita de las) *BA* .... **68** P 12
Cruces (Las) *O* .... **5** B 12
Cruceta (Puerto de) *VI* .... **10** C 22
Cruïlles *GI* .... **25** G 39
Cruz cerca de Puebla
de Almenara *CU* .... **59** M 21
Cruz (Cerro de la) *MA* .... **100** V 16
Cruz (Ermita de la) *CR* .... **70** O 17
Cruz (La) *O* .... **6** B 13
Cruz (La) *CR* .... **70** P 17
Cruz (La) *CO* .... **81** S 16
Cruz (La) *GR* .... **94** T 18
Cruz (La) *J* .... **82** R 19
Cruz (Pico de la)
La Palma *TF* .... **131** C 3
Cruz (Puerto de la) *PO* .... **12** D 4
Cruz (Sierra de la) *J* .... **82** S 19
Cruz de Alpera *AB* .... **73** P 26
Cruz de Cancela
(Puerto) *LU* .... **4** B 8
Cruz de Cofrentes
(Puerto de) *V* .... **73** N 26
Cruz de Hierro (Puerto) *AV*.**45** J 16
Cruz de Incio *LU* .... **14** E 7
Cruz de Piedra *CR* .... **70** O 18
Cruz de Tea *Tenerife TF* .... **129** E 4
Cruz de Tejeda
Gran Canaria *GC* .... **114** D 2
Cruz del Carmen
(Mirador de) *Tenerife TF* .... **125** I 2
Cruz del Roque
Tenerife *TF* .... **129** G 4
Cruz Grande (Puerto de)
Gran Canaria *GC* .... **116** D 3

Cruz Uzano *S* .... **8** C 19
Cua *O* .... **14** D 9
Cuacos de Yuste *CC* .... **56** L 12
Cuadradillo *CO* .... **81** S 16
Cuadrado (Cerro) *AB* .... **73** P 25
Cuadramón *LU* .... **4** B 7
Cuadrón (El) *M* .... **46** J 19
Cuadros *LE* .... **16** D 13
Cuadros *J* .... **82** S 19
Cualedro *OR* .... **27** G 7
Cuarenta (Las) *SE* .... **92** T 13
Cuarte *HU* .... **21** F 28
Cuarte de Huerva *Z* .... **35** H 27
Cuartico (El) *AB* .... **72** P 23
Cuarto Pelado
(Puerto de) *TE* .... **49** K 28
Cuartón (El) *CA* .... **99** X 13
Cuatro Calzadas *SA* .... **43** J 13
Cuatro Puertas
Gran Canaria *GC* .... **117** G 3
Cuatrocorz *HU* .... **36** G 31
Cuatrovitas
(Santuario de) *SE* .... **91** U 11
Cuba *TF* .... **49** K 29
Cubas *AB* .... **73** O 25
Cubas *CO* .... **81** S 16
Cubas de la Sagra *M* .... **58** L 18
Cubel *Z* .... **48** I 25
Cubelles *B* .... **37** I 35
Cubells *L* .... **37** G 32
Cubells (es) *IB* .... **87** P 33
Cubia *O* .... **5** C 11
Cubilla *BU* .... **18** D 20
Cubilla *SO* .... **32** G 21
Cubilla (Puerto de la) *O* .... **5** D 12
Cubillas *SO* .... **47** I 22
Cubillas (Embalse del) *GR* .... **94** U 18
Cubillas de Cerrato *P* .... **31** G 16
Cubillas de los Oteros *LE* .... **16** E 13
Cubillas de Rueda *LE* .... **16** E 14
Cubillas
de Santa Marta *VA* .... **31** G 16
Cubillejo de la Sierra *GU* .... **48** J 24
Cubillejo del Sitio *GU* .... **48** J 24
Cubillo *O* .... **17** D 16
Cubillo *SG* .... **45** I 18
Cubillo (El) *AB* .... **72** P 22
Cubillo (El) *CU* .... **61** L 25
Cubillo de Uceda(El) *GU* .... **46** J 19
Cubillos *BU* .... **18** C 19
Cubillos del Rojo *BU* .... **18** D 18
Cubillos del Sil *LE* .... **15** E 10
Cubla *TE* .... **61** L 26
Cubo *S* .... **83** S 17
Cubo de Benavente *ZA* .... **15** F 11
Cubo de Bureba *BU* .... **18** E 20
Cubo
de Don Sancho (El) *SA* .... **43** J 11
Cubo de Hogueras *SO* .... **33** G 22
Cubo de la Sierra *SO* .... **33** G 22
Cubo de la Solana *SO* .... **33** H 22
Cubo de Tierra
del Vino (El) *ZA* .... **29** I 12
Cucalón *TE* .... **48** I 26
Cucalón (Sierra de) *TE* .... **48** J 26
Cucayo *S* .... **7** C 16
Cucharal *AB* .... **72** P 23
Cucharas (Laguna de) *CR* .... **70** P 17
Cucharón *MU* .... **85** Q 25
Cuchía *S* .... **7** B 17
Cuchillo (El)
Lanzarote *GC* .... **123** D 3
Cucho *BU* .... **19** D 21
Cucos (Los) *MU* .... **97** T 25
Cudillero *O* .... **5** B 11
Cué *O* .... **7** B 15
Cuelgamuros *ZA* .... **29** I 13
Cuéllar *SG* .... **31** H 17
Cuénabres *LE* .... **6** C 15
Cuenca *CO* .... **80** R 13
Cuenca *CU* .... **60** L 23
Cuenca *SO* .... **33** G 21
Cuenca Alta del Manzanares
(Parque Regional) *M* .... **45** K 18
Cuenca de Campos *VA* .... **30** F 14
Cuencabuena *TE* .... **48** I 26
Cuérigo *O* .... **6** C 13
Cuerlas (Las) *Z* .... **48** J 25
Cuerva *TO* .... **58** N 17
Cuervo *CR* .... **70** Q 19
Cuervo (El) *TE* .... **61** L 26
Cuervo (El) *SE* .... **91** V 11
Cuervo
(Nacimiento del) *CU* .... **48** K 24

Cuesta LU 4 B 7
Cuesta (La) SG 45 I 18
Cuesta (La) SO 33 F 23
Cuesta (La) MA 93 U 15
Cuesta (La) BI 8 B 20
Cuesta (La) Tenerife TF 125 I 2
Cuesta Blanca MU 85 T 26
Cuesta de la Villa Tenerife TF 124 F 2
Cueta (La) LE 5 C 11
Cueto BI 8 C 20
Cueto (Ermita de El) SA 43 J 12
Cueto Negro LE 15 D 12
Cueva BU 8 C 19
Cueva AL 84 S 23
Cueva (La) CU 48 K 24
Cueva (Punta de la) Gran Canaria GC 115 G 3
Cueva de Ágreda SO 34 G 24
Cueva de Juarros BU 18 F 19
Cueva de la Mora H 79 S 9
Cueva de la Mora (Embalse) H 78 S 9
Cueva de Las Niñas (Embalse) GC 116 C 3
Cueva de Roa (La) BU 31 G 18
Cueva del Agua La Palma TF 130 B 3
Cueva del Beato (Ermita de la) GU 47 J 22
Cueva del Hierro CU 47 K 23
Cueva del Pájaro (La) AL 96 U 24
Cueva Foradada (Embalse de) TE 49 J 27
Cuevarruz (La) V 61 M 27
Cuevas SO 32 H 20
Cuevas O 5 C 11
Cuevas (Las) A 85 Q 27
Cuevas Bajas MA 93 U 16
Cuevas de Almudén TE 49 J 27
Cuevas de Amaya BU 17 E 17
Cuevas de Ambrosio J 83 R 21
Cuevas de Cañart (Las) TE 49 J 28
Cuevas de los Medinas (Las) AL 103 V 23
Cuevas de los Úbedas AL 103 V 23
Cuevas de Moreno (Las) AL 84 S 23
Cuevas de Portalrubio TE 49 J 27
Cuevas de Provanco SG 31 H 18
Cuevas de Reillo MU 85 S 26
Cuevas de San Clemente BU 18 F 19
Cuevas de San Marcos MA 93 U 16
Cuevas de Soria (Las) SO 33 G 22
Cuevas de Velasco CU 60 L 22
Cuevas del Almanzora AL 96 U 24
Cuevas del Becerro MA 92 V 14
Cuevas del Campo GR 95 T 21
Cuevas del Sil LE 15 D 10
Cuevas del Valle AV 57 L 14
Cuevas Labradas TE 48 K 26
Cuevas Labradas GU 47 J 23
Cuevas Minidas GU 47 J 23
Cuiña C 3 A 6
Cuiña LU 4 A 7
Culebra (Reserva nacional de la Sierra de la) ZA 29 G 11
Culebras CU 60 L 22
Culebrón A 85 Q 27
Culebros LE 15 E 11
Culla CS 49 K 29
Cullar GR 95 T 21
Cúllar Baza GR 95 T 22
Cúllar Vega GR 94 U 18
Cullera V 74 O 29
Cullera (Far de) V 74 O 29
Culleredo C 3 C 4
Cumbre (La) CC 56 N 12
Cumbre Alta TO 57 N 15
Cumbre del Sol A 75 P 30
Cumbrecita (La) La Palma TF 131 C 4
Cumbres de Calicanto V 62 N 28
Cumbres de En Medio H 79 R 9
Cumbres de San Bartolomé H 79 R 9
Cumbres de Valencia V 73 P 27
Cumbres Mayores H 79 R 10
Cumplida (Punta) La Palma TF 131 D 2
Cuna (Peñón de la) J 82 R 17
Cunas LE 15 F 10
Cunchillos Z 34 G 24
Cundins C 2 C 3
Cunit T 37 I 34
Cuntis PO 12 E 4
Cuñas OR 13 E 5
Cura (Casas del) M 58 L 19
Cura (El) CR 70 P 18
Cura (El) GR 83 S 22
Cura (Monestir de) IB 104 N 38
Curbe HU 35 G 29
Cures C 12 D 3
Curiel VA 31 H 17
Curillas LE 15 E 11
Curota (Mirador de la) C 12 E 3
Currás PO 12 E 4
Currelos LU 13 D 7
Curtis Teixeiro C 3 C 5
Cusanca OR 13 E 5
Cutanda TE 48 J 26
Cútar MA 101 V 17
Cuzcurrita BU 32 G 19
Cuzcurrita de Río Tirón LO 18 E 21
Cuzna CO 81 R 15

D

Dacón OR 13 E 5
Dadín OR 13 E 5
Daganzo de Arriba M 46 K 19
Daimalos MA 101 V 17
Daimiel CR 70 O 19
Daimús V 74 P 29
Dalías AL 102 V 21
Dalias (Campo de) AL 102 V 21
Dallo VI 19 D 22
Dalt (Conca de) L 23 F 32
Dama (La) La Gomera TF 118 B 3
Damas (Las) AV 45 K 17
Damil LU 3 C 7
Dantxarinea NA 11 C 25
Dañador J 83 Q 20
Darnius GI 25 E 38
Daró (El) GI 25 G 39
Daroca Z 48 I 25
Daroca de Rioja LO 19 E 22
Darrícal AL 102 V 20
Darro GR 95 T 20
Das GI 24 E 35
Daya Nueva A 85 R 27
Deba SS 10 C 22
Degaña O 15 D 10
Degollada (La) Tenerife TF 129 G 4
Degollados (Puerto Los) NA 20 F 24
Degrada (A) LU 14 D 9
Dehesa BA 68 P 12
Dehesa (La) CR 70 P 19
Dehesa (La) H 79 S 10
Dehesa (La) cerca de Casa del Pino AB 84 Q 23
Dehesa (La) cerca de El Griego AB 72 Q 23
Dehesa de Campoamor A 85 S 27
Dehesa de Montejo P 17 D 16
Dehesa de Romanos P 17 E 16
Dehesa del Horcajo TO 57 M 14
Dehesa del Moncayo (Parque natural de la) Z 34 G 24
Dehesa Mayor SG 31 H 17
Dehesa Media Matilla BA 67 Q 9
Dehesa Nueva TO 57 M 14
Dehesas LE 14 E 9
Dehesas de Guadix GR 95 T 20
Dehesas Viejas GR 94 T 19
Dehesilla CU 47 K 22
Dehesilla (La) CU 59 M 20
Dehesón (El) TO 57 L 15
Deifontes GR 94 U 19
Deleitosa CC 56 N 13
Delgadas (Las) H 79 T 10
Delgadillo GR 95 T 20
Délika VI 18 D 21
Deltebre T 50 J 32
Demanda (Reserva nacional de la Sierra de la) BU 18 F 20
Demúes O 6 C 15
Dena PO 12 E 3
Dénia A 75 P 30
Denúy HU 22 E 31
Derio BI 8 C 21
Derramadero AB 84 Q 23
Derramador V 61 N 26
Derrasa (La) OR 13 F 6
Desamparados (Los) CR 71 P 21
Descargamaría CC 42 L 10
Desesperada CR 82 Q 19
Desierto (El) Tenerife TF 129 F 5
Deskarga (Alto) SS 10 C 22
Desojo NA 19 E 23
Despeñaperros (Desfiladero de) J 82 Q 19
Despeñaperros (Parque natural de) J 82 Q 19
Destriana LE 15 F 11
Deva OR 13 F 5
Dévanos SO 33 G 24
Devesa LU 4 B 8
Devesa OR 13 E 5
Deveso C 3 B 6
Devesos C 3 B 6
Devotas (Congosto de las) HU 22 E 30
Deyá IB 104 M 37
Deza SO 33 H 23
Deza (Río) PO 13 D 5
Diamondi LU 13 E 6
Diego Álvaro AV 44 J 14
Diego del Carpio AV 44 J 14
Diezma GR 94 U 20
Diezmo (Peña del) M 45 J 18
Dílar GR 94 U 19
Dima BI 9 C 21
Dios le Guarde SA 43 K 11
Dique (El) Z 36 I 29
Discatillo NA 19 E 23
Distriz LU 3 C 6
Diustes SO 33 F 22
Doade LU 14 E 7
Doade OR 13 E 5
Doade PO 13 E 5
Dobro BU 18 D 19
Doctor (Casas del) V 73 N 26
Doctor (El) CR 70 P 19
Doctoral (El) Gran Canaria GC 117 F 4
Dodro C 12 D 3
Doiras O 4 B 9
Doiras LU 14 D 9
Doiras (Embalse de) O 4 B 9
Dólar GR 95 U 21
Dolores A 85 R 27
Dolores MU 85 S 27
Dolores (Los) MU 85 T 26
Domaio PO 12 F 3
Domeño NA 11 D 26
Domeño V 61 M 27
Dómez ZA 29 G 11
Domingo García SG 45 I 16
Domingo Pérez TO 57 M 16
Domingo Pérez GR 94 T 19
Domingos (es) IB 105 N 39
Don Álvaro BA 67 P 11
Don Benito BA 68 P 12
Don Diego GR 95 U 21
Don Gaspar de Portolá (Parador de) Artiés de L 22 D 32
Don Gonzalo MU 84 S 24
Don Jaume (Ermita) A 86 Q 28
Don Jerónimo CR 71 O 20
Don Jerónimo Tapia (Casa de) TO 70 N 18
Don Juan CR 71 O 19
Don Juan (Cueva de) V 73 O 26
Don Martin (Mirador de) Tenerife TF 127 H 3
Don Miguel de Unamuno (Monumento a) Fuerteventura GC 111 H 2
Don Pedro MA 99 W 14
Don Pedro (Cabeza de) CU 60 L 24
Don Pedro (Casas de) AB 72 O 24
Don Rodrigo (Estación de) SE 92 U 12
Donadío J 82 S 19
Donado ZA 15 F 10
Donalbai LU 3 C 6
Donamaria NA 11 C 24
Donar (La) AB 84 R 22
Donarque (Puerto de) TE 48 K 25
Donas PO 12 F 3
Doncos LU 14 D 8
Done Bikendi Harana VI 19 D 22
Doney de la Requejada ZA 15 F 10
Doneztebe / Santesteban NA 11 C 24
Donhierro SG 44 I 15
Doniños C 3 B 5
Donis LU 14 D 9
Donjimeno AV 44 J 15
Donón PO 12 F 3
Donostia/ San Sebastián SS 10 C 24
Donramiro PO 13 E 5
Donvidas AV 44 I 15
Donzell L 37 G 33
Doña Aldonza (Embalse de) J 83 S 20
Doña Ana GR 83 S 22
Doña Ana J 83 R 21
Doña Blanca CA 98 W 11
Doña Blanca de Navarra (Castillo de) NA 20 F 25
Doña Inés MU 84 S 24
Doña Justa CR 69 P 15
Doña María BA 66 P 8
Doña María Ocaña AL 95 U 21
Doña Marina GR 95 T 20
Doña Mencía CO 93 T 16
Doña Rama CO 80 R 14
Doña Santos BU 32 G 19
Doñana MA 100 V 16
Doñana (Parque Nacional de) H 91 V 10
Doñinos de Ledesma SA 43 I 11
Doñinos de Salamanca SA 43 J 12
Dóriga O 5 B 11
Dormea C 3 D 5
Dornillas ZA 15 F 10
Doroño BU 19 D 21
Dorrao / Torrano NA 19 D 23
Dòrria GI 24 E 36
Dos Aguas V 73 O 27
Dos Hermanas SE 91 U 12
Dos Picos AL 95 U 21
Dos Torres CO 81 Q 15
Dos Torres de Mercader TE 49 J 28
Dosante BU 8 C 18
Dosbarrios TO 58 M 19
Dosrius B 38 H 37
Dozón PO 13 E 5
Drach (Coves del) IB 105 N 39
Dragonte LE 14 E 9
Draguillo (El) Tenerife TF 125 J 1
Driebes GU 59 L 20
Drova (La) V 74 O 29
Duañez SO 33 G 23
Dúas Igréxas PO 13 E 4
Ducs (Els) V 61 N 26
Duda (Sierra de) GR 83 S 21
Dúdar GR 94 U 19
Dueña Baja (La) SE 92 U 14
Dueñas P 31 G 16
Dueñas (Las) TE 61 L 26
Duerna LE 15 F 11
Duesaigües T 51 I 32
Dueso S 8 B 19
Dumbría C 2 C 2
Duques de Cardona (Parador de) Cardona B 37 G 35
Duquesa (La) CR 70 O 19
Duquesa (La) MA 99 W 14
Durana VI 19 D 22
Duranes CR 69 P 16
Durango BI 10 C 22
Duratón SG 32 I 18
Dúrcal GR 101 V 19
Durón GU 47 K 21
Durro L 22 E 32
Duruelo SO 32 G 21
Duxame PO 13 D 5

E

Ea BI 9 B 22
Ebre (Delta de l') T 50 J 32
Ebrón V 61 L 26
Ecay / Ekai de Lóguida NA 11 D 25
Echagüe NA 20 E 25
Echálaz NA 11 D 25
Echarren de Guirguillano cerca de Puente la Reina NA 10 D 24
Echedo El Hierro TF 109 D 1
Écija SE 92 T 14
Edrada OR 13 F 7
Egea HU 22 E 31
Egino VI 19 D 23
Egozkue NA 11 D 25
Eguaras NA 11 D 24
Egüés NA 11 D 25
Eguílaz VI 19 D 23
Egileor VI 19 D 22
Egileta VI 19 D 22
Eibar SS 10 C 22
Eidos PO 12 F 4
Eiras OR 13 E 5
Eiras (Embalse de) PO 12 E 4
Eiré LU 13 E 7
Eirón C 2 D 3
Eivissa / Ibiza IB 87 P 34
Ejea de los Caballeros Z 20 F 26
Ejeme SA 44 J 13
Ejep HU 22 F 30
Ejido (El) TO 57 M 14
Ejido (El) AL 102 V 21
Ejulve TE 49 J 28
Ekai de Lóguida / Ecay NA 11 D 25
Ekain SS 10 C 23
Elantxobe BI 9 B 22
Elbete NA 11 C 25
Elburgo VI 19 D 22
Elche / Elx A 85 R 27
Elche de la Sierra AB 84 Q 23
Elciego VI 19 E 22
Elcóaz NA 11 D 26
Elda A 85 Q 27
Elduain SS 10 C 24
Elgeta SS 10 C 22
Elgoibar SS 10 C 22
Elgorriaga NA 11 C 24
Eliana (L') V 62 N 28
Elice (Puerto) CC 55 N 9
Elizondo NA 11 C 25
Eljas CC 55 L 9
Eller L 23 E 35
Elorregi SS 10 C 22
Elorrieta GR 94 U 19
Elorrio BI 10 C 22
Elortz / Elorz NA 11 D 25
Elorz / Elortz NA 11 D 25
Elosu VI 19 D 21
Elosua SS 10 C 22
Els Munts T 37 I 34
Els Poblets A 74 P 30
Eltzaburu NA 11 C 24
Elvillar VI 19 E 22
Elvira (Sierra) GR 94 U 18
Elviria MA 100 W 15
Elx / Elche A 85 R 27
Embid GU 48 J 24
Embid de Ariza Z 33 H 24
Embid de la Ribera Z 34 H 25
Embún HU 21 E 27
Empalme (El) H 90 U 8
Emperador (El) TO 70 O 18
Empuriabrava GI 25 F 39
Empúries GI 25 F 39
Ena HU 21 E 27
Enamorados MA 93 U 16
Encantada (Embalse de) CO 81 S 15
Encarnación (Ermita de La) MU 84 R 24
Encarnación (La) CR 70 O 18
Encebras A 85 Q 27
Encima-Angulo BU 8 C 20
Encina (La) SA 42 K 10
Encina (La) A 73 P 27
Encina de San Silvestre SA 43 I 11
Encinacaida CR 57 N 15
Encinacorba Z 34 I 26
Encinar (El) M 46 K 19
Encinar (Ermita del) CC 55 M 9
Encinar del A. M 58 L 16
Encinarejo CO 81 S 15
Encinarejo (El) J 82 R 18
Encinarejo (Embalse del) J 82 R 18
Encinares AV 44 K 13
Encinares de Sanlúcar la Mayor (Los) SE 91 T 11
Encinas SG 32 H 19
Encinas (Las) SE 92 T 12
Encinas (Monte) CR 82 Q 18
Encinas de Abajo SA 44 J 13
Encinas de Arriba SA 44 J 13
Encinas de Esgueva VA 31 G 17
Encinas Reales CO 93 U 16
Encinasola H 78 R 9
Encinasola de los Comendadores SA 42 I 10
Encinedo LE 15 F 10
Encinetas MA 100 W 14
Encinilla (La) SE 92 V 12
Encinillas SG 45 I 17
Encío BU 18 E 20
Enciso LO 19 F 23
Encomienda (La) cerca de Badajoz BA 66 P 8
Encomienda (La) cerca de Villanueva de la Serena BA 68 O 12
Endrinal SA 43 K 12
Endrinales (Los) M 46 J 18
Enériz NA 11 D 24
Enfesta C 3 D 4
Enguera V 74 P 27
Enguera (Serra de) V 73 P 27
Enguídanos CU 61 M 25
Enillas (Las) ZA 29 H 12
Enix AL 102 V 22
Enjambre (La) CR 57 N 15
Enmedio TO 70 N 18
Enmedio V 61 M 26
Enmedio S 17 D 17
Enmedio (Sierra de) AB 85 Q 25
Enol (Lago de) O 6 C 15
Ènova (L') V 74 O 28
Enroig CS 50 K 30
Entallada (La) Fuerteventura GC 113 H 4
Enterrías S 7 C 15
Entinas (Punta) AL 102 V 21
Entis C 2 D 3
Entrago O 5 C 11
Entrala ZA 29 H 12
Entrambasaguas S 8 B 18
Entrambasmestas S 7 C 18
Entrecinsa OR 14 F 8
Entrecruces C 2 C 3
Entredicho (El) AB 84 Q 23
Entredicho (El) CO 80 R 14
Entredicho (Embalse de) CR 69 P 15
Entredichos CU 60 M 22
Entrego (El) O 6 C 13
Entremont (Congosto del) HU 22 F 30
Entrena LO 19 E 22
Entrepeñas (Embalse de) GU 47 K 21
Entrepinos M 57 L 16
Entrerríos BA 68 P 12
Entrimo OR 27 G 5
Entrines (Los) BA 67 Q 9
Envernallas LU 4 D 9
Envía (Ermita de la) CU 47 K 22
Enviny L 23 E 33
Eo LU 4 B 8
Epároz NA 11 D 26
Épila Z 34 H 26
Epina La Gomera TF 118 B 2
Eras (Las) TE 61 L 26
Eras (Las) AB 73 O 25
Eratsun NA 10 C 24
Eraul NA 19 D 23
Erbecedo C 2 C 3
Erbedeiro LU 13 E 6
Ercina (La) LE 16 D 14
Ercina (Lago de la) O 6 C 15
Erdoizta SS 10 C 23
Ereño BI 9 B 22
Ereñozu SS 10 C 24
Eresma SG 45 J 17
Ergoien BI 9 C 21
Ería CL 15 F 12
Erias CC 43 K 10
Erice NA 11 D 24
Erice cerca de Eguaras NA 10 D 24
Erill la Vall L 22 E 32
Erillas CO 80 R 14
Erinyà L 23 F 32
Eripol HU 22 F 30
Eripol (Collado de) HU 22 F 30
Eriste HU 22 E 31
Erjas CC 55 L 9
Erjos Tenerife TF 126 C 3
Erla Z 21 F 27
Ermida LU 14 E 8
Ermida (A) OR 13 E 5
Ermita T 50 J 31
Ermita (La) AL 96 T 22
Ermita (S') IB 105 N 39
Ermita de Nuestra Santa Fátima BA 80 Q 13
Ermita Nueva J 94 T 18
Ermitas (Las) CO 81 S 15
Ermua BI 10 C 22
Eroles L 22 F 32
Erratzu NA 11 C 25
Errazkin NA 10 C 24
Errea NA 11 D 25
Errenteria SS 10 C 24
Errezil SS 10 C 23
Errigoiti BI 9 C 21
Erro NA 11 D 25
Erronkari / Roncal NA 11 D 27
Errotz NA 10 D 24

A B C D E F G H I J K L M N O P Q R S T U V W X Y Z

Erustes TO .... 57 M 16
Es Caló IB .... 87 P 34
Esanos S .... 7 C 16
Esblada T .... 37 H 34
Escacena del Campo H .... 91 T 10
Escairón LU .... 13 E 7
Escala (L') / La Escala GI .... 25 F 39
Escala (La) / Escala (L') GI .... 25 F 39
Escalada BU .... 18 D 18
Escaladei T .... 36 I 32
Escalante S .... 8 B 19
Escalar (Garganta del) HU .... 21 D 29
Escale (Pantà d') HU .... 22 E 32
Escalera GU .... 47 J 23
La Escaleruela TE .... 61 L 27
Escaleta (Punta de l') A .... 74 Q 29
Escaló L .... 23 E 33
Escalona HU .... 22 E 30
Escalona TO .... 57 L 16
Escalona (La) TF .... 128 E 5
Escalona del Prado SG .... 45 I 17
Escalonilla TO .... 57 M 16
Escamilla GU .... 47 K 22
Escandón (Puerto de) TE .... 61 L 27
Escañuela J .... 82 S 17
Escarabajosa de Cabezas SG .... 45 I 17
Escarabote C .... 12 E 3
Escariche GU .... 46 K 20
Escarihuela (La) MU .... 96 T 24
Escaro LE .... 6 C 14
Escarrilla HU .... 21 D 29
Escatrón Z .... 35 I 29
Escatrón (Estación de) TE .... 35 I 29
Esclavitud C .... 12 D 4
Escó Z .... 20 E 26
Escobar SE .... 91 U 11
Escobar MU .... 85 S 26
Escobar de Campos LE .... 16 F 15
Escobar de Polendos SG .... 45 I 17
Escobedo S .... 7 B 18
Escober ZA .... 29 G 12
Escobonal (El) Tenerife TF .... 129 G 4
Escobosa SO .... 33 H 22
Escombreras MU .... 97 T 27
Escopete GU .... 46 K 20
Escorca IB .... 104 M 38
Escorial (El) M .... 45 K 17
Escorial (Monasterio de El) M .... 45 K 17
Escoriales (Los) J .... 82 R 18
Escorihuela TE .... 49 K 27
Escornabois OR .... 13 F 7
Escóznar GR .... 94 U 18
Escriche TE .... 49 K 27
Escrita (La) S .... 8 C 20
Escuadro de Sayago ZA .... 29 I 11
Escuaín HU .... 22 E 30
Escucha TE .... 49 J 27
Escudero V .... 73 P 27
Escudo (Puerto del) S .... 7 C 18
Escuelas (Las) J .... 82 S 19
Escuernavacas SA .... 43 J 10
Escular AL .... 95 U 21
Escullos (Los) AL .... 103 V 23
Esculqueira OR .... 28 G 8
Escunhau L .... 22 D 32
Escuredo LE .... 15 D 12
Escuredo ZA .... 15 F 10
Escurial CC .... 68 O 12
Escurial de la Sierra SA .... 43 K 12
Escusa PO .... 12 E 3
Escúzar GR .... 94 U 18
Esdolomada HU .... 22 F 31
Esera HU .... 22 F 31
Esfiliana GR .... 95 U 20
Esgleieta (S') IB .... 104 N 37
Esgos OR .... 13 F 6
Esgueva BU .... 32 G 19
Esguevillas de Esgueva P .... 31 G 16
Eskoriatza SS .... 10 C 22
Eslava NA .... 20 E 25
Esles S .... 8 C 18
Eslida CS .... 62 M 29
Esmerode C .... 2 C 3
Esnotz NA .... 11 D 25
Espà (L') B .... 23 F 35
Espadà CS .... 62 M 28
Espadaña SA .... 43 I 11
Espadañedo ZA .... 15 F 10

Espadilla CS .... 62 L 28
Espaén IB .... 87 P 34
Espantaperros SE .... 92 U 12
Esparra (L') GI .... 24 G 37
Esparragal MU .... 85 R 26
Esparragal (Embalse del) SE .... 91 T 11
Esparragalejo BA .... 67 P 10
Esparragosa de la Serena BA .... 68 Q 13
Esparragosa de Lares BA .... 68 P 14
Esparreguera B .... 38 H 35
Esparreguera (Monte) CS .... 62 L 29
Esparza de Salazar cerca de Ochagavía NA .... 11 D 26
Espasante C .... 3 A 6
Espeja SA .... 42 K 9
Espeja de San Marcelino SO .... 32 G 20
Espejo VI .... 18 D 20
Espejo CO .... 81 S 16
Espejón SO .... 32 G 20
Espelt (L') B .... 37 H 34
Espelúy J .... 82 R 18
Espera CA .... 92 V 12
Esperante C .... 12 D 3
Esperanza (Ermita de la) CO .... 93 T 16
Esperanza (La) SE .... 92 U 14
Esperanza (La) Tenerife TF .... 124 H 2
Espés HU .... 22 E 31
Espiel SO .... 81 R 14
Espiel (Puerto de) CO .... 81 R 14
Espierba HU .... 22 E 30
Espina (Collado de) HU .... 22 E 31
Espina (La) O .... 5 B 10
Espina de Tremor LE .... 15 D 11
Espinal / Auritzberri NA .... 11 D 25
Espinama S .... 6 C 15
Espinar (El) SG .... 45 J 17
Espinardo MU .... 85 R 26
Espinaredo O .... 6 C 14
Espinavell GI .... 24 E 37
Espinelves GI .... 24 G 37
Espinilla S .... 7 C 17
Espino (Cuesta del) CO .... 81 S 15
Espino (Ermita Virgen del) AV .... 44 J 14
Espino de la Orbada SA .... 44 I 13
Espino de los Doctores SA .... 43 I 12
Espinosa de Bricia S .... 17 D 18
Espinosa de Cerrato P .... 31 G 18
Espinosa de Cervera BU .... 32 G 19
Espinosa de Henares GU .... 46 J 20
Espinosa de la Ribera LE .... 15 D 12
Espinosa de los Caballeros AV .... 45 I 16
Espinosa de los Monteros BU .... 8 C 19
Espinosa de Villagonzalo P .... 17 E 16
Espinosa del Camino BU .... 18 E 20
Espinosa del Monte BU .... 18 E 20
Espinoso de Compludo LE .... 15 E 10
Espinoso del Rey TO .... 57 N 15
Espiñaredo C .... 3 B 6
Espirdo SG .... 45 J 17
Espíritu Santo (Ermita del) O .... 5 B 11
Espllá (L') GI .... 25 F 39
Esplegares GU .... 47 J 22
Espluga Calba (L') L .... 37 H 33
Espluga de Francolí (L') T .... 37 H 33
Espluga de Serra L .... 22 F 32
Esplús HU .... 36 G 30
Espolla GI .... 25 E 39
Esponellà B .... 25 F 38
Esporles IB .... 104 M 37
Esposa HU .... 21 E 28
Espot L .... 23 E 33
Espot / Espoz NA .... 11 D 25
Espoz / Espotz NA .... 11 D 25
Espronceda NA .... 19 E 23
Espuéndolas HU .... 21 E 28
Espunyola (L') B .... 23 F 35
Esquedas HU .... 21 F 28
Esquinazo (Puerto del) TE .... 49 J 27

Esquivel SE .... 91 T 12
Esquivias TO .... 58 L 18
Establés GU .... 47 I 23
Establiments IB .... 104 N 37
Estaca de Bares (Punta de la) C .... 3 A 6
Estacas cerca de Cuntis PO .... 12 E 4
Estacas cerca de Ponte-Caldelas PO .... 13 E 4
Estacas de Trueba (Puerto de las) BU .... 8 C 18
Estacio (Faro del) MU .... 86 S 27
Estació de Novelda (La) A .... 85 Q 27
Estación (La) M .... 45 K 18
Estación (La) M .... 45 K 17
Estación (La) SE .... 92 T 12
Estación (La) M .... 45 K 17
Estación (La) cerca de Arévalo AV .... 44 I 15
Estación (La) cerca de Sanchidrián AV .... 45 J 16
Estación Cártama MA .... 100 V 16
Estación de Agramón AB .... 84 Q 25
Estación de Algodor M .... 58 M 18
Estación de Archidona MA .... 93 U 16
Estación de Baeza J .... 82 R 19
Estación de Cabra del Santo Cristo y Alicún J .... 83 T 20
Estación de Huelma J .... 95 T 20
Estación de la Puebla de Híjar TE .... 35 I 28
Estación de Las Mellizas MA .... 100 V 15
Estación de las Minas AB .... 84 R 25
Estación de los Molinos M .... 45 K 17
Estación de Matallana LE .... 16 D 13
Estación de Mora de Rubielos TE .... 61 L 27
Estación de Obejo CO .... 81 R 15
Estación de Ordes C .... 3 C 4
Estación de Páramo LE .... 6 C 15
Estación de Salinas MA .... 93 U 17
Estación de San Roque CA .... 99 X 13
Estación y Pajares (La) M .... 45 K 17
Estada HU .... 22 F 30
Estadilla HU .... 22 F 30
Estallo HU .... 21 E 28
Estamariu L .... 23 E 34
Estana L .... 23 F 34
Estanca (Embalse de la) TE .... 49 I 29
Estany (L') B .... 38 G 36
Estany d'en Mas (S') IB .... 105 N 39
Estanyol (S') Ibiza IB .... 87 P 33
Estanyol (S') Mallorca IB .... 104 N 38
Estaña HU .... 22 F 31
Estaon L .... 23 E 33
Estaràs L .... 37 G 34
Estartit (L') GI .... 25 F 39
Estasen (L') B .... 23 F 35
Estats (Pico d') L .... 23 E 34
Estavillo VI .... 18 D 21
Estebanvela SG .... 32 H 20
Esteiro cerca de Cedeira C .... 3 B 5
Esteiro cerca de Muros C .... 12 D 3
Estelas (As) PO .... 12 F 3
Estella / Lizarra NA .... 19 D 23
Estella del Marqués CA .... 98 V 11
Estellencs IB .... 104 N 37
Estena CC .... 67 O 10
Estena (Río) CR .... 69 N 16
Estepa SE .... 93 U 15
Estepa de San Juan SO .... 33 G 23
Estépar BU .... 17 F 18
Estepas (Los) CO .... 81 S 15
Estepona MA .... 100 W 14
Esteras SO .... 33 G 23
Esteras (Puerto) SO .... 47 I 22
Esteras de Medinaceli SO .... 47 I 22
Estercuel TE .... 49 J 28
Esteribar NA .... 11 D 25
Esteros (Los) AB .... 71 P 22
Esterri d'Àneu L .... 23 E 33
Esterri de Cardós L .... 23 E 33
Estévez (Las) BA .... 67 P 10
Estibaliz VI .... 19 D 22
Estiche HU .... 36 G 30
Estivadas OR .... 27 F 7
Estivadas (Alto de) OR .... 27 F 7

Estivella V .... 62 M 28
Estiviel TO .... 58 M 17
Esto C .... 2 C 3
Estollo LO .... 19 F 21
Estopiñán HU .... 36 G 31
Estorninos CC .... 55 M 9
Estrada (A) PO .... 13 D 4
Estrecho (El) AL .... 84 S 23
Estrecho (El) cerca de Lobosillo MU .... 85 S 26
Estrecho (Mirador El) CA .... 99 X 13
Estrecho de San Ginés (El) cerca de Llano del Beal MU .... 85 T 27
Estrella (Castillo de la) MA .... 100 V 15
Estrella (La) TO .... 57 M 14
Estremera M .... 59 L 20
Estremera (Embalse de) CU .... 59 L 21
Estriégana GU .... 47 I 22
Estubeny V .... 74 O 28
Etayo NA .... 19 E 23
Eterna BU .... 18 E 20
Etreros SG .... 45 I 16
Fazay LU .... 4 C 7
Etxabarri Ibiña VI .... 19 D 21
Etxalar NA .... 11 C 25
Etxaleku NA .... 10 D 24
Etxano BI .... 10 C 21
Etxarri-Aranatz NA .... 19 D 23
Etxauri NA .... 10 D 24
Etxebarri BI .... 8 C 21
Etxebarria BI .... 10 C 22
Etxeberri NA .... 10 D 24
Etxegarate (Puerto de) SS .... 19 D 23
Euba BI .... 9 C 21
Eugenio (Casa de) AB .... 71 O 21
Eugi NA .... 11 D 25
Eulate NA .... 19 D 23
Eume C .... 3 B 5
Eume (Embalse de) C .... 3 B 5
Eume (Río) C .... 3 B 5
Europa (Picos de) O .... 6 C 15
Eurovillas-Las Villas M .... 46 K 20
Extramiana BU .... 18 D 20
Ézaro C .... 2 D 2
Ezcaray LO .... 18 F 20
Ezcároz / Ezkaroze NA .... 11 D 26
Ezkaroze / Ezcároz NA .... 11 D 26
Ezkio SS .... 10 C 23
Ezkurra NA .... 10 C 24
Ezprogui NA .... 20 E 25

F

Faba (La) LE .... 14 D 8
Fabara Z .... 36 I 30
Fabara (Estación de) Z .... 36 I 30
Fabares O .... 6 B 13
Fabero LE .... 15 D 10
Fábrica de Orbaitzeta NA .... 11 D 26
Fábrica del Pedroso SE .... 80 S 12
Fábricas (Las) TE .... 49 J 28
Fábricas de Riópar AB .... 84 Q 22
Facheca A .... 74 P 29
Facinas CA .... 99 X 12
Fado TO .... 58 L 17
Fadón ZA .... 29 H 11
Faedo O .... 5 B 11
Faeira C .... 3 B 6
Fago HU .... 11 D 27
Faidella (Coll de) L .... 23 F 33
Faido VI .... 19 D 22
Fajana (Punta de la) TF .... 126 D 2
Fajanita (La) Gran Canaria GC .... 114 D 3
Faladoira (Sierra de) C .... 3 B 6
Falces NA .... 20 E 24
Falcones (Punta) La Gomera TF .... 118 B 3
Falgons GI .... 24 F 37
Falset L .... 51 I 32
Famara Lanzarote GC .... 123 E 3
Famorca A .... 74 Q 29
Fanadix A .... 75 Q 30
Fangar (El) T .... 51 J 32
Fao C .... 13 D 5
Faraján MA .... 99 W 14
Farallós (Isla Os) LU .... 4 A 7
Faramontanos de Tábara ZA .... 29 G 12

Faramontaos OR .... 13 E 6
Farasdués Z .... 20 F 26
Farena T .... 37 I 33
Fariza ZA .... 29 H 11
Farlete Z .... 35 G 28
Faro LU .... 4 A 7
Faro (Porto do) PO .... 13 E 6
Faro (Sierra del) LU .... 13 E 6
Farrera L .... 23 E 33
Fasgar LE .... 15 D 11
Fasnia Tenerife TF .... 129 G 4
Fastias O .... 5 B 10
Fatarella (La) T .... 50 I 31
Fátima (Castillo de) CA .... 99 V 13
Faura V .... 62 M 29
Faustino SE .... 79 S 12
Favara V .... 74 O 29
Favàritx (Cap de) IB .... 106 M 42
Faxilda (Punta) PO .... 12 E 3
Fayón Z .... 36 I 31
Fayón-Pobla de Massaluca (Estació) T .... 36 I 31
Fayos (Los) Z .... 34 G 24
Fazouro LU .... 4 B 8
Féa OR .... 13 F 6
Feáns C .... 3 C 4
Feás C .... 3 A 6
Feás OR .... 13 E 5
Febró (La) T .... 37 I 32
Feces de Abaixo OR .... 28 G 7
Feixa L .... 23 E 33
Felanitx IB .... 105 N 39
Felechares LE .... 15 F 11
Felechas LE .... 16 D 14
Felechosa O .... 6 C 13
Felgueira (La) O .... 6 C 13
Felgueras O .... 5 C 12
Felipa (La) AB .... 72 O 24
Felipes (Los) V .... 73 O 26
Félix AL .... 102 V 22
Félix Méndez GR .... 94 U 19
Felmín LE .... 16 D 13
Femés Lanzarote GC .... 122 B 5
Fenazar MU .... 85 R 26
Férez AB .... 84 Q 23
Feria BA .... 67 Q 10
Feria do Monte LU .... 4 C 7
Ferial (Embalse de El) NA .... 20 F 25
Fermoselle ZA .... 29 I 10
Fernán Caballero CR .... 70 O 18
Fernán Núñez CO .... 81 S 15
Fernán Núñez (Estación de) CO .... 81 S 16
Fernán Pérez AL .... 103 V 23
Fernandina J .... 82 R 19
Fernandina (Embalse de la) J .... 82 R 19
Fernando de Aragón (Parador) Sos del Rey Católico Z .... 20 E 26
Ferral del Bernesga LE .... 16 E 13
Ferreira LU .... 3 D 6
Ferreira GR .... 95 U 20
Ferreira Valadouro LU .... 4 B 7
Ferreiras C .... 14 D 9
Ferreiravella LU .... 4 C 8
Ferreiro C .... 3 D 5
Ferreiros cerca de Baralla LU .... 14 D 8
Ferreiros cerca de Puebla de Brollón LU .... 14 E 7
Ferreres (Aqüeducte de les) T .... 37 I 33
Ferreries IB .... 106 M 42
Ferreruela ZA .... 29 G 11
Ferreruela de Huerva TE .... 48 I 26
Ferro (Monte) PO .... 12 F 3
Ferrol C .... 3 B 5
Ferrol (Ría de) C .... 3 B 5
Fervenza (Embalse de) C .... 12 D 3
Fesnedo O .... 5 C 11
Figal (La) O .... 5 B 10
Figaredo O .... 5 C 12
Figaró (El) B .... 38 G 36
Figarol NA .... 20 E 25
Fígols L .... 22 F 32
Fígols B .... 24 F 35
Fígols d'Organyà L .... 23 F 34

Figueirido PO .... 12 E 4
Figuera (La) T .... 36 I 32
Figueral (es) IB .... 87 O 34
Figueras O .... 4 B 8
Figueres GI .... 25 F 38
Figuerola del Camp T .... 37 H 33
Figuerola d'Orcau L .... 23 F 32
Figueroles C .... 62 L 29
Figuerosa (La) L .... 37 G 33
Figueruela de Arriba ZA .... 29 G 10
Figueruela de Sayago ZA .... 29 I 12
Figueruelas Z .... 34 G 26
Filgueira LU .... 13 D 6
Filgueira PO .... 13 F 5
Filgueiras C .... 3 B 5
Filiel LE .... 15 E 11
Físteus LU .... 14 E 8
Filipinas (Las) A .... 85 S 27
Finca Villalpardillo CU .... 72 O 23
Fincas la Dehesilla y Carazo BA .... 66 Q 8
Fines AL .... 96 T 23
Finestrat A .... 74 Q 29
Finestrelles (Pic de) GI .... 24 E 36
Finisterre (Cabo) / Fisterra (Cabo) C .... 2 D 2
Finisterre (Embalse de) TO .... 58 N 19
Finolledo LE .... 15 E 10
Fiñana AL .... 95 U 21
Fiobre C .... 3 C 5
Fiolleda LU .... 14 E 7
Fión O .... 13 E 7
Fíos O .... 6 B 14
Firgas Gran Canaria GC .... 115 E 2
Fiscal HU .... 21 E 29
Fisterra C .... 2 D 2
Fisterra (Cabo) / Finisterre (Cabo) C .... 2 D 2
Fitero NA .... 20 F 24
Fito (Mirador del) O .... 6 B 14
Fitoiro OR .... 14 F 7
Flaçà GI .... 25 F 38
Flariz OR .... 27 G 7
Flix (Pantà de) T .... 36 I 31
Florderrei OR .... 28 G 8
Florejacs L .... 37 G 33
Flores de Ávila AV .... 44 J 14
Floresta (La) L .... 37 H 32
Florida (La) H .... 91 T 9
Florida (La) Tenerife TF .... 127 G 3
Florida de Liébana SA .... 43 I 12
Flumen HU .... 21 F 28
Fluvià (El) GI .... 24 F 37
Fofe PO .... 13 F 4
Fogars PO .... 38 G 36
Fogars de Montclús B .... 38 G 37
Foia (La) A .... 86 R 27
Foia (La) Castelló CS .... 62 L 29
Foixà GI .... 25 F 38
Foldada P .... 17 D 16
Folgosa LU .... 4 D 8
Folgoso PO .... 13 E 4
Folgoso de la Ribera LE .... 15 E 11
Folgoso do Courel LU .... 14 E 8
Folgueira O .... 4 B 8
Folgueiro LU .... 4 A 7
Folgueras O .... 5 B 11
Folgueroles B .... 38 G 36
Folladela C .... 3 D 5
Folledo LE .... 15 D 12
Fombellida S .... 17 D 17
Fombellida VA .... 31 G 17
Fombuena Z .... 48 I 26
Fompedraza VA .... 31 H 17
Foncastín VA .... 30 H 14
Foncea LO .... 18 E 20
Foncebadón LE .... 15 E 10
Fondarella L .... 37 H 32
Fondevila OR .... 27 G 5
Fondó de les Neus (El) / Hondón de las Nieves A .... 85 R 27
Fondón AL .... 102 V 21
Fondos de Vega O .... 15 D 10
Fonelas GR .... 95 T 20
Fonfría TE .... 48 J 26
Fonfría cerca de Fonsagrada LU .... 4 C 9
Fonfría cerca de Triacastela LU .... 14 D 8
Fonfría (Puerto de) TE .... 48 J 26
Fonollers L .... 37 H 33
Fonollosa B .... 37 G 35
Fonsagrada (A) LU .... 4 C 8
Font Calders B .... 23 F 35

Font de la Figuera (Estació de la) V .... 73 P 27
Font de la Figuera (La) V .... 73 P 27
Font d'en Carròs (La) V .... 74 P 29
Font d'en Segures (La) CS .... 50 K 29
Font-Mezquitas A .... 86 Q 28
Font Roja (Santuari de la) A .... 74 Q 28
Fontán C .... 3 B 5
Fontanar GU .... 46 J 20
Fontanar CO .... 93 T 15
Fontanar J .... 83 S 21
Fontanarejo CR .... 69 O 16
Fontanars dels Alforins V .... 74 P 27
Fontaneira LU .... 4 C 8
Fontanella (Serra de la) A .... 74 P 27
Fontanil de los Oteros LE .... 16 E 13
Fontanillas de Castro ZA .... 29 G 12
Fontanilles GI .... 25 F 39
Fontanosas CR .... 69 P 16
Fontañera (La) CC .... 54 N 8
Fontcoberta GI .... 25 F 38
Fontdepou L .... 36 G 32
Fonte da Cova LE .... 14 F 9
Fontecha S .... 7 C 17
Fontecha P .... 17 D 15
Fontecha LE .... 15 E 12
Fontefría OR .... 14 F 7
Fontellas NA .... 20 F 25
Fontelles B .... 37 G 34
Fontenebro-Mirador de la Sierra (Dominio de) M .... 45 K 18
Fonteo LU .... 4 C 8
Fontibre S .... 7 C 17
Fontihoyuelo VA .... 16 F 14
Fontioso BU .... 32 G 18
Fontiveros AV .... 44 J 15
Fontllonga L .... 36 G 32
Fontoria LE .... 14 D 10
Fontoria de Cepeda LE .... 15 E 11
Fonts (Les) Castelló CS .... 63 L 30
Fontscaldes T .... 37 I 33
Fonz HU .... 22 F 30
Fonzaleche LO .... 18 E 20
Foradada L .... 37 G 33
Foradada Mallorca IB .... 104 M 37
Foradada (Collado de) HU .... 22 E 31
Foradada del Toscar HU .... 22 E 31
Forca L .... 21 D 27
Forcadas (Embalse de) C .... 3 B 5
Forcadela PO .... 12 G 3
Forcall CS .... 49 K 29
Forcarei PO .... 13 E 4
Forcat MU .... 22 E 32
Forcayao (Alto de) O .... 5 B 10
Forès T .... 37 H 33
Forfoleda SA .... 43 I 12
Forgoselo (Sierra de) C .... 3 B 5
Formariz ZA .... 29 H 11
Formentera del Segura A .... 85 R 27
Formentor (Cap de) IB .... 105 M 39
Formiche Alto TE .... 49 L 27
Formiche Bajo TE .... 61 L 27
Formiga O .... 21 F 29
Formigal (El) HU .... 21 D 28
Formigales HU .... 22 E 30
Formigones LE .... 15 D 12
Formigueiro (O) OR .... 14 F 8
Forna LE .... 14 F 10
Forna A .... 74 P 29
Fornalutx IB .... 104 M 38
Fornelas LU .... 14 E 7
Fornells cerca de Girona GI .... 25 G 38
Fornells cerca de Ribes GI .... 24 F 36
Fornells Menorca IB .... 106 L 42
Fornells (Badía de) IB .... 106 L 42
Fornells de Mar GI .... 25 G 39
Fornelos C .... 2 C 3
Fornelos cerca de A Garda PO .... 26 G 3
Fornelos cerca de Ponteareas PO .... 12 F 4
Fornelos de Montes PO .... 13 E 4
Fornes GR .... 101 V 18
Fornillos HU .... 36 G 30
Fornillos de Alba ZA .... 29 H 11
Fornillos de Fermoselle ZA .... 29 H 11
Fornis C .... 2 D 2
Fórnoles TE .... 50 J 30
Fórnols L .... 23 F 34
Foronda VI .... 19 D 21

Forriolo (Alto de) OR .... 13 F 6
Fortaleny V .... 74 O 29
Fortanete TE .... 49 K 28
Fortià GI .... 25 F 39
Fortuna MU .... 85 R 26
Forua BI .... 9 C 21
Forxa (A) A Porqueira OR .... 13 F 6
Forzans PO .... 13 E 4
Fosado HU .... 22 E 30
Fosca (Vall) L .... 23 E 32
Foxo PO .... 13 D 4
Foz LU .... 4 B 8
Foz Calanda TE .... 49 J 29
Foz de Biniés HU .... 21 E 27
Foz de Mieres (La) O .... 5 C 12
Fradellos ZA .... 29 G 11
Frades LU .... 14 D 7
Frades C .... 3 C 5
Frades de la Sierra SA .... 43 K 12
Fraella HU .... 35 G 29
Fraga (A) HU .... 36 H 31
Fraga (A) OR .... 13 F 5
Frage (El) GR .... 94 T 19
Fragén H .... 21 E 29
Frago (El) Z .... 21 F 27
Fragosa CC .... 43 K 11
Fraguas (Las) S .... 7 C 17
Fraguas (Las) SO .... 33 G 21
Fraile (Peña del) S .... 8 B 19
Fraile (Rivera del) BA .... 66 O 8
Frailes J .... 94 T 18
Frailes (Los) CR .... 71 O 19
Frairía L .... 4 C 8
Fraja CA .... 99 W 12
Frameán LU .... 13 D 6
Franca (La) O .... 7 B 16
Franceses La Palma TF .... 131 C 3
Francho Z .... 20 F 25
Francolí (El) T .... 37 H 33
Francos SG .... 32 H 19
Francos LU .... 14 D 8
Frandoviñez BU .... 17 F 18
Franqueira (A) PO .... 13 F 4
Franza C .... 3 B 5
Frasno (El) Z .... 34 H 25
Frasno (Puerto del) Z .... 34 H 25
Fraussa (Roc de) GI .... 24 E 38
Frayás LU .... 4 B 7
Frecha (La) O .... 5 C 12
Frechilla P .... 16 F 15
Frechilla SO .... 33 H 22
Fregenal de la Sierra BA .... 79 R 10
Fregeneda (La) SA .... 42 J 9
Freginals T .... 50 J 31
Freigamuñoz (Arroyo) BA .... 66 Q 8
Freila GR .... 95 T 21
Freixeiro LU .... 14 E 7
Freixeiro C .... 2 C 3
Freixial BA .... 66 P 8
Freixido OR .... 14 E 8
Freixo C .... 3 B 6
Freixo LU .... 14 D 8
Freixo OR .... 13 F 6
Fréscano Z .... 34 G 25
Fresnadillo ZA .... 29 H 11
Fresneda VI .... 18 D 20
Fresneda BU .... 18 F 20
Fresneda AB .... 72 Q 23
Fresneda (La) MA .... 100 V 16
Fresneda (La) TE .... 50 J 30
Fresneda (La) TO .... 57 M 15
Fresneda de Altarejos CU .... 60 M 23
Fresneda de Cuéllar SG .... 31 I 16
Fresneda de la Sierra CU .... 47 K 23
Fresnedelo LE .... 15 D 10
Fresnedilla AV .... 57 L 16
Fresnedilla (Casa Forestal La) J .... 83 R 21
Fresnedillas de la Oliva M .... 45 K 17
Fresnedo S .... 8 C 19
Fresnedo LE .... 15 D 10
Fresnedo de Valdellorma LE .... 16 D 14
Fresnedoso SA .... 43 K 12
Fresnedoso de Ibor CC .... 56 M 13

Fresneña BU .... 18 E 20
Fresnillo de las Dueñas BU .... 32 H 19
Fresno (El) AV .... 44 K 15
Fresno (El) CR .... 69 P 16
Fresno (El) CR .... 55 L 10
Fresno (Portillo de) BU .... 18 E 18
Fresno Alhándiga SA .... 43 J 13
Fresno de Cantespino SG .... 32 H 19
Fresno de Caracena SG .... 32 H 20
Fresno de la Fuente SG .... 32 H 19
Fresno de la Polvorosa ZA .... 29 F 12
Fresno de la Ribera ZA .... 30 H 13
Fresno de la Vega LE .... 16 E 13
Fresno de Riotirón BU .... 18 E 20
Fresno de Rodilla BU .... 18 E 19
Fresno de Sayago ZA .... 29 I 12
Fresno de Torote M .... 45 K 19
Fresno del Río P .... 16 D 15
Fresno el Viejo VA .... 44 I 14
Freu (Cap d'es) IB .... 105 M 40
Frexulfe LU .... 4 B 7
Frías BU .... 18 D 20
Frías de Albarracín TE .... 48 K 25
Frieira (Embalse de) OR .... 13 F 5
Friera LE .... 14 E 9
Friera de Valverde ZA .... 29 G 12
Frigiliana MA .... 101 V 18
Frio GR .... 93 U 17
Friol LU .... 3 C 6
Frixe C .... 2 C 2
Frollais LU .... 4 C 7
Frómista P .... 17 F 16
Fronfría Z .... 29 H 11
Frontera El Hierro TF .... 108 C 2
Frontera (La) CU .... 47 K 23
Frontón LU .... 13 E 7
Frouxeira (Punta) C .... 3 B 5
Fruiz BI .... 9 C 21
Frula HU .... 35 G 28
Frumales SG .... 31 H 17
Fuego (Montañas del) Lanzarote GC .... 122 C 4
Fuejo O .... 5 B 12
Fuembellida GU .... 47 J 24
Fuen del Cepo TE .... 61 L 27
Fuen-Vich C .... 73 N 26
Fuencalderas Z .... 21 E 27
Fuencalenteja BU .... 17 E 17
Fuencaliente SO .... 32 G 20
Fuencaliente GR .... 83 S 22
Fuencaliente cerca de Bañuela CR .... 81 Q 17
Fuencaliente cerca de Las Peralosas CR .... 70 O 17
Fuencaliente (Punta de) La Palma TF .... 132 C 7
Fuencaliente de la Palma La Palma TF .... 132 C 7
Fuencaliente de Lucio BU .... 17 D 17
Fuencarral M .... 46 K 19
Fuencemillán GU .... 46 J 20
Fuencubierta CO .... 81 S 15
Fuendecampo HU .... 22 E 30
Fuendejalón Z .... 34 G 25
Fuendetodos Z .... 35 H 27
Fuendelada (La) TE .... 49 K 27
Fuenferrada TE .... 49 J 26
Fuengirola MA .... 100 W 16
Fuenlabrada M .... 58 L 19
Fuenlabrada AB .... 72 Q 23
Fuenlabrada de los Montes BA .... 69 O 15
Fuenllana CR .... 71 P 21
Fuenmayor LO .... 19 E 22
Fuensaldaña VA .... 30 G 15
Fuensalida TO .... 58 L 17
Fuensanta B .... 6 B 13
Fuensanta AB .... 72 Q 23
Fuensanta GR .... 94 U 18
Fuensanta (Ermita de la) J .... 82 S 19
Fuensanta (Ermita de la) SE .... 93 U 15
Fuensanta (La) AB .... 72 Q 23
Fuensanta (Santuario de la) MU .... 85 S 26
Fuensanta de Martos J .... 82 T 18
Fuensaviñán (La) GU .... 47 J 22
Fuente H .... 91 T 10
Fuente (La) AL .... 96 T 24

Fuente (Santibáñez de la) O .... 6 C 13
Fuente Álamo AB .... 73 P 25
Fuente Álamo MU .... 85 S 26
Fuente Alamo J .... 94 T 17
Fuente Alhama CO .... 93 T 17
Fuente Amarga AL .... 96 T 24
Fuente Arcada (Ermita de) CC .... 55 L 9
Fuente Blanca MU .... 85 R 26
Fuente Caldera GR .... 95 T 20
Fuente Camacho GR .... 93 U 17
Fuente Carreteros CO .... 80 S 14
Fuente Dé C .... 6 C 15
Fuente de Cantos BA .... 79 R 11
Fuente de la Corcha H .... 90 T 9
Fuente de la Torre J .... 83 R 20
Fuente de Pedro Naharro CU .... 59 M 20
Fuente de Piedra MA .... 93 U 15
Fuente de San Esteban (La) SA .... 43 J 11
Fuente de Santa Cruz SG .... 45 I 16
Fuente de Taif GR .... 84 Q 23
Fuente del Arco BA .... 80 R 12
Fuente del Fresno M .... 46 K 19
Fuente del Gallo CA .... 98 X 11
Fuente del Maestre BA .... 67 Q 10
Fuente del Pino MU .... 73 Q 26
Fuente del Villar CU .... 60 M 24
Fuente El Carnero ZA .... 29 I 12
Fuente el Fresno CR .... 70 O 18
Fuente el Olmo de Fuentidueña SG .... 31 H 18
Fuente el Olmo de Iscar SG .... 31 I 16
Fuente el Sauz AV .... 44 J 15
Fuente el Saz de Jarama M .... 46 K 19
Fuente el Sol AV .... 44 I 15
Fuente Encalada ZA .... 15 F 12
Fuente Grande GR .... 94 U 19
Fuente Higuera AB .... 84 Q 23
Fuente la Lancha CO .... 81 Q 14
Fuente la Reina CS .... 62 L 28
Fuente Librilla MU .... 85 S 25
Fuente Obejuna CO .... 80 R 13
Fuente Olmedo VA .... 31 I 16
Fuente Palmera CO .... 80 S 14
Fuente Pardiñas (Balneario de) LU .... 3 C 6
Fuente Pinilla J .... 83 R 21
Fuente Santa (Estación de) AL .... 95 U 22
Fuente Segura J .... 83 R 21
Fuente Tójar CO .... 94 T 17
Fuente-Urbel BU .... 17 E 18
Fuente Vaqueros GR .... 94 U 18
Fuente Victoria AL .... 102 V 21
Fuentealbilla AB .... 73 O 25
Fuentearmegil SO .... 32 G 20
Fuentebravía CA .... 98 W 11
Fuentecambrón SO .... 32 H 20
Fuentecantales SO .... 32 G 21
Fuentecantos SO .... 33 G 22
Fuentecén BU .... 31 H 18
Fuentefría (Puerto de) PO .... 13 F 6
Fuentegelmes SO .... 33 H 22
Fuenteguinaldo SA .... 42 K 9
Fuentelahiguera de Albatages GU .... 46 J 20
Fuentelapeña ZA .... 30 I 13
Fuentelárbol SO .... 33 H 21
Fuentelcarro SO .... 33 H 22
Fuentelcésped BU .... 32 H 19
Fuentelencina GU .... 46 K 21
Fuentelespino de Haro CU .... 59 M 21
Fuentelespino de Moya CU .... 61 M 25
Fuenteliante SA .... 42 J 10
Fuentelmonge SO .... 33 H 23
Fuentelsaz SO .... 33 G 22
Fuentelsaz Z .... 48 I 24
Fuentelviejo GU .... 46 K 21
Fuentemilanos SG .... 45 J 17
Fuentemizarra SG .... 32 H 19
Fuentemolinos BU .... 31 H 18
Fuentenebro BU .... 32 H 18
Fuentenovilla GU .... 46 K 20
Fuentepelayo SG .... 31 H 17
Fuentepinilla SO .... 33 H 21
Fuentepiñel SG .... 31 H 17
Hondarribia SS .... 10 B 24
Fuenterrabiosa BU .... 8 C 19
Fuenterrebollo SG .... 31 I 18

Fuenterroble de Salvatierra SA .... 43 K 12
Fuenterrobles V .... 61 N 25
Fuentes CU .... 60 M 23
Fuentes TO .... 57 M 14
Fuentes (Las) CR .... 82 Q 19
Fuentes (Las) AB .... 73 O 26
Fuentes (Puerto de las) AV .... 44 K 14
Fuentes Calientes TE .... 49 J 27
Fuentes Carrionas P .... 17 D 16
Fuentes Carrionas (Reserva nacional) P .... 17 D 15
Fuentes Claras TE .... 48 J 26
Fuentes de Ágreda SO .... 34 G 24
Fuentes de Andalucía SE .... 92 T 13
Fuentes de Año AV .... 44 I 15
Fuentes de Ayódar CS .... 62 L 28
Fuentes de Béjar SA .... 43 K 12
Fuentes de Carbajal LE .... 16 F 13
Fuentes de Cesna GR .... 93 U 17
Fuentes de Cuéllar SG .... 31 H 17
Fuentes de Ebro Z .... 35 H 28
Fuentes de Jiloca Z .... 34 I 25
Fuentes de la Alcarria GU .... 46 J 21
Fuentes de Léon BA .... 79 R 10
Fuentes de los Oteros LE .... 16 E 13
Fuentes de Masueco SA .... 42 I 10
Fuentes de Nava P .... 30 F 15
Fuentes de Oñoro SA .... 42 K 9
Fuentes de Piedralá CR .... 70 O 17
Fuentes de Ropel ZA .... 30 F 13
Fuentes de Rubielos TE .... 62 L 28
Fuentes de Valdepero P .... 31 F 16
Fuentesanta (Ermita de) CC .... 68 O 12
Fuentesauco ZA .... 30 I 13
Fuentesaúco de Fuentidueña SG .... 31 H 18
Fuentesbuenas CU .... 60 L 22
Fuentesclaras CU .... 60 L 23
Fuentesecas ZA .... 30 H 13
Fuentesoto SG .... 31 H 18
Fuentespalda TE .... 50 J 30
Fuentespina BU .... 32 H 18
Fuentespreadas ZA .... 29 I 13
Fuentestrún SO .... 33 G 23
Fuentetecha SO .... 33 G 23
Fuentetoba SO .... 33 G 22
Fuentetovar SO .... 33 H 21
Fuentidueña CO .... 81 S 17
Fuentidueña SG .... 31 H 18
Fuentidueña de Tajo M .... 59 L 20
Fuerte del Rey J .... 82 S 18
Fuertescusa CU .... 47 K 23
Fueva (La) HU .... 22 E 30
Fuliola (La) L .... 37 G 33
Fulleda L .... 37 H 33
Fumaces (Alto de) OR .... 28 G 7
Funes NA .... 20 F 24
Furco LU .... 13 E 6
Fustiñana NA .... 20 F 25

G

Gabaldón CU .... 60 N 24
Gabar A .... 84 S 23
Gabarda / Gavarda V .... 74 O 28
Gabás HU .... 22 E 31
Gabasa HU .... 22 F 31
Gabía la Chica GR .... 94 U 19
Gabia la Grande GR .... 94 U 18
Gabika BI .... 9 B 22
Gabiria SS .... 10 C 23
Gabriel Y Galán (Embalse de) CC .... 56 L 11
Gádor AL .... 103 V 22
Gaena CO .... 93 T 16
Gafarillos AL .... 96 U 23
Gaià B .... 38 G 35
Gaià (El) T .... 37 H 34
Gaianes A .... 74 P 28
Gaibiel CS .... 62 M 28
Gaintza SS .... 10 C 23
Gainza NA .... 10 C 23
Gaioso LU .... 3 C 6
Gaitanejo (Embalse de) MA .... 100 V 15
Gaitanes (Desfiladero de los) MA .... 100 V 15
Gajanejos GU .... 46 J 21
Gajanejo novilla GU .... 46 K 20
Gajates SA .... 44 J 13
Galachar AL .... 103 V 22
Galapagar M .... 45 K 17
Galapagar J .... 82 S 18
Galapagares SO .... 32 H 21
Galápagos GU .... 46 J 19

Galarde BU .... 18 E 19
Galaroza H .... 79 S 9
Galatzó IB .... 104 N 37
Galbarra NA .... 19 D 23
Galbárruli LO .... 18 E 21
Galdakao BI .... 9 C 21
Galdames BI .... 8 C 20
Gáldar Gran Canaria GC .... 114 D 1
Galende ZA .... 14 F 10
Galera GR .... 83 S 22
Galera (La) T .... 50 J 31
Galga (La) La Palma TF .... 131 C 3
Galho (Cresta del) MU .... 85 S 26
Galilea LO .... 19 E 23
Galilea Mallorca IB .... 104 N 37
Galinduste SA .... 44 K 13
Galiñeiro PO .... 12 F 3
Galisancho SA .... 44 J 13
Galisteo CC .... 55 M 11
Galizano C .... 8 B 18
Galiz (Puerto de) CA .... 99 W 13
Galizano S .... 8 B 18
Galizuela BA .... 68 P 14
Gallardo AB .... 72 P 22
Gallardos (Cuesta los) J .... 94 T 19
Gallardos (Los) AL .... 96 U 24
Gallartu BI .... 9 C 21
Gallega (La) BU .... 32 G 20
Gallega (Marisma) SE .... 91 U 11
Gállego (Río) AR .... 21 E 29
Gallegos SG .... 45 I 18
Gallegos Gran Canaria GC .... 117 E 4
Gallegos La Palma TF .... 131 C 3
Gallegos de Altamiros AV .... 44 J 15
Gallegos de Argañán SA .... 42 K 9
Gallegos de Hornija VA .... 30 H 14
Gallegos de San Vicente AV .... 45 J 16
Gallegos de Sobrinos AV .... 44 J 14
Gallegos de Solmirón SA .... 44 K 13
Gallegos del Campo ZA .... 29 G 10
Gallegos del Pan ZA .... 30 H 13
Gallegos del Río ZA .... 29 G 11
Galleguillos SA .... 44 J 13
Galleguillos de Campos LE .... 16 F 14
Galleiro PO .... 12 F 4
Gallejones BU .... 18 D 18
Galletas (Las) Tenerife TF .... 128 E 5
Gallifa B .... 38 G 36
Gallina (Cerro de la) GR .... 94 U 17
Gallinero BU .... 33 G 22
Gallinero AB .... 73 P 26
Gallinero de Cameros LO .... 19 F 22
Gallinero de Rioja LO .... 18 E 21
Galliners GI .... 25 F 38
Gallipienzo NA .... 20 E 25
Gallipienzo Nuevo NA .... 20 E 25
Gallo (El) SE .... 93 T 15
Gallocanta Z .... 48 I 25
Gallos (Los) CA .... 98 W 11
Gallués / Galoze NA .... 11 D 26
Gallur Z .... 34 G 26
Galoze / Gallués NA .... 11 D 26
Galve TE .... 49 K 27
Galve de Sorbe GU .... 46 I 20
Galves (Los) GR .... 102 V 20
Gálvez TO .... 58 M 17
Gama S .... 8 B 19
Gamero CR .... 58 N 17
Gamiz-Fika BI .... 9 C 21
Gamo BA .... 44 J 14
Gamonal AV .... 44 J 14
Gamonal BU .... 18 E 18
Gamonal S .... 7 C 18
Gamonal TO .... 57 M 15
Gamonero CR .... 69 N 15
Gamones ZA .... 29 H 11
Ganadera TO .... 57 L 15
Gáname ZA .... 29 H 11
Ganchoza (La) SE .... 80 S 12
Gandarela PO .... 13 E 5
Gándara Boimorto C .... 3 C 5
Gándara Narón C .... 3 B 5
Gandarilla S .... 7 B 16
Gandesa T .... 50 I 31
Gandía V .... 74 P 29
Gando (Punta de) Gran Canaria GC .... 117 G 3
Gandul SE .... 92 T 12

A B C D E F G H I J K L M N O P Q R S T U V W X Y Z

Gandullas *M* .... **46** I 19
Ganillas
  de Aceituno *MA* .... **101** V 17
Ganso (El) *LE* .... **15** E 11
Ganuza *NA* .... **19** D 23
Gañidoira (Porto da) *LU* ..... **3** B 6
Gañinas *P* .... **17** E 15
Gañuelas cerca de Alhama
  de Murcia *MU* .... **85** S 25
Gañuelas cerca
  de La Majada *MU* .... **85** T 25
Garaballa *CU* .... **61** M 25
Garabás *OR* .... **13** E 5
Garabato (El) *CO* .... **81** S 15
Garachico *La Palma TF*..... **131** D 3
Garachico *Tenerife TF*..... **126** C 3
Garafía *La Palma TF*....... **130** B 3
Garai *BI* .... **10** C 22
Garaioa *NA* .... **11** D 26
Garajonay
  La Gomera TF .... **118** C 2
Garapacha (La) *MU* .... **85** R 26
Garapinillos *Z* .... **34** G 26
Garbayuela *CC* .... **69** O 15
Garcia *T* .... **50** I 31
García (Collado) *AL* .... **96** U 23
García de Sola
  (Embalse de) *BA* .... **69** O 14
Garciaz *CC* .... **56** N 13
Garcibuey *SA* .... **43** K 12
Garcíez cerca de Jaén *J* .... **82** S 18
Garcíez cerca de Jódar *J* ... **82** S 19
Garcíez Jimena
  (Estación de) *J* .... **82** S 19
Garcihernández *SA* .... **44** J 13
Garcillán *SG* .... **45** J 17
Garcinarro *CU* .... **59** L 21
Garciotún *TO* .... **57** L 16
Garcipollera (La) *HU* .... **21** E 28
Garcirrey *SA* .... **43** J 11
Garcisobaco *CA* .... **99** W 13
Garde *NA* .... **11** D 27
Garfín *LE* .... **16** D 14
Gargaligas *BA* .... **68** O 13
Gargallà *B* .... **37** G 35
Gargallo *TE* .... **49** J 28
Garganchón *BU* .... **18** F 20
Garganta *BA* .... **69** P 15
Garganta (La) *CR* .... **81** Q 16
Garganta (La) *CC* .... **43** L 12
Garganta (Puerto de la) *O*.... **4** B 8
Garganta de la Yecla *BU*... **32** G 19
Garganta
  de los Montes *M* .... **46** J 18
Garganta del Villar *AV*..... **44** K 14
Garganta la Olla *CC* .... **56** L 12
Gargantiel *CC* .... **69** P 15
Gargantilla *TO* .... **57** N 15
Gargantilla *CC* .... **56** L 12
Gargantilla del Lozoya *M*... **46** J 18
Gargantón (El) *CR* .... **70** O 17
Gárgoles de Abajo *GU*..... **47** J 22
Gárgoles de Arriba *GU*..... **47** J 22
Gargüera *CC* .... **56** L 12
Gargüera
  (Embalse de) *CC* .... **56** M 12
Garidells (Els) *T* .... **37** I 33
Garínoain *NA* .... **20** E 25
Garísoain *NA* .... **10** D 24
Garita (La) *GC* .... **115** G 2
Garlitos *BA* .... **69** P 14
Garnatilla (La) *GR* .... **102** V 19
Garos *L* .... **22** D 32
Garraf *B* .... **38** I 35
Garraf (Parc natural de) *B*... **38** I 35
Garrafe de Torío *LE* .... **16** D 13
Garralda *NA* .... **11** D 26
Garrapata
  (Sierra de la) *CC* .... **55** M 9
Garray *SO* .... **33** G 22
Garriga (La) *B* .... **38** G 36
Garrigàs *GI* .... **25** F 38
Garrigoles *GI* .... **25** F 39
Garriguella *GI* .... **25** E 39
Garrobillo *MU* .... **97** T 25
Garrobo (El) *SE* .... **79** T 11
Garrofa (La) *AL* .... **103** V 22
Garrotxa
  (Parc natural de la) *GI*... **24** F 37
Garrovilla (La) *BA* .... **67** P 10
Garrovillas
  de Alconétar *CC* .... **55** M 10
Garrucha *AL* .... **96** U 24
Garsola *L* .... **37** G 33
Garvín *CC* .... **56** M 13
Garza
  (Embalse de la) *BA*..... **68** P 11

Garza (La) *BA* .... **68** P 11
Gascones *M* .... **46** I 19
Gasconilla
  (Ermita de) *TE* .... **49** L 27
Gascueña *CU* .... **60** L 22
Gascueña
  de Bornova *GU* .... **46** I 20
Gasset (Embalse de) *CR*... **70** O 18
Gastiáin *NA* .... **19** D 23
Gastor (El) *CA* .... **92** V 14
Gasulla
  (Barranc de la) *CS*....... **50** K 29
Gata *CC* .... **55** L 10
Gata (Cabo de) *AL* .... **103** V 23
Gata (Faro de) *AL* .... **103** V 23
Gata de Gorgos *A* .... **74** P 30
Gàtika *BI* .... **8** B 21
Gato *CC* .... **81** R 15
Gato *GR* .... **84** S 23
Gatón de Campos *VA*..... **30** F 15
Gatos *H* .... **91** T 10
Gátova *V* .... **62** M 28
Gaucín *MA* .... **99** W 14
Gautegiz-Arteaga *BI* ...... **9** B 22
Gavà *B* .... **38** I 36
Gavarda / Gabarda *V*..... **74** O 28
Gavarra *L* .... **23** F 33
Gavàs *L* .... **23** E 33
Gavet *L* .... **23** F 32
Gavilanes *AV* .... **57** L 15
Gavín *HU* .... **21** E 29
Gaviota (Punta)
  La Gomera TF .... **119** D 3
Gaviotas (Las) *GU*....... **47** K 21
Gayangos *BU* .... **18** C 19
Gazeo *VI* .... **19** D 22
Gázquez (Los) *AL* .... **96** T 24
Gaztelu *SS* .... **10** C 23
Gaztelugatxe *BI* .... **9** B 21
Gea de Albarracín *TE*..... **48** K 25
Gebara *VI* .... **19** D 22
Gebas *MU* .... **85** S 25
Gejo
  de Diego Gómez *SA*..... **43** J 11
Gejo de los Reyes (El) *SA*... **43** I 11
Gejuelo del Barro *SA* ...... **43** I 11
Geldo *CS* .... **62** M 28
Gelgaiz *LU* .... **3** B 6
Gelida *B* .... **38** H 35
Gelsa *Z* .... **35** H 28
Gelves *SE* .... **91** T 11
Gema *ZA* .... **29** H 13
Gemuño *AV* .... **44** K 15
Genal *MA* .... **100** W 14
Genalguacil *MA* .... **99** W 14
Génave *J* .... **83** Q 21
Genestacio *LE* .... **15** F 12
Genestosa *LE* .... **5** C 11
Genestoso *O* .... **5** C 10
Genevilla *NA* .... **19** E 22
Genicera *LE* .... **16** D 13
Genovés (El) *V* .... **74** P 28
Ger *GI* .... **24** E 35
Geras *LE* .... **15** D 12
Gerb *L* .... **36** G 32
Gerbe *HU* .... **22** E 30
Gerena *SE* .... **91** T 11
Gereñu *VI* .... **19** D 22
Gérgal *AL* .... **95** U 22
Gergal (El) *SE* .... **79** T 11
Gergal (Embalse de) *SE*... **91** T 11
Geria (La)
  Lanzarote GC .... **122** C 4
Gerindote *TO* .... **58** M 17
Gernika-Lumo *BI* .... **9** C 21
Gerri de la Sal *L* .... **23** F 33
Gertusa *Z* .... **35** I 28
Ges (El) *L* .... **23** F 34
Gesalibar *SS* .... **10** C 22
Gésera *HU* .... **21** E 29
Gessa *L* .... **22** D 32
Gestalgar *V* .... **61** N 27
Gestoselo *LE* .... **14** E 8
Gete *BU* .... **32** G 20
Getafe *M* .... **58** L 18
Getaria *SS* .... **10** C 23
Getxo *BI* .... **8** B 21
Gévora del Caudillo *BA*... **67** P 9
Gibalbín *CA* .... **91** V 12
Gibarrayo *SE* .... **80** S 13
Gibelortzaga (San Pelaio) *BI*.. **9** B 21
Gibraleón *H* .... **90** T 9
Gibralgalía *MA* .... **100** V 15
Gibraltar (Estrecho de) *CA*... **99** X 13

Gigante *MU* .... **84** S 24
Gigante (Sierra) *AL* .... **84** S 23
Gigantes (Los)
  Tenerife TF .... **128** B 4
Gigonza *BA* .... **79** R 10
Gijano *BU* .... **8** C 20
Gijón *O* .... **6** B 13
Gil-García *AB* .... **43** L 13
Gil Márquez *H* .... **78** S 9
Gila (La) *AB* .... **73** O 25
Gila (La) *TO* .... **57** N 15
Gilbuena *AV* .... **43** K 13
Giles (Los) *AL* .... **96** U 23
Gilet *V* .... **62** M 29
Gillerna *VI* .... **18** D 21
Gimenells *L* .... **36** H 31
Gimialcón *AV* .... **44** J 14
Ginebrosa (La) *TE* .... **49** J 29
Ginés *SE* .... **91** T 11
Ginés (Punta)
  Lanzarote GC .... **122** A 5
Ginesta (La) *B* .... **38** I 35
Ginestar *T* .... **50** I 31
Gineta (La) *AB* .... **72** O 23
Ginete (El) *AB* .... **84** Q 23
Giniginamar
  Fuerteventura GC..... **113** G 4
Gío *O* .... **4** B 9
Giraba *CS* .... **62** L 28
Giralda *GR* .... **101** V 19
Girona *G* .... **25** G 38
Gironda (La) *SE* .... **92** U 13
Gironella *B* .... **24** F 35
Gisclareny *B* .... **23** F 35
Gistaín *HU* .... **22** E 30
Gizaburuaga *BI* .... **10** C 22
Gloria (La) *SE* .... **92** T 13
Gobantes *BU* .... **18** D 19
Gobantes
  (Estación de) *MA*....... **100** V 15
Gobernador *GR* .... **95** T 20
Gobiendes *O* .... **6** B 14
Godall *T* .... **50** K 31
Godán *O* .... **5** B 11
Godelleta *V* .... **62** N 27
Godojos *Z* .... **34** I 24
Godóns *PO* .... **13** F 5
Godos *TE* .... **48** J 26
Goente *C* .... **3** B 6
Goián *LU* .... **14** D 7
Goián *PO* .... **26** G 3
Goiás *PO* .... **13** D 5
Goiriz *LU* .... **3** C 7
Goizueta *NA* .... **10** C 24
Gójar *GR* .... **94** U 19
Gola de Migjorn *T* .... **51** J 32
Gola del Nord *T* .... **51** J 32
Gola del Perelló *V* .... **74** O 29
Golán *C* .... **3** D 5
Golfo (El) *Lanzarote GC*... **122** B 4
Golfo (El)(Localidad)
  Lanzarote GC .... **122** B 4
Golilla *BA* .... **67** O 9
Gollino *TO* .... **59** M 20
Golmayo *SO* .... **33** G 22
Golmés *L* .... **37** H 32
Golondrinas (Las) *CC*..... **56** N 11
Golopón (R.) *GR* .... **95** T 21
Golosalvo *AB* .... **73** O 25
Goloso (El) *M* .... **46** K 18
Golpejas *SA* .... **43** I 12
Gómara *SO* .... **33** H 23
Gombrèn *B* .... **24** F 36
Gomeán *LU* .... **4** D 7
Gomecello *SA* .... **44** I 13
Gomeciego *SA* .... **43** I 11
Gomesende *OR* .... **13** F 5
Gómez Yáñez *AB* .... **73** P 25
Gómeznarro *SG* .... **32** I 19
Gómeznarro *VA* .... **30** I 15
Gomezserracín *SG*....... **31** I 17
Gonce *LU* .... **3** C 6
Gondar *LU* .... **4** C 7
Gondar *PO* .... **12** E 3
Gondomar *PO* .... **12** F 3
Gondrame *LU* .... **14** D 7
Gondulfes *OR* .... **28** G 7
Góngora (Punta de)
  Gran Canaria GC ...... **114** B 2
Gontán *LU* .... **4** B 7
Gonte *C* .... **2** D 3
Gonzar *LU* .... **13** D 6
Goñar *MU* .... **96** T 24
Goñi *NA* .... **10** D 24
Gopegi *VI* .... **19** D 21
Gor *GR* .... **95** T 21

Gorafe *GR* .... **95** T 20
Gorbeia *PV* .... **9** C 21
Gorbeia
  (Parque Natural de) *PV*... **9** C 21
Gorda (Punta)
  Lanzarote GC .... **120** E 2
Gorda (Punta)
  La Palma TF .... **130** A 3
Gorda (Sierra) *GR* .... **93** U 17
Gordaliza de la Loma *VA*... **16** F 14
Gordaliza del Pino *LE*..... **16** E 14
Gordéliz *VI* .... **8** C 20
Gordo *AL* .... **84** S 23
Gordo (Cabezo) *H* .... **78** S 8
Gordo (El) *CC* .... **56** M 13
Gordo (Monte) *H* .... **90** T 7
Gordoa *VI* .... **19** D 22
Gordoncillo *LE* .... **16** F 13
Gorga *A* .... **74** P 28
Gorgullos Tordoia
  (Estación de) *C*........... **3** C 4
Gorliz *BI* .... **8** B 21
Gormaz *SO* .... **32** H 20
Gornal (La) *B* .... **37** I 34
Goroeta *SS* .... **10** C 22
Gorozika *BI* .... **9** C 21
Gorramakil (Pico) *NA*..... **11** C 25
Gorriti *NA* .... **10** C 24
Gorza / Güesa *NA*....... **11** D 26
Gósol *L* .... **23** F 34
Gotarrendura *AV* .... **44** J 15
Gotor *Z* .... **34** H 25
Gózón de Ucieza *P*....... **17** E 16
Gózquez de Abajo *M*..... **58** L 19
Gózquez de Arriba *M*..... **58** L 19
Graba *PO* .... **13** D 5
Graceas (Las) *J* .... **83** Q 21
Gracia (Cabo de) *CA*..... **99** X 12
Graciosa (Isla)
  Lanzarote GC .... **120** E 2
Gradefes *LE* .... **16** E 14
Graderas
  (Cueva de las) *TE*....... **49** J 28
Grado *O* .... **5** B 11
Grado (El) *HU* .... **22** F 30
Grado del Pico *SG*....... **32** I 20
Grado I
  (Embalse de) *HU*....... **22** F 30
Graja
  (Cueva de la) *J*........... **82** S 19
Graja (La) *CO* .... **80** S 14
Graja
  de Campalbo *CU*....... **61** M 26
Graja de Iniesta *CU* .... **60** N 24
Grajal de Campos *LE*..... **16** F 14
Grajalejo de las Matas *LE*... **16** E 13
Grajales *J* .... **82** S 18
Grajera *SG* .... **32** H 19
Grajo *MA* .... **100** V 15
Grajuela (La) *AB* .... **72** O 24
Gramedo *P* .... **17** D 16
Gramuntell *L* .... **37** H 33
Gran Alacant *A* .... **86** R 28
Gran Canaria (Aeropuerto de)
  Gran Canaria GC....... **117** G 3
Gran Montaña
  Fuerteventura GC..... **113** G 3
Gran Tarajal
  Fuerteventura GC..... **113** G 4
Grana
  (La Casa de la) *AB* ...... **73** O 25
Grana (Sierra de la) *CO*... **80** U 13
Grana (Sierra de la) *J*..... **82** S 18
Granada *GR* .... **94** U 19
Granada (La) *B* .... **37** H 35
Granada (Vega de) *GR*... **94** U 17
Granada
  de Riotinto (La) *H*....... **79** S 10
Granadella (La) *L* .... **36** H 31
Granadella (La) *A*......... **75** P 30
Granadilla
  de Abona *Tenerife TF*... **129** F 5
Granado *H* .... **90** T 7
Granado (Canal de El) *H*... **90** T 7
Granado (El) *H* .... **90** T 7
Granátula
  de Calatrava *CR*....... **70** P 18
Grandas de Salime *O*..... **4** C 9
Grande *C* .... **2** C 2
Grande (Embalse) *H*....... **78** T 8
Grande (Laguna) *TO*..... **59** N 19
Grande (Puerto) *CC*....... **69** P 15
Grande (Sierra) *BA* .... **68** Q 11
Grande (Sierra) *CC* .... **55** M 10
Grande Fache *HU* .... **21** D 29
Gor *GR* .... **95** T 21

Grandes *SA* .... **43** J 11
Grandes *AV* .... **44** J 15
Grandiella *O* .... **5** C 12
Grandoso *LE* .... **16** D 14
Granera *B* .... **38** G 36
Granja (La) *S* .... **8** B 20
Granja (La) *CC* .... **56** L 12
Granja (Puerto de la) *BA*... **79** R 10
Granja
  (Sa) *Mallorca IB*....... **104** N 37
Granja Asumesa *SE*..... **92** U 12
Granja de Moreruela *ZA*... **29** G 12
Granja de Rocamora *A*... **85** R 27
Granja de San Ildefonso
  (Los Jardines de La) *SG*... **45** J 18
Granja
  de Torrehermosa *BA*... **80** R 13
Granja d'Escarp (La) *L*... **36** H 31
Granja Muedra *VA*....... **31** G 16
Granjas (Las) *TE* .... **48** K 26
Granjuela (La) *CO* .... **80** Q 13
Granollers *B* .... **38** H 36
Granón *LO* .... **18** E 20
Granucillo *ZA* .... **29** F 12
Granyanella *L* .... **37** H 33
Granyena
  de les Garrigues *L*..... **36** H 31
Granyena de Segarra *L*... **37** H 33
Grañón (A) *PO* .... **13** F 5
Grañas *C* .... **3** B 6
Grañena (Estación de) *J*... **82** S 18
Grañeras *LE* .... **16** E 14
Grao de Gándia *V*....... **74** P 29
Grao de la Granta *L* ...... **23** F 33
Grau de Borriana (El) *CS*... **62** M 29
Grau de Castelló *CS*..... **62** M 30
Grau de la Granta *L* ...... **23** F 33
Grau de València (El) *V*... **62** N 29
Graus *HU* .... **22** F 31
Grávalos *LO* .... **33** F 24
Graya *J* .... **84** R 22
Grazalema *CA* .... **92** V 13
Gredilla *BU* .... **18** D 18
Gredos (Parador de) *AV*... **44** K 14
Gredos
  (Reserva nacional de) *AV*... **57** L 14
Gregorio *PO* .... **13** F 5
Gréixer *B* .... **24** F 35
Gresande *PO* .... **13** E 5
Griego (El) *AB* .... **72** Q 23
Griegos *TE* .... **48** K 24
Grijalba *BU* .... **17** E 17
Grijota *P* .... **31** F 16
Grimaldo *CC* .... **55** M 10
Griñón *M* .... **58** L 18
Grisel *Z* .... **34** G 24
Grisén *Z* .... **34** G 26
Grisuela *ZA* .... **29** G 11
Grisuela del Páramo *LE*... **15** E 12
Grixoa *C* .... **2** C 3
Grixoa *C* .... **13** D 7
Gros (Cap) *GI* .... **25** E 39
Grossa (Serra) *V* .... **74** P 27
Grovas *OR* .... **13** E 5
Grove (O) *PO* .... **12** E 3
Grulla (La) *BA* .... **66** Q 8
Grullos *O* .... **5** B 11
Gúa *O* .... **5** C 11
Guadahortuna *GR* .... **94** T 19
Guadajira *BA* .... **67** P 9
Guadajoz *SE* .... **92** T 13
Guadalajara *GU* .... **46** K 20
Guadalaviar *TE* .... **48** K 24
Guadalbarbo *CO* .... **81** R 15
Guadalcacín *CA* .... **91** V 11
Guadalcacín
  (Canal del) *CA*......... **98** W 11
Guadalcanal *SE* .... **80** R 12
Guadalcázar *CO* .... **81** S 15
Guadalema
  de los Quinteros *SE*... **92** U 12
Guadalén
  (Embalse de) *J*......... **82** R 19
Guadalén del Caudillo *J*... **82** R 19
Guadalerzas (Las) *TO*... **58** N 17
Guadalevín *MA* .... **100** V 14
Guadalimar *J* .... **82** R 19
Guadalix de la Sierra *M*... **46** J 18
Guadalmansa *MA* .... **100** W 14
Guadalmar-
  San Julián *MA* .... **100** V 16
Guadalmedina *MA* .... **100** V 16
Guadalmellato
  (Canal del) *CO*......... **81** S 15

Guadalmellato
  (Embalse del) *CO*....... **81** R 16
Guadalmena *J* .... **83** Q 21
Guadalmez-
  Los Predroches *CR*... **69** P 15
Guadalmina *MA* .... **100** W 15
Guadalope *TE* .... **49** K 27
Guadalperales (Los) *BA*... **68** O 13
Guadalporcún *SE* .... **92** V 13
Guadalquivir
  (Garganta) *J*........... **83** R 21
Guadalquivir
  (Marismas del) *H*....... **91** U 10
Guadalteba *MA* .... **100** V 15
Guadalteba-Guadalhorce
  (Embalse del) *MA*....... **100** V 15
Guadalupe *AL* .... **84** S 23
Guadalupe *CC* .... **56** N 14
Guadalupe
  (Monasterio de) *CC*... **56** N 14
Guadalupe
  (Santuario de) *J*....... **82** R 19
Guadalupe
  (Sierra de) *CC*......... **56** N 13
Guadamatilla *CO* .... **69** Q 14
Guadamojete (Punta de)
  Tenerife TF .... **125** I 3
Guadamur *TO* .... **58** M 17
Guadapero *SA* .... **43** K 10
Guadarrama *M* .... **45** J 17
Guadarranque (Río) *CC*... **57** N 14
Guadassuar *V* .... **74** O 28
Guadiamar (Caño de) *SE*... **91** U 11
Guadiana
  del Caudillo *BA*....... **67** P 9
Guadianeja (La) *CR* .... **71** Q 20
Guadiaro *J* .... **99** X 14
Guadiel *J* .... **82** R 18
Guadilla de Villamar *BU*... **17** E 17
Guadix *GR* .... **95** U 20
Guadix (Hoya de) *GR*..... **95** U 20
Guainos Bajos *AL* .... **102** V 20
Guájar Alto *GR* .... **101** V 19
Guájar Faragüit *GR*....... **101** V 19
Guájar Fondón *GR*....... **101** V 19
Guajara *Tenerife TF*..... **128** E 4
Guajaraz
  (Embalse de) *TO*....... **58** M 17
Guajardo
  y Malhincada *CC*....... **55** L 10
Gualba *B* .... **38** G 37
Gualchos *GR* .... **102** V 19
Gualda *GU* .... **47** J 21
Gualta *GI* .... **25** F 39
Gualter *L* .... **37** G 33
Guamasa *Tenerife TF*... **124** H 2
Guancha (La)
  Tenerife TF .... **126** E 3
Guancha (Necrópolis de la)
  Gran Canaria .... **114** D 1
Guara (Sierra de) *HU*..... **21** F 29
Guarazoca *El Hierro TF*... **109** D 2
Guarbes (Sierra de) *L*..... **22** D 32
Guarda (A) *PO* .... **26** G 3
Guarda (La) *BA* .... **68** P 14
Guarda de la Alameda
  (Casas del) *J*........... **83** Q 20
Guarda Forestal
  (Mirador del) *MA*....... **100** V 15
Guardamar
  de la Safor *V*........... **74** P 29
Guardamar del Segura *A*... **86** R 28
Guàrdia (La) *L* .... **37** G 33
Guardia (La) *TO* .... **58** M 19
Guàrdia d'Ares (La) *L*... **23** F 33
Guardia de Jaén (La) *J*... **82** S 18
Guàrdia de Tremp *L*..... **22** F 32
Guàrdia
  dels Prats (La) *T*....... **37** H 33
Guàrdia Lada (La) *L*..... **37** H 33
Guardilama
  Lanzarote GC .... **122** C 4
Guardiola de Berguedà *B*... **24** F 35
Guardiola de Font-rubí *B*... **37** H 34
Guardo *P* .... **16** D 15
Guareña *AV* .... **44** K 15
Guareña *BA* .... **67** P 11
Guaro *MA* .... **100** W 15
Guarrate *ZA* .... **30** I 13
Guarrizas *J* .... **82** R 19
Guarromán *J* .... **82** R 18
Guasa *HU* .... **21** E 28
Guaso *HU* .... **22** E 30
Guatiza *GC* .... **123** F 3
Guayente *HU* .... **22** E 31

Guaza Tenerife TF............128 D 5
Guaza de Campos P......16 F 15
Guazamara AL......96 T 24
Gúdar TE......49 K 27
Gúdar (Puerto de) TE......49 K 27
Gúdar (Sierra de) TE......49 K 27
Gudillos SG......45 J 17
Gudiña (A) OR......14 F 8
Guéa (La) TE......48 K 26
Güéjar Sierra GR......94 U 19
Güeñes BI......8 C 20
Gueral OR......13 E 6
Guerechal (El) BA......68 P 12
Guerra OR......71 O 20
Guerragos
(Santa Cruz de los) ZA......29 G 10
Güesa / Gorza NA......11 D 26
Guesálaz NA......10 D 24
Güevéjar GR......94 U 19
Guía
de Isora Tenerife TF......128 C 4
Guiamets (Els) T......50 I 32
Guiana LE......15 E 10
Guiar O......4 B 8
Guijar (El) SG......45 I 18
Guijarro
(Collado del) CC......68 N 12
Guijarrosa (La) CO......81 T 15
Guijasalbas SG......45 J 17
Guijo O......47 J 23
Guijo (El) CO......81 Q 15
Guijo de Ávila SA......43 K 13
Guijo de Coria CC......55 L 10
Guijo de Galisteo CC......55 L 10
Guijo de Granadilla CC......55 L 11
Guijo
de Santa Bárbara CC......56 L 13
Guijosa GU......47 I 22
Guijosa SO......32 G 20
Guijoso SO......32 G 20
Guijoso (El) AB......71 P 21
Guijuelo SA......43 K 12
Guilfrei LU......14 D 8
Guillade PO......13 F 4
Guillar PO......13 D 6
Guillarei PO......12 F 4
Guillena SE......91 T 11
Guillena
(Embalse de) SE......79 T 11
Guils L......23 E 33
Guils de Cerdanya GI......24 E 35
Guilué HU......21 E 29
Güimar Tenerife TF......127 G 3
Guimara LE......14 D 9
Guimarei LU......3 D 6
Güime Lanzarote GC......123 D 4
Guimerà L......37 H 33
Guincho
(El) Tenerife TF......126 D 3
Guincho (El)
Tenerife TF......128 E 5
Guindos
(Sierra de los) CR......69 O 16
Guindos
(Los) J......82 R 18
Guinea VI......18 D 20
Guingueta (La) L......23 E 33
Guinicio BU......18 D 20
Guirguillano NA......10 D 24
Guisando AV......57 L 14
Guisatecha LE......15 D 11
Guisguey
Fuerteventura GC......111 I 2
Guissona L......37 G 33
Guistolas
(Embalse de) OR......14 E 7
Guitiriz LU......3 C 6
Guixers L......23 F 34
Guizán PO......12 F 4
Guláns PO......12 F 4
Gumiel de Hizán BU......32 G 18
Gumiel de Mercado BU......31 G 18
Guntín de Pallares LU......13 D 6
Gurb B......38 G 36
Gurp L......22 F 32
Gurrea de Gállego HU......21 F 27
Gurugu (El) M......46 K 19
Gusandanos ZA......15 F 10
Gusendos
de los Oteros LE......16 E 13
Guspí L......37 G 34
Gustei OR......13 E 6
Gutar J......83 R 21
Gutierre Muñoz AV......45 J 16
Gutur LO......33 G 24
Guxinde OR......27 G 5
Guzmán BU......31 G 18

H

Haba (La) BA......68 P 12
Hacho MA......100 V 15
Hacinas BU......32 G 20
Haedillo BU......32 F 20
Hamapega SE......80 R 12
Hams (Coves des) IB......104 N 38
Haría Lanzarote GC......123 F 3
Harinosa (La) SE......92 V 12
Haro LO......19 E 21
Harria (Aiako) /
Aya (Peñas de) ESP......10 C 24
Hato Verde SE......91 T 11
Hatoqueo CC......67 O 10
Haza BU......31 H 18
Haza Alta J......83 Q 21
Haza del Trigo GR......102 V 20
Hazas de Cesto S......8 B 19
Hazuelas (Las) CO......81 S 16
Hecho HU......21 D 27
Hecho (Valle de) HU......21 D 27
Hedradas (Las) ZA......28 F 9
Hedroso ZA......28 F 9
Helado (El) CR......70 P 18
Helechal BA......68 P 13
Helechosa BA......69 O 15
Helgueras S......8 B 19
Hellín AB......84 Q 24
Henajeros CU......61 M 25
Henares MU......96 T 24
Henche GU......47 J 21
Herada S......8 C 19
Heras GU......46 J 20
Heras (Las) P......16 D 15
Herbés CS......50 J 29
Herbeset CS......50 K 29
Herbogo C......12 D 3
Herbón C......12 D 4
Herbosa BU......17 D 18
Herce LO......19 F 23
Hércules (Torre de) C......3 B 4
Herdadiña M......27 G 5
Heredia VI......19 D 22
Herencia CR......71 N 19
Herencias (Las) TO......57 M 15
Hereña VI......18 D 21
Herguijuela CC......68 N 12
Herguijuela (La) AV......44 K 14
Herguijuela
de Ciudad Rodrigo SA......42 K 10
Herguijuela
de la Sierra SA......43 K 11
Herguijuela
del Campo SA......43 K 12
Hermanas (Dos) BA......67 O 9
Hermanas (Las) AB......85 Q 25
Hérmedes de Cerrato P......31 G 17
Hermida
(Desfiladero de la) S......7 C 16
Hermida (La) S......7 C 16
Hermigua La Gomera TF......118 C 1
Hermisende ZA......28 G 9
Hermo (Monasterio de) O......5 D 10
Hermosilla BU......18 E 19
Hernán Cortés BA......68 O 12
Hernán Pérez CC......55 L 10
Hernán Valle GR......95 T 20
Hernani SS......10 C 24
Hernansancho AV......44 J 15
Hernialde SS......10 C 23
Herradón (El) AV......45 K 16
Herradura (La) GR......101 V 18
Herradura (Punta de la)
Fuerteventura GC......110 F 3
Herramélluri LO......18 E 21
Herraña MU......85 S 25
Herrera J......83 R 20
Herrera
cerca de El Coroni' SE......92 U 12
Herrera
cerca de Estepa SE......93 T 15
Herrera (La) AB......72 P 23
Herrera (Puerto de) VI......19 E 22
Herrera de Alcántara CC......54 N 7
Herrera de Duero VA......31 H 16
Herrera
de la Mancha CR......71 O 20
Herrera
de los Navarros Z......34 I 26
Herrera de Pisuerga P......17 E 17
Herrera de Soria SO......32 G 20
Herrera
de Valdecañas P......31 F 17
Herrera del Duque BA......69 O 14
Herrería GU......47 J 24

Herrería LU......14 E 8
Herrería (La) AB......72 Q 23
Herrería (La) CO......80 S 14
Herrerías S......7 C 16
Herrerías (Las) AL......96 U 24
Herrerías (Las) H......78 T 8
Herrerías (Las) J......83 R 22
Herrero GR......101 V 18
Herreros SO......33 G 21
Herreros (Los) V......73 O 27
Herreros de Jamuz LE......15 F 12
Herreros de Rueda LE......16 E 14
Herreros de Suso AV......44 J 14
Herreruela CC......55 N 9
Herreruela
de Castillería P......17 D 16
Herreruela
de Oropesa TO......57 M 14
Herrezuelo SA......44 J 13
Herrín de Campos VA......16 F 15
Herriza (La) MA......93 U 15
Herrumblar (El) CU......73 N 25
Hervás CC......56 L 12
Herves C......3 C 4
Hervías LO......18 E 21
Hervideros (Los) V......73 O 26
Hervideros
(Los) Lanzarote GC......122 B 4
Hidalgo (Punta del)
Tenerife TF......125 I 1
Hiendelaencina GU......46 I 20
Hierro BU......18 D 19
Hierro M......45 J 18
Hierro (Puerto del) SO......32 G 21
Higares M......58 M 18
Higuera (La) SG......45 I 17
Higuera (La) AB......73 P 25
Higuera de Albalar CC......56 M 13
Higuera de Calatrava J......82 S 17
Higuera
de la Serena BA......68 Q 12
Higuera de la Sierra H......79 S 10
Higuera
de las Dueñas AV......57 L 16
Higuera de Llerena BA......79 Q 11
Higuera de Vargas BA......78 Q 9
Higuera la Real BA......79 R 9
Higueral AL......95 T 22
Higueral (El) CO......93 U 17
Higueras CS......62 M 28
Higueras (Las) CO......94 T 17
Higuerón MA......101 V 16
Higuerón (El) CO......81 S 15
Higuerón (Puerto del) CA......99 X 13
Higueruela AB......73 P 25
Higueruela (La)
cerca de Belvis
de la Jara TO......57 M 15
Higueruela (La)
cerca de Toledo TO......58 M 17
Higueruelas V......61 M 27
Hija de Dios (La) AV......44 K 15
Híjar TE......49 I 28
Híjar AB......72 Q 23
Hijate (El) AL......95 T 22
Hijes GU......32 I 21
Hijosa P......17 E 17
Hilario (Islote de)
Lanzarote GC......122 C 4
Hincada (Puerto) LO......19 F 21
Hinestrosa BU......17 F 17
Hiniesta (La) ZA......29 H 12
Hinojal H......79 R 10
Hinojal (El) TO......70 O 17
Hinojar MU......85 S 25
Hinojar del Rey BU......32 G 20
Hinojedo S......7 B 17
Hinojora GR......95 T 22
Hinojos H......91 U 10
Hinojos (Marisma de) H......91 U 10
Hinojosa (La) CU......48 I 24
Hinojosa (La) SO......32 G 20
Hinojosa (La) CU......60 M 22
Hinojosa de Duero SA......42 J 9
Hinojosa de Jarque TE......49 J 27
Hinojosa de la Sierra SO......33 G 22
Hinojosa
de San Vicente TO......57 M 15
Hinojosa del Campo SO......33 G 23
Hinojosa del Cerro SG......31 H 18
Hinojosa del Duque CO......80 Q 14
Hinojosa del Valle BA......67 Q 11
Hinojosas
de Calatrava CR......70 Q 17

Hinojosos (Los) CU......59 N 21
Hío PO......12 F 3
Hiriberri / Villanueva
de Aézkoa NA......11 D 26
Hirmes AL......102 V 21
Hiruela (La) M......46 I 19
Hita GU......46 J 20
Hito CU......59 M 21
Hito (Laguna de El) CU......59 M 21
Hoces
(Desfiladero Las) LE......16 D 13
Hoces de Bárcena S......7 C 17
Hoja (Embalse de la) H......78 T 9
Holguera CC......55 M 10
Hombrados GU......48 J 24
Home (Cabo de) PO......12 F 3
Hondarribia SS......10 B 24
Hondón A......85 Q 27
Hondón de las Nieves / Fondó
de les Neus (El) A......85 R 27
Hondón
de los Frailes A......85 R 27
Hondura SA......43 K 12
Honduras
(Puerto de) CC......56 L 12
Honduras (Punta de)
Tenerife TF......129 G 4
Honquilana VA......44 I 15
Honrubia CU......60 N 23
Honrubia
de la Cuesta SG......32 H 18
Hontalbilla SG......31 H 17
Hontana (El) V......61 M 26
Hontanar TO......57 N 16
Hontanar V......61 L 25
Hontanar (Collado de) J......82 R 19
Hontanar (El)
cerca de La Hunde V......73 O 26
Hontanares AV......57 L 15
Hontanares GU......47 J 21
Hontanares
de Eresma SG......45 J 17
Hontanas BU......17 F 17
Hontanaya CU......59 N 21
Hontangas BU......31 H 18
Hontecillas CU......60 M 23
Hontoba GU......46 K 20
Hontomín BU......18 E 19
Hontoria VA......45 J 17
Hontoría O......6 B 15
Hontoria de Cerrato P......31 G 16
Hontoria
de la Cantera BU......18 F 19
Hontoria
de Valdearados BU......32 G 19
Hontoria del Pinar BU......32 G 20
Horca (La) AB......84 Q 25
Horcajada (La) AV......44 K 13
Horcajada
de la Torre CU......59 L 22
Horcajo TO......81 Q 16
Horcajo CC......43 K 10
Horcajo (El) AB......72 P 22
Horcajo de la Ribera AV......44 K 13
Horcajo de la Sierra M......46 I 19
Horcajo
de los Montes CR......69 O 16
Horcajo
de Montemayor SA......43 K 12
Horcajo de Santiago CU......59 M 21
Horcajo Medianero SA......44 K 13
Horcajuelo
de la Sierra M......46 I 19
Horche M......46 K 20
Horcón CO......69 O 15
Horconera
(Sierra de la) CO......93 T 17
Hormazas (Las) BU......17 E 18
Hormazuela BU......17 E 18
Hormigos TO......57 L 16
Hormilla LO......19 E 21
Hormilleja LO......19 E 21
Horna BU......18 D 19
Horna GU......47 I 22
Horna AB......73 P 25
Hornachos BA......68 Q 11
Hornachuelos CO......80 S 14
Hornachuelos
(Estación de) CO......80 S 14
Hornias Bajas CR......70 O 17
Hornico (El) MU......84 R 23
Hornija LE......14 E 9
Hornillatorre BU......18 C 19
Hornillayuso BU......18 C 19
Hornillo (El) AV......57 L 14

Hornillo (El) MU......97 T 25
Hornillos VA......30 H 15
Hornillos
de Cameros LO......19 F 22
Hornillos de Cerrato P......31 G 17
Hornillos
del Camino BU......17 E 18
Hornos J......83 R 21
Hornos
(Garganta de los) AV......44 K 14
Hornos de la Mata S......7 C 17
Hornos de Peal J......83 S 20
Horra (La) BU......31 G 18
Horsavinyà B......38 G 37
Hort
de la Rabassa (L') V......74 N 28
Horta (Cap de l') A......86 Q 28
Horta (S') IB......105 N 39
Horta de Sant Joan T......50 J 30
Hortas C......13 D 5
Hortells CS......49 J 29
Hortezuela SO......32 H 21
Hortezuela
de Océn (La) GU......47 J 22
Hortezuelos BU......32 G 19
Hortichuela (La) J......94 T 18
Hortigüela BU......32 F 19
Hortizuela CU......60 L 23
Hortonela J......23 F 33
Hortunas de Arriba V......73 N 26
Hospital
cerca de Fonsagrada LU......4 C 8
Hospital
cerca de Linares LU......14 D 8
Hospital
(Collado del) CC......56 N 14
Hospital de Órbigo LE......15 E 12
Hospitalet
de l'Infant (L') T......51 J 32
Hospitalet
de Llobregat (L') B......38 H 36
Hosquillo (El) CU......48 K 24
Hostal de Ipiés HU......21 E 28
Hostalets (Els) L......23 F 34
Hostalets (Els) cerca
de Esparreguera B......38 H 35
Hostalets (Els)
cerca de Tona B......38 G 36
Hostalets
d'En Bas (Els) GI......24 F 37
Hostalric GI......38 G 37
Hostalet GU......47 J 23
Hoya (La) M......45 K 17
Hoya (La) AB......43 K 12
Hoya (La) MU......84 S 25
Hoya (La) MA......100 V 16
Hoya (La)
Lanzarote GC......122 B 4
Hoya de la Carrasca TE......61 L 26
Hoya del Campo MU......85 R 25
Hoya
del Espino (La) GR......83 R 22
Hoya del Peral CU......61 L 25
Hoya Gonzalo AB......73 P 25
Hoya Santa Ana AB......73 P 25
Hoyales de Roa BU......31 H 18
Hoyas (Altura Las)
La Palma TF......130 C 2
Hoyas (La) AL......95 U 22
Hoyo (El) CR......82 Q 18
Hoyo (El) CO......80 R 14
Hoyo de Manzanares M......45 K 18
Hoyo de Pinares (El) AV......45 K 16
Hoyocasero AV......44 K 15
Hoyorredondo AV......44 K 13
Hoyos CC......55 L 9
Hoyos
de Miguel Muñoz AV......44 K 14
Hoyos del Collado AV......44 K 14
Hoyos del Espino AV......44 K 14
Hoyuelos SG......45 I 16
Hoyuelos (Los) CU......71 P 21
Hoz (Collado de) S......7 C 16
Hoz (Cueva de la) GU......47 J 23
Hoz (La) AB......72 Q 23
Hoz (La) CO......93 U 16
Hoz de Abajo SO......32 H 20
Hoz de Anero S......8 B 19
Hoz de Arreba BU......18 D 18
Hoz de Arriba SO......32 H 20
Hoz de Barbastro HU......22 F 30
Hoz de Beteta
(Desfiladero) CU......47 K 23
Hoz de Jaca HU......21 D 29
Hoz de la Vieja (La) TE......49 J 27
Hoz de Valdivielso BU......18 D 19
Hozabejas BU......18 D 19
Hozgarganta CA......99 W 13

Hoznayo S......8 B 18
Huarte / Uharte NA......11 D 25
Huebra SA......42 I 10
Huebro AL......96 V 23
Huecas TO......58 L 17
Huécija AL......102 V 22
Huefor Tájar GR......94 U 17
Huélaga CC......55 L 10
Huélago GR......95 T 20
Huelgas
Reales (Las) BU......18 F 18
Huelgueras S......7 B 16
Huelma J......82 T 19
Huelva H......90 U 9
Huelves CU......59 L 21
Huéneja GR......95 U 21
Huéneja
(Estación de) GR......95 U 21
Huércal de Almería AL......103 V 22
Huércal Overa AL......96 T 24
Huércanos LO......19 E 21
Huerce (La) GU......46 I 20
Huercemes CU......60 M 24
Huérguina GU......47 J 23
Huérmeces BU......18 E 18
Huérmeces del Cerro GU......47 I 21
Huérmeda Z......34 H 25
Hueros (Los) M......46 K 19
Huerrios HU......21 F 28
Huerta SA......44 J 13
Huerta (La) AL......96 U 24
Huerta de Abajo BU......32 F 20
Huerta de Arriba BU......32 F 20
Huerta
de Cuarto Holgado CC......55 L 11
Huerta
de la Obispalía CU......60 M 22
Huerta
de Valdecarábanos TO......58 M 19
Huerta de Vero HU......22 F 30
Huerta
del Marquesado CU......60 L 24
Huerta del Rey BU......32 G 19
Huertahernando GU......47 J 23
Huertapelayo GU......47 J 23
Huertas
(Ermita Las) MU......85 S 25
Huertas (Las) CC......54 N 8
Huertas Bocas
del Salado CO......93 T 15
Huertas de Ánimas CC......56 N 12
Huertas
de la Magdalena CC......56 N 12
Huérteles SO......33 F 23
Huertezuelas CR......82 Q 18
Huerto HU......35 G 29
Huertos (Los) SG......45 I 17
Huerva (La) Z......48 I 26
Huesa J......83 S 20
Huesa (Estación de) J......83 S 20
Huesa del Común TE......49 I 27
Huesas (Las) GC......115 G 3
Huesca H......21 F 28
Huéscar GR......83 S 22
Huesna
(Embalse de) SE......80 S 12
Huéspeda BU......18 D 19
Huete CU......59 L 21
Huétor Santillán GR......94 U 19
Huétor Tájar GR......94 U 17
Huétor-Vega GR......94 U 19
Huetos GU......47 J 22
Hueva GU......46 K 21
Huévar SE......91 T 11
Huma MA......100 V 15
Humada BU......17 D 17
Humanes GU......46 J 20
Humanes de Madrid M......58 L 18
Humboldt (Mirador de)
Tenerife TF......124 F 2
Humera M......45 K 18
Humilladero MA......93 U 15
Humilladero
(Ermita Las) CC......56 N 12
Humo de Muro (El) HU......22 E 30
Humosa (La) AB......72 P 24
Hurchillo A......85 R 27
Hurdes (Las) CC......43 K 11
Hurones BU......18 E 19

A B C D E F G H I J K L M N O P Q R S T U V W X Y Z

A B C D E F G H I J K L M N O P Q R S T U V W X Y Z

Hurones
  (Embalse de los) *CA* **99** V 13
Hurtado *CR* **71** O 19
Hurtumpascual *AV* **44** J 14
Husillos *P* **31** F 16

I
Ibahernando *CC* **68** O 12
Ibañeta (Puerto) *NA* **11** C 26
Ibarra *VI* **10** C 22
Ibarra *SS* **10** C 23
Ibarra *BI* **8** C 21
Ibarrangelu *BI* **9** B 22
Ibárruri *BI* **9** C 21
Ibdes *Z* **34** I 24
Ibeas de Juarros *BU* **18** F 19
Ibi *A* **74** Q 28
Ibieca *HU* **21** F 29
Ibiricu *NA* **19** D 23
Ibisate *VI* **19** D 22
Ibiur (Embalse de) *SS* **10** C 23
Ibiza / Eivissa *IB* **87** P 34
Ibrillos *BU* **18** E 20
Ibros *J* **76** R 19
Icod de los Vinos *TF* **126** D 3
Idafe (Roque de)
  La Palma *TF* **130** C 4
Idiazabal *SS* **10** C 23
Idocín *N* **11** D 25
Ifach (Peñón de) *A* **75** Q 30
Ifonche *Tenerife TF* **128** D 4
Igal / Igari *NA* **11** D 26
Igantzi *NA* **11** C 24
Igari / Igal *NA* **11** D 26
Igea *LO* **33** F 23
Igeldo *SS* **10** C 23
Iglesiarrubia *BU* **31** G 18
Iglesias *LE* **17** F 18
Iglesias *BU* **17** F 18
Iglesuela (La) *TO* **57** L 15
Iglesuela del Cid (La) *TE* **49** K 29
Igorre *BI* **9** C 21
Igrexafeita *C* **3** B 5
Igriés *HU* **21** F 28
Igualada *B* **37** H 34
Igualeja *MA* **100** W 14
Igualero *La Gomera TF* **118** B 2
Igüeña *LE* **15** D 11
Igueste *Tenerife TF* **127** H 3
Igueste de San Andrés
  Tenerife TF **125** K 2
Igúzquiza *NA* **19** E 23
Ihabar *NA* **10** D 24
Ikaztegieta *SS* **10** C 23
Ilarratza *VI* **19** D 22
Ilche *HU* **36** G 30
Illa *OR* **27** G 5
Illa (L') *T* **37** H 33
Illa de Arousa *PO* **12** E 3
Illán de Vacas *TO* **57** M 16
Illana *GU* **59** L 21
Illano *O* **4** C 9
Illar *AL* **102** V 22
Illaso *O* **4** B 9
Illescas *TO* **58** L 18
Illora *GR* **94** U 18
Illot (S') *IB* **105** N 40
Illueca *Z* **34** H 25
Ilurdotz *NA* **11** D 25
Imón *GU* **47** I 21
Imotz *NA* **10** D 24
Ina (La) *CA* **98** W 11
Inagua
  Gran Canaria GC **114** C 3
Inazares *MU* **84** R 23
Inca *IB* **104** M 38
Incinillas *BU* **18** D 19
Incio *LU* **14** E 7
Indiana
  (Estación de la) *MA* **92** V 14
Indiano (El) *SE* **91** T 11
Indias (Las)
  La Palma TF **132** C 6
Indurain *NA* **11** D 25
Ines *SO* **32** H 20
Inestrillas *LO* **33** G 24
Infantas (La) *J* **82** S 18
Infantas (Las) *M* **58** L 18
Infierno (Picos del) *HU* **21** D 29
Infiernos (Los) *GR* **94** U 19
Infiesto *O* **6** B 13
Ingenio
  Gran Canaria GC **117** F 3
Iniesta *CU* **60** N 24
Iniéstola *GU* **47** J 22
Inogés *Z* **34** H 25
Inoso *VI* **18** C 21
Instinción *AL* **102** V 22

Insúa *C* **3** B 6
Insúa
  cerca de Taboada *LU* **13** D 6
Insúa
  cerca de Villalba *LU* **3** C 6
Insúa (Punta) *C* **2** C 2
Intza *NA* **10** C 24
Inviernas (Las) *GU* **47** J 21
Iñigo *SA* **43** K 12
Iragi *NA* **11** D 25
Iranzu (Monasterio de) *NA* **19** D 23
Irañeta *NA* **10** D 24
Ircio *BU* **18** E 21
Irede *LE* **15** D 12
Iregua (Valle de) *LO* **19** F 22
Iribas *NA* **10** D 24
Iriépal *GU* **46** K 20
Irixo *OR* **13** E 5
Irixoa *C* **3** C 5
Iruela *LE* **15** F 10
Iruela (La) *J* **83** S 21
Iruelos *SA* **43** I 11
Irueste *GU* **46** K 21
Irumugarrieta *NA* **10** C 23
Irura *SS* **10** C 23
Iruraiz-Gauna *VI* **19** D 23
Irurita *NA* **11** C 25
Irurtzun *NA* **11** D 26
Irús *O* **8** C 19
Iruz *S* **7** C 18
Iruzubieta *BI* **10** C 22
Isaba / Izaba *NA* **11** D 27
Isabel (La) *H* **78** T 7
Isabela *J* **82** R 19
Isar *BU* **17** E 18
Iscar *VA* **31** H 16
Isidro *BA* **78** R 9
Isidros (Los) *V* **61** N 26
Isil *L* **23** D 33
Isla *S* **7** B 18
Isla (La) *O* **6** B 14
Isla Canela *H* **90** U 7
Isla Cristina *H* **90** U 8
Isla de Luna *CO* **93** T 15
Isla del Vicario *SE* **92** T 14
Isla Plana *MU* **97** T 26
Isla Playa *S* **8** B 19
Isla Ravenna *IB* **105** M 39
Isla Redonda *SE* **93** T 15
Islares *S* **8** B 20
Islas Menores *MU* **85** T 27
Isleta (La)
  Gran Canaria GC **115** G 1
Isleta (La)
  Lanzarote GC **122** D 3
Islote (El)
  Fuerteventura GC **112** C 5
Isoba *LE* **6** C 14
Isona *L* **23** F 33
Isora *El Hierro TF* **109** D 2
Isóvol *GI* **23** E 35
Ispater *BI* **9** B 22
Isso *AB* **84** Q 24
Istán *MA* **100** W 15
Isuerre *Z* **20** E 26
Itálica
  (Ruinas de) *SE* **91** T 11
Itero de la Vega *P* **17** F 17
Itero del Castillo *BU* **17** F 17
Itoiz
  (Embalse de) *NA* **11** D 26
Itrabo *GR* **101** V 19
Itrabo (Cerro de) *GR* **101** V 19
Itsaso *SS* **10** C 23
Itsasondo *SS* **10** C 23
Ituero *SO* **33** H 22
Ituero *AB* **72** P 23
Ituero de Azaba *SA* **42** K 9
Ituero y Lama *SG* **45** J 16
Ituren *NA* **11** C 24
Iturgoyen *NA* **10** D 24
Iturmendi *NA* **19** D 23
Iturreta *BI* **10** C 22
Itzalle / Izal *NA* **11** D 26
Itzaltzu / Izalzu *NA* **11** D 26
Itziar *SS* **10** C 22
Iurreta *BI* **10** C 22
Ivars de Noguera *L* **36** G 31
Ivars d'Urgell *L* **37** G 32
Ivarsos (Els) *CS* **62** L 29
Ivorra *L* **37** G 34

Izaba / Isaba *NA* **11** D 27
Izagaondoa *NA* **11** D 25
Izagre *LE* **16** F 14
Izal / Itzalle *NA* **11** D 26
Izalzu / Itzaltzu *NA* **11** D 26
Izana *SO* **33** G 22
Izaña *Tenerife TF* **127** F 3
Izarra *VI* **18** D 21
Izarraitz
  (Monte) *SS* **10** C 23
Ízbor *GR* **101** V 19
Izcar *CO* **81** S 16
Izco *NA* **20** E 25
Izki
  (Parque natural de) *VI* **19** D 22
Iznájar *CO* **93** U 17
Iznalloz *GR* **94** T 19
Iznate *MA* **101** V 17
Iznatoraf *J* **83** R 20
Izurtza *BI* **10** C 22
Izustarri (Punta) *SS* **10** C 23

J
Jábaga *CU* **60** L 23
Jabalcón *GR* **95** T 21
Jabalcuz *J* **82** S 18
Jabalera *CU* **59** L 21
Jabaloyas *TE* **61** L 25
Jabalquinto *J* **82** R 18
Jabarrella *HU* **21** E 28
Jabarriega *BA* **67** O 9
Jabata *H* **79** S 10
Jable (El)
  Lanzarote GC **123** D 3
Jabugo *H* **79** S 9
Jabuguillo *H* **79** S 10
Jaca *HU* **21** E 28
Jaca *Z* **94** T 18
Jacarilla *A* **85** R 27
Jacintos *BA* **79** R 10
Jadraque *GU* **46** J 21
Jaén *J* **82** S 18
Jafre *GI* **25** F 39
Jalama *CC* **55** L 9
Jalance *V* **73** O 26
Jalón (Río) *Z* **33** I 23
Jalón de Cameros *LO* **19** F 22
Jalvegada *CR* **82** Q 18
Jama
  Tenerife TF **128** E 5
Jambrina *ZA* **29** H 13
Jameos del Agua
  Lanzarote GC **121** F 3
Jamilena *J* **82** S 18
Jana (La) *CS* **50** K 30
Jandía
  Fuerteventura GC **112** C 5
Jandía (Península de)
  Fuerteventura GC **112** B 5
Jandía (Punta de)
  Fuerteventura GC **112** A 5
Jandilla *CA* **99** X 12
Jandulilla *J* **83** S 20
Janubio (Salinas de)
  Lanzarote GC **122** B 4
Jara (La) *TO* **57** M 14
Jara (La) *CA* **91** V 10
Jaraba *Z* **48** I 24
Jarafuel *V* **73** O 26
Jaraguas *V* **61** N 25
Jaraicejo *CC* **56** N 12
Jaraiz de la Vera *CC* **56** L 12
Jarales *El Hierro TF* **109** D 2
Jarama (Circuito del) *M* **46** K 19
Jaramillo
  de la Fuente *BU* **32** F 20
Jaramillo Quemado *BU* **32** F 19
Jarandilla de la Vera *CC* **56** L 13
Jaras (Las) *CO* **81** S 15
Jarastepar *MA* **99** V 14
Jaray *SO* **33** G 23
Jarceley *O* **5** C 10
Jardín (El) *AB* **72** P 23
Jardines
  (Puerto de los) *J* **82** Q 19
Jarilla *CC* **56** L 11
Jarilla (La) *SE* **92** T 12
Jarillas (Las) *SE* **80** S 12
Jarlata *HU* **21** E 28
Jarosa *AL* **84** S 23
Jarosa
  (Embalse de la) *M* **45** J 17
Jarosa (La) *CR* **71** P 20
Jarque *Z* **34** H 24
Jarque de la Val *TE* **49** J 27
Jártos *AB* **84** Q 23

Jasa *HU* **21** D 28
Jata *GR* **84** S 22
Játar *GR* **101** V 18
Jatiel *TE* **35** I 28
Jau (El) *GR* **94** U 18
Jauja *SO* **33** G 22
Jaulín *Z* **35** H 27
Jauntsarats *NA* **10** C 24
Jaurrieta *NA* **11** D 26
Jautor (El) *CA* **99** W 13
Javalambre *TE* **61** L 26
Javalambre
  (Sierra de) *TE* **61** L 27
Javalón *TE* **61** L 25
Javana (Punta) *AL* **103** V 24
Jávea / Xàbia *A* **75** P 30
Javier *NA* **20** E 26
Javierre *HU* **21** E 29
Javierre
  del Obispo *HU* **21** E 29
Javierregay *HU* **21** E 27
Javierrelatre *HU* **21** E 28
Jayena *GR* **101** V 18
Jedey *La Palma TF* **132** C 5
Jédula *CA* **99** V 11
Jemenuño *SG* **45** J 16
Jerez de la Frontera *CA* **98** V 11
Jerez
  de los Caballeros *BA* **79** R 9
Jerez
  del Marquesado *GR* **95** U 20
Jérica *CS* **62** M 28
Los Jerónimos *MU* **85** S 26
Jerte *CC* **56** L 12
Jesús (Iglesia) *IB* **87** P 34
Jesús i María *T* **50** J 32
Jesús Pobre *A* **74** P 30
Jete *GR* **101** V 18
Jiloca *Z* **48** I 25
Jimena *J* **82** S 19
Jimena de la Frontera *CA* **99** W 13
Jimenado *MU* **85** S 26
Jiménez de Jamuz *LE* **15** F 12
Jimera de Líbar (La) *MA* **99** W 14
Jinama (Mirador de)
  El Hierro TF **109** D 2
Jinamar
  Gran Canaria GC **115** F 2
Jinetes (Los) *SE* **92** T 12
Joanetes *GI* **24** F 37
Joanín *LU* **13** E 6
Joara *LE* **16** E 15
Joarilla de las Matas *LE* **16** F 14
Jócano *NA* **18** D 21
Jódar *J* **82** S 19
Jodra de Cardos *SO* **33** H 22
Jola *CC* **66** O 8
Jolúcar *GR* **102** V 19
Joncosa
  de Montmell (La) *T* **37** I 34
Jonquera (La) *GI* **25** E 38
Joráriatar *GR* **102** V 20
Jorba *B* **37** H 34
Jorcas *TE* **49** K 27
Jorquera *AB* **73** O 25
Josa *TE* **49** J 27
Josa del Cadí *L* **23** F 34
José Antonio *CA* **99** V 12
José Díez *BA* **79** R 10
Jose Toran
  (Embalse de) *SE* **80** S 13
Jou *L* **23** E 33
Jou (Coll de) *L* **23** F 34
Joya (La) *H* **78** S 8
Joya (La) *Ibiza IB* **87** O 34
Joyosa (La) *Z* **34** G 26
Juan Antón *SE* **79** T 10
Juan Gallego *SE* **79** T 10
Juan Grande
  Gran Canaria GC **117** F 4
Juan Martín *CO* **81** S 16
Juan Navarro *V* **61** N 26
Juan Quílez *AB* **84** Q 23
Juán Rico (Casas de) *A* **73** Q 27
Juanar
  (Refugio de) *MA* **100** W 15
Juarros
  de Ríomoros *SG* **45** J 17
Juarros de Voltoya *SG* **45** I 16
Jubera *J* **82** S 19
Jubera *SO* **47** I 23
Jubera (La)
  La Palma TF **132** C 5
Jubiley (Puerto) *GR* **102** V 19
Jubrique *MA* **99** W 14
Judes *SO* **47** I 23
Judío *SO* **20** G 16
Judío (Embalse del) *MU* **85** R 25

Jumilla *MU* **85** Q 26
Jumilla (Puerto de) *MU* **73** Q 26
Juncalillo
  Gran Canaria GC **114** D 2
Juncar (El) *CS* **62** L 29
Junciana *AV* **44** K 13
Juncosa *L* **36** H 32
Juneda *L* **36** H 32
Junquera (La) *MU* **84** S 23
Junquera de Tera *ZA* **29** F 11
Junquillo *J* **82** R 17
Juntas *J* **94** T 18
Juntas
  de Arriba (Las) *AL* **84** S 23
Junzano *HU* **21** F 29
Jurado *CO* **81** R 16
Jurados (Los) *SE* **92** U 12
Juseu *HU* **22** F 31
Juslibol *Z* **35** G 27
Justel *ZA* **15** F 11
Justo (San) *LO* **19** F 23
Juviles *GR* **102** V 20
Juzbado *SA* **43** I 12
Júzcar *MA* **100** W 14

K
Kanala *BI* **9** B 21
Kanpazar
  (Puerto de) *PV* **10** C 22
Kontrasta *VI* **19** D 23
Korres *VI* **19** D 22
Kortezubi *BI* **9** B 22
Kripan *VI* **19** E 22

L
Labacengos *C* **3** B 6
Labacolla *C* **3** D 4
Labajos *SG* **45** J 16
Labarces *S* **7** C 16
Labastida *VI* **19** E 21
Labata *HU* **21** F 29
Labiano *NA* **11** D 25
Labor de Acequión *AB* **72** O 23
Laborcillas *GR* **95** T 20
Labores (Las) *CR* **70** O 19
Labra *O* **6** B 14
Labrada
  cerca de Abadín *LU* **4** B 7
Labrada
  cerca de Germade *LU* **3** C 6
Labraza *VI* **19** E 22
Labros *GU* **48** I 24
Labuerda *HU* **22** E 30
Lacabe *NA* **11** D 25
Lácara *BA* **67** P 10
Lacervilla *VI* **19** D 21
Láchar *GR* **94** U 18
Lacorvilla *Z* **21** F 27
Lada *O* **5** C 12
Laderas
  del Campillo *MU* **85** R 26
Ladines *O* **6** C 13
Ladrillar *CC* **43** K 11
Ladrones *CO* **81** R 16
Ladrones *MU* **73** P 25
Ladrones (Punta) *MA* **100** W 15
Lafortunada *HU* **22** E 30
Lafuente *S* **7** C 16
Lagar *O* **4** B 9
Lagar
  de San Antonio *CO* **93** T 15
Lagarejos *ZA* **29** F 10
Lagarín *CA* **92** V 14
Lagartera *TO* **57** M 14
Lagartos *P* **16** E 15
Lagata *Z* **35** I 27
Lago *O* **4** C 9
Lago *LU* **4** A 7
Lago Menor *IB* **105** M 39
Lagoa (A) *PO* **12** E 4
Lagos *MA* **101** V 17
Lagrán *VI* **19** E 22
Laguarres *HU* **22** F 31
Laguarta *HU* **21** E 29
Lagueruela *TE* **48** I 26
Laguna (La)
  La Palma TF **132** C 5
Laguna (La)
  Tenerife TF **125** I 2
Laguna Chica *TO* **59** N 20
Laguna Dalga *LE* **15** F 12
Laguna de Cameros *LO* **19** F 22
Laguna
  de Contreras *SG* **31** H 17

Laguna de Duero *VA* **30** H 15
Laguna de Negrillos *LE* **16** F 13
Laguna de Somoza *LE* **15** E 11
Laguna
  del Marquesado *CU* **60** L 24
Laguna Grande *CU* **71** N 21
Laguna Negra
  de Neila *BU* **32** F 20
Laguna Negra
  de Urbión *SG* **33** F 21
Laguna Rodrigo *SG* **45** J 16
Lagunarrota *HU* **36** G 29
Lagunas de Ruidera
  (Parque natural) *CR* **71** P 21
Lagunaseca *CU* **47** K 23
Lagunazo *H* **78** T 8
Lagunazo
  (Embalse de) *H* **78** T 8
Lagunilla *SA* **43** L 12
Lagunilla (La) *CR* **69** O 16
Lagunilla del Jubera *LO* **19** E 23
Lagunillas (Las) *CO* **93** T 17
Lahiguera *J* **82** S 18
Laida *BI* **9** B 21
Laíño *C* **12** D 3
Laiosa *LU* **14** E 7
Lajares
  Fuerteventura GC **111** H 1
Lajita (La)
  Fuerteventura GC **113** F 4
Lakuntza *NA* **19** D 23
Lalastra *VI* **18** D 20
Lalín *PO* **13** E 5
Laluenga *HU* **22** F 29
Lalueza *HU* **35** G 29
Lama *PO* **13** E 4
Lamalonga *OR* **14** F 9
Lamas *LU* **3** C 6
Lamas *LU* **13** E 6
Lamas cerca
  de San Sadurniño *C* **3** B 5
Lamas cerca de Zás *C* **2** C 3
Lamas (As) *OR* **13** F 6
Lamas (Las) *LE* **14** D 9
Lamas de Moreira *LU* **4** C 8
Lamata *HU* **22** F 30
Laminoria
  (Cantera de) *VI* **19** D 22
Lamosa *PO* **13** F 4
Lanaja *HU* **35** G 29
Lanave *HU* **21** E 28
Láncara *LU* **14** D 7
Lancha (La) *J* **82** R 18
Lancha
  (Puerto de la) *AV* **45** K 16
Lanchar *MU* **84** R 23
Lanchares *S* **7** C 18
Lanciego *VI* **19** E 22
Landete *CU* **61** M 25
Landrove *LU* **4** B 7
Lanestosa *BI* **8** C 19
Langa *AV* **44** I 15
Langa (La) *CU* **59** L 22
Langa de Duero *SO* **32** H 19
Langa del Castillo *Z* **34** I 25
Langayo *VA* **31** H 17
Langosto *SO* **33** G 22
Langre *LE* **15** D 10
Langreo *O* **6** C 13
Languilla *SG* **32** H 19
Lanjarón *GR* **101** V 19
Lanseros *ZA* **29** F 10
Lantadilla *P* **17** E 17
Lantaño *PO* **12** E 3
Lantarón *VI* **18** D 20
Lantéira *GR* **95** U 20
Lantejuela *SE* **92** T 14
Lantz *NA* **11** D 25
Lanuza
  (Embalse de) *HU* **21** D 29
Lanza *C* **3** C 5
Lanzahíta *AV* **57** L 15
Lanzas Agudas *BI* **8** C 19
Lanzós *LU* **3** B 7
Lanzuela *TE* **48** I 26
Laño *BU* **19** E 22
Lapa (La) *SE* **91** T 11
Lapa (La) *BA* **79** Q 10
Lapa (Sierra de la) *BA* **68** P 12
Lapela *OR* **13** F 5
Laperdiguera *HU* **36** G 29
Lapoblación *NA* **19** E 22
Lapones *CC* **54** N 8
Lapuebla de Labarca *VI* **19** E 22
Lara *CR* **70** O 18
Laracha (A) *C* **2** C 4

España 151

Laranueva GU 47 J 22
Laraxe C 3 B 5
Lardero LO 19 E 22
Laredo S 8 B 19
Larga (Laguna) TO 59 N 20
Larga (Sierra) AL 84 S 23
Largas TO 58 N 19
Largo (El) AL 96 T 24
Lariño C 12 D 2
Lario LE 6 C 14
Laro PO 13 E 5
Laroá OR 27 F 6
Laroles GR 95 U 20
Larón O 5 D 10
Larouco OR 14 E 8
Laroya AL 96 U 23
Larrabasterra BI 8 B 21
Larrabetzu BI 9 C 21
Larraga NA 20 E 24
Larraintzar NA 11 D 24
Larraitz (Ermita de) SS 10 C 23
Larraona NA 19 D 23
Larrau (Puerto de) NA 11 D 27
Larraul SS 10 C 23
Larraun NA 10 D 24
Larráun NA 19 D 24
Lárrede HU 21 E 29
Larreineta BI 8 C 20
Larrés HU 21 E 28
Larriba LO 19 F 22
Larrión NA 19 D 23
Larrodrigo SA 44 J 13
Larruskain BI 10 C 22
Larués HU 21 E 27
Larumbe NA 10 D 24
Larva J 83 S 20
Larva (Estacíon de) J 83 S 20
Larxentes LU 4 D 9
Lasao SS 10 C 23
Lasaosa HU 21 E 29
Lasarte-Oria SS 10 C 23
Lascasas HU 21 F 28
Lascellas HU 21 F 29
Lascuarre HU 22 F 31
Lasieso HU 21 E 28
Laspaúles HU 22 E 31
Laspuña HU 22 E 30
Laspuña (Embalse de) HU 22 E 30
Lastanosa HU 35 G 29
Lastra (A) LU 4 C 8
Lastra (La) S 7 C 16
Lastra (La) P 17 D 16
Lastra del Cano (La) AV 44 K 13
Lastras S 8 C 19
Lastras de Cuéllar SG 31 I 17
Lastras de la Torre BU 18 C 20
Lastras de las Eras BU 8 C 19
Lastras del Pozo SG 45 J 16
Lastres O 6 B 14
Lastrilla (La) SG 45 J 17
Latasa *cerca de Lekunberri* NA 10 D 24
Latasa *cerca de Lizaso* NA 11 D 25
Latedo ZA 29 G 10
Latorrecilla HU 22 E 30
Latre HU 21 E 28
Laudio / Llodio VI 8 C 21
Laujar de Andarax AL 102 V 21
Laukiz BI 8 B 21
Lavaderos TE 49 J 27
Lavadores PO 12 F 3
Lavandeira C 3 B 5
Lavern B 38 H 35
Lavid de Ojeda P 17 E 16
Lavio O 5 B 10
Laxe C 2 C 2
Laxe LU 13 E 6
Laxosa LU 4 D 7
Layana Z 20 F 26
Layna SO 47 I 23
Layón AL 95 U 22
Layos TO 58 M 17
Laza OR 14 F 7
Lazagurría NA 19 E 23
Lázaro CU 60 M 24
Lazkao SS 10 C 23
Lea LU 4 C 7
Leache NA 20 E 25
Lebanza P 17 D 16
Lebeña S 7 C 16
Leboreiro C 13 D 6
Leboreiro OR 14 F 7
Lebozán PO 13 E 5
Lebozán OR 13 E 5
Lebrancón GU 47 J 23
Lebredo O 4 B 9
Lebrija SE 91 V 11
Lécera Z 35 I 27
Leces O 6 B 14
Lechago TE 48 J 26
Lechina AB 72 O 22
Lechón Z 48 I 26
Lechugales (Morra de) ESP 7 C 15
Lecina HU 22 F 30
Leciñena Z 35 G 28
Lecrín GR 101 V 19
Lecrín (Valle de) GR 101 V 19
Ledanca GU 47 J 21
Ledaña CU 72 N 24
Ledesma SA 43 I 11
Ledesma de la Cogolla LO 19 F 21
Ledesma de Soria SO 33 H 23
Ledigos P 16 E 15
Ledrada SA 43 K 12
Leganés M 46 L 18
Leganiel CU 59 L 21
Legarda NA 10 D 24
Legazpi SS 10 C 22
Legorreta SS 10 C 23
Legutiano VI 19 D 22
Leiloio C 2 C 3
Leintz-Gatzaga SS 19 D 22
Leioa BI 8 B 20
Leioa BI 8 B 21
Leioa BI 8 C 21
Leira C 3 C 4
Leirado PO 13 F 4
Leiro C 3 B 5
Leiro OR 13 E 5
Leis C 2 C 2
Leitariegos O 5 D 10
Leitariegos (Puerto de) LE 5 D 10
Leitza NA 10 C 24
Leiva LO 18 E 20
Lekeitio BI 9 B 22
Lekunberri NA 10 C 24
Lemoa BI 9 C 21
Lemoiz BI 8 B 21
Lences BU 18 E 19
Lendínez J 82 S 17
Lentejí GR 101 V 18
Lentellais OR 14 F 8
Lentiscal (El) CA 99 X 12
León LE 16 E 13
León (Isla de) CA 98 W 11
León (Montes de) LE 15 E 10
León (Puerto del) MA 100 V 16
Leones (Los) CO 93 T 16
Leoz NA 20 E 25
Lepe H 90 U 8
Leranotz NA 11 D 25
Lérez PO 12 E 4
Lerga NA 20 E 25
Lerín NA 19 E 24
Lerma BU 32 F 18
Lermilla BU 18 E 19
Lerones S 7 C 16
Les L 22 D 32
Lesaka NA 11 C 24
Lesón C 12 E 3
Letreros (Cuevas de los) AL 84 S 23
Letur AB 84 Q 23
Letux Z 35 I 27
Levante (Peñas de) CC 55 L 10
Levinco O 6 C 13
Leyre (Monasterio de) NA 20 E 26
Leza VI 19 E 22
Leza de Río Leza LO 19 F 22
Lezama BI 9 C 21
Lezama VI 8 C 21
Lezáun NA 10 D 24
Lezo SS 10 C 24
Lezuza AB 72 P 22
Liandres S 7 B 17
Libardón O 6 B 14
Liber LU 14 D 8
Librán LE 15 D 10
Libreros CA 99 X 12
Librilla MU 85 S 25
Libros TE 61 L 26
Liceras SO 32 H 20
Lidón TE 48 J 26
Liebres BA 67 O 9
Liédena NA 20 E 26
Liegos LE 6 C 14
Liencres S 7 B 18
Liendo S 8 B 19
Lieres O 6 B 13
Liérganes S 8 B 18
Lierta HU 21 F 28
Liesa HU 21 F 29
Liétor AB 72 Q 24
Ligos SO 32 H 20
Ligüerre de Ara HU 21 E 29
Ligüerzana P 17 D 16
Líjar AL 96 U 23
Lillo TO 59 M 20
Lillo del Bierzo LE 15 D 10
Limaria AL 96 T 23
Limia (Río) OR 13 F 6
Limodre C 3 B 5
Limones GR 94 T 18
Limonetes de Villalobos (Los) BA 67 P 9
Limpias S 8 B 19
Linarejos ZA 29 G 10
Linarejos J 82 R 19
Linares S 7 C 16
Linares J 82 R 19
Linares *cerca de Cangas de Narcea* O 5 C 10
Linares *cerca de Salas* O 5 B 11
Linares (Puerto de) TE 49 L 28
Linares de la Sierra H 79 S 10
Linares de Mora TE 49 L 28
Linares de Riofrío SA 43 K 12
Linares del Arroyo (Embalse de) SG 32 H 19
Linás de Broto HU 21 E 29
Linás de Marcuello HU 21 F 27
Linde (La) O 5 C 10
Lindín LU 4 B 8
Línea de la Concepción (La) CA 99 X 13
Lintzoain NA 11 D 25
Linyola L 37 G 32
Liñaio C 2 D 3
Liñares LU 14 D 8
Liñares *cerca de Beariz* OR 13 E 5
Liñares *cerca de Orense* OR 13 E 6
Lira C 12 D 2
Lires C 2 D 2
Liri HU 22 E 31
Liria / Llíria V 62 N 28
Litago Z 34 G 24
Litera HU 22 F 31
Litos ZA 29 G 11
Lituelo TE 48 J 26
Lituénigo Z 34 G 24
Lizarra / Estella NA 19 D 23
Lizarraga *cerca de Echarri Aranaz* NA 19 D 23
Lizarraga *cerca de Urroz* NA 11 D 25
Lizarraga (Puerto de) NA 19 D 23
Lizarrieta NA 11 C 25
Lizarrusti (Puerto de) 19 D 23
Lizartza SS 10 C 23
Lizaso NA 11 D 24
Lizóain NA 11 D 25
Llabería T 51 I 32
Llacuna (La) B 37 H 34
Lladó GI 25 F 38
Lladorre L 23 E 33
Lladrós L 23 E 33
Lladurs L 23 F 34
Llafranc GI 25 G 39
Llagosta (La) B 38 H 36
Llagostera GI 25 G 38
Llagunes L 23 E 33
Llamas O 6 C 13
Llamas de Cabrera LE 14 E 10
Llamas de la Ribera LE 15 E 12
Llamas de Rueda LE 16 E 14
Llamas del Mouro O 5 C 10
Llambilles GI 25 G 38
Llames O 6 B 15
Llamo O 5 C 12
Llamoso O 5 C 11
Llana (Punta) *La Gomera* TF 119 D 2
Llana (Sierra de la) BU 18 D 19
Llanars GI 24 F 37
Llanas (Las) BI 8 C 20
Llánaves de la Reina LE 6 C 15
Llançà GI 25 E 39
Llanelo O 14 D 9
Llanera O 5 B 12
Llanera de Ranes V 74 O 28
Llanes O 6 B 15
Llanillo BU 17 D 17
Llano S 17 D 18
Llano (El) O 4 B 8
Llano (Puerto) CC 68 N 14
Llano (Puerto) BA 67 Q 11
Llano de Brujas MU 85 R 26
Llano de Bureba BU 18 E 19
Llano de la Torre AB 84 Q 23
Llano de Olmedo VA 31 I 16
Llano del Beal MU 85 T 27
Llano Don Antonio AL 103 V 24
Llano Negro *La Palma* TF 130 B 3
Llanos (Los) AB 72 P 24
Llanos de Antequera (Los) MA 93 U 16
Llanos de Aridane (Los) *La Palma* TF 132 C 5
Llanos de Arriba (Los) J 83 Q 21
Llanos de Don Juan CO 93 T 16
Llanos de la Concepción *Fuerteventura* GC 111 G 3
Llanos de Tormes (Los) AV 44 L 13
Llanos del Caudillo CR 71 O 19
Llanos del Valle CA 99 W 12
Llanteno VI 8 C 20
Llanuces O 5 C 12
Llardecans L 36 H 31
Llares (Los) S 7 C 17
Llaurí V 74 O 29
Llavorsí L 23 E 33
Lledó TE 50 J 30
Lleida L 36 H 31
Llén SA 43 J 12
Llena (Pic de) L 23 E 32
Llera BA 79 Q 11
Llerana S 7 C 18
Llerandi O 6 C 14
Llerena BA 79 R 11
Llers GI 25 F 38
Llert HU 22 E 31
Lles de Cerdanya L 23 E 35
Llesp L 22 E 32
Llessui L 23 E 33
Llessui (Vall de) L 23 E 33
Llíber A 74 P 30
Lliçà d'Amunt B 38 H 36
Llimiana L 23 F 32
Llinars L 23 F 34
Llinars de l'Aigua d'Ora B 23 F 35
Llinars del Vallès B 38 H 37
Llíria / Liria V 62 N 28
Llívia GI 24 E 35
Lloà T 36 I 32
Llobera *cerca de Organyà* L 23 F 34
Llobera *cerca de Solsona* L 37 G 34
Llobregat (El)(Riu) B 24 F 35
Llocnou de Sant Jeroni V 74 P 29
Llocnou d'en Fenollet V 74 O 28
Llodio / Laudio VI 8 C 21
Lloma (La) *cerca de Marines* V 62 M 28
Lloma (La) *cerca de Nàquera* V 62 N 28
Llombai V 74 O 28
Llombarts (es) IB 105 N 39
Llombera LE 16 D 13
Llonín O 7 B 16
Llor (El) L 37 G 33
Llorac T 37 H 33
Lloreda S 7 C 18
Llorenç de Vallbona L 37 H 33
Llorenç del Penedès T 37 I 34
Llorengoz BU 18 D 20
Lloret de Mar GI 39 G 38
Lloret de Vistalegre IB 104 N 38
Llosa (La) CS 62 M 29
Llosa de Camacho A 74 P 29
Llosa de Ranes (La) V 74 O 28
Lloseta IB 104 M 38
Llosses (Les) GI 24 F 36
Llovio O 6 B 14
Llubí IB 105 M 39
Lluçà B 24 F 36
Lluçars L 37 G 33
Llucena CS 62 L 29
Llucmajor IB 104 N 38
Llumes Z 48 I 24
Llusías (Monte) S 8 C 19
Llutxent V 74 P 28
Lo Ferro MU 85 S 27
Loarre HU 21 F 28
Loarre (Castillo de) HU 21 F 28
Loba (Puerto de la) BA 79 R 10
Loba (Sierra de la) LU 3 C 6
Lobatejo CO 93 T 17
Lobeira OR 27 G 5
Lobeira (Mirador de) PO 12 E 3
Lobeiras LU 4 B 7
Lobera de Onsella Z 20 E 26
Loberuela (La) V 61 M 25
Lobillo (El) CR 71 P 20
Lobios OR 27 G 5
Lobo (Pico del) GU 46 I 19
Lobo (Pilón del) CR 69 P 15
Lobo (Puerto) GR 94 U 19
Lobón BA 67 P 10
Lobos GR 83 S 22
Lobos (Isla de los) *Fuerteventura* GC 111 J 1
Lobos (Los) AL 96 U 24
Lobosillo MU 85 S 26
Lobras GR 102 V 20
Lobres GR 101 V 19
Lodares *cerca de El Burgo de Osma* SO 32 H 20
Lodares *cerca de Medinaceli* SO 47 I 22
Lodares del Monte SO 33 H 22
Lodosa NA 19 E 23
Lodoso BU 17 E 18
Loeches M 46 K 19
Logroño LO 19 E 22
Logrosán CC 68 N 13
Loiba C 3 A 6
Lois LE 16 D 14
Loiti (Puerto) NA 20 E 25
Loiu BI 8 C 21
Loja GR 94 U 17
Lojilla GR 94 T 17
Loma (La) GU 47 J 23
Loma (La) GR 94 U 18
Loma Badada A 85 Q 27
Loma de Piqueras AB 72 Q 22
Loma del Ucieza P 17 E 16
Loma Gerica J 83 R 22
Loma Gorda TE 61 L 26
Loma Pelada (Punta de) AL 103 V 23
Lomana BU 18 D 20
Lomas P 17 F 16
Lomas (Las) MU 85 S 26
Lomas (Las) CA 99 X 12
Lomas (Las) MA 100 W 15
Lomas (Las) M 45 K 18
Lomas (Las) Z 35 G 27
Lomba (La) S 7 C 17
Lomeña S 7 C 16
Lomero H 78 S 9
Lominchar TO 58 L 18
Lomo de Mena *Tenerife* TF 127 G 3
Lomoviejo VA 44 I 15
Longares Z 34 H 26
Longás Z 21 E 27
Loña del Monte OR 13 E 6
Lope Amargo CO 81 S 16
Lopera J 81 S 17
Lopera GR 95 U 20
Loporzano HU 21 F 29
Lor LU 14 E 7
Lora CA 92 V 14
Lora de Estepa SE 93 U 15
Lora del Río SE 80 T 13
Loranca de Tajuña GU 46 K 20
Loranca del Campo CU 59 L 21
Loranquillo BU 18 E 20
Lorbé C 3 B 5
Lorca MU 84 S 24
Loredo S 8 B 18
Lorenzana LE 16 D 13
Lores P 17 D 16
Loreto GR 94 U 18
Loriguilla V 62 N 28
Loriguilla (Ruinas del pueblo de) V 61 M 27
Lorilla BU 17 D 18
Lorqui MU 85 R 26
Losa AB 72 Q 24
Losa (La) SG 45 J 17
Losa (La) GR 83 S 22
Losa del Obispo V 61 M 27
Losacino ZA 29 G 11
Losacio ZA 29 G 11
Losadilla LE 14 F 10
Losana del Pirón SG 45 I 17
Losar (El) AV 44 K 13
Losar de la Vera CC 56 L 13
Losares CU 60 L 23
Loscorrales HU 21 F 28
Loscos TE 48 I 26
Losetares GR 84 S 23
Losilla ZA 29 G 12
Losilla (La) SO 33 G 23
Losilla (La) AB 72 P 24
Losilla de Aras V 61 M 26
Lougares PO 13 F 4
Loureda C 13 D 4
Loureiro LU 14 D 7
Loureiro PO 13 E 4
Lourenzá LU 4 B 8
Loureza PO 12 G 3
Louro C 12 D 2
Louro (Punta) C 12 D 2
Lousada LU 13 D 7
Lousadela LU 13 D 6
Lousame *Portobravo* C 12 D 3
Lousame *Portobravo* C 12 D 3
Louseiro LU 14 D 8
Loza VI 19 E 21
Lozoya M 45 J 18
Lozoyuela M 46 J 19
Luaces LU 4 C 7
Luanco O 5 B 12
Luarca O 5 B 10
Lubia SO 33 H 22
Lubián ZA 28 F 9
Lubrín AL 96 U 23
Lucainena AL 102 V 20
Lucainena de las Torres AL 96 U 23
Lúcar AL 96 T 22
Lucena CO 93 T 16
Lucena de Jalón Z 34 H 26
Lucena del Puerto H 91 U 9
Lucencia LU 13 D 6
Luceni Z 34 G 26
Lucenza OR 27 G 7
Luces O 6 B 14
Luchena MU 84 S 24
Luciana CR 70 P 17
Lucillo LE 15 E 11
Lucillos TO 57 M 16
Luco de Bordón TE 49 J 29
Luco de Jiloca TE 48 J 26
Ludiente CS 62 L 28
Ludrio LU 4 C 7
Lueje O 6 C 15
Luelmo ZA 29 H 11
Luesia Z 20 E 26
Luesma Z 48 I 26
Lugán LE 16 D 13
Lugar Nuevo (Coto nacional de) J 82 R 17
Lugar Nuevo (El) J 82 R 17
Lugareja (Ermita La) AV 44 I 15
Lugo LU 4 C 7
Lugo de Llanera O 5 B 12
Lugones O 5 B 12
Lugros GR 95 U 20
Lugueros LE 16 D 13
Luíntra (Nogueira de Ramuín) OR 13 E 6
Luiña O 14 D 9
Luis Díaz CO 81 S 16
Luisiana (La) SE 92 T 14
Luján HU 22 E 30
Lújar GR 102 V 19
Lukiano VI 18 D 21
Lumajo LE 5 D 11
Lumbier NA 20 E 26
Lumbier (Hoz de) NA 20 E 26
Lumbrales SA 42 J 9
Lumbreras LO 33 F 22
Lumias SO 32 H 21
Lumpiaque Z 34 H 26
Luna Z 21 F 27
Lunada (Portillo de) BU 8 C 19
Luneda PO 13 F 5
Luou C 12 D 4
Lupiana GU 46 K 20
Lupiñén HU 21 F 28
Lupiñén-Ortilla HU 21 F 28
Lupión J 82 S 19
Luque CO 93 T 17
Luquin NA 19 E 23
Lurda (La) SA 44 J 13
Luriana BA 67 O 10
Lusio LE 14 E 9
Luiaondo VI 8 C 21
Luyego LE 15 E 11
Luz BA 66 Q 8
Luz (La) VA 31 H 15
Luzaga GU 47 J 22
Luzaide / Valcarlos NA 11 C 26

A B C D E F G H I J K L M N O P Q R S T U V W X Y Z

A B C D E F G H I J K L M N O P Q R S T U V W X Y Z

Luzás *HU* ...**22** F 31
Luzmela *S* ...**7** C 17
Luzón *GU* ...**47** I 23

M

Mabegondo *C* ...**3** C 5
Macael *AL* ...**96** U 23
Macalón *AB* ...**84** Q 23
Maçanet de Cabrenys *GI* ...**24** E 38
Maçanet de la Selva *GI* ...**39** G 38
Macarra *AB* ...**56** M 12
Macastre *V* ...**73** N 27
Maceda cerca
  de Corgo *LU* ...**14** D 7
Maceda cerca
  de Orense *OR* ...**13** F 7
Maceda cerca de Palas
  de Rei *LU* ...**13** D 6
Maceira *PO* ...**13** F 4
Macetua
  (Estación de la) *MU* ...**85** R 25
Machacón *SA* ...**44** J 13
Machal (El) *BA* ...**67** O 10
Macharaviaya *MA* ...**101** V 17
Mácher *Lanzarote GC* ...**122** C 4
Machero *CR* ...**70** N 17
Machimala *HU* ...**22** D 31
Macotera *SA* ...**44** J 14
Madarcos *M* ...**46** I 19
Madera *J* ...**83** R 22
Maderal (El) *ZA* ...**29** I 13
Madero (Puerto del) *SO* ...**33** G 23
Maderuelo *SG* ...**32** H 19
Madre de las Marismas
  del Rocío *H* ...**91** U 10
Madremanya *GI* ...**25** G 38
Madrero (El) *TO* ...**57** N 15
Madrid *M* ...**46** K 19
Madridanos *ZA* ...**30** H 13
Madridejos *TO* ...**58** N 19
Madrideña (La) *CR* ...**70** P 19
Madrigal *GU* ...**33** I 21
Madrigal *TO* ...**57** M 16
Madrigal de la Vera *CC* ...**56** L 13
Madrigal de las
  Altas Torres *AV* ...**44** I 15
Madrigal del Monte *BU* ...**18** F 18
Madrigalejo
  del Monte *BU* ...**18** F 18
Madriguera *SG* ...**32** I 20
Madrigueras *AB* ...**72** O 24
Madrigueras
  (Estación de) *J* ...**82** R 19
Madroa *PO* ...**12** F 3
Madrona *SG* ...**45** J 17
Madroñal *SA* ...**43** K 11
Madroñera *CC* ...**56** N 12
Madroñera *BA* ...**67** Q 10
Madroñera
  (Embalse de) *CC* ...**56** N 12
Madroñera (Sierra) *H* ...**78** T 9
Madroño *AB* ...**73** Q 25
Madroño *MU* ...**84** S 24
Madroño *MU* ...**84** S 23
Madroño (El) *AB* ...**72** P 23
Madroño (El) *SE* ...**79** T 10
Madroños *MU* ...**84** S 23
Madruédano *SO* ...**32** H 20
Maella *Z* ...**50** I 30
Maello *AV* ...**45** J 16
Maestrat (El) *CS* ...**49** K 29
Maestre *SE* ...**92** U 14
Mafet *L* ...**37** G 33
Magacela *BA* ...**68** P 12
Magallón *Z* ...**34** G 25
Magalur *IB* ...**104** N 37
Magán *TO* ...**58** M 18
Magaña *SO* ...**33** G 23
Magaz *P* ...**31** G 16
Magaz de Abajo *LE* ...**14** E 9
Magaz de Cepeda *LE* ...**15** E 11
Magazos *AV* ...**44** I 15
Magazos *LU* ...**4** B 7
Magdalena (Ermita) *C* ...**12** E 3
Magdalena (Ermita de la)
  cerca de Aguaviva *TE* ...**49** J 29
Magdalena (Ermita de la)
  cerca de Mora
  de Rubielos *TE* ...**62** L 27
Magdalena (La) *LE* ...**15** D 12
Magdalena
  (Puerto de la) *LE* ...**15** D 11
Mágina *J* ...**82** S 19
Magrero *CR* ...**70** P 19

Máguez *GC* ...**121** F 3
Maguilla *BA* ...**80** Q 12
Maguma *BI* ...**10** C 22
Mahamud *BU* ...**17** F 18
Mahide *ZA* ...**29** G 10
Mahón / Maó *IB* ...**106** M 42
Mahora *AB* ...**72** O 24
Mahoya *MU* ...**85** R 26
Maià de Montcal *GI* ...**24** F 38
Maials *L* ...**36** H 31
Maians *B* ...**37** H 35
Maicas *TE* ...**49** J 27
Maigmó *A* ...**74** Q 28
Maíllo (El) *SA* ...**43** K 11
Maimón *AL* ...**96** U 23
Mainar *Z* ...**48** I 26
Mainar (Puerto de) *Z* ...**34** I 26
Maire de Castroponce *ZA* ...**15** F 12
Mairena *GR* ...**95** U 20
Mairena del Alcor *SE* ...**92** T 12
Mairena del Aljarafe *SE* ...**91** T 11
Maitena *GR* ...**95** U 19
Majada (La) *MU* ...**85** T 25
Majada Blanca
  Fuerteventura GC ...**113** H 3
Majada de la Peña *BA* ...**68** P 14
Majada Madrid *MA* ...**99** W 14
Majada Ruiz *CA* ...**99** V 13
Majadahonda *M* ...**45** K 18
Majadas *CC* ...**56** M 12
Majadas (Las) *CU* ...**60** L 23
Majaelrayo *GU* ...**46** I 20
Majalinos (Puerto de) *TE* ...**49** J 28
Maján *SO* ...**33** H 23
Majanicho
  Fuerteventura GC ...**111** H 1
Majano *AB* ...**72** O 24
Majazul *TO* ...**58** L 17
Majogazas *AB* ...**72** P 23
Majona (Punta)
  La Gomera TF ...**119** D 2
Majones *HU* ...**21** E 27
Majúa (La) *LE* ...**5** D 11
Majuges *SA* ...**43** I 10
Mal Pas (es) *IB* ...**105** M 39
Mala *Lanzarote GC* ...**123** F 3
Mala (Punta) *CA* ...**99** X 14
Malacuera *GU* ...**47** J 21
Maladeta
  (Pico de la) *HU* ...**22** E 31
Málaga *MA* ...**100** V 16
Málaga
  (Ensenada de) *MA* ...**100** W 16
Málaga (Hoya de) *MA* ...**100** V 15
Málaga del Fresno *GU* ...**46** J 20
Malagón *CR* ...**70** O 18
Malagraner *CS* ...**50** J 30
Malaguilla *GU* ...**46** J 20
Malahá (La) *GR* ...**94** U 18
Malandar
  (Punta de) *CA* ...**91** V 10
Malanquilla *Z* ...**34** H 24
Malcocinado *BA* ...**80** R 12
Maldà *L* ...**37** H 33
Malefatón *AB* ...**73** O 25
Maliaño *S* ...**7** B 18
Malillos *LE* ...**16** E 13
Malillos *ZA* ...**29** H 12
Malla *B* ...**38** G 36
Mallá (La) *V* ...**62** N 28
Mallabia *BI* ...**10** C 22
Mallas *C* ...**2** D 2
Mallén *Z* ...**34** G 25
Malleza *O* ...**5** B 11
Mallo *LE* ...**15** D 12
Mallo (El) *GI* ...**24** F 37
Mallón *C* ...**2** C 3
Mallona (La) *SO* ...**33** G 21
Mallorca (Isla) *IB* ...**104** O 37
Mallos (Los) *HU* ...**21** E 27
Malón *Z* ...**34** G 25
Malpartida *SA* ...**44** J 14
Malpartida de Cáceres *CC* ...**55** N 10
Malpartida
  de Corneja *AV* ...**44** K 13
Malpartida de la Serena *BA* ...**68** P 13
Malpartida
  de Plasencia *CC* ...**56** M 11

Malpás *L* ...**22** E 32
Malpasillo
  (Embalse de) *CO* ...**93** U 16
Malpaso *El Hierro TF* ...**108** C 3
Malpelo *AB* ...**72** O 24
Malpica de Arba *Z* ...**20** F 26
Malpica de Bergantiños *C* ...**2** C 3
Malpica de España *BA* ...**66** P 8
Malpica de Tajo *TO* ...**57** M 16
Maluenda *Z* ...**34** I 25
Maluque *SG* ...**32** H 19
Malva *ZA* ...**30** H 13
Malva-rosa (La) *V* ...**62** M 29
Malvana
  (Sierra de la) *CC* ...**55** L 9
Malvas *PO* ...**12** F 3
Malvedo *O* ...**5** C 12
Mamblas *AV* ...**44** I 14
Mambliga *BU* ...**18** D 20
Mambrilla
  de Castrejón *BU* ...**31** H 18
Mambrillas de Lara *BU* ...**32** F 19
Mamillas *Z* ...**20** E 26
Mamola (La) *GR* ...**102** V 20
Mamolar *O* ...**32** G 19
Mámoles *ZA* ...**29** H 11
Mampodre (Reserva
  nacional de) *LE* ...**6** C 13
Manacor *IB* ...**105** N 39
Manán *LU* ...**4** D 7
Manantial (El) *CA* ...**98** W 11
Manar (Sierra del) *GR* ...**94** U 19
Mancera de Abajo *SA* ...**44** J 14
Mancera de Arriba *SA* ...**44** J 14
Mancha (La) *TF* ...**71** O 19
Mancha Real *J* ...**82** S 19
Manchas (Las)
  Tenerife TF ...**126** C 3
Manchego (Collado) *CU* ...**48** K 24
Manchica (A) *OR* ...**13** F 6
Manchita *BA* ...**68** P 11
Manchones *Z* ...**48** I 25
Manchoya *HU* ...**21** E 29
Manciles *BU* ...**17** E 18
Mancor de la Vall *IB* ...**104** M 38
Mandaio *C* ...**3** C 5
Mandayona *GU* ...**47** J 21
Mandeo *C* ...**3** C 5
Mandiá *C* ...**2** B 5
Mandín *OR* ...**28** G 7
Maneta *MU* ...**73** Q 26
Manga
  (Cañada de la) *AB* ...**71** P 21
Manga
  del Mar Menor (La) *MU* ...**86** T 27
Manganese *ZA* ...**29** F 12
Manganeses
  de la Lampreana *ZA* ...**29** G 12
Manilla *MU* ...**84** S 25
Manilva *MA* ...**99** W 14
Maniños *C* ...**3** B 5
Manises *V* ...**62** N 28
Manjabálago *AV* ...**44** K 14
Manjarín *LE* ...**15** E 10
Manjarrés *LO* ...**19** E 21
Manjavacas
  (Ermita de) *CU* ...**59** N 21
Manjirón *M* ...**46** J 19
Manlleu *B* ...**24** F 36
Manojar (el) *CR* ...**70** N 17
Manquillo
  (Collado El) *BU* ...**18** F 20
Manquillos *P* ...**17** F 16
Manresa *B* ...**38** G 35
Mansilla *BU* ...**17** E 18
Mansilla *SG* ...**46** I 19
Mansilla de la Sierra *LO* ...**18** F 21
Mansilla de las Mulas *LE* ...**16** E 13
Mansilla del Páramo *LE* ...**15** E 12
Mansilla Mayor *LE* ...**16** E 13
Mantet (Portella de) *GI* ...**24** E 36
Mantiel *GU* ...**47** K 22
Mantinos *P* ...**16** D 15
Manuel *V* ...**74** O 28
Manuelas *CO* ...**81** R 16
Manurga *VI* ...**19** D 21
Manyà *A* ...**85** Q 27
Manzalvos *O* ...**28** G 8
Manzanal
  (Puerto de) *LE* ...**15** E 11
Manzanal
  de los Infantes *ZA* ...**29** F 10
Manzanal del Barco *ZA* ...**29** H 12
Manzanal
  del Puerto *LE* ...**15** E 11
Manzanares *CR* ...**71** O 19
Manzanares de Rioja *LO* ...**18** E 21

Manzanares el Real *M* ...**45** J 18
Manzaneda *O* ...**5** C 12
Manzaneda *OR* ...**14** F 8
Manzaneda
  cerca de Truchas *LE* ...**15** F 11
Manzaneda
  (Cabeza de) *OR* ...**14** F 8
Manzaneda de Torío cerca
  de Garrafe de Torío *LE* ...**16** D 13
Manzanedo *BU* ...**18** D 18
Manzaneque *TO* ...**58** N 18
Manzanera *TE* ...**61** L 27
Manzanaruela *CU* ...**61** M 26
Manzanilla *H* ...**91** T 10
Manzanilla *VA* ...**31** H 17
Manzano *SA* ...**42** K 10
Manzano (El) *SA* ...**29** I 11
Mañaria *BI* ...**10** C 22
Mañeru *NA* ...**10** D 24
Mañón *C* ...**3** B 6
Mao *OR* ...**14** F 7
Maó / Mahón *IB* ...**106** M 42
Maqueda *TO* ...**57** L 16
Mar y Land *IB* ...**87** Q 34
Mara *Z* ...**34** I 25
Maracena *GR* ...**94** U 19
Marachón
  (Puerto de) *GU* ...**47** I 23
Maranchón *GU* ...**47** I 23
Maraña *LE* ...**6** C 14
Maraña (La) *MU* ...**85** R 25
Marañón *NA* ...**19** E 22
Marañón *CR* ...**71** O 20
Marañosa (La) *M* ...**58** L 19
Marauri *VI* ...**19** D 22
Maravillas
  (Gruta de las) *H* ...**79** S 10
Marazoleja *SG* ...**45** J 16
Marazovel *SO* ...**33** I 21
Marazuela *SG* ...**45** J 16
Marbella *CO* ...**93** T 17
Marbella *MA* ...**100** W 15
Marbella
  (Ensenada de) *MA* ...**100** W 15
Marboré *HU* ...**22** D 30
Marcén *Z* ...**35** G 29
Marcilla *NA* ...**20** F 24
Marcilla de Campos *P* ...**17** F 16
Marco *V* ...**13** D 6
Marco (El) *BA* ...**66** O 8
Marco (Puerto El) *PO* ...**13** D 6
Marco de Alvare
  (Puerto) *LU* ...**4** C 8
Marco Fabio Quintiliano
  (Parador) *Calahorra LO* ...**19** F 24
Marcón *PO* ...**12** E 4
Marcos (Los) *V* ...**61** N 26
Marea (La) *O* ...**6** C 13
Marentes *O* ...**4** C 9
Mareny Blau (El) *V* ...**74** O 29
Mareny
  de Barraquetes (El) *V* ...**74** O 29
Mareny
  de Sant Llorenç (El) *V* ...**74** O 29
Mareny de Vilxes (El) *V* ...**74** O 29
Mareo *O* ...**6** B 12
Mares
  (Hacienda Dos) *MU* ...**86** T 27
Mareta (Punta de la)
  Lanzarote GC ...**120** E 1
Marey *LU* ...**14** D 7
Margalef *T* ...**36** I 32
Marganell *B* ...**38** H 35
Margarida *A* ...**74** P 29
Margen (El) *GR* ...**83** T 22
Margolles *O* ...**6** B 14
María *AL* ...**84** S 23
María Andrés
  (Sierra de) *J* ...**67** Q 9
María Cristina
  (Embassament de) *CS* ...**62** L 29
María de Huerva *Z* ...**35** H 27
Maria de la Salut *IB* ...**105** M 39
Mariana *CU* ...**60** L 23
Marías (Las) *GU* ...**47** K 21

Maribáñez *SE* ...**92** U 12
Maribáñez *O* ...**68** O 13
Maridos (Los) *J* ...**83** Q 22
Marifranca *CC* ...**55** L 10
Marigenta *H* ...**79** T 10
Marigutiérrez *AB* ...**72** O 22
Marimínguez *AB* ...**73** O 25
Marín *PO* ...**12** E 4
Marín *AL* ...**103** V 22
Marina (La) *T* ...**51** I 33
Marina (La) *A* ...**86** R 28
Marina (La) *V* ...**74** O 29
Marina-Oasis *A* ...**86** R 27
Marinaleda *SE* ...**93** T 15
Marinas (Las) *AL* ...**102** V 22
Marines *Llíria V* ...**62** M 28
Marines *Olocau V* ...**62** M 28
Marines (Les) *A* ...**74** P 30
Marín (La) *H* ...**79** S 10
Les Marines (Platjas) *A* ...**74** Q 30
Mariña (A) *C* ...**3** B 5
Maripérez *AB* ...**72** O 23
Marisán *V* ...**62** N 28
Marisánchez *CR* ...**71** P 20
Marismas
  (Puerto de las) *BA* ...**79** S 11
Marismilla *SE* ...**91** U 12
Mariz *LU* ...**3** C 5
Marjaliza *TO* ...**58** N 18
Markina *BI* ...**10** C 22
Markina (La) *VI* ...**19** D 21
Markinez *VI* ...**19** D 22
Marlín *AV* ...**44** J 15
Marmellar de Abajo *BU* ...**17** E 18
Marmellar de Arriba *BU* ...**18** E 18
Mármol *J* ...**82** R 19
Marmolejo *J* ...**82** R 17
Maro *MA* ...**101** V 18
Maroma *MA* ...**101** V 17
Marquès (Casa del) *AB* ...**84** Q 24
Marqués de Vallejo *LO* ...**19** E 22
Marquesa
  (Ensenada de) *MA* ...**100** W 15
Marrero (Punta de) *TF* ...**126** E 2
Marroquí o de Tarifa
  (Punta) *CA* ...**99** X 13
Marruá *TE* ...**50** I 32
Marrupe *TO* ...**57** L 15
Martés *HU* ...**21** E 27
Martialay *SO* ...**33** G 22
Martiherrero *AV* ...**44** J 15
Martillán *AB* ...**42** J 9
Martimporra *O* ...**6** C 13
Martín *LU* ...**4** C 8
Martín (Río) *TE* ...**49** I 28
Martín (Río) *CU* ...**61** M 25
Martín de la Jara *SE* ...**93** U 15
Martín de Yeltes *SA* ...**43** J 11
Martín del Río *TE* ...**49** J 27
Martín Malo *J* ...**82** R 19
Martín Miguel *SG* ...**45** J 17
Martín Muñoz *SG* ...**32** I 19
Martín Muñoz
  de la Dehesa *SG* ...**45** J 15
Martín Muñoz
  de las Posadas *SG* ...**45** J 16
Martinet *L* ...**23** E 35
Martinete *CC* ...**93** T 16
Martínez *AV* ...**44** K 13
Martínez
  del Puerto (Los) *MU* ...**85** S 26
Martiñán *LU* ...**4** B 7
Martiño (Punta)
  Fuerteventura GC ...**111** J 1
Martorell *B* ...**38** H 35
Martorelles *B* ...**38** H 36
Martos *J* ...**82** S 18
Martos (Portillo de) *J* ...**94** T 17
Martul *LU* ...**3** C 7
Maruanas *CO* ...**81** S 16
Marugán *SG* ...**45** J 16
Maruri-Jatabe *BI* ...**8** B 21
Marzà *T* ...**25** F 39
Marzales *VA* ...**30** H 14
Marzoa *C* ...**3** C 4
Mas Boscà *V* ...**35** F 39
Mas de Barberáns *T* ...**50** J 31
Mas de Batxero (El) *CS* ...**62** L 29
Mas de Bondia (El) *L* ...**37** H 33
Mas de Caballero *V* ...**61** N 26
Mas
  de Cortixelles (El) *V* ...**74** N 28
Mas de Flors *CS* ...**62** L 29
Mas de Jacinto *V* ...**61** L 26
Mas
  de la Montalvana *CS* ...**50** K 29

Mas de las Altas *TE* ...**49** J 29
Mas de las Matas *TE* ...**49** J 29
Mas de Llorenç *CS* ...**62** L 29
Mas de Llosa *CS* ...**62** L 29
Mas de Pessetes *CS* ...**49** K 29
Mas-de-riudoms *T* ...**51** I 32
Mas del Carril *V* ...**62** N 27
Mas del Olmo *V* ...**61** L 26
Mas Llunés *GI* ...**24** G 38
Mas Nou *GI* ...**25** G 39
Masa *BU* ...**18** E 18
Masada (La) *CS* ...**62** L 28
Masada del Sordo *CS* ...**62** M 28
Masadas (Alto de) *NA* ...**20** F 25
Masarac *GI* ...**25** E 38
Masca *Tenerife TF* ...**126** B 3
Mascaraque *TO* ...**58** N 18
Mascarat (Barranc del) *A* ...**74** Q 29
Mascún
  (Barranco de) *HU* ...**21** F 29
Masdenverge *T* ...**50** J 31
Masegosa *CU* ...**47** K 23
Masegoso *AB* ...**72** P 23
Masegoso de Tajuña *GU* ...**47** J 21
Masella *GI* ...**24** E 35
Masía de los Pérez *CS* ...**62** M 27
Maside *OR* ...**13** E 5
Masies
  de Voltregà (Les) *B* ...**24** F 36
Masllorenç *T* ...**37** I 34
Masma *BI* ...**4** B 8
Masma (Golfo de la) *LU* ...**4** B 8
Masnou (El) *B* ...**38** H 36
Masos (Els) *GI* ...**25** G 39
Maspalomas
  Gran Canaria GC ...**117** E 4
Masquefa *B* ...**38** H 35
Masroig (El) *T* ...**50** I 32
Massalavés *V* ...**74** O 28
Massalcoreig *L* ...**36** H 31
Massalfassar *V* ...**62** N 29
Massamagrell *V* ...**62** N 29
Massanassa *V* ...**62** N 28
Massanes *GI* ...**38** G 37
Massoteres *L* ...**37** G 33
Masueco *SA* ...**28** I 10
Mata *BU* ...**18** E 18
Mata *S* ...**7** C 17
Mata *CO* ...**93** T 16
Mata (La) *SG* ...**45** I 18
Mata (La) *A* ...**86** R 28
Mata (La) *SE* ...**92** U 13
Mata (La)
  Castelló CS ...**49** K 29
Mata (La)
  cerca de Carmena *TO* ...**57** M 16
Mata (La) cerca
  de Los Yébenes *TO* ...**58** N 18
Mata (Salines de la) *A* ...**86** R 27
Mata de Alcántara *CC* ...**55** M 9
Mata de Armuña (La) *SA* ...**43** I 13
Mata de Cuéllar *SG* ...**31** H 16
Mata de la Hoz *S* ...**17** D 17
Mata de la Riba (La) *LE* ...**16** D 13
Mata
  de Ledesma (La) *SA* ...**43** J 12
Mata de los Olmos (La) *TE* ...**49** J 28
Mata
  de Monteagudo (La) *LE* ...**16** D 14
Mata del Páramo (La) *LE* ...**15** E 12
Matabuena *SG* ...**46** I 18
Matachel (Punta) *J* ...**82** S 18
Matadeón
  de los Oteros *LE* ...**16** E 13
Matadepera *B* ...**38** H 36
Mataelpino *M* ...**45** J 18
Matagalls *B* ...**38** G 37
Matagorda *AL* ...**102** V 21
Matagorda *CA* ...**98** W 11
Matal de Toscal *CO* ...**81** S 16
Matalascañas *H* ...**91** U 10
Matalavilla *LE* ...**15** D 10
Matalebreras *SO* ...**33** G 23
Matalindo *BU* ...**18** F 19
Matallana *GI* ...**46** I 19
Matallana *SE* ...**92** U 12
Matallana de Torío *LE* ...**16** D 13
Matallana
  de Valmadrigal *LE* ...**16** E 13
Matallana *PO* ...**16** F 16
Matalobos del Páramo *LE* ...**15** E 12
Mataluenga *LE* ...**15** D 12
Matamá *PO* ...**12** F 3
Matamala *SG* ...**46** I 18
Matamala
  de Almazán *SO* ...**33** H 22

Matamorisca P ..... 17 D 17
Matamorosa S ..... 17 D 17
Matanza LE ..... 16 F 13
Matanza (La) A ..... 85 R 26
Matanza de Acentejo (La)
  Tenerife TF ..... 124 G 2
Matanza de Soria SO ..... 32 H 20
Matanzas TE ..... 49 K 28
Mataparta V ..... 61 M 26
Mataporquera S ..... 17 D 17
Matapozuelos VA ..... 30 H 15
Matapuercas CO ..... 81 R 16
Mataró B ..... 38 H 37
Matarraña TE ..... 50 J 30
Matarredonda SE ..... 93 T 15
Matarrosa del Sil LE ..... 15 D 10
Matarrubia GU ..... 46 J 20
Matas (Las) M ..... 45 K 18
Matas Blancas
  Fuerteventura GC ..... 113 E 4
Matas
  de Lubia (Alto de) SO ..... 33 H 22
Matas Verdes AB ..... 72 Q 22
Matasanos SE ..... 92 T 13
Matasejún SO ..... 33 G 23
Matea J ..... 83 R 22
Mateo (Puerto de) MA ..... 93 U 16
Matet CS ..... 62 M 28
Matián GR ..... 96 T 22
Matienzo S ..... 8 C 19
Matilla SG ..... 45 I 18
Matilla (La)
  Fuerteventura GC ..... 111 H 2
Matilla de Arzón ZA ..... 16 F 13
Matilla de los Caños VA ..... 30 H 15
Matilla de los Caños
  del Río SA ..... 43 J 12
Matilla la Seca ZA ..... 30 H 13
Matillas GU ..... 47 J 21
Mato LU ..... 3 C 7
Matola A ..... 85 R 27
Matorro (Puerto El) BU ..... 18 F 19
Matueca de Torío LE ..... 16 D 13
Matute LO ..... 19 F 21
Matute SO ..... 33 H 22
Mauberme (Pic de) L ..... 22 D 32
Maus de Salas OR ..... 27 G 6
Mave P ..... 17 D 17
Maxal LU ..... 13 D 6
Maya / Amaiur NA ..... 11 C 25
Maya (La) SA ..... 43 J 13
Mayalde ZA ..... 29 I 12
Mayor LU ..... 4 B 8
Mayor (Cabo) S ..... 8 B 18
Mayor (Isla) MU ..... 85 S 27
Mayor (Isla) SE ..... 91 U 11
Mayor (Río) LO ..... 33 F 21
Mayorga VA ..... 16 F 14
Mayorga BA ..... 66 O 8
Mazagón H ..... 90 U 9
Mazaleón TE ..... 50 I 30
Mazalvete SO ..... 33 G 23
Mazarabeas Altas TO ..... 58 M 17
Mazarambroz TO ..... 58 M 17
Mazarete GU ..... 47 I 23
Mazaricos C ..... 2 D 3
Mazariegos P ..... 31 F 15
Mazariegos (Puerto) BU ..... 32 F 19
Mazarracín TO ..... 58 M 18
Mazarrón MU ..... 97 T 26
Mazarrón MU ..... 91 T 10
Mazarrón (Golfo de) MU ..... 97 T 26
Mazarulleque CU ..... 59 L 21
Mazaterón SO ..... 33 H 23
Mazo O ..... 7 C 16
Mazo La Palma TF ..... 132 D 5
Mazo (Collado del) CC ..... 56 N 13
Mazorra
  (Puerto de La) BU ..... 18 D 19
Mazueco BU ..... 18 F 19
Mazuecos GU ..... 59 L 20
Mazuecos
  de Valdeginate P ..... 16 F 15
Mazuela BU ..... 17 F 18
Mazuelo de M. BU ..... 17 F 18
Meabia PO ..... 13 E 4
Meaga SS ..... 10 C 23
Meano NA ..... 19 E 22
Meaño PO ..... 12 E 3
Meca TO ..... 98 X 11
Mecerreyes BU ..... 32 F 19
Mecina Alfahar GR ..... 102 V 20
Mecina Bombarón GR ..... 102 V 20
Mecina Fondales GR ..... 102 V 20
Meco M ..... 46 K 20
Meda LU ..... 4 C 7
Meda OR ..... 13 E 7

Médano (El) Tenerife TF ..... 129 F 5
Medeiros OR ..... 27 G 7
Medellín BA ..... 68 P 12
Medes (Illes) GI ..... 25 F 39
Media Naranja
  (Punta de la) AL ..... 103 V 24
Mediana Z ..... 35 H 27
Mediana (La) H ..... 91 U 10
Mediana de Voltoya AV ..... 45 J 16
Medianero (Carpio) AV ..... 44 K 13
Mediano
  (Embalse de) HU ..... 22 E 30
Medida (La) Tenerife TF ..... 127 H 3
Medín C ..... 3 D 5
Medina Azahara CO ..... 81 S 15
Medina de las Torres BA ..... 79 Q 10
Medina de Pomar BU ..... 18 D 19
Medina de Rioseco VA ..... 30 G 14
Medina del Campo VA ..... 30 I 15
Medina-Sidonia CA ..... 99 W 12
Medinaceli SO ..... 47 I 22
Medinilla AV ..... 43 K 13
Medinyà GI ..... 25 F 38
Mediona B ..... 37 H 34
Medrana (Embalse de) GU ..... 46 J 21
Medrano LO ..... 19 E 22
Medro MU ..... 96 T 24
Medua OR ..... 14 E 9
Médulas (Las) LE ..... 14 E 9
Médulas (Las)
  (Localidad) LE ..... 14 E 9
Megeces VA ..... 31 H 16
Megina GU ..... 48 K 24
Meilán LU ..... 4 C 7
Meilán Mondoñedo LU ..... 4 B 8
Meira C ..... 4 C 8
Meira LU ..... 12 F 3
Meira (Sierra de) LU ..... 4 C 8
Meirama C ..... 3 C 4
Meirás
  cerca de Valdoviño C ..... 3 B 5
Meis PO ..... 12 E 3
Mejara (Puerto) BA ..... 68 P 13
Mejorada TO ..... 57 L 15
Mejorada del Campo M ..... 46 K 19
Melegís GR ..... 101 V 19
Melendreros O ..... 6 C 13
Melgar de Abajo VA ..... 16 F 14
Melgar de Arriba VA ..... 16 F 14
Melgar de Fernamental BU ..... 17 E 17
Melgar de Tera ZA ..... 29 G 11
Melgar de Yuso P ..... 17 F 17
Melgarejo (La) CU ..... 60 L 23
Melgosa (La) CU ..... 60 L 23
Melgoso MU ..... 84 S 24
Meliana V ..... 62 N 28
Melias OR ..... 13 E 6
Melicena GR ..... 102 V 20
Mélida NA ..... 20 E 25
Melide C ..... 3 D 5
Mellanzos LE ..... 16 E 14
Melón O ..... 13 F 5
Melque SG ..... 45 I 16
Membibre de la Hoz SG ..... 31 H 17
Membribe SA ..... 43 J 12
Membrilla CR ..... 71 P 19
Membrilla CO ..... 81 T 15
Membrillar P ..... 17 E 15
Membrillera GU ..... 46 J 21
Membrillo (El) SE ..... 79 S 12
Membrillo (El) TO ..... 57 M 15
Membrillo (Lucio del) CA ..... 91 V 10
Membrillo Alto H ..... 79 T 10
Membrío CC ..... 54 N 8
Mena LE ..... 29 G 11
Menagarai VI ..... 8 C 20
Menárguens L ..... 36 G 32
Menas (Las) AL ..... 95 U 22
Menas (Los) AL ..... 96 T 24
Menasalbas TO ..... 58 N 17
Menaza P ..... 17 D 17
Mencal GR ..... 95 T 20
Menchón de Abril (El) GR ..... 94 T 18
Mendaro SS ..... 10 C 22
Mendata BI ..... 10 C 22
Mendavia NA ..... 19 E 23
Mendaza NA ..... 19 E 23
Mendeika BI ..... 8 C 20
Mendexa BI ..... 9 B 22
Méndez AB ..... 84 Q 24
Mendigorría NA ..... 20 E 24
Mendíjur NA ..... 19 D 22
Mendióroz NA ..... 11 D 25
Mendoza VI ..... 19 D 21

Meneses CU ..... 60 N 23
Meneses de Campos P ..... 30 G 15
Menga (Puerto de) AV ..... 44 K 14
Menga y Viera
  (Cuevas de) MA ..... 93 U 16
Mengabril BA ..... 68 P 12
Mengamuñoz AV ..... 44 K 15
Mengibar J ..... 82 S 18
Menjillán SE ..... 92 U 13
Menor (Isla) SE ..... 91 U 11
Menor (Mar) MU ..... 85 S 27
Menorca GC ..... 106 M 41
Menoio VI ..... 8 C 20
Mens C ..... 2 C 3
Mentera B ..... 8 C 19
Mentiras J ..... 83 R 22
Méntrida TO ..... 58 L 17
Menudero O ..... 5 B 10
Menuza (Ermita de) Z ..... 35 I 28
Meñaka BI ..... 9 B 21
Meotz / Meoz NA ..... 11 D 25
Meoz / Meotz NA ..... 11 D 25
Mequinenza Z ..... 36 H 30
Mequinenza
  (Embalse de) Z ..... 36 H 30
Mera LU ..... 3 D 6
Mera cerca de Ortigueira C ..... 3 A 6
Mera
  cerca de Santa Cruz C ..... 3 B 4
Meranges GI ..... 23 E 35
Merás O ..... 5 B 10
Merca (A) OR ..... 13 F 6
Mercadal (es) IB ..... 106 M 42
Mercadillo BI ..... 8 C 20
Mercadillo BI ..... 8 C 20
Mercadillos de Abajo AB ..... 72 P 24
Meré O ..... 6 B 15
Meredo O ..... 4 B 8
Merelas C ..... 3 C 5
Merendero LU ..... 3 C 5
Meréns OR ..... 13 F 5
Mérida BA ..... 67 P 10
Merille LU ..... 4 B 7
Merlán LU ..... 3 C 6
Merli HU ..... 22 E 31
Mero C ..... 3 C 5
Merodio O ..... 7 C 16
Merolla (Coll de) GI ..... 24 F 36
Merou O ..... 4 B 8
Merujal O ..... 6 C 13
Merza PO ..... 13 D 5
Mesa (La) J ..... 82 R 19
Mesa (La) LO ..... 33 F 22
Mesa del Mar
  Tenerife TF ..... 124 G 2
Mesa Roldán (La) AL ..... 103 V 24
Mesas (Las) CU ..... 71 N 21
Mesas (Las) AB ..... 92 V 14
Mesas de Asta CA ..... 91 V 11
Mesas de Ibor CC ..... 56 M 13
Mesas de Santiago CA ..... 91 V 12
Mesas
  del Guadalora CO ..... 80 S 14
Mesegar de Corneja AV ..... 44 K 14
Mesegar de Tajo TO ..... 57 M 16
Mesía C ..... 3 C 5
Mesillas CC ..... 56 L 12
Mesón do Vento C ..... 3 C 4
Mesones GU ..... 46 J 19
Mesones AB ..... 84 Q 22
Mesones (Los) SA ..... 43 I 12
Mesones de Isuela Z ..... 34 H 25
Mesta A ..... 72 Q 22
Mesta de Con C ..... 6 B 14
Mestanza CR ..... 70 Q 17
Mestanza
  (Puerto de) CR ..... 70 Q 17
Mestas O ..... 5 C 10
Las Mestas CC ..... 43 K 11
Metauten NA ..... 19 D 23
Mezalocha Z ..... 34 H 26
Mezkiritz NA ..... 11 D 25
Mezpelerreka-
  El Regato BI ..... 8 C 20
Mezquetillas SO ..... 33 I 22
Mezquita (A) OR ..... 28 F 8
Mezquita
  (Estación de la) H ..... 90 T 9
Mezquita (La) MA ..... 93 U 15
Mezquita de Jarque TE ..... 49 J 27
Mezquita de Loscos TE ..... 49 I 26
Mezquitilla MA ..... 101 V 17
Mezquitilla (La) SE ..... 92 U 14
Miajadas CC ..... 68 O 12
Miami Platja T ..... 51 I 32
Mianos Z ..... 21 E 27
Micereces de Tera ZA ..... 29 G 12

Michos CR ..... 69 P 16
Micieces de Ojeda P ..... 17 D 16
Miedes Z ..... 34 I 25
Miedes de Atienza GU ..... 32 I 21
Miengo S ..... 7 B 18
Miera S ..... 8 C 18
Miera (La) CR ..... 71 O 21
Mieres GI ..... 24 F 37
Mieres O ..... 5 C 12
Mierla (La) GU ..... 46 J 20
Mieza SA ..... 28 I 9
Migjorn Gran (es) IB ..... 106 M 42
Miguel Esteban TO ..... 59 N 20
Miguel Ibáñez SG ..... 45 I 16
Miguelagua TO ..... 58 N 18
Migueláñez SG ..... 45 I 16
Miguelturra CR ..... 70 P 18
Mijancas VI ..... 19 D 21
Mijares VI ..... 57 L 15
Mijares V ..... 73 N 27
Mijares (Puerto de) AV ..... 44 K 15
Mijas MA ..... 100 W 16
Milagres
  (Santuario Os) OR ..... 13 F 7
Milagro NA ..... 20 F 24
Milagro (El) CR ..... 58 N 17
Milagro (Puerto del) TO ..... 58 N 17
Milagros BU ..... 32 H 18
Milán Tenerife TF ..... 124 H 1
Milano SA ..... 42 I 10
Milano AB ..... 71 P 22
Milanos GR ..... 94 U 17
Milanos
  (Estación de los) H ..... 78 T 9
Miliana T ..... 50 K 31
Miliario del Caudillo SG ..... 32 H 18
Milla (Perales de) M ..... 45 K 17
Milladoiro C ..... 12 D 4
Milladura C ..... 3 C 5
Millanes CC ..... 56 M 13
Millarada (A) PO ..... 13 E 5
Millares V ..... 73 O 27
Millares (Los) H ..... 90 T 9
Millares (Salto de) V ..... 74 O 27
Millarón (El) CC ..... 54 N 8
Miller J ..... 83 R 22
Milles
  de la Polvorosa ZA ..... 29 G 12
Millón O ..... 12 D 3
Milmarcos GU ..... 48 I 24
Mina (La) HU ..... 21 D 27
Mina de Rodes A ..... 73 Q 27
Minas (La) TE ..... 49 J 27
Minas (Las) CU ..... 61 M 25
Minas (Las) AB ..... 84 R 24
Minas (Las) AL ..... 103 V 24
Minas de Cala H ..... 79 S 10
Minas de Riotinto H ..... 79 S 10
Minas
  del Marquesado GR ..... 95 U 20
Minateda AB ..... 84 Q 25
Minateda
  (Cuevas de) AB ..... 84 Q 25
Minaya CU ..... 72 O 23
Mingarnao AB ..... 84 R 23
Minglanilla CU ..... 61 N 25
Mingogil AB ..... 84 Q 24
Mingorría AV ..... 45 J 15
Mingorrubio M ..... 45 K 18
Mingrano MU ..... 84 S 24
Mínguez (Puerto) TE ..... 47 J 26
Mini Hollywood AL ..... 96 U 22
Minilla
  (Embalse de la) SE ..... 79 S 11
Mínima (Isla) SE ..... 91 U 11
Miñagón O ..... 4 B 9
Miñana SO ..... 33 H 23
Miñano MU ..... 84 R 24
Miñano Mayor VI ..... 19 D 22
Miñarros MU ..... 97 T 25
Miño C ..... 3 B 5
Miño Cuevo O ..... 29 G 11
Miño de Medina SO ..... 47 I 22
Miño
  de San Esteban SO ..... 32 H 19
Miñons C ..... 2 C 2
Miñosa (La) GU ..... 46 I 19
Miñotos LU ..... 4 B 7
Mioma VI ..... 18 D 20
Mioño S ..... 8 B 20
Mira (La) CR ..... 70 P 17
Mira V ..... 61 M 25
Mirabel SE ..... 92 U 12
Mirabel (Ermita de) CC ..... 56 N 13
Mirabueno GU ..... 47 J 21
Miracle (El) L ..... 37 G 34

Miradera
  (Sierra de la) BA ..... 68 Q 11
Mirador (El) MU ..... 85 S 27
Mirador (Sierra del) LU ..... 4 C 8
Mirador de Oseja LE ..... 6 C 14
Mirador
  del Romero (El) M ..... 45 K 17
Miralrío J ..... 82 R 19
Miraflores IB ..... 18 E 19
Miraflores de la Sierra M ..... 46 J 18
Mirafuentes NA ..... 19 E 23
Miragón GR ..... 94 T 19
Miralcamp L ..... 37 H 32
Miralcampo AB ..... 72 O 24
Miralrío GU ..... 46 J 21
Miralsot de Abajo HU ..... 36 H 30
Miramar IB ..... 104 M 37
Mirambel TE ..... 49 K 28
Miranda LU ..... 4 D 8
Miranda MU ..... 85 S 26
Miranda de Arga NA ..... 20 E 24
Miranda de Azán SA ..... 43 J 12
Miranda de Ebro BU ..... 18 D 21
Miranda
  del Castañar SA ..... 43 K 12
Miranda del Rey J ..... 82 Q 19
Mirandilla BA ..... 67 O 11
Mirantes de Luna LE ..... 15 D 12
Miravalles LE ..... 14 D 9
Miraveche BU ..... 18 D 20
Miravet T ..... 50 I 31
Miravete TE ..... 49 K 27
Miravete (Puerto de) CC ..... 56 M 12
Miraz
  cerca de Guitiriz LU ..... 3 C 6
Miraz
  cerca de Xermade LU ..... 3 B 6
Mirón (El) AV ..... 44 K 13
Mironcillo AV ..... 44 K 15
Mirones S ..... 8 C 18
Miruella
  de los Infanzones AV ..... 44 J 14
Miyares O ..... 6 B 14
Moal O ..... 5 C 10
Moanes O ..... 5 B 10
Moaña PO ..... 12 F 3
Moar C ..... 3 C 5
Moarves P ..... 17 D 16
Mocanal El Hierro TF ..... 109 D 2
Mocasilla AB ..... 47 J 22
Mocejón TO ..... 58 M 18
Mochales SE ..... 80 T 13
Mochila GR ..... 94 T 19
Mochuelos (Los) J ..... 83 Q 20
Moclín AB ..... 94 T 18
Moclinejo MA ..... 101 V 17
Modino LE ..... 16 D 14
Modubar BU ..... 18 F 19
Modúbar
  de San Cibrián BU ..... 18 F 19
Moeche C ..... 3 B 6
Mogábar CO ..... 81 Q 16
Mogán
  Gran Canaria GC ..... 116 C 3
Mogarraz SA ..... 43 K 11
Mogatar ZA ..... 29 H 12
Mogón J ..... 83 R 20
Mogorrita CU ..... 48 K 24
Mogorrita TE ..... 47 J 23
Mogro S ..... 7 B 18
Moguer H ..... 90 U 9
Moharras CC ..... 72 O 22
Mohedas (La) CC ..... 55 L 10
Mohedas CC ..... 55 L 11
Mohedas (Las) AB ..... 72 Q 23
Mohedas de la Jara TO ..... 57 N 14
Mohernando GU ..... 46 J 20
Mohias O ..... 4 B 9
Mohorte CU ..... 60 L 23
Moimenta O ..... 74 P 27
Mojácar AL ..... 96 U 24
Mojados VA ..... 31 H 16
Mojares GU ..... 47 I 22
Mojón AL ..... 95 T 22
Mojón (El) V ..... 61 L 25
Mojón (El) A ..... 85 S 27
Mojón (El) MU ..... 85 R 27
Mojón Alto CU ..... 60 M 22
Mojón Alto CO ..... 57 T 16
Mojón Blanco TE ..... 48 K 24
Mojón Gordo MA ..... 92 V 14
Mojón Pardo (Puerto) SO ..... 32 G 21
Mojonera AL ..... 102 V 21

Mola (Cap de Sa) IB ..... 104 N 37
Mola (Castell de la) A ..... 85 Q 27
Mola (Far de la) IB ..... 87 Q 34
Mola (La) B ..... 38 H 36
Mola (La) Menorca IB ..... 106 M 42
Molacillos ZA ..... 29 H 13
Molar (El) T ..... 36 I 32
Molar (El) M ..... 46 J 19
Molar (El) J ..... 83 S 19
Molares H ..... 79 S 9
Molares (Los) SE ..... 92 U 12
Molata MU ..... 84 R 23
Molata (La) AB ..... 72 P 23
Molatón AB ..... 73 P 25
Moldes C ..... 13 D 5
Moldones ZA ..... 29 G 10
Molezuelas
  de la Carballeda ZA ..... 15 F 11
Moli (es) IB ..... 87 P 33
Molí Azor (El) CS ..... 49 L 28
Molí de l'Abad (El) CS ..... 50 J 30
Molina (La) GI ..... 24 E 35
Molina B ..... 18 D 20
Molina de Aragón GU ..... 48 J 24
Molina de Segura MU ..... 85 R 26
Molina
  de Ubierna (La) BU ..... 18 E 19
Molinaferrera LE ..... 15 E 10
Molinaseca LE ..... 15 E 10
Molinicos AB ..... 84 Q 23
Molinilla VI ..... 18 D 21
Molinillo SA ..... 43 K 12
Molinillo (La) CR ..... 58 N 19
Molinillo (El) GU ..... 94 U 19
Molino (El) BA ..... 66 P 8
Molino Blanco TO ..... 57 M 16
Molinos TE ..... 49 I 28
Molinos C ..... 2 C 2
Molinos (Los) HU ..... 22 E 30
Molinos (Los) M ..... 45 J 17
Molinos (Los)
  Fuerteventura GC ..... 110 G 2
Molinos
  Marfagones MU ..... 85 T 26
Molins de Rei B ..... 38 H 36
Mollado S ..... 7 C 17
Molledo S ..... 17 C 17
Mollerussa L ..... 37 H 32
Mollet GI ..... 25 E 39
Mollet B ..... 38 H 36
Mollina MA ..... 93 U 16
Mollinedo B ..... 8 C 20
Molló GI ..... 24 E 35
Molsosa (La) L ..... 37 G 34
Molvízar GR ..... 101 V 19
Momán
  cerca de Cospeito LU ..... 4 C 7
Momán
  cerca de Xermade LU ..... 3 C 6
Mombeltrán AV ..... 57 L 14
Momblona SO ..... 33 H 22
Mombuey ZA ..... 29 F 11
Momediano BU ..... 18 D 19
Momia CA ..... 99 W 12
Mompichel AB ..... 73 P 25
Mona (Punta de la) GR ..... 101 V 18
Monachil GR ..... 94 U 19
Monasterio SO ..... 33 H 21
Monasterio GU ..... 46 J 20
Monasterio
  de la Sierra BU ..... 32 F 20
Monasterio
  de Rodilla BU ..... 18 E 19
Monasterio de Vega VA ..... 16 F 14
Monasterio del Coto O ..... 4 C 9
Monasterioguren VI ..... 19 D 22
Moncalián S ..... 8 B 19
Moncalvillo BU ..... 32 G 20
Moncalvillo
  del Huete CU ..... 59 L 21
Moncalvo SA ..... 42 I 9
Moncayo S ..... 83 S 22
Moncayo
  (Santuario del) Z ..... 34 G 24
Moncelos LU ..... 4 C 7
Moncelos (Puerto de) PO ..... 13 F 5
Monclova (La) SE ..... 92 T 14

A B C D E F G H I J K L **M** N O P Q R S T U V W X Y Z

A B C D E F G H I J K L M N O P Q R S T U V W X Y Z

Moncofa CS....62 M 29
Monda MA....100 W 15
Mondalindo M....46 J 18
Mondariz PO....13 F 4
Mondéjar GU....59 L 20
Mondoñedo LU....4 B 7
Mondragón / Arrasate SS....10 C 22
Mondreganes LE....16 D 14
Mondriz LU....4 C 7
Mondrón MA....101 V 17
Mondújar GR....101 V 19
Mondúver (El) V....74 O 29
Monegrillo Z....35 H 28
Monegros (Canal de) HU....21 F 28
Monegros (Los) Z....35 H 28
Monells GI....25 G 38
Moneo BU....18 D 19
Mones O....5 B 10
Monesma HU....36 G 30
Monesma HU....21 F 28
Monesterio BA....79 R 11
Moneva Z....49 I 27
Moneva (Embalse de) Z....49 I 27
Monfarracinos ZA....29 H 12
Monfero C....3 C 5
Monfero (Monasterio de) C....3 B 5
Monflorite HU....21 F 28
Monforte de la Sierra SA....43 K 11
Monforte de Lemos LU....14 E 7
Monforte de Moyuela TE....49 I 26
Monforte del Cid A....85 Q 27
Monfragüe (Santuario de) CC....56 M 11
Monistrol de Calders B....38 G 36
Monistrol de Montserrat B....38 H 35
Monistrolet B....37 G 35
Monjas (Las) CR....71 O 19
Monjas (Las) V....61 N 26
Monjas (Las) SE....92 U 13
Monleón SA....43 K 12
Monleras SA....29 I 11
Monòver A....85 Q 27
Monrabana V....62 M 27
Monreal NA....11 D 25
Monreal de Ariza Z....33 I 23
Monreal del Campo TE....48 J 25
Monreal del Llano CU....59 N 21
Monrepós (Puerto de) HU....21 E 28
Monroy CC....55 N 11
Monroyo TE....50 J 29
Monsagro SA....43 K 11
Monsalud BA....67 Q 9
Monsalupe AV....44 J 15
Mont Cristina CS....62 L 28
Mont Horquera V....62 N 28
Mont-i-sol V....62 N 28
Mont-ral T....37 I 33
Mont-ras GI....25 G 39
Mont-roig del Camp T....51 I 32
Mont-ros E....23 E 32
Monta (La) TO....70 O 18
Montagut i Oix GI....24 F 37
Montalbán TE....49 J 27
Montalbán TO....57 M 16
Montalbán de Córdoba CO....93 T 16
Montalbanejo CU....60 M 22
Montalbo CU....59 M 21
Montalbos TE....49 J 28
Montalvos AB....72 O 23
Montamarta ZA....29 H 12
Montán T....23 F 34
Montán Castelló CS....62 L 28
Montánchez CC....67 O 11
Montanchuelos CR....70 P 19
Montanejos CS....62 L 28
Montanúy HU....22 E 32
Montaña Blanca Lanzarote GC....123 D 4
Montaña Clara (Isla de) Lanzarote GC....120 E 2
Montañana HU....37 F 32
Montañana Z....35 G 27
Montañas (Ermita de las) CA....92 V 13
Montañesa (Peña) HU....22 E 30
Montañeta (La) Tenerife TF....127 F 3
Montaos C....3 C 4
Montado L....22 E 32
Montareño L....23 E 33
Montargull L....37 G 33
Montarrón GU....46 J 20

Montaverner V....74 P 28
Montaves SO....33 F 23
Montblanc T....37 H 33
Montblanquet L....37 H 33
Montbrió de la Marca T....37 H 33
Montbrió del Camp T....51 I 33
Montcada V....62 N 28
Montcada i Reixac B....38 H 36
Montclar B....23 F 35
Montclar L....37 G 33
Montcortès L....23 F 33
Monte C....3 B 5
Monte LU....4 B 7
Monte (El) AB....72 P 23
Monte (Ermita del) SE....80 S 12
Monte Aloya (Parque natural del) PO....12 F 3
Monte Alto CO....81 T 15
Monte Aragón (Cordillera de) AB....73 P 24
Monte Aragón (Monasterio de) HU....21 F 28
Monte Calderón GU....46 J 19
Monte de Luna La Palma TF....132 D 6
Monte de Meda LU....3 D 7
Monte Hueco GU....46 J 20
Monte la Reina ZA....30 H 13
Monte Lope Álvarez J....82 S 17
Monte Perdido (Paradorde) Bielsa HU....22 D 30
Monte Redondo GU....47 J 21
Monte Robledal M....59 L 20
Monteagú CR....82 Q 19
Monteagudo NA....34 Q 24
Monteagudo MU....85 R 26
Monteagudo (Isla de) PO....12 F 3
Monteagudo de las Salinas CU....60 M 24
Monteagudo de las Vicarías SO....33 H 23
Monteagudo del Castillo TE....49 K 27
Montealegre VA....30 G 15
Montealegre del Castillo AB....73 P 26
Monteagudón TO....57 M 16
Montecillo B....17 D 18
Monteclaro-La Cabaña M....45 K 18
Montecorto MA....92 V 14
Montecubeiro LU....4 C 8
Montederramo OR....14 F 7
Montefrío GR....94 U 17
Montehermoso CC....55 L 10
Monteixo L....23 E 34
Montejaque MA....92 V 14
Montejícar GR....94 T 19
Montejo CR....82 Q 19
Montejo de Arévalo SG....45 I 16
Montejo de Bricia BU....17 D 18
Montejo de Cebas BU....18 D 20
Montejo de la Sierra M....46 I 19
Montejo de la Vega SG....32 H 19
Montejo de Tiermes SG....32 H 20
Montejos del Camino LE....15 E 12
Montellà L....23 E 35
Montellano B....8 C 20
Montellano SE....92 V 13
Montemayor AB....73 P 23
Montemayor CO....81 T 15
Montemayor (Ermita de) H....90 U 9
Montemayor de Pililla VA....31 H 16
Montemayor del Río SA....43 K 12
Montemolín BA....79 R 11
Montenartró L....23 E 33
Montenebro M....46 J 19
Montenegro AL....95 U 21
Montenegro de Cameros SO....33 F 21
Montepalacio SE....92 U 13
Monterde Z....48 I 24
Monterde de Albarracín TE....48 K 25
Monteros (Los) TE....57 L 16
Monteros (Los) MA....100 W 15
Monterreal PO....12 F 3
Monterredondo OR....13 F 5
Monterrei OR....28 G 7
Monterrey TO....58 M 17
Monterroso LU....13 D 6
Monterrubio SG....45 J 16
Monterrubio ZA....15 F 10
Monterrubio de Armuña SA....43 I 13
Monterrubio de Demanda BU....18 F 20

Monterrubio de la Serena BA....68 Q 13
Monterrubio de la Sierra SA....43 J 12
Montes (Los) GR....94 T 18
Montes de Málaga (Parque natural de los) MA....93 V 16
Montes de Mora TO....70 N 17
Montes de San Benito H....78 S 8
Montes de Valdueza LE....15 E 10
Montes Universales (Reserva nacional de los) TE....48 K 24
Montesa V....74 P 28
Montesalgueiro C....3 C 5
Montesclaros TO....57 L 15
Montesinos (Los) A....85 R 27
Montesión (Santuari de) IB....105 N 39
Montesol A....74 P 28
Montesquiu B....24 F 36
Montesusín HU....35 G 28
Monteviejo (Puerto de) LE....16 D 15
Montferrer i Castellbò L....23 E 34
Montferri T....37 I 34
Montgai L....37 G 32
Montgarri L....23 D 33
Montgat B....38 H 36
Montgó L....25 F 39
Montgó (El) A....75 P 30
Montiano BU....8 C 20
Montico (El) VA....30 H 15
Montiel CR....71 P 21
Montiel (Campo de) AB....71 P 21
Montiela (La) CO....93 T 15
Montijo BA....67 P 10
Montilla CO....93 T 16
Montillana GR....94 T 18
Montinier HU....22 E 30
Montitxelvo V....74 P 28
Montizón J....83 Q 20
Montjuïc B....38 H 36
Montlleó L....37 G 33
Montmagastre L....37 G 33
Montmaneu B....37 H 34
Montmany B....38 G 36
Montmeló B....38 H 36
Montnegre GI....25 G 38
Montnegre A....86 Q 28
Montnegre (Serra de) B....38 H 37
Montnou B....79 Q 11
Montoliu L....36 H 31
Montón Z....48 I 25
Montorio BU....18 E 18
Montornès B....38 H 36
Montornès de Segarra L....37 H 33
Montoro CO....81 R 16
Montoro (Embalse de) CR....70 Q 17
Montoro de Mezquita TE....49 J 28
Montortal V....74 O 28
Montoso CR....71 P 20
Montoto P....17 D 16
Montouto C....3 C 5
Montouto LU....4 B 7
Montoxo (San Román) C....3 B 6
Montoxo (San Xulián) C....3 B 6
Montpalau L....37 H 34
Montroi V....74 N 28
Montsant (Serra) T....36 I 32
Montsec d'Ares L....37 F 32
Montsec de Rúbies L....23 F 32
Montsec (Serra de) B....38 G 37
Montseny B....38 G 37
Montseny (Parc natural del) B....38 G 36
Montserrat V....74 N 28
Montserrat (Monestir) B....38 H 35
Montserrat (Serra de) B....38 H 35
Montsià (Serra del) T....50 K 31
Montuenga BU....18 F 18
Montuenga SG....45 I 16
Montuenga de Soria SO....33 I 23
Montuïri IB....104 N 38
Monturque CO....93 T 16
Monumenta ZA....29 H 11
Monzalbarba Z....35 G 27
Monzón HU....36 G 30
Monzón de Campos P....17 F 16
Moñux SO....33 H 22
Mor LE....15 D 12
Mora TO....58 M 18
Mora (La) T....51 I 34

Mora (Puerto de la) GR....94 U 19
Mora de Rubielos TE....61 L 27
Mora de Santa Quiteria AB....73 Q 25
Móra d'Ebre T....50 I 31
Móra la Nova T....50 I 31
Moradas TO....57 N 15
Moradillo BU....18 D 18
Moradillo de Roa BU....31 H 18
Moradillo del Castillo BU....17 D 18
Moragete V....73 O 26
Moraira A....75 P 30
Moral MU....84 R 23
Moral (El) MU....84 S 23
Moral de Calatrava CR....70 P 19
Moral de Hornuez SG....32 H 19
Moral de la Reina VA....30 G 14
Moral de Sayago ZA....29 H 11
Moral de Valcarce LE....14 E 9
Moraleda de Zafayona GR....94 U 18
Moraleja CC....55 L 9
Moraleja de Coca SG....45 I 16
Moraleja de Cuéllar SG....31 H 17
Moraleja de Enmedio M....58 L 18
Moraleja de las Panaderas VA....30 I 15
Moraleja de Matacabras AV....44 I 15
Moraleja de Sayago ZA....29 H 11
Moraleja del Vino ZA....29 H 12
Moralejo MU....84 S 23
Morales SO....32 H 21
Morales LE....15 E 11
Morales CR....82 Q 18
Morales (Los) GR....94 T 18
Morales (Rambla de) AL....103 V 23
Morales de Campos VA....30 G 14
Morales de Rey ZA....29 F 12
Morales de Toro ZA....30 H 14
Morales de Valverde ZA....29 G 12
Morales del Vino ZA....29 H 12
Moralico (El) J....83 Q 21
Moralina ZA....29 H 11
Moralita (La) SA....43 J 11
Moralzarzal M....45 J 18
Mos PO....12 F 4
Moscán LU....14 D 7
Moscardón TE....48 L 25
Moscari IB....104 M 38
Moscaril GR....101 V 18
Moscoso PO....12 F 4
Mosende LU....3 A 7
Mosende PO....12 F 4
Mosoteira (La) T....36 H 31
Mosqueruela TE....49 K 28
Mosqueruela (Puerto de) TE....49 K 28
Mosquete C....12 E 3
Mosteiro C....13 F 5
Mosteiro Meis PO....12 E 3
Mosteiro Pol LU....4 C 7
Mosteiro S LU....58 L 18
Mota (Fortaleza de la) J....94 T 18
Mota (La) GI....25 F 38
Mota (La) CA....92 V 14
Mota de Altarejos CU....60 M 23
Mota del Cuervo CU....59 N 21
Mota del Marqués VA....30 H 14
Motilla del Palancar CU....60 N 24
Motilleja AB....72 O 24
Motos GU....48 K 25
Motril GR....101 V 19
Moucide LU....4 B 7
Mougás PO....12 F 3
Mourentán PO....13 F 5
Mourisca OR....14 F 8
Mouriscados PO....12 F 4
Mourulle LU....13 D 6
Mousende LU....4 B 8
Moutas O....5 B 11
Moveros ZA....29 H 11
Moya CU....61 M 25
Moya Gran Canaria GC....115 D 2
Moyas (Las) CR....71 O 20
Moyuela Z....49 I 27
Mozaga Lanzarote GC....123 D 4
Mozar de Valverde ZA....29 G 12
Mózar SA....43 J 13
Mozas (Monte de las) CU....72 O 23
Mozoncillo SG....45 I 17
Mozóndiga LE....15 E 12
Mozos de Cea LE....16 E 14
Mozota Z....34 H 26
Muchachos (Roque de los) La Palma TF....130 C 3
Mucientes VA....30 G 15
Mudá P....17 D 16

Mudapelos J....82 S 17
Mudela CR....70 Q 19
Mudex GU....46 J 21
Mudurra (La) VA....30 G 15
Muel Z....34 H 26
Muela AB....73 P 25
Muela MU....85 S 25
Muela CO....80 R 13
Muela Z....32 F 19
Muela cerca de Cantavieja TE....49 K 28
Muela cerca de Manzanera TE....61 L 27
Muela (La) HU....22 E 31
Muela (La) HU....22 E 30
Muela (La) HU....22 E 30
Muela (La) V....61 M 26
Muela (La) cerca de Algodonales CA....92 V 13
Muela (La) cerca de Vejer CA....99 X 12
Muela (Sierra de la) GU....47 I 21
Muela (Sierra de la) MU....97 T 26
Muela de Cortes (Reserva nacional de la) V....73 O 27
Muelas de los Caballeros ZA....15 F 10
Muelas del Pan ZA....29 H 12
Mués NA....19 E 23
Muez NA....10 D 24
Muga Z....34 G 24
Muga (La) (Riu) GI....24 E 37
Muga de Alba ZA....29 G 11
Muga de Sayago ZA....29 H 11
Mugardos C....3 B 5
Mugares OR....13 F 6
Mugueimes OR....27 G 6
Muides C....8 B 9
Muimenta LU....4 C 7
Muimenta PO....13 D 5
Muiña LU....4 C 8
Muiños OR....27 G 6
Mujeres Muertas (Pozo de las) O....4 C 9
Mula MU....85 R 25
Mulato (Embalse de) Gran Canaria GC....116 C 3
Muleria (La) AL....96 U 24
Mulhacén GR....95 U 20
Mullidar AB....72 O 24
Mulva (Castillo de) SE....80 S 12
Munárriz NA....10 D 24
Mundaka BI....9 B 21
Mundo (Nacimiento del Río) AB....84 Q 22
Munébrega Z....34 I 24
Munera AB....72 O 22
Muniesa TE....49 I 27
Muniferral C....3 C 5
Munilla LO....19 F 23
Munitibar-Arbatzegui Gerrikaitz BI....10 C 22
Muntanyola B....38 G 36
Muntells (Els) T....50 K 32
Muña (La) J....82 S 18
Muñana AV....44 K 14
Muñas O....5 B 10
Muñecas SO....32 G 20
Muñecas (Las) BI....8 C 20
Múñez AV....44 K 15
Muñico AV....44 J 14
Muñique Lanzarote GC....123 D 3
Muñís LU....4 D 9
Muño AV....44 K 14
Muñoces (Los) MU....85 S 26
Muñogalindo AV....44 K 15
Muñogrande AV....44 J 15
Muñomer del Peco AV....44 J 15
Muñopedro SG....45 J 17
Muñopepe AV....44 K 15
Muñosancho AV....44 J 14
Muñotello AV....44 K 14
Muñoveros SG....45 I 18
Muñoyerro AV....44 J 15
Mur (Castell de) L....22 F 32
Mura B....38 G 35
Muradelle LU....13 E 6
Muras LU....3 B 6
Murchante NA....20 F 25
Murchas GR....101 V 19

Murcia *MU* .... **85** S 26
Murciélagos
(Cueva de los) *CO* .... **93** T 17
Murero *Z* .... **48** I 25
Mures *J* .... **94** T 18
Murgia *VI* .... **19** D 21
Murias *LE* .... **15** E 11
Murias *ZA* .... **14** F 10
Murias
cerca de Santibáñez *O* .... **6** C 12
Murias de Paredes *LE* .... **15** D 11
Murias de Ponjos *LE* .... **15** D 11
Muriedas *S* .... **7** B 18
Muriel *GU* .... **46** J 20
Muriel de la Fuente *SO* .... **32** G 21
Muriel de Zapardiel *VA* .... **44** I 15
Muriel Viejo *SO* .... **32** G 21
Muriellos *O* .... **5** C 12
Murieta *NA* .... **19** E 23
Murillo Berroya *NA* .... **11** D 26
Murillo de Calahorra *LO* .... **19** E 24
Murillo de Gállego *Z* .... **21** E 27
Murillo de Río Leza *LO* .... **19** E 23
Murillo el Cuende *NA* .... **20** E 25
Murillo el Fruto *NA* .... **20** E 25
Murla *A* .... **74** Q 29
Muro de Ágreda *SO* .... **33** G 24
Muro de Aguas *LO* .... **19** F 23
Muro de Alcoy *A* .... **74** P 28
Muro en Cameros *LO* .... **19** F 22
Muros *C* .... **12** D 2
Muros de Nalón *O* .... **5** B 11
Muros y Noia
(Ría de) *PO* .... **12** D 2
Murta (La) *MU* .... **85** S 26
Murtas *GU* .... **102** V 20
Murtas (Las) *MU* .... **84** R 24
Murtiga *H* .... **78** R 9
Muruarte de Reta *NA* .... **11** D 25
Murueta *BI* .... **9** B 21
Muruzábal *NA* .... **10** D 24
Muruzábal
de Andión *NA* .... **20** E 24
Musel (El) *O* .... **6** B 12
Museros *V* .... **62** N 28
Musitu *VI* .... **19** D 22
Muskilda
(Santuario de) *NA* .... **11** D 26
Mussara (La) *T* .... **37** I 33
Mussara (Serra de la) *T* .... **37** I 33
Mustio (El) *H* .... **78** S 8
Mutiloa *SS* .... **10** C 23
Mutiloagoiti /
Mutilva Alta *NA* .... **11** D 25
Mutilva Alta /
Mutiloagoiti *NA* .... **11** D 25
Mutriku *SS* .... **10** C 22
Mutxamel *A* .... **86** Q 28
Muxia *C* .... **2** C 2
Muyo (El) *SG* .... **32** I 20

N

Na Macaret *IB* .... **106** L 42
Na Xamena *IB* .... **87** O 34
Nabarniz *BI* .... **10** C 22
Nacha *HU* .... **36** G 31
Nacimiento *CO* .... **93** T 16
Nacimiento *AL* .... **95** U 22
Nadela *LU* .... **4** D 7
Nafría de Ucero *SO* .... **32** G 20
Nafría la Llana *SO* .... **33** H 21
Naharros *GU* .... **46** I 21
Naharros *CU* .... **60** L 22
Najarra *M* .... **45** J 18
Nájera *LO* .... **19** E 21
Najurrieta *NA* .... **11** D 25
Nalda *LO* .... **19** E 22
Nalec *L* .... **37** H 33
Nambroca *TO* .... **58** M 18
Nambroca
(Sierra de) *TO* .... **58** M 18
Nanclares
cerca de Ariñez *VI* .... **19** D 21
Nanclares de Gamboa cerca
de Embalse de Ullíva *VI* .... **19** D 22
Napal *NA* .... **11** D 26
Náquera *V* .... **62** N 28
Naraío *C* .... **3** B 5
Naranjal (Sierra del) *BA* .... **66** O 8
Naranjeros (Los)
Tenerife *TF* .... **124** H 2
Naraval *O* .... **5** B 10
Narbarte *NA* .... **11** C 25
Narboneta *CU* .... **61** M 25
Nariga (Punta de) *C* .... **2** C 3
Narila *GR* .... **102** V 20

Nariz (Punta de la)
La Gomera *TF* .... **118** B 3
Narla *LU* .... **3** C 6
Narón *LU* .... **13** D 6
Narón *C* .... **3** B 5
Narrillos del Álamo *AV* .... **44** K 13
Narrillos del Rebollar *AV* .... **44** K 15
Narros *SO* .... **33** G 23
Narros de Cuéllar *SG* .... **31** I 16
Narros
de Matalayegua *SA* .... **43** J 12
Narros de Saldueña *AV* .... **44** J 15
Narros del Castillo *AV* .... **44** J 14
Narros del Puerto *AV* .... **44** K 15
Narbaiza *VI* .... **19** D 22
Nati (Punta) *IB* .... **106** L 41
Natón *C* .... **2** C 3
Natxitua *BI* .... **9** B 22
Nau (Cap de la) *A* .... **75** P 30
Nava *O* .... **6** B 13
Nava (Estación de la) *H* .... **79** S 9
Nava (La) *CR* .... **82** Q 19
Nava (La) *H* .... **79** S 9
Nava (La) *SE* .... **80** R 13
Nava (La) *BA* .... **68** P 13
Nava (Laguna la) *CR* .... **70** O 18
Nava (Puerto de la) *BA* .... **68** P 14
Nava de Abajo *AB* .... **72** Q 24
Nava de Arévalo *AV* .... **44** J 15
Nava de Arriba *AB* .... **72** Q 24
Nava de Béjar *SA* .... **43** K 12
Nava de Campana *AB* .... **84** Q 25
Nava de Francia *SA* .... **43** K 11
Nava de Jadraque (La) *GU* .... **46** I 20
Nava
de la Asunción *SG* .... **45** I 16
Nava
de los Caballeros *LE* .... **16** E 14
Nava de Mena *BU* .... **8** C 20
Nava de Pablo *J* .... **83** S 21
Nava
de Ricomalillo (La) *TO* .... **57** N 15
Nava-de-Roa *BU* .... **31** H 18
Nava de San Pedro *J* .... **83** S 21
Nava de Santiago (La) *BA* .... **67** O 10
Nava de Sotrobal *SA* .... **44** J 14
Nava del Barco *AV* .... **44** K 13
Nava del Rey *VA* .... **30** I 14
Nava el Zar *J* .... **82** Q 18
Navacarros *SA* .... **43** K 12
Navacepeda de Tormes *AV* .... **44** K 14
Navacepedilla
de Corneja *AV* .... **44** K 14
Navacerrada *CR* .... **69** P 16
Navacerrada
(Puerto de) *M* .... **45** J 17
Navachica *M* .... **101** V 18
Navaconcejo *CC* .... **56** L 12
Navadijos *AV* .... **44** K 14
Navaescurial *AV* .... **44** K 14
Navafría *SG* .... **45** I 18
Navafría *LE* .... **16** E 13
Navafría (Puerto de) *M* .... **45** J 18
Navahermosa *TO* .... **57** N 16
Navahermosa *MA* .... **93** U 15
Navahermosa
cerca de Aracena *H* .... **79** S 9
Navahermosa cerca
de Valdeverde del C. H. .... **91** T 9
Navaholguín *SE* .... **80** S 12
Navahombela *SA* .... **44** K 13
Navahondilla *AV* .... **45** L 16
Navajarra *CR* .... **69** O 16
Navajarra (Sierra de) *CR* .... **69** O 16
Navajas *CS* .... **62** M 28
Navaján *LO* .... **33** G 23
Naval *HU* .... **22** F 30
Navalacruz *AV* .... **44** K 15
Navalafuente *M* .... **46** J 18
Navalagamella *M* .... **45** K 17
Navalatienda *CR* .... **69** P 15
Navalavaca *CR* .... **71** Q 20
Navalcaballo *SO* .... **33** G 22
Navalcán *TO* .... **57** L 14
Navalcán
(Embalse de) *TO* .... **57** L 14
Navalcarnero *M* .... **58** L 17
Navalcuervo *CO* .... **80** R 14
Navalengua *AB* .... **72** P 23
Navalenguilla (El) *GR* .... **94** T 19
Navales *SA* .... **44** J 13
Navalguijo *AV* .... **56** L 13
Navalilla *SG* .... **31** H 18
Navalmanzano *SG* .... **45** I 17
Navalmoral *AV* .... **44** K 15

Navalmoral
(Puerto de) *AV* .... **44** K 15
Navalmoral de Béjar *SA* .... **43** K 12
Navalmoral
de la Mata *CC* .... **56** M 13
Navalmoralejo *TO* .... **57** M 14
Navalmorales (Los) *TO* .... **57** M 16
Navalón *CU* .... **60** L 23
Navalón de Abajo *V* .... **73** P 27
Navalón de Arriba *V* .... **73** P 27
Navalonguilla *AV* .... **56** L 13
Navalosa *AV* .... **44** K 15
Navalperal
de Pinares *AV* .... **45** K 16
Navalperal
de Tormes *AV* .... **44** K 14
Navalpino *CR* .... **69** O 16
Navalpotro *GU* .... **47** J 22
Navalrincón *CR* .... **69** O 16
Navalsáuz *AV* .... **44** K 14
Navaltoril *TO* .... **57** N 15
Navalucillos (Los) *TO* .... **57** N 15
Navaluenga *AV* .... **44** K 15
Navalvillar *SE* .... **80** S 13
Navalvillar de Ibor *CC* .... **56** N 13
Navalvillar de Pela *BA* .... **68** O 13
Navamorales *SA* .... **44** K 13
Navamorcuende *TO* .... **57** L 15
Navamuel *S* .... **17** D 17
Navandrinal *AV* .... **44** K 15
Navapalos *SO* .... **32** H 20
Navaquesera *AV* .... **44** K 15
Navarcles *B* .... **38** G 35
Navardún *Z* .... **20** E 26
Navares *MU* .... **84** R 24
Navares de Ayuso *SG* .... **32** H 18
Navares
de Enmedio *SG* .... **32** H 18
Navares
de las Cuevas *SG* .... **32** H 18
Navaridas *VI* .... **19** E 22
Navarredonda *M* .... **46** J 18
Navarredonda *SE* .... **92** U 14
Navarredonda
de Gredos *AV* .... **44** K 14
Navarredonda
de la Rinconada *SA* .... **43** K 11
Navarredonda
de Salvatierra *SA* .... **43** K 12
Navarredondilla *AV* .... **44** K 15
Navarrés *V* .... **74** O 27
Navarrete *VI* .... **19** E 22
Navarrete *LO* .... **19** E 22
Navarrete del Río *TE* .... **48** J 26
Navarrevisca *AV* .... **44** K 15
Navàs *B* .... **38** G 35
Navas
(Embalse de las) *HU* .... **21** F 28
Navas (Las) *TO* .... **70** N 17
Navas (Las) *CO* .... **94** T 17
Navas de Buitrago *M* .... **46** J 19
Navas de Bureba *BU* .... **18** D 20
Navas de Estena *CR* .... **57** N 16
Navas de Jadraque *GU* .... **46** I 20
Navas de Jorquera *AB* .... **72** O 24
Navas de la Concepción
(Las) *SE* .... **80** S 13
Navas de Oro *SG* .... **45** I 16
Navas de Riofrío *SG* .... **45** J 17
Navas
de San Antonio *SG* .... **45** J 17
Navas de San Juan *J* .... **83** R 20
Navas de Selpillar *CO* .... **93** T 16
Navas de Tolosa (Las) *J* .... **82** R 19
Navas del Madroño *CC* .... **55** N 10
Navas
del Marqués (Las) *AV* .... **45** K 17
Navas del Pinar *BU* .... **32** G 20
Navas del Rey *M* .... **45** K 17
Navasa *HU* .... **21** E 28
Navascués *NA* .... **11** D 26
Navasfrias *SA* .... **42** L 9
Navata *GI* .... **25** F 38
Navata (La) *M* .... **45** K 18
Navatalgordo *AV* .... **44** K 15
Navatejares *AV* .... **44** K 13
Navatrasierra *CC* .... **56** N 14
Navazos (Los) *CR* .... **71** P 21
Navazuelo *CO* .... **93** T 16
Navazuelo (El) *GR* .... **94** T 19
Návea *OR* .... **14** F 7
Navelgas *O* .... **5** B 10
Navelonga
(Ermita de) *CC* .... **55** L 9
Naveros *CA* .... **99** W 12
Navès *L* .... **37** G 34

Naveta des Tudons *IB* .... **106** M 41
Navezuelas
cerca de Mirabel *CC* .... **56** M 11
Navezuelas
cerca de Roturas *CC* .... **56** N 13
Navia *O* .... **4** B 9
Navia (Río) *ESP* .... **4** C 9
Navia (Valle del) *O* .... **4** C 9
Navia de Suarna *LU* .... **4** D 8
Navianos de Alba *ZA* .... **29** G 12
Navianos
de Valverde *ZA* .... **29** G 12
Navilla *BA* .... **68** P 11
Navillas (Las) *TO* .... **57** N 16
Naya (La) *H* .... **79** S 10
Nazar *NA* .... **19** E 23
Nazaret *V* .... **62** N 29
Nazaret (Ermita de) *J* .... **83** Q 20
Neblines *SE* .... **92** T 13
Nebra *C* .... **12** D 3
Nebreda *BU* .... **32** G 19
Nechite *GR* .... **95** U 20
Neda *C* .... **3** B 5
Neda (Cordal de) *LU* .... **4** B 7
Negra (Punta) *MU* .... **97** T 27
Negra (Punta) *GR* .... **102** V 20
Negra (Punta)
Tenerife *TF* .... **126** B 3
Negra (Punta)
Tenerife *TF* .... **128** C 5
Negra (Punta)
Tenerife *TF* .... **128** E 5
Negradas *LU* .... **3** A 6
Negrales-
Los Llanos (Los) *M* .... **45** K 17
Negras (Las) *AL* .... **103** V 23
Negredo *GU* .... **46** I 21
Negredo (El) *SG* .... **32** I 20
Negreira *C* .... **2** D 3
Negrete (Cabo) *MU* .... **97** T 27
Negrilla de Palencia *SA* .... **44** I 13
Negrón *V* .... **61** L 25
Negrón (Túnel de) *LE* .... **15** D 12
Negueira de Muñiz *LU* .... **4** C 9
Neguillas *SO* .... **33** H 22
Neila *BU* .... **32** F 21
Neila de San Miguel *AV* .... **43** K 13
Neira *LU* .... **4** D 8
Neiro *LU* .... **4** C 8
Nela *BU* .... **18** D 19
Nembro *O* .... **5** B 12
Nemeño *C* .... **2** C 3
Nemiña *C* .... **2** C 3
Nepas *SO* .... **33** H 22
Nerín *HU* .... **22** E 30
Nerja *MA* .... **101** V 18
Nerja
(Cueva de) *MA* .... **101** V 18
Nerpio *AB* .... **84** R 23
Nerva *H* .... **79** S 10
Nespereira *LU* .... **13** D 6
Nestar *P* .... **17** D 17
Nestares *LO* .... **19** F 22
Neulos (Pic) *GI* .... **25** E 38
Neves (As) *PO* .... **13** F 4
Neves (As) *C* .... **3** B 6
Nicho (Ermita del) *J* .... **83** S 20
Niebla *H* .... **91** T 9
Niefla
(Puerto de) *CR* .... **69** Q 16
Nietos (Los) *MU* .... **85** T 27
Nieva *SG* .... **45** I 16
Nieva de Cameros *LO* .... **19** F 21
Nieve (Pozo de la) *AL* .... **95** U 22
Nieves *C* .... **3** B 5
Nieves *CU* .... **60** L 24
Nieves (Ermita de las)
Lanzarote *GC* .... **123** E 3
Nieves (Las) *TO* .... **58** M 18
Nieves (Las) *SE* .... **79** T 11
Nieves (Pozo de las)
Gran Canaria *GC* .... **117** E 3
Nigoi *PO* .... **13** E 4
Nigrán *PO* .... **12** F 3
Nigüelas *GR* .... **101** V 19
Nigüella *Z* .... **34** H 25
Niharra *AV* .... **44** K 15
Níjar *AL* .... **103** V 23
Níjar
(Campo de) *AL* .... **103** V 23
Niño (El) *MU* .... **85** R 25
Niñas (Las) *GC* .... **116** S 15
Niñodaguia *OR* .... **13** F 7
Niños *C* .... **2** C 3
Nistal *LE* .... **15** E 11
Niveiro *C* .... **2** C 4
Noáin *NA* .... **11** D 25

Noalejo *J* .... **94** T 19
Noalla *PO* .... **12** E 3
Noarre *L* .... **23** D 33
Nobeda *CU* .... **60** L 23
Noblejas *TO* .... **59** M 19
Noceco cerca de Espinosa
de los M. *BU* .... **8** C 19
Noceda cerca de Castrillo
de Cabrera *LE* .... **15** E 10
Noceda del Bierzo cerca
de Toreno *LE* .... **15** D 10
Nocedo cerca
de Sedano *BU* .... **18** D 18
Nocedo de Curueño *LE* .... **16** D 13
Noceda do Val *OR* .... **28** F 7
Noche *LU* .... **3** C 6
Nódalo *SO* .... **33** G 21
Nodar *LU* .... **3** C 5
Noez *TO* .... **58** M 17
Nofuentes *BU* .... **18** D 19
Nogais (As) *LU* .... **14** D 8
Nogal de las Huertas *P* .... **17** E 16
Nogales *MA* .... **100** V 16
Nogales *P* .... **17** D 17
Nogales
(Embalse de) *BA* .... **67** Q 9
Nogales (Los) *TO* .... **57** L 16
Nogalte (Rambla de) *MU* .... **96** T 24
Nogar *LE* .... **15** F 10
Nogaro *VI* .... **18** D 20
Nogueira *LU* .... **13** E 6
Nogueira *OR* .... **13** E 5
Nogueira *LU* .... **12** E 3
Noguera *TE* .... **48** K 25
Noguera
de Tort (La) (Riu) *L* .... **22** E 32
Noguera Pallaresa
(Vall de la) *L* .... **23** E 33
Noguera Ribagorçana
(Vall del) *HU* .... **22** E 32
Nogueras *TE* .... **48** I 26
Nogueras (Las) *V* .... **61** N 26
Noguero *HU* .... **22** F 31
Noguerones (Los) *J* .... **82** T 17
Nogueruela (La) *CU* .... **61** L 25
Nogueruelas *TE* .... **62** L 28
Nohalos *TO* .... **58** M 17
Noharre *AV* .... **44** J 15
Noia *C* .... **12** D 3
Noicela *C* .... **2** C 4
Nois *LU* .... **4** B 8
Noja *S* .... **8** B 19
Noja *SO* .... **33** H 22
Nombela *TO* .... **57** L 16
Nombrevilla *Z* .... **48** I 25
Nomparedes *SO* .... **33** H 23
Nonaspe *Z* .... **36** I 30
Nora *BA* .... **78** R 9
Nora (La) *LE* .... **15** F 12
Noreña *O* .... **5** B 12
Norfeu (Cap de) *GI* .... **25** F 39
Norias (Las) *CR* .... **70** Q 19
Norias (Las) cerca
de Huércal Overa *AL* .... **96** T 24
Noria de Daza (Las)
cerca de Almerimar *AL* .... **102** V 21
Noriega *O* .... **7** B 16
Norís *L* .... **23** E 34
Norte (Punta)
El Hierro *TF* .... **109** D 1
Nostra Senyora
de Bellmunt *B* .... **24** F 36
Nostra Senyora
de la Misericordia *B* .... **38** H 37
Nostra Senyora
de la Salut *GI* .... **24** F 37
Nostra Senyora de Lluc
(Monestir de) *IB* .... **104** M 38
Nostra Senyora
de Queralt *B* .... **24** E 35
Nostra Senyora del Far *GI* .... **24** F 37
Nostra Senyora
del Mont *GI* .... **24** F 38
Nostra Senyora
dels Àngels *GI* .... **25** G 38
Notáez *GR* .... **102** V 20
Nou (La) *B* .... **24** F 35
Nou de Gaià (La) *T* .... **37** I 34

Novelda *A* .... **85** Q 27
Novelda del Guadiana *BA* .... **67** P 9
Novellaco *Z* .... **20** E 26
Novellana *O* .... **5** B 11
Noves *HU* .... **21** E 28
Novés *TO* .... **58** L 17
Noves de Segre *L* .... **23** F 34
Noviales *SO* .... **32** H 20
Noviercas *SO* .... **33** G 23
Novillas *Z* .... **34** G 25
Novo Sancti Petri *CA* .... **98** W 11
Nuarbe *SS* .... **10** C 23
Nubledo *O* .... **5** B 12
Nublo (Roque)
Gran Canaria *GC* .... **116** D 3
Nucia (La) *A* .... **74** Q 29
Nueno *HU* .... **21** F 28
Nueros *TE* .... **48** J 26
Nuestra Santa Fátima
(Ermita de) *BA* .... **80** Q 13
Nuestra Señora
de Alarcos *CR* .... **70** P 17
Nuestra Señora de Altagracia
(Ermita de) *BA* .... **69** P 14
Nuestra Señora
de Angosto *VI* .... **18** D 20
Nuestra Señora
de Araceli *CO* .... **93** T 16
Nuestra Señora de Aranz
(Ermita de) *GU* .... **47** J 22
Nuestra Señora
de Arnotegui *NA* .... **10** D 24
Nuestra Señora de Bella H. *SO* .... **90** U 8
Nuestra Señora de Chilla
(Santuario de) *AV* .... **56** L 14
Nuestra Señora
de Codés *NA* .... **19** E 22
Nuestra Señora de Cortés
(Santuario) *AB* .... **72** P 22
Nuestra Señora de Escardiel
(Ermita) *SE* .... **79** S 11
Nuestra Señora
de Fuensanta *MA* .... **100** W 15
Nuestra Señora
de Gádor *AL* .... **102** V 21
Nuestra Señora de Garón
(Ermita de) *P* .... **31** G 17
Nuestra Señora
de Gracia *BA* .... **78** R 9
Nuestra Señora de Gràcia
(Ermita de) *CS* .... **62** M 29
Nuestra Señora
de Guadalupe *SS* .... **10** B 24
Nuestra Señora de Guadalupe
La Gomera *TF* .... **119** E 2
Nuestra Señora de Hontanares
(Ermita de) *SG* .... **32** I 19
Nuestra Señora de la Antigua
(Ermita de) *BA* .... **68** P 12
Nuestra Señora de la Antigua
(Santuario de) *CR* .... **71** P 20
Nuestra Señora
de la Anunciada *VA* .... **30** G 14
Nuestra Señora
de la Bienvenida *GU* .... **47** K 22
Nuestra Señora
de la Cabeza *GU* .... **48** J 24
Nuestra Señora de la Carrasca
(Ermita) *TE* .... **48** J 25
Nuestra Señora
de la Consolación *SE* .... **92** U 12
Nuestra Señora
de la Esperanza *MU* .... **84** R 24
Nuestra Señora
de la Estrella *J* .... **82** R 19
Nuestra Señora
de la Fuensanta *CO* .... **81** S 15
Nuestra Señora
de la Fuensanta *J* .... **83** R 21
Nuestra Señora
de la Hoz *GU* .... **47** J 23
Nuestra Señora de la Luz
(Ermita de) *CC* .... **55** N 10
Nuestra Señora de la Luz
(Santuario de) *CA* .... **99** X 13
Nuestra Señora de la Misericordia
(Santuario de) *Z* .... **34** G 25
Nuestra Señora de la Peña
(Ermita de) *CC* .... **55** L 9
Nuestra Señora de la Peña
(Ermita de)
Fuerteventura *GC* .... **110** F 3
Nuestra Señora de la Rosa
(Ermita de) *TE* .... **49** J 27
Nuestra Señora de la Sierra
(Ermita de) *CO* .... **93** T 16

A B C D E F G H I J K L M N O P Q R S T U V W X Y Z

A
B
C
D
E
F
G
H
I
J
K
L
M
N
O
P
Q
R
S
T
U
V
W
X
Y
Z

Nuestra Señora
de la Soledad *H* .... **90** U 9
Nuestra Señora
de las Nieves *BU* .... **8** C 19
Nuestra Señora
de las Nieves *CR* ....**70** P 19
Nuestra Señora
de las Viñas *BU* ....**18** F 19
Nuestra Señora
de Lebeña *S* .... **7** C 16
Nuestra Señora
de Linares *CO* ....**81** S 15
Nuestra Señora
de los Ángeles *H* ....**79** S 9
Nuestra Señora de
los Desamparados *CU* .....**47** K 21
Nuestra Señora de los Hilos
(Ermita de) *CC* ......**55** M 9
Nuestra Señora de los Reyes
(Ermita) *El Hierro TF* ..**108** B 3
Nuestra Señora
de Melque *TO* ....**57** M 16
Nuestra Señora de Monlora
(Santuario de) *Z* .....**21** F 27
Nuestra Señora
de Oca *BU* ....**18** E 20
Nuestra Señora
de Piedras Albas *H* ......**90** T 8
Nuestra Señora
de Pineta *HU* ....**22** D 30
Nuestra Señora
de Regla *CA* ....**91** V 10
Nuestra Señora
de Setefilla *SE* ....**80** S 13
Nuestra Señora de Valvanera
(Monasterio) *LO* ....**18** F 21
Nuestra Señora de Vico
(Monasterio de) *LO* ....**19** F 23
Nuestra Señora
de Zuqueca *CR* ....**70** P 18
Nuestra Señora del Campo
(Ermita de) *TE* ....**48** J 26
Nuestra Señora del Campo
(Ermita de) *CC* ....**55** N 9
Nuestra Señora
del Castillo *VI* ....**17** E 18
Nuestra Señora del Castillo
(Ermita de) *SA* ....**43** I 11
Nuestra Señora
del Llano *AB* ....**72** O 23
Nuestra Señora del Oro *VI* .**19** D 21
Nuestra Señora del Pasico
(Ermita) *MU* ....**85** S 27
Nuestra Señora del Prado
(Ermita de) *H* ....**79** S 10
Nuestra Señora
del Puerto *H* ....**79** S 11
Nuestra Señora del Puerto
(Ermita de) *CC* ....**56** L 11
Nuestra Señora
del Pueyo *Z* ....**35** I 27
Nuestra Señora del Remedio
(Ermita de) *V* ....**61** N 26
Nuestra Señora del Remedio
(Santuario) *V* ....**61** M 27
Nuestra Señora del Tremedal
(Ermita de) *TE* ....**48** K 25
Nuestra Señora
del Yugo *NA* ....**20** F 25
Nuestra Señora dels Àngels
(Ermita de) *GI* ....**50** K 30
Nueva *O* ....**6** B 15
Nueva (La) *O* ....**6** C 12
Nueva Andalucía *MA* .**100** W 15
Nueva Carteya *CO* ....**93** T 16
Nueva Jarilla *CA* ....**91** V 11
Nueva Villa
de las Torres *VA* ....**30** I 14
Nuévalos *Z* ....**48** I 24
Nuevo Baztán *M* ....**46** K 20
Nuevo Chinchón *M* ....**59** L 19
Nuevo Guadiaro *CA* .**99** X 14
Nuevo Rocío *SE* ....**91** U 11
Nuevo Toboso *M* ....**46** K 18
Nuevos *J* ....**83** Q 21
Nuez *ZA* ....**29** G 10
Nuez de Abajo (La) *BU* ..**17** E 18
Nuez de Arriba (La) *BU* ..**17** E 18
Nuez de Ebro *Z* ....**35** H 27
Nules *CS* ....**62** M 29
Nullán *LU* ....**14** D 8
Nulles *T* ....**37** I 33
Numancia *SO* ....**33** G 22
Numancia
de la Sagra *TO* ....**58** L 18
Nuño Gómez *TO* ....**57** L 16
Nuñomoral *CC* ....**43** K 11

O

O Burgo *C* ....**3** C 4
Oba *BI* ....**9** C 21
Obando *BA* ....**68** O 13
Obanos *NA* ....**10** D 24
Obejo *CO* ....**81** R 15
Obispo (Torre del) *J* ....**82** R 19
Obispo Hernandez *V* ....**61** M 26
Oblea *BA* ....**43** J 11
Obón *TE* ....**49** J 27
Obona *O* ....**5** B 10
Obra *C* ....**13** D 4
Obregón *S* ....**7** B 18
Oca *BU* ....**18** E 19
Oca (Montes de) *BU* ....**18** E 19
Ocaña *AL* ....**95** U 21
Ocaña *TO* ....**58** M 19
Oceja de Valdellorma *LE* ..**16** D 14
Ocejo de la Peña *LE* ....**16** D 14
Ocejón *GU* ....**46** I 20
Ocentejo *GU* ....**47** J 22
Ocero *LE* ....**14** D 10
Ochagavía *NA* ....**11** D 26
Ochando *SG* ....**45** I 16
Ochavillo del Río *CO* ....**80** S 14
Ochóchar *GR* ....**94** U 18
Ocio *VI* ....**19** E 21
Oco *NA* ....**19** E 23
Ocón *LO* ....**19** F 23
Oco *AV* ....**44** K 15
Ocón *LO* ....**19** F 23
Odèn *L* ....**23** F 34
Oderitz *NA* ....**10** D 24
Odiel (Embalse de) *H* ....**79** S 10
Odollo *LE* ....**15** E 10
Odón *TE* ....**48** J 25
Odres (Los) *MU* ....**84** R 23
Oencia *LE* ....**14** E 9
Ogassa *GI* ....**24** F 36
Ogern *L* ....**23** F 34
Ogíjares *GR* ....**94** U 19
Oguina *VI* ....**19** D 22
Ohanes *AL* ....**95** U 21
Oia *PO* ....**12** F 3
Oiartzun *SS* ....**10** C 24
Oibar / Aibar *NA* ....**20** E 25
Oieregi *NA* ....**11** C 25
Oimbra *OR* ....**28** G 7
Oíns *C* ....**3** D 5
Oirán *LU* ....**4** B 7
Oirás *LU* ....**4** B 7
Ois *C* ....**3** C 5
Oitura *Z* ....**34** G 26
Oitz *NA* ....**11** C 24
Oix *GI* ....**24** F 37
Ojacastro *LO* ....**18** E 20
Ojebar *S* ....**8** C 19
Ojedo *S* ....**7** C 16
Ojén *MA* ....**100** W 15
Ojén (Puerto de) *CA* ....**99** X 13
Ojén (Puerto de) *MA* ....**100** W 15
Ojo Guareña *BU* ....**8** C 19
Ojós *MU* ....**85** R 25
Ojos de Garza *GC* ....**117** G 3
Ojos Negros *TE* ....**48** J 25
Ojos-Albos *AV* ....**45** J 16
Ojuel *SO* ....**33** G 23
Ojuelos *CO* ....**80** R 13
Ojuelos (Los) *SE* ....**92** U 14
Okina *VI* ....**19** D 22
Okondo *BI* ....**8** C 20
Ola *HU* ....**21** F 29
Olaberria *SS* ....**10** C 23
Olaberri *NA* ....**11** D 25
Olabe *NA* ....**11** D 25
Olaberria *SS* ....**10** C 23
Olague *NA* ....**11** D 25
Oláiz *NA* ....**11** D 25
Olalla *TE* ....**48** J 26
Olas (Punta de las) *C* ....**2** C 4
Olatz *SS* ....**10** C 22
Olave *NA* ....**11** D 25
Olazagutia / Olazti *NA* ..**19** D 23
Olazti / Olazagutia *NA* ..**19** D 23
Olba *TE* ....**62** L 28
Olcoz *NA* ....**20** E 24
Olea *S* ....**17** D 17
Olea de Boedo *P* ....**17** E 16
Oleiros *LU* ....**3** C 7
Oleiros
cerca de Ribeira C ....**12** E 2
Oleiros
cerca de Sada C ....**3** B 5
Olejua *NA* ....**19** E 23
Olelas *OR* ....**27** G 5

Olèrdola *B* ....**37** I 35
Olesa de Bonesvalls *B* ....**38** H 35
Olesa de Montserrat *B* ....**38** H 35
Oleta *VI* ....**10** C 22
Oliana *L* ....**23** F 33
Oliana (Pantà d') *L* ....**23** F 34
Olías *MA* ....**100** V 17
Olías del Rey *TO* ....**58** M 18
Oliete *TE* ....**49** J 27
Oliola *L* ....**37** G 33
Olite *NA* ....**20** E 25
Olius *L* ....**23** F 34
Oliva *V* ....**74** P 29
Oliva (Ermita de la) *CA* ....**99** X 12
Oliva (La)
Fuerteventura GC ....**111** H 2
Oliva
(Monasterio de la) *NA* ..**20** E 25
Oliva de la Frontera *BA* ....**78** R 9
Oliva de Mérida *BA* ....**67** P 11
Oliva de Plasencia *CC* ....**56** L 11
Oliván *HU* ....**21** E 29
Olivar (Convento del) *TE* ..**49** J 28
Olivar (El) *L* ....**19** E 23
Olivar (El) *GU* ....**47** K 21
Olivares *SE* ....**91** T 11
Olivares (Los) *GR* ....**94** T 18
Olivares de Duero *VA* ....**31** H 16
Olivares de Júcar *CU* ....**60** M 22
Oliveira *PO* ....**12** F 4
Olivella *B* ....**38** I 35
Olivenza *BA* ....**66** P 8
Olives *PO* ....**13** D 4
Olivillo (El) *CA* ....**91** V 11
Olivos *NA* ....**20** F 24
Olla (L') *A* ....**74** Q 29
Ollauri *LO* ....**19** E 21
Olleria (L') *V* ....**74** P 28
Olleros *LE* ....**16** D 14
Olleros
(Ullíbarri de los) *VI* ....**19** D 22
Olleros de Alba *LE* ....**15** D 12
Olleros
de Paredes Rubias *P* ....**17** D 17
Olleros de Pisuerga *P* ....**17** D 17
Olleros de Tera *ZA* ....**29** G 11
Olleta *NA* ....**20** E 25
Ollo *NA* ....**10** D 24
Olloniego *O* ....**5** C 12
Olmeda (La) *SO* ....**32** H 20
Olmeda (La) *CU* ....**61** M 26
Olmeda de Cobeta *GU* ....**47** J 23
Olmeda de Eliz *LE* ....**60** L 22
Olmeda
de Jadraque (La) *GU* ..**47** I 21
Olmeda
de la Cuesta *CU* ....**60** L 22
Olmeda
de las Fuentes *M* ....**46** K 20
Olmeda del Extremo *GU* ..**47** J 21
Olmeda del Rey *CU* ....**60** M 23
Olmedilla de Alarcón *CU* ..**60** N 23
Olmedilla del Campo *CU* ..**59** L 21
Olmedillas *GU* ....**47** I 22
Olmedillas (Las) *V* ....**61** M 26
Olmedillo de Roa *BU* ....**31** G 18
Olmedo *VA* ....**31** I 15
Olmedo de Camaces *SA* ..**42** J 10
Olmillos *SO* ....**32** H 20
Olmillos de Castro *ZA* ....**29** G 12
Olmillos de Muñó *BU* ....**17** F 18
Olmillos
de Sasamón *BU* ....**17** E 17
Olmillos de Valverde *ZA* ..**29** G 12
Olmo (El) *SG* ....**32** I 19
Olmo de la Guareña *ZA* ..**44** I 14
Olmos (Los) *TE* ....**49** J 28
Olmos de Esgueva *VA* ....**31** G 16
Olmos de la Picaza *BU* ....**17** E 18
Olmos de Ojeda *P* ....**17** D 16
Olmos de Peñafiel *VA* ....**31** H 17
Olmos de Pisuerga *P* ....**17** E 17
Olocau *V* ....**62** M 28
Olocau (Barranco de) *V* ....**62** N 28
Olocau del Rey *CS* ....**49** K 28
Olombrada *SG* ....**31** H 17
Olóriz *NA* ....**20** E 25
Olost *B* ....**38** G 36
Olot *GI* ....**24** F 37
Olp *L* ....**23** E 33
Olsón *HU* ....**22** F 30
Oluges (Les) *L* ....**37** G 33
Olula de Castro *AL* ....**95** U 22
Olula del Río *AL* ....**96** T 23
Olvan *B* ....**24** F 35
Olveda *LU* ....**13** D 6
Ólvega *SO* ....**33** G 24

Olveira *C* ....**12** E 2
Olveiroa *C* ....**2** D 2
Olvena *HU* ....**22** F 30
Olvera *CA* ....**92** V 14
Olvés *Z* ....**34** I 25
Olza *NA* ....**10** D 24
Olzinelles *B* ....**38** H 37
Omañas
(Embalse de) *LE* ....**15** D 12
Omañas (Las) *LE* ....**15** D 12
Omañas *LE* ....**15** D 11
Ombreiro *LU* ....**3** C 7
Omellons (Els) *L* ....**37** H 32
Omells
de Na Gaia (Els) *L* ....**37** H 33
Omeñaca *SO* ....**33** G 23
Omnia *LE* ....**15** E 10
Oncala *SO* ....**33** G 23
Oncala (Puerto de) *SO* ....**33** G 23
Oncebreros *AB* ....**73** P 25
Onceta (Isla de) *PO* ....**12** E 3
Onda *CS* ....**62** M 29
Ondara *A* ....**74** P 30
Ondarroa *BI* ....**10** C 22
Ondó *CS* ....**5** C 11
Ongoz *NA* ....**11** D 26
Onil *A* ....**74** Q 27
Onón *O* ....**5** C 10
Ons *PO* ....**12** E 3
Ons (Isla de) *PO* ....**12** E 3
Ontalafia
(Laguna de) *AB* ....**72** P 24
Ontalafia (Sierra de) *AB* ..**72** P 24
Ontalvilla
de Almazan *SO* ....**33** H 22
Ontaneda *S* ....**7** C 18
Ontano (El) *TO* ....**70** O 18
Ontígola *TO* ....**58** L 19
Ontinar del Salz *Z* ....**35** G 27
Ontinyent *V* ....**74** P 28
Ontiñena *HU* ....**36** G 30
Ontur *AB* ....**73** Q 25
Onza *SE* ....**80** R 13
Onzonilla *LE* ....**16** E 13
Oña *BU* ....**18** D 19
Oña (Sierra de) *BU* ....**18** D 19
Oñati *SS* ....**10** C 22
Opakua *VI* ....**19** D 22
Opakua (Puerto de) *VI* ....**19** D 23
Oqueales *GR* ....**95** T 20
Oquillas *BU* ....**32** G 18
Orallo *LE* ....**15** D 10
Oraque *H* ....**90** T 9
Orba *A* ....**74** P 29
Orbada (La) *SA* ....**44** I 13
Orbaiceta *NA* ....**11** D 26
Orbaneja del Castillo *BU* ..**18** D 18
Orbaneja-Ríopico *BU* ....**18** E 19
Orbara *NA* ....**11** D 26
Órbigo *CL* ....**15** F 12
Orbiso *VI* ....**19** D 23
Orbita *AV* ....**45** I 16
Orcajo *Z* ....**48** I 25
Orcau *L* ....**23** F 32
Orce *GR* ....**83** S 22
Orcera *J* ....**83** R 22
Orchilla (Punta de)
El Hierro TF ....**108** B 3
Ordal *B* ....**38** H 35
Ordaliego *O* ....**6** C 13
Ordejón de Arriba *BU* ....**17** E 17
Orden (Pozo de la) *J* ....**82** S 17
Ordes *C* ....**3** C 4
Ordes (Les) *T* ....**37** H 34
Ordesa (Valle de) *HU* ....**21** E 29
Ordesa y Monte Perdido
(Parque nacional de) *HU* ..**22** D 29
Ordial (El) *GU* ....**46** I 20
Ordis *GI* ....**25** F 38
Ordizia *SS* ....**10** C 23
Ordoeste *C* ....**2** D 3
Ordunte (Embalse de) *BU* ..**8** C 20
Ordunte (Montes de) *BU* ..**8** C 19
Orduña *BI* ....**18** D 20
Orduña (Monte) *GR* ....**94** U 19
Orduña (Puerto de) *BU* ..**18** D 20
Orea *GU* ....**48** K 24
Oreja *TO* ....**58** L 19
Orejana *SG* ....**46** I 18
Orejanilla *SG* ....**45** I 18
Orellán *LE* ....**14** E 9
Orellana
(Embalse de) *BA* ....**68** P 13
Orellana de la Sierra *BA* ..**68** O 13
Orellana la Vieja *BA* ....**68** O 13

Oreña *S* ....**7** B 17
Orera *Z* ....**34** I 25
Orés *Z* ....**20** F 27
Orfes *GI* ....**25** F 38
Órganos (Los)
La Gomera TF ....**118** B 1
Organos de Montoro *TE* ..**49** J 28
Organyà *L* ....**23** F 33
Orgaz *TO* ....**58** N 18
Orgiva *GR* ....**102** V 19
Oria *AL* ....**96** T 23
Oria (Rambla de) *AL* ....**96** T 22
Oria (Sierra de) *AL* ....**96** T 23
Oricáin *NA* ....**11** D 25
Orihuela *A* ....**85** R 27
Orihuela
del Tremedal *TE* ....**48** K 25
Orillares *SO* ....**32** G 20
Orille *OR* ....**13** F 6
Orillena *HU* ....**35** G 29
Oriñón *S* ....**8** B 20
Orio *SS* ....**10** C 23
Oris *B* ....**24** F 36
Orísoain *NA* ....**20** E 25
Oristà *B* ....**38** G 36
Orive *A* ....**86** Q 27
Orjal *C* ....**3** D 5
Orlé *O* ....**6** C 14
Ormaiztegi *SS* ....**10** C 23
Ormijana *VI* ....**18** D 21
Orna de Gállego *HU* ....**21** E 28
Oro (El) *V* ....**73** O 27
Oro (Sierra del) *BA* ....**68** Q 13
Orogoien/Hueto Arriba *VI* ..**19** D 21
Oroel (Puerto de) *HU* ....**21** E 28
Orokieta-Erbiti *NA* ....**10** C 24
Orón *BU* ....**18** D 21
Oronoz-Mugairi *NA* ....**11** C 25
Oronz *NA* ....**11** D 26
Oropesa *TO* ....**57** M 14
Oropesa del Mar /
Orpesa *CS* ....**62** L 30
Oroz-Betelu *NA* ....**11** D 26
Orozketa *BI* ....**9** C 21
Orpesa /
Oropesa del Mar *CS* ....**62** L 30
Orpí *B* ....**37** H 34
Orreaga /
Roncesvalles *NA* ....**11** C 26
Orriols *GI* ....**25** F 38
Orrios *TE* ....**49** K 27
Òrrius *B* ....**38** H 37
Ortedó *L* ....**23** E 34
Ortegal (Cabo) *C* ....**3** A 6
Ortegas (Los) *AB* ....**80** S 14
Ortegicar *MA* ....**100** V 15
Ortiga *BA* ....**68** P 12
Ortigosa *AB* ....**71** P 21
Ortigosa *LO* ....**19** F 21
Ortigosa de Pestaño *SG* ..**45** I 16
Ortigosa de Rioalmar *AV* ..**44** J 14
Ortigosa del Monte *SG* ..**45** J 17
Ortigueira *C* ....**3** A 6
Ortiguera *O* ....**4** B 9
Ortilla *HU* ....**21** F 28
Ortuella *BI* ....**8** C 20
Orús *HU* ....**21** E 29
Orusco de Tajuña *M* ....**59** L 20
Orxa (L') *A* ....**74** P 29
Orxeta *A* ....**74** Q 29
Oranzurieta *NA* ....**11** C 26
Orzola *Lanzarote GC* ....**121** F 2
Orzonaga *LE* ....**16** D 13
Os de Balaguer *L* ....**36** G 32
Os de Civis *L* ....**23** E 34
Osa de la Vega *CU* ....**59** N 21
Osácar *NA* ....**10** D 24
Oscuro *GR* ....**94** T 19
Oseja de Sajambre *LE* ..**6** C 14
Oselle *LU* ....**14** D 8
Osera *Z* ....**35** H 28
Oset *V* ....**61** M 27
Osia *HU* ....**21** E 27
Osinaga *NA* ....**10** D 24
Osma *VI* ....**18** D 20
Oso (El) *AV* ....**44** J 15
Osona *SO* ....**33** H 21

Osonilla *SO* ....**33** H 21
Osor *GI* ....**24** G 37
Osornillo *P* ....**17** E 17
Osorno la Mayor *P* ....**17** E 16
Ossa de Montiel *AB* ....**71** P 21
Ossero (El) *AB* ....**71** P 21
Osso *HU* ....**36** G 30
Ossó de Sió *L* ....**37** G 33
Ostiz *NA* ....**11** D 25
Osuna *SE* ....**92** U 14
Otano *NA* ....**11** D 25
Oteo *BU* ....**18** C 20
Oter *GU* ....**47** J 22
Otazu *VI* ....**19** D 22
Oteiza *NA* ....**19** E 24
Oteo *BU* ....**18** C 20
Oterico *LE* ....**15** D 12
Otero *LE* ....**15** E 11
Otero *C* ....**4** C 7
Otero *TO* ....**57** L 16
Otero (El) *VA* ....**31** H 16
Otero de Bodas *ZA* ....**29** G 11
Otero de Guardo *P* ....**16** D 15
Otero de Herreros *SG* ....**45** J 17
Otero de las Dueñas *LE* ..**15** D 12
Otero de Naragantes *LE* ..**15** D 10
Otero de Sanabria *ZA* ....**29** F 10
Otero de Sariegos *ZA* ....**30** G 13
Oteros (Los) *CU* ....**60** L 24
Oteruelo del Valle *M* ....**45** J 18
Oteruelos *SO* ....**33** G 22
Otilla *GU* ....**48** J 24
Otiñano *NA* ....**19** E 23
Otita Leitzaran *SS* ....**10** C 24
Otívar *GR* ....**101** V 18
Oto *HU* ....**21** E 29
Otogoien/Hueto Arriba *VI* ..**19** D 21
Otones de Benjumez *SG* ..**45** I 17
Otos *MU* ....**84** R 23
Otos *V* ....**74** P 28
Otur *O* ....**5** B 10
Otura *GR* ....**94** U 19
Oturia *HU* ....**21** E 29
Otxandio *BI* ....**10** C 22
Otxaran *BI* ....**8** C 20
Otxondo (Puerto de) *NA* ..**11** C 25
Oubiña *PO* ....**12** E 3
Oulego *OR* ....**14** E 9
Oural *LU* ....**14** D 7
Ourense *OR* ....**13** E 6
Ouría *O* ....**4** B 8
Ouro *LU* ....**4** B 7
Ourol *LU* ....**3** B 7
Outara *LU* ....**14** E 7
Outeiro *LU* ....**14** E 8
Outeiro *OR* ....**13** E 6
Outeiro de Augas
(Puerto de) *OR* ....**13** F 5
Outeiro de Rei *LU* ....**3** C 7
Outes *C* ....**12** D 3
Outomuro *OR* ....**13** F 5
Ouviaño *LU* ....**4** C 9
Ouzande *PO* ....**13** D 4
Ovanes *O* ....**5** B 11
Ove *LU* ....**4** B 8
Oviedo *O* ....**5** B 12
Oville *LE* ....**16** D 13
Oyón *VI* ....**19** E 22
Oza *cerca de Carballo C* ..**2** C 3
Oza *cerca de Teo C* ....**12** D 4
Oza dos Ríos *C* ....**3** C 5
Ozaeta *VI* ....**19** D 22
Ozón *C* ....**2** D 2
Ozuela *LE* ....**14** E 10

P

Paca (La) *MU* ....**84** S 24
Pachecas (Las) *CR* ....**71** O 20
Pacios *cerca
de Baamonde LU* ....**3** C 6
Pacios *cerca
de Castro de Rei LU* ....**4** C 7
Pacios *Paradela LU* ....**14** D 7
Pacs del Penedès *B* ....**37** H 35
Padastro *MA* ....**93** V 14
Paderne *C* ....**3** C 5
Paderne de Allariz *OR* ....**13** F 6
Padiernos *AV* ....**44** K 15
Padilla de Abajo *BU* ....**17** E 17
Padilla de Arriba *BU* ....**17** E 17
Padilla de Duero *VA* ....**31** H 17
Padilla de Hita *GU* ....**46** J 21
Padilla del Ducado *GU* ....**47** J 22
Padornelo *ZA* ....**28** F 9
Padrastro *AB* ....**72** Q 23
Padre Caro *H* ....**79** S 10
Padrendo *OR* ....**13** F 5

España 157

Padrón C 12 D 4
Padrón (O) LU 4 C 8
Padrona (Puerto) SE 79 S 11
Padrones de Bureba BU 18 D 19
Padróns PO 12 F 4
Padul GR 94 U 19
Padules AL 102 V 21
Pagán (Lo) MU 85 S 27
Paganes (Los) MU 85 S 26
Páganos VI 19 E 22
Pago del Humo CA 98 W 11
Pagoaga SS 10 C 24
Pagoeta SS 10 C 23
Paja (La) GR 83 S 21
Pajanosas (Las) SE 91 T 11
Pajar de Marta AB 71 P 22
Pájara
Fuerteventura GC 113 F 3
Pajarejos SG 32 H 19
Pajares VA 30 F 14
Pajares O 5 C 12
Pajares CU 60 L 23
Pajares GU 47 J 21
Pajares (Los) SE 80 T 12
Pajares (Puerto de) LE 5 D 12
Pajares de Adaja AV 45 J 16
Pajares de Fresno SG 32 H 19
Pajares de Hinojosos
de Abajo TO 57 M 14
Pajares de la Laguna SA 44 I 13
Pajares
de la Lampreana ZA 29 G 12
Pajares de los Oteros LE 16 F 13
Pajarete CA 99 W 12
Pajarón CU 60 M 24
Pajaroncillo CU 60 M 24
Pajonales (Morro)
Gran Canaria GC 116 D 3
Pal (Collado de) B 24 F 35
Palacio de Jamuz LE 15 F 11
Palacio
de las Cabezas CC 56 M 12
Palacio de Torío LE 16 D 13
Palacio
de Valdellorma LE 16 D 14
Palacio Quemado BA 67 P 11
Palacios (Los) CR 71 P 20
Palacios de Benaver BU 17 E 18
Palacios de Campos VA 30 G 15
Palacios de Goda AV 44 I 15
Palacios de la Sierra BU 32 G 20
Palacios
de la Valduerna LE 15 E 12
Palacios
de Riopisuerga BU 17 E 17
Palacios
de Salvatierra SA 43 K 12
Palacios de Sanabria ZA 29 F 10
Palacios del Alcor P 17 F 16
Palacios
del Arzobispo SA 43 I 12
Palacios del Pan ZA 29 H 12
Palacios del Sil LE 15 D 10
Palacios Rubios AV 44 I 15
Palacios
y Villafranca (Los) SE 91 U 12
Palaciosrubios SA 44 I 14
Palafolls B 39 G 38
Palafrugell GI 25 G 39
Palamós GI 25 G 39
Palancar CC 55 M 10
Palancares GU 46 I 20
Palancares
(Estación de) CU 60 M 24
Palancas CR 71 O 19
Palanques CS 49 J 29
Palas (Las) MU 85 T 26
Palas de Rei LU 13 D 6
Palau d'Anglesola (El) L 37 H 32
Palau de Noguera L 23 F 32
Palau-sator GI 25 F 39
Palau-saverdera GI 25 F 39
Palau-solità i Plegamans B 38 H 36
Palazuelo BA 68 O 12
Palazuelo
cerca de Boñar LE 16 D 14
Palazuelo
de las Cuevas ZA 29 G 11
Palazuelo de Torío
cerca de León LE 16 D 13
Palazuelo de Vedija VA 30 G 14
Palazuelo-Empalme
(Estación de) CC 56 M 11
Palazuelos GU 47 I 21
Palazuelos de Eresma SG 45 J 17
Palazuelos
de la Sierra BU 18 F 19
Palazuelos de Muñó BU 17 F 18
Palazuelos
de Villadiego BU 17 E 17
Paleira LU 3 B 6
Palencia P 31 F 16
Palencia de Negrilla SA 44 I 13
Palenciana CO 93 U 16
Palenzuela P 31 F 17
Pallaresos (Els) T 37 I 33
Pallargues (Les) L 37 G 33
Pallars-Aran (Reserva nacional
de Alto) L 23 D 32
Pallaruelo
de Monegros HU 35 G 29
Pallejà B 38 H 35
Paller B 24 F 35
Pallerol HU 22 E 32
Pallerols L 23 E 33
Palm-Mar *Tenerife* TF 128 D 5
Palma (La) MU 85 S 27
Palma de Gandia V 74 P 29
Palma de Mallorca IB 104 N 37
Palma d'Ebre (La) T 36 I 31
Palma
del Condado (La) H 91 T 10
Palma del Río CO 80 S 14
Pálmaces
(Embalse de) GU 46 I 21
Pálmaces
de Jadraque GU 46 I 21
Palmanova IB 104 N 37
Palmanyola IB 104 N 37
Palmar (El) MU 85 S 26
Palmar (El) V 74 O 29
Palmar (El) CA 98 X 11
Palmar de Troya (El) SE 92 U 12
Palmas de Gran Canaria (Las)
Gran Canaria GC 115 G 2
Palmeira C 12 E 3
Palmer (es) IB 105 N 39
Palmeral (El) A 86 R 27
Palmeras
(Las) *Mallorca* IB 104 N 38
Palmeres (Les) V 74 O 29
Palmeritas (Las) H 90 U 8
Palmerola GI 24 F 36
Palmés OR 13 E 6
Palmes
(Desert de les) CS 62 L 29
Palmitos Park
Gran Canaria GC 116 D 4
Palmones CA 99 X 13
Palo HU 22 F 30
Palo (El) MA 100 V 16
Palo (Puerto del) O 4 C 9
Palo (Punta del)
Gran Canaria GC 115 G 2
Palojo CO 93 T 16
Palol de Revardit GI 25 F 38
Paloma
(Lagunas de) TO 59 N 20
Paloma (Punta) CA 99 X 12
Palomar CO 93 T 15
Palomar (El) V 74 P 28
Palomar (El) AB 71 Q 22
Palomar (El) SE 92 T 13
Palomar de Arroyos TE 49 J 27
Palomares AL 96 U 24
Palomares de Alba SA 44 J 13
Palomares
del Campo CU 59 M 22
Palomares del Río SE 91 U 11
Palomas BA 67 P 11
Palomas
(Las) *Tenerife* TF 129 F 5
Palomas
(Puerto de las) CA 92 V 13
Palombera (Puerto de) S 7 C 17
Palomeque TO 58 L 18
Palomera CU 60 L 23
Palomera (Monte) V 73 O 26
Palomera (Sierra) TE 48 K 26
Palomero CC 55 L 11
Palomes
(Puerto de Las) J 94 T 18
Palomitas
(Casas de) TE 49 K 28
Palos de la Frontera H 90 U 9
Palou de Sanaüja L 37 G 33
Palou de Torà L 37 G 34
Pals GI 25 G 39
Pámanes S 8 B 18
Pampaneira GR 102 V 19
Pampanico AL 102 V 21
Pampliega BU 17 F 18
Pamplona NA 11 D 25
Panadella (La) B 37 H 34
Pánchez (Los) CO 80 R 14
Pancorbo BU 18 E 20
Pancrudo TE 49 J 26
Pandenes O 6 B 13
Panderruedas
(Puerto de) LE 6 C 15
Pandetrave
(Puerto de) LE 6 C 15
Pando BI 8 C 20
Pando (Puerto del) LE 16 D 14
Pandorado LE 15 D 12
Pandos
(Casa de los) AB 73 P 26
Panera CC 56 L 12
Panes O 7 C 16
Panillo HU 22 F 30
Paniza Z 34 I 26
Paniza (Puerto de) Z 34 I 26
Panizares BU 18 D 19
Pano HU 22 F 30
Pansas MU 85 Q 26
Pantano
de Navabuena CC 56 M 12
Panticosa HU 21 D 29
Pantoja TO 58 L 18
Pantón LU 13 E 7
Panxón PO 12 F 3
Panzano HU 21 F 29
Paones SO 32 H 21
Papagayo (Punta del)
Lanzarote GC 122 B 5
Papatrigo AV 44 J 15
Papiol (El) B 38 H 36
Paracuellos CU 60 M 24
Paracuellos
de Jarama M 46 K 19
Paracuellos de Jiloca Z 34 I 25
Paracuellos
de la Ribera Z 34 H 25
Parada C 3 C 4
Parada (Monte) CU 60 M 24
Parada de Arriba SA 43 J 12
Parada
de Rubiales SA 44 I 13
Parada do Sil OR 13 E 7
Parada dos Montes LU 14 E 8
Paradas SE 92 U 13
Paradaseca LE 14 D 9
Paradaseca OR 14 F 7
Paradasolana LE 15 E 10
Paradavella LU 4 C 8
Paradela C 3 D 6
Paradela PO 13 D 4
Paradela LU 13 D 7
Paradilla LE 16 E 13
Paradilla (La) M 45 K 17
Paradilla
de Gordón LE 15 D 12
Paradinas SG 45 I 16
Paradinas
de San Juan SA 44 J 14
Parador (El) AL 102 V 22
Paraisás OR 14 F 8
Paraíso
(Balneario del) TE 61 L 27
Paraíso (El) M 45 K 17
Paraíso Alto TE 61 L 27
Paraíso Bajo TE 61 L 27
Paraiso-Barronal MA 100 W 14
Parajas O 5 C 10
Parajes LU 4 C 8
Paralacuesta BU 18 D 19
Paramera
(Puerto de la) AV 45 K 16
Paramíos O 4 B 8
Páramo LU 14 D 7
Páramo O 5 C 11
Paramo de Boedo P 17 E 16
Parámo de Masa
(Puerto de) BU 18 E 18
Páramo del Sil LE 15 D 10
Paramos C 2 D 3
Paraño
(Alto de) OR 13 E 5
Paraños PO 13 F 4
Parapanda GR 94 U 18
Parauta MA 100 W 14
Paraya (La) O 6 C 13
Parbayón S 7 B 18
Parcelas (Las) CR 81 Q 16
Parcent A 74 P 29
Parchel (Punta del)
Gran Canaria GC 116 C 4
Parchite
(Estación de) MA 92 V 14
Parda (Cabeza) J 82 R 18
Pardal (El) AB 84 Q 23
Pardavé LE 16 D 13
Pardellas LU 3 C 6
Pardemarín PO 13 D 4
Pardesivil LE 16 D 13
Pardilla BU 32 H 18
Pardines GI 24 F 36
Pardo (El) M 45 K 18
Pardo
(Embalse de El) M 45 K 18
Pardornelo
(Portilla de) ZA 28 F 9
Pardos GU 48 J 24
Pardos
(Rambla de los) AL 96 T 23
Pared AL 95 U 22
Pared (La) AB 73 O 26
Pared (La)
Fuerteventura GC 112 E 4
Paredes O 5 B 10
Paredes OR 14 F 7
Paredes PO 12 E 4
Paredes CU 59 L 21
Paredes de Buitrago M 46 I 19
Paredes de Escalona TO 57 L 16
Paredes de Monte P 31 G 16
Paredes de Nava P 17 F 15
Paredes
de Sigüenza GU 33 I 21
Paredesroyas SO 33 H 23
Paredón BA 69 O 14
Pareja GU 47 K 22
Parellades (Les) T 50 J 31
Parets B 38 H 36
Parga LU 3 C 6
Parilla (La) MA 93 U 16
Parla M 58 L 18
Parladé SE 79 S 11
Parlavà GI 25 F 39
Parlero O 4 B 9
Parolis las Juntas AB 84 R 22
Parque Calablanca A 75 P 30
Parque Coimbra M 58 L 18
Parque del Cubillas GR 94 U 18
Parque Robledo SG 45 J 17
Parquelagos M 45 K 18
Parra TO 70 N 19
Parra (La) AV 57 L 14
Parra (La) AL 102 V 20
Parra (La) BA 67 Q 10
Parra
de las Vegas (La) CU 60 M 23
Parral (El) AV 44 J 15
Parralejo (El) *cerca de Casicas*
del Río Segura J 83 R 22
Parralejo Nuevo CA 99 W 12
Parralillo
(Embalse de El) GC 114 C 3
Parras
de Castellote (Las) TE 49 J 29
Parras de Martín (Las) TE 49 J 27
Parres O 6 B 15
Parres *Arriondas* O 6 B 14
Parrilla (La) VA 31 H 16
Parrilla (La) SE 79 S 12
Parrillas TO 57 L 14
Parrillas (Las) CU 60 L 24
Parroquia (La) MU 84 S 24
Parròquia d'Hortó (La) L 23 F 34
Parsa SE 92 T 13
Partaloa AL 96 T 23
Parte de Bureba (La) BU 18 D 19
Parte
de Sotoscueva (La) BU 8 C 18
Partidor (El) MU 85 R 26
Partidores (Los) AB 72 P 23
Partija-
Santa Mónica (La) M 46 K 19
Partovía OR 13 E 5
Parzán HU 22 E 30
Pas (El) T 50 K 31
Pasai Donibane SS 10 C 24
Pasai San Pedro / Pasajes
de San Pedro SS 10 C 24
Pasajes de San Pedro /
Pasai San Pedro SS 10 C 24
Pasarela C 2 C 2
Pasariegos ZA 29 H 11
Pasarón de la Vera CC 56 L 12
Pascualcobo AV 44 K 14
Pascuales SG 45 I 16
Pascuales (Los) J 83 Q 21
Paso *Tenerife* TF 125 J 1
Paso (El) *La Palma* TF 132 C 5
Paso Chico (Punta de)
Fuerteventura GC 111 G 2
Passanant T 37 H 33
Pasteral (El) GI 24 G 37
Pasteral (Pantà del) GI 24 G 37
Pastillos
(Sierra de los) BA 68 O 14
Pastor C 3 C 5
Pastor
(Monumento al) BU 18 E 20
Pastores SA 42 K 10
Pastores (Los) TE 62 L 28
Pastores (Los) CA 99 X 13
Pastoriza C 3 A 6
Pastoriza LU 4 C 7
Pastrana GU 46 K 21
Pastrana MU 97 T 25
Pastriz Z 35 H 27
Pata de Mulo CO 93 T 15
Pata del Caballo
(Coto nacional de la) H 91 T 10
Paterna V 62 N 28
Paterna de Rivera CA 99 W 12
Paterna del Campo H 91 T 10
Paterna del Madera AB 72 Q 22
Paterna del Río AL 95 U 21
Paternáin NA 10 D 24
Patones de Abajo M 46 J 19
Patrás H 79 S 9
Patrite CA 99 W 12
Patrocinio (El) J 82 Q 18
Patudas (Las) CO 80 Q 14
Pau GI 25 F 39
Paul (El) TE 61 L 27
Paúl (La) HU 35 G 27
Paular (El) M 45 J 18
Paulenca AL 103 V 22
Paúles HU 22 F 30
Paules Z 21 F 27
Paúles AB 84 R 22
Paules de Lara BU 18 F 19
Paules del Agua BU 31 F 18
Paúls T 50 J 31
Pava MU 73 Q 26
Pavías CS 62 M 28
Paxareiras C 2 D 2
Paymogo H 78 S 7
Payo (El) SA 42 L 9
Payo de Ojeda P 17 D 16
Payosaco C 3 C 4
Payueta VI 19 E 21
Paz (La) CO 81 T 15
Pazo LU 3 B 6
Pazo de Mariñan C 3 C 5
Pazo de Oca PO 13 D 4
Pazos *cerca*
de Cortegada OR 13 F 7
Pazos *cerca de Lamas* C 2 C 3
Pazos *cerca de Leiro* OR 13 E 5
Pazos *cerca*
de Ponte-Ceso C 2 C 3
Pazos de Borbén PO 12 F 4
Pazuengos LO 18 F 21
Peal de Becerro J 83 S 20
Peares
(Embalse de los) LU 13 E 6
Peares (Os) OR 13 E 6
Pecá CU 60 L 23
Pechina AL 103 V 22
Pechiquera (Punta)
Lanzarote GC 122 A 5
Pechón S 7 B 16
Pedernoso (El) CU 59 N 21
Pedra C 3 A 6
Pedra (La) L 23 F 34
Pedrafita
Camporredondo LU 4 D 8
Pedrafita
do Cebreiro LU 14 D 8
Pedrafita do Cebreiro
(Puerto de) LU 14 D 8
Pedraja SO 32 H 20
Pedraja
de Portillo (La) VA 31 H 16
Pedrajas SO 33 G 22
Pedrajas
de San Esteban VA 31 H 16
Pedralba V 62 N 27
Pedralba
de la Pradería ZA 28 F 9
Pedraza LU 13 D 6
Pedraza de Alba SA 44 J 13
Pedraza de Campos P 30 G 15
Pedraza de la Sierra SG 45 I 18
Pedre PO 13 E 4
Pedredo LE 15 E 11
Pedregal (El) GU 48 J 25
Pedreguer A 74 P 30
Pedreira C 13 D 5
Pedreira PO 13 E 4
Pedreiro LU 3 B 6
Pedreña S 8 B 18
Pedrera TO 58 N 18
Pedrera SE 93 U 15
Pedrera
(Embassament de la) A 85 R 27
Pedret GI 25 F 39
Pedrezuela M 46 J 19
Pedrezuela
(Embalse de) M 46 J 19
Pedro SO 32 I 20
Pedro Abad CO 81 S 16
Pedro Andrés AB 84 R 22
Pedro Barba
Lanzarote GC 121 F 2
Pedro Bernardo AV 57 L 15
Pedro Díaz CO 80 S 14
Pedro Gómez
(Sierra de) CC 56 N 12
Pedro Izquierdo CU 61 M 25
Pedro Malo CR 71 O 20
Pedro Marín
(Embalse de) J 82 S 19
Pedro Martínez GR 95 T 20
Pedro Muñoz CR 71 N 21
Pedro Pidal O 6 C 15
Pedro Rodríguez AV 44 J 15
Pedroche CO 81 Q 15
Pedrola Z 34 G 26
Pedrones (Los) V 73 N 26
Pedroñeras (Las) CU 59 N 21
Pedrosa (La) CA 99 V 12
Pedrosa de Duero BU 31 G 18
Pedrosa de la Vega P 16 E 15
Pedrosa de Muñó BU 17 F 18
Pedrosa
de Río Úrbel BU 17 E 18
Pedrosa de Tobalina BU 18 D 19
Pedrosa del Páramo BU 17 E 18
Pedrosa del Príncipe BU 17 F 17
Pedrosa del Rey VA 30 H 14
Pedrosas (Las) Z 21 F 27
Pedrosillo (El) SE 79 T 10
Pedrosillo de Alba SA 44 J 13
Pedrosillo
de los Aires SA 43 J 12
Pedrosillo el Ralo SA 44 I 13
Pedroso LO 19 F 21
Pedroso O 6 B 15
Pedroso C 3 B 5
Pedroso (El) O 6 B 13
Pedroso (El) CA 99 W 12
Pedroso (El) SE 80 S 12
Pedroso (Sierra del) MA 93 U 16
Pedroso de Acim CC 55 M 10
Pedroso
de la Armuña (El) SA 44 I 13
Pedroso
de la Carballeda ZA 29 G 10
Pedrotoro SA 43 K 10
Pedrouzo (O) C 3 D 4
Pedrouzos C 12 D 3
Pedroveya O 5 C 12
Pedrún de Torío LE 16 D 13
Pegalajar J 82 S 19
Pego A 74 P 29
Pego (El) ZA 30 I 13
Peguera IB 104 N 37
Peguerillas H 90 T 9
Peguerinos AV 45 K 17
Peinao (El) TE 48 K 25
Pela (Sierra de) GU 32 I 20
Pela (Sierra de) BA 68 O 13
Pelabravo SA 44 J 13
Pelada (Sierra) CR 70 P 19
Pelada (Sierra) H 78 S 9
Pelado AL 96 T 22
Pelahustán TO 57 L 16
Pelarda
(Santuario de) TE 48 J 26
Pelarrodríguez SA 43 J 11
Pelayo CO 81 R 14
Pelayos SA 44 K 13
Pelayos de la Presa M 45 K 17
Pelayos del Arroyo SG 45 I 18
Peleagonzalo ZA 30 H 13
Peleas de Abajo ZA 29 H 12
Peleas de Arriba ZA 29 I 12
Pelegrina GU 47 I 22
Pelejaneta (La) CS 62 L 29
Peligro (Punta del)
La Gomera TF 118 B 1
Peligros GR 94 U 19
Pellila SA 29 I 11
Peloche BA 69 O 14
Pelugano O 6 C 13
Pembes S 6 C 15
Pena LU 3 C 6

A B C D E F G H I J K L M N O P Q R S T U V W X Y Z

A B C D E F G H I J K L M N O P Q R S T U V W X Y Z

Pena (A) *C* ... **2** D 3
Pena (A) *OR* ... **13** F 6
Penacaballera *SA* ... **43** K 12
Penagos *S* ... **7** B 18
Penáguila *A* ... **74** P 28
Penamil *LU* ... **14** D 8
Penarrubia *LU* ... **4** D 8
Penas *LU* ... **13** D 6
Pendilla *LE* ... **5** C 12
Pendones *O* ... **6** C 14
Pendueles *O* ... **7** B 16
Penedo (Punta de) *Lanzarote GC* ... **123** D 3
Penela *LU* ... **14** E 7
Penelles *L* ... **37** G 32
Penilla *S* ... **7** C 18
Penilla (La) *S* ... **7** C 18
Peníscola / Peñíscola *CS* ... **50** K 31
Peníscola (Estació de) *CS* ... **50** K 31
Penoselo *LE* ... **14** D 9
Penouta *O* ... **4** B 9
Pentedura *BU* ... **32** F 19
Pentes *OR* ... **28** F 8
Penyagolosa *CS* ... **62** L 28
Penyal d'Ifac *A* ... **74** Q 30
Penzol *O* ... **4** B 9
Peña (La) *SA* ... **29** I 10
Peña (Mirador de la) *El Hierro TF* ... **109** D 2
Peña (Montes La) *BU* ... **8** C 19
Peña (Sierra de la) *HU* ... **21** E 27
Peña de Cabra *SA* ... **43** J 12
Peña de Francia *SA* ... **43** K 11
Peña del Águila *CA* ... **98** V 10
Peña Migjorn *A* ... **74** Q 28
Peña Mira *ZA* ... **29** G 10
Peña Negra *LE* ... **15** F 10
Peña Negra *SO* ... **33** F 21
Peña Negra *O* ... **5** C 11
Peña Negra (Puerto de la) *AV* ... **44** K 14
Peña Sacra *M* ... **45** J 18
Peña Santa *LE* ... **6** C 15
Peña-Tú *O* ... **7** B 15
Peña Utrera *BA* ... **67** Q 9
Peñablanca *TE* ... **48** K 24
Peñacerrada *VI* ... **19** E 21
Peñadiz *OR* ... **13** F 7
Peñafiel *VA* ... **31** H 17
Peñaflor *Z* ... **35** G 27
Peñaflor *O* ... **5** B 11
Peñaflor *SE* ... **80** S 13
Peñaflor de Hornija *VA* ... **30** G 15
Peñafuente *O* ... **4** C 9
Peñagua *SE* ... **92** U 13
Peñahorada *BU* ... **18** E 19
Peñalagos *GU* ... **47** K 21
Peñalajos *GR* ... **70** Q 19
Peñalba *HU* ... **36** H 29
Peñalba *SO* ... **32** H 20
Peñalba *Castelló CS* ... **62** M 28
Peñalba de Ávila *AV* ... **44** J 15
Peñalba de Castro *BU* ... **32** G 19
Peñalba de Cilleros *LE* ... **15** D 11
Peñalba de la Sierra *GU* ... **46** I 19
Peñalba de Santiago *LE* ... **15** E 10
Peñalén *GU* ... **47** K 23
Peñalosa *CO* ... **80** S 14
Peñaloscintos *LO* ... **19** F 21
Peñalsordo *BA* ... **69** P 14
Peñalver *GU* ... **46** K 21
Peñaparda *SA* ... **42** L 9
Peñaranda de Bracamonte *SA* ... **44** J 14
Peñaranda de Duero *BU* ... **32** G 19
Peñarandilla *SA* ... **44** J 13
Peñarrodrigo *CR* ... **81** Q 16
Peñarroya *TE* ... **49** K 28
Peñarroya (Embalse de) *CR* ... **71** O 21
Peñarroya (Ermita de) *CR* ... **71** O 20
Peñarroya de Tastavíns *TE* ... **50** J 30
Peñarroya-Pueblonuevo *CO* ... **80** R 14
Peñarroyas *TE* ... **49** J 27
Peñarrubia *S* ... **7** C 16
Peñarrubia cerca de Elche *AB* ... **84** Q 23
Peñarrubia cerca de Peñascosa *AB* ... **72** P 23
Peñarrubia (Monte) *AB* ... **73** O 25
Peñarrubias de Pirón *SG* ... **45** I 17

Peñas (Cabo de) *O* ... **5** B 12
Peñas Blancas (Puerto de) *MA* ... **99** W 14
Peñas de Riglos (Las) *HU* ... **21** E 27
Peñas de San Pedro *AB* ... **72** P 23
Peñas Negrillas (Coto nacional de) *CR* ... **82** Q 19
Peñascales (Los) *M* ... **45** K 18
Peñascosa *AB* ... **72** P 22
Peñaullán *O* ... **5** B 11
Peñausende *ZA* ... **29** I 12
Peñillas *CO* ... **93** T 17
Peñíscola / Peñíscola *CS* ... **50** K 31
Peñíscola (Estació de) *CS* ... **50** K 31
Peñón (Alto del) *ZA* ... **15** F 10
Peñón (El) *AB* ... **84** R 23
Peñón (El) *GR* ... **95** T 20
Peñoso *MU* ... **84** S 24
Peñuela *GR* ... **94** T 18
Peñuela (La) *H* ... **91** T 9
Peñuelas *GR* ... **94** U 18
Pepino *TO* ... **57** L 15
Pepino (El) *GU* ... **46** K 20
Peque *ZA* ... **15** F 11
Pera (La) *GI* ... **25** F 38
Pera (Sierra de) *GR* ... **94** U 18
Peracense *TE* ... **48** K 25
Perafita cerca de Calaf *B* ... **37** G 34
Perafita cerca de Prats de Lluçanès *B* ... **24** F 36
Perafort *T* ... **37** I 33
Peral (Barranco del) *AL* ... **96** U 23
Peral (El) *CU* ... **60** N 24
Peral (La) *O* ... **5** B 12
Peral de Arlanza *BU* ... **31** F 17
Peralada *GI* ... **25** F 39
Peralba *L* ... **37** G 32
Peraleda de la Mata *CC* ... **56** M 13
Peraleda de San Román *CC* ... **56** M 13
Peraleda del Zaucejo *BA* ... **80** Q 13
Peraleja (La) *CU* ... **59** L 22
Peralejo *SO* ... **32** I 20
Peralejo (El) *SE* ... **79** S 10
Peralejos de Abajo *SA* ... **43** I 10
Peralejos de Arriba *SA* ... **43** I 10
Peralejos de las Truchas *GU* ... **48** K 24
Perales *P* ... **17** F 16
Perales (Los) *M* ... **55** N 9
Perales (Puerto de) *CC* ... **55** L 9
Perales de Tajuña *M* ... **59** L 19
Perales del Alfambra *TE* ... **49** K 26
Perales del Puerto *CC* ... **55** L 9
Perales del Río *M* ... **58** L 19
Peralosa (Puerto de la) *CR* ... **70** O 17
Peralosas (Las) *CR* ... **70** O 17
Peralta *NA* ... **20** E 24
Peralta de Alcofea *HU* ... **35** G 29
Peralta de la Sal *HU* ... **36** G 31
Peralveche *GU* ... **47** K 22
Peralvillo Alto *CR* ... **70** O 18
Peramato *SA* ... **43** J 11
Peramea *L* ... **23** F 33
Peramola *L* ... **23** F 33
Peranzanes *LE* ... **15** D 10
Perarrúa *HU* ... **22** F 31
Peratallada *GI* ... **25** G 39
Perazancas *P* ... **17** D 16
Perbes *C* ... **3** B 5
Perdices *SO* ... **33** H 22
Perdido (Monte) *HU* ... **22** D 30
Perdigón *ZA* ... **29** H 12
Perdigón (El) *ZA* ... **29** H 12
Perdiguera *Z* ... **35** G 28
Perdiguero *HU* ... **22** D 31
Perdoma (La) *Tenerife TF* ... **127** F 3
Perdón *NA* ... **11** D 24
Perdón (Puerto del) *NA* ... **10** D 24
Pereda *GR* ... **83** T 22
Pereda (La) *O* ... **6** B 15
Pereda de Ancares *LE* ... **14** D 9
Peredilla *LE* ... **16** E 13
Peregrina (La) *LE* ... **16** E 14
Pereira *C* ... **2** D 3
Pereira *LU* ... **13** E 6

Pereiriña *C* ... **2** C 2
Pereiro *OR* ... **28** F 8
Pereiro de Aguiar *OR* ... **13** E 6
Pereje *LE* ... **14** E 9
Perelló (El) *T* ... **50** J 32
Perelló (El) *V* ... **74** O 29
Perellonet (El) *V* ... **74** O 29
Perenos (Los) *SE* ... **93** U 15
Pereña *SA* ... **29** I 10
Perera (La) *SO* ... **32** H 20
Perero *H* ... **78** S 8
Pereruela *ZA* ... **29** H 12
Perex *BU* ... **18** D 20
Pérez (Los) *SE* ... **93** U 15
Periana *MA* ... **101** V 17
Pericay (Sierra del) *MU* ... **84** S 24
Pericón (El) *MU* ... **85** S 26
Perilla de Castro *ZA* ... **29** G 12
Perín *MU* ... **85** T 26
Perla-Torremuelle (La) *MA* ... **100** W 16
Pernía *SE* ... **93** T 15
Pernia (La) *P* ... **17** D 16
Perobéques *TO* ... **58** M 16
Perogordo *SG* ... **45** J 17
Peromingo *SA* ... **43** K 12
Perona (Monte) *MU* ... **85** S 25
Perorrubio *SG* ... **32** I 18
Perosillo *SG* ... **31** H 17
Peroxa (A) *OR* ... **13** E 6
Perro (Punta del) *CA* ... **91** V 10
Perrunal (El) *H* ... **78** S 9
Pertusa *HU* ... **35** G 29
Peruyes *O* ... **6** B 14
Pesadas de Burgos *BU* ... **18** D 19
Pesadoira *C* ... **2** D 3
Pesaguero *S* ... **7** C 16
Pescadores (Puerto de los) *MA* ... **100** W 15
Pescadores (Refugio de) *HU* ... **36** H 30
Pescueza *CC* ... **55** M 10
Pesebre *AB* ... **72** P 22
Pesebre (Punta) *Fuerteventura GC* ... **112** B 5
Pesga (La) *CC* ... **43** L 11
Pesoz *O* ... **4** C 9
Pesqueira *C* ... **12** E 3
Pesquera *S* ... **18** D 18
Pesquera *B* ... **7** C 17
Pesquera *LE* ... **16** D 14
Pesquera (Dársena) *Tenerife TF* ... **125** J 2
Pesquera (La) *CU* ... **61** N 25
Pesquera de Duero *VA* ... **31** H 17
Pesquerín *O* ... **6** B 14
Pesqueruela *VA* ... **30** H 15
Pessó (Pic del) *L* ... **23** E 32
Pesués *A* ... **7** B 16
Petilla de Aragón *NA* ... **20** E 26
Petín *O* ... **14** E 8
Petit I (Embalse de) *CC* ... **55** N 10
Petra *IB* ... **105** N 39
Petrés *V* ... **62** M 29
Pétrola *AB* ... **73** P 25
Pétrola (Laguna de) *AB* ... **73** P 25
Peza (La) *GR* ... **95** U 20
Pezuela de las Torres *M* ... **46** K 20
Pi de Sant Just (El) *L* ... **37** G 34
Pías *H* ... **24** F 9
Pías (Embalse de) *ZA* ... **14** F 9
Pías (Sierra de) *CC* ... **56** M 12
La Pica *H* ... **79** S 9
Picacho *CA* ... **92** V 13
Picacho de la Barre (Faro El) *H* ... **90** U 9
Picaio *V* ... **62** N 29
Picamoixons *T* ... **37** I 33
Picanya *V* ... **62** N 28
Picassent *V* ... **74** N 28
Picazo *AB* ... **47** J 21
Picazo (El) *CU* ... **60** N 23
Picazo (Embalse de El) *CU* ... **60** N 23
Picena *GR* ... **102** V 20
Pico (Puerto del) *AV* ... **44** L 14
Pico de las Flores (Mirador) *Tenerife TF* ... **124** H 2
Pico del Castrón (Mirador del) *S* ... **7** C 17
Pico del Inglés (Mirador de) *Tenerife TF* ... **125** I 2
Picón *CR* ... **70** O 17
Piconcillo *CO* ... **80** R 13
Picones *SA* ... **42** I 10
Picorzo *CU* ... **59** M 21

Picorzos *AB* ... **84** Q 23
Picos de Europa (Parque nacional de los) *LE* ... **6** C 15
Picota *C* ... **2** D 3
Picouto *OR* ... **13** F 6
Piedra *Z* ... **48** I 24
Piedra (La) *BU* ... **17** E 18
Piedra (La) *GR* ... **84** S 22
Piedra (Monasterio de) *Z* ... **48** I 24
Piedra Aguda (Embalse de) *BA* ... **66** Q 8
Piedra del Sol *OR* ... **14** E 7
Piedra Escrita (Ermita de) *BA* ... **68** P 13
Piedra San Martin (Collado de la) *NA* ... **11** D 27
Piedrabuena *BA* ... **67** O 9
Piedrabuena *CR* ... **70** O 17
Piedraescrita *TO* ... **57** N 15
Piedrafita *HU* ... **21** D 29
Piedrafita *LE* ... **6** C 13
Piedrafita de Babia *LE* ... **15** D 11
Piedrafitas (Mirador de) *LE* ... **6** C 15
Piedrahíta *AV* ... **44** K 14
Piedrahíta *TE* ... **48** I 26
Piedrahita de Castro *ZA* ... **29** G 12
Piedralá *CR* ... **70** O 17
Piedralaves *AV* ... **44** L 15
Piedramillera *NA* ... **19** E 23
Piedras *HU* ... **90** U 8
Piedras (Canal del) *H* ... **90** U 8
Piedras (Embalse) *H* ... **90** T 8
Piedras (Las) *CO* ... **93** T 17
Piedras Albas *CC* ... **55** M 9
Piedras Blancas *O* ... **5** B 12
Piedrasluengas *P* ... **7** C 16
Piedrasluengas (Puerto de) *P* ... **7** C 16
Piedratajada *Z* ... **21** F 27
Piedros (Los) *CO* ... **93** T 16
Piera *B* ... **37** H 35
Piérnigas *BU* ... **18** E 19
Pierola *B* ... **38** H 35
Pieros *LE* ... **14** E 9
Pierre *GR* ... **95** T 20
Piescolgados *AL* ... **96** U 22
Pigüeña *O* ... **5** C 11
Pijotilla (La) *BA* ... **67** P 10
Pila *MU* ... **85** R 26
Pila (Sierra de la) *GU* ... **47** I 21
Pilar (El) *M* ... **45** K 17
Pilar (El) *A* ... **96** U 23
Pilar (Ermita del) *TE* ... **49** K 27
Pilar de Jaravía *A* ... **96** T 24
Pilar de la Horadada *A* ... **85** S 27
Pilar de Moya *J* ... **82** S 17
Pilar del Prado *MA* ... **100** V 16
Pilares *SE* ... **92** U 13
Pilas *SE* ... **91** U 11
Pilas (Casas de) *AB* ... **80** R 12
Pilas (Puerto de las) *AV* ... **45** K 16
Pilas Verdes *AB* ... **71** Q 21
Pileta (Cueva de la) *MA* ... **99** V 14
Pililla *CU* ... **60** M 23
Pilillas *CO* ... **81** S 15
Piloño *PO* ... **13** D 5
Pilzán *H* ... **22** F 31
Pimpollar (El) *M* ... **45** K 17
Pina *Mallorca IB* ... **104** N 38
Pina de Ebro *Z* ... **35** H 28
Pina de Montalgrao *CS* ... **62** L 28
Pinar *CA* ... **92** V 13
Pinar (Cap des) cerca de Alcúdia *IB* ... **105** M 39
Pinar (El) *M* ... **45** K 18
Pinar (El) *Castelló CS* ... **63** L 30
Pinar (Ermita del) *SG* ... **31** I 18
Pinar (Monte) *CU* ... **59** L 21
Pinar de Almorox (El) *TO* ... **57** L 16
Pinar de Antequera *VA* ... **30** H 15
Pinar de C. (El) *A* ... **85** S 27
Pinar de la Mola (El) *IB* ... **87** P 34
Pinar de los Franceses *CA* ... **98** W 11
Pinar de Puenteviejo *AV* ... **45** J 16
Pinar Negro *MU* ... **84** R 24
Pinarejo *CU* ... **60** N 22
Pinarejos *SG* ... **31** I 17
Pinarnegrillo *SG* ... **45** I 17
Pindo (O) *C* ... **2** D 2
Pineda de Gigüela *CU* ... **60** L 22
Pineda de la Sierra *BU* ... **18** F 20

Pineda de Mar *B* ... **38** H 38
Pineda-Trasmonte *BU* ... **32** G 18
Pinedas *SA* ... **43** K 12
Pinedas (Las) *CO* ... **81** S 15
Pinedillo *BU* ... **31** F 18
Pinel *LU* ... **14** E 7
Pinell *L* ... **37** G 34
Pinell de Brai (El) *T* ... **50** I 31
Pinet (El) *V* ... **86** R 28
Pineta (Valle de) *HU* ... **22** E 30
Pinganillo *SE* ... **92** U 12
Pinilla *LE* ... **15** F 11
Pinilla cerca de Fuente Álamo *AB* ... **73** P 25
Pinilla cerca de Fuente-Higuera *AB* ... **84** Q 23
Pinilla cerca de Salinas de Pinilla *AB* ... **71** P 22
Pinilla (Embalse de) *M* ... **45** J 18
Pinilla (La) *MU* ... **85** S 26
Pinilla Ambroz *SG* ... **45** I 16
Pinilla de Fermoselle *ZA* ... **29** H 10
Pinilla de Jadraque *GU* ... **46** I 21
Pinilla de los Barruecos *BU* ... **32** G 20
Pinilla de los Moros *BU* ... **32** F 20
Pinilla de Molina *GU* ... **48** J 24
Pinilla de Toro *ZA* ... **30** H 13
Pinilla del Campo *SO* ... **33** G 23
Pinilla del Olmo *SO* ... **33** I 22
Pinilla del Valle *M* ... **45** J 18
Pinilla-Trasmonte *BU* ... **32** G 19
Pinillos *LO* ... **19** F 22
Pinillos de Polendos *SG* ... **45** I 17
Pino (Cuerda del) *AL* ... **84** S 23
Pino (El) *BA* ... **67** P 10
Pino (O) *C* ... **3** D 4
Pino (Puerto del) *HU* ... **22** F 30
Pino Alto *M* ... **45** K 17
Pino de Tormes (El) *SA* ... **43** I 12
Pino de Valencia *CC* ... **66** O 8
Pino del Oro *ZA* ... **29** H 11
Pino del Río *P* ... **16** E 15
Pino do Val *C* ... **2** D 3
Pino Grande *SE* ... **92** T 12
Pinofranqueado *CC* ... **43** L 10
Pinos *LE* ... **5** D 12
Pinós *A* ... **74** P 29
Pinós (El) / Pinoso *A* ... **85** Q 26
Pinos (Los) *CC* ... **68** O 13
Pinos de Mar *H* ... **90** U 9
Pinos del Valle *GR* ... **101** V 19
Pinos Genil *GR* ... **94** U 19
Pinos Puente *GR* ... **94** U 18
Pinosa *AL* ... **84** S 24
Pinoso (Monte) *GU* ... **47** J 22
Pinseque *Z* ... **34** G 26
Pinsoro *Z* ... **20** F 25
Pintado (Contraembalse de) *SE* ... **80** S 12
Pintado (El) *SE* ... **79** S 12
Pintado (Embalse del) *SE* ... **80** S 12
Pintano *Z* ... **20** E 26
Pintín *LU* ... **14** D 7
Pinto *M* ... **58** L 18
Pinto (O) *OR* ... **13** F 6
Pinzales *O* ... **5** B 12
Pinzón *SE* ... **91** U 11
Piña *C* ... **2** C 4
Piña de Campos *P* ... **17** F 16
Piña de Esgueva *VA* ... **31** G 16
Piñar *GR* ... **94** T 19
Piñar (Estación de) *GR* ... **94** T 19
Piñeira *LU* ... **14** E 7
Piñeira *OR* ... **13** F 6
Piñeiro cerca de Germadé *LU* ... **3** B 6
Piñeiro cerca de Lugo *LU* ... **14** D 7
Piñeiro cerca de Marín *PO* ... **12** E 3
Piñeiro cerca de Meira *LU* ... **4** C 8
Piñeiro cerca de Mondariz *PO* ... **13** F 4
Piñel de Abajo *VA* ... **31** G 17
Piñel de Arriba *VA* ... **31** G 17
Piñera *O* ... **4** B 9
Piñeres *O* ... **6** C 12
Piñero (El) *ZA* ... **30** H 13

Piñor *OR* ... **13** E 5
Piñuécar *M* ... **46** I 19
Piñuel *ZA* ... **29** H 11
Pío *LE* ... **6** C 14
Pioz *GU* ... **46** K 20
Piornal (Puerto de) *CC* ... **56** L 12
Piornedo *OR* ... **28** F 7
Piorno *AL* ... **102** V 22
Pipaón *VI* ... **19** E 22
Piqueras *SO* ... **32** H 20
Piqueras (Puerto de) *LO* ... **33** F 22
Piqueras del Castillo *CU* ... **60** M 23
Pira *T* ... **37** H 33
Piracés *HU* ... **21** F 29
Pisueña *S* ... **8** C 18
Pitarque *TE* ... **49** K 28
Pitiegua *SA* ... **44** I 13
Pitillas *NA* ... **20** E 25
Pitres *GR* ... **102** V 20
Piúca (A) *C* ... **13** F 6
Piúgos *LU* ... **4** D 7
Pixeiros *OR* ... **14** F 8
Pizarra *MA* ... **100** V 15
Pizarral *SA* ... **43** K 13
Pizarrera (La) *M* ... **45** K 17
Pizarro *CC* ... **68** O 12
Pizarroso (Embalse del) *CC* ... **56** M 14
Pla de la Font *L* ... **36** G 31
Pla de Manlleu (El) *T* ... **37** H 34
Pla de Sant Tirs (El) *L* ... **23** F 34
Pla de Santa Maria (El) *T* ... **37** H 33
Pla del Penedès (El) *B* ... **37** H 35
Pla dels Hospitalets *GI* ... **24** E 36
Pla dels Pitxells *CS* ... **50** K 31
Placín *OR* ... **14** F 8
Plan *HU* ... **22** E 31
Plana (La) *L* ... **23** E 32
Planas (Las) *TE* ... **49** J 29
Plandogau *L* ... **37** G 33
Planes *A* ... **74** P 28
Planes (Les) *T* ... **51** I 32
Planes d'Hostoles (Les) *GI* ... **24** F 37
Planoles *GI* ... **24** F 36
Plantío (El) *M* ... **45** K 18
Plasencia *CC* ... **56** L 11
Plasencia (Embalse de) *CC* ... **56** L 11
Plasencia de Jalón *Z* ... **34** G 26
Plasencia del Monte *HU* ... **21** F 28
Plasenzuela *CC* ... **56** N 11
Platera (La) *J* ... **83** R 21
Platgetes (Les) *CS* ... **62** L 30
Platja d'Alboraya *V* ... **62** N 29
Platja d'Aro (Ciutat) *GI* ... **25** G 39
Platja de Bellreguard *V* ... **74** P 29
Platja de Canyelles *GI* ... **39** G 38
Platja de Casa Blanca *CS* ... **62** M 29
Platja de Corint *V* ... **62** M 29
Platja de Cova Fumada *B* ... **38** I 35
Platja de Covafumada *B* ... **38** I 35
Platja de Daimús *V* ... **74** P 29
Platja de Fanals *GI* ... **39** G 38
Platja de Formentor *IB* ... **105** M 39
Platja de Gavamar *B* ... **38** I 36
Platja de Guardamar *A* ... **86** R 28
Platja de la Conxa *CS* ... **62** L 30
Platja de la Devesa *V* ... **74** N 29
Platja de la Fosca *GI* ... **25** G 39
Platja de la Granadella *A* ... **75** P 30
Platja de la Malvarrosa *V* ... **62** N 29
Platja de la Pineda *T* ... **51** I 33
Platja de la Pobla de Farnals *V* ... **62** N 29
Platja de l'Albufereta *A* ... **86** Q 28
Platja de les Fonts *CS* ... **63** L 30
Platja de les Villes *CS* ... **62** L 30
Platja de Llevante *A* ... **74** Q 29
Platja de Marianeta Cassiana *A* ... **75** P 30
Platja de Moncofa *CS* ... **62** M 29
Platja de Moraira *A* ... **75** P 30
Platja de Mutxavista *A* ... **86** Q 28
Platja de Nules *CS* ... **62** M 29
Platja de Piles *V* ... **74** P 29
Platja de Pinedo *V* ... **62** N 29
Platja de Ponente *A* ... **74** Q 29

Platja de Puçol *V* .... **62** N 29
Platja de Rifa *T* .... **51** I 32
Platja de Sabanell *GI* .... **39** H 38
Platja de Salou *T* .... **51** I 33
Platja de Sant Joan *A* .... **86** Q 28
Platja de Sant Pol *GI* .... **39** G 39
Platja
de Sant Tomás *IB* .... **106** M 42
Platja de Son Bou *IB* .... **106** M 42
Platja de Xeresa *V* .... **74** O 29
Platja de Xilxes *CS* .... **62** M 29
Platja del Arenal *A* .... **75** P 30
Platja
del Carregador *CS* .... **63** L 30
Platja del Morro
de Gos *CS* .... **62** L 30
Platja del Parais *A* .... **86** Q 29
Platja del Pinar *CS* .... **62** M 30
Platja del Pinet *A* .... **86** R 28
Platja del Saler *V* .... **74** N 29
Platja
dels Eucaliptus *TE* .... **49** K 32
Platja d'en Bossa *IB* .... **87** P 34
Platja d'Oliva *V* .... **74** P 29
Platja i Grau
de Gandia *V* .... **74** O 29
Platja Larga *T* .... **51** I 33
Platja Lissa (La) *A* .... **86** R 28
Platja los Arenales
del Sol *A* .... **86** R 28
Platja Miramar *V* .... **74** P 29
Platja Mitjorn *IB* .... **87** P 34
Platjas de Orihuela *A* .... **86** S 28
Platosa (La) *SE* .... **92** T 14
Playa Amanay
Fuerteventura GC .... **112** E 4
Playa América *PO* .... **12** F 3
Playa Barca
Fuerteventura GC .... **112** E 5
Playa Bella *MA* .... **100** W 14
Playa Berruguete
Tenerife TF .... **125** I 2
Playa Blanca
Fuerteventura GC .... **111** I 3
Playa Blanca
Lanzarote GC .... **122** B 5
Playa Canela *H* .... **90** U 7
Playa Colmenares
Tenerife TF .... **128** E 5
Playa de Alcalá
Tenerife TF .... **128** C 4
Playa de Area *LU* .... **4** A 7
Playa de Arinaga
Gran Canaria GC .... **117** G 4
Playa de Arriba o las Bajas
Tenerife TF .... **127** H 3
Playa de Avalo
La Gomera TF .... **119** D 2
Playa de Balarés *C* .... **2** C 3
Playa de Baldaio *C* .... **2** C 3
Playa de Balerma *AL* .... **102** V 21
Playa de Balito
Gran Canaria GC .... **116** C 4
Playa de Barlovento de Jandía
Fuerteventura GC .... **112** C 5
Playa de Bateles *CA* .... **98** X 11
Playa
de Benalmádena *MA* .... **100** W 16
Playa de Ber *C* .... **3** B 5
Playa de Bozo *O* .... **5** B 10
Playa de Burriana *MA* .... **101** V 18
Playa de Butihondo
Fuerteventura GC .... **112** D 5
Playa
de Calabardina *MU* .... **97** T 25
Playa de Canelas *PO* .... **12** E 3
Playa de Carnota *C* .... **12** D 2
Playa de Castilla *H* .... **91** U 9
Playa de Cerillos *AL* .... **102** V 22
Playa de Cofete
Fuerteventura GC .... **112** C 5
Playa de Cortadura *CA* .... **98** W 11
Playa de Cuevas del Mar *O* .... **6** B 15
Playa de Doniños *C* .... **3** B 5
Playa de Ereses
La Gomera TF .... **118** C 3
Playa de Famara
Lanzarote GC .... **123** E 3
Playa de Fontanilla *CA* .... **98** X 11
Playa de Fuentebravía *CA* .... **98** W 11
Playa de Getares *CA* .... **99** X 13
Playa de Guayedra
Gran Canaria GC .... **114** C 2
Playa de Isla Cristina *H* .... **90** U 8
Playa de Janubio
Lanzarote GC .... **122** B 4

Playa de Juan Gómez
Fuerteventura GC .... **112** B 5
Playa de la Antilla *H* .... **90** U 8
Playa de la Ballena *CA* .... **98** V 10
Playa de la Barqueta
La Palma TF .... **132** D 6
Playa de la Barrosa *CA* .... **98** W 11
Playa de la Calera
La Gomera TF .... **118** A 2
Playa de la Caleta
La Gomera TF .... **119** D 1
Playa de la Costilla *CA* .... **98** W 10
Playa de la Enramada
Tenerife TF .... **128** C 5
Playa de la Entrada
Tenerife TF .... **127** H 3
Playa de la Garita
Lanzarote GC .... **123** F 3
Playa de la Guancha
La Gomera TF .... **119** D 3
Playa de la Hullera
Gran Canaria GC .... **117** G 3
Playa de la Laja
Gran Canaria GC .... **115** G 2
Playa de la Lanzada *PO* .... **12** E 3
Playa de la Madera
Lanzarote GC .... **122** B 4
Playa de la Margallera
Tenerife TF .... **129** H 4
Playa de la Reya *MU* .... **97** T 26
Playa de la Solapa *GC* .... **113** F 3
Playa de la Tejita
Tenerife TF .... **129** F 5
Playa de la Verga
Gran Canaria GC .... **116** C 4
Playa de la Victoria *CA* .... **98** W 11
Playa de la Ladeira *C* .... **12** E 2
Playa de Lapamán *PO* .... **12** E 3
Playa de Lariño *C* .... **12** D 2
Playa de las Américas
Tenerife TF .... **128** D 5
Playa de las Canteras
Gran Canaria GC .... **115** F 1
Playa de las Casillas
Gran Canaria GC .... **117** F 4
Playa de las Conchas
Lanzarote GC .... **120** E 2
Playa de las Cruces
Gran Canaria GC .... **117** G 3
Playa de las Pilas
Fuerteventura GC .... **112** B 5
Playa de las Teresitas
Tenerife TF .... **125** J 2
Playa de Levante *CA* .... **98** W 11
Playa de Linés
El Hierro TF .... **108** C 3
Playa de los Abrigos
Tenerife TF .... **128** E 5
Playa de los Abrigos
Tenerife TF .... **129** G 4
Playa de los Cancajos
La Palma TF .... **132** D 5
Playa de los Cardones
El Hierro TF .... **109** D 3
Playa de los Mozos
El Hierro TF .... **108** C 3
Playa de los Palos
El Hierro TF .... **108** B 2
Playa de los Pocillos
Lanzarote GC .... **123** E 4
Playa de los Troches
Tenerife TF .... **125** I 1
Playa de Louro *C* .... **12** D 2
Playa
de Marchamalo *MU* .... **86** S 27
Playa de Maspalomas
Gran Canaria GC .... **116** D 5
Playa de Matagorda
Lanzarote GC .... **123** D 5
Playa
de Matalascañas *CA* .... **91** V 10
Playa de Mazagón *H* .... **90** U 9
Playa de Mont-roig *T* .... **51** I 32
Playa de Montalvo *PO* .... **12** E 3
Playa de Ojos
Fuerteventura GC .... **112** B 5
Playa de Puerto Rey *AL* .... **96** U 24
Playa
de Punta Umbría *H* .... **90** U 8
Playa de Rapadoira *LU* .... **4** B 8
Playa de Regla *CA* .... **91** V 10
Playa de Riazor *C* .... **3** B 4
Playa de Roda *PO* .... **12** F 3
Playa de Rodiles *O* .... **6** B 13
Playa de Samil *PO* .... **12** F 3
Playa
de San Cristóbal *GR* .... **101** V 18

Playa de San Juan
Tenerife TF .... **128** C 4
Playa de San Marcos
Tenerife TF .... **126** D 3
Playa de San Xorxe *C* .... **3** B 5
Playa de Santa Catalina
La Gomera TF .... **118** B 1
Playa de Santa Comba *C* .... **3** B 5
Playa de Santiago
La Gomera TF .... **119** C 3
Playa de Sotavento
Fuerteventura GC .... **112** E 5
Playa de Tarajalejo
Fuerteventura GC .... **113** F 4
Playa de Tasarte
Gran Canaria GC .... **116** B 3
Playa de Tebeto
Fuerteventura GC .... **111** G 2
Playa de Torre
del Mar *MA* .... **101** V 17
Playa
de Torremolinos *MA* .... **100** W 16
Playa de Traba *C* .... **2** C 2
Playa de Vallehermoso
La Gomera TF .... **118** C 1
Playa de Velilla *GR* .... **101** V 19
Playa
de Vila-seca *T* .... **51** I 33
Playa del Abrigo
Tenerife TF .... **129** H 4
Playa del Asno
Gran Canaria GC .... **116** B 3
Playa del Azufre
La Palma TF .... **132** D 6
Playa del Bajo de la Burra
Fuerteventura GC .... **111** I 1
Playa del Cabrito
La Gomera TF .... **119** D 3
Playa del Cantadal
El Hierro TF .... **109** D 2
Playa del Cardón
Gran Canaria GC .... **117** F 4
Playa del Castro *LU* .... **4** B 8
Playa del Hoyo
La Palma TF .... **132** D 5
Playa del Inglés
Gran Canaria GC .... **117** E 4
Playa del Matoral
Fuerteventura GC .... **111** I 3
Playa del Matoral
Fuerteventura GC .... **112** D 5
Playa del Médano
Tenerife TF .... **129** F 5
Playa del Medio
Tenerife TF .... **129** G 5
Playa del Mojón *A* .... **85** S 27
Playa del Muerto
Tenerife TF .... **125** I 2
Playa
del Pedrucho *MU* .... **85** S 27
Playa del Pudrimal *MU* .... **85** S 27
Playa del Puerco *CA* .... **98** X 11
Playa del Reducto
Lanzarote GC .... **123** E 4
Playa del Río
Tenerife TF .... **129** G 5
Playa del Risco
Gran Canaria GC .... **114** C 2
Playa del Risco
Lanzarote GC .... **121** F 2
Playa del Rostro *C* .... **2** D 2
Playa del Socorro
Tenerife TF .... **127** E 3
Playa del Tarajalillo
Gran Canaria GC .... **117** E 4
Playa del Viejo Rey *GC* .... **112** E 4
Playa Francesa
Lanzarote GC .... **120** E 2
Playa Granada *GR* .... **101** V 19
Playa Honda *MU* .... **85** T 27
Playa Honda
Lanzarote GC .... **123** D 4
Playa Pozo Negro
Fuerteventura GC .... **113** I 4
Playa Quemada
Lanzarote GC .... **122** C 5
Playa Río Sieira *C* .... **12** E 2
Playas (Las) *El Hierro TF* .... **109** D 3
Playas (Mirador de las)
El Hierro TF .... **109** D 3
Playas de Corralejo
Fuerteventura GC .... **111** I 1
Playas
de Estepona *MA* .... **100** W 14
Playas
de Fuengirola *MA* .... **100** W 16

Playas de Marbella *MA* .... **100** W 15
Playas de Troya
Tenerife TF .... **128** D 5
Playas Largas
El Hierro TF .... **109** E 2
Playas Negras
Fuerteventura GC .... **112** E 4
Playitas (Las)
Fuerteventura GC .... **113** H 4
Plaza *CU* .... **59** M 20
Plaza *CR* .... **70** O 19
Pleitas *Z* .... **34** G 26
Plenas *Z* .... **49** I 27
Plentzia *BI* .... **8** B 21
Pliego *MU* .... **85** S 25
Plomo (El) *AL* .... **103** V 24
Plou *TE* .... **49** J 27
Poal (El) *L* .... **37** G 32
Pobelnou
del Delta (El) *T* .... **50** K 32
Pobes *Z* .... **18** D 21
Pobla (A) *OR* .... **14** E 8
Pobla (Sa) *IB* .... **105** M 39
Pobla
de Benifassà (La) *CS* .... **50** K 30
Pobla
de Cérvoles (La) *L* .... **37** H 32
Pobla
de Claramunt (La) *B* .... **37** H 35
Pobla de Farnals (La) /
Puebla de Farnals *V* .... **62** N 29
Pobla de Lillet (La) *B* .... **24** F 35
Pobla de Mafumet (La) *T* .... **37** I 33
Pobla
de Massaluca (La) *T* .... **36** I 31
Pobla
de Montornès (La) *T* .... **37** I 34
Pobla de Segur (La) *L* .... **23** F 32
Pobla de Vallbona (La) *V* .... **62** N 28
Pobla del Duc (La) *V* .... **74** P 28
Pobla Llarga (La) *V* .... **74** O 28
Pobla Tornesa (La) *CS* .... **62** L 29
Población (La) *S* .... **7** C 18
Población de Abajo *S* .... **17** D 18
Población de Arroyo *P* .... **16** E 15
Población de Campos *P* .... **17** F 16
Población de Cerrato *P* .... **31** G 16
Población
de Valdivielso *BU* .... **18** D 19
Poblado
de Santiago *CR* .... **69** O 16
Pobladura de Aliste *ZA* .... **29** G 10
Pobladura
de la Sierra *LE* .... **15** E 10
Pobladura
de las Regueras *LE* .... **15** D 11
Pobladura
de Pelayo García *LE* .... **15** F 12
Pobladura
de Sotiedra *VA* .... **30** H 14
Pobladura
de Valderaduey *ZA* .... **30** G 13
Pobladura del Valle *ZA* .... **15** F 12
Poble de Tous *V* .... **74** O 28
Poble Nou
de Benitatxell (El) *A* .... **75** P 30
Pobles (Les) *T* .... **37** H 34
Poblet (Monestir de) *T* .... **37** H 33
Pobleta (La) *Castelló CS* .... **50** J 29
Pobleta (La)
cerca de Andilla *V* .... **61** M 27
Pobleta (La)
cerca de Serra *V* .... **62** M 28
Pobleta de Bellveí (La) *L* .... **23** E 32
Poblets (Els) *A* .... **74** P 30
Pobo (El) *TE* .... **49** K 27
Pobo (Sierra del) *TE* .... **49** K 27
Pobo de Dueñas (El) *GU* .... **48** J 25
Poboleda *T* .... **37** I 32
Pobra de Brollón (A) *LU* .... **14** E 7
Pobra
do Caramiñal (A) *C* .... **12** E 3
Pobre (Punta del)
Lanzarote GC .... **120** E 2
Pocetas (Las) *GC* .... **111** G 3
Pocicas (Las) *AL* .... **96** T 23
Pocico (El) *AL* .... **96** U 23
Pocicos (Los) *AB* .... **72** P 24
Podes *O* .... **5** B 11
Poio *PO* .... **12** E 3
Pol *OR* .... **13** E 5
Pol *cerca de Reguntille LU* .... **4** C 8
Pola de Allande *O* .... **5** C 10
Pola de Gordón (La) *LE* .... **16** D 13
Pola de Laviana *O* .... **6** C 13

Pola de Lena *O* .... **5** C 12
Pola de Siero *O* .... **6** B 13
Pola de Somiedo *O* .... **5** C 11
Pola del Pino *O* .... **6** C 13
Polacra (Punta de la) *AL* .... **103** V 24
Polán *TO* .... **58** M 17
Polanco *S* .... **7** B 17
Polentinos *P* .... **17** D 16
Poleñino *HU* .... **35** G 29
Polícar *GR* .... **95** U 20
Polientes *S* .... **17** D 18
Polinyà de Xúquer *V* .... **74** O 28
Polinyà del Vallès *B* .... **38** H 36
Pollença *IB* .... **104** M 39
Pollos *VA* .... **30** H 14
Pollosa (Coll de la) *B* .... **38** G 36
Polop *A* .... **74** Q 29
Polop (Ermita del) *A* .... **74** P 28
Polopos *GR* .... **102** V 20
Poloria *GR* .... **94** T 19
Polvoredo *LE* .... **6** C 14
Polvorosa *P* .... **17** E 16
Pomaluengo *S* .... **7** C 18
Pomar *HU* .... **36** G 30
Pomar de Valdivia *P* .... **17** D 17
Pombeiro *LU* .... **13** E 6
Pombriego *LE* .... **14** E 9
Pomer *Z* .... **34** H 24
Pompajuela *TO* .... **57** M 15
Pompenillo *HU* .... **21** F 28
Poncebos *O* .... **6** C 15
Ponferrada *LE* .... **15** E 10
Ponjos *LE* .... **15** D 11
Pons *T* .... **50** J 32
Pont d'Armentera (El) *T* .... **37** H 34
Pont d'Arròs *L* .... **22** D 32
Pont de Bar (El) *L* .... **23** E 34
Pont de Molins *GI* .... **25** E 38
Pont de Suert *L* .... **22** E 32
Pont de Vilomara (El) *B* .... **38** G 35
Pont d'Inca (es) *IB* .... **104** N 38
Ponte (A) *OR* .... **14** F 9
Ponte (A) *Arnoia OR* .... **13** F 5
Ponte Albar *OR* .... **2** D 4
Ponte Ambía *OR* .... **13** F 6
Ponte Barxas *OR* .... **13** F 5
Ponte-Caldelas *PO* .... **12** E 3
Ponte Carreira *C* .... **3** C 5
Ponte do Porto *C* .... **2** C 2
Ponte Ledesma *C* .... **12** D 3
Ponte Nafonso *C* .... **12** D 3
Ponte Valga *PO* .... **12** D 4
Ponteareas *PO* .... **12** F 4
PontecesO *C* .... **2** C 3
Pontecesures *PO* .... **12** D 4
Pontedeume *C* .... **3** B 5
Pontedeva *PO* .... **13** F 5
Pontedo *LE* .... **16** D 13
Pontejos *ZA* .... **29** H 12
Pontenova (A) *LU* .... **4** B 8
Pontepedra *C* .... **2** C 4
Pontes de García Rodríguez
(As) *C* .... **3** B 6
Pontevedra (Ría de) *PO* .... **12** E 3
Ponticiella *O* .... **4** B 9
Pontigón *O* .... **5** B 10
Pontils *T* .... **37** H 34
Pontón (El) *V* .... **61** N 26
Pontón (Puerto del) *LE* .... **6** C 14
Pontón Alto *J* .... **83** R 21
Pontón de la Oliva
(Embalse del) *M* .... **46** J 19
Pontones *J* .... **83** R 21
Pontons *B* .... **37** H 34
Pontós *GI* .... **25** F 38
Ponts *L* .... **37** G 33
Ponzano *HU* .... **21** F 29
Póo *O* .... **6** B 15
Porcíles (Alto de) *O* .... **5** C 10
Porcún *SE* .... **92** T 13
Porcuna *J* .... **82** S 17
Poreño *O* .... **6** B 13
Porís de Abona
Tenerife TF .... **129** G 4
Porma (Embalse del) *LE* .... **16** D 14
Porqueira (A) *OR* .... **13** F 6
Porquera *P* .... **17** D 17
Porquera
(Ermita de la) *CA* .... **99** X 12
Porqueira *GI* .... **25** F 38
Porqueriza *SA* .... **43** J 12
Porquero *LE* .... **15** E 11
Porrejón *M* .... **46** I 19
Porrera *T* .... **37** I 33
Porreres *IB* .... **105** N 39

Porriño *PO* .... **12** F 4
Porrón *AB* .... **84** Q 24
Porrosa (La) *J* .... **83** R 21
Porrosillo *J* .... **82** R 19
Porrúa *O* .... **6** B 15
Port (El) *Castelló CS* .... **62** M 29
Port Ainé *L* .... **23** E 33
Port Aventura *T* .... **51** I 33
Port d'Alcúdia *IB* .... **105** M 39
Port d'Andratx *IB* .... **104** N 37
Port de Beseit (Reserva
nacional de) *T* .... **50** J 30
Port de Caldes *L* .... **22** E 32
Port de la Selva (El) *GI* .... **25** E 39
Port de Llançà (El) *GI* .... **25** E 39
Port de Pollença / Puerto
de Pollença *IB* .... **105** M 39
Port de Sagunt (El) *V* .... **62** N 29
Port de Sant Miquel *IB* .... **87** O 34
Port de Sóller /
Puerto de Sóller *IB* .... **104** M 38
Port de Valldemossa *IB* .... **104** M 37
Port del Balís *B* .... **38** H 37
Port del Comte *L* .... **23** F 34
Port des Canonge *IB* .... **104** M 37
Port des Torrent *IB* .... **87** P 33
Port Vell *IB* .... **105** N 40
Portaceli (Monestir de) *V* .... **62** M 28
Portaje
(Embalse de) *CC* .... **55** M 10
Portal (El) *CA* .... **98** W 11
Portalet (Puerto del) *HU* .... **21** D 28
Portalrubio *TE* .... **49** J 26
Portalrubio
de Guadamajud *CU* .... **59** L 22
Portals Nous *IB* .... **104** N 37
Portals Vells *IB* .... **104** N 37
Portas *PO* .... **12** E 4
Portas
(Embalse de Las) *OR* .... **14** F 8
Portazgo *Z* .... **35** G 27
Portbou *GI* .... **25** E 39
Portela *C* .... **3** D 5
Portela *OR* .... **14** E 9
Portela
cerca de Barro *PO* .... **12** E 4
Portela
cerca de Bueu *PO* .... **12** F 3
Portela de Aguiar *LE* .... **14** E 9
Portelárbol *SO* .... **33** G 22
Portell *L* .... **37** G 34
Portell de Morella *CS* .... **49** K 29
Portella (La) *L* .... **36** G 31
Portellada (La) *TE* .... **50** J 30
Portera (La) *V* .... **73** N 26
Portet de Moraira (El) *A* .... **75** P 30
Portezuelo *CC* .... **55** M 10
Porticholl *A* .... **85** Q 27
Portichuelo *MU* .... **73** Q 26
Portil (El) *H* .... **90** U 8
Portilla *CU* .... **60** L 23
Portilla (La) *LE* .... **15** F 12
Portilla (La) *AL* .... **96** U 24
Portilla Alta *CC* .... **43** K 11
Portilla de la Reina *LE* .... **6** C 15
Portilla de Luna *LE* .... **15** D 12
Portillas (Alto de las) *LE* .... **16** D 15
Portillinas (Alto Las) *LE* .... **15** E 10
Portillo *VA* .... **31** H 16
Portillo (El) *SA* .... **43** K 11
Portillo (El) *V* .... **61** N 27
Portillo de la Villa (El)
Tenerife TF .... **127** F 3
Portillo de Soria *SO* .... **33** H 23
Portillo de Toledo *TO* .... **58** L 17
Portillo (Collado del) *L* .... **22** D 31
Portinatx *IB* .... **87** O 34
Portiña
(Embalse de la) *TO* .... **57** L 15
Portlligat *GI* .... **25** F 39
Portman *MU* .... **97** T 27
Porto *ZA* .... **14** F 9
Porto Cristo *IB* .... **105** N 40
Porto de Abaixo *LU* .... **4** B 8
Porto de Bares *C* .... **3** A 6
Porto de Celeiro *LU* .... **4** A 7
Porto de Espasante *C* .... **3** A 6
Porto do Barqueiro *C* .... **3** A 6
Porto do Son *C* .... **12** D 2
Portobravo *C* .... **12** D 3
Portocamba *OR* .... **14** F 7
Portocelo *LU* .... **4** A 7
Portocolom *IB* .... **105** N 39
Portocristo Novo *IB* .... **105** N 39

A B C D E F G H I J K L M N O P Q R S T U V W X Y Z

Portodemouros
(Embalse de) *C*....**13** D 5
Portol *IB*....**104** N 38
Portomarín *LU*....**13** D 7
Portomourisco *OR*....**14** E 8
Portomouro *C*....**2** D 4
Portopetro *IB*....**105** N 39
Portosín *C*....**12** D 3
Portugalete *BI*....**8** C 20
Portugos *GR*....**102** V 20
Portuguesa (La) *BA*....**67** P 9
Pórtus (Coll de) *GI*....**25** E 38
Pórtus (El) *MU*....**97** T 26
Porvenir (El) *CO*....**80** R 14
Porzomillos *C*....**3** C 5
Porzún *O*....**4** B 8
Porzuna *CR*....**70** O 17
Posada *C*....**5** B 12
Posada *SG*....**32** H 18
Posada de Llanes *O*....**6** B 15
Posada de Omaña *LE*....**15** D 11
Posada de Valdeón *LE*....**6** C 15
Posadas *LO*....**18** F 20
Posadas *CO*....**80** S 14
Posadilla *LE*....**15** E 12
Posadilla *CO*....**80** R 14
Posets *HU*....**22** E 31
Potes *P*....**7** C 16
Potiche *AB*....**72** Q 23
Potries *V*....**74** P 29
Poublanc *A*....**85** Q 27
Poulo *OR*....**13** F 5
Poutomillos *LU*....**3** D 7
Poveda *AV*....**54** K 14
Poveda (La) *M*....**58** L 19
Poveda
de la Obispalía *CU*....**60** M 22
Poveda de la Sierra *GU*....**47** K 23
Poveda de las Cintas *SA*....**44** I 14
Póveda
de Soria (La) *SO*....**33** F 22
Povedilla *AB*....**71** P 22
Povedillas (Las) *CR*....**70** O 17
Poyales del Hoyo *AV*....**57** L 14
Poyatas (Las) *BA*....**67** P 11
Poyato *MA*....**99** W 14
Poyatos *CU*....**47** K 23
Poyo (El) *ZA*....**29** G 10
Poyo (Puerto El) *LU*....**14** D 8
Poyo del Cid (El) *TE*....**48** J 25
Poza de la Sal *BU*....**18** E 19
Poza de la Vega *P*....**16** E 15
Pozal de Gallinas *VA*....**30** I 15
Pozáldez *VA*....**30** H 15
Pozalet (Mas de) *V*....**62** N 28
Pozalmuro *SO*....**33** G 23
Pozán de Vero *HU*....**22** F 30
Pozancos *P*....**17** D 17
Pozancos *GU*....**47** I 22
Pozazal (Puerto) *S*....**17** D 17
Pozo (El) *AB*....**83** R 22
Pozo Alcón *J*....**83** S 21
Pozo Aledo *MU*....**85** S 27
Pozo Amargo *CA*....**92** U 13
Pozo Cañada *AB*....**72** P 24
Pozo de Abajo *AB*....**83** Q 22
Pozo de Almoguera *GU*....**46** K 20
Pozo de Guadalajara *GU*....**46** K 20
Pozo de la Peña *AB*....**72** P 24
Pozo de la Rueda *AB*....**84** S 23
Pozo de la Serna *CR*....**71** P 20
Pozo de las Calcosas
El Hierro TF....**109** D 1
Pozo de los Frailes *AL*....**103** V 23
Pozo de Sabinosa
El Hierro TF....**108** B 2
Pozo de Urama *P*....**16** F 15
Pozo del Camino *H*....**90** U 8
Pozo del Esparto (El) *AL*....**96** T 24
Pozo Estrecho *MU*....**85** S 27
Pozo Higuera *MU*....**96** T 24
Pozo Lorente *AB*....**73** O 25
Pozo Negro
Fuerteventura GC....**113** I 4
Pozo Usero (El) *AL*....**103** V 23
Pozoamargo *CU*....**72** N 23
Pozoantiguo *ZA*....**30** H 13
Pozoblanco *CO*....**81** Q 15
Pozohondo *AB*....**72** P 24
Pozondón *TE*....**48** K 25
Pozorrubio *CU*....**59** M 21
Pozos *LE*....**15** F 11
Pozos de Hinojo *SA*....**43** J 10
Pozoseco *CU*....**60** N 24
Pozuel de Ariza *Z*....**33** H 23
Pozuel del Campo *TE*....**48** J 25

Pozuelo *AB*....**72** P 23
Pozuelo (El) *CU*....**47** K 23
Pozuelo (El) *GR*....**102** V 20
Pozuelo (El) *H*....**79** T 9
Pozuelo (Monte) *AB*....**94** T 18
Pozuelo de Alarcón *M*....**45** K 18
Pozuelo de Aragón *Z*....**34** G 25
Pozuelo de Calatrava *CR*....**70** P 18
Pozuelo de la Orden *VA*....**30** G 14
Pozuelo de Tábara *ZA*....**29** G 12
Pozuelo de Vidriales *ZA*....**29** F 12
Pozuelo de Zarzón *CC*....**55** L 10
Pozuelo del Páramo *LE*....**15** F 12
Pozuelo del Rey *M*....**46** K 20
Pozuelos
de Calatrava (Los) *CR*....**70** P 17
Pozuelos del Rey *P*....**16** F 15
Prada *O*....**14** F 8
Prada (Embalse de) *OR*....**14** F 8
Prádanos de Bureba *BU*....**18** E 19
Prádanos de Ojeda *P*....**17** D 16
Pradejón *LO*....**19** E 23
Pradela *LE*....**14** E 9
Pradell *T*....**37** I 32
Prádena *SG*....**46** I 18
Prádena de Atienza *GU*....**46** I 20
Prádena del Rincón *M*....**46** I 19
Pradera
de Navalhorno (La) *SG*....**45** J 17
Prades *T*....**37** I 32
Pradet *A*....**22** D 32
Pradilla *GU*....**48** J 24
Pradilla de Ebro *Z*....**34** G 26
Prado *O*....**5** C 11
Prado *LU*....**3** C 6
Prado *OR*....**13** F 7
Prado *ZA*....**30** G 13
Prado Caravia *O*....**6** B 14
Prado cerca
de Maceira *PO*....**13** F 5
Prado cerca
de Ponteareas *PO*....**12** F 4
Prado cerca
de Silleda *PO*....**13** D 5
Prado (Sierra del) *AB*....**80** Q 12
Prado del Rey *CA*....**92** V 13
Prado Llano *GR*....**94** U 19
Prado Norte *M*....**46** K 19
Prado y Eritas *H*....**78** S 9
Pradoalvar *OR*....**14** F 8
Pradochano *CC*....**55** L 11
Pradolongo *OR*....**14** F 8
Pradoluengo *BU*....**18** F 20
Pradorredondo *AB*....**72** P 23
Pradorrey *LE*....**15** E 11
Prados (Los) *AB*....**84** Q 22
Prados (Los) *CO*....**94** T 17
Prados Redondos *GU*....**48** J 24
Pradosegar *AV*....**44** K 14
Pradoviejo (Alto de) *BU*....**17** E 18
Pradreiro *C*....**2** C 3
Prat de Llobregat (El) *B*....**38** I 36
Prat del Comte *T*....**50** J 31
Pratdip *T*....**51** I 32
Prats de Cerdanya *L*....**24** E 35
Prats de Lluçanès *B*....**24** F 36
Prats de Rei (Els) *B*....**37** G 34
Praves *S*....**8** B 19
Pravia *O*....**5** B 11
Preixana *L*....**37** H 33
Preixens *L*....**37** G 33
Préjano *LO*....**19** F 23
Premià de Dalt *B*....**38** H 37
Premià de Mar *B*....**38** H 37
Prenafeta *T*....**37** H 33
Prendes *O*....**5** B 12
Prendones *O*....**4** B 9
Prenyanosa (La) *L*....**37** G 33
Presa *BI*....**8** C 19
Présaras *C*....**3** C 5
Presas (Las) *CO*....**81** R 17
Presencio *BU*....**17** F 18
Presillas (Las) *GI*....**25** F 37
Presillas Bajas (Las) *AL*....**103** V 23
Preso (El) *CR*....**71** O 20
Presqueira *PO*....**13** E 4
Prexigueiro *OR*....**13** F 5
Priaranza
de la Valduerna *LE*....**15** F 11

Priaranza del Bierzo *LE*....**14** E 10
Priego *CU*....**47** K 23
Priego de Córdoba *CO*....**93** T 17
Priero *O*....**5** B 11
Priesca *O*....**6** B 13
Priescas *O*....**6** C 14
Prieta (Punta) *MA*....**100** V 15
Prieta
Lanzarote GC....**121** F 2
Prieto *MA*....**100** V 15
Prim (Castillo de) *CR*....**70** N 17
Primajas *LE*....**16** D 14
Príncipe de Viana
(Parador) Olite *NA*....**20** E 25
Prioiro *O*....**3** B 5
Prior (Cabo) *C*....**3** B 5
Priorato *SE*....**80** S 13
Priorio (Cabo) *C*....**3** B 4
Prioro *LE*....**16** D 15
Pris (El) *Tenerife TF*....**124** G 2
Proacina cerca
de Proaza *O*....**5** C 11
Proaño *S*....**7** C 17
Proaza *O*....**5** C 11
Progo *OR*....**28** G 8
Propios
del Guadiana (Los) *J*....**83** S 20
Proserpina
(Embalse de) *BA*....**67** P 10
Provadura *OR*....**13** E 6
Provencio (El) *CU*....**71** N 22
Providencia (La) *O*....**6** B 13
Pruit *B*....**24** F 37
Prullans *L*....**23** E 35
Pruna *SE*....**92** V 14
Pruvia *O*....**5** B 12
Púbol *GI*....**25** F 38
Puçol *V*....**62** N 29
Puebla (La) *CR*....**70** P 18
Puebla (La) *AB*....**85** S 27
Puebla cerca
de Albortón *Z*....**35** H 27
Puebla de Alcocer *BA*....**68** P 14
Puebla de Alcollarín *BA*....**68** O 12
Puebla de Alfindén *Z*....**35** H 27
Puebla
de Almoradiel (La) *TO*....**59** N 20
Puebla de Arenoso *CS*....**62** L 28
Puebla
de Arganzón (La) *BU*....**19** D 21
Puebla de Argeme *CC*....**55** M 10
Puebla de Azaba *SA*....**42** K 9
Puebla de Beleña *GU*....**46** J 20
Puebla de Castro (La) *HU*....**22** F 30
Puebla de Cazalla
(Embalse de la) *SE*....**92** U 14
Puebla de Cazalla (La) *SE*....**92** U 14
Puebla
de Don Fadrique *GR*....**84** S 22
Puebla
de Don Rodrigo *CR*....**69** O 16
Puebla de Eca *SO*....**33** H 22
Puebla de Fantova (La) *HU*....**22** F 31
Puebla de Farnals / Pobla
de Farnals (La) *V*....**62** N 29
Puebla de Guzmán *H*....**78** T 8
Puebla de Híjar (La) *TE*....**35** I 28
Puebla
de la Calzada *BA*....**67** P 10
Puebla de la Reina *BA*....**67** P 11
Puebla de la Sierra *M*....**46** I 19
Puebla de Lillo *LE*....**6** C 14
Puebla
de los Infantes (La) *SE*....**80** S 13
Puebla
de Montalbán (La) *TO*....**57** M 16
Puebla de Mula (La) *MU*....**85** R 25
Puebla de Obando *BA*....**67** O 10
Puebla de Pedraza *SG*....**45** I 18
Puebla de Roda (La) *HU*....**22** F 31
Puebla
de San Julián *LU*....**14** D 7
Puebla
de San Medel *SA*....**43** K 12
Puebla de Sanabria *ZA*....**28** F 10
Puebla
de Sancho Pérez *BA*....**79** Q 10
Puebla de Trives *OR*....**14** E 8
Puebla
de Valdavia (La) *P*....**17** D 16
Puebla de Valles *M*....**46** J 20
Puebla de Valverde (La) *TE*....**61** L 27
Puebla de Yeltes *SA*....**43** K 11
Puebla del Maestre *BA*....**79** R 11
Puebla del Príncipe *CR*....**71** Q 21
Puebla del Prior *BA*....**67** Q 11
Puebla del Río (La) *SE*....**91** U 11

Puebla del Salvador *CU*....**60** N 24
Pueblanueva (La) *TO*....**57** M 15
Pueblica de Valverde *ZA*....**29** G 12
Pueblo *O*....**30** H 13
Pueblo Nuevo
de Miramontes *CC*....**56** L 13
Puebloblanco *AL*....**103** V 23
Pueblonuevo
del Guadiana *BA*....**67** P 9
Puelo *O*....**5** C 10
Puendeluna *Z*....**21** F 27
Puente (El) *S*....**8** B 20
Puente (La) *CR*....**71** O 20
Puente Agüera *O*....**6** B 14
Puente Almuhey *LE*....**16** D 15
Puente Arce *S*....**7** B 18
Puente
de Domingo Flórez *LE*....**14** E 9
Puente de Génave *J*....**83** Q 21
Puente de Híjar *AB*....**84** Q 24
Puente de la Cerrada
(Embalse del) *J*....**83** S 20
Puente de la Sierra *J*....**82** S 18
Puente de la Sierra *M*....**45** K 17
Puente de las Herrerías *J*....**83** S 21
Puente de los Fierros *O*....**5** C 12
Puente de Montañana *HU*....**22** F 32
Puente de San Martín *O*....**5** B 11
Puente de San Miguel *S*....**7** B 17
Puente de Vadillos *CU*....**47** K 23
Puente de Valderredible *S*....**17** D 18
Puente
del Arzobispo (El) *TO*....**57** M 14
Puente del Congosto *SA*....**44** K 13
Puente del Obispo *J*....**82** S 19
Puente del Río *AL*....**102** V 21
Puente del Villar *J*....**82** S 18
Puente Duda *GR*....**83** S 22
Puente Duero *VA*....**30** H 15
Puente-Genil *CO*....**93** T 15
Puente Grande *CO*....**94** T 17
Puente la Reina *NA*....**10** D 24
Puente la Reina
de Jaca *HU*....**21** E 27
Puente Nuevo *AV*....**45** K 16
Puente Nuevo *J*....**82** S 18
Puente Nuevo
(Embalse de) *CO*....**81** R 14
Puente Porto
(Embalse de) *ZA*....**14** F 9
Puente Torres *AB*....**73** O 25
Puente Viesgo *S*....**7** C 18
Puentecilla *O*....**5** C 10
Puentedey *BU*....**18** D 18
Puentenansa *S*....**7** C 16
Puentes
(Embalse de) *MU*....**84** S 24
Puentevea *C*....**12** D 4
Puercas *ZA*....**29** G 11
Puerta
de Villafranca (Las) *TO*....**59** N 19
Puertas
Fuerteventura GC....**111** I 2
Puertito (El)
Fuerteventura GC....**111** J 1
Puertito de Güímar (El)
Tenerife TF....**127** H 3
Puerto *GR*....**101** V 18
Puerto (El) *CU*....**61** M 26
Puerto (El) *AV*....**102** V 21
Puerto (El) *H*....**78** S 9
Puerto Alegre *CO*....**93** T 15
Puerto Alto *J*....**82** S 18
Puerto Banús *MA*....**100** W 15
Puerto Cabopino *MA*....**100** W 15
Puerto Calero
Lanzarote GC....**122** C 5
Puerto Celta *AV*....**56** L 13
Puerto de Béjar *SA*....**43** K 12
Puerto de Cotos *ESP*....**45** J 18
Puerto de la Cruz
Fuerteventura GC....**112** B 5
Puerto de la Cruz
Tenerife TF....**124** F 2
Puerto de la Encina *SE*....**92** U 14
Puerto de la Estaca
El Hierro TF....**109** D 2
Puerto de la Peña
Fuerteventura GC....**110** F 3
Puerto de la Torre *MA*....**100** V 16
Puerto de las Nieves
Gran Canaria GC....**114** C 2
Puerto de Mazarrón *MU*....**97** T 26

Puerto de Mogán
Gran Canaria GC....**116** B 4
Puerto de Motril *GR*....**101** V 19
Puerto de Pollença /
Port de Pollença *IB*....**105** M 39
Puerto
de San Vicente *TO*....**57** N 14
Puerto
de Santa Cruz *CC*....**68** O 12
Puerto
de Santa María (El) *CA*....**98** W 11
Puerto de Santiago
Tenerife TF....**128** B 4
Puerto de Sardina
Gran Canaria GC....**114** C 1
Puerto de Sóller /
Port de Sóller *IB*....**104** M 38
Puerto de Tazacorte
La Palma TF....**130** B 5
Puerto de Vega *O*....**5** B 10
Puerto del Carmen
Lanzarote GC....**123** D 5
Puerto del Castaño *CA*....**99** W 13
Puerto del Pino *AB*....**84** Q 23
Puerto del Rosario
Fuerteventura GC....**111** I 3
Puerto Espíndola
La Palma TF....**131** D 3
Puerto Gil *H*....**79** S 10
Puerto Haza
de Lino *GR*....**102** V 20
Puerto Hurraco *BA*....**68** Q 13
Puerto Lajas
Fuerteventura GC....**111** I 2
Puerto Lápice *CR*....**70** O 19
Puerto López *GR*....**94** T 18
Puerto-Lucía *AL*....**79** S 9
Puerto Lumbreras *MU*....**96** T 24
Puerto Moral *H*....**79** S 10
Puerto Naos
La Palma TF....**132** C 5
Puerto Nuevo
Gran Canaria GC....**114** D 1
Puerto Real *CA*....**98** W 11
Puerto Rey *TO*....**57** N 14
Puerto Rey *AL*....**96** U 24
Puerto Rico
Gran Canaria GC....**116** C 4
Puerto San Nicolás
Gran Canaria GC....**114** B 2
Puerto Seguro *SA*....**42** J 9
Puerto Serrano *CA*....**92** V 13
Puértolas *HU*....**22** E 30
Puertollanillo *CA*....**92** V 12
Puertollano *CR*....**70** P 17
Puertomingalvo *TE*....**62** L 28
Pueyo *NA*....**20** E 25
Pueyo (El) *HU*....**21** D 29
Pueyo
(Monasterio de) *HU*....**22** F 30
Pueyo (Monte) *HU*....**21** E 29
Pueyo
de Araguás (El) *HU*....**22** E 30
Pueyo de Fañánás *HU*....**21** F 29
Pueyo
de Santa Cruz *HU*....**36** G 30
Puibolea *HU*....**21** F 28
Puig *V*....**62** N 29
Puig campana *A*....**74** Q 29
Puig Moreno *TE*....**49** I 29
Puig-reig *B*....**38** G 35
Puig Rom *GI*....**25** F 39
Puigcerdà *GI*....**24** E 35
Puigcercós *L*....**22** F 32
Puigcerdà *GI*....**24** E 35
Puigdàlber *B*....**37** H 35
Puiggròs *L*....**37** H 32
Puigmal *GI*....**24** E 36
Puigmoreno
de Franco *TE*....**49** I 29
Puigpedrós *GI*....**23** E 35
Puigpelat *T*....**37** I 33
Puigpunyent *IB*....**104** M 37
Puigsacalm *GI*....**24** F 36
Puigverd d'Agramunt *L*....**37** G 33
Puigverd de Lleida *L*....**36** H 32
Puilatos *Z*....**35** G 27
Pujal (El) *L*....**23** F 33
Pujalt *L*....**37** G 34
Pujarnol *GI*....**24** F 38
Pujayo *S*....**7** C 17
Pujerra *MA*....**100** W 14
Pujols (es) *IB*....**87** P 34
Pulgar *TO*....**58** M 17
Pulgosa (La) *AB*....**72** P 24
Pulido (Puerto) *CR*....**69** Q 16
Pulpí *AL*....**96** T 24

Pulpite *GR*....**95** T 22
Pulpites (Los) *MU*....**85** R 26
Pumalverde *S*....**7** C 17
Pumarejo de Tera *ZA*....**29** G 11
Pumares *OR*....**14** E 9
Punta (Sa) *GI*....**25** G 39
Punta (La) *Mallorca IB*....**105** N 39
Punta Alta *A*....**22** E 32
Punta Bombarda *A*....**74** Q 29
Punta Brava
Tenerife TF....**124** F 2
Punta de Deiá *IB*....**104** M 37
Punta de Moraira *A*....**75** P 30
Punta Mala *A*....**99** X 14
Punta Mujeres
Lanzarote GC....**121** F 3
Punta ó Sénia
Sevilla (La) *CS*....**62** L 30
Punta Prima *A*....**86** S 27
Punta Prima
Menorca IB....**106** M 42
Punta Umbría *H*....**90** U 9
Puntagorda
La Palma TF....**130** B 3
Puntal *MA*....**93** U 16
Puntal (El) *O*....**6** B 13
Puntal (El) *V*....**73** P 29
Puntal de la Mina *AB*....**71** Q 22
Puntales
(Sierra de los) *CO*....**81** R 15
Puntallana *La Palma TF*....**131** E 4
Puntalón *GR*....**101** V 19
Punxín *OR*....**13** E 5
Puras *BU*....**18** E 20
Puras *VA*....**45** I 16
Purchena *AL*....**96** T 22
Purchena *H*....**91** T 10
Purchil *GR*....**94** U 19
Purias *MU*....**96** T 25
Purias (Puerto) *MU*....**96** T 25
Purón *O*....**7** B 15
Purroy *Z*....**34** H 25
Purroy de la Solana *HU*....**22** F 31
Purujosa *Z*....**34** G 24
Purullena *GR*....**95** U 20
Puyarruego *HU*....**22** E 30

Q

Quar *GI*....**24** F 35
Quart de les Valls *V*....**62** M 29
Quart de Poblet *V*....**62** N 28
Quart d'Onyar *GI*....**25** G 38
Quatretonda *V*....**74** P 29
Quatretondeta *A*....**74** P 29
Quebrada (Sierra) *BA*....**79** R 11
Quebradas *AB*....**84** Q 24
Quecedo *BU*....**18** D 19
Queguas *OR*....**27** G 5
Queimada *C*....**3** C 3
Queipo de Llano *SE*....**91** U 11
Queirogás *OR*....**28** G 7
Queiruga *C*....**12** D 2
Queixa (Sierra de) *OR*....**14** F 7
Queixans *GI*....**24** E 35
Queixas *C*....**3** C 4
Queizán *LU*....**4** D 8
Quejigal *SA*....**43** J 12
Quejigo *BA*....**69** O 15
Quejo *VI*....**18** D 20
Quel *LO*....**19** F 23
Quemada *BU*....**32** G 19
Quéntar *GR*....**94** U 19
Quéntar (Embalse de) *GR*....**94** U 19
Quer *GU*....**46** K 20
Quer Foradat (El) *L*....**23** F 34
Queralbs *GI*....**24** E 36
Queralt *B*....**37** H 34
Querencia *GU*....**47** I 21
Querço *TO*....**59** N 20
Querol *T*....**37** H 34
Querolt *L*....**23** F 34
Ques *O*....**6** B 13
Quesa *V*....**74** O 29
Quesada *J*....**83** S 20
Quesada (Estación de) *J*....**83** S 20
Quesada (Peña de) *GR*....**83** S 21
Quesera
(Collado de la) *GU*....**46** I 19
Queveda *S*....**7** B 17
Quevedo *S*....**7** B 17
Quiebrajano
(Embalse de) *J*....**94** T 18
Quijas *S*....**7** B 17
Quijorna *M*....**45** K 17
Quiles (Los) *CR*....**70** O 18
Quilmas *C*....**2** D 2

Quilós *LE* ... 14 E 9
Quincoces de Yuso *BU* ... 18 D 20
Quindous *LU* ... 14 D 9
Quines *OR* ... 13 F 5
Quinta (la) *M* ... 46 K 18
Quinta (La) *MA* ... 92 V 14
Quintana *VI* ... 19 E 22
Quintana *ZA* ... 14 F 9
Quintana cerca de Albariza *O* ... 5 C 11
Quintana cerca de Astrana *S* ... 8 C 19
Quintana cerca de Nava *O* ... 6 B 13
Quintana cerca de Vega *O* ... 6 B 13
Quintana cerca de Villegar *S* ... 7 C 18
Quintana (La) *S* ... 17 D 17
Quintana (Sierra de) *J* ... 81 Q 17
Quintana de Fuseros *LE* ... 15 D 11
Quintana de la Serena *BA* ... 68 P 12
Quintana de Rueda *LE* ... 16 E 14
Quintana del Castillo *LE* ... 15 E 11
Quintana del Marco *LE* ... 15 F 12
Quintana del Monte *LE* ... 16 E 14
Quintana del Pidio *BU* ... 32 G 18
Quintana del Puente *P* ... 31 F 17
Quintana María *BU* ... 18 D 20
Quintana-Martín Galíndez *BU* ... 18 D 20
Quintana Redonda *SO* ... 33 H 22
Quintana y Congosto *LE* ... 15 F 11
Quintanabureba *BU* ... 18 E 19
Quintanadueñas *BU* ... 18 E 18
Quintanaélez *BU* ... 18 E 20
Quintanaloma *BU* ... 18 D 18
Quintanaloranco *BU* ... 18 E 20
Quintanamanvirgo *BU* ... 31 G 18
Quintanaopio *BU* ... 18 D 19
Quintanaortuño *BU* ... 18 E 18
Quintanapalla *BU* ... 18 E 18
Quintanar (Collado de) *BU* ... 32 F 20
Quintanar de la Orden *TO* ... 59 N 20
Quintanar de la Sierra *BU* ... 32 G 20
Quintanar del Rey *CU* ... 72 N 24
Quintanarejo (El) *SO* ... 33 G 21
Quintanarraya *BU* ... 32 G 19
Quintanarruz *BU* ... 18 E 19
Quintanas de Gormaz *SO* ... 32 H 21
Quintanas de Valdelucio *BU* ... 17 D 17
Quintanas Rubias de Abajo *SO* ... 32 H 20
Quintanas Rubias de Arriba *SO* ... 32 H 20
Quintanatello de Ojeda *P* ... 17 D 16
Quintanavides *BU* ... 18 E 19
Quintanilla *S* ... 7 C 16
Quintanilla *BU* ... 17 F 18
Quintanilla de Arriba *VA* ... 31 H 17
Quintanilla de Babia *LE* ... 15 D 11
Quintanilla de Flórez *LE* ... 15 F 11
Quintanilla de la Berzosa *P* ... 17 D 16
Quintanilla de la Cueza *P* ... 16 F 15
Quintanilla de la Mata *BU* ... 32 G 18
Quintanilla de las Torres *P* ... 17 D 17
Quintanilla de las Viñas *BU* ... 18 F 19
Quintanilla de los Oteros *LE* ... 16 F 13
Quintanilla de Losada *LE* ... 15 F 10
Quintanilla de Nuño Pedro *SO* ... 32 G 20
Quintanilla de Onésimo *VA* ... 31 H 16
Quintanilla de Onsoña *P* ... 17 E 16
Quintanilla de Pienza *BU* ... 18 D 19
Quintanilla de Riopisuerga *BU* ... 17 E 17
Quintanilla de Rueda *LE* ... 16 D 14
Quintanilla de Sollamas *LE* ... 15 E 12
Quintanilla de Somoza *LE* ... 15 E 11
Quintanilla de Tres Barrios *SO* ... 32 H 20
Quintanilla de Trigueros *VA* ... 31 G 16
Quintanilla de Urz *ZA* ... 29 F 12
Quintanilla de Yuso *LE* ... 15 F 10
Quintanilla del Agua *BU* ... 32 F 19

Quintanilla del Coco *BU* ... 32 G 19
Quintanilla del Molar *VA* ... 30 G 13
Quintanilla del Monte *ZA* ... 30 G 13
Quintanilla del Monte *LE* ... 15 E 12
Quintanilla del Omo *ZA* ... 30 G 13
Quintanilla del Valle *LE* ... 15 E 12
Quintanilla la Ojada *BU* ... 18 D 20
Quintanilla-Pedro Abarca *BU* ... 17 E 18
Quintanilla San García *BU* ... 18 E 18
Quintanilla-Sobresierra *BU* ... 18 E 18
Quintanilla-Vivar *BU* ... 18 E 18
Quintanillabón *BU* ... 18 E 20
Quintanillas (Las) *BU* ... 17 E 18
Quintás *C* ... 3 C 5
Quintela *LE* ... 14 D 9
Quintela *LU* ... 4 C 7
Quintela de Leirado *OR* ... 13 F 5
Quintería (La) *J* ... 82 R 18
Quintes *O* ... 6 B 13
Quintillo (El) *CR* ... 70 P 19
Quintilla-Rucandio *S* ... 17 D 18
Quintos de Mora (Coto nacional) *TO* ... 70 N 17
Quintueles *O* ... 6 B 13
Quinzano *HU* ... 21 F 28
Quiñonería (la) *SO* ... 33 H 23
Quireza *PO* ... 13 E 4
Quiroga *LU* ... 14 E 8
Quiruelas *ZA* ... 29 F 12
Quismondo *TO* ... 58 L 17

R

Rabadá y Navarro *TE* ... 61 L 26
Rábade *LU* ... 3 C 7
Rabadeira *C* ... 2 C 3
Rábago *S* ... 7 C 16
Rabal cerca de Chandrexa *OR* ... 14 F 7
Rabal cerca de Verín *OR* ... 28 G 7
Rabanal de Fenar *LE* ... 16 D 13
Rabanal del Camino *LE* ... 15 E 11
Rabanales *ZA* ... 29 G 11
Rabanera *LO* ... 19 F 22
Rabanera del Pinar *BU* ... 32 G 20
Rábano *VA* ... 31 H 17
Rábano de Aliste *ZA* ... 29 G 10
Rábano de Sanabria *ZA* ... 14 F 10
Rábanos *BU* ... 18 F 20
Rábanos Los *SO* ... 33 G 22
Rabé *BU* ... 32 G 18
Rábida (Monasterio de la) *H* ... 90 U 9
Rabinadas (Las) *OR* ... 70 O 17
Rabisca (Punta de) La Palma *TF* ... 130 B 4
Rábita *MA* ... 93 U 15
Rábita (La) *GR* ... 102 V 20
Rábita (La) *J* ... 94 T 17
Rabizo (Alto del) *LE* ... 16 D 13
Rabós *GI* ... 25 E 39
Racó de Loix *A* ... 74 Q 29
Racó de Santa Llucía *B* ... 37 I 35
Rad (La) *S* ... 43 J 12
Rada (La) *NA* ... 20 F 25
Rada de Haro *CU* ... 59 N 22
Radiquero *HU* ... 22 F 30
Radona *SO* ... 33 I 22
Rafal *A* ... 85 R 27
Ráfales *TE* ... 50 J 30
Rafalet *A* ... 75 P 30
Rafelbunyol *V* ... 62 N 28
Rafelguaraf *V* ... 74 O 28
Rágama *SA* ... 31 J 14
Rágol *AL* ... 102 V 21
Ragua (Puerto de la) *GR* ... 95 U 20
Ragudo (Cuesta de) *CS* ... 62 M 28
Raguero de Bajo *MU* ... 85 S 25
Raíces *C* ... 12 D 4
Raíces (Las) Tenerife *TF* ... 124 H 2
Raigada *OR* ... 14 F 8
Rairiz de Veiga *OR* ... 13 F 6
Raixa *IB* ... 104 M 38
Rajadell *B* ... 37 G 35
Rajita (La) La Gomera *TF* ... 118 B 3
Rala *AB* ... 84 Q 23

Ramacastañas *AV* ... 57 L 14
Ramales de la Victoria *S* ... 8 C 19
Ramallosa *C* ... 12 D 4
Ramallosa (A) *PO* ... 12 F 3
Rambla (La) *AB* ... 72 P 23
Rambla (La) *CO* ... 93 T 15
Rambla Aljibe (La) *GR* ... 95 U 23
Rambla de Castellar *CR* ... 71 Q 20
Rambla de Martín (La) *TE* ... 49 J 27
Rambla del Agua *AL* ... 95 U 21
Ramblas (Las) *AB* ... 84 Q 24
Ramil *LU* ... 4 C 7
Ramilo *OR* ... 14 F 9
Ramirás *OR* ... 13 F 5
Ramiro *VA* ... 30 I 15
Ramonete (Ermita del) *MU* ... 97 T 25
Rancajales (Los) *M* ... 46 J 18
Randa *IB* ... 104 N 38
Randín *OR* ... 27 G 6
Ranedo *BU* ... 18 D 20
Ranera *BU* ... 18 D 20
Ranera (Monte) *CU* ... 61 M 26
Ranero *BI* ... 8 C 19
Raneros *LE* ... 16 E 13
Ranin *HU* ... 22 E 30
Rante *OR* ... 13 F 6
Rañadoiro (Puerto de) *O* ... 4 C 9
Rañadoiro (Sierra de) *O* ... 4 C 9
Rañas del Avellanar *CR* ... 57 N 15
Rao *LU* ... 4 D 9
Rapariegos *SG* ... 45 I 16
Rápita (La) *B* ... 37 I 34
Rápita (sa) Mallorca *IB* ... 104 N 38
Rasa (La) *SO* ... 32 H 20
Rasca (Faro de la) Tenerife *TF* ... 128 D 6
Rasca (Punta de la) Tenerife *TF* ... 128 D 5
Rascafría *M* ... 45 J 18
Rascanya (La) *V* ... 62 N 28
Rasillo (El) *LO* ... 19 F 21
Rasines *S* ... 8 C 19
Raso (El) *AV* ... 56 L 13
Rasos de Peguera *B* ... 23 F 35
Raspay *MU* ... 85 Q 26
Raspilla *AB* ... 84 Q 22
Rasquera *T* ... 50 I 31
Rasueros *AV* ... 44 I 14
Rates (Coll de) *A* ... 74 P 29
Rauric *T* ... 37 H 34
Raval de Crist *T* ... 50 J 31
Raval de Jesús *T* ... 50 J 31
Raxo *PO* ... 12 E 3
Raxón *C* ... 3 B 5
Raya del Palancar-Guadamonte (La) *M* ... 45 K 18
Rayo (Puerto del) *CR* ... 69 P 15
Rayo (Sierra del) *TE* ... 49 K 28
Razbona *GU* ... 46 J 20
Razo *C* ... 2 C 3
Real (Caño) *SE* ... 91 V 10
Real (Lucio) *CA* ... 91 V 11
Real Cortijo de San Isidro cerca de Aranjuez *M* ... 58 L 19
Real de la Jara (El) *SE* ... 79 S 11
Real de Montroi *V* ... 74 N 28
Real de San Vicente (El) *TO* ... 57 L 15
Realejo Alto Tenerife *TF* ... 127 E 3
Realejo Bajo Tenerife *TF* ... 127 E 3
Realejos (Los) Tenerife *TF* ... 127 E 3
Reales *MA* ... 99 W 14
Rebanal de las Llantas *P* ... 17 D 16
Rebide *LU* ... 14 E 8
Reboiró *LU* ... 14 D 7
Rebolado de Traspeña *BU* ... 17 D 17
Rebollada cerca de Laviana *O* ... 6 C 13
Rebollada cerca de Mieres *O* ... 5 C 12
Rebollar *SO* ... 33 G 22
Rebollar *O* ... 15 D 10
Rebollar *V* ... 61 N 26
Rebollar *CC* ... 56 L 12
Rebollar (La) *B* ... 36 G 31
Rebolledo (El) *A* ... 86 Q 28
Rebolledo de la Torre *BU* ... 17 D 17
Rebollera *CR* ... 82 Q 17
Rebollo *SG* ... 45 I 18
Rebollo *S* ... 33 H 21

Rebollo (Monte) *CU* ... 61 M 25
Rebollo (Monte) *CU* ... 60 M 22
Rebollosa de Hita *GU* ... 46 J 20
Rebollosa de Jadraque *GU* ... 47 I 21
Rebollossa de Pedro *SO* ... 32 I 20
Reboredo cerca de Boiro *C* ... 12 D 3
Reboredo cerca de O Grove *PO* ... 12 E 3
Reboredo cerca de Oza dos Ríos *C* ... 3 C 5
Recajo *LO* ... 19 E 23
Recaré *LU* ... 4 B 7
Recas *TO* ... 58 L 18
Recueja (La) *AB* ... 73 O 25
Recuenco (El) *GU* ... 47 K 22
Recuerda *SO* ... 32 H 21
Redal (El) *LO* ... 19 E 23
Redecilla del Campo *BU* ... 18 E 20
Redipollos *LE* ... 6 C 14
Redipuertas *LE* ... 6 C 13
Redonda *C* ... 2 D 2
Redonda (La) *SA* ... 42 J 9
Redonda (Peña) *LU* ... 14 C 8
Redondal *LE* ... 15 E 10
Redondela (La) *H* ... 90 U 8
Redondo *BU* ... 8 C 19
Redondo Tenerife *TF* ... 126 D 3
Redondo (Puerto) *SO* ... 32 G 20
Redován *A* ... 85 R 27
Redueña *M* ... 46 J 19
Refoxos *PO* ... 13 E 5
Refugi (El) *CS* ... 62 L 30
Regadas *OR* ... 13 F 5
Regencós *GI* ... 25 G 39
Regla (La) *O* ... 5 C 10
Régola (La) *L* ... 36 G 32
Reguengo *PO* ... 12 F 4
Regueral *O* ... 5 B 12
Regueras de Arriba *LE* ... 15 F 12
Reguers (Els) *T* ... 50 J 31
Regumiel de la Sierra *BU* ... 32 G 21
Reguntille *LU* ... 4 C 7
Reigada *O* ... 5 C 10
Reigosa *LU* ... 4 C 7
Reillo *CU* ... 60 M 24
Reina *BA* ... 80 R 12
Reina (Mirador de la) *O* ... 6 C 14
Reinante *LU* ... 4 B 8
Reino (El) *OR* ... 13 E 5
Reinosa *S* ... 17 C 17
Reinosilla *S* ... 17 D 17
Reinoso *BU* ... 18 E 19
Reinoso de Cerrato *P* ... 31 G 16
Rejano *SE* ... 93 U 15
Rejas *SO* ... 32 H 20
Rejas de Ucero *SO* ... 32 G 20
Relaño (El) *MU* ... 85 R 26
Relea *P* ... 17 E 15
Reliegos *LE* ... 16 E 13
Rellanos *O* ... 5 B 10
Relleu *A* ... 74 Q 29
Rellinars *B* ... 38 H 35
Rello *SO* ... 33 H 21
Reloj (La) *V* ... 92 V 13
Relumbrar *AB* ... 83 Q 21
Remedios (Ermita de los) *BA* ... 79 R 10
Remedios (Punta dos) *C* ... 12 D 2
Remendia *NA* ... 20 D 26
Remolina *LE* ... 16 D 14
Remolino (El) *CO* ... 93 T 15
Remolinos *Z* ... 34 G 26
Remondo *Z* ... 31 H 16
Rena *BA* ... 68 O 12
Renales *GU* ... 47 J 22
Renales (Cabeza) *SG* ... 45 J 17
Renche *LU* ... 14 D 8
Rendona (La) *CA* ... 99 W 12
Renedo *VA* ... 31 H 16
Renedo de Valderaduey *LE* ... 16 E 15
Renedo de Valdetuéjar *LE* ... 16 D 14
Renera *GU* ... 46 K 20
Rengos *O* ... 5 C 10
Renieblas *SO* ... 33 G 22
Renodo *P* ... 17 D 17
Errenteria *SS* ... 10 C 24

Renúñez Grande *CR* ... 71 P 20
Reocín *S* ... 7 B 17
Reolid *AB* ... 71 Q 22
Repilado (El) *H* ... 79 S 9
Repollés (Masía del) *TE* ... 49 K 28
Repostería *LU* ... 13 D 6
Represa *LE* ... 16 E 13
Requejada (Embalse de la) *P* ... 17 D 16
Requejo *S* ... 17 C 17
Requejo *ZA* ... 28 F 9
Requena *V* ... 61 N 26
Requena de Campos *P* ... 17 F 16
Requiás *OR* ... 27 G 6
Requijada *SG* ... 45 I 18
Resconorio *S* ... 7 C 18
Residencial Montelar *GU* ... 46 J 19
Resinera (La) *GR* ... 101 V 18
Resinera-Voladilla *MA* ... 100 W 14
Resoba *P* ... 17 D 16
Respaldiza *VI* ... 8 C 20
Respenda de la Peña *P* ... 17 D 15
Restábal *GR* ... 101 V 19
Restiello *O* ... 5 C 11
Restinga (La) El Hierro *TF* ... 109 D 4
Retama *BA* ... 69 O 16
Retamal *BA* ... 67 P 10
Retamal de Llerena *BA* ... 68 Q 12
Retamar *AL* ... 103 V 23
Retamar (El) Tenerife *TF* ... 126 C 3
Retamosa *CC* ... 56 N 13
Retamosa (La) *CR* ... 69 P 16
Retamoso de la Jara *TO* ... 57 M 15
Retascón *Z* ... 48 I 25
Retiendas *GU* ... 46 J 20
Retorno (El) *V* ... 73 N 25
Retorta *OR* ... 28 F 7
Retortillo *S* ... 17 D 17
Retortillo *SA* ... 43 J 10
Retortillo (Embalse de derivación del) *SE* ... 80 S 14
Retortillo de Soria *SO* ... 32 I 21
Retuerta *BU* ... 32 F 19
Retuerta del Bullaque *CR* ... 57 N 16
Retuerto *LE* ... 6 C 14
Reus *T* ... 37 I 33
Revalbos *SA* ... 44 K 13
Revell (Coll de) *GI* ... 24 G 37
Revellinos *ZA* ... 30 G 13
Revenga *BU* ... 17 F 18
Revenga *SG* ... 45 J 18
Revenga de Campos *P* ... 17 F 16
Reventón La Palma *TF* ... 132 D 5
Reventón (Puerto del) *CR* ... 70 P 18
Revilla *S* ... 7 B 18
Revilla *P* ... 17 D 17
Revilla *HU* ... 22 E 30
Revilla (La) *BU* ... 32 F 20
Revilla (La) *S* ... 7 B 16
Revilla de Calatañazor (La) *SO* ... 33 H 21
Revilla de Campos *P* ... 31 F 16
Revilla de Collazos *P* ... 17 E 16
Revilla del Campo *BU* ... 18 F 19
Revilla-Vallegera *BU* ... 17 F 17
Revillaruz *BU* ... 18 F 19
Revolcadores *MU* ... 84 R 23
Rey (Embalse del) *M* ... 58 L 19
Rey (Sierra del) *CR* ... 81 Q 17
Reyero *LE* ... 16 D 14
Reyertas (Las) *SE* ... 92 V 13
Reyertilla *SE* ... 92 U 13
Reyes (Bahía de los) El Hierro *TF* ... 108 B 3
Reznos *SO* ... 33 H 23
Ría de Abres *O* ... 4 B 8
Riaguas de San Bartolomé *SG* ... 32 H 19
Riahuelas *SG* ... 32 H 19
Rial *C* ... 2 C 4
Rial cerca de Rianxo *C* ... 12 E 3
Rial Soutomaior *PO* ... 12 F 4
Rialb (Pantà de) *L* ... 23 F 33
Rialp *L* ... 23 E 33
Riancho *S* ... 8 C 19
Riano *S* ... 5 C 12
Riánsares (Estación de) *CU* ... 59 L 21
Rianxo *C* ... 12 E 3

Riaño *S* ... 8 B 19
Riaño *LE* ... 16 D 15
Riaño (Embalse de) *LE* ... 16 D 14
Riaño (Reserva nacional de) *LE* ... 6 C 14
Rías Altas *C* ... 3 B 4
Rías Baixas / Rías Bajas *PO* ... 12 E 2
Rías Bajas / Rías Baixas *PO* ... 12 E 2
Rías Gallegas *C* ... 2 C 2
Riaza *SG* ... 32 I 19
Riba *S* ... 8 C 19
Riba (La) *T* ... 37 I 33
Riba de Escalote (La) *SO* ... 33 H 21
Riba de Saelices *GU* ... 47 J 23
Riba de Santiuste *GU* ... 47 I 21
Riba de Valdelucio (La) *BU* ... 17 D 17
Riba-roja (Pantà de) *T* ... 36 I 31
Riba-roja de Túria *V* ... 62 N 28
Riba-roja d'Ebre *T* ... 36 I 31
Ribabellosa *VI* ... 18 D 21
Ribadavia *OR* ... 13 F 5
Ribadedeva *O* ... 7 B 16
Ribadelago *ZA* ... 14 F 9
Ribadeo *LU* ... 4 B 8
Ribadeo (Ría de) *LU* ... 4 B 8
Ribadesella *O* ... 6 B 14
Ribadeume *C* ... 3 B 6
Ribadulla *C* ... 13 D 4
Ribadumia *PO* ... 12 E 3
Ribaforada *NA* ... 34 G 25
Ribafrecha *LO* ... 19 E 22
Ribagorda *CU* ... 47 K 23
Ribagorda (Ermita de) *GU* ... 48 K 24
Ribarredonda *GU* ... 47 J 23
Ribarroya *SO* ... 33 H 22
Ribarteme *PO* ... 13 F 4
Ribas *LE* ... 15 F 12
Ribas de Campos *P* ... 17 F 16
Ribas de Miño *LU* ... 13 E 6
Ribas de Sil *LU* ... 14 E 8
Ribas de Sil (Monasterio de) *OR* ... 13 E 6
Ribas Pequeñas *LU* ... 14 E 7
Ribasaltas *LU* ... 14 E 7
Ribatajada *CU* ... 47 K 23
Ribatajadilla *CU* ... 60 L 23
Ribatejada *M* ... 46 K 19
Ribeira *J* ... 94 T 18
Ribeira (Embalse de la) *C* ... 3 B 6
Ribera *J* ... 94 T 18
Ribera Baja *J* ... 94 T 18
Ribera de Arriba *O* ... 5 C 12
Ribera de Cabanes *CS* ... 62 L 30
Ribera de Cardós *L* ... 23 E 33
Ribera de Los Molinos *BA* ... 79 R 11
Ribera de Molina *MU* ... 85 R 26
Ribera de Piquín *LU* ... 4 C 8
Ribera de Vall *HU* ... 22 F 32
Ribera del Fresno *BA* ... 67 Q 11
Ribera-Oveja *CC* ... 43 L 11
Riberas de Lea *LU* ... 4 C 7
Riberos de la Cueza *P* ... 16 F 15
Ribes de Freser *GI* ... 24 F 36
Ribesalbes *CS* ... 62 L 29
Ribota *BU* ... 8 C 20
Ricabo *O* ... 5 C 12
Ricardo Roca (Mirador) *IB* ... 104 N 37
Ricla *Z* ... 34 H 25
Ricobayo *ZA* ... 29 H 12
Ricote *MU* ... 85 R 25
Riego de Ambros *LE* ... 15 E 10
Riego de la Vega *LE* ... 15 E 12
Riego del Camino *ZA* ... 29 G 12
Riego del Monte *LE* ... 16 E 13
Riegoabajo *O* ... 5 B 11
Riells cerca de Breda *GI* ... 38 G 37
Riells cerca de l'Escala *GI* ... 25 F 39
Riells del Fai *B* ... 38 G 36
Rielves *TO* ... 58 M 17
Rienda *GU* ... 33 I 21
Riensena *O* ... 6 B 14
Riera (La) *T* ... 37 I 34
Riera (La) *LE* ... 15 D 11
Riera (La) cerca de Aguasmestas *O* ... 5 C 11

A B C D E F G H I J K L M N O P Q R S T U V W X Y Z

A B C D E F G H I J K L M N O P Q R S T U V W X Y Z

Riera (La) cerca
de Covadonga O............ **6** C 14
Riera (Sa) GI............ **25** G 39
Riglos HU............ **21** E 27
Rigueira LU............ **4** B 7
Rigüelo SE............ **93** U 15
Rilleira C............ **3** C 6
Rillo TE............ **49** J 27
Rillo de Gallo GU............ **48** J 24
Rincón (El) AB............ **73** P 25
Rincón (El) MU............ **84** S 24
Rincón
de Ballesteros CC............ **67** O 10
Rincón
de la Victoria MA............ **101** V 17
Rincón de Olivedo LO............ **33** F 24
Rincón de Soto LO............ **20** E 24
Rincón del Moro AB............ **72** Q 24
Rincón del Obispo CC............ **55** M 10
Rinconada AV............ **44** J 14
Rinconada (La) AV............ **45** K 16
Rinconada (La) AB............ **72** P 23
Rinconada (La) SE............ **91** T 12
Rinconada
de la Sierra (La) SA............ **43** K 11
Rinconadas (Las) CU............ **61** M 26
Rinconcillo (El) CA............ **99** X 13
Rinconcillo (El) CO............ **81** S 15
Riner L............ **37** G 34
Rinlo LU............ **4** B 8
Río OR............ **14** E 8
Río LU............ **14** D 8
Río (El) CR............ **70** O 17
Río (El) LO............ **18** F 21
Río (El) Tenerife TF............ **129** H 4
Río (Mirador del)
Lanzarote GC............ **121** F 2
Río (Punta del) AL............ **103** V 22
Río Aragón ESP............ **21** E 27
Río Cedena TF............ **57** N 16
Río Chico (El) AL............ **102** V 21
Río Cofio M............ **45** K 17
Río de Losa BU............ **18** D 20
Río de Lunada BU............ **8** C 19
Río de Trueba BU............ **8** C 19
Río Duero CL............ **33** G 22
Río Ería CL............ **15** F 12
Río Frío CR............ **69** O 16
Río Gállego AR............ **21** E 29
Río Juanes V............ **73** N 27
Río Madera AB............ **72** Q 23
Río Órbigo CL............ **15** F 12
Río Sil ESP............ **14** E 7
Río Tajo (Estación de) CC............ **55** M 10
Río Tirón ESP............ **18** F 20
Río Valderaduey CL............ **16** E 15
Riobarba LU............ **3** A 6
Riocabado AV............ **44** J 15
Riocavado
de la Sierra BU............ **18** F 20
Riocerezo BU............ **18** E 19
Riocobo LU............ **4** A 7
Rioconejos ZA............ **15** F 10
Riocorvo S............ **7** C 17
Riodeva TE............ **61** L 26
Riofabar O............ **14** E 8
Riofrío AV............ **44** K 15
Riofrío LE............ **15** E 12
Riofrío GR............ **93** U 17
Riofrío de Aliste ZA............ **29** G 11
Riofrío de Riaza SG............ **32** I 19
Riofrío del Llano GU............ **47** I 21
Ríogordo MA............ **101** V 17
Rioja AL............ **103** V 22
Riola V............ **74** O 29
Riolago LE............ **15** D 11
Riolobos CC............ **55** M 11
Riomalo de Arriba CC............ **43** K 11
Riomanzanas ZA............ **29** G 10
Ríomao OR............ **14** E 8
Rionegro del Puente ZA............ **29** F 11
Ríopar AB............ **84** Q 22
Riós OR............ **28** G 8
Ríos (La) J............ **82** R 18
Ríos de Abajo CS............ **62** M 27
Ríos Menudos P............ **17** D 16
Riosalido GU............ **47** I 21
Ríoscuro LE............ **15** D 11
Rioseco O............ **6** C 13
Rioseco cerca de Laredo S............ **8** B 20
Rioseco
cerca de Reinosa S............ **7** C 17
Rioseco de Soria SO............ **33** H 21
Rioseco de Tapia LE............ **15** D 12
Riosequillo
(Embalse de) M............ **46** J 18
Riosequino de Torío LE............ **16** D 13

Rioseras BU............ **18** E 19
Riospaso O............ **5** C 12
Riotorto LU............ **4** B 8
Rioxuán LU............ **4** C 8
Rípodas NA............ **11** D 26
Ripoll GI............ **24** F 36
Ripollet B............ **38** H 36
Ris S............ **8** B 19
Risco (Embalse del) H............ **78** T 8
Risco de las Moras CC............ **57** N 14
Riudarenes GI............ **24** G 38
Riudaura GI............ **24** F 37
Riudecanyes T............ **51** I 32
Riudecols T............ **37** I 32
Riudellots de la Selva GI............ **25** G 38
Ríumar T............ **51** J 32
Riumors GI............ **25** F 39
Riva LU............ **7** C 18
Rivas Z............ **20** F 26
Rivas de Tereso LO............ **19** E 21
Rivas-Vaciamadrid M............ **46** L 19
Rivero S............ **7** C 17
Rivero de Posadas CO............ **80** S 14
Rivilla de Barajas AV............ **44** J 15
Roa de Duero BU............ **31** G 18
Roales VA............ **30** F 13
Roales ZA............ **29** H 12
Robla (La) LE............ **16** D 13
Robladillo VA............ **30** H 15
Robladillo de Ucieza P............ **17** E 16
Roble AB............ **72** P 23
Robleda SA............ **42** K 10
Robleda-Cervantes ZA............ **14** F 10
Robledillo AV............ **44** K 15
Robledillo TO............ **57** N 15
Robledillo (El) TO............ **70** N 18
Robledillo de Gata CC............ **43** L 10
Robledillo de la Jara M............ **46** J 19
Robledillo de la Vera CC............ **56** L 13
Robledillo
de Mohernando GU............ **46** J 20
Robledillo de Trujillo CC............ **68** O 12
Robledo O............ **6** B 14
Robledo LE............ **15** F 11
Robledo LU............ **14** D 9
Robledo OR............ **14** E 9
Robledo ZA............ **29** F 10
Robledo AB............ **72** P 22
Robledo (El) CR............ **70** O 17
Robledo (El) J............ **83** R 21
Robledo de Caldas LE............ **15** D 12
Robledo de Chavela M............ **45** K 17
Robledo de Corpes GU............ **46** I 21
Robledo
de las Traviesas LE............ **15** D 10
Robledo del Buey TO............ **57** N 15
Robledo del Mazo TO............ **57** N 15
Robledo Hermoso SA............ **43** I 10
Robledollano CC............ **56** N 13
Robledondo M............ **45** K 17
Robledos GU............ **46** I 20
Robleluengo GU............ **46** I 20
Robles
de la Valcueva LE............ **16** D 13
Robliza de Cojos SA............ **43** J 12
Robredo-Temiño BU............ **18** E 19
Robregordo M............ **46** I 19
Robres HU............ **35** G 28
Robres del Castillo LO............ **19** F 23
Robriguero O............ **7** C 16
Roca LU............ **3** C 6
Roca (La) M............ **45** K 18
Roca de la Sierra (La) BA............ **67** O 9
Roca del Vallès (La) B............ **38** H 36
Roca Grossa GI............ **39** G 38
Roca Llisa IB............ **87** P 34
Rocabruna GI............ **24** E 37
Rocacorba GI............ **24** F 38
Rocafort T............ **37** H 33
Rocafort B............ **38** G 35
Rocafort V............ **62** M 28
Rocafort de Queralt T............ **37** H 33
Rocagrossa GI............ **39** G 38
Rocallaura T............ **37** H 33
Rocamudo S............ **17** D 18
Rocas Doradas T............ **51** J 32
Rocha (Puerto de la) PO............ **13** E 5
Roche MU............ **85** T 27
Roche CA............ **98** W 11
Roche (Cabo) CA............ **98** X 11
Rociana del Condado H............ **91** U 10
Rocina (El) H............ **91** U 10
Rocío (El) H............ **91** U 10

Roda MU............ **85** S 27
Roda (La) O............ **4** B 9
Roda (La) AB............ **72** O 23
Roda
de Andalucía (La) SE............ **93** U 15
Roda de Barà T............ **37** I 34
Roda de Eresma SG............ **45** I 17
Roda de Isábena HU............ **22** F 31
Roda de Ter B............ **38** G 36
Rodalquilar AL............ **103** V 23
Rodanas
(Santuario de) Z............ **34** H 25
Rodanillo LE............ **15** E 10
Rodeche TE............ **62** L 28
Rodellar HU............ **21** F 29
Rodén Z............ **35** H 28
Ródenas TE............ **48** K 25
Rodeos
(Embalse de los) MU............ **85** R 26
Rodeos (Los) MU............ **85** R 26
Rodezno LO............ **19** E 21
Rodical (El) O............ **5** C 10
Rodiezmo LE............ **15** D 12
Rodilana VA............ **30** H 15
Rodiles O............ **5** B 11
Rodillazo LE............ **16** D 13
Rodiño C............ **13** D 4
Rodonyà T............ **37** I 34
Rodrigas LU............ **4** B 8
Rodrigatos
de la Obispalía LE............ **15** E 11
Rodrigatos
de las Regueras LE............ **15** D 11
Rodriguillo A............ **85** Q 26
Roela ZA............ **29** I 11
Roglà i Corberà V............ **74** O 28
Roig (Cap)
(Jardín botànic) GI............ **25** G 39
Roimil C............ **3** C 6
Rois C............ **12** D 3
Roitegui VI............ **19** D 22
Roiz S............ **7** C 16
Roja (Punta)
Tenerife TF............ **129** F 5
Rojal (El) C............ **3** B 5
Rojales A............ **85** R 27
Rojals T............ **37** H 33
Rojas BU............ **18** E 19
Roldán MU............ **85** S 26
Roldán (Faro) AL............ **103** V 24
Roldán (Salto de) HU............ **21** F 28
Rollamienta SO............ **33** G 22
Rollán SA............ **43** J 12
Roma V............ **61** N 26
Romaí PO............ **12** D 3
Romana (La) A............ **85** Q 27
Romana (Villa) VA............ **45** I 15
Romancos GU............ **46** J 21
Romanes (Los) MA............ **101** V 17
Romaneta (La) A............ **85** Q 27
Romangordo CC............ **56** M 12
Romaní (El) V............ **74** O 28
Romanillos
de Atienza GU............ **32** I 21
Romanillos
de Medinaceli SO............ **33** I 22
Romanones GU............ **46** K 21
Romanos Z............ **48** I 26
Romanyà de la Selva GI............ **25** G 38
Romariz LU............ **4** B 7
Roméan LU............ **4** C 7
Romedales (Los) CU............ **60** L 23
Romedios
(Ermita de los) BA............ **68** P 12
Romelle C............ **2** C 3
Romera AB............ **71** O 21
Romeral TO............ **59** N 19
Romeral (Cueva del) MA............ **93** U 16
Romeral (El) TO............ **59** N 19
Romeral (El) V............ **62** M 28
Romeral (El) MA............ **100** V 16
Romerano (El) H............ **90** T 7
Romeros (Los) H............ **79** S 9
Rompido (Barra del) H............ **90** U 8
Rompido (El) H............ **90** U 8
Roncadoira (Punta) LU............ **4** A 7
Roncal / Erronkari NA............ **11** D 27
Roncesvalles /
Orreaga NA............ **11** C 26
Roncudo (Punta) C............ **2** C 3
Ronda MA............ **99** V 14
Ronda (Serranía de) MA............ **100** V 14
Ronda la Vieja MA............ **92** V 14
Rondín CR............ **70** P 18
Roní L............ **23** E 33

Ronquillo (El) SE............ **79** S 11
Ronquillo (El) BA............ **67** P 9
Ropera (La) J............ **82** R 17
Roperuelos
del Páramo LE............ **15** F 12
Roque
Fuerteventura GC............ **111** H 1
Roque del Faro
La Palma TF............ **130** C 3
Roques (Bahía de los)
La Palma TF............ **132** D 6
Roquetas de Mar AL............ **102** V 22
Roquetas de Mar
(Urbanización) AL............ **102** V 22
Roquetes T............ **50** J 31
Ros HU............ **17** E 18
Rosa (La) BA............ **67** P 9
Rosal PO............ **26** G 3
Rosal (El) CO............ **81** S 15
Rosal Alto (El) SE............ **92** T 12
Rosal de la Frontera H............ **78** S 8
Rosales BU............ **18** D 19
Rosales (Los) TO............ **57** L 16
Rosales (Los) J............ **83** S 20
Rosales (Los) SE............ **92** T 12
Rosamar GI............ **39** G 38
Rosario (Ermita del) V............ **73** O 26
Rosarito
(Embalse de) TO............ **56** L 14
Rosas (Las)
La Gomera TF............ **118** C 1
Rosas (Las) Tenerife TF............ **124** H 2
Roscales P............ **17** D 16
Roses / Rosas GI............ **25** F 39
Roses (Golf de) GI............ **25** F 39
Rosildos (Els) CS............ **50** L 29
Rosinos
de la Requejada ZA............ **15** F 10
Rosell CS............ **50** K 30
Rosselló L............ **36** G 31
Rosso SE............ **93** U 14
Rostro (El) OR............ **29** G 16
Rota CA............ **98** W 10
Rotes (Les) A............ **75** P 30
Ròtova V............ **74** P 29
Roturas VA............ **31** G 17
Roturas CC............ **56** N 13
Rouch (Monte) L............ **23** D 33
Roupar LU............ **3** B 6
Rourell (El) T............ **37** I 33
Royo AB............ **72** P 23
Royo (El) SO............ **33** G 22
Royo Odrea BU............ **72** Q 23
Royos (Los) MU............ **84** S 23
Royuela
de Río Franco BU............ **31** G 18
Rozadas cerca de Boal O............ **4** B 9
Rozadas
cerca de El Pedroso O............ **6** B 13
Rozadas
cerca de Sotrondio O............ **6** C 13
Rozadio S............ **7** C 17
Rozalejo (El) SE............ **92** U 13
Rozalén del Monte CU............ **59** M 21
Rozas S............ **8** C 19
Rozas ZA............ **14** F 10
Rozas
(Embalse de las) LE............ **15** D 10
Rozas (Las) S............ **17** D 17
Rozas (Monte) M............ **45** K 18
Rozas
de Madrid (Las) M............ **45** K 18
Rozas de Puerto Real M............ **57** L 16

Rubielos de la Cérida TE............ **48** J 26
Rubielos de Mora TE............ **62** L 28
Rubillas Bajas CO............ **81** S 16
Rubinat L............ **37** H 33
Rubió B............ **37** H 34
Rubió
cerca de Foradada L............ **37** G 32
Rubió cerca de Sort L............ **23** E 33
Rubio (El)
cerca de Montellano SE............ **92** V 12
Rubio (El)
cerca de Osuna SE............ **93** T 15
Rubiós PO............ **13** F 4
Rubios (Los) BA............ **80** R 13
Rubite GR............ **102** V 19
Rublacedo de Abajo BU............ **18** E 19
Rucandio S............ **8** B 18
Rucandio BU............ **18** D 19
Rucayo LE............ **16** D 14
Rudilla TE............ **49** J 26
Rudilla (Puerto de) TE............ **48** I 26
Ruecas BU............ **68** O 12
Ruecas (Río) BA............ **68** O 12
Rueda VA............ **30** H 15
Rueda GU............ **48** J 24
Rueda
(Monasterio de) Z............ **35** I 29
Rueda de Jalón Z............ **34** H 26
Rueda de Pisuerga P............ **17** D 16
Ruedas
de Ocón (Las) LO............ **19** F 23
Ruenes O............ **7** C 15
Ruente S............ **7** C 17
Rúerrero S............ **17** D 18
Ruesca Z............ **34** I 25
Ruescas AL............ **103** V 23
Ruesga P............ **7** D 16
Rugat V............ **74** P 28
Ruguilla GU............ **47** J 22
Ruices (Los) AB............ **73** P 25
Ruices (Los) MU............ **85** T 26
Ruices (Los) V............ **61** N 26
Ruidera CR............ **71** P 21
Ruidera
(Lagunas de) AB............ **71** P 21
Ruidoms T............ **51** I 33
Ruiforco de Torío LE............ **16** D 13
Ruiloba S............ **7** B 17
Ruiseñada S............ **7** B 17
Rumblar
(Embalse del) J............ **82** R 18
Rupià GI............ **25** F 39
Rupit B............ **24** F 37
Rus J............ **82** R 19
Rus (Río) CU............ **60** N 22
Rute CO............ **93** U 16
Ruyales del Agua BU............ **31** F 18
Ruyales del Páramo BU............ **17** E 18

S

Saavedra LU............ **3** C 7
Sabadell B............ **38** H 36
Sabadelle LU............ **13** E 6
Sabadelle OR............ **13** E 6
Sabando VI............ **19** D 22
Sabar MA............ **101** V 17
Sabardes C............ **12** D 3
Sabariego J............ **94** T 17
Sabataia (Coll de) IB............ **104** M 38
Sabatera (La) A............ **75** Q 30
Sabayés HU............ **21** F 28
Sabero LE............ **16** D 14
Sabesa Z............ **20** F 26
Sabinar (El) AB............ **71** P 21
Sabinar (El) MU............ **84** R 23
Sabinar (Punta) AL............ **102** V 21
Sabinas
(Collado de las) GR............ **94** U 19
Sabinita (La)
Tenerife TF............ **129** G 4
Sabinosa El Hierro TF............ **108** B 3
Sabiñánigo HU............ **21** E 28
Sabiote J............ **83** R 20
Saboredo (Tuc de) L............ **23** E 32
Sabucedo PO............ **13** E 4
Sabucedo
cerca de Lorca MU............ **84** T 24
Sacañet CS............ **62** M 27
Sacecorbo GU............ **47** J 22
Saceda LE............ **15** F 10
La Saceda GU............ **47** J 23
Saceda del Río CU............ **59** L 22
Saceda Trasierra CU............ **59** L 21
Sacedillas (Las) J............ **83** Q 20
Sacedón GU............ **47** K 21
Sacedoncillo CU............ **60** L 23
Saceruela CR............ **69** P 16
Saceruela (Sierra de) CR............ **69** O 16
Sacos PO............ **12** E 4
Sacramenia SG............ **31** H 18
Sacramento SE............ **92** U 12
Sacratif (Cabo) GR............ **101** V 19
Sacristanía (La) CR............ **70** P 18
Sada C............ **3** B 5
Sada NA............ **20** E 25
Sádaba Z............ **20** F 26
Sadernes GI............ **24** F 37
Saelices CU............ **59** M 21
Saelices de la Sal GU............ **47** J 22
Saelices de Mayorga VA............ **16** F 14
Saelices del Payuelo LE............ **16** E 14
Saelices del Río LE............ **16** E 14
Saelices el Chico SA............ **42** J 10
Safari Madrid M............ **58** L 17
Sagallos ZA............ **29** G 10
Saganta HU............ **36** G 31
Sagàs B............ **24** F 35
Sagides SO............ **47** I 23
Sagra A............ **74** P 29
Sagra GR............ **83** S 22
Sagra
(Monasterio de) Z............ **35** I 29
Sagrajas BA............ **67** P 9
Sagunt / Sagunto V............ **62** M 29
Sagunt / Sagunto V............ **62** M 29
Sahagún LE............ **16** E 14
Sahechores LE............ **16** E 14
Sahúco (El) AB............ **72** P 23
Sahún HU............ **22** E 31
Saja S............ **7** C 17
Saja-Besaya
(Parque natural) S............ **7** C 17
Sajazarra LO............ **18** E 21
Sal (Punta de la)
Gran Canaria GC............ **117** G 3
Salada (La) SE............ **93** U 15
Saladar (El) A............ **85** R 27
Saladillo-Benamara MA............ **100** W 14
Salado (El) GR............ **83** S 22
Salado (Río) GU............ **47** I 21
Salado de los Villares J............ **82** S 17
Salamanca SA............ **43** J 12
Salamir O............ **5** B 11
Salamón LE............ **16** D 14
Salanova HU............ **22** F 31
Salar V............ **94** U 17
Salardú L............ **22** D 32
Salares MA............ **101** V 17
Salas O............ **5** B 11
Salas (Embalse de) OR............ **27** G 6
Salas (Las) LE............ **16** D 14
Salas Altas HU............ **22** F 30
Salas Bajas HU............ **22** F 30
Salas de Bureba BU............ **18** D 19
Salas de la Ribera LE............ **14** E 9
Salas de los Barios LE............ **15** E 10
Salas de los Infantes BU............ **32** F 20
Salàs de Pallars L............ **23** F 32
Salave L............ **4** B 9
Salazar BU............ **18** D 19
Salazar GR............ **95** T 21
Salce ZA............ **29** I 11
Salce LE............ **15** D 11
Salceda (La) SG............ **45** I 18
Salceda de Caselas PO............ **12** F 4
Salcedillo P............ **17** D 17
Salcedillo TE............ **49** J 26
Salcedo VI............ **18** D 21
Salcedo (El) J............ **82** R 18
Salces S............ **17** C 17
Salcidos PO............ **26** G 3
Saldaña P............ **16** E 15
Saldaña de Ayllón SG............ **32** H 19
Saldes B............ **23** F 35
Saldias NA............ **10** C 24
Saldoira LU............ **4** B 8
Sáldon TE............ **48** L 25
Salduero SO............ **33** G 21
Salem V............ **74** P 28
Saler V............ **74** N 29
Saler (Parador de El) V............ **74** O 29
Saleres GR............ **101** V 19
Sales de Llierca GI............ **24** F 37
Salgueiros C............ **2** C 2
Salgueiros LU............ **13** D 6
Salgueiras C............ **2** C 3
Salgüero de Juarros BU............ **18** F 19
Salí (El) B............ **37** G 35
Salicor (Laguna de) CR............ **59** N 20
Saliencia O............ **5** C 11
Saliente AL............ **96** T 23
Salientes LE............ **15** D 11
Salillas HU............ **35** G 29

Salillas de Jalón *Z* ....**34** H 26
Salime (Embalse de) *O* .... **4** C 9
Salina Grande *ZA* ....**30** G 13
Salinas *O* ....**5** B 12
Salinas *A* ....**73** Q 27
Las Salinas *MU* ....**85** S 27
Salinas (Las) *CU* ....**59** L 20
Salinas (Las)
  Fuerteventura GC ....**113** I 3
Salinas (Monte)
  Fuerteventura GC ....**111** G 2
Salinas (Punta)
  La Palma TF ....**131** E 4
Salinas de Hoz *HU* ......**22** F 30
Salinas de Ibargoiti *NA* ...**11** D 25
Salinas de Jaca *HU* ......**21** E 27
Salinas
  de Medinaceli *SO* .....**47** I 22
Salinas de Oro *NA* ......**10** D 24
Salinas de Pinilla *AB* ....**71** P 22
Salinas de Pisuerga *P* ....**17** D 16
Salinas de Sin *HU* ....**22** E 30
Salinas del Manzano *CU* ...**61** L 25
Salines *GI* ....**24** E 36
Salines (Les) *GI* ....**24** E 38
Salinillas de Buradón *VI* ...**19** E 21
Salinillas de Bureba *BU* ...**18** E 19
Saliñas (Llacuna de) *A* ...**85** Q 27
Salitja *GI* ....**25** G 38
Sallent *B* ....**38** G 35
Sallent (El) *A* ....**24** F 37
Sallent de Gállego *HU* ...**21** D 29
Sallfort (Pic de) *GI* ....**25** E 39
Salmantón *VI* ....**8** C 20
Salmerón *GU* ....**47** K 22
Salmerón *MU* ....**84** Q 24
Salmeroncillos
  de Abajo *CU* ....**47** K 22
Salmeroncillos
  de Arriba *CU* ....**47** K 22
Salmor (Roque)
  El Hierro TF ....**109** D 2
Salmoral *SA* ....**44** J 14
Salo *B* ....**37** G 34
Salobral *AV* ....**44** K 15
Salobral (El) *AB* ....**72** P 24
Salobralejo *AV* ....**44** K 15
Salobralejo
  (Laguna del) *AB* ....**73** P 25
Salobre *cerca*
  de Alcaraz AB ....**72** Q 22
Salobre *cerca*
  de Munera AB ....**72** O 22
Salobreña *GR* ....**101** V 19
Salomó *T* ....**37** I 34
Salón *BU* ....**8** C 19
Salor (Embalse del) *CC* ...**67** N 11
Salorino *CC* ....**55** N 8
Salou *T* ....**51** I 33
Salou (Cabo) *T* ....**51** I 33
Salse (El) *A* ....**74** P 27
Salt *GI* ....**25** G 38
Saltador (El) *AL* ....**96** T 24
Salteras *SE* ....**91** T 11
Saltes (Isla de) *H* ....**90** U 9
Salto al Cielo
  (Ermita) *CA* ....**99** W 11
Salto de Bolarque *GU* ...**47** K 21
Salto de Villalba *CU* .....**60** L 23
Salto de Villora *CU* ......**61** M 25
Salto del Ciervo *SE* ......**93** T 14
Salto del Negro *MA* ....**101** V 17
Salto Saucelle *SA* ....**42** I 9
Saltor ....**24** F 36
Saltos (Punta de los)
  El Hierro TF ....**109** D 4
Saludes
  de Castroponce *LE* ....**15** F 12
Salvacañete *CU* ....**61** L 25
Salvadiós *AV* ....**44** J 14
Salvador (Ermita El) *CS* ...**62** M 29
Salvador
  de Zapardiel *VA* ....**44** I 15
Salvaje (Punta del)
  Fuerteventura GC ....**110** G 2
Salvaleón *BA* ....**67** Q 9
Salvatierra de Miño *PO* ...**12** F 4
Salvatierra / Agurain *VI* ...**19** D 22
Salvatierra de Escá *HU* ...**11** D 26
Salvatierra
  de los Barros *BA* ......**67** Q 9
Salvatierra
  de Santiago *CC* ....**68** O 11
Salvatierra de Tormes *SA* ...**43** K 13
Sálvora (Isla de) *C* ....**12** E 2
Salzadella (La) *CS* ....**50** K 30
Sama de Grado *O* ....**5** C 11

Sama de Langreo *O* ....**6** C 12
Samaniego *VI* ....**19** E 21
Sámano *S* ....**8** B 20
Samara (Montaña)
  Tenerife TF ....**126** D 3
Sambana *CA* ....**99** W 13
Samboal *SG* ....**31** I 16
Sambreixo *LU* ....**13** D 6
Sames *O* ....**6** C 14
Samieira *PO* ....**12** E 3
Samir de los Caños *ZA* ...**29** G 11
Samos *LU* ....**14** D 8
Samper *HU* ....**22** E 30
Samper de Calanda *TE* ...**49** I 28
Samper del Salz *Z* ....**35** I 27
Samprizón *PO* ....**13** E 5
San Adrián *LE* ....**16** D 14
San Adrián *NA* ....**19** E 24
San Adrián (Cabo de) *C* ...**2** B 3
San Adrián
  de Juarros *BU* ....**18** F 19
San Adrián de Sasabe
  (Ermita de) *HU* ....**21** D 28
San Adrián del Valle *LE* ...**15** F 12
San Adriano *LU* ....**4** B 8
San Agustín *TE* ....**62** L 27
San Agustín *AL* ....**102** V 21
San Agustín
  Gran Canaria GC .....**117** E 4
San Agustín
  (Convento de) *CU* .....**60** L 24
San Agustín (Ermita de)
  Fuerteventura GC ....**111** H 2
San Agustín
  del Guadalix *M* ....**46** J 19
San Agustín del Pozo *ZA* ...**30** G 13
San Amancio
  (Ermita de) *GU* ....**48** J 24
San Amaro *OR* ....**13** E 5
San Andrés *O* ....**5** C 12
San Andrés *O* ....**6** C 13
San Andres *LO* ....**33** F 22
San Andrés *cerca*
  de Potes S ....**7** C 16
San Andrés
  cerca de San Miguel S ....**7** C 18
San Andrés *El Hierro TF* ...**109** D 2
San Andrés
  La Palma TF ....**131** D 3
San Andrés *Tenerife TF* ...**125** J 2
San Andrés de Arroyo *P* ...**17** D 16
San Andrés
  de la Regla *P* ....**16** E 15
San Andrés
  de las Puentes *LE* .....**15** E 10
San Andrés
  de San Pedro *SO* ......**33** G 23
San Andrés de Teixido *C* ...**3** A 6
San Andrés
  del Congosto *GU* ......**46** J 20
San Andrés
  del Rabanedo *LE* ......**16** E 13
San Andrés del Rey *GU* ...**47** K 21
San Antolín
  (Monasterio de) *O* .....**6** B 15
San Antolín de Ibias *O* ...**4** C 9
San Antón *SE* ....**93** T 14
San Antón *BU* ....**17** E 18
San Antón
  (Ermita de) *GU* ....**47** K 21
San Antón
  (Ermita de) *CC* ....**54** N 8
San Antoniño *PO* ....**12** E 4
San Antonio *V* ....**61** N 26
San Antonio *CO* ....**85** S 16
San Antonio (Ermita de) *C* ...**3** B 6
San Antonio (Ermita de)
  cerca de Aliaguilla CU ...**61** M 26
San Antonio (Ermita de)
  cerca de Cardenete CU ...**60** M 25
San Antonio
  La Palma TF ....**130** C 3
San Antonio (Volcán de)
  La Palma TF ....**132** C 7
San Antonio
  de Banaixeve *V* ....**62** N 28
San Antonio de Portmany /
  Sant Antoni
  de Portmany *IB* ....**87** P 33
San Antonio
  del Fontanar *SE* ......**92** U 14
San Asensio *LO* ....**19** E 21
San Bartolomé
  Lanzarote GC ....**123** D 4
San Bartolomé

San Bartolomé
  (Ermita de) *TE* ....**48** J 26
San Bartolomé
  (Ermita de) *CC* ....**68** O 12
San Bartolomé
  de Béjar *AV* ....**43** K 13
San Bartolomé
  de Corneja *AV* ....**44** K 13
San Bartolomé
  de la Torre *H* ....**90** T 8
San Bartolomé
  de las Abiertas *TO* ....**57** M 15
San Bartolomé
  de Pinares *AV* ....**45** K 16
San Bartolomé
  de Rueda *LE* ....**16** D 14
San Bartolomé de Tirajana
  Gran Canaria GC .....**117** E 3
San Bartolomé
  de Tormes *AV* ....**44** K 14
San Baudelio
  (Ermita de) *SO* ....**33** H 21
San Benito *V* ....**73** P 26
San Benito
  cerca de Almadèn CR ...**69** Q 15
San Benito
  cerca de Ciudad Real CR ...**70** P 17
San Benito
  (Convento) *CC* ....**55** M 9
San Benito (Ermita de) *TE* ...**49** K 27
San Benito
  (Ermita de) *SE* ....**80** S 12
San Benito
  de la Contienda *BA* ...**66** Q 8
San Bernabé
  (Sierra de) *CC* ....**56** L 11
San Bernado
  de Valbuena *VA* ....**31** H 17
San Bernardino *CA* ......**92** V 12
San Bernardo
  (Sierra de) *BA* ....**79** R 11
San Blas *TE* ....**48** K 26
San Blas *ZA* ....**29** G 10
San Bruno *CR* ....**82** Q 18
San Calixto *CO* ....**80** S 14
San Caprasio
  (Collado de) *HU* ....**22** F 30
San Carlos *ZA* ....**30** G 19
San Carlos del Valle *CR* ...**71** P 20
San Cebrián *P* ....**17** D 16
San Cebrián de Campos *P* ...**17** F 16
San Cebrián de Castro *ZA* ...**29** G 12
San Cebrián de Mazote *VA* ...**30** G 14
San Cibrao *OR* ....**28** G 7
San Cibrau *OR* ....**28** G 7
San Cibrián de Arriba *LE* ...**16** E 13
San Cibrián
  de la Somoza *LE* ......**16** D 14
San Ciprián *LU* ....**4** A 7
San Ciprián *ZA* ....**14** F 10
San Ciprián
  cerca de Hermisende ZA ...**28** G 9
San Ciprián de Viñas *OR* ...**13** F 6
San Cipriano
  del Condado *LE* ....**16** E 13
San Claudio *O* ....**5** B 12
San Claudio *C* ....**3** B 6
San Clemente *CU* ....**72** N 22
San Clemente
  de Valdueza *LE* ....**15** E 10
San Clodio *LU* ....**14** E 8
San Cosme *O* ....**5** B 12
San Cosme *LU* ....**4** B 8
San Crispín *M* ....**46** K 18
San Cristóbal *NA* ....**11** D 25
San Cristóbal *CR* ....**71** Q 21
San Cristóbal *SE* ....**80** S 13
San Cristóbal *BA* ....**79** R 9
San Cristóbal *CC* ....**68** O 13
San Cristóbal
  Gran Canaria GC .....**115** G 2
San Cristóbal
  (Ermita de) *CA* ....**98** W 11
San Cristóbal (Ermita de)
  cerca de Andorra TE ...**49** J 28
San Cristóbal (Ermita de)
  cerca de Barrachina TE ...**48** J 26
San Cristóbal (Ermita de)
  cerca de Bronchales TE ...**48** K 25
San Cristóbal (Ermita de)
  cerca de Sarrión TE ...**61** L 27
San Cristóbal
  (Santuario) *Z* ....**48** I 25
San Cristóbal
  de Boedo *P* ....**17** E 16

San Cristóbal
  de Cea *OR* ....**13** E 6
San Cristóbal
  de Chamoso *LU* ....**4** D 7
San Cristóbal
  de Cuéllar *SG* ....**31** H 16
San Cristóbal
  de Entreviñas *ZA* ......**30** F 13
San Cristóbal
  de la Cuesta *SA* ....**43** I 13
San Cristóbal
  de la Polantera *LE* ....**15** E 12
San Cristóbal
  de la Vega *SG* ....**45** I 16
San Cristóbal
  de Segovia *SG* ....**45** J 17
San Cristóbal
  de Trabancos *AV* ......**44** J 14
San Cristóbal
  de Valdueza *LE* ....**15** E 10
San Cristóbal I *TE* ....**48** J 26
San Cristobo *OR* ....**28** G 8
San Cucao *O* ....**5** B 12
San Diego *CA* ....**99** X 14
San Diego
  (Ermita de) *SE* ....**80** R 13
San Emiliano *O* ....**4** C 9
San Emiliano *LE* ....**15** D 12
San Enrique
  de Guadiaro *CA* ....**99** X 14
San Esteban *O* ....**5** B 11
San Esteban
  de Gormaz *SO* ....**32** H 20
San Esteban
  de la Sierra *SA* ....**43** K 12
San Esteban
  de Litera *HU* ....**36** G 30
San Esteban
  de los Buitres *O* ....**4** C 9
San Esteban
  de los Patos *AV* ....**45** J 16
San Esteban
  de Nogales *LE* ....**15** F 12
San Esteban
  de Valdueza *LE* ....**15** E 10
San Esteban
  de Zapardiel *AV* ....**44** I 15
San Esteban
  del Molar *ZA* ....**30** G 13
San Esteban del Valle *AV* ...**57** L 15
San Facundo *LE* ....**13** E 5
San Felices *BU* ....**17** D 18
San Felices *SO* ....**33** G 23
San Felices
  de los Gallegos *SA* ....**42** J 9
San Felipe *V* ....**3** B 5
San Felipe *CU* ....**48** K 24
San Feliú *HU* ....**22** E 31
San Feliú de Guixols /
  Sant Feliu de Guíxols *GI* ...**39** G 39
San Feliz
  de las Lavanderas *LE* ...**15** D 12
San Feliz de Torío *LE* ...**16** D 13
San Fernando *CA* ....**98** W 11
San Fernando
  Gran Canaria GC .....**115** D 2
San Fernando
  de Henares *M* ....**46** K 19
San Fiz do Seo *LE* ....**14** E 9
San Francisco *AL* ....**96** T 24
San Francisco
  Mallorca IB ....**104** N 38
San Francisco
  (Convento de) *VA* .....**30** G 14
San Francisco
  (Mirador) *BU* ....**32** F 20
San Francisco
  de Olivenza *BA* ....**66** P 8
San Fransisco (Ermita de)
  Fuerteventura GC ....**111** H 3
San Frutos
  (Ermita de) *SG* ....**31** I 18
San Fulgencio *A* ....**85** R 27
San Gabriel
  Lanzarote GC ....**123** E 4
San García de Ingelmos *AV* ...**44** J 14
San Gil *CC* ....**55** M 11
San Gil (Ermita de) *Z* ....**21** F 27
San Ginés *TE* ....**48** K 25
San Glorio (Puerto de) *S* ...**6** C 15
San Gregorio *SS* ....**19** D 23
San Gregorio *TO* ....**59** N 20
San Gregorio *CO* ....**81** Q 16
San Gregorio
  (Basílica de) *NA* ....**19** E 23

San Gregorio
  (Ermita de) *GU* ....**48** J 24
San Gregorio
  (Ermita de) *BA* ....**67** P 10
San Ignacio
  de Loiola *SS* ....**10** C 23
San Ignacio del Viar *SE* ...**91** T 12
San Ildefonso
  o la Granja *SG* ....**45** J 17
San Isidoro
  (Ermita de) *BA* ....**68** P 13
San Isidro *CR* ....**70** P 19
San Isidro *O* ....**59** L 21
San Isidro *AB* ....**73** O 25
San Isidro *cerca*
  de Berlanga BA ....**80** R 12
San Isidro *cerca*
  de Huérca Overa AL ...**96** T 24
San Isidro *cerca*
  de Navalmorales TO ...**57** M 16
San Isidro *cerca*
  de Níjar AL ....**103** V 23
San Isidro
  Gran Canaria GC .....**114** D 2
San Isidro
  Gran Canaria GC .....**115** E 2
San Isidro *Tenerife TF* ...**125** I 2
San Isidro *Tenerife TF* ...**129** F 5
San Isidro
  (Ermita de) *CU* ....**60** N 24
San Isidro (Ermita de) *V* ...**61** M 26
San Isidro
  (Ermita de) *BA* ....**79** R 10
San Isidro (Puerto de) *LE* ...**6** C 13
San Isidro del Pinar *NA* ...**20** E 25
San Javier *MU* ....**85** S 27
San Jerónimo *CO* ....**81** S 15
San Jerónimo de Lagar
  (Ermita de) *CC* ....**55** N 10
San Joaquím *GU* ....**59** L 20
San Jorge *HU* ....**35** G 28
San Jorge *BA* ....**67** Q 10
San Jorge /
  Sant Jordi *CS* ....**50** K 30
San Jorge (Ermita de) *V* ...**61** N 27
San Jorge de Alor *BA* ...**66** Q 8
San José *AL* ....**103** V 23
San José *BA* ....**79** Q 9
San José *Lanzarote GC* ...**123** E 4
San José
  (Embalse de) *VA* ......**30** H 14
San José (Ermita) *MU* ...**84** R 24
San José (Ermita de) *TE* ...**50** J 29
San José (Ermita de) *J* ....**82** R 17
San José (Ermita de)
  Tenerife TF ....**126** C 3
San José de la Rábita *J* ...**94** T 17
San José
  de la Rinconada *SE* ...**91** T 12
San José
  de Malcocinado *CA* ...**99** W 12
San José del Valle *CA* ...**99** W 12
San Juan *M* ....**45** K 17
San Juan (Ermita de)
  cerca de Cedrillas TE ...**49** K 27
San Juan (Ermita de)
  cerca de Montalbán TE ...**49** J 28
San Juan (Sierra de) *SE* ...**92** U 13
San Juan
  de Aznalfarache *SE* ...**91** T 11
San Juan de Gredos *AV* ...**44** K 14
San Juan de la Cuesta *ZA* ...**14** F 10
San Juan
  de la Encinilla *AV* .....**44** J 15
San Juan de la Mata *LE* ...**14** E 10
San Juan de la Nava *AV* ...**44** K 15
San Juan de la Peña
  (Monasterio de) *HU* ...**21** E 27
San Juan de la Rambla
  Tenerife TF ....**126** E 3
San Juan
  de los Terreros *AL* ....**96** T 25
San Juan
  de Mozarrifar *Z* ....**35** G 27
San Juan de Nieva *O* .....**5** B 12
San Juan de Ortega *BU* ...**18** E 19
San Juan de Plan *HU* ....**22** E 31
San Juan
  del Flumen *HU* ....**35** G 29

San Juan
  del Molinillo *AV* ....**44** K 15
San Juan del Monte *BU* ...**32** G 19
San Juan del Olmo *AV* ...**44** K 14
San Juan del Puerto *H* ...**90** U 9
San Juan
  del Rebollar *ZA* ....**29** G 10
San Juan-Los Vallejos
  (Valle de) *M* ....**59** L 19
San Juan Muskiz *BI* ......**8** C 20
San Juan Perales
  Tenerife TF ....**124** H 2
San Juan
  el Nuevo *ZA* ....**29** F 11
San Julián *O* ....**6** B 13
San Julián *C* ....**12** D 2
San Julián *J* ....**81** R 17
San Julián *MU* ....**97** T 27
San Julián
  de Banzo *HU* ....**21** F 28
San Julián de Sales /
  San Xulian de Sales *C* ...**13** D 4
San Just (Ermita de) *TE* ...**49** J 27
San Just (Puerto de) *TE* ...**49** J 27
San Just (Sierra de) *TE* ...**49** J 27
San Justo *O* ....**14** F 10
San Justo
  de Cabanillas *LE* ......**15** D 10
San Justo
  de la Vega *LE* ....**15** E 11
San Leandro *SE* ....**91** U 12
San Leonardo
  de Yagüe *SO* ....**32** G 20
San Llorente *VA* ....**31** G 17
San Llorente
  de la Vega *BU* ....**17** E 17
San Llorente
  del Páramo *P* ....**16** E 15
San Lorenzo *ZA* ....**29** G 12
San Lorenzo *HU* ....**35** G 29
San Lorenzo *LO* ....**18** F 21
San Lorenzo
  Gran Canaria GC .....**115** F 2
San Lorenzo
  (Ermita de) *TE* ....**48** J 26
San Lorenzo
  (Ermita de) *GU* ....**48** K 24
San Lorenzo
  de Calatrava *CR* ......**82** Q 18
San Lorenzo
  de El Escorial *M* ......**45** K 17
San Lorenzo
  de la Parrilla *CU* ......**60** M 22
San Lorenzo
  de Tormes *AV* ....**44** K 13
San Lourenzo *OR* ....**28** G 8
San Luis *Tenerife TF* ...**124** H 2
San Luis
  de Sabinillas *MA* ......**99** W 14
San Mamed *ZA* ....**29** G 10
San Mamed *cerca*
  de Viana do Bolo OR ...**14** F 8
San Mamede *C* ....**3** B 6
San Mamede *cerca*
  de Xinzo OR ....**27** F 6
San Mamés *BU* ....**17** E 18
San Mamés *M* ....**46** J 18
San Mamés de Abar *BU* ...**17** D 17
San Mamés
  de Campos *P* ....**17** E 16
San Mamés de Meruelo *S* ...**8** B 19
San Marcial *ZA* ....**29** G 11
San Marco *C* ....**3** C 5
San Marcos *CA* ....**98** W 11
San Marcos *CC* ....**56** M 13
San Marcos *NA* ....**19** E 24
San Marcos (Ermita de)
  cerca de Alustante GU ...**48** K 24
San Marcos (Ermita de)
  cerca de Tordesilos GU ...**48** J 25
San Martín *BU* ....**18** D 18
San Martín *NA* ....**19** D 23
San Martín *O* ....**5** C 11
San Martín *AV* ....**44** J 15
San Martín
  de Boniches *CU* ....**61** M 25
San Martín
  de Castañeda *ZA* ......**14** F 9
San Martín de Don *BU* ...**18** D 18
San Martín de Elines *S* ...**17** D 18
San Martín de Galvarín *BU* ...**19** D 21
San Martín
  de la Falamosa *LE* .....**15** D 12
San Martín
  de la Tercia *LE* ....**15** D 12

A B C D E F G H I J K L M N O P Q R S T U V W X Y Z

San Martín de la Vega *M* .... **58** L 19
San Martín de la Vega del Alberche *AV* .... **44** K 14
San Martín de la Virgen de Moncayo *Z* .... **34** G 24
San Martín de los Herreros *P* .... **17** D 16
San Martín de Luiña *O* .... **5** B 11
San Martín de Mondoñedo *LU* .... **4** B 8
San Martín de Montalbán *TO* .... **57** M 16
San Martín de Moreda *LE* .... **14** D 9
San Martín de Oscos *O* .... **4** C 9
San Martín de Pusa *TO* .... **57** M 16
San Martín de Rubiales *BU* .... **31** H 18
San Martín de Tábara *ZA* .... **29** G 12
San Martín de Torres *LE* .... **15** F 12
San Martín de Trevejo *CC* .... **55** L 9
San Martín de Unx *NA* .... **20** E 25
San Martín de Valdeiglesias *M* .... **45** K 16
San Martín de Valderaduey *ZA* .... **30** G 13
San Martín de Valvení *VA* .... **31** G 16
San Martín del Camino *LE* .... **15** E 12
San Martín del Castañar *SA* .... **43** K 11
San Martín del Pedroso *ZA* .... **29** G 10
San Martín del Pimpollar *AV* .... **44** K 14
San Martín del Río *TE* .... **48** I 25
San Martín del Rojo *BU* .... **18** D 18
San Martín del Tesorillo *CA* .... **99** W 14
San Martín del Valledor *O* .... **4** C 9
San Martín y Mudrián *SG* .... **31** I 17
San Martiño cerca de Castro Caldelas *OR* .... **14** E 7
San Martiño cerca de Cualedro *OR* .... **27** G 7
San Martiño (Isla de) *PO* .... **12** F 3
San Martzial *SS* .... **10** C 24
San Mateo de Gállego *Z* .... **35** G 27
San Mauro *C* .... **3** C 5
San Medel *SA* .... **43** K 12
San Miguel *HU* .... **36** G 30
San Miguel *S* .... **7** C 18
San Miguel *M* .... **58** L 19
San Miguel *Z* .... **34** H 24
San Miguel *O* .... **5** C 12
San Miguel *OR* .... **14** F 8
San Miguel *J* .... **83** S 20
San Miguel *Tenerife TF* .... **128** E 5
San Miguel (Ermita de) *CU* .... **47** K 22
San Miguel (Ermita de) cerca de la Virgen de la Vega *TE* .... **49** K 28
San Miguel (Ermita de) cerca de Orrios *TE* .... **61** K 27
San Miguel (Ermita de) cerca de Valderrobres *TE* .... **50** J 30
San Miguel de Aguayo *S* .... **7** C 17
San Miguel de Aralar (Santuario de) *NA* .... **10** D 24
San Miguel de Aras *S* .... **8** C 19
San Miguel de Bernuy *SG* .... **31** H 18
San Miguel de Corneja *AV* .... **44** K 14
San Miguel de Escalada *LE* .... **16** E 14
San Miguel de Foces *HU* .... **21** F 29
San Miguel de la Dueñas *LE* .... **15** E 10
San Miguel de la Puebla *CS* .... **49** K 29
San Miguel de la Ribera *ZA* .... **30** I 13
San Miguel de Lillo *O* .... **5** B 12
San Miguel de Meruelo *S* .... **8** B 19
San Miguel de Montañán *LE* .... **16** F 14
San Miguel de Pedroso *BU* .... **18** E 20
San Miguel de Serrezuela *AV* .... **44** J 14
San Miguel de Tajao *Tenerife TF* .... **129** G 5
San Miguel de Valero *SA* .... **43** K 12
San Miguel del Arroyo *VA* .... **31** H 16
San Miguel del Camino *LE* .... **15** E 12

San Miguel del Pino *VA* .... **30** H 15
San Miguel del Valle *ZA* .... **30** F 13
San Millán *BU* .... **18** D 20
San Millán *OR* .... **27** G 7
San Millán (Monte) *BU* .... **18** F 20
San Millán de Juarros *BU* .... **18** F 19
San Millán de la Cogolla *LO* .... **18** F 21
San Millán de Lara *BU* .... **18** F 19
San Millán de los Caballeros *LE* .... **16** F 13
San Millán de Yécora *LO* .... **18** E 20
San Morales *SA* .... **44** J 13
San Muñoz *SA* .... **43** J 11
San Nicolás *La Palma TF* .. **132** C 5
San Nicolás del Puerto *SE* .... **80** S 13
San Pablo *BU* .... **92** T 12
San Pablo de Buceite *CA* .... **99** W 13
San Pablo de la Moraleja *VA* .... **44** I 15
San Pablo de los Montes *TO* .... **58** N 17
San Paio *OR* .... **27** G 6
San Pantaleón de Losa *BU* .... **18** D 20
San Pascual *AV* .... **44** J 15
San Payo *LU* .... **4** C 7
San Pedro *S* .... **8** C 19
San Pedro *LU* .... **17** D 16
San Pedro *LU* .... **14** D 8
San Pedro *PO* .... **13** E 5
San Pedro *CC* .... **54** N 8
San Pedro *AL* .... **103** V 24
San Pedro cerca de Grado *O* .... **5** B 11
San Pedro cerca de Oviedo *O* .... **5** B 12
San Pedro cerca de Parres *O* .... **6** B 14
San Pedro cerca de Segovia *SG* .... **45** I 17
San Pedro (Embalse de) *OR* .... **13** E 6
San Pedro (Ermita de) *LU* .... **4** C 8
San Pedro (Puerto de) *MU* .... **85** S 27
San Pedro (Sierra de) *CC* .... **67** O 10
San Pedro (Torrico de) *CC* .... **55** N 9
San Pedro Bercianos *LE* .... **15** E 12
San Pedro Cansoles *P* .... **16** D 15
San Pedro de Alcantara *AV* .... **57** L 14
San Pedro de Alcántara *MA* .... **100** W 15
San Pedro de Arlanza (Ermita) *BU* .... **32** F 19
San Pedro de Cardeña *BU* .... **18** F 19
San Pedro de Ceque *ZA* .... **29** F 11
San Pedro de Gaíllos *SG* .... **31** I 18
San Pedro de la Nave *ZA* .... **29** H 12
San Pedro de la Viña *ZA* .... **15** F 11
San Pedro de las Herrerías *ZA* .... **29** G 10
San Pedro de Latarce *VA* .... **30** G 14
San Pedro de Mérida *BA* .... **67** P 11
San Pedro de Olleros *LE* .... **14** D 9
San Pedro de Paradela *LE* .... **15** D 10
San Pedro de Rozados *SA* .... **43** J 12
San Pedro de Rudaguera *S* .... **7** B 17
San Pedro de Valderaduey *LE* .... **16** E 15
San Pedro de Viveiro *LU* .... **4** B 7
San Pedro de Zamudia *ZA* .... **29** G 12
San Pedro del Arroyo *AV* .... **44** J 15
San Pedro del Pinatar *MU* .... **85** S 27
San Pedro del Romeral *S* .... **7** C 18
San Pedro del Valle *SA* .... **43** I 12
San Pedro Manrique *SO* .... **33** F 23
San Pedro Palmiches *CU* .... **47** K 22
San Pedro Samuel *BU* .... **17** E 18
San Pelayo *BU* .... **8** C 19
San Pelayo *VA* .... **30** G 14
San Pelayo *BI* .... **9** B 21
San Pelayo de Guareña *SA* .... **43** I 12
San Quintín *CR* .... **70** P 17

San Quirce de Riopisuerga *P* .... **17** E 17
San Rafael *SG* .... **45** J 17
San Rafael *CA* .... **92** V 12
San Rafael de Navallana (Embalse de) *CO* .... **81** S 16
San Ramón *M* .... **45** K 16
San Ramón *C* .... **3** B 5
San Román *S* .... **7** B 18
San Román *C* .... **29** F 12
San Román cerca de Bembibre *LE* .... **15** E 10
San Román cerca de Piloña *O* .... **6** B 14
San Román cerca de Portomarín *LU* .... **14** D 7
San Román cerca de Pravia *O* .... **5** B 11
San Román cerca de Santas Martas *LE* .... **16** E 13
San Román Cervantes *LU* .... **14** D 8
San Román de Basa *HU* .... **21** E 29
San Román de Cameros *LO* .... **19** F 22
San Román de Campezo *VI* .... **19** D 22
San Román de Castro *HU* .... **22** F 30
San Román de Hornija *VA* .... **30** H 14
San Román de la Cuba *P* .... **16** F 15
San Román de la Vega *LE* .... **15** E 11
San Román de los Caballeros *LE* .... **15** E 12
San Román de los Infantes *ZA* .... **29** H 12
San Román de los Montes *TO* .... **57** L 15
San Román de san Millán *VI* .... **19** D 22
San Roque *O* .... **7** B 15
San Roque *C* .... **2** C 3
San Roque *OR* .... **13** F 5
San Roque *CA* .... **99** X 13
San Roque (Ermita de) *TE* .... **61** L 26
San Roque (Ermita de) cerca de Alustante *GU* .... **48** K 25
San Roque (Ermita de) cerca de la Yunta *GU* .... **48** J 24
San Roque de Riomiera *S* .... **8** C 18
San Roque del Acebal *O* .... **6** B 15
San Roque Torre Guadiaro *CA* .... **99** X 14
San Sadurniño *C* .... **3** B 5
San Salvador *VA* .... **30** H 14
San Salvador *LU* .... **3** C 6
San Salvador cerca de Teverga *O* .... **5** C 11
San Salvador de Cantamuda *P* .... **17** D 16
San Salvador de Meis *PO* .... **12** E 3
San Salvador de Poyo *PO* .... **12** E 3
San Salvador del Valledor cerca de Negueira *O* .... **4** C 9
San Saturio (Ermita de) *SO* .... **33** G 22
San Sebastián *PO* .... **13** D 4
San Sebastián (Castillo de) *CA* .... **98** W 11
San Sebastián (Embalse de) *ZA* .... **14** F 9
San Sebastián (Ermita de) *Z* .... **34** G 25
San Sebastián (Ermita de) *BA* .... **69** P 14
San Sebastián de Garabandal *S* .... **7** C 16
San Sebastián de la Gomera *La Gomera TF* .... **119** D 2
San Sebastián de los Ballesteros *CO* .... **81** T 15
San Sebastián de los Reyes *M* .... **46** K 19
San Segundo (Ermita de) *GU* .... **48** J 24
San Serván *BA* .... **67** P 10
San Silvestre de Guzmán *H* .... **90** T 7
San Telmo *H* .... **78** S 9
San Telmo (Parador) *Tui PO* .... **12** F 4
San Tirso *LE* .... **14** E 9
San Tirso cerca de Oviedo *O* . **5** C 12

San Tirso cerca de Pravia *O* .... **5** B 11
San Torcuato *LO* .... **18** E 21
San Urbez (Santuario de) *HU* .... **21** F 29
San Vicente *NA* .... **11** D 26
San Vicente *OR* .... **14** E 8
San Vicente *SA* .... **44** J 13
San Vicente de Alcántara *BA* .... **54** N 8
San Vicente de Arévalo *AV* .... **44** J 15
San Vicente de la Barquera *S* .... **7** B 16
San Vicente de la Sonsierra *LO* .... **19** E 21
San Vicente de León *S* .... **7** C 17
San Vicente de Robres *LO* .... **19** F 23
San Vicente de Toranzo *S* .... **7** C 18
San Vicente del Grove *PO* .... **12** E 3
San Vicente del Mar *PO* .... **12** E 3
San Vicente del Monte *S* .... **7** C 17
San Vicente del Palacio *VA* .... **30** I 15
San Vicente Ferrer *SE* .... **91** U 11
San Vicentejo *BU* .... **19** D 21
San Victorian (Monasterio de) *HU* .... **22** E 30
San Vicente de la Cabeza *ZA* .... **29** G 11
San Vicente del Valle *BU* .... **18** E 20
San Vitero *ZA* .... **29** G 10
San Xulian de Sales / San Julián de Sales *C* .... **13** D 4
San Xurxo de Piquín *LU* .... **4** C 8
San Zadornil *BU* .... **18** D 20
Sanabria (Lago de) *ZA* .... **14** F 9
Sanabria (Valle de) *ZA* .... **14** F 9
Sanatorio de Abona *Tenerife TF* .... **129** G 4
Sanaúja *L* .... **37** G 33
Sancedo *LE* .... **14** E 10
Sanchicorta *AV* .... **44** K 15
Sanchidrián *AV* .... **45** J 16
Sancho (Embalse de) *H* .... **90** T 8
Sancho Abarca *Z* .... **34** G 26
Sancho Abarca (Monte) *Z* .... **20** F 26
Sancho Leza (Collado de) *LO* .... **19** F 22
Sanchogómez *SA* .... **43** J 12
Sanchón de la Ribera *SA* .... **43** I 10
Sanchón de la Sagrada *SA* .... **43** J 11
Sanchonuño *SG* .... **31** I 17
Sanchorreja *AV* .... **44** K 15
Sanchotello *SA* .... **43** K 12
Sancti Petri *CA* .... **98** W 11
Sancti Petri (Isla) *CA* .... **98** W 11
Sancti-Spíritus *SA* .... **43** J 10
Sancti Spíritus *BA* .... **69** P 14
Sandamias *O* .... **5** B 11
Sande *OR* .... **13** F 5
Sandiás *O* .... **13** F 6
Sandiche *O* .... **5** B 11
Sandín *ZA* .... **29** G 10
Sandines *HU* .... **21** D 29
Sandoval de la Reina *BU* .... **17** E 17
Sanet y Negrals *A* .... **74** P 29
Sangarcía *SG* .... **45** J 16
Sangarrén *HU* .... **21** F 28
Sangenjo / Sanxenxo *PO* .... **12** E 3
Sangonera la Verde *MU* .... **85** S 26
Sangüesa / Zangoza *NA* .... **20** E 26
Sanlúcar de Barrameda *CA* .... **91** V 10
Sanlúcar de Guadiana *H* .... **90** T 7
Sanlúcar la Mayor *SE* .... **91** T 11
Sansoáin cerca de Lumbier *NA* .... **11** D 26
Sansoáin cerca de Taffala *NA* .... **20** E 25
Sansol *NA* .... **19** E 23
Sansomain *NA* .... **20** E 25
Sant Adrià de Besòs *B* .... **38** H 36
Sant Agustí *Ibiza IB* .... **87** P 33
Sant Agustí de Lluçanès *B* .... **24** F 36
Sant Andreu *L* .... **23** E 33
Sant Andreu de la Barca *B* .... **38** H 35
Sant Andreu de Llavaneres *B* .... **38** H 37

Sant Andreu Salou *GI* .... **25** G 38
Sant Aniol *GI* .... **24** F 37
Sant Aniol de Finestres *GI* .... **24** F 37
Sant Antolí i Vilanova *L* .... **37** H 34
Sant Antoni (Cap de) *A* .... **75** P 30
Sant Antoni (Ermita de) *A* .... **74** P 28
Sant Antoni (Pantà de) *L* .... **23** F 32
Sant Antoni de Calonge *GI* .... **25** G 39
Sant Antoni de Portmany / San Antonio de Portmany *IB* .... **87** P 33
Sant Bartolomeu del Grau *B* .... **38** G 36
Sant Bartomeu d'Almisdrà *A* .... **85** R 27
Sant Bernabé de les Tenes *B* .... **24** F 36
Sant Boi *B* .... **38** H 36
Sant Boi de Lluçanès *B* .... **24** F 36
Sant Carles *Ibiza IB* .... **87** O 34
Sant Carles (Grutes de) *CS* .... **62** M 29
Sant Cebrià de Vallalta *B* .... **38** H 37
Sant Celoni *B* .... **38** G 37
Sant Cerni *B* .... **23** F 32
Sant Climent *Menorca IB* .... **106** M 42
Sant Climent de Llobregat *B* .... **38** H 35
Sant Climent Sescebes *GI* .... **25** E 38
Sant Cristòfol *V* .... **74** O 28
Sant Cugat del Vallès *B* .... **38** H 36
Sant Domènec *V* .... **62** N 28
Sant Elm *Mallorca IB* .... **104** N 37
Sant Esperit (Monestir) *V* .... **62** M 28
Sant Esteve de la Sarga *L* .... **22** F 32
Sant Esteve de Palautordera *B* .... **38** G 37
Sant Esteve d'En Bas *GI* .... **24** F 37
Sant Esteve Sesrovires *B* .... **38** H 35
Sant Felip de Neri *A* .... **85** R 27
Sant Feliu *B* .... **38** H 36
Sant Feliu de Boada *GI* .... **25** G 39
Sant Feliu de Buixalleu *GI* .... **38** G 37
Sant Feliu de Codines *B* .... **38** G 36
Sant Feliu de Guíxols / Sant Feliú de Guíxols *GI* .... **39** G 39
Sant Feliu de Pallerols *L* .... **37** H 34
Sant Feliu del Racó *B* .... **38** H 36
Sant Feliu Sasserra *B* .... **38** G 36
Sant Ferran *Formentera IB* .... **87** P 34
Sant Francesc *IB* .... **87** P 34
Sant Francesc de s'Estany *IB* .... **87** P 34
Sant Fruitós de Bages *B* .... **38** G 35
Sant Genís *B* .... **39** H 38
Sant Gerard *V* .... **62** N 28
Sant Grau *GI* .... **39** G 38
Sant Gregori *GI* .... **24** G 38
Sant Gregori (Mont) *GI* .... **24** G 37
Sant Guim de Freixenet *L* .... **37** H 34
Sant Guim de la Plana *L* .... **37** G 33
Sant Hilari Sacalm *GI* .... **24** G 37
Sant Hipòlit de Voltregà *B* .... **24** F 36
Sant Iscle de Vallalta *B* .... **38** H 37
Sant Isidre *V* .... **62** N 28
Sant Isidre d'Albatera *A* .... **85** R 27
Sant Jaume (Ermita de) *V* .... **74** P 28
Sant Jaume de Frontanyà *B* .... **24** F 36
Sant Jaume de Llierca *GI* .... **24** F 37
Sant Jaume dels Domenys *T* .... **37** I 34
Sant Jaume d'Enveja *T* .... **50** J 32
Sant Jeroni *B* .... **38** H 35
Sant Jeroni (Convent de) *V* .... **74** P 29
Sant Joan *IB* .... **105** N 39
Sant Joan (Banys de) *IB* .... **105** N 39
Sant Joan d'Alacant *A* .... **86** Q 28
Sant Joan de Labritja *IB* .... **87** O 34

Sant Joan de l'Erm *L* .... **23** E 33
Sant Joan de les Abadesses *GI* .... **24** F 36
Sant Joan de Moró *CS* .... **62** L 29
Sant Joan de Penyagolosa *CS* .... **62** L 28
Sant Joan de Vilatorrada *B* .... **38** G 35
Sant Joan de Vinyafrescal *L* .... **23** F 32
Sant Joan Fumat *L* .... **23** E 34
Sant Joan les Fonts *GI* .... **24** F 37
Sant Joaquim *CS* .... **49** J 29
Sant Jordi *A* .... **74** Q 29
Sant Jordi *Ibiza IB* .... **87** P 34
Sant Jordi *Mallorca IB* .... **104** N 38
Sant Jordi / San Jorge *CS* .... **50** K 30
Sant Jordi (Golf de) *T* .... **51** J 32
Sant Jordi d'Alfama *T* .... **51** J 32
Sant Jordi Desvalls *GI* .... **25** F 38
Sant Josep *Ibiza IB* .... **87** P 33
Sant Josep *GI* .... **24** F 37
Sant Julià de Cerdanyola *B* .... **24** F 35
Sant Julià de Vilatorta *B* .... **38** G 36
Sant Llorenç *IB* .... **25** G 38
Sant Llorenç *Ibiza IB* .... **87** O 34
Sant Llorenç de la Muga *GI* .... **25** F 38
Sant Llorenç de Montgai *L* .... **36** G 32
Sant Llorenç de Morunys *L* .... **23** F 34
Sant Llorenç del Munt (Parc natural de) *B* .... **38** G 35
Sant Llorenç des Cardassar *IB* .... **105** N 39
Sant Llorenç d'Hortons *B* .... **38** H 35
Sant Llorenç Savall *B* .... **38** G 36
Sant Magí (Santuari) *T* .... **37** H 34
Sant Marçal (Ermita) *B* .... **38** G 37
Sant Martí (Cap de) *A* .... **75** P 30
Sant Martí d'Albars *B* .... **24** F 36
Sant Martí de Barcedana *L* .... **23** F 32
Sant Martí de Centelles *B* .... **38** G 36
Sant Martí de Llémena *GI* .... **24** F 37
Sant Martí de Ogassa *GI* .... **24** F 36
Sant Martí de Riucorb *L* .... **37** H 33
Sant Martí de Surroca *GI* .... **24** F 36
Sant Martí de Torroella *B* .... **38** G 35
Sant Martí de Tous *B* .... **37** H 34
Sant Martí Sacalm *GI* .... **24** F 37
Sant Martí Sapresa *GI* .... **24** G 37
Sant Martí Sarroca *B* .... **37** H 34
Sant Martí Sescorts *GI* .... **24** F 36
Sant Martí Sesgueioles *B* .... **37** G 34
Sant Martí Sesserres *GI* .... **25** F 38
Sant Martí Vell *GI* .... **25** F 38
Sant Mateu *GI* .... **25** G 38
Sant Mateu *Castelló CS* .... **50** K 30
Sant Mateu *Ibiza IB* .... **87** O 34
Sant Mateu de Bages *B* .... **37** G 35
Sant Mauri *B* .... **24** F 35
Sant Maurici (Estany de) *L* .... **23** E 32
Sant Miquel de Salinas *A* .... **85** S 27
Sant Miquel *Ibiza IB* .... **87** O 34
Sant Miquel *Mallorca IB* .... **105** N 39
Sant Miquel (Ermita de) *Castelló CS* .... **63** L 30
Sant Miquel de Campmajor *GI* .... **24** F 38
Sant Miquel de Cladells *GI* .... **24** G 37
Sant Miquel de Fluvià *GI* .... **25** F 38
Sant Miquel de la Pobla *V* .... **61** L 26
Sant Miquel de la Pobla *CS* .... **49** K 29
Sant Miquel del Fai *B* .... **38** G 36
Sant Mori *GI* .... **25** F 38
Sant Nicolau *L* .... **22** E 32

Sant Pasqual (Ermita de) *A*..86 Q 28
Sant Pau *CS*......50 K 29
Sant Pau de Segúries *GI*......24 F 37
Sant Pau d'Ordal *B*......38 H 35
Sant Pere
de Casserres *B*......24 G 37
Sant Pere de Ribes *B*......38 I 35
Sant Pere
de Riudebitlles *B*......37 H 35
Sant Pere de Rodes
(Monestir de) *GI*......25 F 39
Sant Pere de Torelló *B*......24 F 36
Sant Pere
de Vilamajor *B*......38 G 37
Sant Pere Despuig *GI*......24 F 37
Sant Pere i Sant Pau *T*......51 I 33
Sant Pere Pescador *GI*......25 F 39
Sant Pol de Mar *B*......38 H 37
Sant Ponç (Pantà de) *L*......37 G 34
Sant Privat d'En Bas *GI*......24 F 37
Sant Quintí
de Mediona *B*......37 H 34
Sant Quirze *B*......38 H 36
Sant Quirze
de Besora *B*......24 F 36
Sant Quirze de Pedret *B*......24 F 35
Sant Quirze Safaja *B*......38 G 36
Sant Rafael *A*......74 Q 29
Sant Rafel *A*......74 P 28
Sant Rafel *Ibiza IB*......87 P 34
Sant Rafel del Riu *CS*......50 K 31
Sant Ramon *L*......37 G 34
Sant Romà d'Abella *L*......23 F 33
Sant Sadurní d'Anoia *B*......38 H 35
Sant Sadurní
de l'Heura *GI*......25 G 38
Sant Sadurní
d'Osormort *B*......24 G 37
Sant Salvador *T*......37 I 34
Sant Salvador (Monestir)
Mallorca IB......105 N 39
Sant Salvador
(Monte) *GI*......25 F 39
Sant Salvador
de Bianya *B*......24 F 37
Sant Salvador
de Guardiola *B*......37 G 35
Sant Salvador de Toló *L*......23 F 33
Sant Sebastià
(Cap de) *GI*......25 G 39
Sant Sebastià
(Ermita de) *V*......74 P 27
Sant Sebastià
de Montmajor *B*......38 H 36
Sant Tomàs *IB*......106 M 42
Sant Vicenç
de Castellet *B*......38 G 35
Sant Vicenç
de Montalt *B*......38 H 37
Sant Vicenç de Torelló *B*......24 F 36
Sant Vicenç
dels Horts *B*......38 H 36
Sant Vicent *Castelló CS*......62 L 28
Sant Vicent *Ibiza IB*......87 O 34
Sant Vicent
(Ermita de) *V*......62 N 28
Sant Vicent (Ermita de) *A*......86 R 28
Sant Vicent
del Raspeig *A*......86 Q 28
Santa (Cova) *IB*......87 P 33
Santa (La) *LO*......19 F 22
Santa (La)
Lanzarote GC......122 C 3
Santa
(Monasterio La) *MU*......85 S 25
Santa Afra *GI*......24 F 38
Santa Àgata
Castelló CS......50 K 30
Santa Agnès *Ibiza IB*......87 O 34
Santa Agnès
de Malanyanes *B*......38 H 37
Santa Agueda
Menorca IB......106 L 42
Santa Agueda
(Ermita de) *H*......91 T 10
Santa Amalia *BA*......68 O 11
Santa Ana *O*......6 C 13
Santa Ana *ZA*......29 G 10
Santa Ana *TO*......58 L 17
Santa Ana *MU*......85 S 26
Santa Ana *A*......94 T 18
Santa Ana *CC*......68 O 12
Santa Ana
cerca de Albacete *AB*......72 P 24
Santa Ana
cerca de Alcadozo *AB*......72 P 23

Santa Ana
(Ermita de) *CC*......68 O 12
Santa Ana (Ermita de)
cerca de Alfambra *TE*......48 K 26
Santa Ana (Ermita de)
cerca de
Rubielos de la Cérida *GU*.48 J 26
Santa Ana
(Monasterio de) *MU*......85 Q 26
Santa Ana (Sierra) *MU*......85 Q 26
Santa Ana de Abajo *AB*......72 P 24
Santa Ana de Arriba *AB*......72 P 23
Santa Ana (Pantà de) *L*......36 G 31
Santa Ana la Real *H*......79 S 9
Santa Anastasia *Z*......20 F 26
Santa Anna (Pantà de) *L*......36 G 31
Santa Bárbara *T*......50 J 31
Santa Bárbara *O*......6 C 13
Santa Bárbara *AL*......96 T 24
Santa Bárbara *CC*......56 L 11
Santa Bárbara *NA*......20 D 27
Santa Barbara
(Alto de) *HU*......21 E 27
Santa Bárbara
(Ermita de) *GI*......24 G 37
Santa Bárbara
(Ermita de) *HU*......21 E 27
Santa Bárbara
(Ermita de) *CU*......47 L 22
Santa Bárbara (Ermita ce)
cerca de Alcañiz *TE*......50 J 29
Santa Bárbara (Ermita de)
cerca de Calamocha *TE*......48 J 25
Santa Bárbara (Ermita de)
cerca de Camarena
de la Sierra *TE*......61 L 26
Santa Bárbara (Ermita de)
cerca de Celadas *TE*......49 K 26
Santa Bárbara (Ermita de)
cerca de Perales
del Alfambra *TE*......48 K 26
Santa Bárbara (Ermita de)
cerca de Teruel *TE*......48 K 26
Santa Bárbara (Ermita de)
cerca de
Villalba Baja *TE*......49 K 26
Santa Bárbara
(Monte) *GR*......95 T 21
Santa Bárbara de Casa *H*......78 S 8
Santa Brígida
Gran Canaria GC......115 F 2
Santa Brígida
(Ermita de) *CR*......70 P 17
Santa Casilda
(Santuario de) *BU*......18 E 19
Santa Catalina *C*......2 C 3
Santa Catalina *TO*......58 M 17
Santa Catalina *B*......82 S 18
Santa Catalina *SE*......92 T 12
Santa Catalina
(Ermita de) *V*......61 M 26
Santa Cecilia *BU*......31 F 18
Santa Cecilia *SO*......33 F 22
Santa Cecilia
(Ermita) *B*......38 H 35
Santa Cecilia de Voltregà *B*.38 G 36
Santa Cecilia del Alcor *P*......31 G 16
Santa Cilia *HU*......21 F 29
Santa Cilia de Jaca *HU*......21 E 27
Santa Clara *CR*......69 P 16
Santa Clara *CO*......69 O 14
Santa Clara
de Avedillo *ZA*......29 H 12
Santa Coloma *LO*......19 E 22
Santa Coloma
de Farners *GI*......24 G 38
Santa Coloma
de Queralt *T*......37 H 34
Santa Coloma
de Curueño *LE*......16 D 13
Santa Colomba
de la Carabias *ZA*......30 F 13
Santa Colomba
de las Monjas *ZA*......29 G 12
Santa Colomba
de Somoza *LE*......15 E 11
Santa Comba *C*......2 C 3
Santa Comba *LU*......4 D 7
Santa Comba
de Bande *OR*......27 G 6
Santa Cova *B*......38 H 35
Santa Cristina *CU*......47 K 23
Santa Cristina
(Ermita de) *GI*......39 G 38
Santa Cristina d'Aro *GI*......25 G 39
Santa Cristina
de la Polvorosa *ZA*......29 F 12

Santa Cristina
de Lena *O*......5 C 12
Santa Cristina
de Valmadrigal *LE*......16 E 14
Santa Croya
de Tera *ZA*......29 G 12
Santa Cruz *SG*......32 I 18
Santa Cruz *BI*......8 C 20
Santa Cruz *O*......5 B 12
Santa Cruz *CO*......81 S 16
Santa Cruz *MU*......85 R 26
Santa Cruz cerca
de A Coruña *C*......3 B 4
Santa Cruz cerca
de Espiñaredo *C*......3 B 6
Santa Cruz
(Ermita de) *TE*......49 K 27
Santa Cruz
(Sierra de) *CC*......68 O 12
Santa Cruz
de Abranes *ZA*......28 G 9
Santa Cruz de Bezana *S*......7 B 18
Santa Cruz de Boedo *P*......17 E 16
Santa Cruz
de Campezo *VI*......19 D 22
Santa Cruz de Grío *Z*......34 H 25
Santa Cruz de Juarros *BU*..18 F 19
Santa Cruz de la Palma
La Palma TF......131 D 4
Santa Cruz
de la Salceda *BU*......32 H 19
Santa Cruz
de la Serós *HU*......21 E 27
Santa Cruz
de la Sierra *CC*......68 N 12
Santa Cruz
de la Zarza *TO*......59 M 20
Santa Cruz
de los Cañamos *CR*......71 Q 21
Santa Cruz
de Marchena *AL*......95 U 22
Santa Cruz de Mieres *O*......5 C 12
Santa Cruz
de Moncayo *Z*......34 G 24
Santa Cruz
de Moya *CU*......61 M 26
Santa Cruz
de Mudela *CR*......70 Q 19
Santa Cruz
de Nogueras *TE*......48 I 26
Santa Cruz
de Paniagua *CC*......55 L 11
Santa Cruz
de Pinares *AV*......45 K 16
Santa Cruz de Tenerife
Tenerife TF......125 J 2
Santa Cruz
de Yanguas *SO*......33 F 22
Santa Cruz
del Comercio *GR*......94 U 18
Santa Cruz del Monte *P*......17 E 16
Santa Cruz
del Retamar *TO*......58 L 17
Santa Cruz del Tozo *BU*......17 E 18
Santa Cruz del Valle *AV*......57 L 15
Santa Cruz
del Valle Urbión *BU*......18 F 20
Santa Elena *HU*......21 D 29
Santa Elena *J*......82 Q 19
Santa Elena
(Ermita de) *TE*......61 L 26
Santa Elena
(Monasterio de) *HU*......21 E 29
Santa Elena de Jamuz *LE*..15 F 12
Santa Emilia *TO*......57 M 15
Santa Engracia *Z*......34 G 26
Santa Engracia *HU*......21 E 27
Santa Engracia
del Jubera *LO*......19 F 23
Santa Eufemia *CO*......69 O 15
Santa Eufemia
del Arroyo *VA*......30 G 14
Santa Eufemia
del Barco *ZA*......29 G 12
Santa Eugenia *C*......12 E 3
Santa Eugenia
Mallorca IB......104 N 38
Santa Eugènia de Berga *B*..38 G 36
Santa Eulalia *S*......7 C 16
Santa Eulalia *TE*......48 K 26
Santa Eulalia *ZA*......29 F 11
Santa Eulalia *J*......82 R 19
Santa Eulalia *Cabranes O*...6 B 13
Santa Eulalia *Morcín O*......5 C 12
Santa Eulalia
(Ermita de) *H*......79 S 10
Santa Eulalia Bajera *LO*......19 F 23

Santa Eulalia
de Bóveda *LU*......3 D 6
Santa Eulalia
de Cabrera *LE*......15 F 10
Santa Eulalia
de Gállego *Z*......21 F 27
Santa Eulalia
de la Peña *HU*......21 F 28
Santa Eulalia de Oscos *O*......4 C 8
Santa Eulàlia
de Puig-oriol *B*......24 F 36
Santa Eulàlia
de Riuprimer *B*......38 G 36
Santa Eulàlia
de Ronçana *B*......38 H 36
Santa Eulalia
de Tábara *ZA*......29 G 12
Santa Eulalia del Río / Santa Eulària
des Riu *IB*......87 P 34
Santa Eulalia
La Mayor *HU*......21 F 29
Santa Eulalia des Riu / Santa Eulalia
del Río *IB*......87 P 34
Santa Euxea *LU*......13 D 7
Santa Faç *A*......86 Q 28
Santa Fe *L*......37 G 34
Santa Fe *GR*......94 U 18
Santa Fe (Pantà de) *B*......38 G 37
Santa Fe
de Mondújar *AL*......103 V 22
Santa Filomena
(Ermita de) *A*......85 R 27
Santa Gadea *BU*......17 D 18
Santa Gadea del Cid *BU*......18 D 20
Santa Genoveva *SE*......92 T 12
Santa Gertrudis *IB*......87 P 34
Santa Iglesia *SE*......92 T 13
Santa Inés *BU*......32 F 18
Santa Inés *SA*......44 J 13
Santa Inés *BA*......68 Q 13
Santa Inés
(Puerto de) *SO*......33 F 21
Santa Isabel *Z*......35 H 27
Santa Juliana *SE*......92 T 13
Santa Lecina *HU*......36 G 30
Santa Liestra
y San Quílez *HU*......22 F 31
Santa Linya *L*......36 G 32
Santa Lucia *LO*......19 F 23
Santa Lucía *PO*......12 E 4
Santa Lucía
Gran Canaria GC......117 E 3
Santa Lucía
(Ermita de) *TE*......48 K 25
Santa Lucía
de Valdueza *LE*......14 E 10
Santa Magdalena *IB*......104 M 38
Santa Magdalena
(Ermita de) *T*......50 J 31
Santa Magdalena
de Pulpís *CS*......50 K 30
Santa Margalida
Mallorca IB......105 M 39
Santa Margarida *GI*......25 F 39
Santa Margarida
de Montbui *B*......37 H 34
Santa Margarida
i els Monjós *B*......37 I 35
Santa Margarita *CA*......99 X 14
Santa Margarita
(Ermita de) *TE*......61 M 27
Santa Margarita
(Portillo de) *O*......20 F 25
Santa María *HU*......21 E 27
Santa María *CR*......71 P 21
Santa María *BA*......67 P 10
Santa María *P*......17 D 16
Santa Maria cerca
de Luciana *CR*......69 O 16
Santa María
(Ermita de) *SG*......31 I 17
Santa María
(Sierra de) *BA*......67 Q 9
Santa María de Bellpuig *L*..36 G 32
Santa María
de Bendones *O*......5 B 12
Santa María
de Besora *B*......24 F 36
Santa María de Cayón *S*......7 C 18
Santa María de Corcó *B*......24 F 37
Santa María de Guía
Gran Canaria GC......114 D 1

Santa María de la Isla *LE*......15 E 12
Santa María
de la Vega *ZA*......15 F 12
Santa María
de las Hoyas *SO*......32 G 20
Santa María
de las Lomas *CC*......56 L 13
Santa María
de Llorell *GI*......39 G 38
Santa María
de los Caballeros *AV*......44 K 13
Santa María
de los Llanos *CU*......59 N 21
Santa María
de Mave *P*......17 D 17
Santa María de Meià *L*......37 G 32
Santa María
de Mercadillo *BU*......32 G 19
Santa María
de Merlès *B*......24 F 35
Santa María
de Mezonzo *C*......3 C 5
Santa María
de Miralles *B*......37 H 34
Santa María
de Nieva *AL*......96 T 24
Santa María de Ordás *LE*......15 D 12
Santa María
de Palautordera *B*......38 G 37
Santa María
de Redondo *P*......17 D 16
Santa María
de Riaza *SG*......32 H 19
Santa María
de Sando *SA*......43 J 11
Santa María
de Siones *BU*......8 C 20
Santa María de Tentudia
(Santuario de) *BA*......79 R 10
Santa María
de Trassierra *CO*......81 S 15
Santa María
de Valverde *ZA*......29 G 12
Santa María de Zújar
(Ermita de) *BA*......68 P 12
Santa María
del Águila *AL*......102 V 21
Santa María
del Arroyo *AV*......44 K 15
Santa María
del Berrocal *AV*......44 K 13
Santa María del Camí *B*......37 H 34
Santa María
del Camí *Mallorca IB*......104 N 38
Santa María
del Campo *BU*......17 F 18
Santa María
del Campo Rus *CU*......60 N 22
Santa María del Cerro *SG*......46 I 18
Santa María
del Cubillo *AV*......45 J 16
Santa María
del Espino *GU*......47 J 23
Santa María
del Invierno *BU*......18 E 19
Santa María del Mar *O*......5 B 11
Santa María del Monte
de Cea *LE*......16 E 14
Santa María del Monte
del Condado *LE*......16 D 13
Santa María
del Páramo *LE*......15 E 12
Santa María
del Prado *SO*......33 H 22
Santa María
del Puerto *O*......5 C 11
Santa María del Río *LE*......16 E 14
Santa María
del Tietar *AV*......57 L 16
Santa María del Val *CU*......47 K 23
Santa María la Real
de Nieva *SG*......45 I 16
Santa María La Real de Oseira
(Monasterio) *OR*......13 E 6
Santa María
Magdalena *A*......85 Q 27
Santa María-
Ribarredonda *BU*......18 E 20
Santa Marina *LE*......15 E 10
Santa Marina *PO*......12 D 4
Santa Marina *LO*......19 F 22
Santa Marina
de Somoza *LE*......15 E 11
Santa Marina
de Valdeón *LE*......6 C 15

Santa Marina
del Rey *LE*......15 E 12
Santa Mariña *C*......2 C 3
Santa Mariña
de Augas Santas *OR*......13 F 6
Santa Marta *AB*......72 O 23
Santa Marta *BA*......67 Q 10
Santa Marta *MA*......100 W 14
Santa Marta
de Magasca *CC*......56 N 11
Santa Marta de Ortigueira
(Ría de) *C*......3 A 6
Santa Marta
de Tera *ZA*......29 G 12
Santa Marta
de Tormes *SA*......43 J 13
Santa Olaja *BU*......8 C 20
Santa Olaja *LE*......16 D 14
Santa Olaja
de la Varga *LE*......16 D 14
Santa Olaja
de la Vega *P*......16 E 15
Santa Olalla *TO*......57 L 16
Santa Olalla
(Sierra de) *CC*......55 L 9
Santa Olalla
de Bureba *BU*......18 E 19
Santa Olalla
de Yeltes *SA*......43 J 11
Santa Olalla del Cala *H*......79 S 11
Santa Oliva *T*......37 I 34
Santa Pau *GI*......24 F 37
Santa Paula *TO*......57 M 15
Santa Pelada
(Ermita de la) *CR*......70 P 19
Santa Pellaia *GI*......25 G 38
Santa Perpètua *T*......37 H 34
Santa Perpètua *B*......38 H 36
Santa Pola *A*......86 R 28
Santa Pola (Cap de) *A*......86 R 28
Santa Pola de l'Est *A*......86 R 28
Santa Ponça *IB*......104 N 37
Santa Quiteria *CR*......69 O 16
Santa Quiteria *TO*......57 N 15
Santa Quiteria
(Ermita de) *TE*......49 K 27
Santa Quiteria
(Ermita de) *GU*......48 K 24
Santa Rita *AB*......71 P 21
Santa Rosa *O*......5 C 12
Santa Rosa
(Casa de) *AB*......73 P 26
Santa Rosalía *MU*......85 S 27
Santa Rosalia *MA*......100 V 16
Santa Sabiña *C*......2 C 3
Santa Susanna *B*......38 H 38
Santa Tecla *PO*......26 G 3
Santa Teresa *SA*......44 J 13
Santa Teresa *CA*......98 W 11
Santa Teresa
(Embalse de) *SA*......43 K 13
Santa Teresa (Ermita) *MU*......84 S 24
Santa Úrsula *Tenerife TF*......124 G 2
Santaballa *LU*......3 C 6
Santacara *NA*......20 E 25
Santalavilla *LE*......14 E 10
Santamera *GU*......47 I 21
Santander *S*......8 B 18
Santandria *IB*......106 M 41
Santanyí *IB*......105 N 39
Santaolalla *GR*......95 T 21
Santas (Las) *OR*......13 E 6
Santas Martas *LE*......16 E 13
Sante *O*......3 C 5
Sante *O*......4 B 9
Sante *LU*......4 B 8
Santed *Z*......48 I 25
Santed (Puerto de) *Z*......48 I 25
Santeles *PO*......13 D 4
Santervás *SO*......32 G 20
Santervás de Campos *VA*...16 F 14
Santervás de la Vega *P*......16 E 15
Santes Creus *T*......37 G 33
Santes Creus
(Monestir) *T*......37 H 34
Santesteban /
Doneztebe *NA*......11 C 24
Santi Petri *MA*......100 W 14
Santiago *J*......82 S 17
Santiago *CC*......54 N 8
Santiago (Sierra de) *BA*......4 O 9
Santiago
de Alcántara *CC*......54 N 8
Santiago de Calatrava *J*......82 S 17

A B C D E F G H I J K L M N O P Q R S T U V W X Y Z

Santiago de Compostela C ......12 D 4
Santiago de la Espada J ......83 R 22
Santiago de la Puebla SA ......44 J 14
Santiago de la Requejada ZA ......15 F 10
Santiago de la Ribera MU ......85 S 27
Santiago de Mora AB ......73 Q 25
Santiago de Tormes AV ......44 L 13
Santiago del Arroyo VA ......31 H 16
Santiago del Campo CC ......55 N 10
Santiago del Collado AV ......44 K 13
Santiago del Monte O ......5 B 11
Santiago del Teide Tenerife TF ......126 C 3
Santiago Millas LE ......15 E 11
Santiagos (Los) CR ......70 P 17
Santianes cerca de Tineo O ......5 C 10
Santianes cerca de Pravia O ......5 B 11
Santianes cerca de Ribadesella O ......6 B 14
Santianes cerca de Santo Adriano O ......5 C 11
Santibáñez S ......7 C 18
Santibáñez O ......6 C 13
Santibáñez LE ......16 D 13
Santibáñez de Ayllón SG ......32 H 20
Santibáñez de Béjar SA ......43 K 13
Santibáñez de Ecla P ......17 D 16
Santibáñez de Esgueva BU ......32 G 18
Santibáñez de la Peña P ......17 D 16
Santibáñez de la Sierra SA ..43 K 12
Santibáñez de Montes LE ......15 E 11
Santibáñez de Porma LE ......16 E 13
Santibáñez de Resoba P ......17 D 16
Santibáñez de Rueda LE ......16 D 14
Santibáñez de Tera ZA ......29 G 12
Santibáñez de Valcorba VA ......31 H 16
Santibáñez de Vidriales ZA ......29 F 11
Santibáñez del Val BU ......32 G 19
Santibáñez el Alto CC ......55 L 10
Santibáñez el Bajo CC ......55 L 11
Santibáñez-Zarzaguda BU ......18 E 18
Santidad Gran Canaria GC ......115 E 2
Santigosa (Coll de) GI ......24 F 36
Santigoso OR ......14 E 9
Santillán P ......17 E 15
Santillana AL ......95 U 21
Santillana (Embalse de) M ......45 J 18
Santillana de Castilla P ......17 E 16
Santillana del Mar S ......7 B 17
Santimamiñe BI ......9 B 22
Santiorxo LU ......13 E 7
Santiponce SE ......91 T 11
Santiscal (El) CA ......92 V 12
Santísima Trinidad NA ......10 D 24
Santiso C ......13 D 5
Santisteban del Puerto J ......83 R 20
Santiurde de Reinosa S ......7 C 17
Santiurde de Toranzo S ......7 C 18
Santiuste SO ......32 H 21
Santiuste GU ......47 I 21
Santiuste de Pedraza SG ......45 I 18
Santiuste de San Juan Bautista SG ......45 I 16
Santiz SA ......29 I 12
Santo (Ermita del) CC ......68 O 12
Santo (Peñón del) GR ......101 V 19
Santo Adriano O ......5 C 11
Santo Domingo M ......46 K 19
Santo Domingo CO ......81 S 15
Santo Domingo SE ......92 T 13
Santo Domingo BA ......66 Q 8
Santo Domingo Z ......21 E 27
Santo Domingo (Ermita de) CC ......55 N 10
Santo Domingo (Puerto de) BA ......79 Q 10
Santo Domingo (Punta y Proís de) La Palma TF ......130 B 3
Santo Domingo de Huebra SA ......43 K 12
Santo Domingo de la Calzada LO ......18 E 21

Santo Domingo de las Posadas AV ......45 J 16
Santo Domingo de Moya CU ......61 M 25
Santo Domingo de Pirón SG ......45 I 18
Santo Domingo de Silos BU ......32 G 19
Santo Estevo (Embalse de) LU ......14 E 7
Santo Niño (Ermita del) TO ......58 M 19
Santo Tomé OR ......13 F 5
Santo Tomé J ......83 R 20
Santo Tomé de Rozados SA ......43 J 12
Santo Tomé de Zabarcos AV ......44 J 15
Santo Tomé del Puerto SG ......46 I 19
Santo Toribio de Liébana S ......7 C 16
Santolea TE ......49 J 28
Santolea (Embalse de) TE ......49 J 29
Santomera MU ......85 R 26
Santoña S ......8 B 19
Santopétar AL ......96 T 23
Santopitar MA ......101 V 17
Santorcaz M ......46 K 20
Santoréns HU ......22 E 32
Santos (Ermita de los) TE ......50 J 30
Santos (Ermita de los) CA ......99 W 12
Santos (Los) SA ......43 K 12
Santos (Los) V ......61 L 26
Santos (Los) CO ......93 T 16
Santos (Sierra de los) CO ......80 R 13
Santos (Sierra de los) BA ......79 Q 11
Santos de la Humosa (Los) M ......46 K 20
Santos de la Piedra (Ermita de los) TE ......48 K 25
Santos de Maimona (Los) BA ......79 Q 10
Santoseco O ......5 B 11
Santotis B ......18 D 19
Santotis S ......7 C 16
Santovenia ZA ......29 G 12
Santovenia SG ......45 J 16
Santovenia de la Valdoncina LE ......16 E 13
Santovenia de Oca BU ......18 E 19
Santovenia de Pisuerga VA ......31 G 15
Santovenia del Monte LE ......16 E 13
Santoveña O ......6 B 13
Santoyo P ......17 F 16
Santpedor B ......38 G 35
Santuario de Belén AB ......73 P 26
Santullán P ......8 B 20
Santullano O ......5 B 12
Santurde de Rioja LO ......18 E 21
Santurdejo LO ......18 E 21
Santurio O ......6 B 13
Santurtzi BI ......8 B 21
Sanxenxo / Sangenjo PO ......12 E 3
Sanxián PO ......26 G 3
Sanzo O ......4 C 9
Sanzoles ZA ......30 H 13
Saornil de Voltoya AV ......45 J 16
Sapeira L ......22 F 32
Sar C ......12 D 4
Sarandón C ......13 D 4
Sarasa NA ......10 D 24
Saraso B ......19 D 22
Saratxo VI ......8 C 20
Saravillo HU ......22 E 30
Sarceda S ......7 C 16
Sarces C ......2 C 2
Sarcés HU ......21 E 29
Sardina Gran Canaria GC ......117 F 4
Sardina (Punta de) Gran Canaria GC ......114 C 1
Sardinas J ......83 R 20
Sardinero (El) S ......8 B 18
Sardineros (Los) V ......73 N 26
Sardinilla J ......82 R 17
Sardiñeiro de Abaixo C ......2 D 2
Sardón de Duero VA ......31 H 16
Sardón de los Frailes SA ......29 I 11
Sarga (Pico de la) AB ......83 Q 22

Sargadelos LU ......4 B 7
Sargentes de la Lora BU ......17 D 18
Sargilla (La) AB ......72 Q 23
Sariego O ......6 B 13
Sariegos LE ......16 E 13
Sariñena HU ......35 G 29
Saro S ......7 C 18
Sarón S ......7 C 18
Sarracín BU ......18 F 18
Sarracín de Aliste ZA ......29 G 11
Sarral T ......37 H 33
Sarreaus OR ......13 F 7
Sarria LU ......14 D 7
Sarrià de Ter GI ......25 F 38
Sarriés / Sartze NA ......11 D 26
Sarrión TE ......61 L 27
Sarroca de Bellera L ......22 E 32
Sarroca de Lleida L ......36 H 31
Sarroqueta L ......22 E 32
Sarsamarcuello HU ......21 F 27
Sartaguda NA ......19 E 23
Sartajada TO ......57 L 15
Sarvisé HU ......21 E 29
Sarzol O ......4 C 9
Sas de Penelas OR ......14 E 7
Sasa del Abadiado HU ......21 F 29
Sasal HU ......21 E 28
Sasamón BU ......17 E 17
Sasdónigas LU ......4 B 7
Sáseta BU ......19 D 22
Sástago Z ......35 I 28
Sastres OR ......69 O 16
Saturraran SS ......10 C 22
Sau (Pantà de) B ......24 G 37
Sauca AL ......47 I 22
Saúca (Ermita de) GU ......47 K 21
Sauceda (La) MA ......99 W 13
Saucedilla CC ......56 M 12
Saucejo (El) SE ......92 U 14
Saucelle SA ......42 I 9
Sauceral (El) TO ......58 N 17
Sauces (Los) La Palma TF ......131 D 3
Sauco AL ......95 U 22
Saúgo (El) SA ......42 K 10
Sauquillo de Boñices SO ......33 H 22
Sauquillo de Cabezas SG ......45 I 17
Sauquillo de Paredes SO ......32 H 21
Sauquillo del Campo SO ......33 H 22
Saus SS ......25 F 38
Sauvegarde (Pico de) HU ......22 D 31
Sauzal (El) Tenerife TF ......124 G 2
Savallà del Comtat T ......37 H 33
Savina (La) IB ......87 P 34
Saviñán Z ......34 H 25
Saviñao LU ......13 E 7
Sax A ......73 Q 27
Sayago (Palazuelo de) ZA ......29 H 11
Sayalonga MA ......101 V 17
Sayatón GU ......47 K 21
Sazadón (Portillo de) ZA ......29 G 11
Seadur OR ......14 E 8
Seara LU ......14 E 8
Seara (A) OR ......13 F 5
Seares O ......4 B 9
Seavia C ......2 C 3
Sebo (Punta del) H ......90 U 9
Sebúlcor SG ......31 I 18
Seca (La) SO ......33 H 21
Seca (La) VA ......30 H 15
Seca (La) LE ......16 D 13
Secastilla HU ......22 F 30
Secuita (La) T ......37 I 33
Sedano BU ......18 D 18
Sedella MA ......101 V 17
Sedes C ......3 B 5
Según LU ......13 D 6
Segarró (El) CS ......50 K 29
Sege AB ......84 R 23
Segóbriga (Ruinas romanas de) CU ......59 M 21
Segorbe CS ......62 M 28
Segovia SG ......45 J 17
Segoyuela de los Cornejos SA ......43 K 11
Segre (Vall du) L ......23 E 34
Segur de Calafell T ......37 I 34
Segura T ......37 H 33
Segura SS ......10 C 23

Segura (Puerto de) TE ......49 J 27
Segura de la Sierra J ......83 R 22
Segura de Léon BA ......79 R 10
Segura de los Baños TE ......49 J 27
Segura de Toro CC ......56 L 12
Segurilla TO ......57 L 15
Seguro (El) S ......7 C 18
Seira HU ......22 E 31
Seixido PO ......13 E 4
Seixo PO ......12 E 3
Seixo (O) PO ......12 G 3
Seixón LU ......3 C 6
Sejas de Aliste ZA ......29 G 10
Sel de la Carrera S ......7 C 18
Sela PO ......13 F 4
Selas GU ......47 J 23
Selaya S ......7 C 18
Selgas O ......5 B 11
Selgua HU ......36 G 30
Sella A ......74 Q 29
Selladores (Puerto de la) CC ......56 M 11
Sellent V ......74 O 28
Selorio O ......6 B 13
Selva MU ......84 S 24
Selva Mallorca IB ......104 M 38
Selva de Mar (La) GI ......25 F 39
Selva del Camp (La) T ......37 I 33
Selvanera L ......37 G 33
Selviella O ......5 C 11
Semillas GU ......46 I 20
Sena HU ......36 G 29
Sena de Luna LE ......15 D 12
Senan T ......37 H 33
Senande C ......2 C 2
Sencelles IB ......104 N 38
Sendadiano VI ......18 D 21
Sendelle C ......3 D 5
Senegüe HU ......21 E 28
Senés AL ......96 U 22
Senés de Alcubierre HU ......35 G 28
Senet L ......22 E 32
Senet (Pantà de) HU ......22 E 32
Sénia (La) T ......50 K 30
Sénia (Riu de la) CS ......50 K 31
Seno TE ......49 J 29
Senra LE ......15 D 11
Senterada L ......23 F 32
Sentfores B ......38 G 36
Sentiu de Sió (La) L ......37 G 32
Sentmenat B ......38 H 36
Senz HU ......22 E 31
Seña S ......8 B 19
Señales (Las) LE ......6 C 14
Señora BA ......66 Q 8
Señorío de Bertiz (Parque natural) NA ......11 C 25
Señuela SO ......33 H 22
Señuela (La) SE ......91 U 11
Seo de Urgel / Seu d'Urgell (La) L ......23 E 34
Seoane cerca de Fonsagrada LU ......4 C 8
Seoane cerca de Monforte LU ......14 E 7
Seoane cerca del Puerto El Buey LU ......14 E 7
Sepulcro Hilario SA ......43 J 11
Sepúlveda SG ......32 I 18
Sequera de Fresno SG ......32 H 19
Sequera de Haza (La) BU ......31 H 18
Sequero (Ermita de) CC ......55 M 9
Sequeros SA ......43 K 11
Ser C ......2 C 3
Serena AL ......96 U 24
Serena (La) BA ......68 P 13
Serín O ......5 B 12
Serinyà GI ......24 F 38
Serna (La) P ......17 E 16
Serna del Monte (La) M ......46 I 19
Serón AL ......95 T 22
Serón de Nágima SO ......33 H 23
Serones (Embalse de) AV ......45 J 16
Serós L ......36 H 31
Serpos H ......79 S 9
Serra V ......62 M 28
Serra d'Almos (La) T ......50 I 32

Serra de Daró GI ......25 F 39
Serra de Outes C ......12 D 3
Serra d'en Galceran CS ......62 L 29
Serra Perenxisa V ......62 N 28
Serracines M ......46 K 19
Serrada VA ......30 H 15
Serrada (La) AV ......44 K 15
Serrada de la Fuente M ......46 J 19
Serradell L ......23 F 32
Serradero (Punta del) La Palma TF ......130 A 3
Serradiel AB ......73 O 25
Serradilla CC ......56 M 11
Serradilla del Arroyo SA ......43 K 10
Serradilla del Llano SA ......43 K 10
Serradúy HU ......22 F 31
Serramo C ......2 C 3
Serrana (Puerto de la) CC ......56 M 11
Serranía de Cuenca CU ......47 K 23
Serranía de Cuenca (Reserva nacional) CU ......60 L 23
Serranillo CR ......71 P 20
Serranillos AV ......44 K 15
Serranillos (Collado de) AV ......44 L 15
Serranillos del Valle M ......58 L 18
Serranillos Playa TO ......57 L 15
Serrano MU ......85 R 26
Serrapio PO ......13 E 4
Serrata MU ......84 R 24
Serrateix B ......37 G 35
Serratella (La) CS ......50 L 30
Serrato MA ......100 V 15
Serrejón CC ......56 M 12
Serrejón (Sierra de) CC ......56 M 12
Serrella (La) A ......74 P 29
Serres C ......12 D 2
Serreta GR ......95 T 20
Serué HU ......21 E 28
Serval GR ......94 T 17
Serveto HU ......22 E 30
Servoi OR ......28 F 7
Ses Illetes IB ......104 N 37
Ses Meravelles IB ......104 N 38
Ses Salines IB ......105 N 39
Ses Salines (Cap de) IB ......105 O 39
Sesa HU ......35 G 29
Sésamo LE ......14 D 10
Seseña TO ......58 L 18
Seseña Nuevo TO ......58 L 19
Sesga V ......61 L 26
Sesma NA ......19 E 23
Sesnández ZA ......29 G 11
Sestao BI ......8 C 21
Sestorraso O ......5 C 10
Sestrica Z ......34 H 25
Sesué HU ......22 E 31
Seta HU ......22 E 30
Setcases GI ......24 E 36
Setenil (Estación de) CA ......92 V 14
Setenil de las Bodegas CA ......92 V 14
Seteventos LU ......14 D 8
Setiles GU ......48 J 25
Seu de Felipe II M ......45 K 17
Seu d'Urgell (La) / Seo de Urgel L ......23 E 34
Seva B ......38 G 36
Sevares O ......6 B 14
Sever CC ......54 N 7
Sevilla SE ......91 T 12
Sevilla (Puerto de) BA ......67 P 10
Sevilla la Nueva M ......45 K 17
Sevilleja de la Jara TO ......57 N 15
Sevillejas (Sierra de) TO ......57 N 15
Sexmiro SA ......42 J 9
Sexmo (El) MA ......100 V 16
Sía (Puerto de la) S ......8 C 19
Sidamon L ......36 H 32
Sienes GU ......47 I 22
Siero O ......5 B 12
Siero de la Reina LE ......16 D 15
Sierpe (La) SA ......43 K 12
Sierra (Faramontanos de la) ZA ......15 F 10
Sierra (La) CA ......91 V 12
Sierra (La) AB ......83 Q 22
Sierra (Pico de la) J ......36 H 31
Sierra (Villarejo de la) ZA ......15 F 10
Sierra Boyera (Embalse de) CO ......80 R 14

Sierra Brava (Embalse de) CC ......68 O 13
Sierra de Andújar (Parque natural de la) J ......82 Q 17
Sierra de Aracena y Picos de Aroche (Parque natural de la) H ...79 R 9
Sierra de Baza (Parque natural de la) GR ......95 T 21
Sierra de Cobeza Llana AB ......84 Q 24
Sierra de España (Parque natural de la) MU ......85 S 25
Sierra de Fuentes CC ......55 N 11
Sierra de Grazalema (Parque natural de la) CA ......99 W 13
Sierra de Hornachuelos (Parque natural de la) CO ......80 S 13
Sierra de Huétor (Parque natural) GR ......94 U 19
Sierra de las Nieves SE ......92 V 14
Sierra de Luna Z ......21 F 27
Sierra de Tejeda (Reserva nacional de) MA ......101 V 18
Sierra de Yeguas MA ......93 U 15
Sierra Mágina (Parque natural de la) J ......82 S 19
Sierra Mayor (Puerto) H ......21 F 27
Sierra Nevada AN ......95 U 19
Sierra Nevada (Parque natural de la) GR ......94 U 19
Sierra Nevada (Reserva nacional de) GR ......94 U 19
Sierra Norte de Sevilla (Parque natural de la) SE ......80 S 12
Sierro AL ......96 U 22
Sieso de Huesca HU ......21 F 29
Siesta IB ......87 P 34
Siétamo HU ......21 F 29
Siete Aguas V ......61 N 27
Siete Iglesias de Trabancos VA ......30 H 14
Sieteiglesias M ......46 J 19
Sieteiglesias de Tormes SA ......44 J 13
Sietes O ......6 B 13
Sigena (Monasterio de) HU ......36 G 29
Sigeres AV ......44 J 15
Sigrás C ......3 C 4
Sigüeiro C ......3 D 4
Sigüenza GU ......47 I 22
Siguero SG ......46 I 19
Sigueruelo SG ......46 I 19
Sigüés Z ......20 E 26
Sigüeya LE ......14 E 10
Sil (Gargantas del) OR ......13 E 6
Sil (Río) ESP ......14 E 7
Silán LU ......4 B 7
Silanes BU ......18 D 20
Sileras CO ......94 T 17
Siles J ......83 Q 22
Siles J ......80 S 14
Siles (Embalse de) H ......79 T 9
Silió S ......7 C 17
Silla V ......74 N 28
Silla de Felipe II M ......45 K 17
Silladores J ......82 Q 18
Sillar Baja GR ......94 T 19
Silleda SE ......80 S 13
Silleiro (Cabo) PO ......12 F 3
Silleta CC ......55 M 10
Silos LE ......15 D 11
Silos (Los) Tenerife TF ......126 C 3
Sils GI ......39 G 38
Silva (La) LE ......15 E 11
Silván LE ......14 E 9
Silvón O ......4 B 9
Silvosa PO ......12 D 3
Silvoso PO ......12 E 4
Simancas VA ......30 H 15
Simarro (El) CU ......72 N 23
Simat de la Valldigna V ......74 O 29
Simón AL ......96 T 23
Sín HU ......22 E 30
Sinarcas V ......61 M 26
Sineu IB ......105 N 39
Singla MU ......84 R 24
Singra TE ......48 K 26
Sinlabajos AV ......44 I 15
Sinués HU ......21 E 28
Sió (El) (Riu) L ......37 G 33
Sipán HU ......21 F 29
Siresa HU ......21 D 27
Siruela BA ......69 P 14

Sisamo *C* — 2 C 3
Sisamón *Z* — 47 I 23
Sisante *CU* — 72 N 23
Sisargas (Illas) *C* — 2 B 3
Sisca (Masía de la) *TE* — 49 J 28
Siscar *MU* — 85 R 26
Sistallo *LU* — 4 C 7
Sisterna *O* — 14 D 10
Sistín *OR* — 14 E 7
Sisto *LU* — 3 B 6
Sit (Penya del) *A* — 85 Q 27
Sitges *B* — 38 I 35
Sitrama
  de Trasmonte *ZA* — 29 F 12
Siurana *GI* — 25 F 38
Siurana de Prades *T* — 37 I 32
Sober *LU* — 13 E 7
Sobradelo *OR* — 14 E 9
Sobradiel *Z* — 34 G 26
Sobradillo *SA* — 42 J 9
Sobradillo (El)
  Tenerife TF — 125 I 2
Sobradillo
  de Palomares *ZA* — 29 H 12
Sobrado *O* — 5 C 10
Sobrado *LE* — 14 E 9
Sobrado *LU* — 14 D 7
Sobrado *OR* — 14 F 8
Sobrado dos Monxes *C* — 3 C 5
Sobredo *LE* — 14 E 9
Sobrefoz *O* — 6 C 14
Sobrelapeña *S* — 7 C 16
Sobremunt *B* — 24 F 36
Sobrón *VI* — 18 D 20
Socorro (El) *SE* — 92 T 12
Socorro (El) *Tenerife TF* — 124 H 2
Socorro (El) *Tenerife TF* — 127 H 3
Socovos *AB* — 84 Q 24
Socuéllamos *CR* — 71 O 21
Sodupe *BI* — 8 C 20
Sofán *C* — 2 C 4
Sofuentes *Z* — 20 E 26
Soga (Punta de la)
  Gran Canaria GC — 116 B 3
Sogo *ZA* — 29 H 12
Sograndio *O* — 5 B 12
Soguillo *LE* — 15 F 12
Sojo *AL* — 8 C 20
Sojuela *LO* — 19 E 22
Sol *MU* — 84 Q 24
Sola *M* — 94 V 18
Sol (Punta del)
  Tenerife TF — 124 G 2
Sol (Valle del) *M* — 45 K 17
Sol i Mar *CS* — 62 L 30
Solán de Cabras *CU* — 47 K 23
Solana *CC* — 56 N 13
Solana (La) *AB* — 72 P 23
Solana (La) *CR* — 71 P 20
Solana (Serra de la) *V* — 73 P 27
Solana de Ávila *AV* — 43 L 13
Solana de los Barros *BA* — 67 P 10
Solana de Rioalmar *AV* — 44 J 14
Solana del Pino *CR* — 82 Q 17
Solana del Valle *SE* — 80 S 12
Solanara *BU* — 32 G 19
Solanas
  de Valdelucio *BU* — 17 D 17
Solanazo *CR* — 69 O 16
Solanell *L* — 23 E 34
Solanilla *AB* — 72 P 22
Solanillos
  del Extremo *GU* — 47 J 21
Solares *S* — 8 B 18
Solbeira *OR* — 14 F 8
Solduengo *BU* — 18 E 19
Solera *J* — 82 S 19
Solera del Gabaldón *CU* — 60 M 24
Soleràs (El) *L* — 36 H 32
Soliedra *SO* — 33 H 22
Solipueyo *HU* — 22 E 30
Solius *GI* — 25 G 38
Solivella *T* — 37 H 33
Sollana *V* — 74 O 28
Sollavientos *TE* — 49 K 28
Sollavientos
  (Puerto de) *TE* — 49 K 27
Sóller *IB* — 104 M 38
Sollube *BI* — 9 B 21
Sollube (Alto del) *BI* — 9 B 21
Solórzano *S* — 8 B 19
Solsía *MU* — 85 Q 26
Solsona *L* — 37 G 34
Solvito *CO* — 94 T 17
Solyplayas
  Fuerteventura GC — 111 I 1

Somaén *SO* — 47 I 23
Somanés *HU* — 21 E 27
Sombrera (La)
  Tenerife TF — 129 G 4
Somiedo
  (Parque natural de) *O* — 5 C 11
Somió *O* — 6 B 13
Somo *S* — 8 B 18
Somolinos *GU* — 32 I 20
Somonte *O* — 5 B 11
Somontín *AL* — 96 T 22
Somosierra *M* — 46 I 19
Somosierra
  (Puerto de) *M* — 46 I 19
Somozas *C* — 3 B 6
Somport (Puerto de) *HU* — 21 D 28
Somport (Túnel de) *HU* — 21 D 28
Son *L* — 23 E 33
Son *LU* — 14 D 8
Son Bou *IB* — 106 M 42
Son Carrió *IB* — 105 N 39
Son del Puerto *TE* — 49 J 27
Son Ferriol *IB* — 104 N 38
Son Marroig *IB* — 105 M 37
Son Moll *IB* — 105 M 40
Son Moro *IB* — 105 N 40
Son Olivaret *IB* — 106 M 41
Son Sardina *IB* — 104 N 37
Son Serra
  de Marina *IB* — 105 M 39
Son Servera *IB* — 105 N 40
Son Vida *IB* — 104 N 37
Soncillo *BU* — 18 D 18
Sondika *BI* — 8 C 21
Soneja *CS* — 62 M 28
Sonseca *TO* — 58 M 18
Sonsoto *SG* — 45 J 17
Sóo *Lanzarote GC* — 123 D 3
Sopalmo *AL* — 96 U 24
Sopeira *HU* — 22 F 32
Sopela *BI* — 8 B 21
Soportújar *GR* — 102 V 19
Sopuerta *BI* — 8 C 20
Sor *C* — 3 B 6
Sora *B* — 24 F 36
Soraluze-Placencia
  de las Armas *SS* — 10 C 22
Sorana de Torralba *J* — 83 S 20
Sorbas *AL* — 96 U 23
Sorbeda *LE* — 15 D 10
Sorbeira *LE* — 14 D 9
Sorbito (Estación El) *SE* — 92 U 12
Sordillos *BU* — 17 E 17
Sordo *MU* — 84 S 24
Soria *SO* — 33 G 22
Soria (Embalse de)
  Gran Canaria GC — 116 D 3
Soria (Parador) *SO* — 33 G 22
Soriguera *L* — 23 E 33
Sorihuela *SA* — 43 K 12
Sorihuela
  del Guadalimar *J* — 83 R 20
Sorita *CS* — 49 J 29
Sorlada *NA* — 19 E 23
Sorogain-Lastur *NA* — 11 C 25
Sorpe *L* — 23 E 33
Sorre *L* — 23 E 33
Sorriba *LE* — 16 D 14
Sorribes *LE* — 23 F 34
Sorribos de Alba *LE* — 16 D 13
Sort *L* — 23 E 33
Sorvilán *AL* — 102 V 20
Sorzano *LO* — 19 E 22
Sos (Puerto de) *Z* — 20 E 26
Sos del Rey Católico *Z* — 20 E 26
Soses *L* — 36 H 31
Sot de Chera *V* — 61 N 27
Sot de Ferrer *CS* — 62 M 28
Sotalvo *AV* — 44 K 15
Sotés *LO* — 19 E 22
Sotiel Coronada *H* — 78 T 9
Sotiello *cerca de Gijón O* — 5 B 12
Sotiello *cerca de Lena O* — 5 C 12
Sotillo *SG* — 32 I 19
Sotillo *CR* — 70 O 17
Sotillo (El) *GU* — 47 J 22
Sotillo (Sierra del) *CR* — 82 Q 19
Sotillo de la Adrada *AV* — 57 L 16
Sotillo de la Ribera *BU* — 31 G 18
Sotillo
  de las Palomas *TO* — 57 L 15
Sotillo de Sanabria *ZA* — 14 F 9
Sotillo del Rincón *SO* — 33 G 22
Sotillos *LE* — 16 D 14
Soto *SO* — 32 H 20
Soto (El) *S* — 7 C 18

Soto (El) *M* — 46 K 19
Soto de Cangas *O* — 6 B 14
Soto de Caso *O* — 6 C 14
Soto de Cerrato *P* — 31 G 16
Soto de Dueñas *O* — 6 B 14
Soto de la Marina *S* — 7 B 18
Soto de la Vega *LE* — 15 F 12
Soto de los Infantes *O* — 5 B 11
Soto de Luiña *O* — 5 B 11
Soto de Ribera *O* — 5 C 12
Soto de Sajambre *LE* — 6 C 14
Soto de Trevias *O* — 5 B 10
Soto de Viñuelas *M* — 46 K 18
Soto del Barco *O* — 5 B 11
Soto del Real *M* — 45 J 18
Soto en Cameros *LO* — 19 F 22
Soto y Amío *LE* — 15 D 12
Sotobañado
  y Priorato *P* — 17 E 16
Sotoca *CU* — 60 L 22
Sotoca de Tajo *GU* — 47 J 22
Sotodosos *GU* — 47 J 22
Sotogrande *CA* — 99 X 14
Sotojusto *PO* — 12 F 4
Sotón (Río) *HU* — 21 F 28
Sotonera
  (Embalse de) *HU* — 21 F 27
Sotonera (La) *HU* — 21 F 28
Sotopalacios *BU* — 18 E 18
Sotorribas *CU* — 60 L 23
Sotos del Burgo *SO* — 32 H 20
Sotosalbos *SG* — 45 I 18
Sotoserrano *SA* — 43 K 11
Sotovellanos *BU* — 17 E 17
Sotragero *BU* — 18 E 18
Sotres *O* — 7 C 15
Sotresgudo *BU* — 17 E 17
Sousas *OR* — 28 G 7
Soutelo *PO* — 13 E 5
Soutelo Verde *OR* — 14 F 7
Souto *cerca
  de Betanzos C* — 3 C 5
Soutochao *OR* — 28 G 8
Soutolongo *PO* — 13 E 5
Soutomaior *PO* — 12 F 4
Soutopenedo *PO* — 13 F 6
Su *L* — 37 G 34
Suances *S* — 7 B 17
Suano *S* — 17 D 17
Suarbol *LE* — 14 D 9
Suarna *LU* — 4 C 8
Subijana *VI* — 18 D 21
Subirats *B* — 38 H 35
Subiza *NA* — 11 D 24
Sucs *L* — 36 G 31
Sucina *MU* — 85 S 27
Sudanell *L* — 36 H 31
Sueca *V* — 74 O 29
Sueiro *O* — 4 B 9
Suellacabras *SO* — 33 G 23
Suelza (Punta) *HU* — 22 E 30
Suera *CS* — 62 M 28
Sueras de Cepeda *LE* — 15 E 11
Suertes *LE* — 14 D 9
Suevos
  cerca de Carnota C — 2 D 2
Suevos
  cerca de La Coruña C — 3 B 4
Sufí *AL* — 96 T 22
Suido (Sierra del) *PO* — 13 F 4
Sukarieta *BI* — 9 B 21
Sumacàrcer *V* — 74 O 28
Sumoas *LU* — 4 A 7
Sunbilla *NA* — 11 C 24
Sunyer *L* — 36 H 31
Super Molina *GI* — 24 F 35
Sureste
  (Parque regional del) *M* — 58 L 19
Súria *B* — 37 G 35
Surp *L* — 23 E 33
Susana *L* — 13 D 4
Susana *LE* — 15 D 10
Susinos del Páramo *BU* — 17 E 18
Suso
  (Monasterio de) *LO* — 18 F 21
Suspiro del Moro
  (Puerto del) *GR* — 94 U 19
Susqueda (Pantà de) *GI* — 24 G 37
Suterranya *L* — 23 F 32

T

Taale *GR* — 83 S 22
Tabagón *PO* — 26 G 3
Tabanera de Cerrato *P* — 31 F 17
Tabanera de Valdavia *P* — 17 E 15
Tabanera la Luenga *SG* — 45 I 17
Tabaqueros *AB* — 73 N 25
Tabar *NA* — 11 D 25
Tábara *ZA* — 29 G 12
Tabarca (Illa de) *A* — 86 R 28
Tabayesco
  Lanzarote GC — 121 F 3
Tabaza *O* — 5 B 12
Tabeaio *O* — 3 C 4
Tabeirós *PO* — 13 E 4
Tabera de Abajo *SA* — 43 J 11
Tabera de Arriba *SA* — 43 J 11
Tabernanova *C* — 2 C 2
Tabernas *AL* — 96 U 22
Tabernas (Rambla de) *AL* — 103 V 22
Tabernas de Isuela *HU* — 21 F 28
Taberno *AL* — 96 T 23
Tablada *M* — 45 J 17
Tablada
  de Villadiego *BU* — 17 E 18
Tablada del Rudrón *BU* — 17 D 18
Tabladillo *SG* — 45 I 16
Tabladillo *LE* — 15 E 11
Tabladillo *GU* — 47 K 21
Tablado (El)
  La Palma TF — 130 C 3
Tablado
  (Puerto de) *BA* — 79 R 9
Tablado de Riviella *O* — 5 B 10
Tablas de Daimiel
  (Parque nacional) *CR* — 70 O 19
Tablero (El)
  Gran Canaria GC — 116 D 4
Tablillas
  (Embalse de) *CR* — 70 Q 17
Tablones (Los) *GR* — 102 V 19
Taboada *C* — 3 B 5
Taboada *LU* — 13 D 6
Taboada *PO* — 13 D 5
Taboada dos Freires *LU* — 13 D 6
Taboadela *OR* — 13 E 6
Taborno *Tenerife TF* — 125 I 1
Tabuenca *Z* — 34 G 25
Taburiente (Caldera de)
  La Palma TF — 130 C 4
Tabuyo del Monte *LE* — 15 F 11
Taca *Fuerteventura GC* — 111 G 2
Taco *Tenerife TF* — 125 I 2
Tacones *TO* — 57 M 16
Tacoronte *Tenerife TF* — 124 H 2
Tafalla *NA* — 20 E 24
Tafira Alta
  Gran Canaria GC — 115 F 2
Tagamanent *B* — 38 G 36
Taganana *Tenerife TF* — 125 J 1
Tagarabuena *ZA* — 30 H 13
Tagle *S* — 7 B 17
Taguluche
  La Gomera TF — 118 B 2
Tahal *AL* — 96 U 23
Tahiche *Lanzarote GC* — 123 E 4
Tahivilla *CA* — 99 X 12
Taialà *GI* — 25 F 38
Taibilla (Embalse de) *AB* — 84 R 23
Taibique *El Hierro TF* — 109 D 3
Taja *O* — 5 C 11
Tajahuerce *SO* — 33 G 23
Tajera
  (Embalse de la) *GU* — 47 J 22
Tajo de la Encantada
  (Embalse) *MA* — 100 V 15
Tajo de las Figuras
  (Cuevas del) *CA* — 99 X 12
Tajo-Urtajo
  (Balcón del) *M* — 58 L 19
Tajonar / Taxoare *NA* — 11 D 25
Tajonera *O* — 59 M 20
Tajoneras (Las) *CR* — 71 Q 20
Tajueco *SO* — 33 H 21
Tajuña *La Palma TF* — 132 C 5
Tal *C* — 12 D 2
Tala (La) *SA* — 44 K 13
Talaies (Les) *CS* — 50 K 30
Talaies d'Alcalà (Les) *CS* — 50 K 30
Talamanca *B* — 38 G 35
Talamanca *Ibiza IB* — 87 P 34
Talamanca de Jarama *M* — 46 J 19
Talamantes *Z* — 34 G 24
Talamillo del Tozo *BU* — 17 E 18
Talarn *L* — 23 F 32
Talarrubias *BA* — 68 O 14
Talatí de Dalt *IB* — 106 M 42
Talaván *CC* — 55 M 11
Talaván
  (Embalse de) *CC* — 55 M 11
Talave *AB* — 84 Q 24

Talave (Embalse de) *AB* — 84 Q 24
Talavera *L* — 37 H 34
Talavera *AL* — 95 T 22
Talavera de la Reina *TO* — 57 M 15
Talavera la Nueva *TO* — 57 M 15
Talavera la Real *BA* — 67 P 9
Talaveruela *CC* — 56 L 13
Talayón *CU* — 61 L 25
Talayón *MU* — 97 T 25
Talayuela *CC* — 56 M 13
Talayuelas *CU* — 61 M 26
Talayuelo *CU* — 60 M 23
Tales *CS* — 62 M 29
Táliga *BA* — 66 Q 8
Talisca Negra (Punta)
  La Gomera TF — 118 A 2
Tallada (La) *GI* — 25 F 39
Tallante *MU* — 85 T 26
Tállara *C* — 12 D 3
Tallón *HU* — 21 D 29
Talveila *SO* — 32 G 21
Tama *S* — 7 C 16
Tamadaba
  Gran Canaria GC — 114 C 2
Tamadaba (Pinar de)
  Gran Canaria GC — 114 C 2
Tamadite (Punta de)
  Tenerife TF — 125 I 1
Tamaduste *El Hierro TF* — 109 E 2
Tamagüelos *OR* — 28 G 7
Tamaimo *Tenerife TF* — 128 C 4
Tamajón *GU* — 46 I 20
Tamallancos *OR* — 13 E 6
Tamames *SA* — 43 K 11
Támara *P* — 17 F 16
Tamaraceite
  Gran Canaria GC — 115 F 2
Tamaral (El) *CR* — 82 Q 18
Tamarinda *IB* — 106 M 41
Tamarite de Litera *HU* — 36 G 31
Tamariu *L* — 25 G 39
Tamariz de Campos *VA* — 30 G 14
Tamarón *BU* — 17 F 18
Tamayo *V* — 73 N 25
Tambor
  (Monumento al) *TE* — 49 I 29
Tambre *C* — 3 D 3
Támoga *LU* — 3 C 7
Tamurejo *BA* — 69 P 15
Tanes (Embalse de) *O* — 6 C 13
Tangel *B* — 86 Q 28
Tañiñe *SO* — 33 F 23
Tanorio *PO* — 12 E 4
Tanque (El) *Tenerife TF* — 126 C 4
Tanque del Vidrio
  (Punta del) *Tenerife TF* — 129 F 5
Tañabueyes *BU* — 18 F 19
Tao *Lanzarote GC* — 123 D 4
Tapia (Paso) *NA* — 11 D 26
Tapia de Casariego *O* — 4 B 9
Tapioles *ZA* — 30 G 13
Tàpis *GI* — 24 E 38
Tapuelo (El) *TO* — 57 L 16
Tara
  Gran Canaria GC — 114 C 2
Taracena *GU* — 46 K 20
Taradell *B* — 38 G 36
Taragoña *C* — 12 D 3
Taragudo *GU* — 46 J 20
Taraguilla *CA* — 99 X 13
Tarajalejo
  Fuerteventura GC — 113 F 4
Taramay *GR* — 101 V 18
Taramundi *O* — 4 B 9
Tarancón *CU* — 59 L 20
Tarancueña *SO* — 32 H 20
Taranes *O* — 6 C 14
Taranilla *LE* — 16 D 15
Taravilla *GU* — 47 J 24
Taray (Laguna del) *TO* — 59 N 20
Tarayuela *V* — 49 K 28
Tarazona *Z* — 34 G 24
Tarazona
  de Guareña *SA* — 44 I 14
Tarazona
  de la Mancha *AB* — 72 O 24
Tàrbena *A* — 74 P 29
Tardáguila *SA* — 44 I 13
Tardajos *BU* — 18 E 18
Tardajos de Duero *SO* — 33 G 22
Tardelcuende *SO* — 33 H 22
Tardesillas *SO* — 33 G 22
Tardienta *HU* — 35 G 28

Tardobispo *ZA* — 29 H 12
Tariego de Cerrato *P* — 31 G 16
Tarifa *CA* — 99 X 13
Tariquejo *H* — 90 T 8
Tarna *O* — 6 C 14
Tarna (Puerto de) *LE* — 6 C 14
Taroda *SO* — 33 H 22
Tarragolla *MU* — 84 S 23
Tarragona *T* — 51 I 33
Tarrasa / Terrassa *B* — 38 H 36
Tàrrega *L* — 37 H 33
Tarrés *L* — 37 H 33
Tarrío *C* — 3 C 4
Tarro (El) *BA* — 67 O 9
Tarroja de Segarra *L* — 37 G 33
Tarrés (El) *L* — 37 G 33
Tartanedo *GU* — 48 J 24
Tasarte
  Gran Canaria GC — 116 B 3
Tauce (Boca de)
  Tenerife TF — 128 D 4
Taüll *L* — 22 E 32
Taús *L* — 23 F 33
Tauste *Z* — 34 G 26
Tauste (Canal) *Z* — 34 G 26
Tavascan *L* — 23 E 33
Tavernes Blanques *V* — 62 N 28
Tavernes
  de la Valldigna *V* — 74 O 29
Tavèrnoles *B* — 38 G 36
Tavertet *B* — 24 G 37
Taxoare / Tajonar *NA* — 11 D 25
Tazacorte *La Palma TF* — 130 B 5
Tazo *La Gomera TF* — 118 B 1
Tazona *AB* — 84 R 24
Tazones *O* — 6 B 13
Tazones (Punta de) *O* — 6 B 13
Tea *PO* — 13 F 4
Teatoinos (Los) *J* — 83 R 20
Teayo *C* — 12 D 3
Teba *MA* — 100 V 15
Tebar *CU* — 60 N 23
Tebongo *O* — 5 C 10
Tebra *PO* — 12 F 3
Tedín *C* — 2 D 2
Tefía *Fuerteventura GC* — 111 H 2
Tegueste *Tenerife TF* — 124 H 2
Teguise *Lanzarote GC* — 123 E 4
Teià *B* — 38 H 36
Teide (Pico del)
  Tenerife TF — 127 D 3
Teixeira (A) *OR* — 14 E 7
Teixeiro *LU* — 4 C 7
Teixeiro *C* — 3 C 5
Teixeta (Coll de la) *T* — 37 I 32
Teja Chueca *CR* — 69 O 16
Tejada *BU* — 32 G 19
Tejada *H* — 91 T 10
Tejadillos *CU* — 61 L 25
Tejado *SO* — 33 H 23
Tejado (El) *SA* — 44 K 13
Tejados *LE* — 15 E 11
Tejarejo *BA* — 67 N 9
Tejares *SG* — 31 H 18
Tejares Abarca *V* — 73 O 26
Tejeda
  Gran Canaria GC — 114 D 3
Tejeda de Tiétar *CC* — 56 L 12
Tejeda y Segoyuela *SA* — 43 K 11
Tejedo de Ancares *LE* — 14 D 9
Tejedo del Sil *LE* — 15 D 10
Tejera (La) *ZA* — 28 G 9
Tejerina *LE* — 16 D 14
Tejerizas *SO* — 33 H 22
Tejina *Tenerife TF* — 124 H 2
Tejina *Tenerife TF* — 128 C 4
Tejo *V* — 61 N 27
Telde *Gran Canaria GC* — 115 G 3
Tella *HU* — 22 E 30
Telledo *O* — 5 C 12
Tello *AL* — 84 S 23
Tembleque *TO* — 58 M 19
Temerón *CO* — 93 T 17
Temijiraque (Punta de)
  El Hierro TF — 109 E 2
Temiño *BU* — 18 E 19
Temple (El) *GR* — 94 U 18
Temple (El) *HU* — 35 G 27
Tempul *CA* — 99 W 12
Ten-Bel *Tenerife TF* — 128 E 5
Tendeñera (Sierra de) *HU* — 21 D 29
Tendilla *GU* — 46 K 21
Tenebrón *SA* — 43 K 10
Tenefé (Punta de)
  Gran Canaria GC — 117 F 4

A B C D E F G H I J K L M N O P Q R S T U V W X Y Z

Teneguía (Volcán de)
  La Palma TF .... 132 C 7
Tenerife Sur (Aeropuerto)
  Tenerife TF .... 129 F 5
Teno (Punta de)
  Tenerife TF .... 126 A 3
Tenoya
  Gran Canaria GC .... 115 F 2
Tentudia BA .... 79 R 10
Teo C .... 12 D 4
Ter (El) (Riu) GI .... 24 F 36
Tera ZA .... 14 F 9
Tera SO .... 33 G 22
Tera (Espejo de) SO ...... 33 G 22
Terenosa (La) O .... 6 C 15
Teresa CS .... 62 M 28
Teresa de Cofrentes V .... 73 O 26
Térmens L .... 36 G 32
Término (El) SE .... 92 T 14
Terminón BU .... 18 D 19
Teroleja GU .... 48 J 24
Teror
  Gran Canaria GC .... 115 E 2
Terrachán O .... 27 G 5
Terrades GI .... 25 F 38
Terradets (Pantà del) L .. 23 F 32
Terradillos SA .... 44 J 13
Terradillos
  de Esgueva BU .... 31 G 18
Terradillos
  de los Templarios P ..... 16 E 15
Terradillos
  de Sedano BU .... 17 E 18
Terrassa / Tarrasa B ..... 38 H 36
Terrateig V .... 74 P 29
Terraza GU .... 48 J 24
Terrazas SO .... 33 G 22
Terrazos BU .... 18 E 19
Terrente GR .... 94 T 19
Terreorgaz CC .... 55 N 11
Terrer Z .... 34 I 24
Terreras (Las) MU .... 84 S 24
Terrerazo V .... 61 N 26
Terriente TE .... 61 L 25
Terriente (Puerto) TE .... 61 L 25
Terril SE .... 92 U 14
Terrinches CR .... 71 Q 21
Terroba LO .... 19 F 22
Terrón (El) H .... 90 U 8
Tertanga VI .... 18 D 20
Teruel TE .... 48 K 26
Terzaga GU .... 48 J 24
Tesejerague
  Fuerteventura GC .... 113 F 4
Tesjuates
  Fuerteventura GC .... 111 H 3
Tesoro (Cueva del) MA .... 101 V 17
Testa (Sierra de la) BU .. 18 D 19
Tetas GU .... 47 K 22
Tetas (Las)
  Gran Canaria GC .... 116 A 3
Tetica AL .... 96 U 22
Tetir Fuerteventura GC ... 111 H 2
Teulada A .... 75 P 30
Teulada V .... 62 N 27
Teverga
  (Desfiladero del) O ..... 5 C 11
Texós OR .... 27 G 6
Teza BU .... 18 D 20
Tezanos S .... 7 C 18
Tharsis H .... 78 T 8
Tiagua Lanzarote GC ...... 123 D 4
Tiana B .... 38 H 36
Tías Lanzarote GC .... 123 D 4
Tibi A .... 74 Q 28
Tibidabo B .... 38 H 36
Tices AL .... 95 U 21
Tiebas NA .... 11 D 25
Tiedra VA .... 30 H 14
Tielmes M .... 59 L 20
Tielve O .... 6 C 15
Tiemblo (El) AV .... 45 K 16
Tiena MA .... 94 U 18
Tienda AB .... 85 Q 25
Tiendas (Las) BA .... 67 P 10
Tienera Vieja (La) CA .... 99 W 13
Tierga Z .... 34 H 25
Tiermas Z .... 20 E 26
Tiermes SO .... 32 I 20
Tierra de Campos
  (Mirador de) P .... 31 F 16
Tierra del Trigo (La)
  Tenerife TF .... 126 C 3
Tierra Negra (Punta de)
  Lanzarote GC .... 123 F 4
Tierrantona HU .... 22 E 30

Tierz HU .... 21 F 28
Tierzo GU .... 48 J 24
Tiesa CO .... 80 S 13
Tietar del Caudillo CC ... 56 L 13
Tigaday El Hierro TF ..... 108 C 2
Tigalate La Palma TF ..... 132 D 6
Tiguerorte La Palma TF ... 132 D 6
Tijarafe La Palma TF ..... 130 B 4
Tíjola AL .... 96 T 22
Tilos (Los) La Palma TF .. 131 D 3
Time (El)
  Fuerteventura GC .... 111 I 2
Time (El) La Palma TF .... 130 B 5
Tinadas El .... 32 I 20
Tindaya
  Fuerteventura GC .... 111 H 2
Tineo O .... 5 C 10
Tinieblas BU .... 18 F 19
Tinizara La Palma TF ..... 130 B 4
Tiñosa (Punta de la)
  Fuerteventura GC .... 111 J 2
Tiñosillos AV .... 44 J 15
Tiñoso (Cabo) MU .... 97 T 26
Tirajana (Embalse de)
  Gran Canaria GC .... 117 G 3
Tiraña O .... 6 C 13
Tirapu NA .... 20 E 24
Tirez (Laguna de) TO ..... 59 N 19
Tirgo LO .... 18 E 21
Tiriez AB .... 72 P 23
Tírig CS .... 50 K 30
Tirón ESP .... 18 F 20
Tiros BA .... 68 P 14
Tiros (Sierra de) BA ..... 68 P 13
Tirteafuera CR .... 70 P 17
Tiscamanita
  Fuerteventura GC .... 113 G 3
Tiscar J .... 83 S 20
Tíscar (Puerto de) J ..... 83 S 20
Titaguas V .... 61 M 26
Tito Bustillo
  (Cuevas de) O .... 6 B 14
Titulcia M .... 58 L 19
Tivenys T .... 50 J 31
Tivissa T .... 50 I 32
Tivoli World MA .... 100 W 16
Tixera (Punta de la)
  Tenerife TF .... 128 C 4
Toba C .... 2 D 2
Toba (La) CU .... 60 L 24
Toba (La) GU .... 46 I 21
Toba (La) GR .... 93 U 17
Toba de Valdívielso BU ... 18 D 19
Tobalina SE .... 91 U 11
Tobar BU .... 17 E 18
Tobar (El) CU .... 47 K 23
Tobarra AB .... 72 Q 24
Tobaruela J .... 82 R 18
Tobed Z .... 34 H 25
Tobera VI .... 19 D 21
Tobes GU .... 47 I 22
Tobes y Rahedo BU .... 18 E 19
Tobia LO .... 19 F 21
Tobillas AB .... 84 Q 23
Tobillos GU .... 47 J 23
Tocina SE .... 80 T 12
Tocinillos BA .... 79 R 10
Tocón GR .... 94 U 19
Todolella (La) CS .... 49 K 29
Todosaires CO .... 94 T 17
Toén OR .... 13 F 6
Toga CS .... 62 L 28
Toiríz PO .... 13 D 5
Toja (La) / A Toxa PO .... 12 E 3
Tojo (El) S .... 7 C 17
Tojos (Los) S .... 7 C 17
Tol O .... 4 B 9
Tola AB .... 29 G 10
Tolbaños AV .... 45 J 16
Tolbaños de Arriba BU .... 32 F 20
Toldaos LU .... 14 D 8
Toledana (La) CR .... 70 O 17
Toledillo SO .... 33 G 22
Toledo TO .... 58 M 17
Tolibia de Abajo LE ...... 16 D 13
Tolibia de Arriba LE ..... 16 D 13
Tolilla ZA .... 29 G 11
Tolinas O .... 5 C 11

Tolivia O .... 6 C 13
Tollón (Laguna del) CA ... 91 V 11
Tollos A .... 74 P 29
Tolmo
  (Ensenada del) CA .... 99 X 13
Tolocirio SG .... 45 I 16
Toloriu L .... 23 E 34
Tolosa SS .... 10 C 23
Tolosa AB .... 73 O 25
Tolox MA .... 100 V 15
Tolva HU .... 22 F 31
Tomares SE .... 91 T 11
Tomas Maestre MU .... 85 S 27
Tombrío de Abajo LE ...... 15 D 10
Tomellosa GU .... 46 K 21
Tomelloso CR .... 71 O 20
Tomillar (El) SA .... 44 J 13
Tomillosas (Sierra de) BA 68 Q 12
Tomiño PO .... 12 G 3
Tona B .... 38 G 36
Tondos CU .... 60 L 23
Tonín LE .... 6 C 12
Tonosas (Los) AL .... 96 T 23
Topares AL .... 84 S 23
Topas SA .... 43 I 13
Toques C .... 3 D 6
Tor L .... 23 E 34
Tor LU .... 13 E 7
Torà L .... 37 G 34
Toral LE .... 15 E 12
Toral
  de los Guzmanes LE ...... 16 F 13
Toral de los Vados LE .... 14 E 9
Toranzo S .... 34 G 24
Torás CS .... 62 M 27
Torás Bejís
  (Estación de) CS .... 62 M 27
Torazo O .... 6 B 13
Torcal de Antequera
  (Parque Natural) MA ..... 100 V 16
Torcas
  (Embalse de las) Z ...... 34 I 26
Torcas (Las) CU .... 60 L 24
Torcón
  (Embalse del) TO .... 57 N 16
Tordehumos VA .... 30 G 14
Tordellego GU .... 48 J 24
Tordelpalo GU .... 48 J 24
Tordelrábano GU .... 47 I 21
Tordera B .... 39 G 38
Tordera (La) (Riu) B ..... 38 G 37
Tordesillas VA .... 30 H 14
Tordesilos GU .... 48 J 25
Tordillos SA .... 44 J 13
Tordoia C .... 2 C 4
Tordómar BU .... 31 F 18
Tordueles BU .... 32 F 19
Torelló B .... 24 F 36
Toreno LE .... 15 D 10
Torerera (La) H .... 78 T 9
Torete GU .... 47 J 23
Torga O .... 4 D 9
Torija GU .... 47 K 20
Toril CC .... 56 M 12
Toril TE .... 61 L 25
Toril (El) SE .... 92 T 13
Torina (Embalse de) S .... 7 C 18
Torío LE .... 6 C 13
Torla HU .... 21 E 29
Torlengua SO .... 33 H 23
Tormaleo O .... 14 D 9
Tormillo (El) HU .... 36 G 29
Tormo (La) CS .... 62 L 28
Tormón TE .... 61 L 25
Tormos HU .... 21 F 27
Torms (Els) L .... 36 H 32
Torn (El) GI .... 24 F 37
Tornabous L .... 37 G 33
Tornadijo BU .... 18 F 19
Tornadizo (El) SA .... 43 K 12
Tornadizos de Ávila AV ... 45 K 16
Tornafort L .... 23 E 33
Tornajo MU .... 84 S 24
Tornajuelos AR .... 83 S 21
Tornavacas CC .... 56 L 12
Tornavacas
  (Puerto de) CC .... 56 L 13
Torneiros OR .... 27 G 5
Torneiros LU .... 4 C 7
La Tornera GU .... 46 I 19
Torneros cerca
  de Castrocontrigo LE .... 15 F 11
Torneros
  cerca de León LE .... 16 E 13

Torneros de Jamuz LE ..... 15 F 11
Tornín O .... 6 C 14
Torno (El) CR .... 70 O 17
Torno (El) CC .... 99 W 12
Torno (El) CC .... 56 L 12
Tornos TE .... 48 J 25
Tornos (Alto de los) S ... 8 C 19
Toro ZA .... 30 H 13
Toro OR .... 14 F 7
Toro (El) H .... 78 S 8
Toro (El) Castelló CS .... 61 M 27
Toro (El) Mallorca IB .... 104 N 37
Toro (Mont) IB .... 106 M 42
Torongil BA .... 67 P 10
Toros de Guisando AV ..... 45 K 16
Torote (Arroyo de) M ..... 46 K 19
Torozo (Sierra del) CR ... 69 P 16
Torozo (Sierra del) BA ... 69 P 14
Torquemada P .... 31 F 17
Torralba CU .... 60 L 23
Torralba cerca
  de Mecinaceli SO .... 47 I 22
Torralba
  cerca de Soria SO .... 33 H 23
Torralba de Aragón HU .... 35 G 28
Torralba
  de Calatrava CR .... 70 O 18
Torralba de los Frailes Z 48 I 25
Torralba
  de los Sisones TE .... 48 J 25
Torralba de Oropesa TO ... 57 M 14
Torralba de Ribota Z ..... 34 H 24
Torralba del Burgo SO .... 32 H 21
Torralba del Pinar CS .... 62 M 28
Torralba del Río NA ...... 19 E 23
Torralbilla Z .... 48 I 25
Torrano / Dorrao NA ...... 19 D 23
Torraño SO .... 32 H 20
Torre cerca
  de Taboada LU .... 13 D 6
Torre cerca de Villalba LU 3 C 6
Torre (Brazo de la) SE ... 91 U 11
Torre (La) AV .... 44 K 15
Torre (La) MU .... 85 R 25
Torre (La) CA .... 92 V 12
Torre (La) cerca
  de Losilla de Aras V .... 61 M 26
Torre (La) cerca
  de Utiel V .... 61 M 26
Torre (Rambla de la) A ... 86 Q 28
Torre Abraham
  (Embalse de) CR .... 70 N 17
Torre Alhámique CA .... 92 V 14
Torre Alta MU .... 85 R 26
Torre Alta V .... 61 L 26
Torre Arboles CO .... 81 S 15
Torre Cardela GR .... 94 T 19
Torre Castiel TE .... 49 J 29
Torre Cerredo LE .... 6 C 15
Torre de Alcotas TE ...... 61 M 27
Torre de Arcas TE .... 50 J 29
Torre de Babia LE .... 5 D 11
Torre de Benagalbón MA ... 101 V 17
Torre de Cabdella L ...... 23 E 32
Torre
  de Claramunt (La) B ..... 37 H 34
Torre de Cullera (La) V .. 74 O 29
Torre de Don Miguel CC ... 55 L 10
Torre de Esteban
  Hambrán (La) TO .... 58 L 17
Torre de Fluvià (La) L ... 37 G 32
Torre
  de Fontaubella (La) T ... 51 I 32
Torre de Juan Abad CR .... 71 Q 20
Torre de la Higuera H .... 91 U 10
Torre de la Reina SE ..... 91 T 11
Torre de la Sal CS .... 63 L 30
Torre de la Vall V .... 74 O 29
Torre de las Arcas TE .... 49 J 27
Torre
  de los Maçanes (La) A ... 74 Q 28
Torre
  de l'Espanyol (La) T .... 36 I 31
Torre de Miguel
  Sesmero BA .... 67 Q 9
Torre de Oristà (La) B ... 38 G 36
Torre de Peña NA .... 20 E 26
Torre de Peñafiel H ...... 31 H 17
Torre de Pinet A .... 74 P 28
Torre
  de Santa María CC .... 68 O 11
Torre del Águila
  (Embalse de) SE .... 92 U 12
Torre del Bierzo LE ...... 15 E 11

Torre del Burgo GU .... 46 J 20
Torre del Campo J .... 82 S 18
Torre del Compte TE ...... 50 J 30
Torre del Mar MA .... 101 V 17
Torre del Oro H .... 91 U 9
Torre del Rei CS .... 63 L 30
Torre del Río Real MA .... 100 W 15
Torre del Valle (La) ZA .. 15 F 12
Torre
  d'en Besora (La) CS ..... 50 L 29
Torre
  d'en Doménec (La) CS .... 62 L 30
Torre en Cameros LO ...... 19 F 22
Torre Gorda CA .... 98 W 11
Torre la Cárcel TE .... 48 K 26
Torre la Ribera HU .... 22 E 31
Torre los Negros TE ...... 48 J 26
Torre Pacheco MU .... 85 S 27
Torre Pedro AB .... 84 Q 23
Torre-saura IB .... 106 M 41
Torre-serona L .... 36 G 31
Torre-solí Nou IB .... 106 M 42
Torre Tallada Z .... 73 P 27
Torre Uchea AB .... 84 Q 25
Torre Val
  de San Pedro SG .... 45 I 18
Torreadrada SG .... 31 H 18
Torreagüera MU .... 85 S 26
Torrealba
  (Ermita de) CC .... 67 N 11
Torreandaluz SO .... 33 H 21
Torrearévalo SO .... 33 G 22
Torrebaja V .... 61 L 26
Torrebarrio LE .... 5 C 12
Torrebeleña GU .... 46 J 20
Torrebesses L .... 36 H 31
Torreblacos SO .... 32 G 21
Torreblanca CS .... 63 L 30
Torreblanca
  de los Caños SE .... 92 T 12
Torreblanca del Sol MA ... 100 W 16
Torreblascopedro J .... 82 S 19
Torrebuceit CU .... 60 M 22
Torrec L .... 37 G 33
Torrecaballeros SG .... 45 J 17
Torrecampo CO .... 81 Q 15
Torrecera CA .... 99 W 12
Torrechiva CS .... 62 L 28
Torrecica (La) AB .... 72 O 24
Torrecilla CS .... 70 P 18
Torrecilla CU .... 60 L 23
Torrecilla MA .... 100 V 14
Torrecilla
  de la Abadesa VA .... 30 H 14
Torrecilla de la Jara TO . 57 M 15
Torrecilla de la Orden VA 30 I 14
Torrecilla de la Torre VA 30 H 14
Torrecilla
  de los Ángeles CC .... 55 L 10
Torrecilla de Valmadrid Z 35 H 27
Torrecilla
  del Ducado GU .... 47 I 22
Torrecilla del Monte BU .. 32 F 18
Torrecilla del Pinar SG .. 31 H 17
Torrecilla del Pinar SG .. 47 J 23
Torrecilla
  del Rebolar TE .... 48 J 26
Torrecilla del Valle VA .. 30 H 14
Torrecilla
  en Cameros LO .... 19 F 22
Torrecillas CU .... 93 T 15
Torrecillas (Las)
  cerca de Badajoz BA ..... 67 P 9
Torrecillas (Las)
  cerca de Mengaloril BA .. 68 P 12
Torrecillas de la Tiesa CC 56 N 12
Torrecitores BU .... 31 G 18
Torreciudad HU .... 22 F 30
Torrecuadrada
  de los Valles GU .... 47 J 22
Torrecuadrada
  de Molina GU .... 48 J 24
Torrecuadradilla GU ...... 47 J 22
Torrecuadros GU .... 91 U 10
Torredembarra T .... 37 I 34
Torredonjimeno J .... 82 S 18
Torrefarrera L .... 36 G 31
Torrefeta L .... 37 G 33
Torrefresneda BA .... 67 P 11
Torrefuente CU .... 61 L 25
Torregalindo BU .... 32 H 18
Torregamones ZA .... 29 H 11
Torregrossa L .... 36 H 32
Torrehermosa Z .... 33 I 23
Torreiglesias SG .... 45 I 17

Torrejón CC .... 66 N 8
Torrejón de Ardoz M ...... 46 K 19
Torrejón
  de la Calzada M .... 58 L 18
Torrejón de Velasco M .... 58 L 18
Torrejón del Rey GU ...... 46 K 19
Torrejón el Rubio CC ..... 56 M 11
Torrejón-Tajo
  (Embalse de) CC .... 56 M 12
Torrejón-Tiétar
  (Embalse de) CC .... 56 M 12
Torrejoncillo CC .... 55 M 10
Torrejoncillo del Rey CU . 59 L 22
Torrelaguna M .... 46 J 19
Torrelameu L .... 36 G 32
Torrelapaja Z .... 33 H 24
Torrelara BU .... 18 F 19
Torrelavandeira C .... 3 C 5
Torrelavega S .... 7 B 17
Torrelavit B .... 37 H 35
Torrelengua CU .... 59 M 21
Torrelengua SE .... 92 U 12
Torrellano A .... 86 R 28
Torrelles de Foix B ...... 37 H 34
Torrelles de Llobregat B . 38 H 35
Torrelobatón VA .... 30 H 14
Torrelodones M .... 45 K 18
Torremayor BA .... 67 P 10
Torremegía BA .... 67 P 10
Torremelgarejo CA .... 91 V 11
Torremendo A .... 85 S 27
Torremenga CC .... 56 L 12
Torremocha
  de Ayllón SO .... 32 H 20
Torremocha
  de Jadraque GU .... 46 I 21
Torremocha
  de Jarama M .... 46 J 19
Torremocha de Jiloca TE .. 48 K 26
Torremocha
  del Campo GU .... 47 J 22
Torremocha
  del Pinar GU .... 47 J 23
Torremochuela GU .... 48 J 24
Torremolinos MA .... 100 W 16
Torremontalbo LO .... 19 E 21
Torremormojón P .... 30 G 15
Torrenostra CS .... 63 L 30
Torrent GI .... 25 G 39
Torrent V .... 62 N 28
Torrente de Cinca HU ..... 36 H 31
Torrenueva CR .... 71 Q 19
Torrenueva GR .... 101 V 19
Torrenueva MA .... 100 W 15
Torrepadre BU .... 31 F 18
Torreparedones CO .... 81 S 16
Torreperogil J .... 83 R 20
Torrequebradilla J .... 82 S 19
Torrequemada CC .... 67 N 11
Torres NA .... 11 D 25
Torres Z .... 34 H 25
Torres J .... 82 S 19
Torres (Las) Z .... 34 H 26
Torres (Las) SA .... 43 J 13
Torres Cabrera CO .... 81 S 15
Torres de Albánchez J .... 83 Q 21
Torres de Albarracín TE .. 48 K 25
Torres de Alcanadre HU ... 35 G 29
Torres de Aliste (Las) ZA 29 G 11
Torres de Barbués HU ..... 35 G 28
Torres de Berrellén Z .... 34 G 26
Torres
  de Cotillas (Las) MU .... 85 R 26
Torres de la Alameda M ... 46 K 19
Torres de Montes HU ...... 21 F 29
Torres de Segre L .... 36 H 31
Torres del Carrizal ZA ... 29 H 12
Torres del Obispo HU ..... 22 F 30
Torres del Río NA .... 19 E 23
Torres-Torres V .... 62 M 28
Torresandino BU .... 31 G 18
Torresaviñán (La) GU ..... 47 J 22
Torrescárcela VA .... 31 H 17
Torresmenudas SA .... 43 I 12
Torrestio LE .... 5 C 11
Torresuso SO .... 32 H 20
Torreta de l'Orri L ...... 23 E 33
Torrevelilla TE .... 50 J 29
Torrevicente SO .... 32 H 21
Torrevieja A .... 86 S 27
Torrevieja (Salines de) A 85 S 27
Torrico TO .... 57 M 14
Torrijas TE .... 61 L 27
Torrijo Z .... 34 H 24
Torrijo del Campo TE ..... 48 J 25

Torrijos *TO* 58 M 17
Torroella de Fluvià *GI* 25 F 39
Torroella de Montgrí *GI* 25 F 39
Torroja del Priorat *T* 36 I 32
Torronteras *GU* 47 K 22
Torroña *PO* 12 F 3
Torrox *MA* 101 V 18
Torrox (Punta de) *MA* 101 V 18
Torrox Costa *MA* 101 V 18
Torrubia *GU* 48 J 24
Torrubia *CO* 81 Q 16
Torrubia de Soria *SO* 33 H 23
Torrubia del Campo *CU* 59 M 21
Torrubia del Castillo *CU* 60 M 23
Tortajada *TE* 48 K 26
Tortas *AB* 72 Q 22
Tortellà *GI* 24 F 37
Tórtola *CU* 60 M 23
Tórtola de Henares *GU* 46 J 20
Tórtoles *AV* 44 K 14
Tórtoles *Z* 34 G 24
Tórtoles de Esgueva *BU* 31 G 17
Tortonda *GU* 47 J 22
Tortosa *T* 50 J 31
Tortosa (Cap de) *T* 51 J 32
Tortuera *GU* 48 J 24
Tortuero *GU* 46 J 19
Torviscal *BA* 68 O 12
Torviscal (El) *SE* 92 U 12
Torvizcón *GR* 102 V 20
Tosa d'Alp *B* 24 F 35
Tosalet *A* 75 P 30
Tosantos *BU* 18 E 20
Tosca
(Embalse de la) *CU* 47 K 23
Toscana (La) *GR* 84 S 22
Toscas (Las)
La Gomera TF 119 C 3
Toscón (El)
Gran Canaria GC 115 F 2
Toscón (El)
Gran Canaria GC 116 C 3
Tosende *OR* 27 G 6
Toses *GI* 24 F 36
Toses (Collada de) *GI* 24 E 35
Tosos *Z* 34 I 26
Tospe *O* 6 C 14
Tossa de Mar *GI* 39 G 38
Tossa de Montbui (La) *B* 37 H 34
Tossa Pelada *L* 23 F 34
Tossal (El) *A* 74 Q 29
Tossal (El) *L* 37 G 33
Tossal de la Nevera *CS* 50 K 29
Totalán *MA* 101 V 17
Totana *MU* 85 S 25
Totanés *TO* 58 M 17
Toto *Fuerteventura GC* 113 F 3
Toural *PO* 12 E 4
Touriñán *C* 2 C 2
Touriñán (Cabo) *C* 2 C 2
Touro *C* 13 D 5
Tourón *PO* 12 E 4
Tous *V* 74 O 28
Tous
(Embassament de) *V* 74 O 27
Tóvedas *V* 61 L 25
Tox *O* 5 B 10
Toxa (A) /
La Toja *PO* 12 E 3
Toya *J* 83 S 20
Tozalmoro *SO* 33 G 23
Tózar *GR* 94 T 18
Tozo *O* 5 N 11
Tozo (Embalse del) *CC* 56 N 12
Traba *C* 2 C 2
Traba (La) *LU* 4 C 8
Trabada *LU* 4 B 8
Trabadelo *LE* 14 E 9
Trabakua
(Puerto de) *BI* 10 C 22
Trabanca *SA* 29 I 10
Trabazos *ZA* 29 G 10
Tracastro *LU* 14 E 8
Trafalgar (Cabo de) *CA* 98 X 11
Tragacete *CU* 48 K 24
Tragó *L* 23 F 33
Traguntía *SA* 43 J 10
Traibuenas *NA* 20 E 25
Traid *GU* 48 J 24
Traiguera *CS* 50 K 30
Trajano *SE* 92 U 12
Tramacastilla *TE* 48 K 25
Tramacastilla
de Tena *HU* 21 D 29
Tramaced *HU* 35 G 29
Tramascatiel *TE* 61 L 26

Tranco *J* 83 R 21
Tranquera
(Embalse de la) *Z* 34 I 24
Tranquera (La) *Z* 34 I 24
Trapera *Z* 80 Q 13
Trapiche *MA* 101 V 17
Tras la Sierra
(Montes de) *CC* 56 L 12
Trasancos *C* 3 B 5
Trasanquelos *C* 3 C 5
Trascastro *O* 5 C 10
Trascastro *LE* 14 D 10
Trascastro *PO* 13 D 6
Trashaedo *BU* 17 D 18
Trasierra *BA* 79 R 12
Traslaloma *BU* 8 C 19
Traslasierra *H* 79 S 10
Trasierra *BA* 67 P 11
Trasmiras *OR* 27 F 7
Trasmonte *C* 3 C 4
Trasmonte *LU* 3 C 6
Trasmoz *Z* 34 G 24
Trasmulas *GR* 94 U 18
Trasobares *Z* 34 H 25
Traspeña *P* 17 D 16
Traspinedo *VA* 31 H 16
Travesas *C* 2 C 3
Traviesa (Sierra) *SE* 80 S 12
Traviesas *C* 3 C 4
Travieso (El) *SE* 80 S 13
Trazo *C* 2 C 4
Trebujena *CA* 91 V 11
Treceño *S* 7 C 17
Trefacio *ZA* 14 F 10
Tregurà de Dalt *GI* 24 E 36
Trejo *C* 92 V 14
Trelle *OR* 13 F 6
Trelles *O* 4 B 9
Tremañes *O* 6 B 12
Tremedal *AV* 43 K 13
Tremedal (Puerto) *AV* 43 K 13
Tremedal de Tormes *SA* 43 I 11
Tremor de Abajo *LE* 15 E 11
Tremor de Arriba *LE* 15 D 11
Tremp *L* 23 F 32
Tres Arroyos *BA* 67 P 9
Tres Cantos *M* 46 K 18
Tres Huelgas
(Mirador de las) *Z* 35 G 28
Tres Mares (Pico de) *P* 7 C 16
Tres Picos
(Embalse de) *H* 90 T 8
Tresabuela *S* 7 C 16
Trescares *O* 7 C 15
Trescasas *SG* 45 J 17
Tresgrandas *O* 7 B 16
Tresjuncos *CU* 59 M 21
Tresmonte *O* 6 B 14
Tresmonte *O* 18 D 19
Tresponts
(Congost de) *L* 23 F 34
Trespaderne *BU* 18 D 19
Trespuentes *VI* 19 D 21
Tresviso *S* 7 C 15
Trévago *SO* 33 G 23
Trevejo *CC* 55 L 9
Trevélez
(Horcajo de) *GR* 95 U 20
Treviana *LO* 18 E 20
Trevijano *LO* 19 F 22
Treviño *BU* 19 D 21
Triacastela *LU* 14 D 8
Triana *MA* 101 V 17
Triana *Gran Canaria GC* 115 G 2
Tribaldos *CU* 59 M 21
Tricias (Las) *La Palma TF* 130 B 3
Tricio *LO* 19 E 21
Trigaza *BU* 18 F 20
Trigueros *H* 90 T 9
Trigueros
del Valle *VA* 31 G 16
Trijueque *GU* 46 J 21
Trillo *GU* 47 J 22
Trinchete (El) *CR* 70 O 17
Trinidad (La) *SE* 92 T 13
Triollo *P* 17 D 15
Triquivijate
Fuerteventura GC 111 H 3
Triste *HU* 21 E 27
Trobajo *LE* 16 E 13
Trobal (El) *SE* 91 U 12
Trobo
cerca de Cospeito LU 3 C 7
Trobo (O)
cerca de Fonsagrada LU 4 C 8

Tronceda *C* 13 D 5
Troncedo *HU* 22 F 30
Troncedo *O* 5 B 11
Tronchón *TE* 49 K 28
Trubia *O* 5 B 12
Truchas *LE* 15 F 10
Truchillas *LE* 15 F 10
Trucios-Turtzioz *BI* 8 C 20
Trujillanos *BA* 67 P 11
Trujillo *CC* 56 N 12
Tubilla del Agua *BU* 17 D 18
Tubilla del Lago *BU* 32 G 19
Tubilleja *BU* 18 D 18
Tuca *L* 22 D 32
Tudanca *S* 7 C 16
Tudela *NA* 20 F 25
Tudela *GI* 25 F 39
Tudela de Duero *VA* 31 H 16
Tudela de Segre *L* 37 G 33
Tudelilla *LO* 19 F 23
Tudera *ZA* 29 H 11
Tuéjar *V* 61 M 26
Tuela *ZA* 14 F 9
Tuelas (Los) *MU* 85 S 25
Tuerto *LE* 15 E 11
Tuesta *VI* 18 D 20
Tufiones *C* 2 C 2
Tuilla *O* 6 C 13
Tuineje
Fuerteventura GC 113 G 4
Tuiriz *LU* 13 E 7
Tuiza *O* 5 C 12
Tujena *H* 91 T 10
Tulebras *NA* 34 G 24
Tumbalejo (El) *H* 91 T 10
Tumbo *LU* 4 C 7
Tuna (Sa) *GI* 25 G 39
Túnez *Tenerife TF* 128 E 5
Tuña *O* 5 C 10
Tuño *O* 5 C 12
Turbón *HU* 22 E 31
Turca *GR* 94 U 17
Turces *C* 13 D 5
Turcia *LE* 15 E 12
Turégano *SG* 45 I 17
Turillas *AL* 96 U 23
Turillas (Peñón de) *AL* 96 U 23
Turís *V* 74 N 27
Turleque *TO* 58 N 19
Turmell (El) *CS* 50 K 30
Turmiel *GU* 47 I 23
Turó de l'Home *B* 38 G 37
Turón *O* 5 C 12
Turón *GR* 102 V 20
Turones *SA* 42 J 9
Turquillas (Las) *SE* 92 T 14
Turra de Alba *SA* 44 J 13
Turre *AL* 96 U 24
Turrilla *AB* 84 R 23
Turrilla *MU* 84 S 24
Turrillas *AL* 96 U 23
Turro (El) *GR* 94 U 18
Turrubuelo *SG* 32 I 19
Turruncún *LO* 19 F 23
Tús *AB* 84 Q 22
Tús (Balneario de) *AB* 84 Q 22
Txindoki (Pico) *SS* 10 C 23

U

Ubeda *A* 85 Q 27
Úbeda *J* 82 R 19
Ubide *BI* 9 C 21
Ubierna *BU* 18 E 18
Ubiña (Peña) *LE* 5 C 12
Ubrique *CA* 99 V 13
Úcar *NA* 11 D 24
Uceda *GU* 46 J 19
Ucedo *LE* 15 E 11
Ucero *SO* 32 G 20
Uces (Las) *SA* 43 I 10
Ucieda *S* 7 C 17
Uclés *CU* 59 M 21
Udalla *S* 8 C 19
Udra (Cabo de) *PO* 12 E 3
Uga *Lanzarote GC* 122 C 4
Ugalde *S* 8 C 21
Ugao-Miraballes *BI* 8 C 21
Ugarteberri *SS* 10 C 23
Ugena *TO* 58 L 18
Uges *C* 3 C 4
Ugíjar *GR* 102 V 20

Uharte / Huarte *NA* 11 D 25
Uharte-Arakil *NA* 10 D 24
Uitzi *NA* 10 C 24
Uitzi (Alto) *NA* 10 C 24
Ujados *GU* 32 I 20
Ujo *O* 5 C 12
Ujué *NA* 20 E 25
Ulea *MU* 85 R 26
Uleila del Campo *AL* 96 U 23
Ulíbarri *NA* 19 D 23
Ullà *GI* 25 F 39
Ulla (Río) *C* 13 D 4
Ullastrell *B* 38 H 35
Ullastret *GI* 25 F 39
Ulldecona *T* 50 K 31
Ulldemolins *T* 37 I 32
Ullíbarri (Embalse de) *VI* 19 D 22
Ullíbarri-Arrazua *VI* 19 D 22
Ullíbarri-Gamboa *VI* 19 D 22
Ulloa *LU* 3 D 6
Ultramort *GI* 25 F 39
Ultzama *NA* 11 C 24
Ulzurrun (Puerto de) *NA* 10 D 24
Umbralejo *GU* 46 I 20
Umbrete *SE* 91 T 11
Umbría *TE* 49 K 28
Umbría *MU* 84 S 24
Umbría *AV* 43 L 13
Umbría *GR* 95 V 20
Umbría (La) *H* 79 S 10
Umbría
(Sierra de la) *GR* 84 S 22
Umbría
de Fresnedas *CR* 70 Q 19
Umbría
de las Lomas *MU* 84 S 24
Umbría del Oso *CU* 60 L 25
Umbrías *AV* 43 L 13
Umbrías *MU* 97 T 25
Umbría
(Puerto de) *NA* 10 C 24
Uncastillo *Z* 20 E 26
Unciti *NA* 11 D 25
Undués de Lerda *Z* 20 E 26
Undués-Pintano *Z* 20 E 26
Undurraga *BI* 9 C 21
Ungilde *ZA* 28 F 10
Unión (La) *MU* 85 T 27
Unión
de Campos (La) *VA* 30 F 14
Universales (Montes) *TE* 48 K 24
Unquera *S* 7 B 16
Urabain *NA* 10 D 24
Urbasa (Puerto de) *NA* 19 D 23
Urbel del Castillo *BU* 17 E 18
Urberuaga *BI* 10 C 22
Urbies *O* 6 C 12
Urbina *VI* 19 D 22
Urbión (Monte) *SG* 32 F 21
Urbión (Reserva
nacional de) *SG* 33 G 21
Urbión (Sierra de) *SO* 33 G 21
Urcal *AL* 96 T 24
Urculu (Monte) *SS* 10 C 24
Urda *TO* 70 N 18
Urdaburu (Monte) *SS* 10 C 24
Urdaitz / Urdániz *NA* 11 D 25
Urdanta *LO* 18 F 21
Urdazubi / Urdax *NA* 11 C 25
Urdelar *SS* 10 C 24
Urdiales del Páramo *LE* 15 E 12
Urdian *NA* 19 D 23
Urdilde *C* 12 D 3
Urdués *HU* 21 D 27
Urduliz *BI* 8 B 21
Ures *GU* 47 I 21
Ures de Medina *SO* 47 I 23
Urgell
(Canal auxiliar d') *L* 37 G 32
Urgell (Canal d') *L* 37 G 33
Urgón *CR* 70 O 17
Uria (Sierra de) *LU* 4 C 9
Uribarri-Dibiña *VI* 19 D 21
Urigoiti *BI* 9 C 21
Uritz / Úriz *NA* 11 D 25
Úriz / Uritz *NA* 11 D 25
Úriz *LU* 3 C 7
Urkabustaiz *VI* 18 D 21
Urkuleta *VI* 10 C 22
Urmella *HU* 22 E 31
Urmi *CS* 50 K 31
Urnieta *SS* 10 C 24

Urones
de Castroponce *VA* 16 F 14
Uroz *NA* 11 D 25
Urquiola (Puerto) *BI* 10 C 22
Urraca-Miguel *AV* 45 J 16
Urrácal *AL* 96 T 22
Urrea de Gaén *TE* 49 I 28
Urrea de Jalón *Z* 34 H 26
Urrestieta-Avellaneda *BI* 8 C 20
Urrestilla *SS* 10 C 23
Urretxu *GI* 10 C 22
Urrez *BU* 18 F 19
Urria *BU* 18 D 19
Urriello (Vega de) *O* 6 C 15
Urriés *Z* 20 E 26
Urrotz *NA* 11 C 24
Urrunaga *VI* 19 D 22
Urrutias (Los) *MU* 85 S 27
Urtasun *NA* 11 D 25
Urturi *VI* 19 E 22
Urtx *GI* 24 E 35
Urueña *VA* 30 G 14
Urueñas *SG* 32 H 18
Uruñuela *LO* 19 E 21
Urús *GI* 24 E 35
Urz (La) *LE* 15 D 12
Urzainqui *NA* 11 D 27
Usagre *BA* 79 Q 11
Usana *HU* 35 G 29
Usanos *GU* 46 J 20
Usánsolo *BI* 9 C 21
Usateguieta
(Puerto de) *NA* 10 C 24
Uscarrés / Uskartze *NA* 11 D 26
Used *Z* 48 I 25
Used (Puerto de) *Z* 48 I 25
Useres (Les) *CS* 62 L 29
Usi *NA* 11 D 24
Uskartze / Uscarrés *NA* 11 D 26
Usón *HU* 35 G 29
Ustés *NA* 11 D 26
Usún *NA* 20 E 26
Usurbil *SS* 10 C 23
Utande *GU* 46 J 21
Utebo *Z* 35 G 27
Uterga *NA* 10 D 24
Utiel *V* 61 N 26
Utrera *SE* 92 U 12
Utrera *BA* 68 P 12
Utrilla *SO* 33 I 23
Utrillas *TE* 49 J 27

V

Vaca (La) *H* 78 S 7
Vacar (El) *CO* 81 R 15
Vacarisses *B* 38 H 35
Vadiello
(Embalse de) *HU* 21 F 29
Vadillo *SO* 32 G 20
Vadillo
de la Guareña *ZA* 30 I 13
Vadillo de la Sierra *AV* 44 K 14
Vadillos *LU* 19 F 22
Vado
(Embalse de El) *GU* 46 I 20
Vado Baena *J* 82 S 17
Vado del Álamo *MA* 100 V 15
Vadocondes *BU* 32 H 19
Vadofresno *CO* 93 U 16
Vadollano
(Estación de) *J* 82 R 19
Vados (Los) *MA* 101 V 17
Vados de Torralba *J* 82 S 19
Vajol (La) *GI* 25 E 38
Val *C*
Val (Embalse de El) *Z* 34 G 24
Val (Río) *SO* 34 G 24
Val de Castillo *LE* 16 D 14
Val de la Sabina *V* 61 L 26
Val de San García *GU* 47 J 22
Val de San Lorenzo *LE* 15 E 11
Val de San Martín *Z* 48 I 25
Val de San Román *LE* 15 E 11
Val de Santa María *ZA* 29 G 11
Val de Santo Domingo *TO* 58 L 17
Val do Dubra *C* 2 C 4
Valacloche *TE* 61 L 26
Valadares *C* 2 D 3
Valadares *PO* 12 F 3
Valadouro *LU* 4 B 7

Valareña *Z* 20 F 26
Valberzoso *P* 17 D 17
Valboa *PO* 13 D 4
Valbona *TE* 61 L 27
Valbonilla *BU* 17 F 17
Valbuena *SA* 43 K 12
Valbuena de Duero *VA* 31 H 17
Valbuena
de Pisuerga *P* 17 F 17
Valbueno *GU* 46 K 20
Valbuxán *OR* 14 F 8
Valcabra
(Rambla de) *GR* 95 T 21
Valcaliente *CR* 56 N 12
Valcarce (Moral de) *LE* 14 E 9
Valcárceres (Los) *BU* 17 E 18
Valcarlos / Luzaide *NA* 11 C 26
Valcavado *LE* 15 F 12
Valchillón *CO* 81 S 15
Valcovero *P* 16 D 15
Valcueva-
Palazuelo (La) *LE* 16 D 13
Valdajos *Z* 59 L 20
Valdanzo *SO* 32 H 19
Valdaracete *M* 59 L 20
Valdarachas *GU* 46 K 20
Valdastillas *CC* 56 L 12
Valdavida *LE* 16 E 14
Valde-Ucieza *P* 17 E 16
Valdeagorfa *TE* 50 J 29
Valdeajos *BU* 17 D 18
Valdealbín *SO* 32 G 20
Valdealcón *LE* 16 E 14
Valdealiso *LE* 16 E 14
Valdeallvo *SO* 32 H 21
Valdeande *BU* 32 G 19
Valdearcos *VA* 31 H 17
Valdearcos *LE* 16 E 13
Valdearenas *GU* 46 J 21
Valdeavellano *GU* 46 J 21
Valdeavellano
de Tera *SO* 33 G 22
Valdeavellano de Ucero *SO* 32 G 20
Valdeavero *M* 46 K 20
Valdeazogues *CR* 69 P 16
Valdeazores *TO* 57 N 15
Valdebótoa *BA* 67 P 9
Valdecaballeros *BA* 69 O 14
Valdecabras *CU* 60 L 23
Valdecabrillas *CU* 60 L 22
Valdecañas *CR* 70 P 18
Valdecañas *CU* 60 L 23
Valdecañas (Centro
Agronómico de) *TO* 56 L 14
Valdecañas
(Embalse de) *CC* 56 M 13
Valdecañas
de Campos *P* 31 G 17
Valdecañas de Tajo *CC* 56 M 13
Valdecarpinteros *SA* 43 K 10
Valdecarros *SA* 44 J 13
Valdecasa *AV* 44 K 14
Valdecazorla *J* 83 S 20
Valdecebro *TE* 49 K 26
Valdecevillo
(Yacimientos de) *LO* 19 F 23
Valdecilla *S* 8 B 18
Valdecolmenas
de Abajo *CU* 60 L 22
Valdecolmenas
de Arriba *CU* 60 L 22
Valdeconcha *GU* 46 K 21
Valdeconejos *TE* 49 J 27
Valdecuenca *TE* 61 L 25
Valdecuenca
(Puerto de) *TE* 61 L 25
Valdecuna *O* 5 C 12
Valdedios *O* 6 B 13
Valdedo *O* 4 B 9
Valdefinjas *ZA* 30 H 13
Valdeflores *SE* 79 S 10
Valdefresno *LE* 16 E 13
Valdefuentes *CC* 67 O 11
Valdefuentes
(Santuario de) *CC* 55 L 11
Valdefuentes
de Sangusín *SA* 43 K 12
Valdefuentes
del Páramo *LE* 15 F 12
Valdeganga *AB* 72 O 24
Valdeganga
de Cuenca *CU* 60 M 23

A B C D E F G H I J K L M N O P Q R S T U V W X Y Z

A B C D E F G H I J K L M N O P Q R S T U V W X Y Z

Valdegeña SO........33 G 23
Valdegovía VI........18 D 20
Valdegrudas GU........46 J 20
Valdegutur LO........34 G 24
Valdehermoso
   de la Fuente CU........60 N 23
Valdeherreros BA........67 O 10
Valdehierro CR........70 O 17
Valdehijaderos SA........43 K 12
Valdehorna Z........48 J 25
Valdehornillo BA........68 O 12
Valdehoyas TO........58 L 18
Valdehúncar CC........56 M 13
Valdeíñigos CC........56 M 12
Valdejimena
   (Ermita de) SA........44 K 13
Valdelacalzada BA........67 P 9
Valdelacasa SA........43 K 12
Valdelacasa de Tajo CC........56 M 14
Valdelafuente LE........16 E 13
Valdelageve SA........43 K 12
Valdelagrana CA........98 W 11
Valdelagua M........46 K 19
Valdelagua GU........47 J 21
Valdelagua del Cerro SO........33 G 23
Valdeláguila-
   El Robledal M........46 K 20
Valdelaguna M........59 L 19
Valdelamadera CR........70 O 17
Valdelamusa H........78 S 9
Valdelarco H........79 S 9
Valdelatas M........46 K 17
Valdelateja BU........18 D 18
Valdelavia (Alto de) AV........45 K 16
Valdelcubo GU........33 I 21
Valdelinares TE........49 K 28
Valdelinares SO........32 G 20
Valdellosa TE........48 J 25
Valdelobos
   (Cañada de) AB........71 O 22
Valdelosa SA........43 I 12
Valdeltormo TE........50 J 30
Valdelugueros LE........16 D 13
Valdemadera LO........33 G 23
Valdemaluque SO........32 G 20
Valdemanco M........46 J 19
Valdemanco
   del Esteras CR........69 P 15
Valdemaqueda M........45 K 17
Valdemarías TO........57 M 16
Valdemarín
   (Casa Forestal de) J........83 R 21
Valdemeca CU........60 L 24
Valdemerilla ZA........29 F 10
Valdemierque SA........44 J 13
Valdemora LE........16 F 13
Valdemorales CC........68 O 11
Valdemorilla LE........16 F 14
Valdemorillo M........45 K 17
Valdemorillo
   de la Sierra CU........60 L 24
Valdemoro M........58 L 18
Valdemoro del Rey GU........59 L 22
Valdemoro Sierra CU........60 L 24
Valdenarros SO........32 H 21
Valdenebro SO........32 H 21
Valdenebro
   de los Valles VA........30 G 15
Valdenegrillos SO........33 G 23
Valdenoceda BU........18 D 19
Valdenoches GU........46 J 20
Valdenoguera SA........42 J 9
Valdenuño
   Fernández GU........46 J 19
Valdeobispo CC........55 L 11
Valdeobispo
   (Embalse de) CC........55 L 11
Valdeolivas CU........47 K 22
Valdeolmillos P........31 F 16
Valdeolmos M........46 K 19
Valdepalacios TO........57 M 14
Valdepares O........4 B 9
Valdepeñas CR........71 P 19
Valdepeñas de Jaén J........94 T 18
Valdepeñas
   de la Sierra GU........46 J 19
Valdeperales SA........59 L 19
Valdeperdices ZA........29 H 12
Valdeperillo LO........33 F 23
Valdepiélago LE........16 D 13
Valdepiélagos M........46 J 19
Valdepolo LE........16 E 14
Valdeprado S........7 C 16
Valdeprado SO........33 G 23
Valdeprado del Río S........17 D 17
Valdeprados SG........45 J 17
Valderaduey CL........16 E 15

Valderas LE........30 F 13
Valderías BU........17 D 18
Valderrábano P........17 E 16
Valderrama BU........18 D 20
Valderrebollo GU........47 J 21
Valderrepisa
   (Puerto) CR........81 Q 16
Valderrey LE........15 E 11
Valderrobres TE........50 J 30
Valderrodilla SO........33 H 21
Valderrodrigo SA........43 I 10
Valderrosas CC........55 L 11
Valderrubio GR........94 U 18
Valderrueda CS........33 H 21
Valderrueda LE........16 D 15
Valdés MA........101 V 17
Valdesalor CC........55 N 10
Valdesamario LE........15 D 12
Valdesamario
   (Embalse Azud de) LE........15 D 11
Valdesaz GU........46 J 21
Valdescorriel ZA........30 F 13
Valdesimonte SG........31 I 18
Valdesoto O........6 B 13
Valdesotos GU........46 J 20
Valdespina P........17 F 16
Valdespina SO........33 H 22
Valdespino Cerón LE........16 F 13
Valdespino
   de Somoza LE........15 E 11
Valdestillas VA........30 H 15
Valdeteja LE........16 D 13
Valdeteja
   (Collada de) LE........16 D 13
Valdeterrazo
   del Marqués BA........78 Q 8
Valdetorres BA........68 P 11
Valdetorres
   de Jarama M........46 J 19
Valdevacas
   de Montejo SG........32 H 19
Valdevacas
   y Guijar SG........45 I 18
Valdevaqueros
   (Ensenada de) CA........99 X 12
Valdeverdeja TO........57 M 14
Valdevimbre LE........16 E 13
Valdezate BU........31 H 18
Valdezcaray LO........18 F 21
Valde de Finolledo LE........14 D 9
Valdilecha M........59 L 20
Valdín OR........14 F 9
Valdivia BA........68 O 12
Valdomar LU........3 C 6
Valdoré LE........16 D 14
Valdoria (Sierra de) CR........82 Q 17
Valdorros BU........18 F 18
Valdoria de los Caídos M........45 K 17
Valduérniga C........3 B 5
Valdunciel SA........43 I 12
Valdunquillo VA........30 F 14
Valduro Nuevo BA........67 P 9
Valduvieco LE........16 E 14
Valeixe PO........13 F 5
Valencia V........62 N 29
Valencia (Golf de) V........62 N 29
Valencia de Alcántara CC........54 N 8
Valencia
   de Don Juan LE........16 F 13
Valencia de las Torres BA........79 Q 12
Valencia
   del Mombuey BA........78 R 8
Valencia del Ventoso BA........79 R 10
Valencina
   de la Concepción SE........91 T 11
Valenoso P........17 E 16
Valentín MU........84 R 24
Valentins (Els) T........50 K 31
Valenzuela CO........81 S 17
Valenzuela
   de Calatrava CR........70 P 18
Valeja ZA........29 G 11
Valer ZA........29 G 11
Valera BA........79 R 10
Valera de Abajo CU........60 M 23
Valeria CU........60 M 23
Valeriano GR........94 T 18
Valero SA........43 K 12
Vales OR........13 E 6
Valfarta HU........35 H 29
Valfermoso
   de las Monjas GU........46 J 21
Valfermoso de Tajuña GU........46 K 21
Valfonda
   de Santa Ana HU........35 G 28
Valga PO........12 D 4
Valgañón LO........18 F 20
Valgrande O........15 D 12

Valhermoso GU........47 J 24
Valientes (Los) MU........85 R 26
Valiñas PO........12 E 4
Valjunquera TE........50 J 30
Vall Alto del Ter GI........24 F 37
Vall d'Alba CS........62 L 29
La Vall d'Alcalà A........74 P 29
Vall d'Alcalà A........74 P 28
Vall d'Àngel
   (Serra de la) CS........50 K 30
Vall de Almonacid CS........62 M 28
Vall de Bianya (La) GI........24 F 37
Vall de Ebo A........74 P 29
Vall de Gallinera A........74 P 29
La Vall de Laguar A........74 P 29
Vall de Laguart A........74 P 29
Vall de Varradòs L........22 D 32
Vall d'Uixó (La) CS........62 M 29
Vall-Llebrera L........37 G 33
Vall-Llobrega GI........25 G 39
Vallada V........74 P 27
Valladares SO........33 I 22
Vallado O........5 C 10
Valladolid VA........30 H 15
Valladolises MU........85 S 26
Vallanca V........61 L 25
Vallarta de Bureda BU........18 E 20
Vallat CS........62 L 28
Vallbona d'Anoia B........37 H 35
Vallbona
   de les Monges L........37 H 33
Vallcarca B........38 I 35
Vallcebre B........23 F 35
Vallclara T........37 H 32
Valldan (La) B........24 F 35
Valldemossa IB........104 M 37
Valldoreix B........38 H 36
Valle S........8 C 19
Valle (El) LE........15 E 10
Valle (El) CA........99 X 12
Valmayor J........81 Q 17
Valle-Brosque TF........125 J 2
Valle de Abdalajís MA........100 V 15
Valle de Arán (Parador de)
   Vielha L........22 D 32
Valle de Arriba
   Tenerife TF........126 C 3
Valle de Cabuérniga S........7 C 17
Valle de Cerrato P........31 G 16
Valle de Finolledo LE........14 D 9
Valle de Guerra
   Tenerife TF........124 H 2
Valle de la Serena BA........68 P 12
Valle de la Venta CC........55 L 9
Valle de la Viuda (El) CR........69 O 16
Valle de Lago O........5 C 11
Valle
   de las Casas (El) LE........16 D 14
Valle de los Caídos M........45 K 17
Valle de Matamoros BA........79 Q 9
Valle de S. Augustín (El) O........4 B 9
Valle de Santa Ana BA........79 Q 9
Valle de Santa Inés GC........111 G 3
Valle de Santullán P........17 D 16
Valle de Tabladillo SG........31 H 18
Valle de Trapaga BI........8 C 20
Valle
   de Vegacervera LE........16 D 13
Valle Gran Rey (Barranco)
   La Gomera TF........118 B 2
Valle Retortillo P........16 F 15
Vallebrón
   Fuerteventura GC........111 H 2
Vallecas M........46 K 19
Vallecillo LE........16 E 14
Vallecillo (El) TE........61 L 25
Valledor (Sierra de) O........4 C 9
Vallegera BU........17 F 17
Vallehermoso TO........57 M 16
Vallehermoso
   La Gomera TF........118 C 1
Valleja LE........99 V 12
Vallejera de Riofrío SA........43 K 12
Vallejimeno BU........32 F 20
Vallejo P........17 D 17
Vallejo de Mena BU........8 C 20
Vallelado SG........31 H 16
Valleluengo ZA........29 F 11
Vallequillas M........58 L 19
Valleruela
   de Pedraza SG........45 I 18
Valleruela
   de Sepúlveda SG........46 I 18
Valles S........7 B 17
Valles (Los)
   Lanzarote GC........123 E 3
Valles (Reserva
   nacional de los) HU........21 D 27

Valles de Ortega
   Fuerteventura GC........113 G 3
Valles de Palenzuela BU........17 F 17
Valles de Valdavia P........17 E 16
Vallesa ZA........44 I 14
Valleseco GC........115 E 2
Vallespinosa T........37 H 34
Vallespinoso
   de Aguilar P........17 D 16
Vallfogona
   de Balaguer L........36 G 32
Vallfogona
   de Ripolles GI........24 F 36
Vallfogona de Riucorb T........37 H 33
Vallgorguina B........38 H 37
Vallibierna (Pico de) HU........22 E 31
Vallibona CS........50 K 30
Vallirana B........38 H 35
Valli de Ebo A........74 P 29
Valloria SO........33 F 22
Vallromanes B........38 H 36
Valls T........37 I 33
Vallter 2000 GI........24 E 36
Valltorta
   (Barranc de la) CS........50 K 30
Valluerca VI........18 D 20
Valluercanes BU........18 E 20
Vallunquera BU........17 F 17
Vallverd L........37 G 32
Vallverd T........37 H 33
Valmadrid Z........35 H 27
Valmala BU........18 F 20
Valmartino LE........16 D 14
Valmojado M........45 K 17
Valmuel del Caudillo TE........49 I 29
Valonga HU........36 G 30
Valor GR........102 V 20
Valoria de Aguilar P........17 D 17
Valoria del Alcor P........30 G 15
Valoria la Buena VA........31 G 16
Valpalmas Z........21 F 27
Valparaiso cerca
   de Cuelgamures ZA........29 I 12
Valparaiso cerca
   de Mombuey ZA........29 G 11
Valparaíso de Abajo CU........59 L 22
Valparaíso de Arriba CU........59 L 22
Valporquero
   de Rueda LE........16 D 14
Valporquero de Torío LE........16 D 13
Valrío CC........55 L 10
Valronquillo CC........70 O 17
Valsaín SG........45 J 17
Valsalabroso SA........43 I 10
Valsalada HU........21 F 28
Valsalobre CU........47 K 23
Valsalobre Z........48 J 24
Valseca SG........45 I 17
Valseco LE........15 D 10
Valsemana LE........16 D 12
Valsequillo CO........80 Q 13
Valsequillo de Gran Canaria
   Gran Canaria GC........115 F 3
Valtablado del Río GU........47 J 22
Valtajeros SO........33 G 23
Valtiendas SG........31 H 18
Valtierra NA........20 F 25
Valtorres Z........34 I 24
Valtueña SO........33 H 23
Valuengo BA........79 R 9
Valuengo
   (Embalse de) BA........79 R 10
Valvaler A........4 C 9
Valvenedizo SO........32 I 20
Valverde BU........32 G 19
Valverde SO........34 G 24
Valverde TE........48 J 26
Valverde CR........70 P 17
Valverde A........86 R 28
Valverde LO........34 G 24
Valverde El Hierro TF........109 D 2
Valverde de Alcalá M........46 K 20
Valverde
   de Burguillos BA........79 R 10
Valverde de Campos VA........30 G 14
Valverde de Júcar CU........60 M 23
Valverde de la Sierra LE........16 D 15
Valverde de la Vera CC........56 L 13

Valverde de la Virgen LE........15 E 12
Valverde de Leganés BA........66 P 9
Valverde de Llerena BA........80 R 12
Valverde
   de los Arroyos GU........46 I 20
Valverde de Mérida BA........67 P 11
Valverde del Camino H........91 T 9
Valverde
   del Fresno CC........55 L 9
Valverde del Majano SG........45 J 17
Valverde Enrique LE........16 F 14
Valverdejo CU........60 N 23
Valverdín LE........16 D 13
Valverdón SA........43 I 12
Vanacloig V........61 M 27
Vandellòs T........51 I 32
Vanidodes LE........15 E 11
Vara C........12 D 3
Vara (Alto de la) GU........32 I 21
Vara de Rey CU........72 N 23
Varas CO........81 R 16
Varelas C........13 D 5
Vargas S........7 C 18
Vascos
   (Ruinas romanas) TO........57 M 14
Veciana B........37 H 34
Vecilla (La) LE........16 D 13
Vecindario
   Gran Canaria GC........117 F 4
Vecinos SA........43 J 12
Vedat de Torrent (El) V........62 N 28
Vedra C........13 D 4
Vega S........7 C 18
Vega (Ermita de la) AV........44 K 13
Vega (La) S........7 C 16
Vega (La) BA........66 O 8
Vega (La) cerca
   de Ribadesella O........6 B 14
Vega (La) cerca
   de Tineo O........5 C 11
Vega (La) Riosa O........5 C 12
Vega (La) Sariego O........6 B 13
Vega
   de Almanza (La) LE........16 D 14
Vega de Anzo O........5 B 11
Vega de Bur P........17 D 16
Vega de Caballeros LE........15 D 12
Vega de Doña Olimpa P........17 E 16
Vega de Espinareda LE........14 D 9
Vega de Gordón LE........16 D 13
Vega de Infanzones LE........16 E 13
Vega de Magaz LE........15 E 11
Vega de Pas S........7 C 18
Vega de Rengos O........5 C 10
Vega de Río Palmas
   Fuerteventura GC........110 F 3
Vega de Ruiponce VA........16 F 14
Vega de San Mateo
   Gran Canaria GC........115 E 2
Vega de Santa María AV........45 J 16
Vega de Tera ZA........29 G 11
Vega de Tirados SA........43 I 12
Vega de Valcarce LE........14 E 9
Vega de Valdetronco VA........30 H 14
Vega de Villalobos ZA........30 G 13
Vega de Yeres LE........14 E 9
Vega del Castillo ZA........15 F 10
Vega del Codorno CU........48 K 24
Vega del Rey O........5 C 12
Vega Esquivia TO........70 N 18
Vegacerneja LE........16 D 13
Vegacervera LE........16 D 13
Vegadeo O........4 B 8
Vegafría SG........31 H 17
Vegalagar O........4 C 10
Vegalatrave ZA........29 G 11
Vegallera AB........72 Q 23
Vegameoro SG........45 I 18
Veganzones SG........45 I 18
Vegaquemada LE........16 D 13
Vegarada (Puerto de) LE........6 C 13
Vegarienza LE........15 D 11
Vegarrredonda O........6 C 14
Vegas Altás BA........68 O 13
Vegas de Almenara SE........80 S 13
Vegas de Coria CC........43 K 11
Vegas
   de Domingo Rey SA........43 K 10
Vegas de Matute SG........45 J 17
Vegas de San Antonio
   (Las) TO........57 M 15
Vegas del Condado LE........16 D 13

Vegaviana CC........55 L 9
Veguellina de Órbigo LE........15 E 12
Veguilla S........8 C 19
Veguillas GU........46 J 20
Veguillas (Las) SA........43 J 12
Veguillas
   de la Sierra TE........61 L 25
Veiga S........3 C 4
Veiga (A) cerca
   de Celanova OR........13 F 6
Veiga (A) cerca
   de O Barco OR........14 E 9
Veiga (A) cerca
   de Viana do Bolo OR........14 F 8
Veiga de Logares (A) LU........4 C 8
Vejer de la Frontera CA........99 X 12
Vejo S........7 C 15
Vela CO........93 T 17
Velada TO........57 M 15
Velamazán SO........33 H 21
Velascálvaro VA........30 I 15
Velate (Castillo de) NA........11 C 25
Velayos AV........45 J 16
Veldedo LE........15 E 11
Velefique AL........96 U 22
Veleta (Pico) GR........94 U 19
Vélez Blanco AL........84 S 23
Vélez
   de Benaudalla GR........101 V 19
Vélez Málaga MA........101 V 17
Vélez Málaga
   (Punta de) MA........101 V 17
Vélez Rubio AL........84 T 23
Velilla VA........30 H 14
Velilla cerca de San Esteban
   de Gormaz SO........32 H 20
Velilla cerca de Soria SO........33 G 22
Velilla (La) SG........45 I 18
Velilla de Cinca HU........36 H 30
Velilla de Ebro Z........35 H 28
Velilla de Jiloca Z........34 I 25
Velilla de la Reina LE........15 E 12
Velilla de los Ajos SO........33 H 23
Velilla de los Oteros LE........16 E 13
Velilla de Medinaceli SO........47 I 22
Velilla de San Antonio M........46 K 19
Velilla
   de Valderaduey LE........16 E 15
Velilla del Río Carrión P........16 D 15
Velillas HU........21 F 29
Velle (Embalse de) OR........13 E 6
Vellés (La) SA........44 I 13
Vellisa de Tarilonte P........17 D 15
Vellisca CU........59 L 21
Velliza VA........30 H 15
Vellón (El) M........46 J 19
Vellosillo SG........32 I 18
Vences OR........28 G 7
Vencillón HU........36 G 30
Vendas da Barreira OR........28 G 8
Vendelaras de Abajo AB........72 P 23
Vendelaras de Arriba AB........72 P 23
Vendrell (El) T........37 I 34
Venero C........68 N 13
Veneros (Los) SE........92 U 14
Venialbo ZA........30 H 13
Venta (La) CR........70 O 18
Venta (La)
   cerca de Almedinilla CO........94 T 17
Venta (La)
   cerca de Baza GR........95 T 21
Venta Cerezo CO........81 R 17
Venta de Ballerías HU........35 G 29
Venta de Baños P........31 G 16
Venta de Cañete SE........92 U 14
Venta de Cárdenas CR........82 Q 19
Venta de Culebrín BA........79 R 11
Venta de Don Quijote TO........59 N 21
Venta de Gaeta (La) V........73 O 27
Venta de la Muela J........83 R 21
Venta de los Santos J........83 Q 20
Venta de Micena GR........84 S 22
Venta del Charco CO........81 R 17
Venta del Cruce SE........91 U 11
Venta del Fraile GR........101 V 18
Venta del Moro V........61 N 25
Venta del Obispo AV........44 K 14
Venta del Ojo
   de Mierla TE........48 J 25
Venta
   del Palmar (La) SE........92 T 14
Venta del Peral (La) GR........95 T 22
Venta del Probe AL........103 V 23
Venta del Puerto CO........81 R 16
Venta del Tarugo GR........102 V 20
Venta Nueva O........5 C 10
Venta Pantalones J........82 T 17

Venta Quemada V......61 N 27
Venta Quemada GR......96 T 22
Venta Santa Bárbara GR......93 U 17
Venta Valero CO......94 T 17
Ventalles (Les) T......50 K 31
Ventalló GI......25 F 39
Ventamillo
  (Congosto de) HU......22 E 31
Ventamira V......61 N 27
Ventana (Puerto) LE......5 C 11
Ventaniella (Puerto de) O......6 C 14
Ventanilla P......17 D 16
Ventano del Diablo CU......60 L 23
Ventas (Las) O......5 C 11
Ventas Blancas LO......19 E 23
Ventas con
  Peña Aguilera TO......58 N 17
Ventas de Arriba H......79 S 10
Ventas de Huelma GR......94 U 18
Ventas de Muniesa TE......49 I 27
Ventas
  de Retamosa (Las) TO......58 L 17
Ventas
  de San Julián (Las) TO......56 L 14
Ventas de Zafarraya GR......101 V 17
Ventas del Carrizal J......94 T 18
Vente de las Ranas O......6 B 13
Venterros
  de Balerma GR......93 U 17
Ventilla (La) CR......71 O 20
Ventilla (La) CO......80 S 14
Ventillas CR......81 Q 17
Ventín PO......13 F 4
Ventolá AB......24 F 36
Ventorrillo (El) S......7 C 17
Ventorros
  de San José GR......94 U 17
Ventosa PO......13 D 6
Ventosa GU......47 J 24
Ventosa
  cerca de Medinaceli SO......47 I 22
Ventosa cerca
  de Soria SO......33 G 22
Ventosa (La) CU......60 L 22
Ventosa de
  Fuentepinilla SO......33 H 21
Ventosa de la Cuesta VA......30 H 15
Ventosa de Pisuerga P......17 E 17
Ventosa
  de San Pedro SO......33 F 23
Ventosa
  del Río Almar SA......44 J 13
Ventosela OR......13 F 5
Ventosilla SO......33 G 22
Ventosilla J......82 S 18
Ventosilla (La) TO......58 M 17
Ventosilla y Tejadilla SG......46 I 18
Ventoso......4 C 8
Ventrosa LO......19 F 21
Venturada M......46 J 19
Veo CS......62 M 28
Ver LU......14 E 7
Vera AL......96 U 24
Vera BA......69 P 14
Vera (La) CC......56 L 13
Vera de Bidasoa /
  Bera NA......11 C 24
Vera de Moncayo Z......34 G 24
Veracruz Z......83 R 20
Veracruz HU......22 E 31
Veral LU......21 E 27
Verde A......101 V 18
Verdegàs A......86 Q 28
Verdelpino de Huete CU......59 L 22
Verdeña P......17 D 16
Verdes (Cueva de los)
  Lanzarote GC......121 F 3
Verdiago LE......16 D 14
Verdicio O......5 B 12
Verdú L......37 H 33
Verdugo Rio PO......12 E 4
Verea OR......13 F 6
Veredas CR......69 Q 16
Veredas H......78 S 9
Veredón CO......81 S 15
Vergaño P......17 D 16
Verger (El) A......74 P 30
Verges GI......25 F 39
Vergós L......37 H 33
Verín OR......28 G 7
Veriña O......5 B 12
Verís C......3 C 5
Verjaga J......83 Q 21
Vertavillo P......31 G 17
Vertientes (Las) GR......96 T 22
Veruela (Monasterio de) Z......34 G 24

Vescar (Sierra El) BA......78 R 8
Vesgas (Las) BU......18 E 19
Vespella T......37 I 34
Vetaherrado SE......91 U 12
Vezdemarbán ZA......30 H 13
Viacamp HU......22 F 31
Viana NA......19 E 22
Viana de Cega VA......30 H 15
Viana de Duero SO......33 H 22
Viana de Jadraque GU......47 I 21
Viana de Mondéjar GU......47 K 22
Viana del Bollo OR......14 F 8
Viandar
  de la Vera CC......56 L 13
Vianos AB......72 Q 22
Viaña S......7 C 17
Viaño Pequeño C......3 C 4
Viar SE......92 T 12
Viar (Canal del) SE......80 S 12
Viariz LE......14 E 9
Viascón PO......12 E 4
Viator AL......103 V 22
Víboras J......94 T 17
Vic B......38 G 36
Vic (Parador) B......24 G 37
Vícar AL......102 V 22
Vicario
  (Embalse de El) CR......70 O 18
Vicedo LU......3 A 6
Vicente LU......57 N 16
Vicentes (Los) A......85 R 27
Vicfred L......37 G 34
Vicién HU......21 F 28
Vicinte LU......3 C 6
Vico CA......91 V 12
Vicolozano AV......45 J 16
Vicorto AB......84 Q 23
Victoria (La) CO......81 S 15
Victoria de Acentejo (La)
  Tenerife TF......124 G 2
Vid (La) BU......32 H 19
Vid (La) LE......16 D 13
Vid
  de Bureba (La) BU......18 E 20
Vid III
  (Embalse de la) CC......56 M 12
Vidanes LE......16 D 14
Vidángoz / Bidankoze NA......11 D 26
Vidayanes ZA......30 G 13
Vide cerca de Cenlle OR......13 F 5
Vide cerca
  de Maceda OR......13 F 7
Vide de Alba ZA......29 G 11
Videferre OR......27 G 7
Videmala ZA......29 H 11
Vidiago O......7 B 16
Vidío (Cabo) O......5 B 11
Vídola (La) SA......43 I 10
Vidrà GI......24 F 36
Vidreres GI......39 G 38
Vidrieros P......17 D 15
Vidrio (Sierra del) BA......67 O 10
Vieira (Alto de) OR......13 F 6
Vieja (Cueva de la) AB......73 O 26
Vieja (Sierra) BA......67 Q 10
Viejas CR......71 O 20
Viejas (Sierra de) CC......56 N 13
Viejo (El) TF......59 N 20
Viejo (Pico) Tenerife TF......128 D 4
Vielha L......22 D 32
Vielha (Túnel de) L......22 E 32
Viella L......5 B 12
Viento MA......100 V 16
Viento (Puerto del) MA......92 V 14
Viento (Punta del)
  Tenerife TF......124 G 2
Viento (Sierra del) SE......80 R 12
Viergol BU......8 C 20
Vierlas Z......34 G 24
Viernoles S......7 C 17
Viforcos LE......15 E 11
Vigaña cerca de Grado O......5 C 11
Vigaña cerca
  de Peña Manteca O......5 C 11
Vignemale HU......21 D 29
Vigo PO......12 F 3
Vigo C......3 C 5
Vigo (El) BU......8 C 20
Vigo (Ría de) PO......12 F 3
Viguera LO......19 F 22
Vila L......22 D 32
Vila de Bares C......3 A 6
Vila de Cruces PO......13 D 5
Vila Joiosa (La) /
  Villajoyosa A......74 Q 29

Vila-real / Villarreal CS......62 M 29
Vila-rodona T......37 I 34
Vila-sacra GI......25 F 39
Vila-sana L......37 H 32
Vila-seca T......51 I 33
Vilabade LU......4 C 8
Vilabella T......37 I 33
Vilabertran GI......25 F 38
Vilablareix GI......25 G 38
Vilaboa C......3 B 5
Vilaboa PO......12 E 4
Vilaboa LU......4 C 8
Vilac L......22 D 32
Vilacampa LU......4 B 7
Vilachá C......3 B 5
Vilachá
  cerca de Liber LU......14 D 8
Vilachá
  cerca de Monforte LU......14 E 7
Vilachá de Mera LU......3 D 7
Vilacova C......12 D 3
Vilada B......24 F 35
Viladabade C......2 C 4
Viladamat GI......25 F 39
Viladasens GI......25 F 38
Viladavil C......3 D 5
Viladecans B......38 I 36
Viladecavalls B......38 H 35
Viladequinta OR......14 E 9
Viladordis B......38 G 35
Viladrau GI......24 G 37
Vilaesteva LU......14 D 8
Vilaestrofe LU......4 B 7
Vilafamés CS......62 L 29
Vilafant GI......25 F 38
Vilaflor Tenerife TF......128 E 4
Vilaformán LU......4 B 8
Vilafranca /
  Villafranca del Cid CS......49 K 29
Vilafranca de Bonany IB......105 N 39
Vilafranca
  del Penedès B......37 H 35
Vilagarcía de Arousa PO......12 E 3
Vilagrassa L......37 H 33
Vilajuïga GI......25 F 39
Vilalba / Villalba LU......3 C 6
Vilalba dels Arcs T......50 I 31
Vilalba Sasserra B......38 H 37
Vilaleo LU......14 D 7
Vilalle LU......4 C 8
Vilalleons B......38 G 36
Vilaller L......22 E 32
Vilallobent GI......24 E 35
Vilallonga de Ter GI......24 E 36
Vilallonga del Camp T......37 I 33
Vilalonga PO......12 E 3
Vilalpape LU......14 E 7
Vilamacolum GI......25 F 39
Vilamaior C......3 B 5
Vilamaior LU......14 D 7
Vilamaior OR......27 G 6
Vilamaior de Negral LU......3 B 7
Vilamajor B......38 G 37
Vilamalla GI......25 F 38
Vilamaniscle GI......25 E 39
Vilamarín OR......13 E 6
Vilamartín LU......4 B 8
Vilamartín
  de Valdeorras OR......14 E 8
Vilamarxant V......62 N 28
Vilamateo C......3 B 5
Vilameá OR......4 B 8
Vilameá LU......13 D 7
Vilamor C......3 D 6
Vilamós L......22 D 32
Vilamur L......23 E 33
Vilanant GI......25 F 38
Vilanova OR......14 F 9
Vilanova PO......12 F 3
Vilanova V......61 M 26
Vilanova
  cerca de Monterroso LU......13 D 6
Vilanova
  cerca de Sarria LU......14 D 7
Vilanova Lourenzá LU......4 B 8
Vilanova de Arosa PO......12 E 3
Vilanova de Bellpuig L......37 H 32
Vilanova de la Barca L......36 G 32

Vilanova de l'Aguda L......37 G 33
Vilanova
  de les Avellanes L......36 G 32
Vilanova de Meià L......37 G 33
Vilanova de Prades T......37 H 32
Vilanova de Sau B......24 G 37
Vilanova de Segrià L......36 G 31
Vilanova
  d'Escornalbou T......51 I 32
Vilanova i la Geltrú /
  Villanueva y Geltrú B......37 I 35
Vilaosende LU......4 B 8
Vilapedre
  cerca de Sarria LU......14 D 7
Vilapedre
  cerca de Villalba LU......3 B 7
Vilapene LU......4 C 7
Vilaplana T......37 I 33
Vilaquinte LU......13 E 6
Vilar de Ves AB......3 C 6
Vilar
  cerca de A Cañiza PO......13 F 5
Vilar
  cerca de Vigo PO......12 F 4
Vilar (El) L......23 F 33
Vilar de Barrio OR......13 F 7
Vilar de Canes CS......50 K 29
Vilar de Cervos OR......28 G 7
Vilar de Donas LU......13 D 6
Vilar de Lor LU......14 E 8
Vilar de Moros LU......4 C 8
Vilar de Rei OR......27 F 7
Vilar de Santos OR......13 F 6
Vilarbacu LU......14 E 8
Vilarchán PO......12 E 4
Vilarchao C......4 C 8
Vilardevós OR......28 G 8
Vilardíaz C......4 C 8
Vilares LU......3 C 6
Vilaramil LU......25 F 38
Vilariño de Conso
  (Estación de) OR......14 F 8
Vilariño das Poldras OR......13 F 6
Vilariño de Conso OR......14 F 8
Vilariño Frío OR......13 F 7
Vilarmeao OR......13 F 6
Vilarmide LU......4 C 8
Vilarrube C......3 B 5
Vilarrubín C......4 C 8
Vilarxoán LU......14 D 8
Vilasantar C......3 C 5
Vilaseco C......4 C 8
Vilasobroso PO......13 F 4
Vilasouto
  (Embalse de) LU......14 D 7
Vilassar de Mar B......38 H 37
Vilastur LU......14 E 8
Vilatán LU......13 E 6
Vilatuxe PO......13 E 5
Vilaür GI......25 F 38
Vilaúxe LU......13 E 6
Vilavella OR......28 F 8
Vilavella (La) CS......62 M 29
Vilaverd T......37 H 33
Vilaxoán PO......12 E 3
Vilches J......82 R 19
Vildé SO......32 H 20
Vileiriz LU......14 D 7
Vilela LU......2 C 4
Vilela PO......13 D 6
Vilela
  cerca de Ribadeo LU......4 B 8
Vilela
  cerca de Taboada LU......13 D 6
Vileña BU......18 E 20
Vileta (La) IB......104 N 37
Villa
  de Don Fadrique (La) TO......59 N 20
Villa de Ves AB......73 O 26
Villa del Campo CC......55 L 10
Villa del Prado M......58 L 17
Villa del Río CO......81 S 17
Villa del Rey CC......55 N 9
Villabalter LE......16 E 13
Villabáñez VA......31 H 16
Villabaruz de Campos VA......30 F 15
Villabáscones
  de Bezana BU......18 D 18
Villabasil BU......8 C 20
Villabasta P......17 E 16
Villabermudo P......17 E 16
Villablanca H......90 U 7
Villablino LE......15 D 11
Villabona SS......10 C 23

Villabona O......5 B 12
Villabrágima VA......30 G 14
Villabraz LE......16 F 13
Villabrázaro ZA......29 F 12
Villabre O......5 C 11
Villabuena SO......33 G 22
Villabuena LE......14 E 9
Villabuena de Álava VI......19 E 22
Villabuena
  del Puente ZA......30 H 13
Villacadima GU......32 I 20
Villacalbiel LE......16 E 13
Villacampo del Moral J......94 T 19
Villacañas TO......59 N 19
Villacarli HU......22 E 31
Villacarralón VA......16 F 14
Villacarriedo S......7 C 18
Villacarrillo J......83 R 20
Villacastín SG......45 J 16
Villace LE......16 E 13
Villacelama LE......16 E 13
Villacián BU......18 D 20
Villacibrán O......5 C 10
Villacid de Campos VA......30 F 14
Villacidaler P......16 F 15
Villacidayo LE......16 E 14
Villaciervitos SO......33 G 22
Villaciervos SO......33 G 22
Villacil LE......16 E 13
Villaco VA......31 G 17
Villaconancio P......31 G 17
Villaconejos M......58 L 19
Villaconejos
  de Trabaque CU......47 K 23
Villacorta SG......32 I 19
Villacorza GU......47 I 21
Villacreces VA......16 F 14
Villacuende P......17 E 15
Villada P......16 F 15
Villadangos
  del Páramo LE......15 E 12
Villadecanes LE......14 E 9
Villademor de la Vega LE......16 F 13
Villadepalos LE......14 E 9
Villadepán LE......15 D 11
Villadepera ZA......29 H 11
Villadesuso PO......12 F 3
Villadevelle O......4 B 8
Villadiego BU......17 E 17
Villadiego de Cea LE......16 E 15
Villadiezma P......17 E 16
Villadonga LU......4 C 7
Villadoz Z......48 I 26
Villaeles de Valdavia P......17 E 16
Villaescobedo BU......17 D 17
Villaescusa B......17 D 17
Villaescusa ZA......30 I 13
Villaescusa de Haro CU......59 N 21
Villaescusa
  de Palositos GU......47 K 22
Villaescusa de Roa BU......31 G 17
Villaescusa
  del Butrón BU......18 D 19
Villaescusa
  la Sombría BU......18 E 19
Villaespasa BU......32 F 19
Villaesper VA......30 G 14
Villaestrigo LE......16 F 13
Villafáfila ZA......30 G 13
Villafalé LE......16 E 13
Villafañé LE......16 E 13
Villafeliche Z......48 I 25
Villafeliche (Puerto de) Z......48 I 25
Villafeliz
  de la Sobarriba LE......16 E 13
Villafer LE......16 F 13
Villaferrueña ZA......15 F 12
Villafiz LU......3 D 6
Villaflor AV......44 J 15
Villaflor ZA......29 H 12
Villaflores SA......44 I 14
Villaflores GU......46 K 20
Villafrades
  de Campos VA......30 F 15
Villafranca NA......20 F 24
Villafranca SG......32 I 18
Villafranca
  (Embalse de) CO......81 S 16
Villafranca
  de Córdoba CO......81 S 16
Villafranca de Duero VA......30 H 14
Villafranca de Ebro Z......35 H 28
Villafranca de la Sierra AV......44 K 14
Villafranca
  de los Barros BA......67 Q 10

Villafranca
  de los Caballeros TO......71 N 19
Villafranca del Bierzo LE......14 E 9
Villafranca
  del Campo TE......48 J 25
Villafranca del Castillo M......45 K 18
Villafranca del Cid /
  Vilafranca CS......49 K 29
Villafranca-Montes
  de Oca BU......18 E 20
Villafranco
  del Guadalhorce MA......100 V 15
Villafranco
  del Guadalquivir SE......91 U 11
Villafranco
  del Guadiana BA......67 P 9
Villafranqueza A......86 Q 28
Villafrechós VA......30 G 14
Villafría VI......19 E 22
Villafria cerca
  de San Zardonil BU......18 D 20
Villafruel P......17 E 15
Villafruela BU......31 G 18
Villafuerte VA......31 G 17
Villafuertes BU......17 F 18
Villagalijo BU......18 E 20
Villagarcía LE......15 E 12
Villagarcía
  de Campos VA......30 G 14
Villagarcía de la Torre BA......79 R 11
Villagatón LE......15 E 11
Villagallegos LE......16 E 13
Villager de Laciana LE......15 D 10
Villageriz ZA......15 F 12
Villagómez BU......18 F 18
Villagómez la Nueva VA......16 F 14
Villagonzalo BA......67 P 11
Villagonzalo
  de Coca SG......45 I 16
Villagonzalo
  de Tormes SA......44 J 13
Villagonzalo-
  Pedernales BU......18 F 18
Villagrufe O......5 C 10
Villagutiérrez BU......17 F 18
Villahán P......31 F 17
Villaharta CO......81 R 15
Villahermosa CR......71 P 21
Villahermosa
  del Campo TE......48 I 26
Villahermosa del Río CS......62 L 28
Villaherreros P......17 E 16
Villahizán de Treviño BU......17 E 17
Villahoz BU......31 F 18
Villajimena P......31 F 16
Villajoyosa /
  Vila Joiosa (La) A......74 Q 29
Villalaco P......17 F 17
Villalacre O......8 C 19
Villalaín BU......18 D 19
Villalambrús BU......18 D 20
Villalán de Campos VA......30 F 14
Villalangua O......5 C 10
Villalar
  de los Comuneros VA......30 H 14
Villalazán ZA......30 H 13
Villalba / Vilalba LU......3 C 6
Villalba (Parador de) LU......3 C 6
Villalba Alta TE......49 K 27
Villalba Baja TE......48 K 26
Villalba Calatrava CR......70 O 19
Villalba de Adaja VA......30 H 16
Villalba de Duero BU......32 G 18
Villalba de Guardo P......16 D 15
Villalba
  de la Lampreana ZA......29 G 13
Villalba de la Sierra CU......60 L 23
Villalba de Loma VA......16 F 14
Villalba
  de los Alcores VA......30 G 15
Villalba de los Barros BA......67 Q 10
Villalba de los Llanos SA......43 J 12
Villalba
  de los Morales TE......48 J 25
Villalba de Losa BU......18 D 20
Villalba de Perejiles Z......34 I 25
Villalba de Rioja LO......18 E 21
Villalba del Alcor H......91 T 10
Villalba del Rey CU......47 K 22
Villalbarba VA......30 H 14
Villalbilla BU......18 E 18
Villalbilla M......46 K 20
Villalbilla de Gumiel BU......32 G 19

Villalbilla de Villadiego BU 17 E 18
Villalbilla Sobresierra BU 18 E 19
Villalcampo ZA 29 H 11
Villalcampo (Embalse de) ZA 29 H 11
Villalcázar de Sirga P 17 F 16
Villalcón P 16 F 15
Villaldemiro BU 17 F 18
Villalebrín LE 16 E 15
Villalfeide LE 16 D 13
Villalgordo del Júcar AB 72 O 23
Villalgordo del Marquesado CU 60 M 22
Villalibre de la Jurisdicción LE 14 E 10
Villalís LE 15 F 11
Villallana O 5 C 12
Villallano P 17 D 17
Villalmanzo BU 32 F 18
Villalobar de Rioja LO 18 E 21
Villalobón P 31 F 16
Villalobos ZA 30 G 13
Villalobos J 94 T 18
Villalómez BU 18 E 20
Villalón CO 80 S 14
Villalón de Campos VA 30 F 14
Villalones MA 92 V 14
Villalonso ZA 30 H 14
Villalpando ZA 30 G 13
Villalpardo CU 61 N 25
Villalquite LE 16 E 14
Villalta BU 18 D 19
Villalube ZA 30 H 13
Villaluenga Z 34 H 24
Villaluenga de la Sagra TO 58 L 18
Villaluenga de la Vega P 16 E 15
Villaluenga del Rosario CA 99 V 13
Villalumbroso P 16 F 15
Villalval BU 18 E 19
Villálvaro SO 32 H 20
Villalverde ZA 15 F 11
Villalveto P 17 D 15
Villalvilla de Montejo SG 32 H 19
Villamalea AB 73 N 25
Villamalur CS 62 M 28
Villamandos LE 16 F 13
Villamanín LE 16 D 13
Villamanrique CR 71 Q 21
Villamanrique de la Condesa SE 91 U 11
Villamanrique de Tajo M 59 L 20
Villamanta M 58 L 17
Villamantilla M 45 K 17
Villamañán LE 16 F 13
Villamar LU 4 B 8
Villamarciel VA 30 H 15
Villamarco LE 16 E 14
Villamarín O 5 C 11
Villamartín BU 8 C 18
Villamartín A 85 S 27
Villamartín CA 92 V 13
Villamartín de Campos P 31 F 16
Villamartín de Don Sancho LE 16 E 14
Villamartín de Villadiego BU 17 D 17
Villamayor Z 35 G 27
Villamayor O 6 B 14
Villamayor O 5 C 11
Villamayor SA 43 J 12
Villamayor AV 44 J 14
Villamayor de Calatrava CR 70 P 17
Villamayor de Campos ZA 30 G 13
Villamayor de los Montes BU 32 F 18
Villamayor de Monjardín NA 19 E 23
Villamayor de Santiago CU 59 M 21
Villamayor de Treviño BU 17 E 17
Villamayor del Condado LE 16 E 13
Villamayor del Río BU 18 E 20
Villambrán de Cea P 16 E 15
Villambrosa VI 18 D 20
Villambroz P 16 E 15
Villameca LE 15 E 11
Villameca (Embalse de) LE 15 E 11
Villamediana P 31 F 16
Villamediana de Iregua LO 19 E 22
Villamedianilla BU 17 F 17
Villamején O 5 B 11
Villamejil LE 15 E 11
Villamejín O 5 C 11
Villamejor M 58 M 18
Villameriel P 17 E 16
Villameriel LE 15 D 11
Villamesías CC 68 O 12
Villamiel CC 55 L 9
Villamiel de la Sierra BU 18 F 19
Villamiel de Toledo TO 58 M 17
Villaminaya TO 58 M 18
Villamizar LE 16 E 14
Villamol LE 16 E 14
Villamontán de la Valduerna LE 15 F 12
Villamor BU 18 D 19
Villamor de Cadozos ZA 29 I 11
Villamor de la Ladre ZA 29 H 11
Villamor de los Escuderos ZA 30 I 13
Villamoratiel de las Matas LE 16 E 14
Villamorco P 17 E 16
Villamorey O 6 C 13
Villamorisca LE 16 D 15
Villamoronta P 17 E 15
Villamudria BU 18 E 20
Villamuelas TO 58 M 18
Villamuera de la Cueza P 17 F 15
Villamuñío LE 16 E 14
Villamuriel de Campos VA 30 G 14
Villamuriel de Cerrato P 31 G 16
Villán de Tordesillas VA 30 H 15
Villanañe VI 18 D 20
Villanasur BU 18 E 20
Villanázar ZA 29 G 12
Villandás O 5 C 11
Villandiego BU 17 E 17
Villandín TO 59 L 20
Villaneceriel P 17 E 16
Villanova HU 22 E 31
Villanova LU 14 D 8
Villanova del Pedragal LU 14 D 9
Villanovilla HU 21 E 28
Villanúa HU 21 D 28
Villanubla VA 30 G 15
Villanueva *cerca de Boal* O 4 B 9
Villanueva *cerca de Cangas* O 6 B 14
Villanueva *cerca de Luarca* O 5 B 10
Villanueva *cerca de Ribadedeva* O 7 B 16
Villanueva *cerca de Teverga* O 5 C 11
Villanueva *Santo Adriano* O 5 C 11
Villanueva de Abajo P 17 D 15
Villanueva de Aézkoa / Hiriberri NA 11 D 26
Villanueva de Alcardete TO 59 M 20
Villanueva de Alcorón GU 47 J 23
Villanueva de Algaidas MA 93 U 16
Villanueva de Argaño BU 17 E 18
Villanueva de Argecilla GU 46 J 21
Villanueva de Arriba P 16 D 15
Villanueva de Ávila AV 44 K 15
Villanueva de Azoague ZA 29 G 12
Villanueva de Bogas TO 58 M 19
Villanueva de Cameros LO 19 F 22
Villanueva de Campeán ZA 29 H 12
Villanueva de Cañedo SA 43 I 12
Villanueva de Carazo BU 32 G 20
Villanueva de Carrizo LE 15 E 12
Villanueva de Cauche MA 100 V 16
Villanueva de Córdoba CO 81 R 16
Villanueva de Duero VA 30 H 15
Villanueva de Franco CR 71 P 19
Villanueva de Gállego Z 35 G 27
Villanueva de Gómez AV 44 J 15
Villanueva de Gormaz SO 32 H 20
Villanueva de Guadamajud CU 60 L 22
Villanueva de Gumiel BU 32 G 19
Villanueva de Henares P 17 D 17
Villanueva de Jamuz LE 15 F 12
Villanueva de Jiloca Z 48 I 25
Villanueva de la Cañada M 45 K 17
Villanueva de la Concepción MA 100 V 16
Villanueva de la Condesa VA 16 F 14
Villanueva de la Fuente CR 71 P 21
Villanueva de la Jara CU 60 N 24
Villanueva de la Nia S 17 D 17
Villanueva de la Peña S 7 C 17
Villanueva de la Reina J 82 R 18
Villanueva de la Serena BA 68 P 12
Villanueva de la Sierra ZA 14 F 8
Villanueva de la Sierra CC 55 L 10
Villanueva de la Tercia LE 16 D 12
Villanueva de la Torre GU 46 K 20
Villanueva de la Vera CC 56 L 13
Villanueva de las Cruces H 78 T 8
Villanueva de las Manzanas LE 16 E 13
Villanueva de las Peras ZA 29 G 12
Villanueva de las Torres GR 95 T 20
Villanueva de los Caballeros VA 30 G 14
Villanueva de los Castillejos H 90 T 8
Villanueva de los Escuderos CU 60 L 23
Villanueva de los Infantes VA 31 G 16
Villanueva de los Infantes CR 71 P 20
Villanueva de los Montes BU 18 D 19
Villanueva de los Nabos P 17 E 16
Villanueva de Mena BU 8 C 20
Villanueva de Mesia GR 94 U 17
Villanueva de Odra BU 17 E 17
Villanueva de Omaña LE 15 D 11
Villanueva de Oscos O 4 C 9
Villanueva de Perales M 45 K 17
Villanueva de Puerta BU 17 E 18
Villanueva de San Carlos CR 70 Q 18
Villanueva de San Juan SE 92 U 14
Villanueva de San Mancio VA 30 G 14
Villanueva de Sigena HU 36 G 29
Villanueva de Tapia MA 93 U 17
Villanueva de Valdueza LE 15 E 10
Villanueva de Valrojo ZA 29 G 11
Villanueva de Viver CS 62 L 28
Villanueva de Zamajón SO 33 H 23
Villanueva del Aceral AV 44 I 15
Villanueva del Arbol LE 16 E 13
Villanueva del Ariscal SE 91 T 11
Villanueva del Arzobispo J 83 R 20
Villanueva del Campillo AV 44 K 14
Villanueva del Campo ZA 30 G 13
Villanueva del Conde SA 43 K 11
Villanueva del Duque CO 81 Q 14
Villanueva del Fresno BA 78 Q 8
Villanueva del Huerva Z 34 H 26
Villanueva del Pardillo M 45 K 18
Villanueva del Rebolar de la Sierra TE 49 J 26
Villanueva del Rebollar P 16 F 15
Villanueva del Rey CO 80 R 14
Villanueva del Rey SE 92 T 14
Villanueva del Río SE 80 T 12
Villanueva del Río Segura MU 85 R 26
Villanueva del Río y Minas SE 80 T 12
Villanueva del Rosario MA 100 V 16
Villanueva del Trabuco MA 93 U 16
Villanueva Soportilla BU 18 D 20
Villanueva y Geltrú / Vilanova i la Geltrú B 37 I 35
Villanuevas (Los) TE 62 L 28
Villanuño de Valdavia P 17 E 16
Villaobispo LE 15 E 11
Villaornate y Castro LE 16 F 13
Villapaderne S 7 C 17
Villapadierna LE 16 D 14
Villapalacios AB 71 Q 22
Villapeceñil LE 16 E 14
Villapedre O 5 B 10
Villaprovedo P 17 E 16
Villaquejida LE 16 F 13
Villaquilambre LE 16 E 13
Villaquirán de la Puebla BU 17 F 17
Villaquirán de los Infantes BU 17 F 17
Villar (El) AB 72 O 24
Villar (El) CR 70 Q 17
Villar (El) H 79 S 9
Villar (Embalse de El) M 46 J 19
Villar (Santuario de la Virgen del) LO 33 F 23
Villar da Torre C 2 D 3
Villar de Acero LE 14 D 9
Villar de Argañán SA 42 J 9
Villar de Arnedo (El) LO 19 F 23
Villar de Cantos CU 60 N 22
Villar de Cañas CU 59 M 22
Villar de Chinchilla AB 73 P 25
Villar de Ciervo SA 42 J 9
Villar de Ciervos LE 15 E 11
Villar de Cobeta GU 47 J 23
Villar de Corneja AV 44 K 13
Villar de Cuevas J 82 S 18
Villar de Domingo García CU 60 L 23
Villar de Farfón ZA 29 G 11
Villar de Gallimazo SA 44 J 14
Villar de Golfer LE 15 E 11
Villar de la Encina CU 60 N 22
Villar de la Yegua SA 42 J 9
Villar de las Traviesas LE 15 D 10
Villar de los Navarros Z 48 I 26
Villar de Matacabras AV 44 I 14
Villar de Maya SO 33 F 22
Villar de Mazarife LE 15 E 12
Villar de Olalla CU 60 L 23
Villar de Olmos V 61 N 26
Villar de Peralonso SA 43 I 11
Villar de Plasencia CC 56 L 11
Villar de Pozo Rubio AB 72 O 24
Villar de Rena BA 68 O 12
Villar de Samaniego SA 43 I 10
Villar de Santiago (El) LE 15 D 11
Villar de Sobrepeña SG 31 I 18
Villar de Tejas V 61 N 26
Villar de Torre LO 18 E 21
Villar del Águila CU 60 M 22
Villar del Ala SO 33 G 22
Villar del Arzobispo V 61 M 27
Villar del Buey ZA 29 I 11
Villar del Campo SO 33 G 23
Villar del Cobo TE 48 K 24
Villar del Horno CU 60 L 22
Villar del Humo CU 61 M 25
Villar del Infantado CU 47 K 22
Villar del Maestre CU 60 L 22
Villar del Monte LE 15 F 11
Villar del Olmo M 46 K 20
Villar del Pedroso CC 57 M 14
Villar del Pozo CR 70 P 18
Villar del Rey BA 67 O 9
Villar del Río SO 33 F 22
Villar del Salz TE 48 J 25
Villar del Saz de Arcas CU 60 M 23
Villar del Saz de Navalón CU 60 L 22
Villaralbo ZA 29 H 12
Villaralto CO 81 Q 15
Villarcayo BU 18 D 19
Villardeciervos ZA 29 G 11
Villardefallaves ZA 30 G 14
Villardefrades VA 30 G 14
Villardiegua de la Ribera ZA 29 H 11
Villárdiga ZA 30 G 13
Villardompardo J 82 S 17
Villardondiego ZA 30 H 13
Villarejo AV 44 K 15
Villarejo LO 18 E 21
Villarejo AB 72 Q 23
Villarejo (El) TE 61 L 25
Villarejo de Fuentes CU 59 M 21
Villarejo de la Peñuela CU 60 L 22
Villarejo de Medina GU 47 J 22
Villarejo de Montalbán TO 57 M 16
Villarejo de Órbigo LE 15 E 12
Villarejo de Salvanés M 59 L 20
Villarejo del Espartal CU 60 L 22
Villarejo del Valle AV 57 L 15
Villarejo Periesteban CU 60 M 22
Villarejo Seco CU 60 M 22
Villarejo Sobrehuerta CU 60 L 22
Villarejos (Los) TO 57 M 15
Villarente LE 16 E 13
Villares AB 84 Q 23
Villares (Los) CR 71 P 21
Villares (Los) CO 93 T 17
Villares (Los) GR 94 T 20
Villares (Los) *cerca de Andújar* J 82 R 18
Villares (Los) *cerca de Jaén* J 82 S 18
Villares de Jadraque GU 46 I 20
Villares de la Reina SA 43 I 13
Villares de Órbigo LE 15 E 12
Villares de Yeltes SA 43 J 10
Villares del Saz CU 60 M 22
Villargarcía del Llano CU 72 O 24
Villargordo SA 43 I 11
Villargordo J 82 S 18
Villargordo SE 79 T 10
Villargordo del Cabriel V 61 N 25
Villargusán LE 5 D 12
Villarias BU 18 D 19
Villaricos AL 96 U 24
Villariezo BU 18 F 18
Villarín LE 15 E 12
Villarino LE 15 F 10
Villarino SA 29 I 10
Villarino de Cebal ZA 29 G 11
Villarino de Manzanas ZA 29 G 10
Villarino del Sil LE 15 D 10
Villarino Tras la Sierra ZA 29 G 10
Villarluengo TE 49 K 28
Villarluengo (Puerto de) TE 49 K 28
Villarmayor SA 43 I 12
Villarmentero de Campos P 17 F 16
Villarmentero de Esgueva VA 31 G 16
Villarmid C 2 C 2
Villarmuerto SA 43 I 10
Villarmún LE 16 E 13
Villarodrigo de Ordás LE 15 D 12
Villaronte LU 4 B 8
Villaroya (Puerto de) TE 49 K 28
Villaroya de los Pinares TE 49 K 27
Villarpedre O 4 C 9
Villarquemado TE 48 K 26
Villarrabé P 16 E 15
Villarrabines LE 16 F 13
Villarramiel P 30 F 15
Villarrasa H 91 T 10
Villarreal BA 66 P 8
Villarreal / Vila-real CS 62 M 29
Villarreal de Huerva Z 48 I 26
Villarreal de la Canal HU 21 E 27
Villarreal de San Carlos CC 56 M 11
Villarrín de Campos ZA 30 G 13
Villarroañe LE 16 E 13
Villarrobejo P 16 E 15
Villarrobledo AB 71 O 22
Villarrodrigo P 16 E 15
Villarrodrigo J 83 Q 22
Villarroquel LE 15 E 12
Villarroya LO 19 F 23
Villarroya de la Sierra Z 34 H 24
Villarroya del Campo Z 48 I 26
Villarrubia CO 81 S 15
Villarrubia de los Ojos CR 70 O 19
Villarrubia de Santiago TO 59 M 19
Villarrubín LE 14 E 8
Villarrubio CU 59 M 21
Villarta CU 61 N 25
Villarta de Escalona TO 57 L 16
Villarta de los Montes BA 69 O 15
Villarta de San Juan CR 71 O 19
Villarta-Quintana LO 18 E 20
Villartelín LU 14 D 8
Villartorey O 4 B 9
Villartoso SO 33 F 22
Villarué HU 22 E 31
Villarueva de la Torre GU 46 K 20
Villas de Turbón (Las) HU 22 E 31
Villas Viejas CU 59 M 21
Villasabariego LE 16 E 13
Villasabariego de Ucieza P 17 E 16
Villasana de Mena BU 8 C 20
Villasandino BU 17 E 17
Villasante de Montija BU 8 C 19
Villasar B 38 H 37
Villasarracino P 17 E 16
Villasayas SO 33 H 22
Villasbuenas SA 42 I 10
Villasbuenas de Gata CC 55 L 10
Villasdardo SA 43 I 11
Villaseca LO 18 E 21
Villaseca CU 60 L 23
Villaseca CO 81 S 14
Villaseca SG 31 I 18
Villaseca de Arciel SO 33 H 23
Villaseca de la Sagra TO 58 M 18
Villaseca de Laciana LE 15 D 11
Villaseca de Uceda GU 46 J 19
Villasecino LE 15 D 11
Villaseco ZA 29 H 12
Villaseco de los Gamitos SA 43 I 11
Villaseco de los Reyes SA 43 I 11
Villaselán LE 16 E 14
Villasequilla TO 58 M 18
Villasevil S 7 C 18
Villasexmir VA 30 H 14
Villasidro BU 17 E 17
Villasila P 17 E 16
Villasilos BU 17 F 17
Villasimpliz LE 16 D 13
Villasinde LE 14 E 9
Villaspesa TE 61 L 26
Villasrubias SA 42 K 10
Villastar TE 61 L 26
Villasur P 17 E 15
Villasur de Herreros BU 18 F 19
Villasuso S 7 C 17
Villatobas TO 59 M 20
Villatoro AV 44 K 14
Villatoro BU 18 E 18
Villatoya AB 73 O 25
Villatresmil O 5 B 10
Villatuerta NA 19 E 24
Villaturde P 17 E 15
Villaturiel LE 16 E 13
Villaumbrales P 31 F 16
Villaute BU 17 E 18
Villava NA 11 D 25
Villavaler O 5 B 11
Villavaliente AB 73 O 25
Villavaquerín VA 31 H 16
Villavedón BU 17 E 17
Villavelasco de Valderaduey LE 16 E 15
Villavelayo LO 18 F 21
Villavellid VA 30 G 14
Villavendimio ZA 30 H 13
Villavente LE 16 E 13
Villaventín BU 8 C 19
Villaverde M 46 K 18
Villaverde O 6 B 13
Villaverde LE 14 E 9
Villaverde *Fuerteventura* GC 111 I 2
Villaverde de Abajo LE 16 D 13
Villaverde de Arcayos LE 16 E 14
Villaverde de Guadalimar AB 83 Q 22
Villaverde de Guareña SA 44 I 13
Villaverde de Iscar SG 31 I 16
Villaverde de Medina VA 30 I 14
Villaverde de Montejo SG 32 H 19
Villaverde de Pontones S 8 B 18
Villaverde de Rioja LO 19 F 21
Villaverde de Sandoval LE 16 E 13
Villaverde de Trucios S 8 C 20
Villaverde del Ducado GU 47 I 22
Villaverde del Monte SO 33 G 21
Villaverde del Monte BU 17 F 18
Villaverde del Río SE 92 T 12
Villaverde la Chiquita LE 16 E 14
Villaverde-Mogina BU 17 F 17
Villaverde-Peñahorada BU 18 E 18
Villaverde y Pasaconsol CU 60 M 23
Villaveta BU 17 E 17
Villaveta NA 11 D 25
Villaveza de Valverde ZA 29 G 12
Villaveza del Agua ZA 29 G 12
Villavicencio de los Caballeros VA 30 F 14
Villaviciosa O 6 B 13
Villaviciosa AV 44 K 15

A B C D E F G H I J K L M N O P Q R S T U V W X Y Z

Villaviciosa de Córdoba CO ... 81 R 14
Villaviciosa de la Ribera LE ... 15 E 12
Villaviciosa de Odón M ... 45 K 18
Villaviciosa de Tajuña GU ... 47 J 21
Villavieja de Muñó BU ... 17 F 18
Villavieja de Yeltes SA ... 43 J 10
Villavieja del Cerro VA ... 30 H 14
Villavieja del Lozoya M ... 46 I 18
Villaviudas P ... 31 G 16
Villayón O ... 4 B 9
Villayuste LE ... 15 D 12
Villaza OR ... 28 G 7
Villazala LE ... 15 E 12
Villazanzo de Valderaduey LE ... 16 E 15
Villazón O ... 5 B 11
Villazopeque BU ... 17 F 17
Villegar S ... 7 C 18
Villegas BU ... 17 E 17
Villegas o Mardos AB ... 73 Q 25
Villeguillo SG ... 31 I 16
Villel TE ... 61 L 26
Villel de Mesa GU ... 47 I 24
Villela BU ... 17 D 17
Villena A ... 73 Q 27
Villeriás P ... 30 G 15
Villeza LE ... 16 F 14
Villiguer LE ... 16 E 13
Villimer LE ... 16 E 13
Villivañe LE ... 16 E 13
Villobas HU ... 21 E 29
Villodas VI ... 19 D 21
Villodre P ... 17 F 17
Villodrigo P ... 17 F 17
Villoldo P ... 17 F 16
Villomar LE ... 16 E 13
Villora CU ... 61 M 25
Vílora (Cabeza de) CU ... 61 M 25
Villores CS ... 49 J 29
Villoria O ... 6 C 13
Villoria SA ... 44 J 13
Villoria de Boada SA ... 43 J 11
Villorquite de Herrera P ... 17 E 16
Villoruebo BU ... 18 F 19
Villoruela SA ... 44 I 13
Villoslada SG ... 45 J 16
Villoslada de Cameros LO ... 33 F 21
Villota del Duque P ... 17 E 16
Villota del Páramo P ... 16 E 15
Villotilla P ... 17 E 15
Villovela BU ... 31 G 18
Villoviado BU ... 32 G 18
Villovieco P ... 17 F 16
Villuercas CC ... 56 N 13
Viloalle LU ... 4 B 7
Vilobí d'Onyar GI ... 25 G 38
Vilopriu GI ... 25 F 38
Viloria NA ... 19 D 23
Viloria VA ... 31 H 16
Viloria de Rioja BU ... 18 E 20
Vilosell (El) L ... 37 H 32
Vilouriz C ... 3 D 6
Vilouzás C ... 3 C 5
Vilueña (La) Z ... 34 I 24
Vilvarejo (El) TE ... 48 J 26
Vilves L ... 37 G 33
Vilvestre SA ... 42 I 9
Vilviestre de los Nabos SO ... 33 G 22
Vilviestre de Muñó BU ... 17 F 18
Vilviestre del Pinar BU ... 32 G 20
Vilvis TO ... 58 L 17
Vimbodí T ... 37 H 33
Vimianzo C ... 2 C 2
Vinaceite TE ... 35 I 28
Vinaderos AV ... 44 I 15
Vinaixa L ... 37 H 32
Vinallop T ... 50 J 31
Vinaròs CS ... 50 K 31
Vincios PO ... 12 F 3
Vindel CU ... 47 K 22
Vinebre T ... 36 I 31
Viniegra de Abajo LO ... 18 F 21
Viniegra de Arriba LO ... 33 F 21
Vinseiro PO ... 13 D 4
Vinuesa SO ... 33 G 21
Vinyoles CS ... 73 O 26
Vinyoles d'Orís B ... 24 F 36
Vinyols T ... 51 I 33
Viña C ... 3 C 5
Viña (La) GR ... 94 U 17
Viñales LE ... 15 E 10
Viñamala (Reserva nacional de) HU ... 21 D 29

Viñas ZA ... 29 G 10
Viñas (Las) J ... 82 R 18
Viñegra AV ... 44 J 14
Viñegra de Moraña AV ... 44 J 15
Viñón S ... 7 C 16
Viñón O ... 6 B 13
Viñuela MA ... 101 V 17
Viñuela (Embalse de la) MA ... 101 V 17
Viñuela (La) CR ... 69 P 17
Viñuela (La) SE ... 80 S 13
Viñuela de Sayago ZA ... 29 I 12
Viñuelas GU ... 46 J 19
Viñuelas (Castillo de) M ... 46 K 19
Vírgala Mayor VI ... 19 D 22
Virgen (Ermita de la) GU ... 47 J 22
Virgen Coronada (Ermita de la) BA ... 68 O 14
Virgen de Ara (Ermita) BA ... 80 R 12
Virgen de Fabana (Ermita de la) HU ... 21 F 29
Virgen de la Cabeza GR ... 95 T 21
Virgen de la Cabeza (Ermita de la) CR ... 71 Q 19
Virgen de la Cabeza (Ermita de la) AL ... 84 S 23
Virgen de la Cabeza (Santuario) J ... 82 R 17
Virgen de la Columna Z ... 35 H 27
Virgen de la Estrella (Santuario de la) TE ... 49 K 29
Virgen de la Montaña (La) CC ... 55 N 10
Virgen de la Muela TO ... 59 M 20
Virgen de la Peña (Ermita de la) TE ... 49 K 28
Virgen de la Peña (Ermita de la) H ... 78 T 8
Virgen de la Sierra (Ermita de la) CR ... 70 O 18
Virgen de la Sierra (Santuario de) Z ... 34 H 24
Virgen de la Vega CR ... 71 Q 20
Virgen de la Vega GU ... 47 J 22
Virgen de la Vega (Ermita de la) TE ... 50 J 30
Virgen de la Vega (La) TE ... 49 K 27
Virgen de Lagunas (Ermita de la) Z ... 34 H 26
Virgen de las Cruces CR ... 70 O 18
Virgen de las Viñas CR ... 71 O 21
Virgen de Lomos de Orios (La) LO ... 33 F 22
Virgen de los Ángeles (Ermita de la) TE ... 48 K 25
Virgen de los Santos CR ... 70 P 18
Virgen de Luna CO ... 81 R 15
Virgen de Montesinos (Ermita de la) GU ... 47 J 23
Virgen de Nieves Tara Mazas (Ermita) TE ... 49 J 29
Virgen de Suceso BI ... 8 C 20
Virgen del Buen Suceso (Ermita de la) LE ... 49 K 28
Virgen del Buenlabrado (Ermita de) GU ... 47 J 23
Virgen del Camino (La) LE ... 16 E 13
Virgen del Campo (Ermita de la) cerca de Camarillas TE ... 48 K 27
Virgen del Castillo CR ... 69 P 15
Virgen del Castillo (Ermita de la) SG ... 45 I 17
Virgen del Castillo (Ermita de la) TE ... 48 K 26
Virgen del Molino (Ermita de la) TE ... 48 K 26
Virgen del Pinar (Ermita de la) CU ... 47 K 22
Virgen del Poral (Ermita de la) GU ... 47 K 21
Virgen del Prado (Ermita de la) CC ... 55 N 10
Virgen del Robledo (Ermita de la) SE ... 80 S 13
Virgen del Rocío SE ... 92 T 12
Virgen del Rosario (Ermita de la) TE ... 48 J 26
Virtudes (Las) CR ... 71 Q 19
Virtudes (Las) A ... 73 Q 27
Virtus BU ... 17 D 18
Visantoña C ... 3 C 5
Visaurín HU ... 21 D 28
Visiedo TE ... 48 J 26
Viso (El) AB ... 73 O 26

Viso (El) CO ... 81 Q 15
Viso (O) C ... 12 D 2
Viso de San Juan (El) TO ... 58 L 18
Viso del Alcor (El) SE ... 92 T 12
Viso del Marqués CR ... 82 Q 19
Vista Alegre C ... 3 B 5
Vistabella Z ... 34 I 26
Vistabella del Maestrat CS ... 49 L 29
Vistahermosa CA ... 98 W 11
Vistalegre TO ... 57 M 15
Vita AV ... 44 J 14
Vitigudino SA ... 43 I 10
Vitoria-Gasteiz VI ... 19 D 21
Víu HU ... 22 E 31
Viu de Llevata L ... 22 E 32
Vivar de Fuentidueña SG ... 31 H 17
Vivar del Cid BU ... 18 E 18
Vivares BA ... 68 O 11
Vivedro O ... 4 B 9
Viveiro LU ... 4 B 7
Viveiró Sierra del Xistral LU ... 3 B 7
Viveiró (Ría de) LU ... 4 A 7
Vivel del Río Martín TE ... 49 J 27
Viver B ... 38 G 35
Viver Castelló CS ... 62 M 28
Viver de la Sierra Z ... 34 H 25
Vivero CR ... 69 P 15
Viveros AB ... 71 P 22
Vives (Los) A ... 85 R 27
Vivinera ZA ... 29 G 11
Vixán C ... 12 E 2
Vizcaina (La) La Gomera TF ... 118 B 2
Vizcainos BU ... 32 F 20
Vizcalmón J ... 94 T 17
Vizcodillo ZA ... 15 F 10
Vizmanos SO ... 33 F 22
Víznar GR ... 94 U 19
Vorcel SE ... 92 U 12
Vozmediano SO ... 34 G 24
Voznuevo LE ... 16 D 14
Vueltas La Gomera TF ... 118 A 3
Vulpellac GI ... 25 G 39

W
Wamba VA ... 30 G 15
Warner Bros M ... 58 L 19

X
Xàbia / Jávea A ... 75 P 30
Xallas C ... 2 D 2
Xaló A ... 74 P 29
Xanceda C ... 3 C 5
Xara (La) A ... 74 P 30
Xares OR ... 14 F 9
Xarrié CR ... 70 O 18
Xàtiva V ... 74 P 28
Xaviña C ... 2 C 2
Xendive OR ... 27 G 5
Xeraco V ... 74 O 29
Xerdiz LU ... 4 B 7
Xeresa V ... 74 O 29
Xermade LU ... 4 C 7
Xermar LU ... 4 C 7
Xert CS ... 50 K 30
Xerta T ... 50 J 31
Xesta cerca de Lalín PO ... 13 E 5
Xesta cerca de Lama PO ... 13 E 4
Xesta (Porto da) LU ... 4 B 7
Xestal C ... 3 C 5
Xesteira PO ... 12 E 4
Xestosa OR ... 13 F 6
Xestoso C ... 3 C 6
Xeve PO ... 12 E 4
Xilxes / Chilches CS ... 62 M 29
Xinzo de Limia OR ... 13 F 6
Xirivella V ... 62 N 28
Xironda OR ... 27 G 7
Xistral (Sierra del) LU ... 4 B 7
Xiva de Morella CS ... 50 K 29
Xivana (La) V ... 74 O 29
Xivert (Castell de) CS ... 50 L 30
Xixona A ... 74 Q 28
Xodos CS ... 62 L 29
Xove LU ... 4 A 7
Xuances LU ... 4 B 7
Xubia C ... 3 B 5
Xunqueira de Ambía OR ... 13 F 6
Xunqueira de Espadañedo OR ... 13 F 7

Xuño C ... 12 E 2
Xustás LU ... 4 C 7
Xuvencos LU ... 13 E 7

Y
Yaco Tenerife TF ... 129 F 5
Yaiza Lanzarote GC ... 122 B 4
Yanguas SO ... 33 F 22
Yanguas de Eresma SG ... 45 I 17
Yaso HU ... 21 F 29
Yátor GR ... 102 V 20
Yátova V ... 73 N 27
Ye GC ... 121 F 3
Yébenes (Los) TO ... 58 N 18
Yebes GU ... 46 K 20
Yebra GU ... 46 K 21
Yebra de Basa HU ... 21 E 29
Yecla MU ... 73 Q 26
Yecla de Yeltes SA ... 43 J 10
Yécora VI ... 19 E 22
Yedra J ... 82 R 19
Yegen GR ... 102 V 20
Yeguas AL ... 103 V 23
Yeguas (Embalse de) CO ... 81 R 17
Yeguas (Las) TO ... 58 L 17
Yeguas (Las) MA ... 93 U 15
Yegüerizos (Los) J ... 83 R 21
Yela GU ... 47 J 21
Yélamos de Abajo GU ... 47 K 21
Yélamos de Arriba GU ... 47 K 21
Yelbes BA ... 68 P 11
Yeles TO ... 58 L 18
Yeles (Estación de) TO ... 58 L 18
Yelmo J ... 83 R 21
Yelo SO ... 47 I 22
Yelves (Sierra de) BA ... 68 P 11
Yémeda CU ... 60 M 24
Yepes TO ... 58 M 19
Yéqueda HU ... 21 F 28
Yera S ... 8 C 18
Yermo S ... 7 C 17
Yernes O ... 5 C 11
Yesa NA ... 20 E 26
Yesa (Embalse de) Z ... 20 E 26
Yesa (La) V ... 61 M 27
Yesares (Los) AB ... 72 O 24
Yésero HU ... 21 E 29
Yesos (Los) AL ... 96 U 23
Yesos (Los) GR ... 102 V 20
Yeste AB ... 84 Q 23
Yeste HU ... 21 E 27
Yetas de Abajo AB ... 84 R 23
Yezosa CR ... 70 P 19
Yudego BU ... 17 E 17
Yugueros LE ... 16 D 14
Yuncler TO ... 58 L 18
Yunclillos TO ... 58 L 18
Yuncos TO ... 58 L 18
Yunquera MA ... 100 V 15
Yunquera (La) AB ... 72 P 23
Yunquera de Henares GU ... 46 J 20
Yunta (La) GU ... 48 J 24
Yuso LE ... 6 C 15
Yuso (Monasterio de) LO ... 18 F 21
Yuste (Monasterio de) CC ... 56 L 12

Z
Zabalza cerca de Lumbier NA ... 11 D 26
Zabalza cerca de Pamplona NA ... 10 D 24
Zael BU ... 31 F 18
Zafara ZA ... 29 H 11
Zafarraya GR ... 101 V 17
Zafra BA ... 79 Q 10
Zafra (La) A ... 73 P 27
Zafra de Záncara CU ... 59 M 22
Zafrilla CU ... 61 L 25
Zagra GR ... 94 U 17
Zagrilla CO ... 93 T 17
Zahara (Embalse de) CA ... 99 V 12
Zahara (Ensenada de) CA ... 99 X 12
Zahara de la Sierra CA ... 92 V 13
Zahara de los Atunes CA ... 99 X 12
Zahariche CA ... 92 T 13
Zahinos BA ... 78 R 9
Zahora CA ... 98 X 11
Zahora (La) GR ... 94 U 18
Zaida (La) Z ... 35 I 28
Zaitegi VI ... 19 D 21
Zajarrón Bajo BA ... 67 O 9
Zalamea de la Serena BA ... 68 Q 13
Zalamea la Real H ... 79 S 10

Zalamillas LE ... 16 F 13
Zaldíbar BI ... 10 C 22
Zaldia SS ... 10 C 23
Zalduendo BU ... 18 E 19
Zalduendo VI ... 19 D 22
Zalea MA ... 100 V 15
Zalla BI ... 8 C 20
Zamajón SO ... 33 H 22
Zamarra SA ... 43 K 10
Zamarramala SG ... 45 J 17
Zamarrón BA ... 95 T 20
Zamayón SA ... 43 I 12
Zamora ZA ... 29 H 12
Zamora (Mirador de) Gran Canaria GC ... 115 E 2
Zamoranos CO ... 94 T 17
Zamores (Embalse de) CC ... 54 N 8
Zancarrón de Soto (Cueva del) H ... 91 T 9
Zandio NA ... 11 D 25
Zángano (Puerto del) BA ... 67 O 9
Zangoza / Sangüesa NA ... 20 E 26
Zanzabornín O ... 5 B 12
Zaorejas GU ... 47 J 23
Zapardiel de la Cañada AV ... 44 K 13
Zapardiel de la Ribera AV ... 44 K 14
Zapateras (Las) BA ... 67 P 11
Zapateros AB ... 72 Q 22
Zapillo (El) AL ... 103 V 22
Zapillo (El) SE ... 92 T 13
Zárabes SO ... 33 H 23
Zaragoza Z ... 35 H 27
Zaragozilla (Ermita de la) CA ... 92 V 13
Zaramillo BI ... 8 C 21
Zaratán VA ... 30 H 15
Zaratamo BI ... 8 C 21
Zarautz SS ... 10 C 23
Zarcilla de Ramos MU ... 84 S 24
Zarcita La Gomera TF ... 119 C 2
Zarra V ... 73 O 26
Zarracatín SE ... 92 U 12
Zarratón LO ... 18 E 21
Zarza (La) VA ... 30 I 15
Zarza (La) AB ... 72 P 23
Zarza (La) cerca de Alcantarilla MU ... 85 S 25
Zarza (Puerto de la) H ... 78 S 8
Zarza Capilla BA ... 69 P 14
Zarza de Alange BA ... 67 P 11
Zarza de Granadilla CC ... 56 L 11
Zarza de Montánchez CC ... 68 O 11
Zarza de Pumareda (La) SA ... 28 I 10
Zarza de Tajo CU ... 59 L 20
Zarza la Mayor CC ... 55 M 9
Zarzadilla de Totana MU ... 84 S 24
Zarzal TO ... 57 N 16
Zarzalejo M ... 45 K 17
Zarzosa LO ... 19 F 22
Zarzosa de Riopisuerga BU ... 17 E 17
Zarzoso (Sierra del) BA ... 78 Q 9
Zarzuela CU ... 60 L 23
Zarzuela (La) M ... 45 K 18
Zarzuela (La) CA ... 99 X 12
Zarzuela de Jadraque GU ... 46 I 20
Zarzuela del Monte SG ... 45 J 16
Zarzuela del Pinar SG ... 31 I 17
Zas C ... 2 C 3
Zayas de Báscones SO ... 32 G 20
Zayas de Torre SO ... 32 G 20
Zayuelas SO ... 32 G 20
Zazuar BU ... 32 G 19
Zeanuri BI ... 9 C 21
Zeberio BI ... 9 C 21
Zegama SS ... 19 D 23
Zegrí (Puerto del) GR ... 94 T 19
Zenia (La) A ... 85 S 27
Zerain SS ... 10 C 23
Zestoa SS ... 10 C 23
Ziga NA ... 11 C 25
Zigoitia VI ... 19 D 21
Zilbeti NA ... 11 D 25
Ziordia NA ... 19 D 23
Ziorraga VI ... 8 C 21
Zizur Mayor NA ... 11 D 24
Zizur Menor NA ... 11 D 24
Zizurkil SS ... 10 C 23
Zocueza J ... 82 R 18
Zollo-Elexalde BI ... 8 C 21

Zoma (La) TE ... 49 J 28
Zomas (Las) CU ... 60 M 23
Zorelle OR ... 13 F 7
Zorita SA ... 43 I 12
Zorita GR ... 68 O 12
Zorita (Embalse de) GU ... 46 K 21
Zorita de la Frontera SA ... 44 I 14
Zorita de la Loma VA ... 16 F 14
Zorita de los Canes GU ... 59 L 21
Zorita de los Molinos AV ... 44 J 15
Zorraquín LO ... 18 F 21
Zotes del Páramo LE ... 15 F 12
Zuazo VI ... 19 D 22
Zub Isabal O ... 9 C 21
Zubia (La) GR ... 94 U 19
Zubia (La) MA ... 101 V 17
Zubielqui NA ... 19 D 23
Zubieta NA ... 10 C 24
Zubiri NA ... 11 D 25
Zucaina CS ... 62 L 28
Zudaire NA ... 19 D 23
Zuera Z ... 35 G 27
Zufre H ... 79 S 10
Zugarramurdi NA ... 11 C 25
Zuhatza Kuartango VI ... 18 E 21
Zuheros CO ... 93 T 17
Zuia VI ... 19 D 21
Zujaira GR ... 94 U 18
Zújar GR ... 95 T 21
Zújar CO ... 68 O 14
Zújar (Embalse del) BA ... 68 P 13
Zulema AB ... 73 O 25
Zulueta NA ... 11 D 25
Zumaia SS ... 10 C 23
Zumarraga SS ... 19 D 23
Zumeltzu VI ... 19 D 21
Zumeta V ... 83 R 22
Zunega MU ... 84 S 24
Zunzarren NA ... 11 D 25
Zuñeda BU ... 18 E 19
Zúñiga NA ... 19 D 23
Zurbaran BA ... 68 O 12
Zurbitu BU ... 19 D 21
Zureda O ... 5 C 12
Zurgena AL ... 96 T 23
Zurita HU ... 36 G 31
Zurucuáin NA ... 10 D 24
Zuzones BU ... 32 H 19

A
B
C
D
E
F
G
H
I
J
K
L
M
N
O
P
Q
R
S
T
U
V
W
X
Y
Z

174 Portugal

A B C D E F G H I J K L M N O P Q R S T U V W X Y Z

A

À-da-Velha 16 13 F 5
A de Barros 18 41 J 7
A-do-Pinto 02 78 S 7
A dos Cunhados 11 64 O 2
A. dos Ferreiros 01 40 K 4
A Ver-o-mar 13 26 H 3
Abaças 17 27 I 6
Abade de Neiva 03 26 H 4
Abadia (Nossa Senhora d') 03 27 G 5
Abambres 04 28 H 8
Abela 15 77 S 4
Abitureiras 14 53 O 3
Abiúl 10 53 M 4
Aboadela 13 27 I 6
Aboboreira 14 53 N 5
Aboim 03 27 H 5
Aboim da Nóbrega 03 27 G 4
Aboim das Choças 16 26 G 4
Aborim 03 26 H 4
Abrã 14 53 N 3
Abragão 13 27 I 5
Abrantes 14 53 N 5
Abreiro 04 28 H 8
Abrigada 11 64 O 2
Abrilongo (Ribeira de) 66 O 8
Abrunheira 06 53 L 3
Abrunhosa-a-Velha 18 41 K 7
Abuxanas 14 52 O 3
Achada 11 64 P 1
Achada 20 107 J 20
Achada do Gamo 02 78 T 7
Achadas da Cruz 31 88 AY
Achadinha 20 107 J 20
Achete 14 53 O 3
Acoreira 04 42 I 8
Adão 09 42 K 8
Adaúfe 03 27 H 4
Ade 09 42 K 9
Adiça (Serra da) 02 78 S 7
Adorigo 18 27 I 7
Adoufe 17 27 H 6
Adraga 11 64 P 1
Adrão 16 27 G 5
Afife 16 26 G 3
Afonsim 17 27 H 6
Agadão 01 41 K 5
Agroal 14 53 M 4
Agrochão 04 28 G 8
Água de Madeiros 10 52 M 2
Água de Pau 20 107 J 19
Agua de Pau (Serra de) 20 107 J 19
Água de Peixes 02 77 R 6
Água de Pena 31 88 BY
Água do Alto 20 107 J 19
Água Longa 13 26 I 4
Água Negra 02 78 S 7
Água Retorta 20 107 J 20
Água Travessa 14 65 O 5
Aguada de Baixo 01 40 K 4
Aguada de Cima 01 40 K 4
Agualva 20 107 G 14
Agualva-Cacém 11 64 P 2
Águas Belas 09 42 K 8
Águas Belas 14 53 M 5
Águas Boas 18 41 J 7
Águas de Moura 15 65 Q 3
Águas dos Fusos 08 89 U 6
Águas Frias 08 89 U 5
Águas Frias 17 28 G 7
Águas Réves-e-Castro 17 28 H 7
Águas Santas 13 26 I 4
Aguçadoura 13 26 H 3
Aguda 10 53 M 5
Águeda 01 40 K 4
Águeda (Rio) 01 40 K 4
Águeda (Rio) 09 42 J 9
Aguiã 16 26 G 4
Aguiar 07 77 Q 6
Aguiar (Ribeira de) 09 42 J 9
Aguiar da Beira 09 41 J 7
Aguiar de Sousa 13 26 I 4
Aguieira (Barragem da) 41 K 5
Agulha (Ponta da) 20 107 J 18
Airães 13 27 I 5
Aire (Serra de) 14 53 N 4
Ajuda (Ponta da) 20 107 J 20
Alagoa 12 54 N 7
Alamo 78 Q 7
Alandroal 07 66 P 7
Alares 05 54 M 8
Albarnaz (Ponta do) 20 107 E 2
Albergaria 10 52 M 3
Albergaria-a-Nova 01 40 J 4
Albergaria-a-Velha 01 40 J 4
Albergaria dos Doze 10 53 M 4
Albergaria dos Fusos 02 77 R 6
Albernoa 02 77 S 6
Albufeira 08 89 U 5
Albufeira (Lagoa de) 15 64 Q 2
Alburitel 14 53 N 4
Alcabideche 11 64 P 1
Alcácer do Sal 15 77 Q 4
Alcáçovas 07 77 Q 5
Alcáçovas (Estação de) 07 77 Q 5
Alcáçovas (Ribeira das) 65 Q 5
Alcafozes 05 54 M 8
Alcaide 05 54 L 7
Alcains 05 54 M 7
Alcanede 14 52 N 3
Alcanena 14 53 N 3
Alcanhões 14 53 O 4
Alcantarilha 08 89 U 4
Alcaravela 14 53 N 5
Alcaraviça 07 66 P 7
Alcaria 02 77 R 6
Alcaria 05 54 L 7
Alcaria 10 53 N 3
Alcaria *perto de Boliqueime* 08 89 U 5
Alcaria *perto de Odeleite* 08 90 T 7
Alcaria Alta 08 89 T 6
Alcaria de Javazes 02 90 T 7
Alcaria do Cume 08 89 U 6
Alcaria Longa 02 77 T 6
Alcaria Ruiva 02 77 S 6
Alcarias 08 90 U 7
Alcarrache (R.) 78 R 7
Alcobaça 10 52 N 3
Alcobertas 14 52 N 3
Alcochete 15 64 P 3
Alcoentre 11 64 O 3
Alcofra 18 41 K 5
Alcongosta 05 54 L 7
Alcorochel 14 53 N 4
Alcoutim 08 90 T 7
Alcôvo das Várzeas 06 41 L 6
Aldeia da Mata 12 66 O 6
Aldeia da Ponte 09 42 K 9
Aldeia da Ribeira 09 42 K 9
Aldeia da Ribeira 14 52 N 3
Aldeia da Serra 07 66 P 7
Aldeia da Serra 10 53 M 4
Aldeia da Serra *perto de São Gregório* 07 65 P 6
Aldeia da Tor 08 89 U 5
Aldeia das Amoreiras 02 77 T 4
Aldeia das Dez 06 41 L 6
Aldeia de Ana de Avis 10 53 M 5
Aldeia de Eiras 14 53 N 5
Aldeia de Irmãos 15 64 Q 2
Aldeia de Joanes 05 54 L 7
Aldeia de João Pires 05 54 L 8
Aldeia de Nacomba 18 41 J 7
Aldeia de Santa Margarida 05 54 L 8
Aldeia de São Francisco de Assis 05 54 L 6
Aldeia do Bispo 05 54 L 8
Aldeia do Bispo 09 42 L 9
Aldeia do Carvalho 05 41 L 7
Aldeia do Corvo 02 77 T 6
Aldeia do Mato 14 53 N 5
Aldeia do Neves 02 77 T 6
Aldeia do Ronquenho 02 77 S 5
Aldeia dos Delbas 02 77 S 5
Aldeia dos Fernandes 02 77 T 5
Aldeia dos Francos 10 52 O 2
Aldeia dos Grandaços 02 77 T 5
Aldeia dos Neves 02 77 T 5
Aldeia dos Palheiros 02 77 T 5
Aldeia dos Pescadores 10 52 N 2
Aldeia dos Ruins 02 77 R 5
Aldeia Gavinha 11 64 O 2
Aldeia Nova 02 77 S 5
Aldeia Nova 04 29 H 11
Aldeia Nova 08 90 U 7
Aldeia Nova *perto de Almeida* 09 42 J 9
Aldeia Nova *perto de Trancoso* 09 41 J 7
Aldeia Velha 09 42 K 9
Aldeia Velha 12 65 O 5
Aldeia Viçosa 09 42 K 8
Aldeias 02 78 R 6
Aldeias 09 41 K 7
Aldeias 18 41 I 6
Aldeias de Montoito 07 66 Q 7
Alegrete 12 66 O 8
Alenquer 11 64 O 2
Alenquer (Ribeira de) 11 64 O 2
Alentisca 12 66 P 8
Alfafar 06 53 L 4
Alfaião 04 28 G 9
Alfaiates 09 42 K 9
Alfambra 08 88 U 3
Alfândega da Fé 04 28 H 9
Alfarela de Jales 17 27 H 7
Alfarelos 06 53 L 4
Alfarim 15 64 Q 2
Alfeizerão 10 52 N 2
Alferce 08 89 U 4
Alferrarede 14 53 N 5
Alfrivida 05 54 M 7
Alfundão 02 77 R 5
Alfusqueiro 40 K 4
Algaça 06 40 L 5
Algar do Carvão 20 107 G 14
Algar Seco 08 89 U 4
Algarvia 20 107 J 20
Alge (Ribeira de) 10 53 M 5
Algeruz 15 64 Q 3
Algibre (Ribeira de) 08 89 U 5
Algodor 02 77 S 6
Algodres 09 42 J 8
Algoso 04 28 H 10
Algoz 08 89 U 5
Alguber 11 52 O 2
Algueirão-Mem Martins 11 64 P 1
Alhadas 06 40 L 3
Alhais 18 41 J 6
Alhandra 11 64 P 2
Alhões 18 41 J 5
Alhos Vedros 15 64 Q 2
Alijó 17 27 I 7
Aljezur 08 88 U 3
Aljubarrota 10 52 N 3
Aljustrel 02 77 S 5
Almaça 18 41 K 5
Almaceda 05 54 L 7
Almada 15 64 P 2
Almada de Ouro 08 90 U 7
Almadafe (Ribeira do) 66 P 6
Almádena 08 88 U 3
Almagreira 10 53 M 4
Almagreira *Azores* 20 107 M 20
Almalaguês 06 53 L 4
Almancil 08 89 U 5
Almargem do Bispo 11 64 P 2
Almargens 08 89 U 6
Almeida 09 42 J 9
Almeirim 02 77 S 5
Almeirim 07 65 Q 6
Almeirim 14 65 O 4
Almendra 09 42 I 8
Almodôvar 02 89 T 5
Almofala 09 42 J 9
Almofala 10 52 N 2
Almofala 18 41 J 6
Almograve 02 76 T 3
Almonda 14 53 N 4
Almoster 10 53 M 4
Almoster 14 64 O 3
Almourol (Castelo de) 14 53 N 4
Almuro (Ribeira do) 12 66 P 7
Alpalhão 12 54 N 7
Alpedrinha 05 54 L 7
Alpedriz 10 52 N 3
Alpendres de Lagares 02 78 S 7
Alpiarça 14 65 O 4
Alportel 08 89 U 6
Alportel (Ribeira de) 08 89 U 6
Alpreade (Ribeira de) 05 54 M 7
Alqueidão 06 53 L 3
Alqueidão da Serra 10 53 N 3
Alqueidão do Arrimal 10 52 N 3
Alqueva 07 78 R 7
Alqueva (Barragem de) 78 R 7
Alte 08 89 U 5
Alter do Chão 12 66 O 7
Alter Pedroso 12 66 O 7
Alto Cávado (Barragem de) 17 27 G 6
Alto Ceira (Barragem do) 06 54 L 6
Alto Fica 08 89 U 5
Alto Rabagão (Barragem do) 17 27 G 6
Altura 08 90 U 7
Alturas do Barroso 17 27 G 6
Alva 18 41 J 6
Alva (Rio) 41 L 5
Alvacar (Ribeira de) 02 77 T 6
Alvações do Corgo 17 27 I 6
Alvadia 17 27 H 6
Alvados 10 53 N 3
Alvaiade 05 54 M 6
Alvaiázere 10 53 M 4
Alvalade 15 77 S 4
Alvão (Serra de) 17 27 H 6
Alvarães 16 26 H 3
Alvarelhos 17 28 G 7
Alvarenga 01 41 J 5
Alvares 02 77 T 6
Alvares 06 53 L 5
Álvaro 05 53 M 6
Alvarrão 02 78 R 7
Alvarrões 12 54 N 7
Alvega 14 53 N 5
Alvelos (Serra de) 05 54 M 6
Alvendre 09 42 K 8
Alverca da Beira 09 42 J 8
Alverca do Ribatejo 11 64 P 2
Alves 02 78 T 7
Alviela 14 53 N 4
Alviobeira 14 53 M 4
Alvite 18 41 J 6
Alvito 02 77 R 6
Alvito (Barragem do) 02 77 R 6
Alvito da Beira 05 54 M 6
Alvoco da Serra 09 41 L 6
Alvoco das Várzeas 06 41 L 6
Alvor 08 88 U 4
Alvorge 10 53 M 4
Alvorninha 10 52 N 2
Amadora 11 64 P 2
Amarante 13 27 I 5
Amarela (Serra) 27 G 5
Amareleja 02 78 R 8
Amares 03 27 H 4
Ameada 07 78 R 8
Amedo 04 28 I 8
Ameixial 08 89 T 6
Amêndoa 14 53 N 5
Amendoeira 02 77 S 6
Amendoeira 08 89 U 6
Amiães de Baixo 14 53 N 3
Amiães de Cima 14 53 N 3
Amieira 05 54 M 6
Amieira 07 78 R 7
Amieira Cova 12 53 N 6
Amieira do Tejo 12 54 N 6
Amieiro 06 40 L 5
Amieiro 17 28 I 7
Amonde 16 26 G 3
Amor 10 52 M 3
Amora 15 64 Q 2
Amoreira 08 89 T 6
Amoreira 09 42 K 8
Amoreira 10 52 N 2
Amoreira 14 53 N 5
Amoreira (Aqueduto da) 12 66 P 8
Amoreira da Gândara 01 40 K 4
Amoreiras 02 77 S 4
Amoreirinha 12 66 P 8
Amorim 13 26 H 3
Amorosa 16 26 H 3
Anadia 01 40 K 4
Ançã 06 40 L 4
Ancas 01 40 K 4
Âncora 16 26 G 3
Andam 10 52 N 3
Andorinha 06 40 L 4
Andrães 17 27 I 6
Andreus 14 53 N 5
Anelhe 17 27 G 7
Angeja 01 40 J 4
Angra do Heroísmo 20 107 H 14
Angueira 04 29 H 10
Angueira (Rio) 29 H 10
Anhões 16 12 G 4
Anissó 03 27 H 5
Anjos 41 107 L 20
Anobra 06 53 L 4
Anreade 18 41 I 6
Ansiães 04 28 I 8
Ansião 10 53 M 4
Antanhol 06 53 L 4
Antas *perto de Fornos de Algodres* 18 41 K 7
Antas *perto de Penedono* 18 42 J 7
Apostiça 15 64 Q 2
Apúlia 03 26 H 3
Arada 01 40 J 4
Arada (Serra da) 41 J 5
Aradas 01 40 K 4
Arade (Barragem de) 08 89 U 4
Arades (Ribeira de) 05 55 M 9
Aranhas 05 54 L 8
Aravil (Ribeira do) 05 54 M 8
Arazede 06 40 L 4
Arca 18 41 K 5
Arcas 04 28 H 8
Arcas 18 41 J 6
Arco da Calheta 31 88 AY
Arco de Baulhe 03 27 H 6
Arco de São Jorge 31 88 BY
Arcos 07 66 P 7
Arcos 17 27 G 6
Arcos 18 41 I 7
Arcos de Valdevez 16 27 G 4
Arcossó 17 27 H 7
Arcozelo 09 41 K 7
Arcozelo das Maias 18 41 J 5
Arcozelos 18 41 J 7
Arda 01 41 J 5
Ardãos 17 27 G 7
Ardila 78 R 7
Arega 10 53 M 5
Areia 12 53 N 6
Areia 13 26 H 3
Areia de Baixo 14 53 N 5
Areias 14 53 M 4
Areias de Vilar 03 26 H 4
Arelho 10 52 N 2
Areosa 16 26 G 3
Arez 12 54 N 6
Arga (Serra de) 16 26 G 3
Arganil 06 41 L 5
Arganil 14 53 M 6
Argemil 17 28 H 7
Argeriz 17 28 H 7
Argomil 09 42 K 8
Argozelo 04 28 H 10
Aricera 18 41 I 7
Arieiro 31 64 Q 2
Arieiro *Pico* 15 88 BY
Ariz 18 41 J 7
Armação de Pêra 08 89 U 4
Armada 17 27 G 6
Armadouro 06 54 L 6
Armamar 18 41 I 6
Armil 03 27 H 5
Armona 08 89 U 6
Armona (Ilha de) 08 89 U 6
Arnas 18 41 J 7
Arneiro 12 54 N 6
Arneiro 14 53 M 4
Arneiro das Milhariças 14 53 N 3
Arnel (Ponta do) 20 107 J 20
Arnoso 03 26 H 4
Arões 01 41 J 5
Arões 03 27 H 5
Arosa 03 27 H 5
Arouca 01 41 J 5
Arrabal 10 53 M 3
Arrábida (Parque Natural da) 15 65 Q 3
Arrábida (Serra da) 15 64 Q 2
Arraiolos 07 65 P 6
Arranhó 11 64 P 2
Arreciadas 14 53 N 5
Arrentela 15 64 Q 2
Arrepiado 14 53 N 4
Arrifana 01 40 J 4
Arrifana 06 41 L 5
Arrifana 08 88 U 3
Arrifana 08 88 U 3
Arrifana 09 42 K 8
Arrifes 20 107 J 18
Arronches 12 66 O 8
Arrouquelas 14 64 O 3
Arruda dos Pisões 14 52 O 3
Arruda dos Vinhos 11 64 P 2
Arunca 53 M 4
Árvore 13 26 H 3
Arzila 06 53 L 4
Assafarge 06 53 L 4
Assafora 11 64 P 1
Asseca 14 52 O 3
Asseca (Ribeira de) 66 P 7
Asseiceira *perto de Rio Maior* 14 52 O 3
Asseiceira *perto de Tomar* 14 53 N 4
Assentiz 14 53 N 4
Assentiz *perto de Rio Maior* 14 64 O 3
Assumar 12 66 O 7
Assureira 17 27 G 6
Atalaia 05 54 M 7
Atalaia 07 77 Q 6
Atalaia 09 42 K 8
Atalaia 11 64 O 2
Atalaia 12 54 N 6
Atalaia 14 53 N 4
Atalaia 15 64 P 3
Atalaia (Monte) 08 88 U 3
Atalaia (Monte) 15 76 R 4
Atalaia (Ponta da) *perto de Aljezur* 08 88 U 3
Atalaia do Campo 05 54 L 7
Atei 17 27 H 6
Atenor 04 29 H 10
Atouguia da Baleia 10 52 N 2
Avanca 01 40 J 4
Avantos 04 28 H 8
Ave 27 H 5
Aveiras de Baixo 11 64 O 3
Aveiras de Cima 11 64 O 3
Aveiro 01 40 K 4
Aveiro (Ria de) 01 40 J 3
Avelanoso 04 29 H 10
Avelar 10 53 M 4
Avelãs da Ribeira 09 42 J 8
Avelãs de Caminho 01 40 K 4
Avelãs de Cima 01 40 K 4
Aveleda 04 28 G 9
Aveledas 17 28 G 7
Aveloso 09 42 J 8
Avenal 10 52 N 2
Aves 13 26 H 4
Avessadas 13 27 I 5
Avidagos 04 28 H 8
Avidos 03 26 H 4
Avintes 13 26 I 4
Avis 12 65 O 6
Avô 06 41 L 6
Azambuja 11 64 O 3
Azambuja (Ribeira da) 07 65 Q 6
Azambuja (Vala da) 65 O 3
Azambujeira 14 65 O 3
Azaruja 07 66 P 6
Azeitada 14 65 O 3
Azenha 06 53 L 3
Azenhas do Mar 11 64 P 1
Azere 06 41 K 5
Azervadinha 14 65 P 4
Azevedo 16 26 G 3
Azevel 07 66 Q 7
Azevo 09 42 J 8
Azias 16 27 G 4
Azibo 04 28 H 9
Azibo (Barragem de) 04 28 H 9
Azinhaga 14 53 N 4
Azinhal 02 77 S 6
Azinhal 08 90 U 7
Azinheira 14 52 O 3
Azinheira dos Barros 15 77 R 4
Azinheiro 08 89 U 6
Azinhoso 04 28 H 9
Azoia 10 53 M 3
Azóia 15 64 Q 2
Azóia de Baixo 14 53 O 3
Azóia de Cima 14 53 N 3
Azul (Lagoa) 20 107 J 18
Azurara 13 26 H 3

B

Babe 04 28 G 10
Baçal 04 28 G 9
Bacalhoa (Quinta da) 15 65 Q 3
Badamalos 09 42 K 9
Bagueixe 04 28 H 9
Baião 13 27 I 5
Bairrada 05 53 M 6
Bairro 14 53 N 4
Baixa da Banheira 15 64 Q 2
Baixo ou da Cal (Ilhéu de) 32 89 CX
Balancho 07 66 Q 7
Balazar 13 26 H 4
Baldos 18 41 J 7
Baleal 10 52 N 1
Baleizão 02 77 R 6
Balsa 17 27 H 7
Balsemão 04 28 H 9
Balugães 03 26 H 4
Balurco de Baixo 08 90 T 7
Bandeiras 20 107 H 10
Bando dos Santos 14 53 N 6
Baraçal 09 42 J 8
Barão de São João 08 88 U 3
Barão de São Miguel 08 88 U 3
Barbacena 12 66 P 8
Barbaído 05 54 M 7

Barca (Ponta da) 20 ...... 107 F 11
Barca de Alva 09 ...... 42 I 9
Barcarena 11 ...... 64 P 2
Barcel 04 ...... 28 H 8
Barcelinhos 03 ...... 26 H 4
Barcelos 03 ...... 26 H 4
Barco 05 ...... 54 L 7
Barcos 18 ...... 41 I 7
Barcouço 01 ...... 40 L 4
Bardeiras 07 ...... 65 P 6
Barosa 10 ...... 52 M 3
Barqueiro 10 ...... 53 M 4
Barqueiros 03 ...... 26 H 3
Barra de Mira 06 ...... 40 K 3
Barracão 10 ...... 53 M 3
Barrada 07 ...... 66 Q 7
Barrada 08 ...... 89 T 6
Barrada 14 ...... 53 N 5
Barrancão 15 ...... 65 Q 4
Barranco 02 ...... 89 T 6
Barranco Velho 08 ...... 89 U 6
Barrancos 02 ...... 78 R 9
Barreira 09 ...... 42 J 8
Barreira 10 ...... 53 M 3
Barreiras 12 ...... 65 O 5
Barreiro 15 ...... 53 M 4
Barreiro 15 ...... 64 Q 2
Barreiros 10 ...... 52 M 3
Barreiros 16 ...... 54 L 6
Barreiros 18 ...... 41 J 6
Barreta (Ilha da) 08 ...... 90 V 6
Barril 11 ...... 64 O 1
Bárrio 16 ...... 26 G 4
Barrô 18 ...... 27 I 6
Barro Branco 07 ...... 66 P 7
Barroca 05 ...... 54 L 6
Barrocal 07 ...... 66 Q 7
Barrocal do Douro 04 ...... 29 H 11
Barrocaria 14 ...... 53 M 4
Barroças e Taias 16 ...... 12 F 4
Barrosa 14 ...... 65 P 3
Barrosa 20 ...... 107 J 19
Barroselas 16 ...... 26 H 3
Barrosinha 14 ...... 64 Q 4
Barroso (Serra do) 17 ...... 27 H 6
Barrossas 13 ...... 27 I 5
Barulho 12 ...... 66 O 8
Batalha 10 ...... 53 N 3
Batocas 09 ...... 42 K 9
Bebedouro 06 ...... 40 L 3
Beberriqueira 14 ...... 53 N 4
Beça 17 ...... 27 G 6
Beça (Rio) 17 ...... 27 H 6
Beijós 18 ...... 41 K 6
Beirã 12 ...... 54 N 7
Beira São Jorge 20 ...... 107 G 11
Beja 02 ...... 77 R 6
Belas 11 ...... 64 P 2
Belazaima 01 ...... 40 K 4
Belém 11 ...... 64 P 2
Beliche 08 ...... 90 U 7
Beliche (Barragem de) 08 ...... 90 U 7
Belide 06 ...... 53 L 4
Belinho 03 ...... 26 H 3
Belmeque 02 ...... 78 R 7
Belmonte 05 ...... 42 K 7
Belo 07 ...... 77 T 6
Belver 12 ...... 53 N 6
Belver (Barragem de) 12 ...... 53 N 6
Bemposta 05 ...... 29 I 10
Bemposta 05 ...... 54 L 8
Bemposta 14 ...... 53 N 5
Bemposta (Barragem de) 04 ...... 29 I 10
Benafim 08 ...... 89 U 5
Benavente 14 ...... 64 P 3
Benavila 12 ...... 66 O 6
Bencatel 07 ...... 66 P 7
Bendada 09 ...... 42 K 8
Benedita 10 ...... 52 N 3
Benespera 09 ...... 42 K 8
Benfeita 06 ...... 41 L 6
Benfica do Ribatejo 14 ...... 65 O 3
Benquerença 05 ...... 54 L 8
Benquerenças 05 ...... 54 M 7
Bens 02 ...... 78 T 7
Bensafrim 08 ...... 88 U 3
Beringel 02 ...... 77 R 6
Berlenga 10 ...... 52 N 1
Beselga 14 ...... 53 N 4
Besteiros 04 ...... 28 I 8
Besteiros 08 ...... 89 U 6
Bicada 02 ...... 77 T 6
Bicas 14 ...... 53 N 5
Bico 01 ...... 40 J 4
Bico 16 ...... 26 G 4
Bicos 02 ...... 77 S 4

Bigas 18 ...... 41 J 6
Bigorne 18 ...... 41 I 6
Bigorne (Serra de) 18 ...... 41 J 6
Bilhó 17 ...... 27 H 6
Biscoitos 02 ...... 107 G 14
Bismula 09 ...... 42 K 9
Bitarães 13 ...... 27 I 5
Bizarril 09 ...... 42 J 8
Boa Aldeia 18 ...... 41 K 5
Boa Ventura 31 ...... 88 BY
Boa Viagem 06 ...... 40 L 3
Boa Vista 10 ...... 53 M 3
Boa Vista (Miradouro da) 18 ...... 27 I 5
Boalhosa 16 ...... 26 G 4
Boavista do Paiol 15 ...... 76 S 3
Boavista dos Pinheiros 02 ...... 76 T 4
Bobadela 04 ...... 41 K 6
Bobadela 17 ...... 27 G 7
Bobadela perto de Águas Frias 17 ...... 28 G 8
Boca do Inferno 11 ...... 64 P 1
Boco 01 ...... 40 K 4
Bodiosa 18 ...... 41 J 6
Boelhe 13 ...... 27 I 5
Bogalhal 09 ...... 42 J 8
Bogas de Baixo 05 ...... 54 L 6
Bogas de Cima 05 ...... 54 L 6
Boialvo 01 ...... 40 K 4
Boiças 14 ...... 52 O 3
Boivão 18 ...... 12 F 4
Boleiros 14 ...... 53 N 4
Bolfiar 01 ...... 40 K 4
Boliqueime 08 ...... 89 U 5
Bom Jesus do Monte 03 ...... 27 H 4
Bombarral 10 ...... 52 O 2
Bombel 03 ...... 65 P 4
Bombel (Estação de) 07 ...... 65 P 4
Borba 07 ...... 66 P 7
Borba da Montanha 03 ...... 27 H 5
Borbela 17 ...... 27 I 6
Bordeira 08 ...... 88 U 3
Bornes 04 ...... 28 H 8
Borralha 01 ...... 40 K 4
Borralha 17 ...... 27 H 6
Borralhal 18 ...... 41 K 5
Botão 06 ...... 40 L 4
Boticas 17 ...... 27 G 7
Bouça 04 ...... 28 H 8
Bouça (Barragem da) ...... 53 M 5
Bouças 15 ...... 76 R 4
Bouceguedim 01 ...... 41 J 5
Bouceiros 10 ...... 53 N 3
Bouro 03 ...... 27 H 5
Boxinos 05 ...... 54 L 6
Bracial 15 ...... 76 S 3
Braga 03 ...... 26 H 4
Bragadas 17 ...... 27 H 6
Bragado 17 ...... 27 H 7
Bragança 04 ...... 28 G 9
Branca 14 ...... 65 P 4
Brasfemes 06 ...... 40 L 4
Bravães 16 ...... 26 G 4
Briteiros 03 ...... 27 H 5
Britelo 18 ...... 27 G 5
Britiande 18 ...... 41 I 5
Brito 03 ...... 27 H 4
Brogueira 14 ...... 53 N 4
Brotas 07 ...... 65 P 5
Bruço 04 ...... 28 I 9
Brufe 03 ...... 27 G 5
Brunheda 04 ...... 28 I 7
Brunheiras 02 ...... 76 S 3
Brunhós 06 ...... 53 L 3
Brunhosinho 04 ...... 29 H 10
Brunhoso 04 ...... 28 H 9
Buarcos 06 ...... 40 L 3
Buarcos (Monte) 06 ...... 40 L 3
Buçaco 03 ...... 40 K 4
Buçao 01 ...... 40 K 4
Bucelas 11 ...... 64 P 2
Bucos 03 ...... 27 H 5

Budens 08 ...... 88 U 3
Bugio 15 ...... 64 Q 2
Bugios 05 ...... 54 M 6
Bunheira 08 ...... 88 T 3
Bunheiro 01 ...... 40 J 4
Burga 04 ...... 28 H 8
Burgau 08 ...... 88 U 3
Burgo 01 ...... 41 J 5
Burinhosa 10 ...... 52 M 3
Bustelo 17 ...... 28 G 7
Bustelo 18 ...... 41 I 5
Bustos 01 ...... 40 K 4

C

Cabaços 10 ...... 53 M 4
Cabaços 16 ...... 26 G 4
Cabaços 18 ...... 41 I 7
Cabana Maior 16 ...... 27 G 4
Cabanas 08 ...... 90 U 7
Cabanas 18 ...... 41 K 6
Cabanas de Torres 11 ...... 64 O 2
Cabeça 09 ...... 41 L 6
Cabeça Alta 09 ...... 41 K 7
Cabeça Boa 04 ...... 28 I 8
Cabeça da Velha 09 ...... 41 K 6
Cabeça das Pombas 10 ...... 53 N 3
Cabeça de Carneiro 07 ...... 66 Q 7
Cabeça de Velho 09 ...... 41 K 7
Cabeça Gorda 02 ...... 77 S 6
Cabeção 07 ...... 65 P 5
Cabeço 16 ...... 53 M 5
Cabeceiras de Basto 03 ...... 27 H 6
Cabeço 06 ...... 40 K 3
Cabeço Alto 05 ...... 55 M 8
Cabeço Alto 17 ...... 27 G 6
Cabeço de Vide 12 ...... 66 O 7
Cabeçudo 05 ...... 53 M 5
Cabouco 20 ...... 107 J 19
Cabração 16 ...... 26 G 4
Cabras (Ribeira das) ...... 42 K 8
Cabreira 06 ...... 53 L 5
Cabreira (Serra da) 03 ...... 27 H 5
Cabreiro 16 ...... 27 G 4
Cabreiro (Monte) 17 ...... 27 H 7
Cabrela 07 ...... 65 Q 4
Cabril 06 ...... 54 L 6
Cabril 17 ...... 27 G 5
Cabril 18 ...... 41 J 5
Cabril (Barragem do) ...... 53 M 5
Caçarelhos 04 ...... 29 H 10
Caçarilhe 03 ...... 27 H 5
Cacela Velha 08 ...... 90 U 7
Cachão 04 ...... 28 H 8
Cachopo 08 ...... 89 U 6
Cachorro 20 ...... 107 H 10
Cacia 01 ...... 40 J 4
Cacilhas 15 ...... 64 P 2
Cadafais 11 ...... 64 O 2
Cadafaz 06 ...... 53 L 5
Cadafaz 12 ...... 53 N 6
Cadaval 11 ...... 64 O 2
Cadima 06 ...... 40 L 4
Cadraço 18 ...... 41 K 5
Caeirinha 15 ...... 65 Q 5
Caeiro 02 ...... 88 T 4
Cafede 05 ...... 54 M 7
Caia (Barragem do) 12 ...... 66 P 8
Caia e São Pedro 12 ...... 66 P 8
Caiada 02 ...... 77 T 6
Caíde de Rei 13 ...... 27 I 5
Caima 01 ...... 40 J 4
Caldas da Cavaca 09 ...... 41 K 6
Caldas da Felgueira 18 ...... 41 K 6
Caldas da Rainha 10 ...... 52 N 2
Caldas das Taipas 03 ...... 27 H 4
Caldas de Aregos 18 ...... 41 I 5
Caldas de Manteigas 09 ...... 42 K 7
Caldas de Monchique 08 ...... 88 U 4
Calde 18 ...... 41 J 6
Caldeira Faial 20 ...... 107 H 9
Caldeira São Miguel 20 ...... 107 J 20
Caldeira Terceira 20 ...... 107 G 14
Caldeirão 20 ...... 107 D 2
Caldeirão (Serra do) ...... 89 T 5
Caldelas 20 ...... 107 J 19
Caldelas 03 ...... 27 G 4
Calhariz 15 ...... 64 Q 2
Calheiros 16 ...... 26 G 4
Calheta 31 ...... 88 AY
Calheta de Nesquim 20 ...... 107 H 11
Calhetas 20 ...... 107 J 19

Caloura 20 ...... 107 J 19
Calvão 01 ...... 40 K 3
Calvão 17 ...... 27 G 7
Calvaria de Cima 10 ...... 52 N 3
Calvelhe 07 ...... 28 H 8
Calvos 03 ...... 27 H 5
Camacha 31 ...... 88 BY
Camacha 32 ...... 89 CX
Camachos 02 ...... 76 T 4
Câmara de Lobos 31 ...... 88 BZ
Cambas 05 ...... 54 L 6
Cambra 18 ...... 41 J 5
Cambres 18 ...... 27 I 6
Caminha 16 ...... 26 G 3
Campanário 31 ...... 88 AY
Campelo 10 ...... 53 L 5
Campelos 11 ...... 64 O 2
Campilhas (Barragem de) 15 ...... 76 S 4
Campilhas (Ribeira de) ...... 77 S 4
Campinho 07 ...... 78 Q 7
Campo 18 ...... 41 J 6
Campo perto de Roriz 13 ...... 27 H 4
Campo de Besteiros 18 ...... 41 K 5
Campo de Cima 09 ...... 89 C X
Campo de Viboras 04 ...... 29 H 10
Campo do Gerês 03 ...... 27 G 5
Campo Maior 12 ...... 66 O 8
Campo Redondo 02 ...... 76 S 4
Campos 16 ...... 26 G 3
Campos 17 ...... 27 H 6
Camposa 13 ...... 26 I 5
Canadelo 13 ...... 27 I 6
Canal-Caveira (Estação) 15 ...... 77 R 4
Canas de Santa Maria 18 ...... 41 K 5
Canas de Senhorim 18 ...... 41 K 6
Canaveses 17 ...... 28 H 7
Canaviais 07 ...... 65 Q 6
Candal 06 ...... 53 L 5
Candal 10 ...... 53 M 4
Candedo 17 ...... 28 H 7
Candeeiros (Serra dos) 10 ...... 53 N 3
Candelária 20 ...... 107 J 18
Candelária 20 ...... 107 H 10
Candemil 13 ...... 27 I 6
Candemil 16 ...... 26 G 3
Candosa 06 ...... 41 K 6
Caneças 11 ...... 64 P 2
Canedo 01 ...... 40 I 4
Canedo de Basto 03 ...... 27 H 6
Caneiro 04 ...... 53 N 4
Canelas 01 ...... 41 J 5
Canelas (Rio de) 04 ...... 28 H 8
Canha 15 ...... 65 P 4
Canha (Ribeira de) ...... 65 P 4
Canhas 31 ...... 88 AY
Canhestros 02 ...... 77 R 5
Caniçada 03 ...... 27 H 5
Caniçada (Barragem de) 03 ...... 27 H 5
Caniçal 31 ...... 88 BY
Caniceira 06 ...... 40 K 3
Caniço 31 ...... 88 BZ
Canidelo 13 ...... 26 I 4
Cano 12 ...... 66 P 6
Cantanhede 06 ...... 40 K 4
Cantanhede (Dunas de) 06 ...... 40 K 3
Canto 10 ...... 53 M 3
Caparica 15 ...... 64 Q 2
Caparrosa 18 ...... 41 K 5
Capela 12 ...... 66 O 7
Capela 13 ...... 27 I 4
Capela 18 ...... 53 N 6
Capelas 20 ...... 107 J 18
Capelinhos 20 ...... 107 H 9
Capelo 20 ...... 107 H 9
Capeludos 17 ...... 27 H 7
Capinha 05 ...... 54 L 7
Carabações 20 ...... 107 F 12
Carapeços 05 ...... 26 H 4
Carapetosa 05 ...... 54 M 7
Carapinha (Serra da) 08 ...... 89 T 4
Carapinheira 05 ...... 40 L 4
Carapito 09 ...... 41 J 7
Caratão 06 ...... 53 L 5
Caravelas 04 ...... 28 H 8

Carcalhinho 06 ...... 53 L 4
Carção 04 ...... 28 H 10
Carcavelos 11 ...... 64 P 1
Cardanha 04 ...... 28 I 8
Cardigos 14 ...... 53 M 5
Cardosa 05 ...... 54 M 6
Caria 05 ...... 42 L 7
Caria 18 ...... 41 J 7
Caria (Ribeira de) 05 ...... 42 L 7
Carnalcova 05 ...... 27 G 4
Carlão 17 ...... 28 I 7
Carmões 11 ...... 64 O 2
Carnaxide 11 ...... 64 P 2
Carneiro 13 ...... 27 I 6
Carnicães 09 ...... 42 J 8
Carnide (Rio de) 05 ...... 53 M 3
Carnota 11 ...... 64 O 2
Carquejo 01 ...... 40 L 4
Cárquere 18 ...... 41 I 6
Carragosa 04 ...... 28 G 9
Carrapatas 04 ...... 28 H 9
Carrapateira 08 ...... 88 U 3
Carrapato perto de Valongo 13 ...... 26 H 4
Carraria 14 ...... 53 M 5
Carrazede 14 ...... 53 N 4
Carrazeda de Ansiães 04 ...... 28 I 8
Carrazedo 14 ...... 28 G 9
Carrazedo de Montenegro 17 ...... 28 H 7
Carregal 18 ...... 41 J 7
Carregal do Sal 18 ...... 41 K 6
Carregosa 01 ...... 40 J 4
Carregueira 14 ...... 53 N 4
Carregueiros 14 ...... 53 N 4
Carreiras 12 ...... 54 N 7
Carreiras (Ribeira de) 02 ...... 89 T 6
Carriço 10 ...... 53 M 3
Carril 18 ...... 41 I 5
Carroqueiro 05 ...... 54 L 8
Carros 20 ...... 77 T 6
Cartaxo 14 ...... 64 O 3
Carva 17 ...... 28 H 7
Carvalha 18 ...... 41 J 6
Carvalhais 04 ...... 28 H 8
Carvalhais 06 ...... 53 L 3
Carvalhais 17 ...... 27 G 6
Carvalhais 18 ...... 41 J 5
Carvalhais (Rio de) 04 ...... 28 H 8
Carvalhal 02 ...... 76 T 3
Carvalhal 10 ...... 52 O 2
Carvalhal 14 ...... 53 N 5
Carvalhal 15 ...... 76 R 3
Carvalhal perto de Belmonte 05 ...... 42 L 8
Carvalhal perto de Castro Daire 18 ...... 41 J 6
Carvalhal perto de Guarda 09 ...... 42 K 8
Carvalhal perto de Mêda 09 ...... 42 J 8
Carvalhal perto de Sertã 05 ...... 53 M 5
Carvalhal perto de Viseu 18 ...... 41 J 7
Carvalhal Benfeito 10 ...... 52 N 2
Carvalhal de Vermilhas 18 ...... 41 K 5
Carvalhal do Estanho 18 ...... 41 K 6
Carvalhal Redondo 18 ...... 41 K 6
Carvalhelhos 17 ...... 27 G 6
Carvalho 03 ...... 27 H 5
Carvalho 06 ...... 40 L 5
Carvalho de Egas 04 ...... 28 I 8
Carvalhos 09 ...... 42 K 8
Carvalhosa 13 ...... 27 I 4
Carvalhosa 04 ...... 28 I 8
Carvão 20 ...... 107 J 18
Carvas 17 ...... 27 H 7
Carviçais 04 ...... 28 I 9
Carvide 10 ...... 52 M 3
Carvoeira perto de Mafra 11 ...... 64 P 1
Carvoeira perto de Torres Vedras 11 ...... 64 O 2
Carvoeiro 08 ...... 89 U 4
Carvoeiro 14 ...... 54 N 6

Carvoeiro (Cabo) 08 ...... 89 U 4
Carvoeiro (Cabo) 10 ...... 52 N 1
Casa Branca 07 ...... 65 Q 5
Casa Branca 12 ...... 66 P 6
Casa Branca 15 ...... 76 R 3
Casa Branca 15 ...... 77 R 4
Casa Nova 15 ...... 76 S 4
Casais 08 ...... 88 U 4
Casais 14 ...... 53 N 4
Casais do Chafariz 10 ...... 52 O 2
Casal Comba 01 ...... 40 K 4
Casal de Cinza 09 ...... 42 K 8
Casal de Ermio 06 ...... 53 L 5
Casal dos Bernardos 14 ...... 53 M 4
Casal Novo 05 ...... 53 L 5
Casal Novo 10 ...... 53 M 3
Casal Velho 10 ...... 52 N 2
Casalinho 14 ...... 65 O 4
Casais 08 ...... 89 U 5
Casas de Fonte Cova 14 ...... 53 M 3
Casas Louras 14 ...... 53 N 5
Casas Novas 12 ...... 66 P 8
Cascais 11 ...... 64 P 1
Cascalho 14 ...... 65 P 3
Casebres 15 ...... 65 Q 4
Casegas 05 ...... 54 L 6
Casével 02 ...... 77 S 5
Casével 14 ...... 53 N 4
Castainço 18 ...... 41 J 7
Castanheira 04 ...... 28 H 10
Castanheira 09 ...... 42 K 8
Castanheira 17 ...... 27 G 6
Castanheira perto de Trancoso 09 ...... 42 J 7
Castanheira de Pêra 10 ...... 53 L 5
Castanheira do Ribatejo 11 ...... 64 P 3
Castanheira do Vouga 01 ...... 40 K 4
Castanheira do Sul 18 ...... 41 I 7
Castedo 04 ...... 28 I 8
Castedo 17 ...... 27 I 7
Casteição 09 ...... 42 J 8
Castelãos 04 ...... 28 H 9
Casteleiro 09 ...... 42 L 8
Castelejo 05 ...... 54 L 7
Castelhanas 10 ...... 53 M 3
Castelhanos 08 ...... 89 T 6
Castelo 05 ...... 53 M 5
Castelo 14 ...... 53 N 5
Castelo 18 ...... 41 I 7
Castelo (Pico do) 32 ...... 89 D X
Castelo (Ponta do) 08 ...... 89 U 5
Castelo (Ponta do) 20 ...... 107 M 20
Castelo Bom 09 ...... 42 K 9
Castelo Branco 04 ...... 28 I 9
Castelo Branco 05 ...... 54 M 7
Castelo Branco 20 ...... 107 H 9
Castelo de Bode (Barragem de) 14 ...... 53 N 5
Castelo de Maia 13 ...... 26 I 4
Castelo de Paiva 01 ...... 41 I 5
Castelo de Vide 12 ...... 54 N 7
Castelo do Neiva 16 ...... 26 H 3
Castelo Melhor 09 ...... 42 I 8
Castelo Mendo 09 ...... 42 K 9
Castelo Novo 05 ...... 54 L 7
Castelo Rodrigo 09 ...... 42 J 9
Castelões 01 ...... 40 J 4
Castrelos 04 ...... 28 G 9
Castro Daire 18 ...... 41 J 6
Castro de Avelãs 04 ...... 28 G 9
Castro Laboreiro 16 ...... 13 F 5
Castro Marim 08 ...... 90 U 7
Castro Verde 02 ...... 77 S 5
Castro Verde-Almodôvar (Estação) 02 ...... 77 S 5
Castro Vicente 04 ...... 28 H 9
Catalão 07 ...... 65 Q 4
Cativelos 09 ...... 41 K 6
Catrão 05 ...... 54 L 7
Cava 05 ...... 53 M 5
Cavadoude 09 ...... 42 K 8
Cavaleiro 02 ...... 76 T 3
Cavalinhos 10 ...... 52 M 3
Caveira (Ponta da) 20 ...... 107 L 2
Cavernães 18 ...... 41 J 6
Cavês 03 ...... 27 H 6
Caxarias 14 ...... 53 M 4
Caxias 11 ...... 64 P 2
Cebolais de Baixo 05 ...... 54 M 7
Cebolais de Cima 05 ...... 54 M 7
Cedães 04 ...... 28 H 8
Cedillo (Barragem de) ...... 54 N 7
Cedovim 09 ...... 42 I 8

A B C D E F G H I J K L M N O P Q R S T U V W X Y Z

Cedrim 01 .... 40 J 4
Cedros 20 .... 107 H 9
Cegonhas Novas 05 .... 54 M 8
Ceira 06 .... 53 L 4
Ceira (Rio) .... 53 L 4
Ceivães 16 .... 13 F 4
Cela 10 .... 52 N 2
Cela Velha 10 .... 52 N 2
Celas 04 .... 28 G 9
Celavisa 06 .... 53 L 5
Celeiro 03 .... 27 H 5
Celeirós 03 .... 26 H 4
Celeirós 17 .... 27 I 7
Celorico da Beira 09 .... 42 K 7
Celorico de Basto 03 .... 27 H 6
Centum Cellas 05 .... 42 K 8
Cepães 03 .... 27 H 5
Cepelos 01 .... 40 J 4
Cepões 18 .... 41 J 6
Cepos 06 .... 53 L 6
Cerca (Ribeira da) 08 .... 88 U 3
Cercal 10 .... 53 M 5
Cercal 11 .... 64 O 2
Cercal 15 .... 76 S 3
Cercal (Serra do) 02 .... 76 S 3
Cercio 04 .... 29 H 11
Cerdal 16 .... 12 G 4
Cerdeira 06 .... 41 L 6
Cerdeira 09 .... 42 K 8
Cerdeirinhas 03 .... 27 H 5
Cerejais 04 .... 28 I 9
Cernache 06 .... 53 L 4
Cernache de Bonjardim 05 .... 53 M 5
Cerro perto de Alte 08 .... 89 U 5
Cerro perto de Loulé 08 .... 89 U 5
Cerro da Vila 08 .... 89 U 5
Cerros 07 .... 78 Q 7
Cerva 17 .... 27 H 6
Cervães 03 .... 26 H 4
Cervos 17 .... 27 G 6
Cete 13 .... 27 I 4
Cetóbriga (Ruínas Romanas de) 15 .... 64 Q 3
Cevadais 12 .... 66 O 8
Chã 17 .... 27 I 7
Chacim 03 .... 27 H 6
Chacim 04 .... 28 H 9
Chamusca 14 .... 53 N 4
Chança 12 .... 66 O 6
Chança (Estação de) 12 .... 66 O 6
Chança (Rio) .... 78 S 7
Chancelaria 14 .... 53 N 4
Chão da Parada 10 .... 52 N 2
Chão da Vã 05 .... 54 M 7
Chão da Velha 12 .... 54 N 6
Chão das Servas 05 .... 54 M 6
Chão de Codes 14 .... 53 N 5
Chão de Couce 10 .... 53 M 4
Chão de Lopes 14 .... 53 N 5
Chãos 14 .... 53 M 4
Chãs (Monte) 18 .... 41 J 5
Chãs de Tavares 18 .... 41 K 7
Chavães 18 .... 41 I 7
Chaves 17 .... 28 G 7
Cheleiros 11 .... 64 P 2
Choça Queimada 08 .... 90 U 7
Chorente 03 .... 26 H 4
Chosendo 18 .... 41 J 7
Chouto 14 .... 65 O 4
Ciborro 07 .... 65 P 5
Cicouro 02 .... 29 H 11
Cid Almeida 02 .... 78 R 7
Cidade 10 .... 52 N 2
Cidadelhe 09 .... 42 J 8
Cidadelhe 16 .... 27 G 5
Ciladas 07 .... 66 P 8
Cima (Ilhéu de) 32 .... 89 D X
Cimadas Fundeiras 05 .... 53 M 6
Cimbres 18 .... 41 I 6
Cinco Vilas 09 .... 42 J 9
Cinfães 18 .... 41 I 5
Cintados 09 .... 90 U 7
Cintrão (Ponta do) 20 .... 107 J 19
Cisterna 04 .... 28 G 8
Clarines 08 .... 90 T 7
Clérigo (Ponta do) 31 .... 88 BY
Côa (R.) .... 42 L 8
Cobres (Ribeira de) 02 .... 77 T 5
Codaval 03 .... 27 H 7
Codeçais 04 .... 28 I 8
Codeçoso 03 .... 27 H 5
Codessoso 17 .... 27 H 5
Coelheira 18 .... 41 J 5
Coelhoso 04 .... 28 H 10

Coentral 10 .... 53 L 5
Cogula 09 .... 42 J 8
Coimbra 06 .... 40 L 4
Coimbrão 10 .... 52 M 3
Coina 15 .... 64 Q 2
Coito 06 .... 90 T 7
Coja 06 .... 41 L 6
Coja (Ribeira de) .... 41 J 7
Colar de Perdizes 15 .... 65 P 3
Colares 11 .... 64 P 1
Colcorinho (Monte) .... 41 L 6
Colmeal 05 .... 42 K 8
Colmeal 10 .... 53 L 5
Colmeias 18 .... 53 M 3
Colorada 02 .... 78 R 9
Colos 02 .... 77 S 4
Colos 10 .... 52 M 3
Comeira 18 .... 52 M 3
Comenda 12 .... 54 N 6
Comporta 15 .... 64 Q 3
Concavada 14 .... 53 N 5
Conceição 02 .... 77 S 5
Conceição perto de Faro 08 .... 89 U 6
Conceição perto de Tavira 08 .... 90 U 7
Condeixa-a-Nova 06 .... 53 L 4
Condeixa-a-Velha 06 .... 53 L 4
Congro (Lagoa do) 20 .... 107 J 19
Conímbriga 06 .... 53 L 4
Conlelas 04 .... 28 G 9
Consolação 10 .... 52 O 1
Constância 14 .... 53 N 4
Constantim 04 .... 29 H 11
Constantim 17 .... 27 I 6
Contenda 12 .... 66 O 8
Contendas (Ponta das) 20 .... 107 H 14
Contensas de Baixo 18 .... 41 K 6
Corchas (Portela das) 08 .... 88 T 4
Cordinhã 06 .... 40 L 4
Corgas 05 .... 54 M 6
Corgas (Barragem de) 05 .... 54 M 6
Corgo 03 .... 27 H 6
Coriscada 09 .... 42 K 8
Coroa 07 .... 28 G 8
Coroa (Serra da) 04 .... 28 G 8
Corona (Ribeira de) 15 .... 77 S 4
Coronado 13 .... 26 I 4
Correias 14 .... 53 N 3
Correlhã 16 .... 26 G 4
Corte 18 .... 41 K 5
Corte Brique 02 .... 77 T 4
Corte de Baixo 02 .... 77 R 6
Corte de São Tomé 08 .... 90 T 7
Corte do Gago 08 .... 90 U 7
Corte Figueira 08 .... 89 T 5
Corte Gafo de Baixo 02 .... 77 S 6
Corte Gafo de Cima 02 .... 77 S 6
Corte João Marques 08 .... 89 T 6
Corte Pequena 02 .... 78 S 7
Corte Pequena 02 .... 77 S 6
Corte Pinto 02 .... 78 S 7
Corte Serranos 08 .... 89 T 6
Corte Sines 02 .... 78 S 7
Corte Tabelião 08 .... 90 T 7
Corte Vicente Eanes 02 .... 77 S 5
Corte Zorrinha 02 .... 77 T 5
Cortegaça 01 .... 40 J 4
Cortegaça 18 .... 41 K 5
Cortelha 08 .... 90 U 7
Cortelha 08 .... 89 U 6
Cortes 02 .... 78 R 8
Cortes 05 .... 41 L 7
Cortes 10 .... 53 M 3
Cortes de Baixo 02 .... 77 R 6
Cortes Pereiras 08 .... 90 T 7
Cortiçada 09 .... 42 J 7
Cortiçadas do Lavre 07 .... 65 P 4
Cortiço da Serra 09 .... 41 K 7
Cortiço 04 .... 28 H 8
Cortiços 04 .... 28 H 8
Corujeira 06 .... 40 K 3
Corujas 08 .... 90 U 7
Corva 15 .... 64 Q 2
Corval 07 .... 66 Q 7
Corveira 18 .... 41 K 5
Corvo (Ilha do) 20 .... 107 D 2
Cós 15 .... 52 N 3
Costa de Caparica 15 .... 64 Q 2
Costa de Lavos 06 .... 52 L 3
Costa de Santo André 15 .... 76 R 3

Costa Nova 01 .... 40 K 3
Costa Nova (Ria da) 01 .... 40 K 3
Costa Verde .... 26 H 2
Cota 18 .... 41 J 6
Cotelo 18 .... 41 I 6
Cótimos 09 .... 42 J 8
Couço 14 .... 65 P 5
Coudelaria de Alter 12 .... 66 O 6
Coura 16 .... 26 G 4
Coura (Rio) .... 26 G 3
Coureas 07 .... 78 R 7
Coureias do Vale 07 .... 65 Q 4
Cousso 16 .... 13 F 5
Couto 18 .... 26 I 4
Couto de Esteves 01 .... 41 J 5
Couto de Mosteiro 18 .... 41 K 5
Cova da Iria 14 .... 53 N 4
Cova da Piedade 15 .... 64 Q 2
Covão de Lobo 01 .... 40 K 4
Covão do Feto 14 .... 53 N 3
Covão dos Mendes 10 .... 53 M 3
Covas 06 .... 41 K 6
Covas 16 .... 26 G 3
Covas de Barroso 17 .... 27 H 6
Covas do Douro 17 .... 27 I 7
Covas do Monte 18 .... 41 J 5
Covas do Rio 18 .... 41 J 5
Covelães 17 .... 27 G 6
Covelas 03 .... 27 H 5
Covelo 06 .... 41 L 5
Covelo 13 .... 26 I 4
Covelo 18 .... 41 I 5
Covelo de Gerês 17 .... 27 G 6
Covilhã 05 .... 41 L 7
Covinhos (Ponta dos) 10 .... 52 N 2
Covoada 20 .... 107 J 18
Covões 10 .... 40 K 4
Crasto 16 .... 26 G 4
Crato 12 .... 66 O 8
Crestuma 13 .... 40 I 4
Crestuma (Barragem de) 13 .... 40 I 4
Crias 05 .... 26 H 3
Cristelo 03 .... 26 H 3
Cristo (Convento de) 14 .... 53 N 4
Criz 18 .... 41 J 6
Cruz (Ponta do) 31 .... 88 BY
Cruz da Légua 10 .... 52 N 3
Cruz de João Mendes 15 .... 76 R 4
Cruzamento de Pegões 15 .... 65 P 4
Cruzes 18 .... 41 J 5
Cuba 02 .... 77 R 6
Cubalhão 16 .... 13 F 5
Cuine (Sierra do) 20 .... 107 G 14
Cujó 18 .... 41 J 6
Culatra (Ilha da) 08 .... 90 V 6
Cumeada 18 .... 53 M 5
Cumeada 08 .... 89 U 4
Cumeira 10 .... 52 N 3
Cumiada 08 .... 78 Q 7
Cumieira 06 .... 53 M 4
Cumieira 17 .... 27 I 6
Cunha 16 .... 26 G 4
Cunha 18 .... 41 J 7
Cunha Baixa 18 .... 41 K 6
Cunheira 12 .... 66 O 6
Curalha 17 .... 27 G 7
Curral da Velha (Ribeira do) 02 .... 77 T 6
Curral das Freiras 31 .... 88 BY
Curros 17 .... 28 H 7
Curros (Rio) 17 .... 28 H 7
Curvos 03 .... 26 H 3
Custóias 09 .... 42 I 9

D
Dadim 17 .... 28 G 8
Dão .... 41 J 7
Dardavaz 18 .... 41 K 5
Darque 16 .... 26 G 4
Dáspera 05 .... 54 M 6
Decermilo 18 .... 41 J 7
Degebe .... 66 O 6
Degolados 12 .... 66 O 8
Degracias 06 .... 52 M 3
Deilão 04 .... 28 G 10
Delães 03 .... 26 H 4
Deocriste 16 .... 26 G 4
Derreada Cimeira 10 .... 53 M 5
Destriz 18 .... 41 K 5
Divor (Barragem do) 07 .... 65 P 6
Divor (Ribeira de) .... 65 P 4
Dogueno 02 .... 89 T 6
Dois Portos 11 .... 64 O 2

Domingos da Vinha 12 .... 53 N 6
Dominguizo 05 .... 54 L 7
Dona Maria 02 .... 78 R 7
Donai 04 .... 28 G 9
Dornas 09 .... 41 J 7
Dornelas do Zêzere 06 .... 54 L 6
Dornes 14 .... 53 M 5
Douro .... 29 H 11
Duas Igrejas 04 .... 29 H 10
Dunas de Ovar 01 .... 40 J 3
Durão 04 .... 42 I 9

E
Edral 04 .... 28 G 8
Edrosa 04 .... 28 G 9
Edroso 04 .... 28 H 9
Ega 06 .... 53 L 4
Eira de Calva 06 .... 53 L 5
Eirado 09 .... 41 J 7
Eiras 06 .... 40 L 4
Eiras Maiores 04 .... 28 G 9
Eirinha 02 .... 77 T 6
Eirinhas 02 .... 78 R 7
Eirogo 03 .... 26 H 4
Eixo 01 .... 40 K 4
Elvas 12 .... 66 P 8
Encarnação 11 .... 64 O 1
Encumeada (Boca da) 31 .... 88 AY
Entradas 02 .... 77 S 5
Entre Ambosrios 16 .... 27 G 5
Entre-os-Rios 13 .... 41 I 5
Entroncamento 14 .... 53 N 4
Envendos 14 .... 54 N 6
Enxabarda 05 .... 54 L 7
Enxara do Bispo 11 .... 64 P 2
Enxoé 02 .... 78 S 7
Enxoé (Barragem do) 02 .... 78 S 7
Enxofre (Furna do) 20 .... 107 F 12
Enxofre (Furnas do) 20 .... 107 G 14
Erada 05 .... 41 L 7
Ereira 14 .... 64 O 3
Erges (Rio) .... 55 M 9
Ericeira 11 .... 64 P 1
Ermelo 16 .... 27 G 5
Ermelo 17 .... 27 H 6
Ermida 05 .... 53 M 4
Ermida 08 .... 40 K 6
Ermida 16 .... 27 G 5
Ermida (Barragem da) 06 .... 53 L 5
Ermidas-Aldeia 15 .... 77 S 4
Ermidas-Sado 15 .... 77 R 4
Erra 14 .... 65 P 4
Erra(Ribeira da) .... 65 O 4
Ervas Tenras 09 .... 42 J 8
Ervedal 06 .... 41 K 6
Ervedal 12 .... 66 O 6
Ervedeira 07 .... 27 G 7
Ervedeira 12 .... 65 O 5
Ervedosa 04 .... 28 G 8
Ervedosa 09 .... 42 J 8
Ervedosa do Douro 18 .... 27 I 7
Ervideira 10 .... 52 M 3
Ervidel 02 .... 77 S 5
Ervões 17 .... 28 H 7
Escalhão 09 .... 42 J 9
Escalos de Baixo 05 .... 54 M 7
Escalos de Cima 05 .... 54 M 7
Escalos do Meio 10 .... 53 M 5
Escanxinhas 08 .... 89 U 5
Escarigo 02 .... 54 L 8
Escarigo 09 .... 42 J 9
Escariz 01 .... 40 J 4
Escariz 03 .... 26 H 4
Escariz 17 .... 27 H 6
Escaroupim 14 .... 65 O 3
Escudeiros 03 .... 26 H 4
Escuro (Monte) 20 .... 107 J 19
Escurquela 18 .... 41 I 7
Escusa perto de Castelo de Vide 12 .... 54 N 7
Escusa perto de Ponte de Sor 12 .... 53 N 5
Esfrega 05 .... 54 M 6
Esmoriz 01 .... 40 J 4
Espadanedo 04 .... 28 H 9
Espargal 08 .... 89 U 5
Espargo 18 .... 41 J 5
Esparguera 14 .... 29 H 11
Esperança 12 .... 66 O 8
Esperança (Pico da) 20 .... 107 H 11
Espiche 08 .... 88 U 3
Espichel (Cabo) 15 .... 64 Q 1
Espinhaço de Cão (Serra do) 08 .... 88 U 3

Espinhal 06 .... 53 L 4
Espinheira 07 .... 66 Q 6
Espinheiro 14 .... 53 N 3
Espinho 01 .... 40 I 4
Espinho perto de Caramulo 18 .... 41 K 5
Espinho perto de Mangualde 18 .... 41 K 6
Espinho perto de Mortágua 18 .... 41 K 5
Espinho (Alto do) .... 27 I 6
Espinhosela 04 .... 28 G 9
Espinhoso 04 .... 28 G 8
Espírito Santo 02 .... 78 T 7
Espite 14 .... 53 M 4
Espiunca 01 .... 41 J 5
Esporões 03 .... 26 H 4
Esposende 03 .... 26 H 3
Espragosa 02 .... 77 T 6
Estação de Ourique 02 .... 77 S 5
Estação de Viana 07 .... 77 Q 5
Estanqueiro 14 .... 65 P 3
Estarreja 01 .... 40 J 4
Este 03 .... 27 H 4
Este (Rio) .... 26 H 4
Estela 13 .... 26 H 3
Estelas 10 .... 52 N 1
Ester 18 .... 41 J 5
Estevais perto de Cardanha 04 .... 28 I 8
Estevais perto de Est. de Freixo 04 .... 28 I 9
Esteveira 14 .... 53 N 5
Esteves 05 .... 54 M 6
Estibeira 02 .... 76 T 3
Estiramentens 08 .... 89 U 6
Estoi 08 .... 89 U 6
Estômbar 08 .... 89 U 4
Estorãos 03 .... 27 H 5
Estorãos 16 .... 26 G 4
Estoril 11 .... 64 P 1
Estorninhos 08 .... 90 U 7
Estreito 05 .... 54 M 6
Estreito da Calheta 31 .... 88 AY
Estreito de Câmara de Lobos 31 .... 88 BY
Estrela 02 .... 78 R 7
Estrela (Parque Natural da Serra da) .... 41 K 7
Estrela (Serra da) 09 .... 41 L 6
Estremoz 07 .... 66 P 7
Eucisia 04 .... 28 I 8
Évora 07 .... 65 Q 6
Évora de Alcobaça 10 .... 52 N 3
Évoramonte 07 .... 66 P 6
Extremo 16 .... 26 G 4

F
Facha 16 .... 26 G 4
Facho 06 .... 52 N 2
Fadagosa 12 .... 54 N 7
Fadagosa 14 .... 53 N 6
Fadagosa (Termas da) 14 .... 53 N 6
Fafe 03 .... 27 H 5
Fagilde (Barragem de) 18 .... 41 K 6
Faia 03 .... 27 H 6
Faial 31 .... 88 BY
Faial (Canal do) 20 .... 107 H 10
Faial (Ilha do) 20 .... 107 H 9
Faial (Ponta do) 20 .... 107 J 20
Faial da Terra 20 .... 107 J 20
Fail 18 .... 41 K 6
Faílde 04 .... 28 H 9
Faiões 17 .... 28 G 7
Fajã da Ovelha 31 .... 88 AY
Fajã de Cima 20 .... 107 J 19
Fajã do Ouvidor 20 .... 107 G 11
Fajã dos Cubres 20 .... 107 H 12
Fajã Grande 20 .... 107 E 2
Fajãzinha 20 .... 107 E 2
Fajões 01 .... 40 J 4
Falca 10 .... 52 N 2
Falcoeiras 07 .... 66 Q 7
Famalicão 05 .... 54 L 8
Famalicão 18 .... 52 N 2
Fanhais 10 .... 52 N 2
Fanhões 11 .... 64 O 2
Fão 03 .... 26 H 3
Faria 03 .... 26 H 4
Farilhões 10 .... 52 N 1
Farminhão 18 .... 41 K 5
Faro 08 .... 89 U 6
Faro (Ilha de) 08 .... 89 V 6

Faro (Monte do) 16 .... 12 F 4
Faro do Alentejo 02 .... 77 R 6
Farropa 05 .... 54 M 7
Fatauços 18 .... 41 J 5
Fatela 05 .... 54 L 7
Fátima 14 .... 53 N 4
Favacal 06 .... 53 M 4
Favaios 17 .... 27 I 7
Fazamões 18 .... 41 I 6
Fazenda 12 .... 65 O 6
Fazendas de Almeirim 14 .... 65 O 4
Febres 06 .... 40 K 4
Feira 18 .... 41 J 5
Feiteira 08 .... 89 U 6
Felgar 04 .... 28 I 9
Felgueiras 04 .... 28 I 8
Felgueiras 08 .... 28 H 9
Felgueiras 13 .... 27 H 5
Felgueiras 18 .... 41 I 6
Fenais da Ajuda 20 .... 107 J 20
Fenais da Luz 20 .... 107 J 19
Fermelã 01 .... 40 J 4
Fermentelos 01 .... 40 K 4
Fermil 03 .... 27 H 6
Fernandilho 08 .... 89 U 6
Fernão Ferro 15 .... 64 Q 2
Fernão Joanes 09 .... 42 K 7
Ferradosa 04 .... 28 I 9
Ferragudo 08 .... 88 U 4
Ferral 17 .... 27 G 6
Ferraria (Ponta da) 20 .... 107 J 18
Ferrarias 07 .... 78 Q 8
Ferreira 04 .... 28 H 9
Ferreira 13 .... 27 I 6
Ferreira (Rio) 13 .... 26 I 4
Ferreira-a-Nova 06 .... 40 L 3
Ferreira de Aves 18 .... 41 J 7
Ferreira do Alentejo 02 .... 77 R 5
Ferreira do Zêzere 14 .... 53 M 5
Ferreirim perto de Lamego 18 .... 41 I 6
Ferreirim perto de Penedono 18 .... 41 J 7
Ferreirós do Dão 18 .... 41 K 5
Ferrel 10 .... 52 N 2
Ferro 05 .... 41 L 7
Ferro (Ilhéu de) 32 .... 89 C X
Fervença 03 .... 27 H 5
Fervença 10 .... 52 N 3
Fervidelas 17 .... 27 G 6
Feteiras 20 .... 107 J 18
Fiães 01 .... 40 J 4
Fiães 09 .... 42 J 7
Fiães 16 .... 13 F 5
Fiães 17 .... 28 G 8
Fiães do Rio 17 .... 27 G 6
Fialho 02 .... 89 T 6
Figueira 16 .... 28 I 9
Figueira 05 .... 54 M 6
Figueira 08 .... 88 U 3
Figueira 12 .... 66 O 8
Figueira 18 .... 41 I 6
Figueira perto de Portimão 08 .... 88 U 4
Figueira (Ribeira da) 02 .... 77 R 5
Figueira da Foz 06 .... 53 L 3
Figueira de Castelo Rodrigo 09 .... 42 J 9
Figueira de Lorvão 06 .... 40 L 4
Figueira dos Cavaleiros 02 .... 77 R 5
Figueira e Barros 12 .... 66 O 6
Figueiras 07 .... 77 S 5
Figueiras 14 .... 53 O 4
Figueiró 03 .... 53 M 6
Figueiró 18 .... 41 K 6
Figueiró (Ribeira de) 12 .... 54 N 6
Figueiró da Granja 09 .... 41 K 7
Figueiró da Serra 09 .... 41 K 7
Figueiró do Campo 06 .... 53 L 4
Figueiró dos Vinhos 10 .... 53 M 5
Fiolhoso 17 .... 27 H 7
Flamengos 20 .... 107 H 10
Flor da Rosa 12 .... 66 O 7
Flores (Ilha das) 20 .... 107 E 2
Fogo (Lagoa do) 20 .... 107 J 19
Fóia 08 .... 89 U 4
Fóios 09 .... 42 L 9
Folgado 07 .... 66 P 7
Folgosa 18 .... 27 I 6

Folgosinho 09 .... 41 K7
Folhadela 17 .... 27 I6
Folques 06 .... 41 L5
Fontainhas 13 .... 26 H4
Fontainhas 15 .... 76 R3
Fontão Fundeiro 10 .... 53 M5
Fonte Arcada 18 .... 41 J7
Fonte da Aldeia 04 .... 29 H10
Fonte da Telha 15 .... 64 Q2
Fonte Ladrão 04 .... 29 H10
Fonte Limpa 06 .... 53 L5
Fonte Longa 04 .... 28 I8
Fonte Santa 05 .... 54 M7
Fonte Serne
  (Barragem) 15 .... 77 S4
Fontelas 17 .... 27 I6
Fontes 14 .... 53 N5
Fontes 17 .... 27 I6
Fontes da Matosa 08 .... 89 U4
Fontinha 02 .... 76 T3
Fontinha 10 .... 53 L3
Fontoura 16 .... 26 G4
Forcalhos 09 .... 42 K9
Forjães 03 .... 26 H3
Formigais 14 .... 53 M4
Formosa (Ria) 08 .... 90 V6
Fornalhas Novas 02 .... 77 S4
Fornalhas Velhas 02 .... 77 S4
Fornelos 03 .... 27 H5
Fornelos 16 .... 26 G4
Fornelos 18 .... 41 I5
Fornilhos 02 .... 78 R8
Forninhos 09 .... 41 J7
Forno Telheiro 09 .... 42 J7
Fornos 04 .... 28 I9
Fornos de Algodres 09 .... 41 K7
Fornos do Pinhal 17 .... 28 H8
Foros da Adúa 07 .... 65 Q5
Foros da Caiada 02 .... 77 S4
Foros da Fonte de Pau 14 .... 65 P4
Foros da Fonte Seca 07 .... 66 Q7
Foros
  da Salgueirinha 14 .... 65 P4
Foros
  das Malhadinhas 14 .... 65 P3
Foros das Pombas 07 .... 66 Q6
Foros de Benfica 14 .... 65 O4
Foros de Casa Nova 15 .... 77 S4
Foros de Vale
  de Figueira 07 .... 65 P5
Foros do Arrão 12 .... 65 O5
Foros do Baldio 07 .... 65 Q4
Foros do Biscaínho 14 .... 65 P4
Foros do Cortiço 07 .... 65 P5
Foros do Freixo 07 .... 66 P7
Foros do Mocho 12 .... 65 O5
Foros do Queimado 07 .... 66 Q6
Forte da Graça 12 .... 66 P8
Fortes 08 .... 90 T7
Fortios 12 .... 66 O7
Foupana (Ribeira da) 08 .... 89 T6
Foz 14 .... 65 O5
Foz de Alge 10 .... 53 M5
Foz de Arouce 06 .... 53 L5
Foz de Odeleite 08 .... 90 T7
Foz do Arelho 10 .... 52 N2
Foz do Arroio 08 .... 88 T4
Foz do Douro 13 .... 26 I3
Foz do Farelo 08 .... 88 T4
Foz do Lisandro 11 .... 64 P1
Foz do Sabor 04 .... 28 I8
Foz Giraldo 05 .... 54 L6
Fradelos 13 .... 26 H4
Fradizela 04 .... 28 H8
Fraga Negra 03 .... 27 G5
Fragosela 18 .... 41 K6
Fragoso 03 .... 26 H3
Fráguas 14 .... 52 N3
Fráguas 18 .... 41 J6
França 04 .... 28 G9
Franco 04 .... 28 H7
Franqueada 04 .... 89 U5
Franzilhal 17 .... 28 I7
Fratel 05 .... 54 N6
Fratel (Barragem de) 54 N6
Frazão 13 .... 26 H4
Freamunde 13 .... 27 I4
Frechas 04 .... 28 H8
Freches 09 .... 42 J7
Fregil (Barragem de) 18 .... 41 I5
Freineda 09 .... 42 J8
Freiria 11 .... 64 O2
Freiria 17 .... 27 H7
Freixeda 04 .... 28 H7
Freixeda 17 .... 27 H7
Freixeda do Torrão 09 .... 42 J8
Freixedas 09 .... 42 J8

Freixedelo 04 .... 28 G9
Freixial 07 .... 66 P7
Freixial do Campo 05 .... 54 M7
Freixianda 14 .... 53 M4
Freixieira 16 .... 26 G3
Freixiel 04 .... 28 I8
Freixiosa 04 .... 29 H11
Freixiosa 18 .... 41 K6
Freixo 09 .... 42 K8
Freixo 16 .... 26 H4
Freixo 18 .... 41 K5
Freixo
  de Espada a Cinta 04 .... 42 I9
Freixo de Numão 09 .... 42 I8
Frende 13 .... 27 I6
Fresulfe 04 .... 28 G9
Fridão 03 .... 27 I5
Friestas 16 .... 12 F4
Friões 17 .... 28 G7
Friúmes 06 .... 41 L5
Fronhas
  (Barragem de) 06 .... 41 L5
Fronteira 12 .... 66 O7
Frossos 01 .... 40 K4
Funchal 31 .... 88 BZ
Funcheira 01 .... 77 S4
Funcho
  (Barragem do) 08 .... 89 U4
Fundada 05 .... 53 M5
Fundão 05 .... 54 L7
Fungalvaz 14 .... 53 N4
Furadouro 01 .... 40 J3
Furadouro 06 .... 53 L4
Furnas 14 .... 107 J18
Furnas (Lagoa das) 20 .... 107 J20
Furnas do Enxofre 20 .... 107 G14
Furnazinhas 08 .... 90 T7
Furtado 12 .... 53 N6
Fuseta 08 .... 89 U6

G

Gaeiras 10 .... 52 N2
Gafanha da Boa Hora 01 .... 40 K3
Gafanha
  da Encarnação 01 .... 40 K3
Gafanha da Nazaré 01 .... 40 K3
Gafanha do Carmo 01 .... 40 K3
Gafanhoeira 07 .... 65 P5
Gáfete 12 .... 54 N6
Gagos 09 .... 42 K8
Gaia 09 .... 42 K8
Gaiate 06 .... 53 L5
Gala 06 .... 53 L3
Galafura 17 .... 27 I6
Galera (Ponta da) 20 .... 107 J19
Galizes 09 .... 41 L6
Galveias 12 .... 65 O6
Gamil 03 .... 26 H4
Gândara 10 .... 53 M3
Gândara de Espariz 06 .... 41 L5
Gandarela 03 .... 27 H5
Gandra 13 .... 26 I4
Gandra perto de Ponte
  de Lima 16 .... 26 G4
Garajau (Ponta do) 31 .... 88 BZ
Garça (Ponta da) 20 .... 107 J19
Garcia 08 .... 89 U6
Garcia 10 .... 52 M3
Gardete 14 .... 54 N6
Gardunha (Serra da) 05 .... 54 L7
Garfe 03 .... 27 H5
Garvão 02 .... 77 S4
Gatão 02 .... 89 T6
Gateira 09 .... 42 J7
Gatões 06 .... 40 L3
Gaula 31 .... 88 BY
Gave 16 .... 13 F5
Gavião 03 .... 26 H4
Gavião 08 .... 54 M6
Gavião 12 .... 53 N6
Gaviãozinho 05 .... 54 M6
Gebelim 04 .... 28 H9
Geira 03 .... 27 G5
Gema (Ribeira da) 02 .... 77 S4
Genísio 04 .... 29 H10
Geraldes 10 .... 52 O1
Geraz do Lima 16 .... 26 G4
Gerês 03 .... 27 G5
Gerês (Serra do) 03 .... 27 G5
Germil 04 .... 28 I8
Gestaçô 13 .... 27 I6
Gesteira 06 .... 53 L4
Gestosa 04 .... 28 G8
Gestoso 04 .... 28 I5
Gia 17 .... 41 I5
Gibraltar 11 .... 64 O2

Giesteira 01 .... 40 K4
Giesteiras 05 .... 54 M6
Giestoso 16 .... 13 F5
Gilvrazino 08 .... 89 U5
Gimonde 04 .... 28 G9
Ginetes 20 .... 107 J18
Giões 08 .... 89 T6
Giraldos 02 .... 77 S5
Girão (Cabo) 31 .... 88 AZ
Glória 07 .... 66 P7
Glória do Ribatejo 14 .... 65 O4
Godeal 07 .... 65 P5
Godelim (R.) 78 R8
Godinhanços 03 .... 26 G4
Góis 06 .... 53 L5
Golegã 14 .... 53 N4
Golfeiras 04 .... 28 H8
Gomes Aires 02 .... 77 T5
Gonça 03 .... 27 H5
Gonçalo 09 .... 42 K7
Gonçalo Bocas 09 .... 42 K8
Gondar 03 .... 27 H4
Gondar 13 .... 27 I5
Gondarém 16 .... 26 G3
Gondelim 06 .... 41 L5
Gondelim 16 .... 26 G4
Gondemaria 14 .... 53 M4
Gondiães 03 .... 27 H4
Gondomar 13 .... 26 I4
Gondomil 16 .... 12 F4
Gondoriz 14 .... 27 G4
Gontifelos 03 .... 26 H4
Gorda (Serra) 20 .... 107 J18
Gordo (Monte) 11 .... 64 P2
Gorjão 14 .... 65 O5
Gorjoes 08 .... 89 U6
Gosende 18 .... 41 I6
Gostei 04 .... 28 G9
Gouvães da Serra 17 .... 27 H6
Gouveia 04 .... 28 I9
Gouveia 11 .... 64 P1
Gouveia perto
  de Freixedas 09 .... 42 K8
Gouveia perto
  de Seia 09 .... 41 K7
Gouvinhas 17 .... 27 I7
Gove 13 .... 27 I5
Graça 10 .... 53 M5
Graciosa (Ilha da) 20 .... 107 F11
Gradil 11 .... 64 P2
Gradiz 09 .... 41 J7
Gralhas 17 .... 27 G6
Gralheira (Serra da) 01 .... 40 J4
Gralhos 04 .... 28 H9
Gralhos 09 .... 42 G6
Graminhais
  (Planalto dos) 20 .... 107 J20
Grande (Ribeira) 12 .... 66 O6
Grândola 15 .... 77 R4
Grândola
  (Ribeira de) 15 .... 77 R4
Grândola
  (Serra de) 15 .... 77 R4
Granho 04 .... 65 O4
Granho Novo 14 .... 65 P3
Granja 04 .... 29 H10
Granja 08 .... 78 R8
Granja 13 .... 40 I4
Granja 17 .... 27 I7
Granja do Ulmeiro 06 .... 53 L4
Granja Nova 18 .... 41 I6
Granjal 18 .... 41 J7
Grau 10 .... 52 M3
Grijó 04 .... 28 H9
Grijó 13 .... 40 I4
Grijó de Parada 04 .... 28 G9
Grocinas 14 .... 53 M4
Guadalupe 07 .... 65 Q5
Guadalupe 20 .... 107 F11
Guadiana 02 .... 66 Q8
Guadramil 04 .... 29 G10
Guarda 09 .... 42 K8
Guarda do Norte 10 .... 53 M3
Guardeiras 13 .... 26 I4
Guedelhas 02 .... 89 T6
Guerreiro 02 .... 77 S6
Guerreiros do Rio 08 .... 90 T7
Guia 04 .... 89 U5
Guia 10 .... 53 M3
Guide (Rio de) 04 .... 28 H8
Guilhabreu 13 .... 26 I4
Guilheiro 09 .... 42 J7
Guilheta 03 .... 26 H3
Guilhofrei 03 .... 27 G5
Guimarães 03 .... 27 H5
Guisande 01 .... 40 J4
Guiso 02 .... 78 S7

H

Homem (Portela do) 03 .... 27 G5
Homem (R.) 03 .... 27 G5
Horta 09 .... 42 I8
Horta 20 .... 107 H10
Horta da Vilariça 04 .... 28 I8
Hortas 08 .... 90 U7
Hortinhas 07 .... 66 Q7

I

Idanha (Barragem da) 05 .... 54 M8
Idanha-a-Nova 05 .... 54 M8
Idanha-a-Velha 05 .... 54 M8
Ifanes 04 .... 29 H11
Igreja Nova 11 .... 64 P2
Igreja Nova do Sobral 14 .... 53 M5
Igrejinha 07 .... 65 P6
Ilha (Ponta da) 20 .... 107 H11
Ilhas 07 .... 65 P6
Ílhavo 01 .... 40 K3
Ilhéus (Ponta dos) 20 .... 107 E2
Infantado 07 .... 65 P3
Inferno (Poço do) 09 .... 41 K7
Inguias 05 .... 42 L8
Insalde 16 .... 26 G4
Isna 05 .... 54 M6
Isna (Ribeira da) 05 .... 53 M5
Izeda 04 .... 28 H9

J

Janeiro de Baixo 06 .... 54 L6
Janeiro de Cima 05 .... 54 L6
Jardim do Mar 31 .... 88 AY
Jardo 09 .... 42 K9
Jarmelo 09 .... 42 K8
Javali 08 .... 89 U6
Jazente 13 .... 27 I5
João Antão 09 .... 42 K8
João Bom 20 .... 107 J18
João Serra 02 .... 77 S5
Jolda 16 .... 26 G4
Jou 17 .... 28 H7
Jovim 13 .... 26 I4
Juízo 09 .... 42 J8
Junca 09 .... 42 J9
Juncais 09 .... 41 K7
Juncal 05 .... 54 N6
Juncal 10 .... 52 N3
Juncal do Campo 05 .... 54 M7
Junceda 03 .... 27 G5
Junceira 14 .... 53 N5
Jungeiros 02 .... 77 S5
Junqueira 01 .... 41 J5
Junqueira 08 .... 28 H10
Junqueira 13 .... 26 H3
Juromenha 07 .... 66 P8

L

Laborato 08 .... 89 T6
Laboreiro (R.) 16 .... 27 G5
Labruge 13 .... 26 I3
Labrujó 16 .... 26 G4
Ladaino 18 .... 28 H9
Ladário 18 .... 41 J6
Ladoeiro 05 .... 54 M8
Lagarelhos 17 .... 28 G7
Lagares 06 .... 41 K6
Lagares 13 .... 26 I4
Lagarinhos 09 .... 41 K6
Lagarteira 10 .... 53 M4
Lagarto (Portela do) 16 .... 13 F5
Lagoa 04 .... 28 H9
Lagoa 08 .... 89 U4
Lagoa 20 .... 107 J19
Lagoa (Monte) 08 .... 89 U6
Lagoa Parada 10 .... 53 M4
Lagoaça 04 .... 28 I9
Lagos 08 .... 88 U3

Lamarosa 14 .... 53 N4
Lamas 01 .... 40 J4
Lamas 06 .... 53 L4
Lamas 11 .... 64 O2
Lamas 18 .... 41 I8
Lamas de Ferreira 18 .... 41 J6
Lamas de Mouro 16 .... 13 F5
Lamas de Olo 17 .... 27 H6
Lamas de Orelhão 04 .... 28 H8
Lamas de Podence 04 .... 28 H9
Lamas do Vouga 01 .... 40 K4
Lamegal 09 .... 42 J8
Lamego 18 .... 41 I6
Lameira 03 .... 27 H5
Lameiras 09 .... 42 J8
Lamosa 18 .... 41 J7
Lamparona 07 .... 67 O8
Lamporeira (Ponta da) 11 .... 64 O1
Lanção 04 .... 28 G9
Lanças 02 .... 77 S5
Landal 10 .... 52 O2
Landeira 07 .... 65 Q4
Landeira 18 .... 41 J5
Lanhelas 16 .... 26 G3
Lanheses 16 .... 26 G3
Lapa 14 .... 64 O3
Lapa 18 .... 41 J7
Lapa (Serra da) 18 .... 41 J7
Lapa do Lobo 18 .... 41 K6
Lapas 14 .... 53 N4
Laranjeiro 15 .... 64 Q2
Larça 06 .... 40 L4
Lardosa 05 .... 54 M7
Lares 06 .... 53 L3
Larinho 04 .... 28 I8
Larouco (Serra do) 17 .... 27 G6
Laundos 13 .... 26 H3
Lavacolhos 05 .... 54 L7
Lavos 06 .... 53 L3
Lavra 13 .... 26 I3
Lavradas 17 .... 27 G6
Lavradio 15 .... 64 P2
Lavre (Estação de) 14 .... 65 P4
Lavre (Ribeira de) 65 P4
Lebre 02 .... 78 S7
Lebução 17 .... 28 G7
Leça 13 .... 26 I4
Leça da Palmeira 13 .... 26 I3
Légua 14 .... 52 M2
Leiranco (Serra de) 17 .... 27 G7
Leiria 10 .... 53 M3
Leiria (Pinhal de) 10 .... 52 M2
Leirosa 06 .... 52 L3
Lemede 06 .... 40 L4
Lena 10 .... 53 N3
Lentiscais 05 .... 54 M7
Lentiscais 08 .... 89 U5
Leomil 06 .... 42 K9
Leomil 18 .... 41 J7
Leomil (Serra de) 18 .... 41 J6
Leonte
  (Portela de) 03 .... 27 G5
Liceia 06 .... 40 L3
Ligares 04 .... 42 I9
Lijó 03 .... 26 H4
Lima (R.) 16 .... 26 G4
Limãos 04 .... 28 H9
Limas
  (Ribeira de) 02 .... 78 S7
Limões 17 .... 27 G5
Lindoso 16 .... 27 G5
Linhaceira 14 .... 53 N4
Linhares 14 .... 28 I7
Linhares 09 .... 41 K7
Lisboa 11 .... 64 P2
Livramento 08 .... 90 U6
Livramento 20 .... 107 J19
Lixa 03 .... 27 I5
Liz 10 .... 52 M3
Lobão
  da Beira 18 .... 41 K5
Lodões 04 .... 28 I8
Loivos 17 .... 27 H7
Loivos do Monte 13 .... 27 I6
Lomba da Fazenda 20 .... 107 J20
Lomba de Maia 20 .... 107 J19
Lombador 02 .... 77 T6
Lombardos 07 .... 88 T7
Lombo 04 .... 28 H9
Lombomeão 01 .... 40 K3
Longa 04 .... 41 I7
Longos 03 .... 27 H4
Longos Vales 16 .... 13 F4
Longra 17 .... 27 H5
Longroiva 09 .... 42 J7
Lordelo 03 .... 27 H4

Lordelo 13 .... 26 I4
Lordosa 18 .... 41 J6
Loriga 09 .... 41 L6
Lorvão 06 .... 40 L5
Lotão 08 .... 89 T6
Louçainha 06 .... 53 L5
Loulé 08 .... 89 U5
Louredo 17 .... 27 I6
Louredo (Rio) 17 .... 27 H6
Loureira 10 .... 53 M4
Loureira 01 .... 40 J4
Loureiro 06 .... 53 L4
Loureiro
  de Silgueiros 18 .... 41 K6
Loures 11 .... 64 P2
Lourical 10 .... 53 L3
Louriçal
  do Campo 05 .... 54 L7
Lourinhã 11 .... 52 O2
Lourinho 03 .... 26 H4
Lourosa 01 .... 40 J4
Lourosa 06 .... 41 L6
Lousa 04 .... 28 I8
Lousã 06 .... 54 M7
Lousa 05 .... 53 L5
Lousa 11 .... 64 P2
Lousã (Serra da) 06 .... 53 L5
Lousada 13 .... 27 I5
Lousadela 18 .... 41 J6
Lousado 13 .... 26 H4
Lovelhe 16 .... 26 G3
Lucefecit
  (Ribeira de) 07 .... 66 Q7
Ludares 17 .... 27 I7
Ludo 08 .... 89 U6
Luso 06 .... 40 K4
Lustosa 13 .... 27 H5
Lustosa 18 .... 41 J6
Luz 07 .... 78 Q7
Luz 20 .... 107 F12
Luz Lagos 08 .... 88 U3
Luz (Monte) 04 .... 29 H11
Luz de Tavira 08 .... 89 U6
Luzianes 02 .... 77 T4
Luzim 13 .... 27 I5

M

Maçaínhas 05 .... 42 K8
Mação 14 .... 53 N6
Maçãs (R.) 29 G10
Maçãs de Caminho 10 .... 53 M4
Maçãs
  de Dona Maria 10 .... 53 M5
Maceda 01 .... 40 J4
Macedo
  de Cavaleiros 04 .... 28 H9
Macedo do Mato 04 .... 28 H9
Macedo do Peso 04 .... 28 H10
Maceira 09 .... 52 M3
Machados 02 .... 78 R7
Machados 02 .... 89 U6
Machico 31 .... 88 BY
Machio 06 .... 53 L5
Macieira 12 .... 41 J4
Macieira 03 .... 26 H4
Macieira 13 .... 27 H4
Macieira 18 .... 41 J5
Macieira da Maia 13 .... 26 H4
Macieira de Alcoba 01 .... 41 K5
Maçores 04 .... 42 I8
Maçussa 11 .... 64 O3
Madalena 13 .... 26 I4
Madalena 14 .... 53 N4
Madalena 20 .... 107 H10
Madalena do Mar 31 .... 88 AY
Madeirã 05 .... 53 M5
Madrugada
  (Ponta da) 20 .... 107 J20
Mafra 11 .... 64 P2
Magoito 11 .... 64 P1
Magos
  (Barragem de) 14 .... 65 P3
Magueija 18 .... 41 I6
Maia 13 .... 26 I4
Maia 20 .... 107 J19
Maia Santa Maria 20 .... 107 M20
Maiorca 06 .... 53 L3
Maiorga 12 .... 52 N3
Mairos 17 .... 28 G7
Malcata 09 .... 42 K9
Malcata (Serra de) 42 L9
Malhada 12 .... 66 P8
Malhada 18 .... 41 J6
Malhada Alta 07 .... 66 P7
Malhada Sorda 09 .... 42 K9

A B C D E F G H I J K L M N O P Q R S T U V W X Y Z

A B C D E F G H I J K L M N O P Q R S T U V W X Y Z

Malhadal 05 ..... 53 M 6
Malhadas 04 ..... 29 H 11
Malhão 08 ..... 89 U 6
Malhão (Serra do) ..... 89 T 5
Malhou 14 ..... 53 N 3
Malpartida 09 ..... 42 J 9
Malpensado 02 ..... 76 S 3
Malpica do Tejo 05 ..... 54 M 7
Malpique 02 ..... 78 R 7
Malta 09 ..... 42 J 8
Malveira perto de Estoril 11 ..... 64 P 1
Malveira perto de Mafra 11 ..... 64 P 2
Mamarrosa 01 ..... 40 K 4
Mamodeiro 01 ..... 40 K 4
Mamouros 18 ..... 41 K 6
Manadas 20 ..... 107 H 11
Mancelos 13 ..... 27 I 5
Mancoca 02 ..... 77 S 5
Mangualde 18 ..... 41 K 6
Manhouce 18 ..... 41 J 5
Manigoto 09 ..... 42 J 8
Manique do Intendente 11 ..... 64 O 3
Mansores 01 ..... 40 J 4
Manteigas 09 ..... 41 K 7
Manuel Galo 02 ..... 77 T 6
Maqueda 14 ..... 52 N 3
Mar 03 ..... 26 H 3
Maranhão 12 ..... 65 O 6
Maranhão (Barragem de) 12 ..... 65 O 6
Marão (Serra do) 13 ..... 27 I 6
Marateca 15 ..... 65 Q 4
Marateca (Ribeira de) ..... 65 Q 4
Marchil 08 ..... 89 U 6
Marco 12 ..... 66 O 8
Marco de Canaveses 13 ..... 27 I 5
Margalha 12 ..... 54 N 6
Maria Vinagre 08 ..... 88 T 3
Marialva 09 ..... 42 J 8
Marianos 14 ..... 65 O 4
Marinha das Ondas 06 ..... 53 L 4
Marinha Grande 10 ..... 52 M 3
Marinhais 14 ..... 65 O 3
Marinhas 03 ..... 26 H 3
Marmelar 02 ..... 78 R 7
Marmeleira 14 ..... 64 O 3
Marmeleira 18 ..... 41 K 5
Marmeleiro 05 ..... 53 M 5
Marmeleiro 09 ..... 42 K 8
Marmelete 08 ..... 88 U 3
Marmelos 04 ..... 28 H 8
Marofa 09 ..... 42 J 8
Maroto 02 ..... 77 R 5
Maroufenha 02 ..... 76 T 3
Marrancos 03 ..... 26 G 4
Marrazes 10 ..... 53 M 3
Martianas 05 ..... 54 L 8
Martim 03 ..... 26 H 4
Martim Branco 05 ..... 54 M 7
Martim Longo 08 ..... 89 T 6
Martinchel 14 ..... 53 N 5
Martingança 10 ..... 52 M 3
Mártires 07 ..... 66 P 7
Marvão 12 ..... 54 N 7
Marvila 10 ..... 53 M 5
Marzagão 04 ..... 28 I 8
Mascarenhas 04 ..... 28 H 8
Massueime 09 ..... 42 J 8
Mata 05 ..... 54 M 7
Mata 14 ..... 53 N 4
Mata da Rainha 05 ..... 54 L 8
Mata de Lobos 09 ..... 42 J 9
Mata Mourisca 10 ..... 53 M 3
Matacães 11 ..... 64 O 2
Matança 09 ..... 41 J 7
Matela 04 ..... 28 H 10
Mateus 17 ..... 27 I 6
Mato 16 ..... 26 H 4
Mato de Miranda 14 ..... 53 N 4
Matoeira 10 ..... 52 N 2
Matos 02 ..... 77 R 6
Matosinhos 13 ..... 27 I 3
Maxiais 05 ..... 54 M 7
Maxial 05 ..... 54 L 6
Maxial 11 ..... 64 O 2
Maxieira 14 ..... 53 N 6
Mazes 18 ..... 41 I 6
Mazouco 04 ..... 42 I 9
Meadela 16 ..... 26 G 3
Mealhada 01 ..... 40 K 4
Meca 11 ..... 64 O 2
Mêda 09 ..... 42 J 8

Medelim 05 ..... 54 L 8
Medrões 17 ..... 27 I 6
Meia Praia 08 ..... 88 U 4
Meimão 05 ..... 42 L 8
Meimoa 05 ..... 54 L 8
Meimoa (Barragem de) 05 ..... 42 L 8
Meimoa (Ribeira da) 05 ..... 54 L 7
Meinedo 13 ..... 27 I 5
Meirinhos 04 ..... 28 I 9
Meixedo 17 ..... 27 G 6
Meixedo 17 ..... 27 G 7
Meixide 17 ..... 27 G 7
Meixões de Cima 03 ..... 27 G 5
Meixomil 13 ..... 26 I 4
Melgaço 16 ..... 13 F 5
Melhe 14 ..... 26 I 6
Melides 15 ..... 76 R 3
Melres 13 ..... 40 I 4
Melriça 05 ..... 53 M 5
Memória 10 ..... 53 M 4
Mendiga 10 ..... 52 N 3
Mente (R.) ..... 28 G 8
Mentiras 07 ..... 78 R 8
Mentrestido 16 ..... 26 G 3
Mercês (Barragem das) 02 ..... 78 R 8
Mértola 08 ..... 78 T 7
Merufe 16 ..... 13 F 4
Mesão Frio 03 ..... 27 H 5
Mesão Frio 17 ..... 27 I 6
Mesquita 02 ..... 78 T 7
Mesquitela 09 ..... 41 K 7
Messangil 02 ..... 78 S 7
Messejana 02 ..... 77 S 5
Messines 08 ..... 89 U 5
Mestras 07 ..... 89 T 5
Mezio 16 ..... 27 G 5
Mezio 18 ..... 41 J 6
Midões 06 ..... 41 K 6
Milagres 10 ..... 53 M 3
Milhão 04 ..... 28 G 10
Milharadas 02 ..... 77 T 4
Milharado 11 ..... 64 P 2
Milhazes 03 ..... 26 H 4
Milreu 05 ..... 53 N 5
Milreu (Ruinas de) 08 ..... 89 U 6
Mina de São Domingos 02 ..... 78 S 7
Mina de São João do Deserto 02 ..... 77 S 5
Mina do Bugalho 07 ..... 66 P 8
Mina do Lousal 15 ..... 77 R 4
Minas do Carris 03 ..... 27 G 5
Minde 14 ..... 53 N 3
Mindelo 13 ..... 26 I 3
Minheu 17 ..... 27 H 6
Minhocal 09 ..... 42 J 7
Mira 06 ..... 40 K 3
Mira (Rio) ..... 89 T 5
Mira de Aire 10 ..... 53 N 3
Miradezes 04 ..... 28 H 8
Miragaia 11 ..... 64 O 2
Miramar 03 ..... 40 I 4
Miranda 16 ..... 26 G 4
Miranda (Barragem de) 04 ..... 29 H 11
Miranda do Corvo 06 ..... 53 L 5
Miranda do Douro 04 ..... 29 H 11
Mirandela 04 ..... 28 H 8
Miróbriga (Ruinas Romanas de) 15 ..... 76 R 3
Miuzela 09 ..... 42 K 8
Moçarria 14 ..... 53 N 3
Modivas 13 ..... 26 I 3
Mões 18 ..... 41 J 6
Mofreita 04 ..... 28 G 9
Mogadouro 04 ..... 28 H 9
Mogadouro (Serra de) ..... 28 I 9
Mogo de Ansiães 04 ..... 28 I 8
Mogofores 01 ..... 40 K 4
Moimenta 04 ..... 28 G 9
Moimenta da Beira 18 ..... 41 J 7
Moimenta da Serra 09 ..... 41 K 7
Moimenta (de Maceira Dão) 18 ..... 41 K 6
Moinhola 02 ..... 65 Q 3
Moinhos Velhos 10 ..... 53 N 3
Moita 15 ..... 64 Q 3

Moita perto de Castanheira de Pêra 10 ..... 53 M 5
Moita perto de Marinha Grande 10 ..... 52 M 3
Moita da Roda 10 ..... 53 M 3
Moita do Boi 10 ..... 53 M 3
Moita dos Ferreiros 11 ..... 52 O 2
Moitas Venda 14 ..... 53 N 4
Moitinhas 02 ..... 88 T 4
Moldes 01 ..... 41 J 5
Moledo 18 ..... 41 J 6
Moledo do Minho 16 ..... 26 G 3
Molelos 18 ..... 41 K 5
Molianos 10 ..... 52 N 3
Mombeja 02 ..... 77 R 5
Monção 16 ..... 12 F 4
Moncarapacho 08 ..... 89 U 6
Monchique 08 ..... 88 U 4
Monchique (Serra de) 08 ..... 88 U 3
Mondego 01 ..... 41 K 7
Mondego (Cabo) 06 ..... 40 L 3
Mondim da Beira 18 ..... 41 I 6
Mondim de Basto 17 ..... 27 H 6
Monfebres 17 ..... 28 H 7
Monforte 12 ..... 66 O 7
Monforte da Beira 05 ..... 54 M 8
Monfortinho 05 ..... 55 L 9
Monfurado 07 ..... 65 Q 5
Moninho 06 ..... 54 L 6
Monsanto 05 ..... 54 L 8
Monsanto 14 ..... 53 N 3
Monsanto (Monte) 05 ..... 54 L 8
Monsaraz 07 ..... 66 Q 7
Monsul 03 ..... 27 H 5
Montaivo 02 ..... 77 S 6
Montalegre 17 ..... 27 G 6
Montalvão 12 ..... 54 N 7
Montalvo 14 ..... 53 N 5
Montargil 12 ..... 65 O 5
Montargil (Barragem de) 12 ..... 65 O 5
Monte 01 ..... 40 J 4
Monte 31 ..... 88 BY
Monte Alto 08 ..... 89 U 5
Monte Brasil 20 ..... 107 H 14
Monte Carvalho 02 ..... 66 O 7
Monte Claro 12 ..... 54 N 6
Monte Córdova 13 ..... 26 I 4
Monte da Estrada 02 ..... 76 S 4
Monte da Foz 14 ..... 64 P 3
Monte da Guia 20 ..... 107 H 10
Monte da Laje 08 ..... 78 S 7
Monte da Pedra 12 ..... 54 N 6
Monte da Rocha (Barragem de) 02 ..... 77 S 5
Monte das Flores 07 ..... 65 Q 6
Monte das Piçarras 07 ..... 65 Q 6
Monte de Aldeia 07 ..... 78 R 8
Monte de Baixo Grande 08 ..... 90 U 6
Monte de Goula 05 ..... 54 M 6
Monte de São Gens de Cidaï 13 ..... 26 I 4
Monte do Outeiro 07 ..... 66 Q 7
Monte do Trigo 07 ..... 78 Q 6
Monte dos Corvos 02 ..... 78 T 7
Monte Fernandes 02 ..... 78 T 7
Monte Fidalgo 05 ..... 54 M 7
Monte Gordo 05 ..... 54 M 6
Monte Gordo 08 ..... 90 U 6
Monte Grande 02 ..... 77 S 5
Monte Grande 08 ..... 89 U 6
Monte Juntos 07 ..... 66 Q 7
Monte Margarida 09 ..... 42 K 8
Monte Novo (Barragem do) 07 ..... 66 Q 6
Monte Real 10 ..... 52 M 3
Monte Redondo 10 ..... 52 M 3
Monte Redondo 11 ..... 64 O 2
Monte Velho 08 ..... 78 R 7
Monte Viegas 02 ..... 77 S 6
Monteiras 18 ..... 41 J 6
Monteiros 17 ..... 27 H 6
Montejunto (Serra de) 11 ..... 64 O 2
Montelavar 11 ..... 64 P 1
Montemor-o-Novo 07 ..... 65 Q 5
Montemor-o-Velho 06 ..... 40 L 3
Montemuro 18 ..... 41 J 5
Montemuro (Serra de) 18 ..... 41 J 5
Montes 14 ..... 53 N 5
Montes da Senhora 05 ..... 54 M 6
Montes de Cima 08 ..... 88 U 4
Montes Novos 08 ..... 89 U 6
Montesinho 04 ..... 28 G 9

Montesinho (Parque Natural de) 04 ..... 28 G 9
Montesinho (Serra de) 04 ..... 28 G 9
Montevil 15 ..... 65 Q 4
Montijo 15 ..... 64 P 3
Montinho 12 ..... 66 O 8
Montinho 08 ..... 90 U 7
Montinho da Dourada 12 ..... 66 O 6
Montoito 07 ..... 66 Q 7
Mora 04 ..... 29 H 10
Mora 07 ..... 65 P 5
Morais 04 ..... 28 H 9
Moreanes 02 ..... 78 T 7
Moreira 16 ..... 12 F 4
Moreira de Rei 09 ..... 42 J 8
Moreira do Castelo 03 ..... 27 H 5
Moreira do Cónegos 03 ..... 27 H 5
Moreira do Rei 03 ..... 27 H 5
Moreiras 17 ..... 28 H 7
Morgade 17 ..... 27 G 6
Morgadinho 02 ..... 89 T 5
Morgavel (Barragem de) 15 ..... 76 S 3
Mortágua 18 ..... 41 K 6
Mós 09 ..... 42 I 8
Mós 18 ..... 41 J 5
Mós perto de Bragança 04 ..... 28 G 9
Mós perto de Torre de Moncorvo 04 ..... 28 I 9
Mós (Ribeira de) 04 ..... 42 I 9
Mosavide 11 ..... 64 P 2
Mosteiro 02 ..... 77 S 6
Mosteiro 05 ..... 53 M 6
Mosteiro 09 ..... 41 J 7
Mosteiro 13 ..... 53 M 5
Mosteiros 12 ..... 66 O 8
Mosteiros 20 ..... 107 J 18
Motrinos 07 ..... 66 Q 7
Mouçós 17 ..... 27 I 6
Moura 02 ..... 78 R 7
Moura 08 ..... 28 I 8
Mourão 04 ..... 28 I 8
Mourão 07 ..... 78 Q 7
Mourão (Albufeira de) 07 ..... 78 Q 8
Mouraz 14 ..... 41 K 5
Moure perto de Barcelos 03 ..... 26 H 4
Moure perto de Vila Verde 03 ..... 26 H 4
Mourilhe 17 ..... 27 G 6
Mouriscas 14 ..... 53 N 5
Mouriz 13 ..... 27 I 4
Mouro 14 ..... 13 F 4
Mouronho 06 ..... 41 L 5
Moutedo 01 ..... 40 K 4
Moz de Celas 04 ..... 28 G 9
Mozelos 18 ..... 41 J 6
Mu 02 ..... 89 T 5
Muda 15 ..... 76 S 3
Muge 14 ..... 65 O 3
Muge (Ribeira de) 14 ..... 65 O 4
Mundão 18 ..... 41 J 6
Muradal (Serra de) 05 ..... 54 M 6
Murça 09 ..... 42 I 8
Murça 17 ..... 28 H 7
Murgeira 11 ..... 66 P 2
Múrias 04 ..... 28 H 8
Muro 14 ..... 26 I 4
Murtede 06 ..... 40 K 4
Murteirinha 05 ..... 54 M 6
Murtigão (Barragem de) ..... 78 R 8
Murtosa 01 ..... 40 J 4
Musgos 07 ..... 78 R 7
Muxagata 09 ..... 42 I 8

N

Nabais 09 ..... 41 K 7
Nabão ..... 53 M 4
Nabo 04 ..... 28 I 8
Nadadouro 10 ..... 52 N 2
Nagosa 18 ..... 41 I 7
Nagozelo do Douro 18 ..... 28 I 7
Namorados 02 ..... 77 T 6
Nantes 17 ..... 28 G 7
Nariz 01 ..... 40 K 4
Navais 03 ..... 26 H 3
Nave 09 ..... 42 K 9
Nave de Haver 09 ..... 42 K 9
Nave Redonda 02 ..... 89 T 4
Nave Redonda 09 ..... 42 J 9
Nazaré 10 ..... 52 N 2
Negrões 17 ..... 27 G 6
Neiva 16 ..... 26 H 3

Nelas 18 ..... 41 K 6
Nesperal 05 ..... 53 M 5
Nespereira 03 ..... 27 H 5
Neves (Serra das) 02 ..... 77 S 4
Nevolgide 03 ..... 26 H 4
Nine 03 ..... 26 H 4
Ninho do Açor 05 ..... 54 M 7
Nisa 12 ..... 54 N 7
Nisa (Ribeira de) 12 ..... 54 N 7
Nóeme 09 ..... 42 K 8
Nogueira 04 ..... 28 G 9
Nogueira 13 ..... 26 I 4
Nogueira (Serra de) 04 ..... 28 H 9
Nogueira da Montanha 17 ..... 28 H 7
Nogueira do Cima 01 ..... 40 J 4
Nogueira do Cravo 06 ..... 41 K 6
Nora 07 ..... 66 P 7
Nordeste 20 ..... 107 J 20
Nordestinho 20 ..... 107 J 20
Norte Grande 20 ..... 107 G 11
Norte Pequeno 20 ..... 107 H 11
Nossa Senhora da Boa Fé 07 ..... 65 Q 5
Nossa Senhora da Graça 17 ..... 27 H 6
Nossa Senhora da Graça do Divor 07 ..... 65 Q 6
Nossa Senhora da Penha 12 ..... 54 N 7
Nossa Senhora da Penha 15 ..... 77 R 4
Nossa Senhora da Pineda 16 ..... 27 G 5
Nossa Senhora da Serra 04 ..... 28 G 9
Nossa Senhora da Taude 01 ..... 40 J 4
Nossa Senhora da Torega 07 ..... 65 Q 5
Nossa Senhora das Neves 02 ..... 77 R 6
Nossa Senhora de Ares 07 ..... 77 Q 6
Nossa Senhora de Machede 07 ..... 66 Q 6
Nossa Senhora do Assunção 13 ..... 26 H 4
Nossa Senhora do Cabo 15 ..... 64 Q 2
Nossa Senhora dos Remédios 18 ..... 41 I 6
Noura 04 ..... 28 H 7
Nova da Baronia (Ribeira) ..... 77 R 5
Nozelos 04 ..... 28 I 8
Nozelos 17 ..... 28 G 8
Numão 09 ..... 42 I 8
Nunes 04 ..... 28 G 9

O

O Sítio 10 ..... 52 N 2
Óbidos 10 ..... 52 N 2
Óbidos (Lagoa de) 10 ..... 52 N 2
Ocreza 14 ..... 54 M 7
Odearce (Ribeira de) 02 ..... 77 R 6
Odeceixe 08 ..... 88 T 3
Odeleite 08 ..... 90 U 7
Odeleite (Ribeira de) 08 ..... 89 U 6
Odelouca (Ribeira de) 08 ..... 89 U 4
Odemira 02 ..... 76 T 4
Odiáxere 08 ..... 88 U 4
Odivelas 08 ..... 77 R 5
Odivelas 11 ..... 64 P 2
Odivelas (Barragem de) 02 ..... 77 R 5
Oeiras 11 ..... 64 P 2
Oeiras (Ribeira de) 02 ..... 77 T 6
Ofir 03 ..... 26 H 3
Oiã 01 ..... 40 K 4
Olalhas 14 ..... 53 N 5
Olas 18 ..... 42 I 8
Oldrões 13 ..... 27 I 5
Oledo 05 ..... 54 M 8
Oleiros 01 ..... 40 J 4
Oleiros 03 ..... 88 U 3
Oleiros 05 ..... 54 M 6
Olhalvo 11 ..... 64 O 2
Olhão 08 ..... 89 U 6
Olho Marinho 10 ..... 52 O 2
Olivais 10 ..... 53 M 3
Olivais 11 ..... 64 P 2
Olival 14 ..... 53 M 4
Oliveira 03 ..... 26 H 4
Oliveira de Azeméis 01 ..... 40 J 4

Oliveira de Barreiros 18 ..... 41 K 6
Oliveira de Frades 18 ..... 41 J 5
Oliveira do Bairro 01 ..... 40 K 4
Oliveira do Conde 18 ..... 41 K 6
Oliveira do Douro 18 ..... 41 I 5
Oliveira do Hospital 06 ..... 41 K 6
Oliveira do Mondego 06 ..... 41 L 5
Oliveirinha 01 ..... 40 K 4
Olmos 04 ..... 28 H 9
Olo 13 ..... 27 H 6
Onor (R.) 04 ..... 28 G 10
Orada 02 ..... 78 R 7
Orada (Convento da) 07 ..... 66 Q 7
Orbacém 16 ..... 26 G 3
Orca 05 ..... 54 L 7
Ordem 02 ..... 78 R 6
Oriola 07 ..... 77 R 6
Oriz 03 ..... 27 G 4
Orjais 05 ..... 41 K 7
Ortiga 14 ..... 53 N 5
Ortigosa 10 ..... 53 M 3
Orvalho 05 ..... 54 L 6
Ossa (Serra de) 07 ..... 66 P 6
Ota 04 ..... 64 O 3
Ota (Ribeira de) 11 ..... 64 O 2
Ouca 01 ..... 40 K 4
Ouguela 12 ..... 66 O 8
Oura 07 ..... 27 H 7
Oural 03 ..... 26 G 4
Ourém 14 ..... 53 M 4
Ourentã 06 ..... 40 K 4
Ourique 02 ..... 77 T 5
Ourondo 05 ..... 54 L 6
Ourozinho 18 ..... 42 J 7
Outão 15 ..... 64 Q 3
Outeiro 04 ..... 28 G 10
Outeiro 07 ..... 66 Q 7
Outeiro 10 ..... 53 M 4
Outeiro 16 ..... 26 G 3
Outeiro 17 ..... 27 G 6
Outeiro Alvo 16 ..... 13 F 5
Outeiro da Cabeça 11 ..... 64 O 2
Outeiro da Cortiçada 14 ..... 52 O 3
Outeiro de Gatos 09 ..... 42 J 8
Outeiro Seco 17 ..... 28 G 7
Outiz 03 ..... 26 H 4
Ouzilhão 04 ..... 28 G 9
Ovadas 04 ..... 41 I 6
Ovar 01 ..... 40 J 4
Ovar (Canal de) ..... 40 J 3
Ovelha 17 ..... 27 I 5

P

Paço 04 ..... 28 G 9
Paço de Arcos 11 ..... 64 P 2
Paço de Sousa 13 ..... 27 I 4
Paços de Ferreira 13 ..... 27 I 5
Paços de Gaiolo 13 ..... 27 I 5
Paços Novos 14 ..... 65 O 4
Paços Velhos 14 ..... 65 O 4
Padeiro 14 ..... 65 P 4
Paderne 08 ..... 89 U 5
Paderne 16 ..... 13 F 4
Padim de Graça 03 ..... 26 H 4
Padornelo 16 ..... 26 G 4
Padrão 02 ..... 77 S 6
Padrão 05 ..... 54 N 6
Padrão 10 ..... 53 M 3
Padrão de Moreira 13 ..... 26 I 4
Padrela 17 ..... 27 H 7
Padrela (Serra da) 17 ..... 27 H 7
Padroso 11 ..... 27 G 6
Pai Penela 09 ..... 42 J 8
Pai Torto 04 ..... 28 H 8
Paiágua 05 ..... 54 M 6
Paialvo 14 ..... 53 N 4
Paião 06 ..... 53 L 3
Pailobo 05 ..... 42 K 9
Paio Mendes 14 ..... 53 M 5
Paio Pires 15 ..... 64 Q 2
Paiva 09 ..... 41 J 6
Pala 09 ..... 42 J 8
Palaçoulo 04 ..... 29 H 10
Palhaça 01 ..... 40 K 4
Palhais 05 ..... 53 M 5
Palhais 15 ..... 64 Q 2
Palheirinhos 08 ..... 89 U 6
Palheiros 06 ..... 40 K 4
Palheiros 17 ..... 28 H 7
Palma 15 ..... 65 Q 4
Palmaz 01 ..... 40 J 4
Palme 03 ..... 26 H 3
Palmeira 03 ..... 26 H 4

Palmela 15.....64 Q3
Palvarinho 05.....54 M7
Pampilhosa 01.....40 K4
Pampilhosa da Serra 06.....54 L6
Panasqueira 02.....77 S5
Panoias 02.....77 S5
Panoias de Cima 09.....42 K8
Panque 03.....26 H4
Papoa 10.....52 N1
Parada 04.....28 G9
Parada 09.....42 K8
Parada 18.....41 K5
Parada de Bouro 03.....27 H5
Parada de Cunhos 17.....27 I6
Parada de Ester 18.....41 J5
Parada de Gonta 18.....41 K5
Parada de Monteiros 17.....41 H6
Parada de Pinhão 17.....27 H7
Paradança 17.....41 H6
Paradela 01.....40 J4
Paradela 16.....27 G5
Paradela 18.....41 I7
Paradela perto
  de Chaves17.....28 G7
Paradela perto de Miranda
  do Douro04.....29 H11
Paradela perto
  de Mogadouro04.....28 H9
Paradela
  (Barragem de) 17.....27 G6
Paradinha 04.....28 G10
Paradinha 18.....41 I7
Paradinha Nova 04.....28 H10
Paraíso 01.....41 I5
Parâmio 04.....28 G9
Paramos 01.....40 J4
Paranho 18.....41 K5
Paranhos 09.....41 K6
Parceiros 10.....53 M3
Parceiros
  de São João 14.....53 N4
Parchal 08.....88 U4
Pardais 07.....66 P7
Pardelhas 01.....40 J4
Pardelhas 17.....27 H6
Pardilhó 01.....40 J4
Pardornelos 17.....27 G6
Parede 11.....64 P1
Paredes 04.....28 G9
Paredes 13.....27 I5
Paredes da Beira 18.....41 I7
Paredes de Coura 14.....26 G4
Paredes de Viadores 13.....27 I5
Pargo (Ponta do) 31.....88 AY
Parizes 08.....89 U6
Parra 12.....66 O8
Partida 05.....54 L7
Passos 04.....28 H8
Patacão 08.....89 U6
Pataias 10.....52 M3
Pataias Gare 10.....52 N3
Paúl 05.....54 L7
Paul 11.....64 O2
Paúl 14.....53 N5
Paúl do Mar 31.....88 AY
Pavia 07.....65 P5
Pavia (Rio) 18.....41 K5
Pé da Serra 12.....54 N7
Pé da Serra 14.....52 N3
Pechão 08.....89 U6
Pedome 17.....28 G8
Pedorido 01.....40 I4
Pedra do Ouro 10.....52 M2
Pedra Furada 03.....26 H4
Pedrada 16.....27 G5
Pedraído 03.....27 H5
Pedralva 08.....88 U3
Pedrario 17.....27 G7
Pedras Brancas 02.....77 S5
Pedras de El Rei 08.....89 U7
Pedras Negras 10.....52 M2
Pedras Salgadas 17.....27 H7
Pedreira 14.....53 N4
Pedreira 20.....107 J20
Pedreiras 10.....52 N3
Pedrógão 02.....78 R7
Pedrógão 05.....54 L8
Pedrógão 07.....65 P5
Pedrógão 10.....52 M3
Pedrógão 13.....53 N4
Pedrógão Grande 10.....53 M4
Pedrógão
  Pequeno 05.....53 M3
Pega 09.....42 K8
Pega (Ribeira da) 42 K8
Pego 14.....53 N5

Pego do Altar
  (Barragem de) 15.....65 Q4
Pegões-Estação 15.....65 P4
Pelados 08.....89 U6
Pelariga 10.....53 M4
Pelmá 10.....53 M4
Pena 08.....89 U5
Pena (Parque da) 11.....64 P1
Pena Lobo 09.....42 K7
Pena Róia 04.....28 H10
Penabeice 17.....28 H7
Penacova 06.....41 L5
Penafiel 13.....27 I5
Penalva 15.....64 Q2
Penalva 02.....78 S8
Penalva de Alva 06.....41 L6
Penalva do Castelo 18.....41 J6
Penamacor 05.....54 L8
Peneda (Serra da) 16.....27 G4
Peneda
  (Barragem da) 03.....26 H4
Penedo Gordo 02.....77 S6
Penedono 18.....42 J7
Penela 06.....53 L4
Penela da Beira 18.....42 I7
Penha 03.....27 H5
Penha 12.....66 O7
Penha de Aguia 09.....42 J8
Penha Garcia 05.....55 L8
Penhas da Saúde 05.....41 L7
Penhas Juntas 04.....28 G8
Penhascoso 14.....53 N5
Peniche 10.....52 N1
Penilhos 02.....77 T6
Penso 16.....13 F5
Pepim 18.....41 J6
Pêra 08.....89 U4
Pêra do Moço 09.....42 K8
Pêra Velha 18.....41 J7
Peraboa 09.....41 L7
Perafita 13.....26 I3
Perais 05.....54 M7
Peral 06.....54 M6
Peral 08.....89 U6
Peral 11.....52 O2
Peralva 08.....89 U6
Peramanca
  (Ribeira da) 07.....65 Q5
Perdigão 05.....54 M6
Peredo 04.....28 H9
Peredo da Bemposta 04.....28 I10
Peredo
  dos Castelhanos 04.....42 I8
Pereira 04.....28 H8
Pereira 06.....40 L4
Pereira 08.....88 U4
Pereiras 17.....27 G6
Pereiro 08.....90 T7
Pereiro 09.....42 J8
Pereiro 18.....41 J5
Pereiro perto de Mação14.....53 N5
Pereiro perto
  de Tomar14.....53 M4
Pereiro de Palhacana 11.....64 O2
Pereiros 04.....28 I8
Perelhal 03.....26 H3
Pergulho 05.....54 M6
Perna Seca 08.....89 T5
Pernes 14.....53 N3
Pêro Moniz 11.....64 O2
Pêro Negro 08.....88 U3
Pêro Pinheiro 11.....64 P2
Pêro Soares 09.....42 K8
Pêro Viseu 05.....54 L7
Peroguarda 02.....77 R5
Pesinho 13.....40 I4
Pesinho 05.....54 L7
Peso 02.....78 R6
Peso 04.....28 H10
Peso 08.....89 T5
Peso 16.....13 F5
Peso da Régua 17.....27 I6
Pessegueiro 06.....53 L5
Pessegueiro 08.....89 T6
Peta 14.....65 O4
Peva 09.....42 J9
Peva 18.....41 J6
Pião 02.....78 Q8
Pias 02.....78 R7
Pias 07.....66 Q7
Pias 14.....53 M5
Pias 18.....41 J6

Picão 18.....41 J6
Piçarras 02.....77 T5
Picarrel 07.....66 Q7
Pico 20.....107 H10
Pico (Ilha do) 20.....107 H10
Pico Alto 20.....107 M20
Pico da Pedra 20.....107 J19
Pico de Regalados 03.....26 G4
Picões 04.....28 I9
Picoitos 02.....78 T7
Picote 04.....29 H10
Picote (Barragem de) 04.....29 H10
Picoto 13.....26 I4
Piedade 01.....40 K4
Piedade 20.....107 H11
Piedade (Ponta da) 08.....88 U3
Pilado 11.....52 M3
Pindelo dos Milagres 18.....41 J6
Pinela 04.....28 G9
Pinelo 04.....29 H10
Pingarelhos 10.....53 L3
Pinhal do Norte 04.....28 I7
Pinhal Novo 15.....64 Q3
Pinhancos 09.....41 K6
Pinhão 17.....27 I7
Pinheiro 03.....27 H5
Pinheiro 09.....41 J7
Pinheiro 13.....27 I5
Pinheiro 15.....65 Q3
Pinheiro perto
  de Castro Daire18.....41 J6
Pinheiro perto
  de Mortágua18.....41 K5
Pinheiro perto de Oliveira
  de Frades18.....41 J5
Pinheiro (Estação de) 15.....65 Q3
Pinheiro
  da Bemposta 01.....40 J4
Pinheiro de Coja 06.....41 L6
Pinheiro Grande 14.....53 N4
Pinheiro Novo 04.....28 G8
Pinhel 09.....42 J8
Pinhel 14.....53 N4
Pinho 17.....27 H7
Pinho 18.....41 J5
Pínzio 09.....42 K8
Piódão 06.....41 L6
Pipas 07.....78 Q7
Pisão 01.....40 L4
Pisão 12.....66 O7
Pisco 09.....41 J7
Pisões 10.....52 N3
Pisões 17.....27 G6
Pisões-Moura 02.....78 R7
Pitões das Júnias 17.....27 G6
Pocariça 06.....40 K4
Poceirão 15.....64 Q3
Pocinho
  (Barragem do) 04.....42 I8
Poço Barreto 08.....89 U4
Poço dos Cães 10.....53 M4
Poços 05.....77 S5
Podence 04.....28 H9
Podentes 06.....53 L4
Poiares 04.....40 K4
Poiares 17.....27 I6
Poio (Barragem do) 12.....54 N7
Poiso 31.....88 BY
Poldra 08.....88 U3
Polvoeira 10.....52 M2
Pomar 05.....54 M6
Pomarão 02.....78 T7
Pomares 06.....41 L6
Pomares 09.....42 K8
Pombal 04.....28 I7
Pombal 10.....53 M4
Pombalinho 06.....41 L5
Pombalinho 14.....53 N4
Pombeiro da Beira 06.....41 L5
Ponsul (R.) 54 L8
Ponta 32.....89 CX
Ponta da Calheta 32.....89 CX
Ponta Delgada 20.....107 J18
Ponta Delgada 20.....107 E2
Ponta do Mistério 20.....107 H11
Ponta do Pargo 31.....88 AY
Ponta do Sol 31.....88 AY
Pontal (Cabo) 08.....88 U3
Pontal (Gruta) 08.....89 U4
Pontão 10.....53 M4
Ponte 03.....27 G4
Ponte da Barca 16.....27 G4

Ponte de Lima 16.....26 G4
Ponte de Sor 12.....65 O5
Ponte de Vagos 01.....40 K3
Ponte Delgada 31.....88 BY
Ponte do Abade 18.....41 J7
Ponte do Rol 11.....64 O2
Ponte Nova 13.....27 I5
Ponte Vasco da Gama 15.....64 Q2
Pontével 14.....64 O3
Porches 08.....89 U4
Portagem 12.....54 N7
Portalegre 12.....66 O7
Portalegre
  (Estação de) 12.....66 O7
Porteirinhos 02.....77 T5
Portel 07.....78 R6
Portela 08.....89 U6
Portela 10.....64 O2
Portela 16.....26 G4
Portela
  de Santa Eulália 17.....27 H6
Portela de Vade 03.....26 G4
Portela do Fojo 06.....53 M5
Portelas 08.....88 U3
Portimão 08.....88 U4
Portinho da Arrábida 15.....64 Q3
Porto 13.....26 I4
Porto Alto 14.....64 P3
Porto Carvoeiro 13.....40 I4
Porto Covo 15.....76 S3
Porto da Balça 06.....54 L6
Porto da Cruz 31.....88 BZ
Porto das Barcas 02.....76 T3
Porto de Barcas 11.....64 O1
Porto de Lagos 08.....88 U4
Porto de Mós 10.....53 N3
Porto de Ovelha 09.....42 K9
Porto de Sines 15.....76 S3
Porto do Carro 15.....52 N3
Porto do Codeço 18.....41 J6
Porto Formoso 20.....107 J19
Porto Moniz 31.....88 AY
Portos 16.....13 F5
Portunhos 06.....40 L4
Possacos 17.....28 H8
Pousada 09.....42 K8
Pousada da Ria 01.....40 J3
Pousadas Vedras 10.....53 M4
Pousaflores 10.....53 M4
Pousafoles do Bispo 09.....42 K8
Pousos 03.....53 M3
Póvoa 04.....29 H11
Póvoa (Barragem da) 12.....54 N7
Póvoa d'El-Rei 09.....42 J8
Póvoa da Atalaia 05.....54 L7
Póvoa da Isenta 14.....65 O3
Póvoa das Quartas 06.....41 K6
Póvoa de Lanhoso 03.....27 H5
Póvoa de Midões 06.....41 K6
Póvoa de Penela 18.....42 I7
Póvoa de Rio
  de Moinhos 05.....54 M7
Póvoa de Santa Iria 11.....64 P2
Póvoa de Santarém 14.....53 O3
Póvoa
  de São Miguel 07.....78 R7
Póvoa de Varzim 13.....26 H3
Póvoa do Concelho 09.....42 J8
Póvoa e Meadas 12.....54 N7
Povoação 20.....107 J20
Povolide 18.....41 K6
Pracana
  (Barragem de) 54 N6
Prado 03.....26 H4
Prado Gatão 04.....29 H10
Prados perto de Celorico
  da Beira09.....42 K7
Prados perto
  de Freixedas 09.....42 J8
Pragança 11.....64 O2
Praia 20.....107 M20
Praia 20.....107 F12
Praia Azul 11.....64 O1
Praia da Aguda 08.....40 I4
Praia da Alagoa 08.....90 U7
Praia da Areia Branca 11.....52 O1
Praia da Barra 01.....40 K3
Praia da Bordeira 08.....88 U3
Praia da Calada 08.....64 O1
Praia da Carreagem 08.....88 T3
Praia da Cordama 08.....88 U3
Praia da Falesia 08.....89 U5
Praia da Galé 08.....89 U5

Praia da Ilha 15.....76 S3
Praia da Ilha de Faro 08.....90 V6
Praia da Ilha
  de Tavira 08.....90 U7
Praia da Manta Rota 08.....90 U7
Praia da Oura 08.....89 U5
Praia da Rocha 08.....88 U4
Praia da Tocha 06.....40 L3
Praia da Vagueira 01.....40 K3
Praia da Vieira 10.....52 M3
Praia da Vitória 20.....107 G14
Praia das Maçãs 11.....64 P1
Praia de Agudela 13.....26 I3
Praia de Areinho 11.....40 J3
Praia de Boa Nova 13.....26 I3
Praia de Cabadelo 16.....26 G3
Praia de Cabanas 08.....90 U7
Praia de Caparica 15.....64 Q2
Praia de Cascais 15.....64 Q1
Praia de Comporta 15.....64 Q3
Praia de Cortegaça 01.....40 J4
Praia de Dona Ana 08.....88 U4
Praia de Ericeira 11.....64 P1
Praia de Esmoriz 01.....40 J4
Praia de Espinho 01.....40 J3
Praia de Faro 08.....89 U6
Praia de Furadouro 01.....40 J3
Praia de Fuseta 08.....89 U6
Praia de Labruge 13.....26 I3
Praia de Lavadores 13.....26 I3
Praia de Leirosa 06.....52 L3
Praia de Magoito 11.....64 P1
Praia de Maria Luisa 08.....89 U5
Praia de Melides 15.....76 R3
Praia de Mira 06.....40 K3
Praia
  de Monte Branco 01.....40 J3
Praia
  de Monte Clérigo 02.....88 T3
Praia de Morgavel 15.....76 S3
Praia de Odeceixe 08.....88 T3
Praia de Porto Covo 15.....76 S3
Praia de Quiaios 06.....40 L3
Praia de Ribeiro 11.....64 O1
Praia de Samarra 11.....64 P1
Praia de Santa Cruz 11.....64 O1
Praia de Santo André 15.....76 R3
Praia
  de São Lourenço 11.....64 O1
Praia
  de São Sebastião 11.....64 P1
Praia de São Torpes 15.....76 S3
Praia de Suave Mar 03.....26 H3
Praia do Castelejo 08.....88 U3
Praia do Guincho 15.....64 P1
Praia do Martinhal 08.....88 U3
Praia do Norte 20.....107 H9
Praia do Porto Novo 11.....64 O1
Praia do Rei Cortiço 10.....52 N2
Praia do Ribatejo 14.....53 N4
Praia do Salgado 10.....52 N2
Praia dos Mouranitos 08.....88 U3
Praia dos
  Tres Irmãos 08.....88 U4
Praia Grande 11.....64 P1
Praia Nova 10.....52 N2
Praia Velha 10.....52 M2
Praias de Albufeira 08.....89 U4
Praias de Sado 15.....64 Q3
Prainha 20.....107 H11
Prazeres 12.....66 P7
Prazeres 31.....88 AY
Préstimo 01.....40 K4
Proença-a-Nova 05.....54 M6
Proença-a-Velha 05.....54 L8
Prova 05.....42 J7
Provença 15.....76 S3
Provesende 17.....27 I7
Pussos 10.....53 M4

Q
Quadrazais 09.....42 L9
Quarteira 08.....89 U5
Quartos 08.....89 U5
Quatrim do Sul 08.....89 U6
Quebradas 11.....64 O3
Queimada
  (Ponta da) 20.....107 H11
Queimadela 03.....27 H5
Queimado
  (Ponta do) 43.....107 G13
Queirã 18.....41 J5
Queiriga 18.....41 J6
Queiriz 09.....41 J7
Quelfes 08.....89 U6
Queluz 11.....64 P2
Querença 08.....89 U5

Quiaios 06.....40 L3
Quiaios (Dunas de) 06.....40 L3
Quintã 01.....40 K3
Quintã 02.....89 T6
Quinta da Corona 15.....77 S4
Quintã
  de Pêro Martins 09.....42 J8
Quinta de Santa Maria 07.....77 R5
Quinta do Anjo 15.....64 Q3
Quinta do Conde 15.....64 Q2
Quinta do Lago 08.....89 U5
Quinta do Pinheiro 12.....66 O6
Quinta Nova 09.....42 J8
Quintanilha 04.....28 G10
Quintãs 01.....40 K4
Quintas da Torre 05.....54 L8
Quintas do Norte 01.....40 J3
Quintela de Azurara 18.....41 K6
Quintela
  de Lampacas 04.....28 H9
Quintos 02.....77 S6
Quirás 04.....28 G8

R
Rã 07.....65 Q5
Rabaça 12.....66 O8
Rabaçal 06.....53 L4
Rabaçal (Rio) 28 G9
Rabal 04.....28 G9
Rabo de Peixe 20.....107 J19
Raia (Ribeira da) 65 P5
Rainha (Cabeço) 05.....54 M6
Raimonda 13.....27 I5
Raiva 01.....41 I4
Raiva (Barragem de) 06.....41 L5
Ramalhais 10.....53 M4
Ramalhal 11.....64 O2
Raminho 20.....107 G14
Ramo Alto 07.....66 Q7
Ranhados 09.....42 J8
Raposa 14.....65 O4
Raposeira 08.....88 U3
Rapoula do Côa 09.....42 K8
Rãs 13.....27 I5
Rãs 18.....41 J7
Raso (Cabo) 11.....64 P1
Rates 13.....26 H3
Real 01.....41 I5
Rebolia 06.....53 L4
Rebolosa 09.....42 K9
Rebordainhos 04.....28 H9
Rebordãos 04.....28 G9
Rebordelo 01.....40 J4
Rebordelo 08.....28 G8
Rebordelo 13.....27 H6
Rebordões 13.....26 H4
Rebordões 13.....27 I5
Reboreda 16.....26 G3
Reboredo (Serra do) 42 I9
Recarei 11.....27 I5
Redinha 10.....53 L4
Redondela 10.....27 G7
Redondo 07.....66 Q7
Réfega 04.....28 G10
Refoios do Lima 16.....26 G4
Regadas 01.....27 H5
Regadas 13.....27 I5
Rego (Monte) 07.....66 P8
Rego da Barca 04.....28 I8
Rego da Murta 10.....53 M4
Regueira de Pontes 10.....53 M3
Reguenga 13.....26 I4
Reguengo 07.....65 Q5
Reguengo 12.....66 O7
Reguengo do Fetal 10.....53 N3
Reguengo Grande 11.....52 O2
Reguengos
  de Monsaraz 07.....78 Q7
Reigada 01.....42 J9
Reigoso 17.....27 G6
Relíquias 02.....77 S4
Reliquias 07.....66 P7
Relva 20.....107 J18
Relva da Louça 05.....53 M6
Remal 31.....88 AY
Remédios 10.....52 N1
Remédios 20.....107 J18
Remelhe 03.....26 H4
Remondes 04.....28 H9
Rende 09.....41 J8
Rendufe 03.....27 H4
Requeixo 01.....40 K4
Reriz 18.....41 J6
Resende 18.....41 I6

A B C D E F G H I J K L M N O P Q R S T U V W X Y Z

A B C D E F G H I J K L M N O P Q R S T U V W X Y Z

Retaxo 05 ....54 M 7
Retiro 12 ....66 P 8
Retorta 02 ....78 S 7
Revel 17 ....27 H 7
Reveladas 12 ....66 N 7
Rexaldia 14 ....53 N 4
Ria Formosa
(Parque Natural da) 08 ....90 V 6
Riachos 14 ....53 N 4
Riba d'Ave 03 ....26 H 4
Riba de Mouro 16 ....13 F 5
Ribadouro 03 ....27 I 5
Ribafeita 18 ....41 J 6
Ribafria 10 ....52 O 2
Ribalonga 04 ....28 I 7
Ribalonga 17 ....27 H 7
Ribamar *perto*
de Ericeira 11 ....64 O 1
Ribamar *perto*
de Lourinhã 11 ....64 O 1
Ribamondego 09 ....41 K 7
Ribeira 01 ....40 J 4
Ribeira 06 ....53 L 5
Ribeira (Ponta da) 20 ....107 J 20
Ribeira Brava 31 ....88 A Y
Ribeira Chã 20 ....107 J 19
Ribeira da Janela 31 ....88 A Y
Ribeira de Fraguas 01 ....40 J 4
Ribeira de Pena 17 ....27 H 6
Ribeira do Seissal 02 ....76 S 4
Ribeira dos Carinhos 09 ....42 K 8
Ribeira Grande 20 ....107 J 19
Ribeira Quente 20 ....107 J 20
Ribeira Seca 20 ....107 J 19
Ribeira Seca 20 ....107 H 12
Ribeiradio 18 ....41 J 5
Ribeirão 03 ....26 H 4
Ribeiras 20 ....107 H 11
Ribeirinha 04 ....28 H 8
Ribeirinha 20 ....107 J 19
Ribeirinha 20 ....107 G 14
Ribeiro Frio 31 ....88 B Y
Ribolhos 18 ....41 J 6
Rio de Couros 14 ....53 M 4
Rio de Mel 09 ....42 J 7
Rio de Moinhos 02 ....77 S 5
Rio de Moinhos 07 ....66 P 7
Rio de Moinhos 14 ....53 N 5
Rio de Moinhos 15 ....77 R 5
Rio de Moinhos 18 ....41 J 6
Rio de Mouro 11 ....64 P 1
Rio de Onor 04 ....28 G 10
Rio Douro 03 ....27 H 6
Rio Frio 04 ....28 G 10
Rio Frio 15 ....64 P 3
Rio Frio 26 ....26 G 4
Rio Maior 14 ....52 N 3
Rio Mau 03 ....26 G 4
Rio Mau 13 ....26 H 4
Rio Milheiro 18 ....41 K 5
Rio Seco 08 ....90 U 7
Rio Torto 09 ....41 K 7
Rio Torto 17 ....28 H 8
Rio Vide 06 ....53 L 5
Riodades 18 ....41 I 7
Roca (Cabo da) 11 ....64 P 1
Rocamondo 09 ....42 K 8
Rocas do Vouga 01 ....40 J 4
Rocha
dos Bordões 20 ....107 E 2
Rochoso 09 ....42 K 8
Roda Grande 14 ....53 N 4
Rogil 08 ....88 T 3
Rogodeiro 04 ....28 H 8
Rojão 18 ....41 K 5
Rolão 02 ....77 S 6
Roliça 10 ....52 O 2
Romã 11 ....64 O 2
Romarigães 16 ....26 G 4
Romariz 01 ....40 J 4
Romãs 18 ....41 J 7
Romeira 14 ....53 O 3
Romeu 04 ....28 H 8
Ronção 02 ....78 T 7
Ronfe 03 ....27 H 4
Roriz 03 ....26 H 4
Roriz 13 ....27 H 4
Roriz 18 ....41 J 6
Rosais 20 ....107 G 11
Rosais (Ponta dos) 20 ....107 G 11
Rosário 02 ....77 T 5
Rosário 07 ....66 Q 7
Rosmaninhal 05 ....54 M 8
Rosmaninhal 13 ....53 O 6
Rossão 18 ....41 J 6
Rossas 01 ....41 J 5
Rossas 03 ....28 H 5

Rossio
ao Sul do Tejo 14 ....53 N 5
Rouças 16 ....27 G 5
Roxo
(Barragem do) 02 ....77 S 5
Roxo (Ribeira do) ....77 S 4
Rua 18 ....41 J 7
Rubiães 16 ....26 G 4
Ruivães 03 ....27 G 5
Ruivo 02 ....77 R 5
Ruivo (Pico) 31 ....88 B Y
Ruivo do Paúl 31 ....88 A Y
Runa 11 ....64 O 2
Ruvina 09 ....42 K 8

S

Sá 17 ....28 G 7
Sabacheira 14 ....53 M 4
Sabóia 02 ....77 T 4
Sabor 28 .... G 9
Sabrosa 17 ....27 I 7
Sabroso 17 ....27 H 7
Sabugal 09 ....42 K 8
Sabugal
(Barragem do) 09 ....42 K 8
Sabugo 11 ....64 P 2
Sabugosa 18 ....41 K 5
Sabugueiro 07 ....65 P 5
Sabugueiro 09 ....41 K 7
Sacavém 11 ....64 P 2
Sado (R.) 15 ....77 S 4
Sado Morgavel
(Canal do) 15 ....77 S 4
Safara 17 ....78 R 8
Safira 07 ....65 Q 5
Safurdão 09 ....42 K 8
Sago 16 ....12 F 4
Sagres 08 ....88 U 3
Sagres (Ponta de) 08 ....88 V 3
Salamonde 03 ....27 G 5
Salavessa 14 ....54 N 7
Saldanha 04 ....28 H 10
Saldonha 04 ....28 H 10
Salema 08 ....88 U 3
Salgueirais 09 ....41 K 7
Salgueiro 01 ....40 K 4
Salgueiro 04 ....28 I 9
Salgueiro 05 ....42 L 8
Salgueiro 10 ....52 O 2
Salgueiro do Campo 05 ....54 M 7
Salgueiros 02 ....78 T 7
Salgueiros 17 ....28 H 7
Salir 08 ....89 U 5
Salir do Porto 10 ....52 N 2
Salreu 01 ....40 J 4
Salsas 04 ....28 H 9
Salselas 04 ....28 H 9
Salto 02 ....77 S 6
Salto 17 ....27 H 6
Salto de Cavalo 20 ....107 J 20
Salvador 05 ....54 L 8
Salvador 14 ....65 O 4
Salvaterra do Monte 03 ....27 I 5
Salvaterra de Magos 14 ....64 O 3
Salvaterra
do Extremo 05 ....55 M 9
Salzedas 18 ....41 I 6
Samardã 17 ....27 H 6
Sambade 04 ....28 H 9
Sambado 05 ....53 M 5
Sameice 09 ....41 K 6
Sameiro 09 ....41 K 7
Sameiro (Monte) 03 ....27 H 4
Samil 03 ....28 G 9
Samões 04 ....28 I 8
Samora Correia 14 ....64 P 3
Samouco 15 ....64 P 2
Samouqueira 08 ....88 T 3
Sampaio *perto*
de Mogadouro 04 ....28 H 9
Sampaio *perto*
de Vila Flor 04 ....28 I 8
Sampriz 17 ....27 G 4
Samuel 06 ....53 L 3
San Julião 12 ....66 O 8
San Martinho 05 ....54 M 7
San Martinho
do Peso 04 ....28 H 10
San Salvador 12 ....54 N 7
Sande 03 ....27 H 4
Sandiães 13 ....27 I 5
Sandim 03 ....28 G 8
Sandim 13 ....40 I 4
Sandomil 09 ....41 K 6
Sanfins 17 ....28 G 8

Sanfins do Douro 17 ....27 I 7
Sangalhos 01 ....40 K 4
Sanguedo 01 ....40 J 4
Sanguinhal 10 ....52 O 2
Sanhoane 04 ....28 H 10
Sanjurge 17 ....27 G 7
Santa Antão 20 ....107 H 12
Santa Bárbara 22 ....88 T 4
Santa Bárbara 20 ....107 G 13
Santa Bárbara 20 ....107 J 19
Santa Bárbara 20 ....107 M 20
Santa Bárbara
São Miguel 20 ......107 J 18
Santa Bárbara de Nexe 08 ..89 U 6
Santa Bárbara
de Padrões 02 ....77 T 6
Santa Catarina 08 ....88 U 4
Santa Catarina 10 ....52 N 2
Santa Catarina 15 ....65 Q 4
Santa Catarina da Fonte
do Bispo 08 ....89 U 6
Santa Catarina
da Serra 10 ....53 M 3
Santa Cita 14 ....53 N 4
Santa Clara 06 ....40 L 4
Santa Clara
(Barragem de) 02 ....77 T 4
Santa Clara-a-Nova 02 ....89 T 5
Santa Clara-a-Velha 02 ....77 T 4
Santa Clara
do Louredo 02 ....77 S 6
Santa Comba 09 ....42 J 8
Santa Comba 13 ....26 I 4
Santa Comba 16 ....26 G 4
Santa Comba Dão 18 ....41 K 5
Santa Comba
de Rosas 04 ....28 G 9
Santa Comba
de Vilariça 04 ....28 H 8
Santa Combinha 09 ....28 H 9
Santa Cristina 18 ....41 K 5
Santa Cruz 02 ....89 T 6
Santa Cruz 15 ....76 R 3
Santa Cruz 31 ....88 B Y
Santa Cruz
da Graciosa 20 ......107 F 11
Santa Cruz da Trapa 18 ....41 J 5
Santa Cruz
das Flores 20 ......107 E 2
Santa Cruz do Douro 13 ....27 I 5
Santa Eufémia 09 ....42 J 8
Santa Eufémia 19 ....53 M 3
Santa Eugénia 17 ....28 H 7
Santa Eulália 03 ....26 H 4
Santa Eulália 05 ....27 H 5
Santa Eulália 09 ....41 K 6
Santa Eulália 11 ....64 P 2
Santa Eulália 12 ....66 P 8
Santa Iria 02 ....78 S 7
Santa Iria da Azóia 11 ....64 P 2
Santa Justa 02 ....27 G 7
Santa Justa 06 ....66 P 6
Santa Justa 08 ....89 T 6
Santa Justa 14 ....65 O 5
Santa Leocádia 13 ....27 I 5
Santa Leocádia 17 ....27 I 5
Santa Luzia 02 ....77 S 4
Santa Luzia 02 ....77 R 7
Santa Luzia 05 ....54 L 7
Santa Luzia 16 ....26 G 3
Santa Luzia 20 ....107 H 10
Santa Luzia
(Barragem de) 06 ....54 L 6
Santa Luzia
(Basílica) 16 ....26 G 3
Santa Luzia
(Forte de) 12 ....66 P 8
Santa Luzia (Monte) 02 ....78 S 7
Santa Margarida
da Coutada 14 ....53 N 5
Santa Margarida
da Serra 15 ....76 R 4
Santa Margarida
do Sádão 02 ....77 R 4
Santa Maria 03 ....26 H 4
Santa Maria 18 ....41 I 6
Santa Maria
(Barragem de) 09 ....42 J 9
Santa Maria
(Cabo de) 08 ....90 V 6
Santa Maria (Ilha de) 20 ..107 L 20
Santa Maria da Feira 01 ..41 J 4
Santa Maria de Aguiar (Antiguo
Convento de) 09 ....42 J 9
Santa Maria
de Émeres 17 ....28 H 7
Santa Maria
Madalena 03 ....27 H 4

Santa Marina
(Couto de) 05 ....54 N 3
Santa Marinha 09 ....41 K 7
Santa Marinha 16 ....13 F 4
Santa Marinha
do Zêzere 13 ....27 I 6
Santa Marta 08 ....90 T 7
Santa Marta
da Montanha 17 ....27 H 6
Santa Marta
de Penaguião 17 ....27 I 6
Santa Marta
de Portuzelo 16 ....26 G 3
Santa Quitéria 13 ....27 H 5
Santa Sofia 07 ....65 Q 5
Santa Susana 07 ....66 Q 7
Santa Susana 15 ....65 Q 4
Santa Valha 04 ....28 G 8
Santa Vitória 02 ....77 S 5
Santa Vitória
do Ameixial 07 ....66 P 6
Santalha 04 ....28 G 8
Santana 06 ....40 L 3
Santana 17 ....77 R 6
Santana 15 ....64 Q 2
Santana 31 ....88 B Y
Santana da Serra 02 ....77 T 5
Santana de Cambas 07 ....78 T 7
Santana do Campo 07 ....65 P 5
Santar 18 ....41 K 6
Santarém 14 ....65 O 3
Santiago 04 ....28 H 10
Santiago 09 ....41 K 6
Santiago 12 ....66 O 7
Santiago 18 ....41 I 6
Santiago da Guarda 10 ....53 M 4
Santiago de Besteiros 18 ..41 K 5
Santiago
de Cassurrães 18 ....41 K 6
Santiago de Litém 10 ....53 M 4
Santiago de Ribeira
de Alhariz 17 ....28 H 7
Santiago do Cacém 15 ....76 R 3
Santiago do Escoural 07 ..65 Q 5
Santiago dos Velhos 11 ..64 P 2
Santiago Maior 07 ....66 Q 7
Santiais 10 ....53 M 4
Santo Aleixo 12 ....66 P 7
Santo Aleixo
da Restauração 02 ....78 R 8
Santo Aleixo
de Além Tâmega 17 ....28 H 7
Santo Amador 02 ....78 R 8
Santo Amaro 09 ....42 I 8
Santo Amaro 12 ....66 P 7
Santo Amaro
São Jorge 20 ......107 G 11
Santo Amaro
de Oeiras 11 ....64 P 2
Santo André 15 ....76 R 3
Santo André 17 ....27 G 7
Santo André
(Lagoa de) 15 ....76 R 3
Santo André
das Tojeiras 05 ....54 M 6
Santo Antão do Tojal 11 ..64 P 2
Santo António 31 ....88 B Z
Santo António 20 ....107 J 18
Santo António 20 ....107 G 11
Santo António 20 ....107 H 10
Santo António
da Serra 31 ....88 B Y
Santo António
das Areias 12 ....54 N 8
Santo António
de Alcôrrego 12 ....65 O 6
Santo Antonio
de Baldio 07 ....66 Q 7
Santo António
de Monforte 17 ....28 G 7
Santo António
de Outeiro 02 ....78 S 7
Santo António Velho 02 ..78 S 7
Santo Espírito 20 ......107 M 20
Santo Estêvão 03 ....27 H 5
Santo Estêvão 07 ....66 P 7
Santo Estêvão 08 ....89 U 6
Santo Estêvão 09 ....42 L 8
Santo Estêvão 14 ....65 P 3
Santo Estêvão (Ribeira de) .65 P 3
Santo Estêvão
das Galés 11 ....64 P 2
Santo Ildefonso 12 ....66 P 8
Santo Isidoro 11 ....64 P 1
Santo Isidro de Pegões 15 .65 P 4
Santo Tirso 13 ....26 H 4

Santos *perto*
de Alcanena 14 ....53 N 3
Santos
perto de Mação 14 ....53 N 6
Santos Evos 18 ....41 K 6
Santulhão 04 ....28 H 10
São Barnabé 02 ....89 T 5
São Bartolomeu 02 ....89 T 6
São Bartolomeu 12 ....53 N 6
São Bartolomeu
perto de Bragança 04 ..28 G 9
São Bartolomeu
perto de Outeiro 04 ..28 H 10
São Bartolomeu
da Serra 15 ....76 R 4
São Bartolomeu
de Messines 08 ....89 U 5
São Bartolomeu
do Outeiro 07 ....77 Q 6
São Bartolomeu
dos Galegos 11 ....52 O 2
São Bento 10 ....53 N 3
São Bento 16 ....26 G 4
São Bento
(Pousada de) 03 ....27 H 5
São Bento de Castris
(Convento) 07 ....65 Q 6
São Bento
do Ameixial 07 ....66 P 7
São Bento do Cortiço 07 ..66 P 7
São Bernardino 14 ....52 O 1
São Brás 02 ....78 S 7
São Brás
São Miguel 20 ......107 J 19
São Brás de Alportel 08 ..89 U 6
São Brás
do Regedouro 07 ....65 Q 5
São Brissos 02 ....77 R 6
São Brissos 07 ....65 Q 5
São Cipriano 18 ....41 K 6
São Cosme 03 ....26 H 4
São Cristóvão 07 ....65 Q 5
São Cristóvão
(Ribeira de) ....65 Q 4
São Domingos 14 ....53 N 5
São Domingos 15 ....77 S 4
São Domingos
(Ribeira de) 15 ....77 S 4
São Domingos
da Ordem 07 ....66 Q 6
São Domingos
de Ana Loura 07 ....66 P 7
São Domingos
de Rana 11 ....64 P 1
São Facundo 14 ....53 N 5
São Félix 18 ....41 J 5
São Félix
da Marinha 13 ....40 I 4
São Francisco
da Serra 15 ....76 R 4
São Frutuoso
de Montélios 03 ....26 H 4
São Gemil 18 ....41 K 6
São Gens 07 ....66 P 7
São Geraldo 07 ....65 Q 6
São Gonçalo 04 ....28 H 9
São Gonçalo 31 ....88 B Z
São Gonçalo
(Pousada de) 13 ....27 I 6
São Gregório 07 ....65 P 6
São Gregório 16 ....13 F 5
São Gregório
da Fanadia 10 ....52 N 2
São Jacinto 01 ....40 K 3
São Jerónimo
(Pousada de) 18 ....41 K 5
São Joanico 04 ....29 H 10
São Joaninho *perto*
de Castro Daire 18 ....41 J 6
São Joaninho *perto*
de Santa Comba Dão 18 ..41 K 5
São João 15 ....77 Q 6
São João 20 ....107 H 10
São João
(Ribeira de) 12 ....54 N 7
São João
da Boa Vista 06 ....41 K 5
São João da Corveira 17 ..28 H 7
São João da Madeira 01 ..40 J 4
São João
da Pesqueira 18 ....28 I 7
São João da Ribeira 14 ..52 O 3
São João da Serra 18 ....41 J 5
São João da Tahla 11 ....64 P 2
São João da Venda 08 ....89 U 6
São João
das Lampas 11 ....64 P 1

São João de Areias 18 ....41 K 5
São João de Loure 01 ....40 K 4
São João
de Negrilhos 02 ....77 S 5
São João
de Tarouca 18 ....41 J 6
São João de Ver 01 ....40 J 4
São João do Campo 06 ..40 L 4
São João do Monte
perto de Caramulo 18 ..41 K 5
São João do Monte
perto de Nelas 18 ......41 K 6
São João do Peso 05 ....53 M 5
São João do Monte
dos Caldeireiros 02 ....77 T 6
São João
dos Montes 11 ....64 P 2
São Jomil 04 ....28 G 8
São Jorge 01 ....40 J 4
São Jorge 10 ....52 N 3
São Jorge 16 ....27 G 4
São Jorge 31 ....88 B Y
São Jorge
(Canal de) 20 ......107 H 11
São Jorge (Ilha de) 20 ..107 G 11
São Jorge (Ponta de) 31 ..88 B Y
São Jorge da Beira 05 ....54 L 6
São José
da Lamarosa 14 ....65 O 4
São José das Matas 14 ..54 N 6
São Julião
de Palácios 04 ....28 G 10
São Julião do Tojal 11 ..64 P 2
São Leonardo 12 ....78 Q 8
São Lourenço 04 ....28 I 7
São Lourenço 08 ....89 U 5
São Lourenço 17 ....28 G 7
São Lourenço
(Baia do) 20 ......107 M 20
São Lourenço
(Ponta de) 31 ....88 C Y
São Lourenço
de Mamporção 07 ....66 P 7
São Lourenço
de Ribapinhão 17 ....27 I 7
São Luís 02 ....76 S 4
São Macário 18 ....41 J 5
São Mamede 07 ....66 Q 6
São Mamede
perto de Batalha 10 ....53 N 3
São Mamede
perto de Óbidos 10 ....52 O 2
São Mamede (Pico) 12 ..66 O 7
São Mamede
(Serra de) 12 ....66 O 7
São Mamede
do Sado 15 ....77 R 4
São Manços 07 ....66 Q 6
São Marcos 08 ....89 U 7
São Marcos
da Abóboda 07 ....65 Q 6
São Marcos
da Ataboeira 02 ....77 S 6
São Marcos
da Serra 08 ....89 T 4
São Marcos
do Campo 07 ....78 Q 7
São Martinho 31 ....88 B Z
São Martinho
(Alto de) 10 ....52 N 2
São Martinho (Rio de) ..65 Q 4
São Martinho
da Cortiça 06 ....41 L 5
São Martinho
das Amoreiras 02 ....77 T 4
São Martinho
das Chãs 18 ....41 I 7
São Martinho
de Angueira 04 ....29 H 10
São Martinho
de Antas 17 ....27 I 7
São Martinho
de Mouros 18 ....41 I 6
São Martinho do Porto 10 ..52 N 2
São Mateus 20 ....107 H 10
São Mateus
da Calheta 20 ......107 H 14
São Matias 02 ....77 R 6
São Matias 07 ....65 Q 5
São Miguel 11 ....64 P 3
São Miguel (Ilha de) 20 ..107 J 18
São Miguel de Acha 05 ..54 L 8
São Miguel
de Machede 07 ....66 Q 6

São Miguel de Poiares *06* — **41** L 5
São Miguel de Vila Boa *18* — **41** J 6
São Miguel do Mato *01* — **40** J 4
São Miguel do Outeiro *18* — **41** K 5
São Miguel do Pinheiro *02* — **77** T 6
São Miguel do Rio Torto *14* — **53** N 5
São Paio *09* — **41** K 7
São Paio da Farinha Podre *06* — **41** L 5
São Paulo de Frades *06* — **40** L 4
São Pedro *04* — **28** H 8
São Pedro *07* — **78** R 6
São Pedro *17* — **27** G 6
São Pedro da Cadeira *11* — **64** O 1
São Pedro da Cova *13* — **26** I 4
São Pedro da Torre *16* — **12** G 4
São Pedro das Cabeças *02* — **77** S 5
São Pedro de Açor *06* — **54** L 6
São Pedro de Agostém *17* — **27** G 7
São Pedro de Alva *06* — **41** L 5
São Pedro de Balsemão *18* — **41** I 6
São Pedro de Moel *10* — **52** M 2
São Pedro de Rio Seco *09* — **42** K 9
São Pedro de Serracenos *04* — **28** G 9
São Pedro de Solis *02* — **89** T 6
São Pedro de Veiga de Lila *17* — **28** H 8
São Pedro do Esteval *05* — **54** N 6
São Pedro do Sul *18* — **41** J 5
São Pedro Fins *13* — **26** I 4
São Pedro Santa Luzia *08* — **89** U 7
São Pedro Velho *04* — **28** G 8
São Pedro Velho (Monte) *18* — **41** J 5
São Romão *09* — **41** K 6
São Romão perto de Montemor-o-Novo *07* — **65** Q 5
São Romão perto de Vila Viçosa *07* — **66** P 8
São Romão do Sado *15* — **77** R 4
São Roque *31* — **88** BY
São Roque *20* — **107** J 19
São Roque do Pico *20* — **107** H 11
São Salvador *04* — **28** H 8
São Saturnino *12* — **66** O 7
São Sebastião *06* — **53** L 4
São Sebastião *20* — **107** H 14
São Sebastião da Giesteira *07* — **65** Q 5
São Sebastião dos Carros *02* — **77** T 6
São Simão de Litém *10* — **53** M 4
São Teotónio — **76** T 3
São Tomé do Castelo *17* — **27** H 6
São Torcato *03* — **27** H 5
São Torcato *14* — **65** P 4
São Vicente *07* — **77** R 5
São Vicente *13* — **27** I 5
São Vicente *17* — **28** G 8
São Vicente *31* — **88** AY
São Vicente (Cabo de) *08* — **88** U 3
São Vicente da Beira *05* — **54** L 7
São Vicente da Chã *17* — **27** G 6
São Vicente de Ferreira *20* — **107** J 19
São Vicente de Lafões *18* — **41** J 5
São Vicente de Pereira Juza *01* — **40** J 4
São Vicente do Paúl *14* — **53** N 4
São Vicente do Pigeiro *07* — **66** Q 7
São Vicente e Ventosa *12* — **66** P 8
Sapataria *11* — **64** P 2
Sapelos *17* — **27** G 7
Sapiãos *17* — **27** G 7
Sapos *02* — **78** T 7
Sapos *02* — **77** T 6
Sardão *04* — **28** I 9
Sardão (Cabo) *02* — **76** T 3
Sardeiras de Baixo *05* — **54** M 6
Sardoal *14* — **53** N 5

Sarilhos Grandes *15* — **64** P 3
Sarnadas *08* — **89** U 5
Sarnadas de Ródão *05* — **54** M 7
Sarnadas de São Simão *05* — **54** M 6
Sarraquinhos *17* — **27** G 7
Sarzeda *18* — **41** J 7
Sarzedas *05* — **54** M 6
Sarzedela *10* — **53** M 4
Sarzedo *05* — **41** K 7
Sarzedo *18* — **41** I 7
Sátão *18* — **41** J 6
Sazes da Beira *09* — **41** K 6
Seara Velha *17* — **27** G 7
Sebadelhe *09* — **42** I 8
Sebadelhe da Serra *09* — **42** J 7
Sebal *06* — **53** L 4
Secarias *06* — **41** L 5
Seco (R.) *09* — **42** I 8
Seda *12* — **66** O 6
Seda (Ribeira de) *12* — **66** O 6
Sedielos *17* — **27** I 6
Segirei *17* — **28** G 8
Segões *18* — **41** J 6
Segura *05* — **55** M 9
Seia *09* — **41** K 6
Seia (Rio) — **41** K 6
Seiça *17* — **53** M 4
Seiça *17* — **27** H 6
Seixal *15* — **64** Q 2
Seixal *31* — **88** AY
Seixas *04* — **28** G 8
Seixas *09* — **42** I 8
Seixas *16* — **26** G 3
Seixe (Ribeira de) *08* — **88** T 3
Seixo Amarelo *09* — **42** K 7
Seixo da Beira *06* — **41** K 6
Seixo de Ansiães *04* — **28** I 8
Seixo de Gatões *06* — **40** L 3
Seixo de Manhoses *04* — **28** H 8
Seixo do Côa *09* — **42** K 8
Selho *07* — **27** H 4
Selmes *02* — **77** R 6
Semblana *02* — **77** T 6
Semide *06* — **53** L 4
Semideiro *14* — **53** O 5
Sendas *04* — **28** H 9
Sendim *04* — **29** H 10
Sendim *13* — **27** I 7
Sendim *17* — **27** G 6
Sendim da Ribeira *04* — **28** I 9
Sendim da Serra *04* — **28** I 8
Senhora da Ajuda *12* — **66** P 8
Senhora da Cola *02* — **77** T 5
Senhora da Conceição *15* — **77** R 4
Senhora da Graça de Padrões *02* — **77** T 6
Senhora da Laje *01* — **41** J 5
Senhora da Mó *01* — **41** J 5
Senhora da Orada *05* — **54** L 7
Senhora da Póvoa *05* — **42** L 8
Senhora da Ribeira *04* — **28** I 8
Senhora da Rocha *08* — **89** U 4
Senhora de Mércules *05* — **54** M 7
Senhora de Monte Alto *06* — **41** L 5
Senhora do Almurtão *05* — **54** M 8
Senhora do Bom Sucesso *05* — **55** L 8
Senhora do Desterro *09* — **41** K 6
Senhora do Monte *20* — **107** J 20
Senhora do Nazo *04* — **29** H 10
Senhora do Rosário *12* — **66** O 8
Senhorim *18* — **41** K 6
Senouras *09* — **42** K 9
Sentieiras *14* — **53** N 5
Sentinela *08* — **90** U 7
Sepins *06* — **40** K 4
Serapicos *04* — **28** H 9
Serapicos *17* — **28** H 7
Serdedelo *16* — **26** G 4
Sernada *01* — **40** J 4
Sernada *04* — **41** K 5
Sernancelhe *18* — **41** J 7
Seroa *13* — **26** I 4
Serpa *12* — **78** S 7
Serpins *06* — **41** L 5
Serra *14* — **53** N 5
Serra d'El-Rei *11* — **52** N 2
Serra de Água *31* — **88** AY
Serra de Bornes *04* — **28** H 8
Serra de Dentro *32* — **89** DX
Serra de Santo António *14* — **53** N 5
Serra do Bouro *10* — **52** N 2
Serra do Mouro *10* — **53** M 4
Serrado (Eira do) *31* — **88** BY

Serra de Aire e Candeeiros (Parque Natural das) — **53** N 3
Serrazola (Ribeira de) *12* — **66** O 6
Serreta *20* — **107** G 13
Serrinha *12* — **66** O 8
Serrinha (Monte) *15* — **65** Q 4
Serro Ventoso *10* — **52** N 3
Sertã *05* — **53** M 5
Sertã (Ribeira da) *05* — **54** M 6
Serves *11* — **64** P 2
Serzedelo *03* — **27** H 5
Sesimbra *15* — **64** Q 2
Sesmarias *15* — **77** R 4
Sete *02* — **77** T 6
Sete Cidades *20* — **107** J 18
Sete Cidades (Caldeira das) *20* — **107** J 18
Setil *14* — **65** O 3
Setúbal *15* — **64** Q 3
Setúbal (Baía de) *15* — **65** Q 3
Sever do Vouga *01* — **40** J 4
Sezelhe *17* — **27** G 6
Sezulfe *04* — **28** H 8
Sezures *18* — **41** J 7
Sicó (Serra de) *10* — **53** M 4
Silva *04* — **29** H 10
Silvalde *01* — **40** J 3
Silvares *03* — **27** H 5
Silvares *05* — **54** L 6
Silvares *11* — **64** O 1
Silveira *11* — **64** O 1
Silveirona *07* — **66** P 7
Silveiros *03* — **26** H 4
Silves *08* — **89** U 4
Silves *15* — **76** S 3
Sines *12* — **76** S 3
Sines (Cabo de) *15* — **76** S 3
Sintra *11* — **64** P 1
Sintra (Serra de) *11* — **64** P 1
Sistelo *16* — **27** G 4
Sítio das Éguas *08* — **89** U 5
Sizandro *11* — **64** O 1
Soajo *16* — **27** G 5
Soajo (Serra do) *16* — **27** G 5
Soalhães *13* — **27** I 5
Soalheira *05* — **54** L 7
Soalheira *05* — **54** M 6
Soalheiras *05* — **54** M 8
Sobradelo da Goma *03* — **27** H 5
Sobradinho *08* — **89** U 5
Sobrado *13* — **26** I 4
Sobrainho dos Gaios *05* — **54** M 6
Sobral *05* — **53** M 5
Sobral *18* — **41** K 5
Sobral da Abelheira *11* — **64** P 1
Sobral da Adiça *02* — **78** R 7
Sobral da Lagoa *10* — **52** N 2
Sobral da Serra *09* — **42** K 8
Sobral de Casegas *05* — **54** L 6
Sobral de Monte Agraço *11* — **64** O 2
Sobral do Campo *05* — **54** L 7
Sobral Fernando *05* — **54** M 6
Sobral Pichorro *09* — **41** J 7
Sobral Valado *06* — **54** L 6
Sobreira *13* — **26** I 4
Sobreira Formosa *05* — **54** M 6
Sobreiro *01* — **40** J 4
Sobreiro de Cima *04* — **28** G 8
Sobreposta *03* — **27** H 4
Sobrosa *02* — **78** R 8
Sobrosa *01* — **27** H 4
Soeima *04* — **28** H 9
Soeira *04* — **28** G 9
Sol Posto *15* — **76** S 4
Solveira *17* — **27** G 6
Somouqueira *08* — **88** U 3
Sonim *17* — **28** H 7
Sopo *16* — **26** G 3
Sor (Ribeira de) — **54** N 6
Sorraia *15* — **65** P 4
Sortelha *09* — **42** K 8
Sortelhão *09* — **42** K 8
Sortes *04* — **28** G 9
Sosa *01* — **40** K 4
Soudes *08* — **90** T 7
Soure *06* — **53** L 4
Souro Pires *09* — **42** J 8
Sousa *15* — **27** I 5
Sousel *12* — **66** P 6
Sousel (Ribeira de) — **66** O 6
Souselas *06* — **40** L 4
Souselo *18* — **41** I 5
Soutelinho da Raia *17* — **27** G 7
Soutelo *01* — **40** J 4
Soutelo *03* — **26** H 4
Soutelo *04* — **28** H 9

Soutelo perto de Chaves *17* — **27** G 7
Soutelo perto de Vila Real *17* — **27** I 6
Soutelo de Aguiar *17* — **27** H 6
Soutelo do Douro *18* — **28** I 7
Soutelo Mourisco *04* — **28** G 9
Soutilha *04* — **28** G 8
Souto *01* — **40** J 4
Souto *09* — **42** K 9
Souto *14* — **53** N 5
Souto *16* — **28** G 8
Souto *18* — **42** I 7
Souto da Carpalhosa *10* — **53** M 3
Souto da Casa *05* — **54** L 7
Souto da Velha *04* — **28** I 9
Souto de Aguiar da Beira *09* — **41** J 7
Souto de Escarão *17* — **27** H 7
Souto Maior *17* — **27** I 7
Suçães *04* — **28** H 8
Sucé *04* — **41** J 5
Sul *18* — **41** J 5
Sul (Rio) — **41** J 5
Sume *12* — **54** O 6

T

Taberna Seca *05* — **54** M 7
Taboeira *01* — **40** K 4
Taboeiras *06* — **40** K 3
Tábua *06* — **41** L 5
Tabuaço *18* — **41** I 7
Tabuadelo *03* — **27** H 5
Tabuado *03* — **27** I 5
Tadim *04* — **26** H 4
Taião *16* — **12** G 4
Talabita *02* — **78** R 7
Talefe *11* — **64** O 1
Talhadas *01* — **41** K 5
Talhas *01* — **28** H 9
Tâmega (R.) — **28** G 7
Tancos *14* — **53** N 4
Tanganhal *15* — **77** R 4
Tanganheira *15* — **76** S 3
Tangil *16* — **13** F 4
Tapada *14* — **65** O 4
Tapada Grande (Barragem da) *02* — **78** S 7
Tapéus *06* — **53** L 4
Tarouca *18* — **41** I 6
Tarouquela *05* — **41** I 5
Taveiro *06* — **40** L 4
Tavila *05* — **54** M 6
Tavira *08* — **89** U 7
Tavira (Ilha de) *08* — **89** U 6
Távora *16* — **26** G 4
Távora *17* — **41** I 7
Távora (Rio) — **42** J 7
Tazem *17* — **27** H 7
Tedo (R.) *18* — **41** I 7
Teira *17* — **52** N 3
Teixeira *04* — **29** H 10
Teixeira *06* — **54** L 6
Teixeira *09* — **41** L 6
Teixeira *17* — **27** I 6
Teixeira *18* — **41** I 5
Teixoso *05* — **41** L 7
Teja (Ribeira de) *09* — **42** J 8
Tejo — **54** M 7
Telhada *01* — **40** J 4
Telhadela *01* — **40** J 4
Telhado *05* — **54** L 7
Telheiro *02* — **76** T 4
Telheiro *07* — **66** Q 7
Telões *17* — **27** H 6
Tendais *18* — **41** I 5
Tenencia *08* — **90** T 7
Tentúgal *06* — **40** L 4
Tera (Ribeira de) *07* — **66** P 6
Terceira (Ilha) *20* — **107** G 14
Terena *07* — **66** Q 7
Terges (Ribeira de) — **77** S 6
Terrenho *09* — **42** J 7
Terreiro das Bruxas *09* — **42** L 8
Terras de Bouro *03* — **27** G 5
Termas *14* — **41** J 5
Termas de Alcafache *18* — **41** K 6
Termas de Monfortinho *05* — **55** M 9
Terrugem *11* — **64** P 1
Terrugem *12* — **66** P 7
Tinalhas *05* — **54** M 7
Tinhela *18* — **28** H 7
Tinhela (Rio) *17* — **27** H 7
Tinhela de Baixo *17* — **27** H 7
Tó *04* — **28** I 10
Tocha *06* — **40** L 3

Tojal *07* — **65** Q 5
Tojal (Estação de) *07* — **65** Q 5
Toledo *11* — **64** O 2
Tolosa *12* — **54** N 6
Tomadias *09* — **42** J 8
Tomar *14* — **53** N 4
Tonda *18* — **41** K 5
Tondela *18* — **41** K 5
Topo *20* — **107** H 12
Topo (Ponta do) *20* — **107** H 12
Topo (Serra do) *20* — **107** H 12
Torgal (Ribeira de) *02* — **76** T 4
Torgueda *17* — **27** I 6
Tornada *10* — **52** N 2
Torrados *17* — **27** H 5
Torrais (Ponta) *20* — **107** D 2
Torrão *12* — **54** N 6
Torrão *15* — **77** R 5
Torrão do Lameiro *01* — **40** J 4
Torre *05* — **55** M 9
Torre *09* — **42** K 8
Torre *15* — **76** Q 3
Torre *16* — **26** G 3
Torre (Monte) *05* — **41** L 7
Torre da Gadanha *07* — **65** Q 5
Torre das Vargens *12* — **65** O 6
Torre de Aspa *08* — **88** U 3
Torre de Bolsa *12* — **66** P 6
Torre de Coelheiros *07* — **77** Q 6
Torre de Dom Chama *04* — **28** H 8
Torre de Moncorvo *04* — **28** I 9
Torre de Pinhão *17* — **27** H 7
Torre de Vale de Todos *10* — **53** M 4
Torre do Terrenho *09* — **42** J 7
Torre Vã *02* — **77** S 4
Torredeita *18* — **41** K 5
Torreira *01* — **40** J 3
Torres *09* — **42** J 8
Torres Novas *14* — **53** N 4
Torres Vedras *11* — **64** O 2
Torrinheiras — **27** H 6
Torroal *15* — **76** R 3
Torrozelas *06* — **53** L 6
Torrozelo *09* — **41** K 6
Torto (Rio) *05* — **54** L 6
Torto (Rio) *17* — **28** H 7
Tortosendo *05* — **41** L 7
Touca *05* — **54** L 7
Touça *09* — **42** J 8
Touguinha *13* — **26** H 3
Toulica (Barragem) *05* — **54** M 8
Toulões *05* — **55** M 8
Tourém *17* — **27** G 6
Tourigo *18* — **41** K 5
Touril *02* — **76** T 3
Touro *18* — **41** J 6
Tourões (Ribeira de) *09* — **42** K 9
Toutalga *18* — **78** R 7
Toutosa *17* — **27** I 5
Touvedo *03* — **27** G 4
Trafaria *15* — **64** P 2
Tramaga *12* — **65** O 5
Tramagal *14* — **53** N 5
Trancoso *09* — **42** J 7
Travanca *13* — **27** I 5
Travanca perto de Mogadouro *04* — **29** H 10
Travanca perto de Vinhais *04* — **28** G 9
Travanca de Lagos *06* — **41** K 6
Travanca de Tavares *18* — **41** K 7
Travanca do Mondego *06* — **41** L 5
Travancas *17* — **28** G 8
Travassô *03* — **40** K 4
Travassós *03* — **27** H 5
Travassos perto de Povoa de Lanhoso *03* — **27** H 5
Travessa *02* — **78** R 8
Treixedo *18* — **41** K 5
Tremês *14* — **53** N 3
Tresminas *17* — **27** H 7
Tresouras *13* — **27** I 6
Trevim (Alto da) *05* — **53** L 5
Trevões *18* — **42** I 7
Trezói *18* — **40** K 5
Trigaches *07* — **77** R 6
Trigais *05* — **41** L 6
Trigo (Monte) *20* — **107** G 11
Trindade *02* — **77** S 6
Trindade *04* — **28** H 8
Trinta *09* — **42** K 7
Tripeiro *05* — **54** M 7
Tristão (Ponta do) *31* — **88** AY

Trofa *01* — **40** K 4
Trofa *13* — **26** H 4
Tróia *15* — **64** Q 3
Tróia (Península de) *15* — **65** Q 3
Tronco *17* — **28** G 8
Troporiz *16* — **12** F 4
Troviscais *02* — **76** T 3
Troviscal *01* — **40** K 4
Troviscal *05* — **53** M 5
Tua *04* — **28** I 7
Tua (Rio) — **28** H 8
Tuella (R.) — **28** G 8
Tuido-Gandra *16* — **12** F 4
Tuizelo *04* — **28** G 8
Tunes *08* — **89** U 5
Turcifal *11* — **64** O 2
Turquel *10* — **52** N 3

U

Ulme *14* — **53** O 4
Umbrias de Camacho *08* — **90** U 7
Unhais da Serra *05* — **41** L 7
Unhais-o-Velho *06* — **54** L 6
Unhos *11* — **64** P 2
Urqueira *14* — **53** M 4
Urra *12* — **66** O 7
Urros perto de Brunhozinho *04* — **29** H 10
Urros perto de Ligares *04* — **42** I 8
Urso (Pinhal do) *10* — **52** M 3
Urza *02* — **77** T 5
Urzelina *20* — **107** H 11
Uva *04* — **29** H 10

V

Vacariça *01* — **40** K 4
Vagos *01* — **40** K 3
Vaiamonte *12* — **66** O 7
Vairão *13* — **26** H 4
Valada *14* — **65** O 3
Valadares *13* — **26** I 4
Valadas *04* — **78** S 7
Valadas *05* — **53** N 5
Valado dos Frades *10* — **52** N 2
Valbom *02* — **54** M 7
Valbom *09* — **42** J 8
Valbom *10* — **53** M 5
Valdigem *18* — **27** I 6
Valdreu *03* — **27** G 5
Valdrez *04* — **28** H 9
Valdujo *09* — **42** J 8
Vale *16* — **27** G 4
Vale Alto *14* — **53** N 4
Vale Beijinha *02* — **76** S 3
Vale Benfeito *04* — **28** H 9
Vale Covo *02* — **78** S 7
Vale Covo *10* — **52** O 2
Vale da Madre *04* — **28** H 9
Vale da Mó *01* — **40** K 4
Vale da Mua *05* — **54** M 6
Vale da Mula *05* — **42** J 9
Vale da Pinta *14* — **64** O 3
Vale da Rosa *08* — **89** U 6
Vale da Seda *12* — **66** O 6
Vale da Senhora da Póvoa *05* — **42** L 8
Vale da Telha *08* — **88** U 3
Vale da Torre *05* — **54** L 7
Vale da Ursa *05* — **54** M 6
Vale da Vinha *12* — **54** N 6
Vale das Mós *14* — **53** N 5
Vale de Açor *02* — **77** S 6
Vale de Açor *12* — **65** O 6
Vale de Açor *14* — **53** N 5
Vale de Afonsinho *09* — **42** J 8
Vale de Água *02* — **77** S 5
Vale de Água *15* — **76** S 4
Vale de Albuquerque *12* — **66** P 8
Vale de Anta *17* — **27** G 7
Vale de Asnes *04* — **28** H 8
Vale de Azares *09* — **42** K 7
Vale de Bispo Fundeiro *12* — **65** O 6
Vale de Cambra *01* — **40** J 4
Vale de Cavalos *11* — **66** O 8
Vale de Cavalos *14* — **53** O 4
Vale de Cobrão (Ribeira de) *05* — **65** P 3
Vale de Couço *04* — **28** H 8
Vale de Ebros *08* — **90** U 7
Vale de Espinho *09* — **42** L 9
Vale de Estrela *09* — **42** K 8
Vale de Ferro *04* — **76** S 4
Vale de Figueira *14* — **53** O 4
Vale de Figueira *18* — **42** I 7
Vale de Frades *04* — **29** H 10

A B C D E F G H I J K L M N O P Q R S T U V W X Y Z

A B C D E F G H I J K L M N O P Q R S T U V W X Y Z

Vale de Gaio (Barragem de) 15.........77 R 5
Vale de Gaviões 12.........54 N 6
Vale de Gouvinhas 04.........28 H 8
Vale de Guiso 15.........77 R 4
Vale de Ílhavo 01.........40 K 4
Vale de Janeiro 04.........28 G 8
Vale de Maceiras 12.........66 O 7
Vale de Madeira 09.........42 J 8
Vale de Moinhos 04.........28 H 9
Vale de Moura 07.........65 Q 6
Vale de Nogueira 04.........28 H 9
Vale de Ossos 15.........77 R 4
Vale de Paio 12.........65 O 6
Vale de Pereiros 09.........42 J 8
Vale de Prazeres 05.........54 L 7
Vale de Rocins 02.........77 S 6
Vale de Salgueiro 04.........28 H 8
Vale de Santarém 14.........65 O 3
Vale de Santiago 02.........77 S 4
Vale de Telhas 04.........28 H 8
Vale de Torno 04.........28 I 8
Vale de Vaide 06.........53 L 5
Vale de Vargo 02.........78 S 7
Vale de Vilão 12.........65 O 5
Vale de Zebro 15.........77 S 5
Vale do Arco 12.........53 N 6
Vale do Côa (Parque arqueológica de) 09.........42 I 8
Vale do Coelheiro 05.........54 M 6
Vale do Homem 05.........54 M 6
Vale do Judeu 08.........89 U 5
Vale do Lobo 08.........89 U 5
Vale do Paraíso 11.........64 O 3
Vale do Pereiro 07.........66 P 6
Vale do Peso 12.........54 N 7
Vale do Rio 10.........53 M 5
Vale do Seixo 09.........42 J 8
Vale dos Reis 15.........65 Q 4
Vale Feitoso 05.........55 L 9
Vale Figueira 08.........89 U 5
Vale Flor 04.........42 J 8
Vale Formoso 02.........78 R 8
Vale Frechoso 04.........28 H 8
Vale Furado 10.........52 M 2
Vale Pereiro 04.........28 H 9
Vale Verde 04.........28 H 8
Vale Verde 09.........42 J 9
Vale Vinagre 15.........77 S 4
Válega 01.........40 J 4
Valeira (Barragem de) 04.........28 I 7
Valença do Douro 18.........27 I 7
Valença do Minho 16.........12 F 4
Vales 02.........77 S 4
Vales 04.........28 H 9
Vales 05.........54 M 6
Vales 08.........89 U 6
Vales perto de Aljezur 08.........88 U 3
Vales Mortos 02.........78 S 7
Valezim 09.........41 K 6
Valhascos 14.........53 N 5
Valhelhas 09.........41 K 7
Valongo 12.........66 O 6
Valongo 13.........26 I 4
Valongo de Mihais 17.........28 H 7
Valongo do Vouga 01.........40 K 4

Valongo dos Azeites 18.........42 I 7
Valoura 17.........27 H 7
Valpaços 17.........28 H 8
Valugas 17.........27 H 7
Valverde 04.........28 I 9
Valverde 05.........54 L 7
Valverde 09.........41 J 7
Valverde 14.........52 N 3
Valverde (Ribeira de) 07.........65 Q 5
Vaqueiro 04.........27 H 6
Vaqueiros 08.........89 T 6
Vara (Pico da) 20.........107 J 20
Varadouro 20.........107 H 9
Varge 04.........28 G 9
Vargem 12.........66 O 7
Vargens 02.........89 T 6
Variz 14.........53 O 3
Várzea 16.........27 G 5
Várzea 20.........107 J 18
Várzea Cova 03.........27 H 5
Várzea da Ovelha 13.........27 I 5
Várzea de Serra 18.........41 J 6
Várzea de Trevões 18.........41 I 7
Várzea dos Cavaleiros 05.........53 M 5
Várzeas 10.........53 M 3
Varziela 06.........40 K 4
Vascão (Ribeira do) 08.........89 T 6
Vasconha 18.........41 J 5
Vascoveiro 09.........42 J 8
Vassal 17.........28 H 7
Vau 07.........52 N 2
Veiga de Iila 17.........28 H 8
Veiros 01.........40 J 4
Veiros 07.........66 P 7
Vela 09.........42 K 8
Velada (Lagoa da) 06.........40 L 3
Velada 12.........54 N 6
Velão (Alto de) 17.........27 I 6
Velosa 09.........42 K 8
Venade 16.........26 G 3
Venda 07.........66 Q 7
Venda do Cepo 09.........42 J 7
Venda do Pinheiro 11.........64 P 2
Venda do Preto 10.........53 M 4
Venda Nova perto de Mação 14.........54 N 6
Venda Nova perto de Tomar 14.........53 N 4
Venda Nova (Barragem de) 17.........27 G 6
Vendas Novas 07.........65 P 4
Vendinha 07.........66 Q 7
Ventosa 03.........27 H 5
Ventosa perto de Alenquer 11.........64 O 2
Ventosa perto de Torres Vedras 11.........64 O 2
Ventosa do Bairro 01.........40 K 4
Vera Cruz 07.........78 R 6
Verde (Lagoa) 20.........107 J 18
Verdelhos 05.........41 K 7
Vergeira 15.........76 S 4

Verigo 10.........53 M 4
Vermelha 11.........52 O 2
Vermelhos 08.........89 T 5
Vermiosa 09.........42 J 9
Vermoil 10.........53 M 4
Vermoim 03.........26 H 4
Verride 06.........53 L 3
Vez (R.) 16.........27 G 5
Viade de Baixo 17.........27 G 6
Viana do Alentejo 07.........77 R 5
Viana do Castelo 16.........26 G 3
Viatodos 03.........26 H 4
Vidago 17.........27 H 7
Vidais 10.........52 N 2
Vide 09.........41 L 6
Videmonte 09.........42 K 7
Vidigal 05.........54 M 6
Vidigal 15.........65 P 4
Vidigueira 02.........77 R 6
Vidual 06.........54 L 6
Viegas 02.........78 S 7
Vieira de Leiria 10.........52 M 3
Vieira do Minho 03.........27 H 5
Vieirinhos 10.........53 L 3
Vigia 02.........77 T 4
Vigia (Barragem da) 07.........66 Q 7
Vila Alva 02.........77 R 6
Vila Azeda 02.........77 R 6
Vila Boa de Ousilhão 04.........28 G 9
Vila Boa do Bispo 13.........27 I 5
Vila Boim 12.........66 P 8
Vila Chã 03.........26 H 3
Vila Chã 04.........29 H 10
Vila Chã 09.........41 K 7
Vila Chã 10.........53 M 4
Vila Chã 13.........26 I 3
Vila Chã 16.........27 G 5
Vila Chã 17.........27 I 7
Vila Chã 18.........41 K 6
Vila Chã de Braciosa 04.........29 H 10
Vila Chã de Ourique 14.........65 O 3
Vila Chão 13.........27 I 5
Vila Cortês da Serra 09.........41 K 7
Vila Cova 17.........27 I 6
Vila Cova a Coelheira 18.........41 J 6
Vila Cova de Alva 06.........41 L 6
Vila Cova do Covelo 18.........41 J 7
Vila da Ponte 17.........27 G 6
Vila da Ponte 18.........41 J 7
Vila de Ala 04.........28 I 10
Vila de Cucujães 01.........40 J 4
Vila de Frades 02.........77 R 6
Vila de Punhe 16.........26 H 3
Vila do Bispo 08.........88 U 3
Vila do Conde 13.........26 H 3
Vila do Conde 17.........27 H 7
Vila do Corvo 49.........107 D 2
Vila do Porto 20.........107 M 20
Vila do Touro 09.........42 K 8
Vila Facaia 10.........53 M 5
Vila Fernando 09.........42 K 8
Vila Fernando 12.........66 P 8
Vila Flor 04.........28 I 8
Vila Flor 12.........54 N 6

Vila Formosa 12.........66 O 6
Vila Franca 16.........26 G 3
Vila Franca da Serra 09.........41 K 7
Vila Franca das Naves 09.........42 J 8
Vila Franca de Xira 11.........64 P 3
Vila Franca do Campo 20.........107 J 19
Vila Franca do Rosário 11.........64 P 2
Vila Fresca de Azeitão 15.........64 Q 3
Vila Garcia perto de Guarda 09.........42 K 8
Vila Garcia perto de Trancoso 09.........42 J 8
Vila Longa 18.........41 J 7
Vila Meã 13.........27 I 5
Vila Moinhos (Sobral) 18.........41 K 5
Vila Moreira 14.........53 N 3
Vila Nogueira de Azeitão 15.........64 Q 2
Vila Nova 06.........53 L 5
Vila Nova 14.........53 N 5
Vila Nova da Barca 06.........53 L 3
Vila Nova da Baronia 02.........77 R 5
Vila Nova da Barquinha 14.........53 N 4
Vila Nova da Rainha 11.........64 O 3
Vila Nova de Anços 06.........53 L 4
Vila Nova de Cacela 08.........90 U 7
Vila Nova de Cerveira 16.........26 G 3
Vila Nova de Famalicão 03.........26 H 4
Vila Nova de Foz Côa 09.........42 I 8
Vila Nova de Gaia 13.........26 I 4
Vila Nova de Milfontes 02.........76 S 3
Vila Nova de Monsarros 01.........40 K 4
Vila Nova de Paiva 18.........41 J 6
Vila Nova de Poiares 06.........41 L 5
Vila Nova de Santo André 15.........76 R 3
Vila Nova de São Bento 02.........78 S 7
Vila Nova de São Pedro 11.........64 O 3
Vila Nova de Tazem 09.........41 K 6
Vila Nova do Ceira 06.........53 L 5
Vila Pouca da Beira 06.........41 L 6
Vila Pouca de Aguiar 17.........27 H 7
Vila Praia de Âncora 16.........26 G 3
Vila Real 17.........27 I 6
Vila Real de Santo António 08.........90 U 7
Vila Ruiva 02.........77 R 6
Vila Ruiva 18.........41 K 6
Vila Seca 03.........26 H 3
Vila Seca 06.........53 L 4
Vila Seca 18.........27 I 7
Vila Velha de Ródão 05.........54 N 6
Vila Verde 03.........26 H 4
Vila Verde 04.........28 G 9
Vila Verde 06.........53 L 3
Vila Verde da Raia 17.........28 G 7

Vila Verde de Ficalho 02.........78 S 8
Vila Verde dos Francos 11.........64 O 2
Vila Verdinho 04.........28 H 8
Vila Viçosa 07.........66 P 7
Vilamoura 08.........89 U 5
Vilar 03.........27 G 5
Vilar 11.........64 O 2
Vilar 17.........27 H 6
Vilar 18.........41 J 6
Vilar (Barragem de) 18.........41 J 7
Vilar Barroco 05.........54 M 6
Vilar Chão 04.........28 H 9
Vilar da Lomba 04.........28 G 8
Vilar da Veiga 03.........27 G 5
Vilar de Amargo 09.........42 J 8
Vilar de Arca 18.........41 I 5
Vilar de Boi 05.........54 N 6
Vilar de Cunhas 03.........27 H 6
Vilar de Ferreiros 17.........27 H 6
Vilar de Ledra 04.........28 H 8
Vilar de Maçada 17.........27 I 7
Vilar de Mouros 16.........26 G 3
Vilar de Murteda 16.........26 G 3
Vilar de Ossos 04.........28 G 8
Vilar de Paraiso 13.........26 I 4
Vilar de Perdizes 17.........27 G 7
Vilar de Peregrinos 04.........28 G 8
Vilar de Pinheiro 13.........26 I 4
Vilar de Rei 04.........28 I 8
Vilar do Monte 04.........28 H 9
Vilar do Ruivo 05.........53 M 5
Vilar dos Prazeres 14.........53 N 4
Vilar Formoso 09.........42 K 9
Vilar Maior 09.........42 K 9
Vilar Seco 04.........29 H 10
Vilar Seco de Lomba 04.........28 G 8
Vilar Torpim 09.........42 J 9
Vilarandelo 17.........28 H 8
Vilarelho (Serra de) 17.........27 H 7
Vilarelho da Raia 17.........28 G 7
Vilarelhos 04.........28 H 8
Vilares 04.........28 H 8
Vilares 09.........42 J 8
Vilares 17.........27 H 7
Vilariça (Ribeira de) 04.........28 I 8
Vilarinha 08.........88 U 3
Vilarinho 04.........28 G 9
Vilarinho 04.........28 G 8
Vilarinho 13.........26 H 3
Vilarinho 18.........41 J 5
Vilarinho da Castanheira 04.........28 I 8
Vilarinho das Azenhas 04.........28 H 8
Vilarinho das Cambas 03.........26 H 4
Vilarinho das Furnas (Barragem) 03.........27 G 5
Vilarinho de Agrochão 04.........28 G 8
Vilarinho de Cotas 17.........27 I 7
Vilarinho de Samardã 17.........27 H 6
Vilarinho de São Luís 01.........40 J 4

Vilarinho de São Romão 17.........27 I 7
Vilarinho do Bairro 01.........40 K 4
Vilarinho dos Galegos 04.........28 I 10
Vilarinho Seco 17.........27 G 6
Vilarouco 18.........42 I 7
Vilas Boas 04.........28 H 8
Vilas do Pedro 10.........53 M 5
Vilas Ruivas 05.........54 N 6
Vilela do Tâmega 17.........27 G 7
Vilela Seca 17.........28 G 7
Vilharinhos 08.........89 U 6
Vimeiro 10.........52 N 2
Vimeiro 11.........64 O 2
Vimieiro 07.........66 P 6
Vimioso 04.........29 H 10
Vinha da Rainha 06.........53 L 3
Vinhais 04.........28 G 8
Vinhas 04.........28 H 9
Vinte e Dois (Barragem dos) 15.........64 Q 3
Virtudes 11.........64 O 3
Viseu 18.........41 K 6
Viseus 02.........77 T 6
Viso (Nossa Senhora do) 03.........27 H 5
Vista Alegre 01.........40 K 3
Viuvas 02.........89 T 6
Viveiro 17.........27 G 6
Vizela 03.........27 H 5
Volta do Vale 14.........65 P 4
Vouga 04.........41 J 6
Vouguinha 18.........41 J 6
Vouzela 18.........41 J 5
Vreia de Bornes 17.........27 H 7
Vreia de Jales 17.........27 H 7

X
Xarrama 04.........66 Q 6
Xartinho 14.........52 N 3
Xerez de Baixo 07.........78 Q 7
Xévora 04.........67 O 8

Z
Zambujal 06.........53 L 4
Zambujal 08.........89 T 7
Zambujal 15.........65 Q 3
Zambujal de Cima 15.........64 Q 2
Zambujeira do Mar 02.........76 T 3
Zambujeiras 02.........76 S 4
Zambujeiro 07.........66 Q 7
Zava 04.........28 I 9
Zavial 08.........88 U 3
Zebreira 05.........54 M 8
Zebro (Ribeira do) 04.........78 R 7
Zedes 04.........28 I 8
Zêzere (Río) 04.........42 K 7
Zêzere (Vale Glaciário do) 09.........41 K 7
Zibreira 14.........53 N 4
Zimão 17.........27 H 7
Zoio 04.........28 G 9

Planos de ciudades
Plantas das cidades / Plans de villes / Town plans / Stadtpläne / Stadsplattegronden

ESPAÑA

- Alacant / Alicante......... 185
- Albacete 186
- Almería 187
- Aranjuez 188
- Ávila.................. 189
- Barcelona
  (alrededores) 190
- Barcelona (centro)....... 191
- Bilbao 192
- Burgos................ 193
- Cáceres 193
- Cádiz 194
- Carmona............... 195
- Cartagena.............. 196
- Córdoba 197
- A Coruña.............. 198
- Cuenca 199

- Donostia-
  San Sebastián......... 200
- Elx / Elche............. 200
- Gijón 201
- Girona 201
- Granada 202
- Huesca................ 203
- Jaén 204
- Jerez de la Frontera...... 205
- León.................. 205
- Lleida................. 206
- Lugo.................. 207
- Madrid (alrededores) 208
- Madrid (centro) 209
- Málaga................ 210
- Mérida................ 211
- Murcia 212
- Oviedo................ 212
- Palencia............... 213

- Palma de Mallorca....... 214
- Las Palmas de
  Gran Canaria.......... 215
- Pamplona.............. 216
- Pontevedra 217
- Salamanca............. 218
- Santa Cruz de Tenerife... 219
- Santander............. 220
- Santiago
  de Compostela........ 220
- Segovia 221
- Sevilla (alrededores).... 222
- Sevilla (centro) 223
- Soria 224
- Tarragona............. 225
- Teruel................ 226
- Toledo................ 227
- Valencia (alrededores)... 228
- Valencia (centro)........ 229

- Valladolid............... 230
- Vigo 231
- Vitoria-Gasteiz 232
- Zamora 233
- Zaragoza.............. 233

PORTUGAL

- Aveiro 234
- Braga 235
- Coimbra 235
- Évora 236
- Funchal 237
- Lisboa (arredores) 238
- Lisboa (centro) 239
- Porto (arredores) 240
- Porto (centro) 241
- Santarém 242
- Setúbal 243

Planos

Curiosidades
Edificio interesante - Torre
Edificio religioso interesante

Vías de circulación
Autopista - Autovía
Enlaces numerados: completo, parciales
Via importante de circulación
Túnel
Calle peatonal
Tranvía
Aparcamiento - Aparcamientos «P+R»
Estación y línea férrea
Funicular, línea de cremallera
Teleférico, telecabina

Signos diversos
Edificio religioso
Torre - Ruinas
Molino de viento
Jardín, parque, madera
Cementerio
Estadio
Golf - Hipódromo
Piscina al aire libre, cubierta
Vista parcial - Vista panorámica
Monumento - Fuente
Playa - Zoo
Puerto deportivo - Faro
Oficina de Información de Turismo
Aeropuerto
Estación de metro - Estación de autobuses
Transporte por barco:
pasajeros y vehículos, pasajeros solamente
Oficina de correos - Hospital
Mercado cubierto
Policía - Ayuntamiento
Propuesta de paseo

Plantas das cidades

Curiosidades
Edifício interessante - Torre
Edifício religioso interessante

Estradas
Auto-estrada - Estrada com faixas de rodagem separadas
Nós numerados: completo, parcial
Grande via de circulação
Túnel
Via reservada aos peões
Tranvía
Parking - Estacionamento Relais (assinantes trânsito)
Estação e via férrea
Funicular
Teleférico, Telecabine

Signos diversos
Edifício religioso
Torre - Ruínas
Moínho de Vento
Jardim, parque, bosque
Cemitério
Estádio
Golfe - Hipódromo
Piscina ao ar livre, coberta
Vista - Panorama
Monumento - Fonte
Praia - Zoo
Porto desportivo - Farol
Informação turística
Aeroporto
Estação de metro - Estação de autocarros
Transporte de automóveis:
passageiros e automóveis, só de passageiros
Estação de correios - Hospital
Mercado coberto
Polícia - Câmara municipal
Sugestões de passeios

Plans

Curiosités
Bâtiment intéressant - Tour
Édifice religieux intéressant

Voirie
Autoroute - Double chaussée de type autoroutier
Échangeurs numérotés : complet - partiels
Grande voie de circulation
Tunnel
Rue piétonne
Tramway
Parking - Parking Relais
Gare et voie ferrée
Funiculaire, voie à crémaillère
Téléphérique, télécabine

Signes divers
Édifice religieux
Tour - Ruines
Moulin à vent
Jardin, parc, bois
Cimetière
Stade
Golf - Hippodrome
Piscine de plein air, couverte
Vue - Panorama
Monument - Fontaine
Plage - Zoo
Port de plaisance - Phare
Information touristique
Aéroport
Station de métro - Gare routière
Transport par bateau :
passagers et voitures, passagers seulement
Bureau principal de poste restante - Hôpital
Marché couvert
Police - Hôtel de ville
Suggestion de promenade

Town plans

Sights
Place of interest - Tower
Interesting place of worship

Roads
Motorway - Dual carriageway
Numbered junctions: complete, limited
Major thoroughfare
Tunnel
Pedestrian street
Tramway
Car park - Park and Ride
Station and railway
Funicular
Cable-car

Various signs
Place of worship
Tower - Ruins
Windmill
Garden, park, wood
Cemetery
Stadium
Golf course - Racecourse
Outdoor or indoor swimming pool
View - Panorama
Monument - Fountain
Beach - Zoo
Pleasure boat harbour - Lighthouse
Tourist Information Centre
Airport
Underground station - Coach station
Ferry services:
passengers and cars, passengers only
Main post office with poste restante - Hospital
Covered market
Police - Town Hall
Suggested stroll

Stadtpläne

Sehenswürdigkeiten
Sehenswertes Gebäude - Turm
Sehenswerter Sakralbau

Straßen
Autobahn - Schnellstraße
Nummerierte Voll- bzw. Teilanschlussstellen
Hauptverkehrsstraße
Tunnel
Fußgängerzone
Straßenbahn
Parkplatz - Park-and-Ride-Plätze
Bahnhof und Bahnlinie
Standseilbahn
Seilschwebebahn

Sonstige Zeichen
Sakralbau
Turm - Ruine
Windmühle
Garten, Park, Wäldchen
Friedhof
Stadion
Golfplatz - Pferderennbahn
Freibad - Hallenbad
Aussicht - Rundblick
Denkmal - Brunnen
Badestrand/ Strand - Zoo
Yachthafen- Leuchtturm
Informationsstelle
Flughafen
U-Bahnstation - Autobusbahnhof
Schiffsverbindungen:
Autofähre, Personenfähre
Hauptpostamt (postlagernde Sendungen) - Krankenhaus
Markthalle
Polizei - Rathaus
Vorschlag für einen Spaziergang

Plattegronden

Bezienswaardigheden
Interessant gebouw - Toren
Interessant kerkelijk gebouw

Wegen
Autosnelweg - Weg met gescheiden rijbanen
Knooppunt / aansluiting: volledig, gedeeltelijk
Hoofdverkeersweg
Tunnel
Voetgangersgebied
Tramlijn
Parkeerplaats - P & R
Station, spoorweg
Kabelspoor
Tandradbaan

Overige tekens
Kerkelijk gebouw
Toren - Ruïne
Windmolen
Tuin, park, bos
Begraafplaats
Stadion
Golfterrein - Renbaan
Zwembad: openlucht, overdekt
Uitzicht - Panorama
Gedenkteken, standbeeld - Fontein
Strand - Zoo
Jachthaven - Vuurtoren
Informatie voor toeristen
Luchthaven
Metrostation - Busstation
Vervoer per boot:
Passagiers en auto's - uitsluitend passagiers
Hoofdkantoor voor poste-restante - Ziekenhuis
Overdekte markt
Politie - Stadhuis
Aanbevolen wandeling

ALICANTE (inset map)

Parque Lo Morant
Jardines Vía Parque
Plaza Virgen del Mar
Av. de Novelda
Universidad
Av. Jaime I
C. de Foglietti
Av. de Denia
Av. Antonio Ramos Carratalá
Pl. Alcade A. Soler
Av. de Juan Sanchis Candela
Av. del Pintor Xavier Soler
Av. Periodista Rodolfo Salazar
SERRA GROSSA
Av. del Pintor Baeza
C. del Garbinet
Av. de Illora
Av. del Padre Esplá
Av. de Alcoy
Av. de Denia
Avinguda de La Vila-Joioa
MARQ
Parque Castillo de S. Fernando
Av. del Doctor Rico
Av. del Doctor Jiménez Díaz
Castillo de Sta Bárbara
Av. Alfonso X El Sabio
Pl. Puerta del Mar
PLAYA DEL POSTIGUET
Av. de Aguilera
Av. Gonzalo Soriano
C. Gral. Espartero
Av. Catedrático Soler
C. de Elche
C. de México
C. Pintor Aparicio
Av. de Loring
PLAYA DE S. JUAN
ALBACETE, MURCIA
SANTA POLA
ÎLE DE TABARCA
ALCOY
VALENCIA, ALCOY
MAR MEDITERRÁNEO
0   500 m

Main map labels:

VALENCIA, ALCOY
Gandia
Platja i Grau de Gandia
Oliva
Pego
BENIDORM
La Vila Joiosa / Villajoyosa
El Campello
Sant Joan d'Alacant
la Platja de Sant Joan
Cap de l'Horta
Platja de l'Albufareta
ALACANT / ALICANTE
Golf d'Alacant
Sant Vicent del Raspeig
Mutxamel
Villafranqueza
Busot
Xixona
Ibi
Castalla
Onil
Biar
Villena
Sax
Elda
Petrer
Monòver
Novelda
Aspe
Elx / Elche
Crevillent
Albatera
Catral
Dolores
Callosa
Sta Pola
Illa de Tabarca
Cap de Sta Pola
Gran Alacant
Santa Pola del Este
Los Arenales del Sol
Platja los Arenales del Sol
Torrellano
L'Altet
Urbanova
Bacarot
MAR MEDITERRÁNEO

ALBACETE (inset city map)

MADRID, CIUDAD REAL

ALACANT/ALICANTE, MURCIA

AYORA

ALACANT/ALICANTE, VALENCIA

ELCHE DE LA SIERRA

Plaza de los Llanos del Águila · C. Nuestra Señora de Cubas · Paseo de la Cuba · Parque Lineal

Av. de la Mancha · Av. de la Ilustración · C. de la Virgen del Pilar · C. Huesca · C. Reus · C. Poniente de la Roda · C. Orense · C. Lugo · C. Granada · C. S. Pablo · Santiago · Av. Menéndez Pidal · Gabriel Císcar · C. del Obispo Tagaste · C. de Luis Vives · C. del Arquitecto Fernández · Av. de Ramón y Cajal · C. de Mariana Pineda

Plaza de Toros · C. García Más · Hernán Cortés · Sebastián · Museo de la Cuchillería · Catedral · Plaza Mayor · Plaza de Mateo Villora

Pje de Lodares · Pl. de la Mancha · Pl. Pablo Picasso · Parque Doctor Ramón Ferrandis · Cam. de Morata

Parque de Abelardo Sánchez · Plaza de España

Museo de Albacete

Plaza de Nuestra Señora de Belén · C. S. Juan de Sancho Panza

ALBACETE

0   200 m

N

Regional map

Embalse de Contreras · Motilla del Palancar · Minglanilla · Venta de Contreras · Iniesta · Villalpardo · Villarta · Alcahozo · El Herrumblar · Villamalea · Casas Ibáñez

Campillo de Altobuey · Puebla del Salvador · Castillejo de Iniesta · Graja de Iniesta · El Peral · Villanueva de la Jara · Casas de Sta Cruz · Casas de Juan Fernández · Ledaña · Villagarcía del Llano · Casas del Olmo · Cenizate · Navas de Jorquera · Asomadilla · Golosalvo · Campoalbillo · Mahora · Bormate · Calzada de Vergara · Cubas · Alcozarejos · Madrigueras · Motilleja · Puente Torres · Los Yesares · Jorquera

Tarazona de la Mancha · Buenavista · Quintanar del Rey

La Roda · Villalpardillo · Minaya · Estación de Minaya · Casas de Roldán · Casas de la Peña · Silo · Moharras · Carro · El Capitán · Lechina · Fuensanta · Montalvos · Casas del Matado · La Gineta · La Grajuela · El Villar · Villar de Pozo Rubio · Miralcampo · Casas de Don Pedro · Majano · Malpelo · La Felipa · Tinajeros · San Isidro · Casas de Juan Núñez

Blancares Nuevos · Blancares Viejos · Sta Marta · Mariguttiérrez · Barrax · Labor de Acequión · Casa Grande · Casas Viejas · La Pulgosa · La Torrecica

ALBACETE

Cordillera de Monte Aragón · Morrablancar · Hoya Gonzalo · Chinchilla de Monte Aragón · El Rincón · Estación de Chinchilla · Cerro Cuadrado · Villar de Chinchilla · Laguna de Pétrola · Pétrola · Horna

Maripérez · Guijarral · Casa de Navamarín · Lezuza · Valdelaras de Abajo · La Yunquera · Valdelaras de Arriba · Los Partidores · La Herrera · La Cortesa · Meleguz · Aguasnuevas · Los Llanos · La Humosa · Pozo de la Peña

Cantacucos · Tiriez · Pradorredondo · Balazote · Sta Ana de Arriba · Sta Ana · Sta Ana de Abajo · El Salobral · Pozo Cañada

El Ballestero · El Jardín · San Pedro · El Cuartico · Pozuelo · Los Anguijes · Argamasón · Casas de Orán · El Campillo del Negro

Ríos: Júcar · Valdemembra · Mira · Segura · Jardín · Lezuza · Trasvase

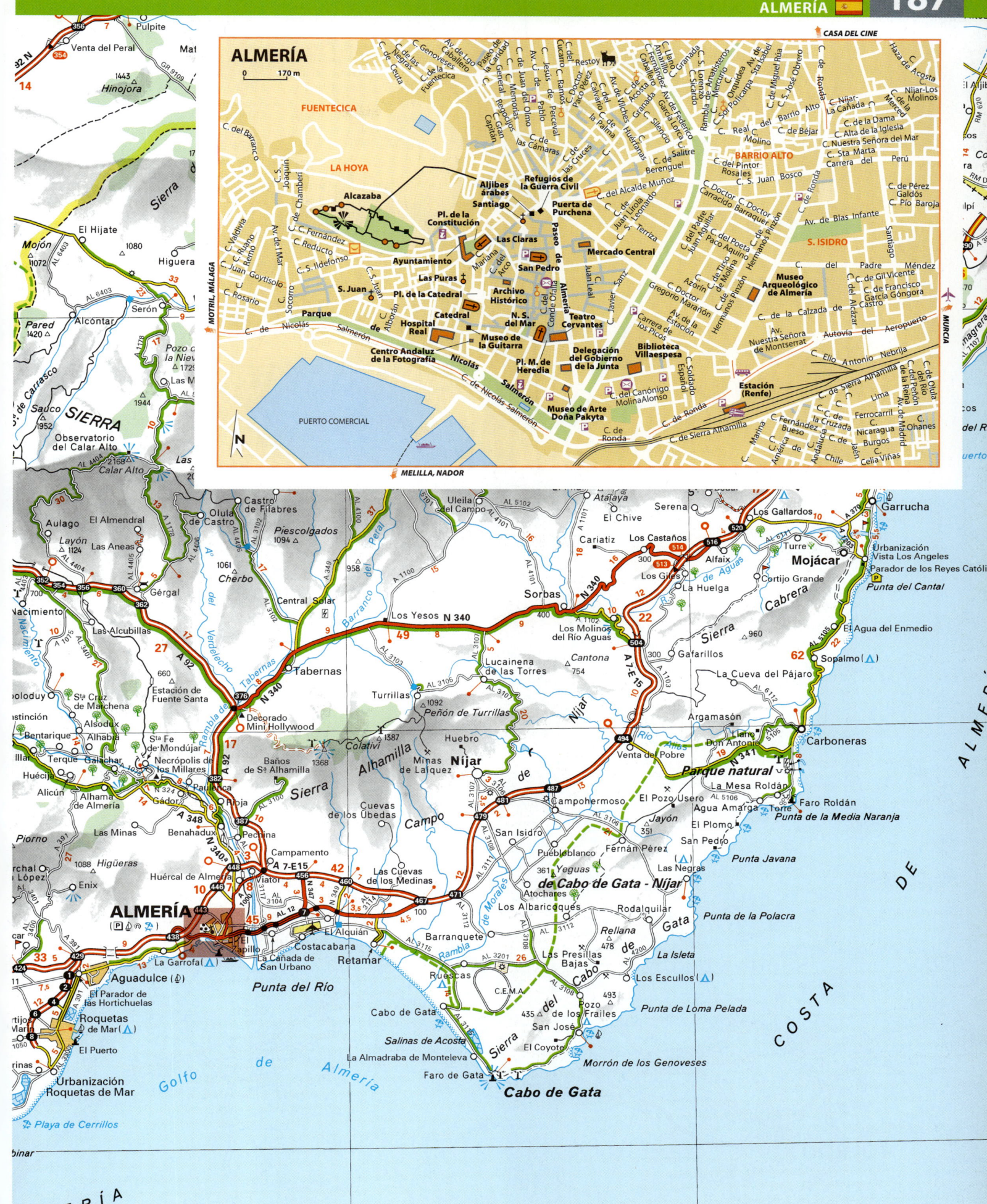

ALMERÍA

0   170 m

FUENTECICA

LA HOYA

Alcazaba
Aljibes árabes
Refugios de la Guerra Civil
Santiago
Puerta de Purchena
Pl. de la Constitución
Las Claras
Ayuntamiento
Las Puras
S. Juan
Pl. de la Catedral
San Pedro
Mercado Central
Archivo Histórico
Parque
Catedral
N. S. del Mar
Teatro Cervantes
Hospital Real
Museo de la Guitarra
Centro Andaluz de la Fotografía
Pl. M. de Heredia
Delegación del Gobierno de la Junta
Biblioteca Villaespesa
Museo de Arte Doña Pakyta
Museo Arqueológico de Almería

BARRIO ALTO

S. ISIDRO

Estación (Renfe)

PUERTO COMERCIAL

MOTRIL, MÁLAGA

MELILLA, NADOR

CASA DEL CINE

MURCIA

ARANJUEZ

0   120 m

MADRID

Jardín de la Isla

Jardín del Príncipe

CHINCHÓN

CASA DEL LABRADOR

C. de Madrid Nacional IV

C. de Madrid Aranjuez

Río Tajo

C. de la Primavera

C. de la Reina

C. del Rey

C. de Montesinos

Palacio Real

Jardín del Parterre

Pl. la Elíptica

Av. de Palacio

Av. del Príncipe

Av. del Príncipe

Príncipe

Jardín de Isabel II

Pl. de S. Antonio

Stuart

Av. de la Gobernación

Real

Infantas

Castillón

de las Infantas

Montesinos

C. de la Florida

Pl. de la Paz

Príncipe de la Paz

Antigua C. de Andalucía

C. de S. Antonio

C. de S. Antonio

C. de Postas

C. del Lucero

C. de S. Antonio

C. de Valeras

C. del Gobernador

Gómez

Plaza Constitución

Pl. Abastos

C. del Gobernador

C. de Santiago Rusiñol

C. de Abastos

C. de Abastos

Abastos

Angosto

C. de Abastos

C. Verderón

C. Zorzales

C. de S. Pascual

C. de Postas

C. de S. Pascual

C. de S. Pascual

C. de Guardia de Corps

Stuart

Capitán

Naranja

C. de S. Pascual

C. de la Rosa

Florida

C. de Andalucía

C. de la Rosa

Pl. de S. Pascual

C. de Almíbar

de la Bailén

Antigua C. de Postas

C. de Almíbar

Calandria

C. del Foso

C. del Rey

C. de S. Fernando

Av. de Loyola

Valeras

del Río Tajo

del Río Tajo

Deleite

Paseo del Regajal

C. del Regajal

Av. de la Plaza de Toros

C. del Carmen

C. del Calvario

C. Valencia

C. Pintor Sorolla

Polígono Plaza Toros

Carreta

Cam. de Goya

Ontígola

C. de Goya

C. del Foso

C. de Ribera

C. de Velázquez

C. Montecillo

Plaza de Navarrete

C. de Murillo

C. de Zurbarán

C. de Goya

TOLEDO   VALDEPEÑAS, ALBACETE

N

[Map of region around Madrid, Toledo, Aranjuez with roads and place names including: MADRID, TOLEDO, Alcalá de Henares, Torrejón de Ardoz, Aranjuez, Ocaña, Arganda del Rey, Chinchón, Illescas, Valdemoro, Pinto, and numerous others]

ÁVILA

0   100 m

MURALLAS

Puerta del Carmen

Palacio de los Verdugo
Palacio de Polentinos
Palacio de los Superunda
Convento de Sta Teresa
Palacio de Núñez Vela (Palacio de Justicia)
Plaza de la Santa
Centro de interpretación del Misticismo
Torreón de los Guzmanes
Palacio de Valderrábanos
Palacio de los Dávila
Palacio de Don Gerónimo
Plaza del Mercado Chico
Mansión de los Velada
Parque de San Vicente
S. Vicente
Museo de Ávila
Santo Tomé el Viejo
Catedral
Palacio de los Serrano
Plaza de Italia
Convento de San José (Las Madres)
Puerta del Alcázar
San Pedro

PARQUE DEL RECREO
PARQUE DEL RASTRO
PARQUE DE S. ROQUE

Plaza Casa del Pueblo
Bajada del Rastro
Plaza de Santiago

TOLEDO   SAN MARTÍN DE VALDEIGLESIAS   REAL MONASTERIO DE SANTO TOMÁS

SALAMANCA   PLASENCIA   MADRID / VALLADOLID   SEGOVIA

GIRONA/GERONA, PUIGCERDA — GIRONA/GERONA, PUIGCERDA — SABADELL — GIRONA/GERONA, MATARÓ

Temple del Sagrat Cor
Torre de Collserola
Parc de Collserola
VALLVIDRERA
COLLEGI DE LES TERESIANES
TIBIDABO
Peu del Funicular
C. de Plantada
Plaça de Borràs
Parc de Joan REVENTÓS
Reina Elisenda
Monestir Santa Maria de Pedralbes
PEDRALBES
Pavellons Güell
Palau Reial
Jardins de Pedralbes
Ciutat
Universitària
Zona Universitària
LES CORTS
Camp Nou
Museu FC Barcelona
L'HOSPITALET
PARC CERVANTES
COLLBLANC
Parc de la MARQUESA
Parc de la TORRASSA
TARRAGONA, VILAFRANCA DEL PENEDÈS

CosmoCaixa Museu de la Ciencia
Casa-Museu Gaudí
Casa El Guarda
Espai monumental
Parc del TURÓ del PUTGET
SARRIÀ
SANT GERVASI DE CASSOLES
Les Tres Torres
GRÀCIA
Palau del Baró de Quadras-Casa de les Punxes
Palau Montaner
Palau Robert
CASA MILÀ LA PEDRERA
EIXAMPLE
Casa Batlló
Hospital Clínic
Parc de la Creueta del Coll
PARC DEL CARMEL
Park Güell
Plaça de Raimon Casellas
Turó de la Rovira
Parc del Guinardó
JARDINS DEL DOCTOR PLAIARMENGOL
Sant Pau Recinte Modernista
Hospital de Sant Pau
SAGRADA FAMILIA
Plaça de la Sagrada Familia
Plaça de Gaudí
Plaça de les Glòries Catalanes
Torre Agbar
Teatre Nacional de Catalunya
Auditori
Arc de Triomf
Passeig de Sant Joan
Palau de la Música Catalana
LA RIBERA
Museu Picasso
Basílica de Santa Maria del Mar
BARRI GÒTIC
Catedral de la Santa Creu i Santa Eulàlia
Plaça de Catalunya
CCCB
MACBA
Palau de la Virreina
EL RAVAL voir plan II
Plaça Reial
La Mercè
Monument a Colom
Drassanes/Museu Marítim
Av. del Paral·lelo
POBLE SEC
Caixa Forum
Font Màgica
Museu Etnològic
Poble Espanyol
Plaça de Sant Jordi
MUSEU NACIONAL D'ART DE CATALUNYA
Estadi Olímpic Lluís Companys
Palau Sant Jordi
Museu Olímpic Juan Antonio Samaranch
MONTJUÏC
Castell de Montjuïc
RONDA LITORAL
L'HOSPITALET TARRAGONA
CASTELLDEFELS SITGES
Av. de Miramar
Pta d'Europa
Moll de Ponent
World Trade Center
PORT VELL
Maremagnum
Torre de Sant Sebastià
Aquàrium
LA BARCELONETA
Museu d'Història de Catalunya
Port Olímpic
Hotel Arts Barcelona
Torre Mapfre
VILA OLÍMPICA
Parc de la Ciutadella
Parc Zoologic
POBLENOU
PARC DEL CLOT
Plaça de la Roja
MUSEU BLAU

MAR MEDITERRANEO

BARCELONA
plan I
N
0 — 1 km

GIRONA/GERONA, MATARÓ
CREU de Codó
2214
1509

LLEIDA
Bell-lloc d'Urgell
Miralcamp
Vilanova de B.
Preixana
Torregrossa
Juneda
Les Borges Blanques
La Floresta
Castelldans
Els Bessons
Els Omellons
L'Espluga Calba
Fulleda
Vinaixa
Tarrès
L'Albi
Vimbodí i Poblet
Vallclara
El Vilosell
La Pobla de Cérvoles
Vallbona de les Monges
Rocafort
Llorenç de V.
Belltall
Forès
Senan
Solivella
Blancafort
Pira
Barberà de la Conca
Montblanc
La Guàrdia dels Prats
Prenafeta
Figuerola del Camp
El Pla de Sta Maria
Santes Creus
Aiguamúrcia
Vila-rodona
Alió
Puigpelat
Nulles
Vallmoll
MONTSANT
Cornudella de M.
La Morera de M.
Albarca
Ulldemolins
Vilanova de Prades
Prades
La Febró
Mont-ral
Capafonts
Farena
La Riba
Picamoixons
Valls
Bràfim
Rodonyà
Montferri
El VENDRELL

BARCELONA
Plan II

Mercat Santa Caterina
Museu Picasso
Palau dels Marquèsos de Lió
Palau Nadal
Museu Diocesà
Palau Reial Major
Santa Àgata
Museu d'Història de Barcelona
Museu F. Marès
Col·legi d'Arquitectes
Casa de l'Ardiaca
Palau del Bisbat
Catedral de la Sta Creu i Sta Eulàlia
Casa dels Canonges
Sant Felip Neri
Palau del Lloctinent
Temple d'August
Palau de la Generalitat
MUHBA El Call
MUHBA Domus de Sant Honorat
Plaça de Sant Jaume
Plaça del Pi
Plaça de Sant Josep Oriol
Ajuntament
Santa María del Pi
Plana de la Boqueria
Gran Teatre del Liceu
Plaça Reial
La Mercè
Palau Güell
Plaça del Teatre
Arts Santa Mònica
Museu de Cera
Palau Marc
Drassanes

Plaça de Sant Miquel
Pl. de la Seu
Plaça Nova

Vic
Granollers
Montseny
Sant Celoni
Mataró
Badalona
BARCELONA
L'Hospitalet
Terrassa / Tarrasa
Sabadell
Sant Cugat del Vallès
Cerdanyola
Molins de Rei
Montserrat
Esparreguera
Martorell
Vilafranca del Penedès
Castelldefels
Sitges
El Prat de Llobregat
Costa

BILBAO

Top regional map

Santoña · Peña del Fraile · Playa de Laredo · Laredo · Punta de Sonabia · Islares · Cerdigo · Punta del Rabanal · Castro-Urdiales · Brazomar · Mioño · Santullán · Ontón · Bilbao Lurmuturra/Cabo Billao · Armintza · Bakio · Gaztelugatxe · Bermeo · Cabo Ogoño · Elantxobe · Ibarrangelu · Plentzia · Gorliz · Lemoiz · Alto del Sollube · Mundaka · Larda · Natxitua · Barrika · Sopela · Billelabieta · Sukarrieta · Busturia · Altamira · Ea · Bedaroa · Ispaster

Getxo · Leioa · Algorta · Zierbena · Berango · Gatika · Laukiz · Unbe · Mungia · Meñaka · Arrieta · Murueta · Gamiz-Fika · Morga · Ergoien · Fruiz · Santimamiñe · Gabika · Gizaburuaga · Markina-Xemein · Gernika-Lumo · Ajangiz · Arratzu · Muxika · Astelarra · Munitibar · Arbatzegi

BILBAO · Basauri · Etxebarri · Santurtzi · Portugalete · Sestao · Barakaldo · Sondika · Derio · Zamudio · Lezama · Larrabetzu · Aldana · Gorozika · Boroa · Amorebieta · Euba · Durango · Abadiño · Elorrio · Iurreta

Galdakao · Arrigorriaga · Usansolo · Zaratamo · Bedia · Lemoa · Igorre · Arantzazu · Zeberio · Areatza · Artea · Dima · Mañaria · Izurtza

Santoña · Colindres · Cicero · Liendo · Orinón · Samano · La Granja · El Puente (Guriezo) · Ampuero · Cereceda · Agüera · Trucios Turtzioz · Villaverde · Sopuerta · Artzentales · Galdames · Sodupe · Güeñes · Zalla · Balmaseda · Mercadillo · Mollinedo · Arcentales · Concha · Pando · Bernales · Lanzas Agudas · Gordexola · Las Llanas · Okondo · Laudio Llodio · Areta · Arakaldo · Gijano · Nava de M. · Viergol · Gordeliz · Artziniega

Ramales de la Victoria · Cuevas de Covalanas · Lanestosa · Arredondo · Gibaja · Rasines · Ojebar · Rancho · San Miguel de Aras · Udalla · Bárcena · La Calera de la Sía · Altos de los Tornos · Embalse de Ordunte · Ribota de M. · Burceña

Bilbao city map

BILBAO

0 · 320 m

DEUSTO · Plaza S. Pío X · Plaza de S. Pedro · Ugasco Bidea · Artxanda-Salbe Tunela · Salbe-Ugasko Tunela · Artxanda-Egileta Errepidea · Funicular de Artxanda · URIBARRI · CASTAÑOS MATIKO · ZURBARÁN

MUSEO GUGGENHEIM BILBAO · Guggenheim · Abandoibarra · Iberdrola · Euskalduna Jauregia · Parque de Doña Casilda de Iturrizar · Museo Marítimo Ría de Bilbao · Museo de Bellas Artes · Río de Bilbao · Ría Barojo

Estadio de S. Mamés · ABANDO · INDAUTXU · Palacio Chávarri · Casa Montero · Casas de Sota · Pl. Moyúa · S. Vicente Mártir · Pl. de Ensanche · Pl. de los Jardines Albia · Banco de Bilbao · Banco de España · Pl. Circular · Edificio de la Bilbaína · S. Nicolás de Bari · CASCO VIEJO · Banco de Bilbao

Pl. Bizkaia · Azkuna Zentroa Bilbao · Teatro Campos Elíseos · Sagrado Corazón · Est. de Abando · Bolsa de valores · Est. de Santander · Teatro Arriaga · Pl. Nueva · Pl. Unamuno · Basílica de Begoña

Biblioteca Bidebarrieta · Palacio de John o edificio de la Bolsa · Catedral de Santiago · Museo Vasco · Museo de Pasos

S. FRANCISCO · Mercado de la Ribera · S. Antón · SOLOKOETXE · BILBAO-LA-VIEJA · Pl. de la Cantera · Museo Taurino · Parque Ametzola · Parque de Miribilla · Museo de Arte Sacro

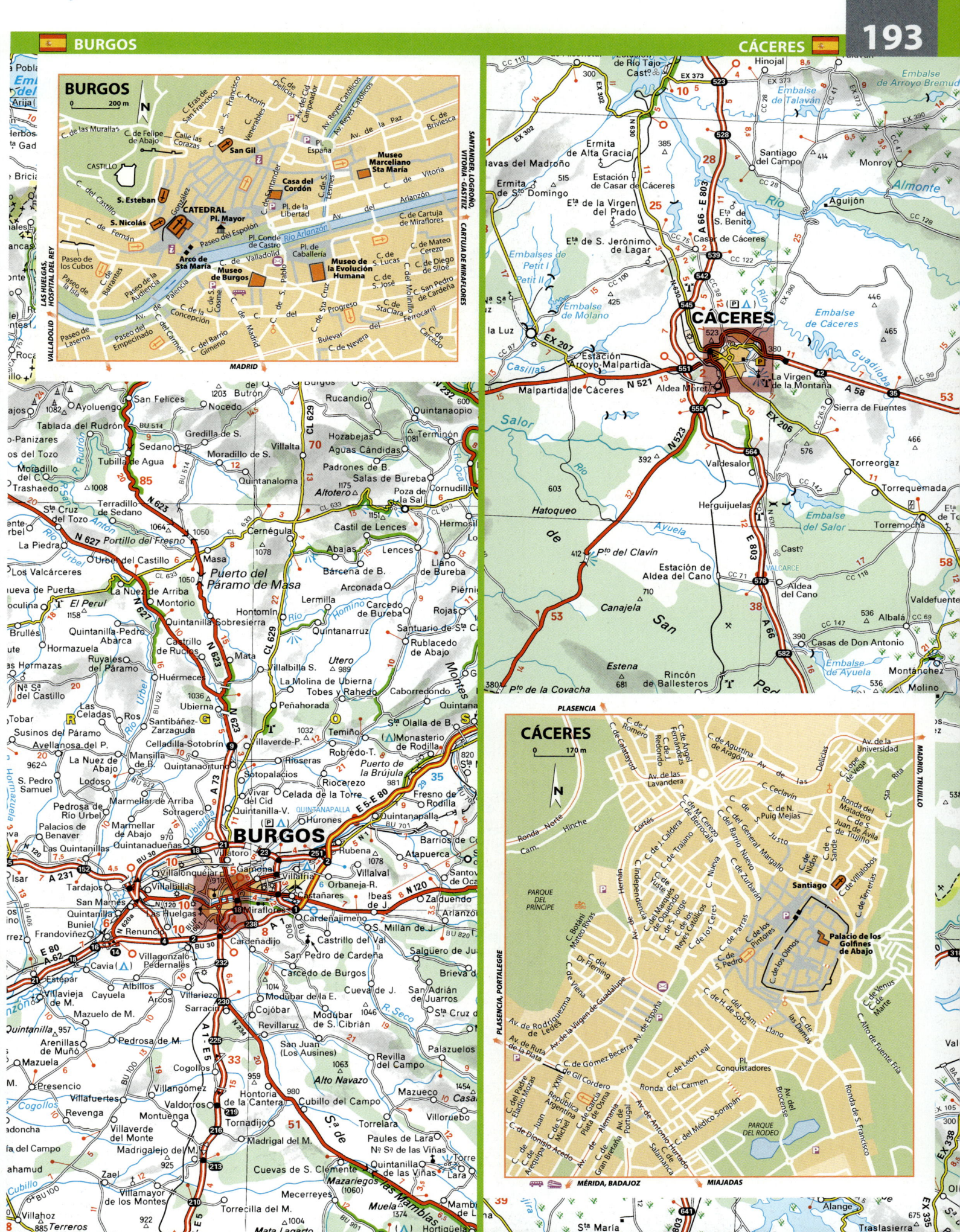

BURGOS

0   200 m   N

CASTILLO

LAS HUELGAS, HOSPITAL DEL REY

SANTANDER, LOGROÑO, VITORIA - GASTEIZ

VALLADOLID

CARTUJA DE MIRAFLORES

San Gil

Casa del Cordón

Museo Marceliano Sta María

S. Esteban

CATEDRAL Pl. Mayor

S. Nicolás

Arco de Sta María

Museo de Burgos

Museo de la Evolución Humana

Río Arlanzón

MADRID

CÁCERES

0   170 m   N

PARQUE DEL PRÍNCIPE

PLASENCIA, PORTALEGRE

Santiago

Palacio de los Golfines de Abajo

MADRID, TRUJILLO

PLASENCIA

PARQUE DEL RODEO

MÉRIDA, BADAJOZ   MIAJADAS

CÁCERES

CÁDIZ

0   150 m

CARMONA

ÉCIJA, SEVILLA, LORA DEL RÍO

0   150 m

Puerta de Córdoba
Casa de las Aguas
Casa del Barón de Gracia Real
Casa del Marqués del Saltillo
Casa de los Lasso
Convento de Sta Clara
SAN BLAS
C. del Doctor Fleming
Convento de las Descalzas
Casa de los Rueda
Casa-Palacio del Marqués de las Torres
SANTIAGO
Alcázar de Arriba
Pl. de S. Fernando
Sta María la Mayor
El Salvador
Pta de Sevilla
San Bartolomé
Ayuntamiento
Pl. de Abastos
C. de S. Felipe
SAN FELIPE
San Pedro
Cuesta de S. Mateo
Casa de los Domínguez
C. Ancha
Paseo Estatuto
Convento de la Concepción
VISO DEL ALCOR
SEVILLA NECRÓPOLIS ROMANA
ÉCIJA
N
OSUNA, MARCHENA

Main map

MURCIA

Alcantarilla
Las Torres de Cotillas
Los Pulpites
Nora
Monteagudo
Zeneta
Torremendo
La Colonia
Doña Ana
Pliego
La Zarza
Los Calderones
Las Águilas
Belén
El Palmar
Algezares
Torreagüera
Beniaján
Cabezo de la Plata
Estación de Canteras
San Miguel de Salinas
Los Balcones
Torrevieja
Punta Prima
La Zenia
Cap Roig
Dehesa de Campoa
Embalse del Pliego
Perona
Fuente Librilla
Sangonera la Verde
Cresta del Gallo
Santuario de la Fuensanta
El Alberca
Pº de San Pedro
Sucina
El Pinar de C.
Villamartin
Casd de D. Juan
Espuña
El Berro
Gebas
Librilla
Embalse del Romeral
Baños y Méndigo
Carrascoy
Avileses
El Mirador
Pilar de la Horadada
Torre de la Horadada
San Pedro del Pinatar
Parque Natural de la de Espuña
Alhama de Murcia
Muela
Casas Nuevas
Corvera
La Murta
Los Martiñez del Puerto
Roldán
S. Cayetano
Aledo
Pozo Aledo
El Pagán
Las Salinas
El Mojón
Platja las Villas
Monasterio La Santa
Gañuelas
Valladolises
Los Paganes
El Escobar
Balsapintada
Jimenado
Sta. Rosalía
Roda
Dolores
San Javier
Santiago de la Ribera
Punta de Algas
AEROPUERTO DE MURCIA-SAN JAVIER
Playa del Pudrim
Totana
Los Muñoces
Los Almagros
Los Cánovas
Cuevas de Reillo
Fuente Álamo
Lobosillo
Albujón
Las Lomas
La Aljorra
La Palma
Torre Pacheco
Pozo Estrecho
La Puebla
El Carmolí
Isla Mayor
Los Alcázares
Hacienda Dos Mares
Tomás Maestre
Faro del Estac
Mar Menor
La M
Secanos
Carivete
La Hoya
Los Tuelas
Raiguero Bajo
Hinojar
Cantareros
La Pinilla
El Pericón
Miranda
Sta. Ana
Apardé
Los Urrutias
Islas Menores
La Manga
Cabo
Alporchones
Gañuelas
Tallante
Los Puertos de Sta. Barbara
Cuesta Blanca
Molinos Marfagones
Perin
Barriada S. Cristóbal
Los Dolores
Roche
El Algar
Los Nietos
Playa del Pedr
La Atalaya
La Majada
Mazarrón
Las Palas
Los Ruices
Canterás
Roldán
Alumbres
La Unión
Los Belones
Llano del Beal
Playa Honda
Punta Espa
Atamaria
Cenizas
Parque Regional de Calblanque
Morata
Los Cucos de las
Pastrana
Puerto de Mazarrón
Isla Plana
Moreras
Bahía
El Portús
San Julián
CARTAGENA
Portman
Escombreras
Punta Negra
Cabo Negrete
Cabo de Agua
Talayón
Miñarros
Ermita del Ramonete
Umbrías
El Cantal
Calnegre
Punta de Calnegre
La Azohía
Cabo Tiñoso
Playa Grande
Playa de la Isla
Playa de la Reva
Bolnuevo
Golfo de Mazarrón
Sierra del Contar
Garrobillo
Calabardina
Cope
Cabo Cope
Playa de Calabardina
Águilas
El Hornillo
Terreros

Sierra de Carrascoy
Guadalentín
Río
Rambla
Sierra de Almenara
Sierra de la Muela
Sierra de la Muela
Golfo de Mazarrón

Cartagena city inset

MURCIA, ALHAMA DE MURCIA
ALICANTE — MURCIA
ALICANTE LA MANGA DEL MAR MENOR
ESCOMBRERAS

C. Jiménez de la Espada
C. Doctor Perez Espejo
C. Ángel
Paseo de Alfonso XIII
Bruna
C. de Tierno Galván
C. de Carlos III
Plaza de España
C. de Carlos III
C. de Carlos III
C. de Louis Pasteur
C. del Salitre
C. del S. Juan
C. Muralla de Tierra
Centro de Interpretación de la Muralla Púnica
Plaza de México
C. del Parque
C. del Rosario
C. del Carmen de
C. Canales
ZONA ARQUEOLÓGICA
MURAM
Plaza Jaime Bosch
Plaza de Oran
C. Ciudad de Oran
Museo Foro Romano Molinete
Casa Maestre
C. del Caridad
Casa de la Fortuna
C. Mompean
C. de Sta. Bárbara
Augusteum
C. del Duque
C. del Angel
Plaza del Rey
Castillo de la Concepción
C. de Cuesta del Batel
C. Mayor
C. del Aire
Paseo Delicias del Muelle
Palacio Consistorial
Museo del Teatro Romano
Submarino Isaac Peral
Plaza de los Héroes de Cavite
Paseo de Alfonso XII
Museo Naval
ARQUA
CARTAGENA

0   200 m

N

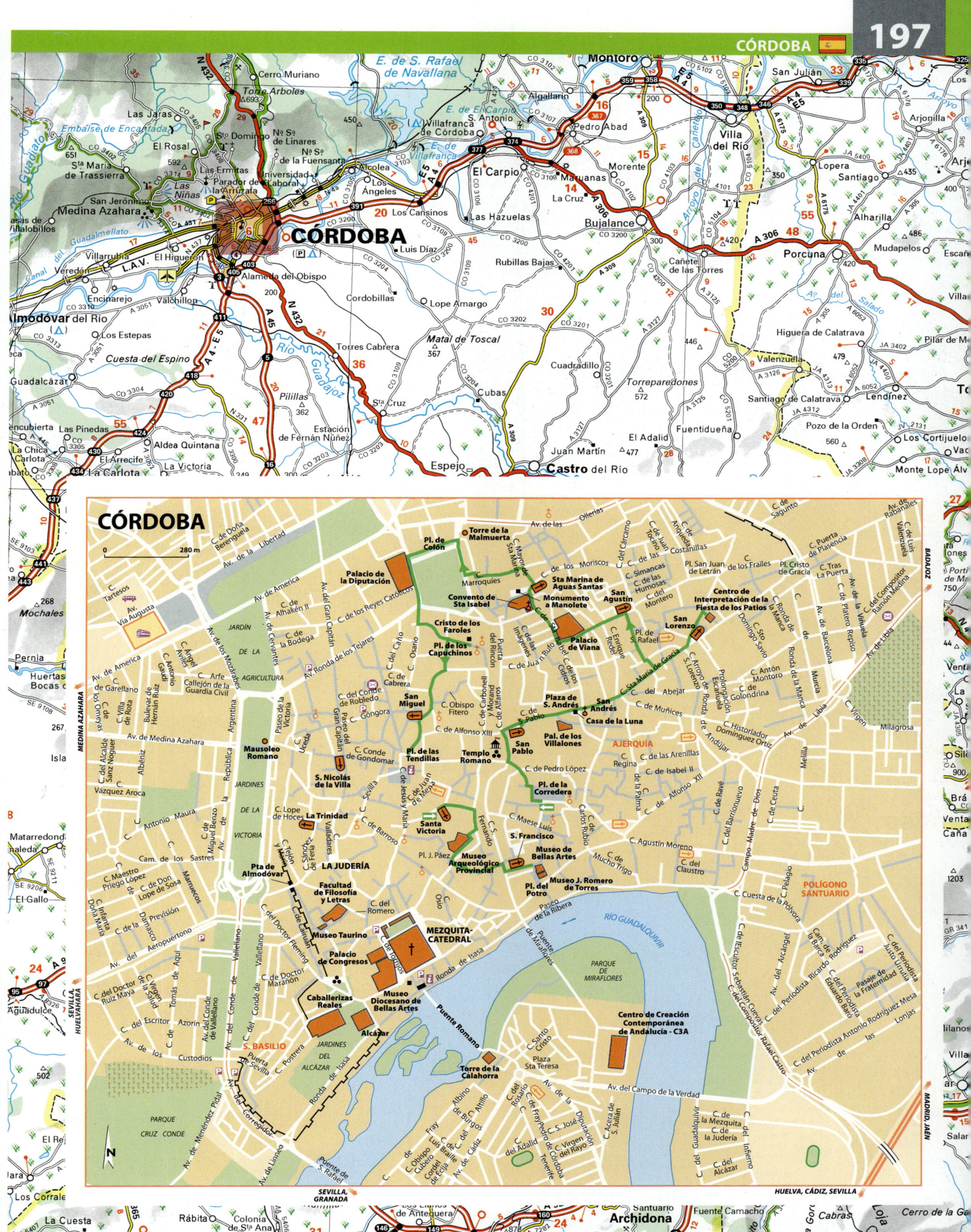

A CORUÑA

FERROL

A CORUÑA

PONTEDEUME

Betanzos

As Pontes de García Rodríguez

Villalba / Vilalba

Guitiriz

SANTIAGO COMPOSTELA

A Estrada

OCÉANO ATLÁNTICO

Ría de Ferrol

Ría de Betanzos

Ría de Coruña

Torre de Hércules

Praia de Riazor

Embalse del Eume

Monasterio de Monfero

A CORUÑA (inset)

0 — 190 m

OCÉANO ATLÁNTICO

Domus

Museo de Bellas Artes

Panaderas

Colegiata de Sta María del Campo

Prazuela de Sta Bárbara

CIUDAD VIEJA

Santiago

Santo Domingo

Jardín de S. Carlos

Pl. de María Pita

Casa Museo Emilia Pardo Bazán

Calle Real

Avenida da Marina

Avenida Montoto

Casa Museo Picasso

CENTRO

Playa de Riazor

Playa del Orzán

Pl. de Pontevedra

Plaza de Vigo

Castillo de San Antón

PUERTO

N

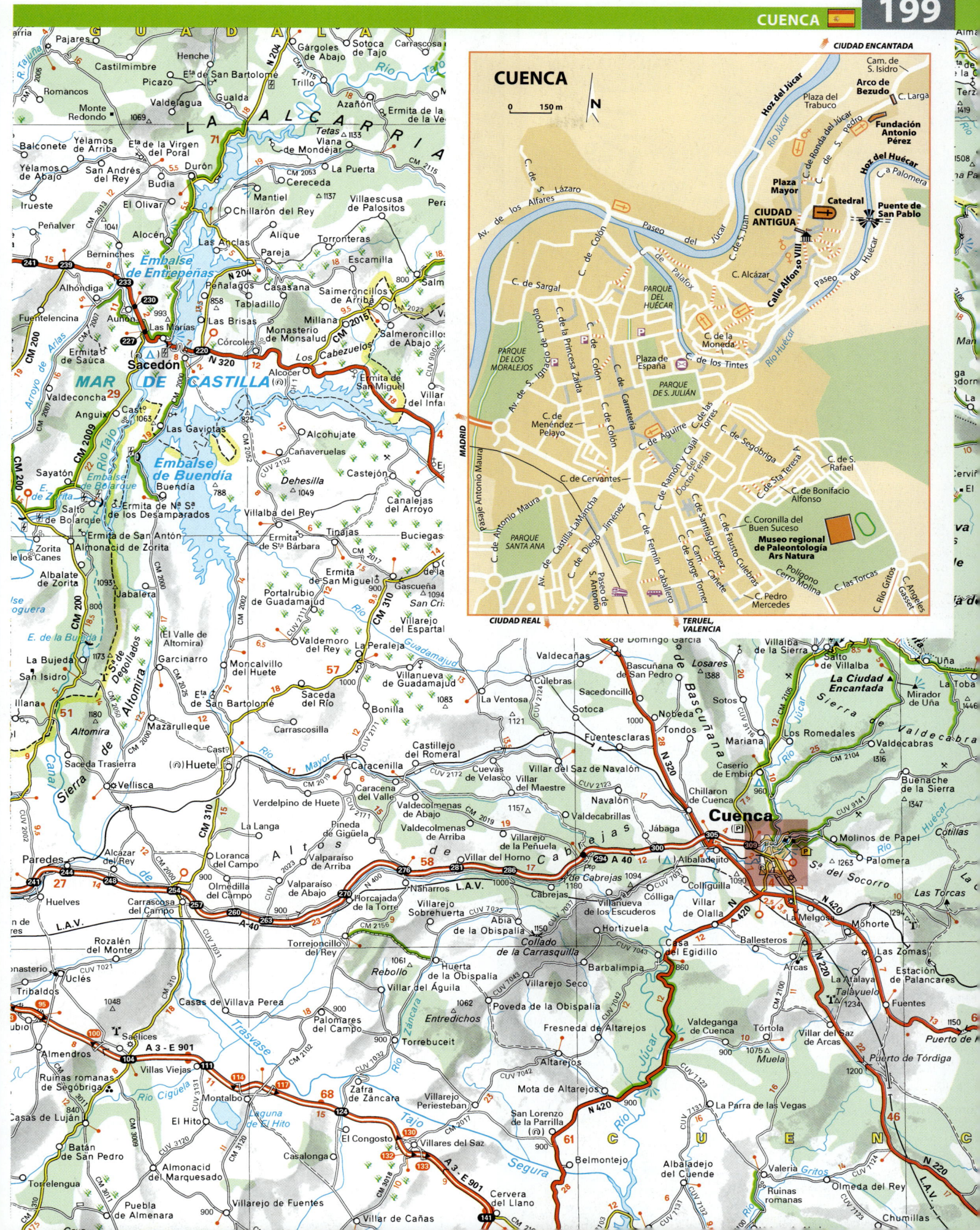

SAN SEBASTIÁN

DONOSTIA/
SAN SEBASTIÁN

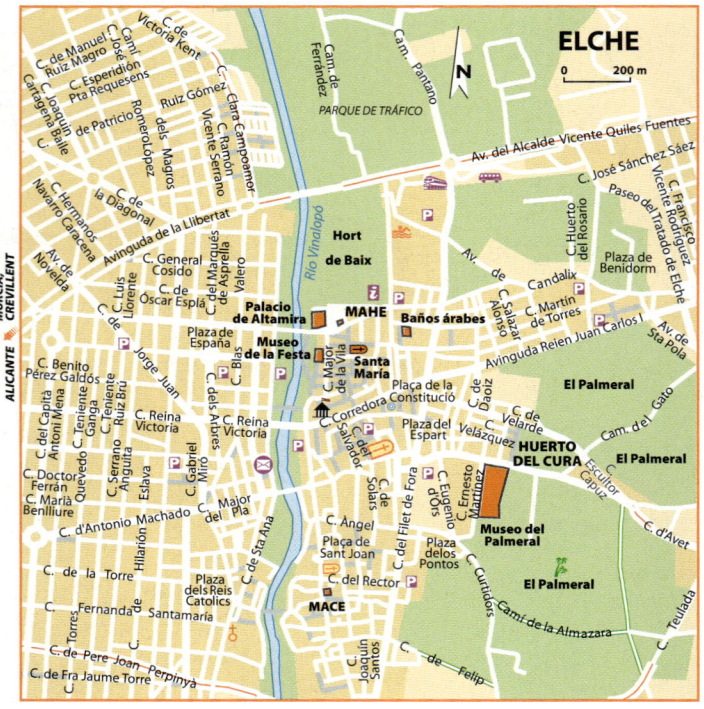

ELCHE

GIJÓN
0 200 m
CIMADEVILLA
Pl. A. Arías
Casa Natal de Jovellanos
San Pedro
Palacio Valdés
Termas Romanas del Campo Valdés
Pl. de la Corrada
Torre del Reloj
Pl. del Marqués
Pl. Mayor
Museo Barjola
Plaza del Instituto Jovellanos
OCÉANO ATLÁNTICO
PLAYA DE SAN LORENZO
Museo Nicanor Piñole
CAMPA TORRES, ACUARIO, MUSEO DEL FERROCARRIL
AVILÉS, OVIEDO
LABORAL CIUDAD DE LA CULTURA, MUSEO DEL PUEBLO DE ASTURIAS, FUNDACIÓN EVARISTO VALLE
JARDÍN BOTÁNICO, VILLA ROMANA DE VERANES
VILLAVICIOSA, SANTANDER
Av. de Rufo García Rendueles
C. Corrida
Av. de la Costa
Av. de la Constitución
C. de Pérez de Ayala
C. de la Fuente Real
C. del Progreso
C. Manuel Junquera
Av. del Llano
C. Eleuterio Quintanilla
Av. de Schultz
Av. del Molinón
Av. de Torcuato Fernández Miranda
C. de Donoso Cortés
Quevedo
C. Avelino González Mallada
C. de Ezcurdia
C. de Villaviciosa
C. de Fernando el Santo
C. de Anselmo Solar

Cabo de Peñas
Bañugues
Punta de la Vaca
Nembro
Luanco
(Gozón)
(Carreño)
Candás
Cabo Torres
GIJÓN
La Providencia
Ensenada de España
Punta de Tazones
Villaverde
Tazones
Ría de Villaviciosa
Zanzabornín
Prendes
Tabaza
Perlora
Veriña
Tremañes
Musel
Somió
Quintueles
Careñes
Arguero
Quintes
El Puntal
Venta de las Ranas
Bedriñana
Nubledo
Ambás
Serín
Sotiello
Santurio
Camocha
Deva
Peón
El Pedroso
Priesca
Villaviciosa
Villabona
Pinzales
Mareo
Huerces
Caldones
Candanal
La Madera
Quintana
Argañoso
Rozadas
Amandi
El Busto
Lugo de Llanera
Pruvia
Muño
Collada
Fabares
Ambás
Valdediós
Viñón
Cayes
ASTURIAS
Lugones
Viella
Argüelles
Noreña
(Siero)
Pola de Siero
(Sariego)
La Vega
Poreño
Sta Eulalia (Cabranes)
Aramil
Carcabada
Pandenes
Torazo
Pinteles
OVIEDO
Colloto
Lieres
Quintana
Camás
Valdesoto
Ceceda
Nora
Piloña
Box
Carbayín
La Cruz
Nava
Fuensanta
Cruces
Sta María de B.
Manzaneda
Riaño
Tuilla
S. Julián
Martimporra
(Bimenes)
Ques
Barros
Agüeria
Olloniego
Langreo
El Entrego
Melendreros
Arenas
Artedosa
(S. Martín del Rey Aurelio)
S. Tirso
Sama
Sotrondio
Baiña
Rebollada
Ciaño
El Carbayo
Blimea
Ordaliego
La Marea
Tiraña
Rebollada
Ablaña
La Traba
La Nueva
La Foz
Mieres
Sta Bárbara
Pola de Laviana (Laviana)
El Condado
Valdecuna
Urbiés
Los Caleyos
(Sobrescobio)
Rioseco
Cenera
Figaredo
Turón
Merujal
Villoria
E. de Tanes
Ujo
Villallana
Sta Cruz de M.
Tolivia
Villamorey
San Andrés
Ladines
Sª de Gibiana

Sallent
Els Arcs
Sant Miquel de Campmajor
E. de Banyoles
Porqueres
Banyoles
Mata
Fontcoberta
Vilademuls
Vilaür
Orriols
Camallera
Viladasens
Vilopriu
Garrigoles
Viladamat
La Tallada d'Empordà
Colomers
Mieres
Falgons
Pujarnol
Sant Aniol de Finestres
Cornellà del Terri
S. Vicenç de Camós
Palol de Revardit
S. Jordi Desvalls
Jafre
Verges
Rocacorba
Medinyà
Cervià
Flaçà
Foixà
Ultramort
Serra de Daró
Sant Martí de Llémena
Canet d'Adri
S. Martí de la Mota
Bordils
Sant Julià de Ramis
Sant Joan de Mollet
La Pera
Rupià
Parlavà
GIRONA
Sarrià de Ter
Celrà
S. Martí Vell
Púbol
Ullastret
Amer
Taialà
Madremanya
Corçà
El Pasteral
Sant Gregori
Salt
Mare de Déu dels Àngels
Monells
Cruïlles
Peratallada
Bonmatí
Bescanó
Montnegre
Sant Sadurní de l'Heura
La Bisbal d'Empordà
La Cellera de Ter
Vilablareix
Quart
S. Mateu
Aiguaviva
Anglès
Mas Llunerss
Fornells de la S.
Sta Pellaia
Llambilles
Sant Martí Sapresa
Brunyola
Salitja
Vilobí d'Onyar
Les Gavarres
Cassà de la Selva
Puig d'Arques
Castanyet
Riudellots de la S.
Sant Andreu Salou
Romanyà de la S.
Calonge
Sta Coloma de Farners
Llagostera
Castell d'Aro
Mare de Déu de Farners
Caldes de Malavella
Sant Pere Cercada
L'Esparra
Riudarenes
Solius
Veïnat de S. Llorenç
Sta Cristina d'Aro
Sant Feliu de Buixalleu
Maçanet de la Selva
Vidreres
Can Carbonel
Sant Grau
Massanes
Puig de Cadiretes
Canyet de Mar
Cala Giverola
Hostalric
Tossa de Mar
Fogars
Rocagrossa
Sta Maria de Llorell
La Batllòria
Water World
Canyelles
Parc
Tordera
Santa Cristina
Lloret de Mar
Castell
Platja de Fanals
Montnegre
Horsavinyà
Palafolls
Blanes
Platja de Sabanell
Sant Genís
Pta de la Tordera
Sant Iscle
Malgrat de Mar

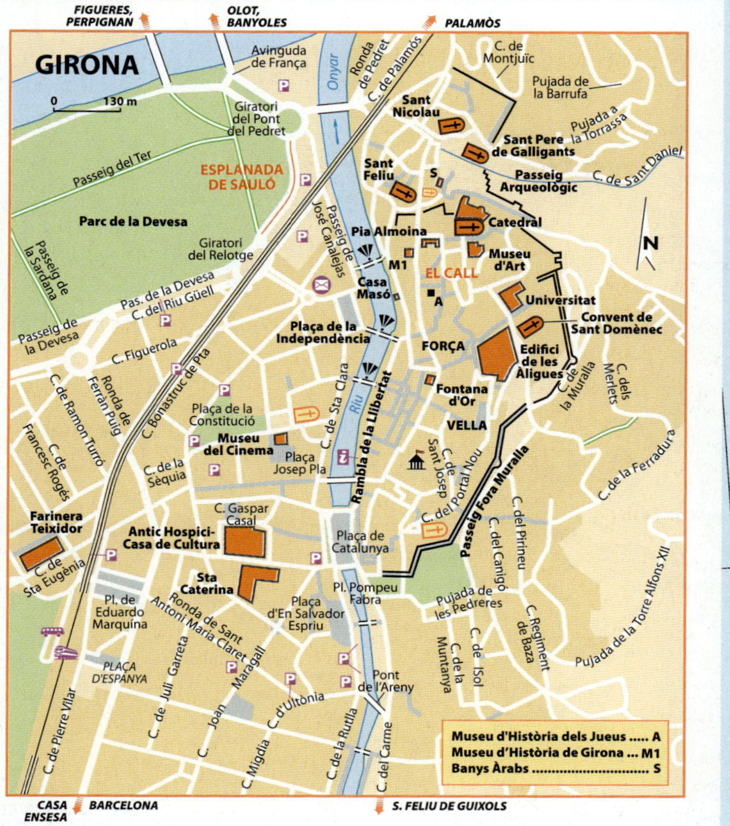
FIGUERES, PERPIGNAN
OLOT, BANYOLES
PALAMÓS
GIRONA
0 130 m
Avinguda de França
C. de Montjuïc
Pujada de la Barrufa
Pujada a la Torrassa
Sant Nicolau
Sant Pere de Galligants
Passeig Arqueològic
C. de Sant Daniel
Giratori del Pont del Pedret
ESPLANADA DE SAULÓ
Passeig del Ter
Parc de la Devesa
Sant Feliu
Catedral
Museu d'Art
Pia Almoina
EL CALL
Casa Masó
Universitat
Convent de Sant Domènec
Giratori del Relotge
Passeig de la Devesa
Plaça de la Independència
FORÇA
Edifici de les Àligues
Fontana d'Or
VELLA
C. Figuerola
Plaça de la Constitució
Museu del Cinema
Plaça Josep Pla
Rambla de la Llibertat
Passeig Fora Muralla
C. de la Ferradura
Farinera Teixidor
Antic Hospici-Casa de Cultura
C. Gaspar Casal
Plaça de Catalunya
Sta Caterina
Pl. Pompeu Fabra
Pl. de Eduardo Marquina
Plaça d'En Salvador Espriu
PLAÇA D'ESPANYA
Pont de l'Areny
C. de Pierre Vilar
C. de la Rutlla
C. del Carme
Pujada de la Torre Alfons XII
Museu d'Història dels Jueus ..... A
Museu d'Història de Girona ... M1
Banys Àrabs .... S
CASA ENSESA
BARCELONA
S. FELIU DE GUIXOLS

GRANADA

0   200 m

N

Upper map (city of Granada):

SACROMONTE

Museo Cuevas del Sacromonte

Hospital Real
Universidad
Monumento a la Inmaculada Concepción
Jardines del Triunfo
Plaza de la Libertad
Puerta Elvira
Pal. de Dar al-Horra
Convento de Sta Isabel la Real
S. Miguel
Plaza S. Miguel Bajo
Casa-Museo Max Moreau
Arco de las Pesas
El Salvador
MIRADOR DE SAN NICOLÁS
Casa del Chápiz
Palacio de los Córdova
San Juan de Dios
Plaza Soledad de S. Jerónimo
San Jerónimo
Colegio de San Bartolomé y Santiago
Santos Justo y Pastor
Universidad
San José
Casa de Porras
Casa de los Pisa - Museo S. Juan de Dios
Casa de Zafra
El Bañuelo
Museo Arqueológico
Paseo del Padre Manjón
Sta Ana y San Gil
Torre de Comares
PALACIOS NAZARÍES
Generalife
Alcazaba
Puerta del Vino
Jardines del Partal
Centro Federico García Lorca
Catedral
Capilla Real
Madraza
Plaza Nueva
Real Chancillería
Palacio de Carlos V
ALHAMBRA
Iglesia del Sagrario
Curia Eclesiástica
Palacio Arzobispal
Alcaicería
Zacatín
Pl. Bib-Rambla
Centro de Arte José Guerrero
Pl. I. la Católica
Pta de la Justicia
Pilar de Carlos V
Fundación Rodríguez-Acosta
PUERTA DE LAS GRANADAS
Palacio de los Duques de Abrantes
Corral del Carbón
Museo Casa de los Tiros
Santo Domingo
Paseo del Generalife
Puerta Real
REALEJO
Casa-Museo Manuel de Falla
Auditorio Manuel de Falla
Huerta de S. Vicente, Casa Museo Federico García Lorca
CAMPO DEL PRÍNCIPE
Carmen de los Mártires

Lower map (region):

Los Agramaderos
El Menchón de Abril
Limones
Iznalloz
Estación de Pinar
Bogarre
Belerda de Guadix
Serval
La Cruz
Pelada
Torre
Tózar
Colomera
Pozuelo
S. del Campal
Terrente
Los Villares
Darro
Montefrío
Parapanda
Illora
Puerto López
Moclín
Los Olivares
Berbe Bajo
Deifontes
La Articuela
Diezma
El Bejarín
Montes
Tiena
Río Blanco
Sierra de Cogollos
Puerto de la Mora Huétor
La Peza
Policar
Casanueva Zujaira
Parque de Cubillas
E. de Cubillas
Calicasas
Cogollos Vega
Parque natural de la Sierra
Cortes y Graena
Marchal
Pinos Puente
Atarfe
El Chaparral
Güevejar
Fuente Grande
Tocón
Lugros
Villanueva de Mesía
Brácana
Valderrubio
Fuente Vaqueros
Cijuela
Chauchina
Albolote
Peligros
Río Lobo
Alquería del Fargue
Beas de Granada
Quéntar
Embalse de Quéntar
Carcabal
Huétor Tájar
Loreto
Sta Fe
Maracena
GRANADA
La Alhambra
Pinos Genil
Güéjar Sierra
Embalse de Canales
Moraleda de Zafayona
Fuensanta
Cúllar Vega
Belicena
Armilla
Aquaola Cenes de la Vega
Mirador de Canales
Monachil
Parque Nacional
El Turro
Chimeneas
Churriana de la Vega
Gabia Grande
Gabia Chica
Huétor Vega
Cájar
La Zubia
Cañadillas
Collado de las Sabinas
Horcajo
Buenavista
Castillo de Tajarja
La Malahá
Alhendín
Gójar
Otura
Sierra Nevada (Pradollano)
Pico Veleta
Cerro de la Gallina
La Zahora
Ácula
Ventas de Huelma
Cacín
Escúzar
Dílar
Cumbres Verdes
Pico de la Carne
Reserva
Observatorio Astronómico
Mulhacén
Almendral
Sta Cruz del Comercio
Ochíchar
Agrón
Sierra de Pera
Valle del Puntal
Puerto del Suspiro del Moro
Padul
Félix Méndez
Cerro del Caballo
Sierra Nevada

HUESCA

0   150 m

PAMPLONA, SABIÑANIGO

ZARAGOZA, PAMPLONA

Iglesia y Convento de San Miguel

Museo de Huesca

Catedral

San Pedro el Viejo

Plaza de Navarra

Plaza de la Universidad

Plaza Unidad Nacional

Plaza del Temple

Plaza Urries

Plaza Arista

Plaza San Pedro

Plaza López Allué

Plaza de Alfonso el Batallador

Plaza del Conde de Guara

Plaza de la Cruz Roja

Plaza de Zavala

Río Isuela

LÉRIDA, BARBASTRO

SARIÑENA

N

Sallent de Gállego
Balneario de Panticosa
Vignemale
Gavarnie
Monte Perdido
Parque Nac. de Ordesa
Biescas
Torla
Broto
Sabiñánigo
N 260
Fiscal
Sierra de Guara
Pto. de Monrepós
Castillo de Loarre
Ayerbe
Bolea
Sabayés
Apiés
HUESCA
A 22
A 131
Almudévar
Gurrea de Gállego
Zuera
Tardienta
Grañén
Sariñena

BAILÉN, VALDEPEÑAS

JAÉN

Castillo de Santa Catalina
Monasterio de Sta Úrsula
La Magdalena
Raudal
Real Monasterio de Sto Domingo
Baños Árabes
Palacio Villardompardo
S. Andrés
Real Monasterio de Sta Clara
Pl. de S. Juan
S. Juan
S. Bartolomé
Pl. de S. Agustín
Pl. de los Jardinillos
Museo Provincial
Monumento a las Batallas
Pl. de las Batallas
PARQUE DE LA VICTORIA
Convento de las Bernardas
Plaza de la Constitución
Palacio Provincial
S. Ildefonso
Iglesia del Sagrario
Pl. S. Francisco
Pl. de Sta María
Catedral
Ayuntamiento
Convento de Sta Teresa o de las Descalzas
Alameda de Capuchinos
PARQUE FELIPEARCHE

0   280 m

CÓRDOBA
UBEDA, GRANADA

Villa del Río
Lopera
Santiago
Arjona
Lahiguera
Mengíbar
Villargordo
Campillo del Río
Begíjar
Alharilla
Mudapelos
Escañuela
El Berrueco
Jubera
Ventosilla
Fuerte del Rey
Villar de Cuevas
Matacas
Las Infantas
Torrequebradilla
Vados de Torralba
Puente del Obispo
Estación Garcíez-Jimena
Porcuna
Higuera de Calatrava
Villardompardo
Puente del Villar
Pilar de Moya
Garcíez
La Muña
Galapagar
Cirueña
Las Escuelas
Garcíez
Jimena
Cueva de la Graja
Albánchez de Mágina
Valenzuela
Lendínez
Torre del Campo
Estación de Grañena
Puente Nuevo
Torres
Cuadros
Santiago de Calatrava
Fuentidueña
Albendín
Bobadilla
Torredonjimeno
Jamilena
JAÉN
Mancha Real
Parque Natural
Pozo de la Orden
Jabalcuz
La Guardia de Jaén
Pegalajar
Sierra Almadén
Martos
Los Cortijuelos
Vado Baena
Monte Lope Álvarez
Balneario de Jabalcuz
Puente de la Sierra
La Cerradura
El Almadén
Sierra de la Sierra Mágina
Baena
Los Noguerones
Vela
Las Casillas
La Carrasca
Baños de Martos
Los Villares
Puerto Alto
Grajales
Cambil
Ermita de la Fuensanta
Embalse de Vadomojón
Venta Pantalones
Fuensanta de Martos
Sierra de la Pandera
Cárchel
Huelma
Carchelejo
Arbuniel
Cuesta los Gallardos
Portillo de Martos
Alcázar
Embalse de Quiebrajano

JEREZ DE LA FRONTERA

ZOO BOTÁNICO

SEVILLA

Bodega Sandeman
Pal. del Tiempo
Museo de Enganches
Real Escuela Andaluza del Arte Ecuestre

Santiago
Centro Andaluz de Flamenco
S. Juan de los Caballeros
San Lucas
Pl. Sta Isabel
Pl. del Mercado
S. Mateo
Pal. de los Ponce de León

Pal. de los Pérez Luna
San Marcos
Pal. de los Ponce de León
S. Dionisio
Cabildo
Catedral
Pl. de la Encarnación
Bodega González Byass (Tío Pepe)
Alcázar
S. Miguel

Palacio Domecq
Sto Domingo
Pl. Rafael Rivero
Pl. Plateros
Pl. de la Asunción
Teatro Villamarta
Pl. del Arenal

Bodega Fundador Pedro Domecq

Santa María de Gracia	B
Palacio del Marqués de Bertemati	C
Museo Arqueológico	E
Palacio de Riquelme	F

CÁDIZ,
BODEGA WILLIAMS & HUMBERT

0 ___ 300 m

Trebujena
La Algaida
Casarejo
Casablanca
La Sierra
El Cuervo
La Junquera

Bonanza
Mesas de Asta
El Olivillo
Tabajete
Nueva Jarilla

Los Asientos
Alijar
Guadalcacín
Torremelgarejo

JEREZ DE LA FRONTERA

Rota
Fuentebravia
San Marcos
El Portal
El Manantial

El Puerto de Sta María

Los Alvarizones
Monasterio de la Cartuja
Estella del Marqués
Circuito de Jerez
Salto al Cielo

Doña Blanca
Bolaños

Matagorda
Puerto Real
La Carraca
San Fernando
Torre Gorda
Barriada de Jarana
Pinar de los Franceses

CÁDIZ

Playa Sta Catalina
San Sebastián
Playa de la Victoria
Playa de Cortadura

Bahía de Cádiz

COSTA

Isla
Parque Natural de la Bahía de Cádiz

Chiclana de la Frontera

Medina Sidonia

El Rosal
La Palmosa

LEÓN

OVIEDO

CUEVAS DE VALPORQUERO

MUSAC

Antiguo Convento de S. Marcos

Puerta del Castillo
Centro de Interpretación del León Romano

San Isidoro

CATEDRAL

Fundación Vela Zanetti
Casa Botines
Museo de León

Pal. de los Guzmanes
Convento de las Concepcionistas
Sta María del Camino
Pl. Mayor
Pl. San Martín
Pl. Sta María del Camino

LEÓN

0 ___ 200 m

BENAVENTE, ZAMORA,
VALLADOLID, SAN MIGUEL DE ESCALADA

La Robla
Pedrún de Torío
Pardesivil
La Mata de Curueño
Cascantes
Alto del Rabizo
Matueca de Torío
Manzaneda de T.
Sta Coloma de Curueño

Valsemana
La Seca
Garrafe de Torío
Ruiforco de Torío
Ambasaguas de C.
Palacio de Torío
Barrillos

Ríoseco de Tapia
Cuadros
Riosequino de T.
Pálazuelo de T.
Barrio de Ntra Sra

San Feliz de T.
Villaverde de Abajo
Sta María del Mte de C.

Sariegos
Villaquilambre
Villamoros
Villavente

San Andrés del Rabanedo
Ferral del B.
Trobajo
La Virgen
Villabalter

LEÓN

Valverde de la Virgen
Montejos del Camino
San Miguel del C.
Villanueva de C.

Oviedo, Ponferrada, Zamora

Villadangos del Páramo
Chozas de Abajo
Ardoncino
Banuncias

Santovenia de la Valdoncina
Onzonilla
Torneros
Vilecha

Valdefresno
Paradilla
Villacil
Navafria
Castro de P.
Villimer
Villacete
Villarente
Villasabariego
Villafalé

Mansilla de las Mulas
Mansilla Mayor
Villamoratiel de las Matas
Grañeras

Ardón
Campo de Villavidel
Riego del Monte
Corbillos de los Oteros
Gusendos de los Oteros

BENAVENTE, ZAMORA, VALLADOLID
Sahagún

LLEIDA

BALÀFIA

C. Eugeni d'Ors
Pas. Onze de Setembre
Plaça d'Europa
C. del Vallès
C. del Urgell
Segon Pas. de Ronda
Av. Prat de la Riba
Pas. Onze de Setembre
C. de Roda d'Isabena
Plaça Clot de les Granotes
C. Pintor Xavier Gosé
Gran Passeig de Ronda
C. Tamarit de Litera
Av. Alcalde Rovira Roure
Av. de Navarra
C. Nadal Meroles
C. Palaris
C. Canovas
Princep de Viana
C. Comtes d'Urgell
C. Enric Granados
Av. del Alcalde Porqueres
Av. Prat de la Riba
Plaça del Mossèn Jacint Verdaguer
Morera
C. Bonaire
La Suda
LA SEU VELLA
Sant Martí
C. de Vallcalent
C. Magí
C. del Bisbe Ruano
la Panera
Dipòsit del Pla
C. del Carme
C. de Ferran
Rambla de General Brito
C. Vila Antònia
Plaça de la Pau
Gran Pas. de Ronda
Plaça d'Estats
C. de Boleda
Cristòfol de Boleda
Fundació Sorigué
C. Segrià
Plaça de les Missions
Plaça de Cervantes
C. de la Tallada
Rambla d'Aragó
Plaça Sant Francesc
Plaça Sant Joan
Av. del Segre
Riu Segre
Sant Llorenç
Av. de Pius XII
C. Roca Labrador
C. del Bisbe Meseguer
Sant Jaume
Plaça Sant Joan
Palau de la Paeria
Parc dels Camps Elisis
Museu de Lleida Diocesà i Comarcal
La Seu Nova
Museu d'Art Jaume Morera
Pl. d'en Bores
C. del Bruc
Museu de l'Automoció Roda Roda
C. de la Mariola
C. Lluís Companys
C. dels Templers
Acadèmia
Sant Antoni
Antic Hospital de Santa Maria
Av. de Valencia
C. Docdora Castells
C. Venus
Gran Pas. de Ronda
C. Alcalde Costa
C. Jaume II
Riu Ebre
Jardins de la Zoe Rosinach
LLEIDA
C. del Cardinal Cisneros
Plaça d'Espanya
Plaça Utxesa
Castell de Gardeny
EL CAP PONT

VIELHA, BENABARRE
HUESCA, MONZÓN, BARBASTRO
ZARAGOZA
TARRAGONA, BARCELONA, ZARAGOZA

0   190 m

Montsec d'Ares

Carrodilla
Purroy de la Solana
Pilzán
Calasanz
Castillo del Plá
Gabasa
Estaña
Peralta de la Sal
Zurita
Saganta
Camporrells
Cuatrocorz
Baélls
Nacha
Alcampell
Baldellou
Castillonroy
Sant Esteban de Litera
Tamarite de Litera
Albelda
Os de Balaguer
Ivars de Noguera
Panta de Canelles
l'Ametlla
Àger
La Règola
Fontdepou
Sta. Linya
Les Avellanes
Vilanova de les A.
Alfarràs
Algerri
Castelló de Farfanya
Gerb
Balaguer
Algayón
Almenar
Sta. Mª de les Franqueses
Térmens
Altorricón-Tamarite
Alforrición
Rosselló
Benavent de S.
Torrelameu
Menàrguens
Bellvis
Vilanova de la Barca
El Palà
Sucs
Torrefarrera
Torreserona
Corbins
Alcoletge
Pla de la Font
Raimat
Alpicat
Torres
LLEIDA-ALGUAIRE
Alguaire
Vilanova de Segrià
Benavent de S.
Bell-lloc d'U.
Vencillon
San Miguel
Belver
Osso
Almudáfar
Chalamera
Gimenells
Vallmanya
Zaidín
Montoliu
Albatàrrec
Artesa de L.
Alcarràs
Sudanell
Alfés
Puigvert de L.
Les Borges Bl.
Virgen de la Chalamera
Monasterio de Sigena
Ontiñena
Sigena
Ballobar
Velilla de Cinca
El Basal
Miralsot de Abajo
La Punta
Candasnos
Peñalba
Bujaraloz
Huegas
Valfarta
Llano de las Menorcas
Fraga
Soses
Torres de Segre
Sunyer
Alfés
Aspa
Alcanó
El Cogul
Sarroca de Lleida
Serra Grossa
Castelldans
Torrebesses
Els Torms
La Granadella
Bovera
Juncosa
Divisa
La Granja de Escarpe
Montnegre
Monmeneu
Maials
Tossal del Penjat
Bellaguarda
Refugio de Pescadores
Valcuerna
Sable
Embalse de Mequinenza
El Pla
Mequinenza
Llardecans
La Almolda
Laguna la Playa
Embalse de Caspe
Playas de Chacón
Chiprana
El Dique
Caspe
Estación de Fabara
Fabara
Punta Plana
Almatret
Etó. de San Jorge
Montmell
Puntal dels Escambrons
Panta de Riba-roja
Riba-roja d'Ebre
Fayón
Estación Fayón-Pobla de Massaluca
Mausoleo Romano
Nonaspe
La Pobla de Massaluca
Sta. Magdalena
Flix
Vinebre
Ascó
La Torre de l'Espanyol
Lloá
La Figuera
El Molar
La Fatarella
Garcia
El Masroig
La Vilella Baixa
La Bisbal de F.
La Palma d'Ebre
Margalef
Cabassers

RÍO EBRO
Río Segre
Cinca
Canal d'Aragó
Riu Noguera Ribagorçana
Riu Set
Vall Major

AP 2 - E 90
A 2
N 230
N 240
N 211
N II
C 12
C 13
C 45
A 14
A 22

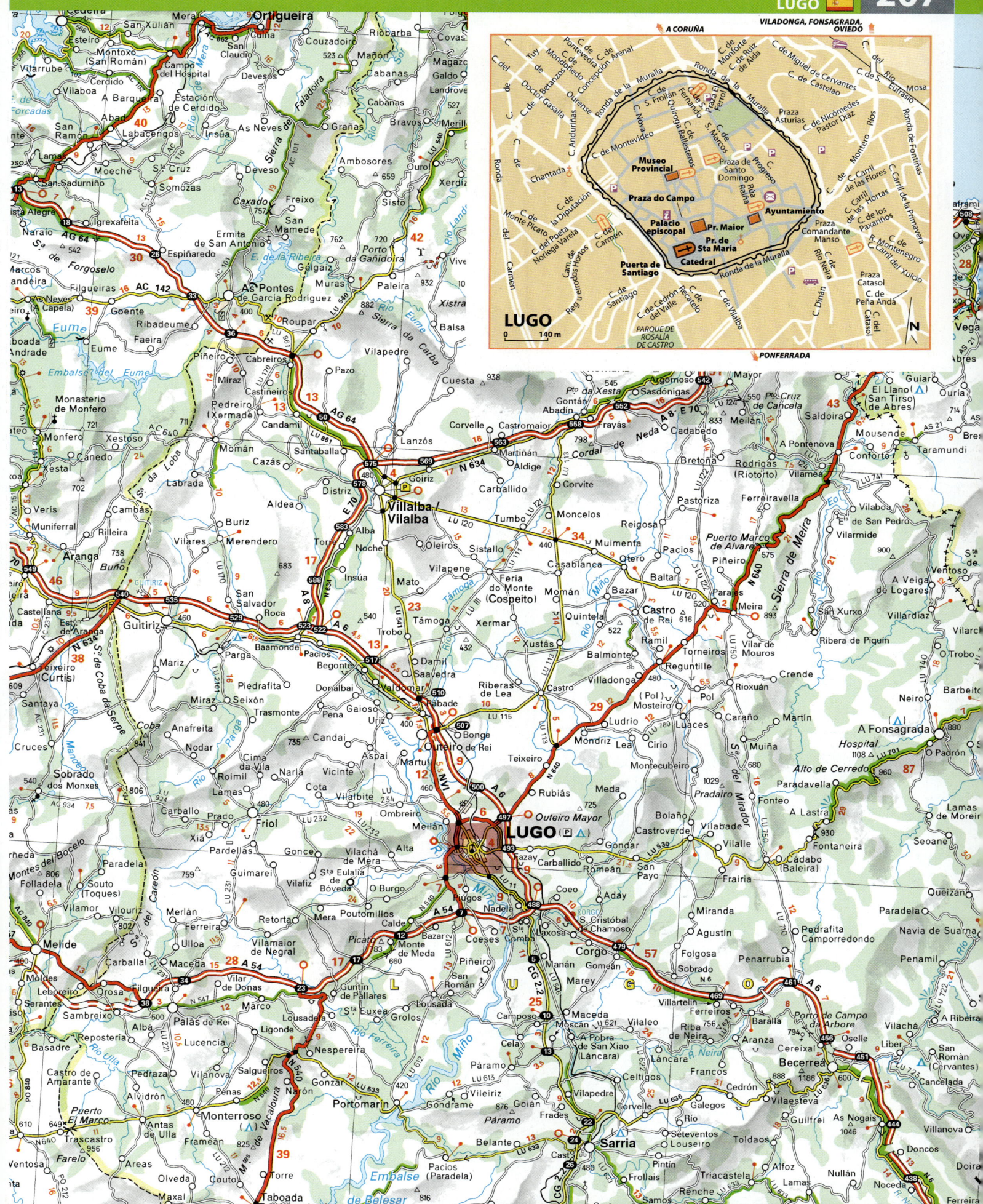

LUGO

VILADONGA, FONSAGRADA, OVIEDO

A CORUÑA

PONFERRADA

Museo Provincial
Praza do Campo
Palacio episcopal
Puerta de Santiago
Catedral
Praza de Sta María
Pr. Maior
Ayuntamiento
Praza de Santo Domingo
Praza Asturias
Praza de Progreso
Praza Comandante Manso
Praza Catasol

PARQUE DE ROSALÍA DE CASTRO

0   140 m

N

MADRID
Agglomération
plan I

0   900 m

COLMENAR VIEJO, TRES CANTOS — COLMENAR VIEJO, TRES CANTOS — BURGOS — BURGOS

FUENCARRAL-EL-PARDO

Lacoma
Herrera Oria
Ramón y Cajal
Av. del Cardenal Herrera
Begoña
Parque de Sta María
BARAJAS
Av. de la Ilustración
Avenida de la Ilustración
Av. de Monforte de Lemos
C. de Mateo Inurria
S. Lorenzo
Mar de Cristal
TETUÁN
C. Valle de Mena
C. de Sinesio Delgado
Av. de San Luis
Pinar del Rey
Campo de las Naciones
CHAMARTÍN
C. de Bravo Murillo
Av. de la Gran Vía de Hortaleza
Canillas
PARQUE DE JUAN CARLOS I
HORTALEZA
C. de la Dehesa de la Villa
Esperanza
Av. de Machupichu
ARAVACA
Av. de Miraflores
Av. de Alberto Alcocer
La Castellana
Paseo de la Castellana
Canillejas
Torre Arias
Av. de Luis Aragonés
CIUDAD UNIVERSITARIA
Barrio de la Concepción
Pueblo Nuevo
Suances
SAN BLAS
Museo del Traje
CHAMBERÍ
Ciudad Lineal
Quintana
García Noblejas
S. Blas
MONCLOA-ARAVACA
C. Castilla
Plaza monumental de las Ventas
Ascao
Simancas
Av. de Arcentales
CIUDAD LINEAL
Parque del Oeste
voir plan II
La Elipa
Av. de Canillejas a Vicálvaro
Casa de Campo
CENTRO
Palacio Real
Vinateros
Vicálvaro
VICÁLVARO
Teleférico
Lago
Zoo Aquarium Madrid
MUSEO DEL PRADO
Parque del Buen Retiro
Valdebernardo
Avenida de la Democracia
Batán
Alto Extremadura
Atocha
Artilleros
C. de la Fuente Carrantona
Faunia
Mortalaz
Pavones
MORTALAZ
Lucero
LATINA
Colonia Jardín
Campamento
Laguna
C. del General Ricardos
ARGANZUELA
Buenos Aires
Miguel Hernández
Sta Eugenia
Sierra de Guadalupe
C. Real de Arganda
Carpetana
Vista Alegre
Oporto
Usera
Av. de Córdoba
Alto del Arenal
Av. de Buenos Aires
Av. Pablo Neruda
PUENTE DE VALLECAS
Aluche
Carabanchel
Eugenia de Montijo
Abrantes
Opañel
Plaza Elíptica
USERA
Entrevías
El Pozo
Vallecas
Villa de Vallecas
CARABANCHEL
Pan Bendito
Av. de los Poblados
Ronda Sur
Carretera de Villaverde a Vallecas
Congosto
VILLA DE VALLECAS
C. Rafael Finat
Av. de la Aviación
La Gavia
C. del Barrio de la Fortuna
Via Lusitana
C. de Rafaela
Av. de los Poblados
VILLAVERDE
Av. de las Suertes
Av. del Mayorazgo
Av. Andalucía

TOLEDO — TOLEDO — ARANJUEZ — ARANJUEZ — ARANJUEZ

(Lower regional map)

Torrelodones · Los Peñascales · San Sebastián de los Reyes · Cobeña · Daganzo de Arriba · Meco · Camarma de Esteruelas
Galapagar · Colmenarejo · El Pardo · Cantoblanco Universidad · Belvis de J. · Algete
La Hoya · La Paradilla · El Pinar · Mingorrubio · Valdeolmos · Paracuellos de J. · Ajalvir
Zarzalejo · Las Rozas de Madrid · Alcobendas · Los Berrocales del Jarama · Torrejón de Ardoz
Robledo de Chavela · Valdemorillo · Majadahonda · Fuencarral · Barajas · San Fernando de Henares · Mejorada del Campo
Fresnedillas de la Oliva · Villanueva del Pardillo · Pozuelo de Alarcón · Coslada · Velilla de San Antonio
Navalagamella · Villanueva de la Cañada · Aravaca · Casa de Campo · Rivas-Vaciamadrid
Colmenar del Arroyo · Brunete · Boadilla del Monte · Retiro · Rivas
Chapinería · Villaviciosa de Odón · Alcorcón · **MADRID** · Arganda del Rey
Navas del Rey · Villanueva de Perales · Leganés · Perales del Río · La Poveda
Villamantilla · Móstoles · Getafe · R. Manzanares del Rey · Valdilecha
Aldea del Fresno · Navalcarnero · Fuenlabrada · Parque Coimbra · Pinto · Morata de Tajuña
Méntrida · El Álamo · Las Colinas · Moraleja de Enmedio · Humanes de Madrid · Griñón · Parla · R. Tajuña

MADRID

Plan II

0   300 m

CÓRDOBA, GRANADA, FINCA LA CONCEPCIÓN

COLMENAR, SANTUARIO DE SANTA MARÍA DE LA VICTORIA

Mercado de Salamanca

Museo del Vidrio y Cristal

Mercado Merced
Museo-Casa Natal Picasso

Plazadela Merced

Museo Interactivo de la Música

Los Mártires
Santiago

Andrés Pérez

Museo Carmen Thyssen Málaga
Museo Picasso
Teatro Romano
Alcazaba

Palacio Episcopal Centro de Arte
El Sagrario
Pasaje de Chinitas
Plaza de la Constitución

Museo del Patrimonio Municipal

Castillo de Gibralfaro

JARDINES DE PUERTA OSCURA

Jardines de Puerta Oscura

Catedral

Museo de Artes y Costumbres populares

Mercado Central

Museo de Málaga
PARQUE DE MÁLAGA

Jardín Pedro Luis Alonso

Plaza de Toros de la Malagueta
Museo Taurino
Plaza de Toros

Centro Pompidou

Museo Alborania
Palmeral de las Sorpresas

MUELLE UNO

CEMENTERIO INGLÉS

CAC Málaga

Noria Mirador Princess

PUERTO

MAR MEDITERRÁNEO

MÁLAGA

0   220 m

MUSEO AUTOMOVILISTICO, MUSEO RUSO

MELILLA

de Guadalhorce

Bobastro
El Chorro (Garganta del Chorro)
Estación de Las Mellizas
Cueva de Ardales
Ardales
Carratraca

Álora
Casto

Casarabonela
Pizarra
Zalea
Gibralgalía
Cártama

Parque natural Montes

Riogordo
Colmenar
Zameta

Los Romanes
Comares
La Zubia
Viñuela

Benamargosa

Vélez-Málaga
La Caleta de Vélez

Cártama

Coín

Villafranco del Guadalhorce

Alhaurín de la Torre

Alhaurín el Grande

Mijas

MÁLAGA
Guadalmar-San Julián
Parador del Golf

Torremolinos
Arroyo de la Miel
Benalmádena Costa
Playas de Benalmádena

Torremuelle

MARBELLA

Playas de Torremolinos

Ensenada de Málaga

MÉRIDA (inset city map)

Acueducto de Los Milagros
Acueducto San Lázaro
Sta Eulalia
Xenodoquio
Circo Romano
Arco de Trajano
Centro de interpretación de las VII Sillas
Museo de Arte Visigodo
Pórtico del Foro
MUSEO NACIONAL DE ARTE ROMANO
Casa del Anfiteatro
Anfiteatro
Morería
Pl. de Sta María
Pl. de España
Templo de Diana
Teatro romano
Alcazaba
Puente Romano
Casa del Mitreo
Pl. de los Escritores
Guadiana
MÉRIDA
0   200 m
SEVILLA, BADAJOZ
CÁCERES
MADRID, CIUDAD REAL

Main map place names

Villar del Rey, Jabarrega, Iglesia, Luriana, Sª del Vidrio, Cordobilla de Lácara, Carmonita, Puerto de las Herrerías, Ermita de San Bartolomé, Mia

La Roca de la Sierra, Valdeherreros, El Machal, Vía de la Plata Fuente Romano, Conquista del Guadiana, Valdehornillo, Alonso de Ojeda, Vivar

Las Carboneras, La Nava de Santiago, Estación de El Carrascalejo, EX 214, Aljucén, N 630, Hernán Cortés, Amalia, Medellín, Meng, DON

Novelda del Guadiana, Alcazaba, Guadiana del Caudillo, Eta de San Gregorio, Lácara, Las Tiendas, El Carrascalejo, A 66, Embalse de Proserpina, Mirandilla, Trujillanos, San Pedro de Mérida, Torrefresneda, Yelbes, Medellín

Pueblonuevo del Guadiana, Montijo, Valdelacalzada, Torremayor, La Garrovilla, Estación de Aljucén, Carija, MÉRIDA, Valverde de Mérida, Valdetorres, Guareña, Las Torrecilla, Ermita de las Cruces

Balboa, Talavera la Real, Villafranco del Guadiana, Puebla de la Calzada, El Pino, GUADIANA, Calamonte, El Guerechal

Arroyos, Guadajira, Lobón, Barbaño, Villa romana, Arroyo de San Serván, San Serván, Don Álvaro, Villagonzalo, Cristina, Manchita, Bóveda

Alvarado, Los Limonetes de Villalobos, La Pijotilla, Torongil, Pto de Sevilla, Zarza de Alange, Las Zapateras, Oliva de Mérida, Utrera

La Rosa, Retamal, Cortegana, Sta María, Torremegía, Alange, Traslasierra, Sª de Peñas Blancas, La Garza, Embalse del Golon

La Albuera, Entrín Bajo, Corte de Peleas, Solana de los Barros, Castº, E. de Alange, Las Poyatas, Palomas

Valduro Nuevo, Entrín Alto, Las Estévez, La Calera, Almendralejo, Palacio Quemado, Puebla de la Reina

Torre de Miguel Sesmero, Stª Marta, Aceuchal, TIERRA de

Nogales, Madroñera, La Morera, Villalba de los Barros, Fuente del Maestre

Monsalud, Barcarrota, Salvaleón, La Parra, Feria, Sª Vieja, San

Los Baños, Peña Utrera, Salvatierra de los Barros, E. de Guadajira, Los Santos de Maim

Valle de Matamoros, Burguillos del Cerro, Alconera, Zafra, La Lapa

San José, Valle de Stª Ana, Brovales, Jacintos, Valverde de Burguillos, Atalaya, Torres, Medi

Jerez de los Caballeros, Valuengo, Embalse del Valuengo, Calzadilla

La Bazana, Puerto Beltrana, Puerto de Tablado, Valencia del Ventoso, Tocinillos

Cinco Lindes, Ermita de los Remedios, Puerto de la Granja, Puerto de la Loba, Fregenal, Fuente de Cantos, Ermita de San Isidro, Llerena

MURCIA

MUSEO ARQUEOLÓGICO
Av. de la Libertad
C. Teniente General Gutiérrez Mellado
Plaza Carlos III
0 100 m

Plaza del Rocío
Museo de la Ciudad
JARDÍN EL SALITRE
JARDÍN S. ESTEBAN
Plaza Sta Clara
Museo de Sta Clara
Conventual de Santo Domingo
MuBAM
Museo Salzillo
Teatro Romea
Plaza J. Romea
Plaza de Santo Domingo
Plaza Europa
Plaza de la Candelaria
Plaza Mayor
Plaza Sta Isabel
Museo Ramón Gaya
Plaza Sta Catalina
Casino Real
Plaza de las Flores
Catedral
Palacio Almudi
Palacio Episcopal
Jardines del Malecón
MURCIA PARQUE
Museo de la Ciencia y el Agua
Museo Hidráulico "Los Molinos del Río Segura"
Jardín de Floridablanca
Antiguo Cuartel de Artillería
N

CARTAGENA   SANTUARIO DE LA FUENSETA   ALCANTARILLA

MURCIA
Orihuela
Archena
Molina de Segura
Alcantarilla
Sierra de Carrascoy
Sierra de España

OVIEDO

SAN JULIÁN DE LOS PRADOS   GIJÓN
0 100 m

Playa de Salinas
San Juan de Nieva
Luanco
Candás
Avilés
GIJÓN
MONTE NARANCO

El Diestro
Woody Allen
Culis Monumentabilis
La Maternidad
Campo de San Francisco
Antigua Universidad
Palacio de Camposagrado
Pl. de Porlier
Palacio de Valdecarzana
San Pelayo
Sta María la Real de la Corte
Museo Arqueológico
Pal. de Alfonso II El Casto
Catedral
Pal. de Toreno
San Tirso
Palacio Arzobispal
Pal. de La Rúa
Museo de Bellas Artes de Asturias
Pl. de Trascorrales
Paraguas
Ayuntamiento
Mercado El Fontán
el Fontán
Pl. de la Constitución
Pl. de Daoíz y Velarde
Pal. del Marqués de San Feliz
EL CAMPILLÍN
N

OVIEDO
Langreo
Mieres
Pola de Siero
Sierra del Naranco

PALENCIA

SAHAGÚN, CARRIÓN DE LOS CONDES   SANTANDER

0   160 m   N

VALLADOLID, BURGOS

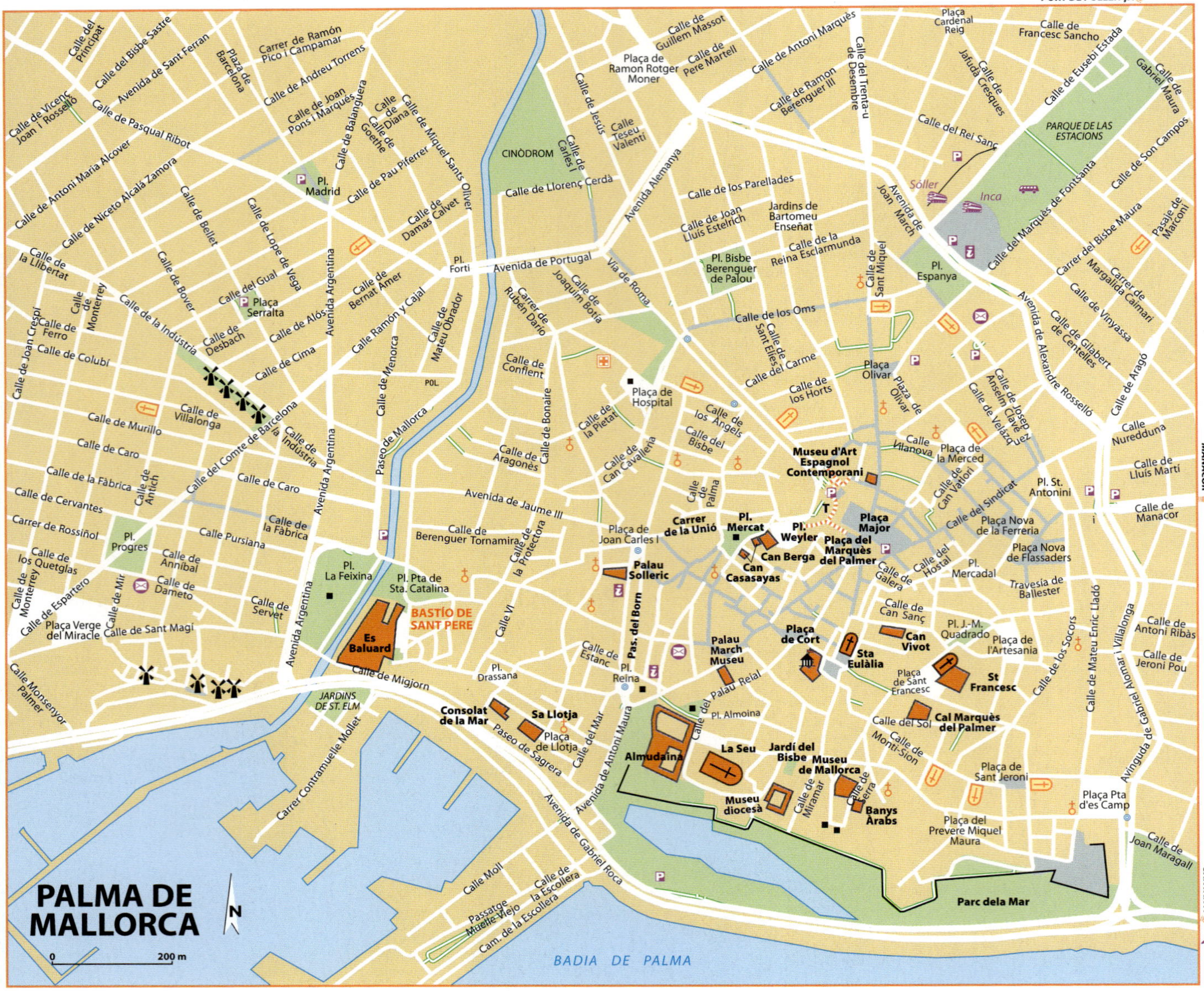

PALMA DE MALLORCA

INCA, PORT DE POLLENÇA

BADIA DE PALMA

Parc de la Mar

0   200 m

N

Major landmarks and places:

- Museu d'Art Espagnol Contemporani
- Plaça Major
- Pl. Weyler
- Can Berga
- Plaça del Marquès del Palmer
- Carrer de la Unió
- Pl. Mercat
- Can Casasayas
- Palau Solleric
- Palau March Museu
- Plaça de Cort
- Sta Eulàlia
- Can Vivot
- St Francesc
- Cal Marquès del Palmer
- Palau March Reial
- La Seu
- Jardí del Bisbe
- Museu de Mallorca
- Almudaina
- Museu diocesà
- Banys Àrabs
- Consolat de la Mar
- Sa Llotja
- Es Baluard
- Bastió de Sant Pere
- Jardins de St. Elm
- Parque de las Estaciones
- Pl. Espanya
- Cinòdrom

Selected streets:

- Calle del Principal
- Carrer de Ramón Pico y Campamar
- Avenida de Sant Ferran
- Calle de Andreu Torrens
- Avenida de Joan Pons i Marquès
- Avenida de Portugal
- Avenida de Jaume III
- Passeig de Mallorca
- Avenida Argentina
- Avenida de Joan March
- Calle de Aragó
- Via de Roma
- Pas. del Born
- Avenida de Gabriel Roca

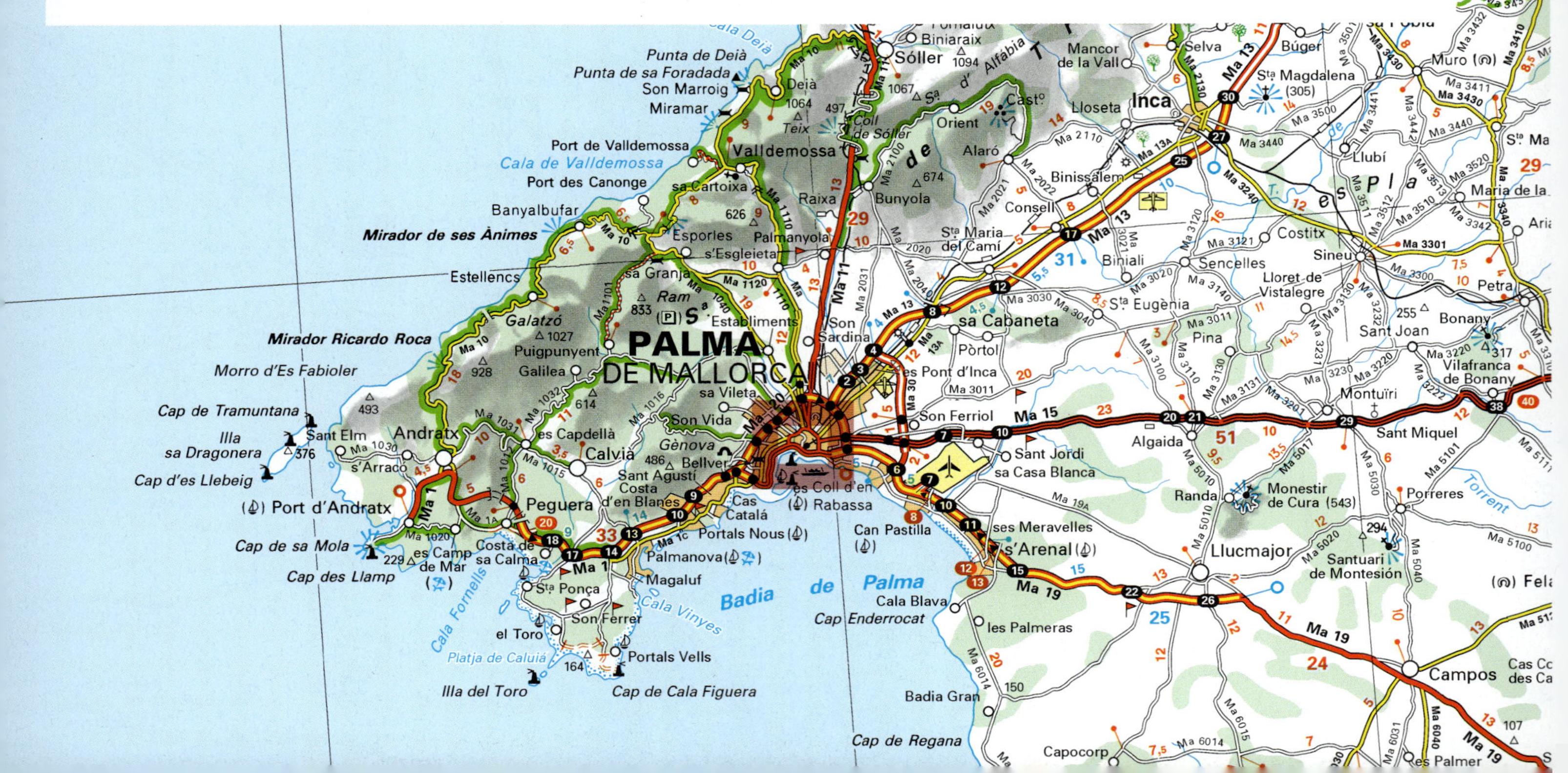

Cap de Cala

(Regional map - lower portion)

- Sóller
- Valldemossa
- Banyalbufar
- Estellencs
- Andratx
- Port d'Andratx
- Cap de sa Mola
- Cap des Llamp
- Peguera
- Magaluf
- Palmanova
- Portals Vells
- Illa del Toro
- Cap de Cala Figuera
- PALMA DE MALLORCA
- Bellver
- Gènova
- Es Coll d'en Rabassa
- Can Pastilla
- s'Arenal
- Cala Blava
- Cap Enderrocat
- les Palmeres
- Inca
- Lloseta
- Binissalem
- Consell
- Sta Maria del Camí
- Santa Eugènia
- sa Cabaneta
- Algaida
- Llucmajor
- Montuïri
- Vilafranca de Bonany
- Porreres
- Campos
- Monestir de Cura (543)
- Badia de Palma
- Cap de Regana

Ma 13, Ma 15, Ma 19, Ma 1, Ma 10, Ma 11, Ma 12, Ma 20

LAS PALMAS DE GRAN CANARIA

0 — 500 m

N

LAS COLORADAS

ISLETA

Faro · Pérez Muñoz

Mercado del Puerto de la Luz

Tecen · Naval · Juan Rejón · La

Castillo de la Luz

Parque Sta Catalina

Acuario

EL MUELLE

Bahía del Confital

Playa de las Canteras

SANTA CATALINA

A. L. Jones · A. Thomas · Fernando Guanarteme · Miller · y López · Pío XII

Puerto de la Luz

Museo Elder

ESTACIÓN MARÍTIMA

Secretario Padilla · Perú · Av. J. Mesa

ALCARAVANERAS

Playa de las Alcaravaneras

Auditorio A. Kraus

Pavía · Simancas

ARUCAS, GÁLDAR GC2

TAMARACEITE GC 340

CIUDAD JARDÍN

Av. Ansite · Pío XII

Muelle Deportivo

ESCALERITAS

Paseo Cornisa · Parque Doramas · Museo Néstor

ALTAVISTA

Obispo Romo

Pl. de Don Benito

LUGO

Av. Juan XXIII · Carvajal · Castillo · Norte

Av. de las Escaleritas

Martucha · Zaragosa

Pl. Ingeniero León y Castillo

ARENALES

Chil · Paseo de S. Antonio

Pedro Infinito

PARQUE DE LAS REHOYAS

SCHAMANN

Carret. de Mata

CIUDAD DEL MAR

FERIA DEL ATLÁNTICO

Doctor Marañón · del · Luis Correa Medina

Norte

CASTILLO DE S. FRANCISCO

TRIANA

Av. Marítima del Sur

Carret. · Guiniguada · de · Barranco

SAN ROQUE

VEGUETA

TAMARACEITE GC 3 · SANTA BRÍGIDA GC 110 · CRUZ DE TEJEDA · MASPALOMAS ✈ GC 1

LAS COLORADAS · Los Albarderos · 239 · Roque Negro

Montaña del Vigía · 212 · La Isleta

Punta del Confital · Las Coloradas · Isleta

★ Playa de las Canteras · Costa Ayala · Sta Catalina · Puerto de la Luz · Tenerife

Bahía del Confital · Playa de las Alcaravaneras · Fuerteventura

...la · Los Giles · GC 2 · 289 · Las Torres · GC 340 · GC 23 · GC 1 · Triana · Lanzarote

LAS PALMAS
DE GRAN CANARIA

(P 🏖 ⚓ 💧)

Páginas de mapa de carreteras (Gran Canaria)

Gáldar

Acrópolis de Guar... · ...Abajo · ...FIA · ...ro

Pico de Viento · 837 · Vergara · Verdejo · Saucillo · Firgas · Lance · Caldera · Visvique · Santidad · Las Mesas · Tamaraceite · ⑦ · Vegueta

El Camino · Montaña Alta · 951 · Carretería · San Fernando · Los Portales · El Toscón · La Suerte · Lomo Blanco · ② · San Cristóbal

Los Tilos de Moya · Balneario de Azuaje · Huertas del Palmar · 303 Nieves · GC 21 · 2111 · San Lorenzo · Tafira Baja · ⑥ · Punta Casa Blanca

Barranco del Laurel · Zumacal · Teror · Guanchía · GC 15 · San José del Álamo · Dragonal · Tafira Alta · 16 · Playa de la Laja

Miraflor · Siete Puertas · Jardín Canario · La Calzada · El Fóndillo · Punta del Palo

Mirador de Zamora ★ · El Álamo · La Milagrosa · Tafira · San Francisco de Paula · Los Hoyos

Juncalillo · Valseco · Arbejales · La Atalaya · Santa Brígida · Monte Lentiscal · ★ Pico de Bandama 574 · Jinámar

Artenara · Cruz de Tejeda · Ariñez · Vega de San Mateo · La Lechuza · Lomito de Correa · La Barrera · Valsequillo de Gran Canaria · El Calero · Las Huesas · Telde · Marpequeña

Tejeda · Las Lagunetas · Tenteniguada · Las Vegas · Lomo Magullo · Las Medianías · El Goro · Playa del Hombre · Playa de Melenara · Playa de Salinetas

Roque Nublo 1813 · POZO DE LAS NIEVES · Roque Redondo · Reserva Natural · Cuatro Puertas · Ojos de Garza · AEROPUERTO DE GRAN CANARIA · Punta de Gando

San Bartolomé · Ingenio · Agüimes · Carrizal

PAMPLONA

MUSEO DE EDUCACIÓN AMBIENTAL

0   200 m

N

Parque del Runa
Palacio Real
Museo de Navarra
Catedral Sta María La Real
Palacio del Condestable
Ultreia
Ayuntamiento
Pl. Consistorial
San Cernín
Pl. Mayor
Pal. Arzobispal
San Lorenzo
Pl. del Castillo
Ronda del Obispo Barbazán
Fortín de S. Bartolomé
S. Nicolás
Pl. de Toros
Paseo de Sarasate
Monumento Al Encierro
Pl. del Príncipe de Viana
Ciudadela
Parque de la Taconera
Parque Vuelta del Castillo
Plaza de los Fueros de Navarra
Plaza de la Cruz
Plaza del Conde de Rodezno

MUSEO UNIVERSIDAD DE NAVARRA — **NOÁIN, ZARAGOZA, MADRID**

PAMPLONA
St JEAN-DE-LUZ
Hendaye
Irún
Biarritz
la Rhune
Sare
Ainhoa
Elizondo
Estella
Altsasu / Alsasua
Beasain
Lekunberri
Tafalla
Ujué

PONTEVEDRA

Major localities

VIGO
PONTEVEDRA
Vilagarcía de Arousa
Vilanova de A.
Cambados
A Toxa / La Toja
O Grove
Sanxenxo / Sangenjo
Marín
Bueu
Cangas
Moaña
Redondela
Baiona
Nigrán
Gondomar
Porriño
Ponteareas
Mondariz
A Cañiza
Tui
Valença do Minho
A Guarda
Caminha
Vila Praia de Âncora
Viana do Castelo
Forcarei
Lalín
Ribadavia
Carballiño
Melón
Covelo
Salvaterra de Miño
As Neves
Monção
Ponte de Lima

Islands & natural features

Isla de Ons
Isla de Onceta
Islas Cíes
Isla de Monteagudo
Isla de San Martiño
Cabo de Home
Cabo Silleiro
Cabo de Udra
Mirador de la Curota
Ría de Arousa
Ría de Pontevedra
Ría de Vigo
Parque natural del Monte Aloia
Peneda - Gerês

Inset: PONTEVEDRA (city plan)

Santiago de Compostela
Parque Arqueolóxico Campo Lameiro
Ourense
Marín, Cangas
Mirador de Coto Redondo

Santa María La Mayor
Rúa Princesa
Praza do Teucro
Praza da Verdura
Praza da Leña
Museo Provincial
Sexto Edificio
Pr. da Pedreira
Sarmiento
Pr. da Ferrería
Praza Peregrina
San Francisco
Peregrina
Pr. de España
Ruinas de Sto Domingo

Castelo Soutomaior

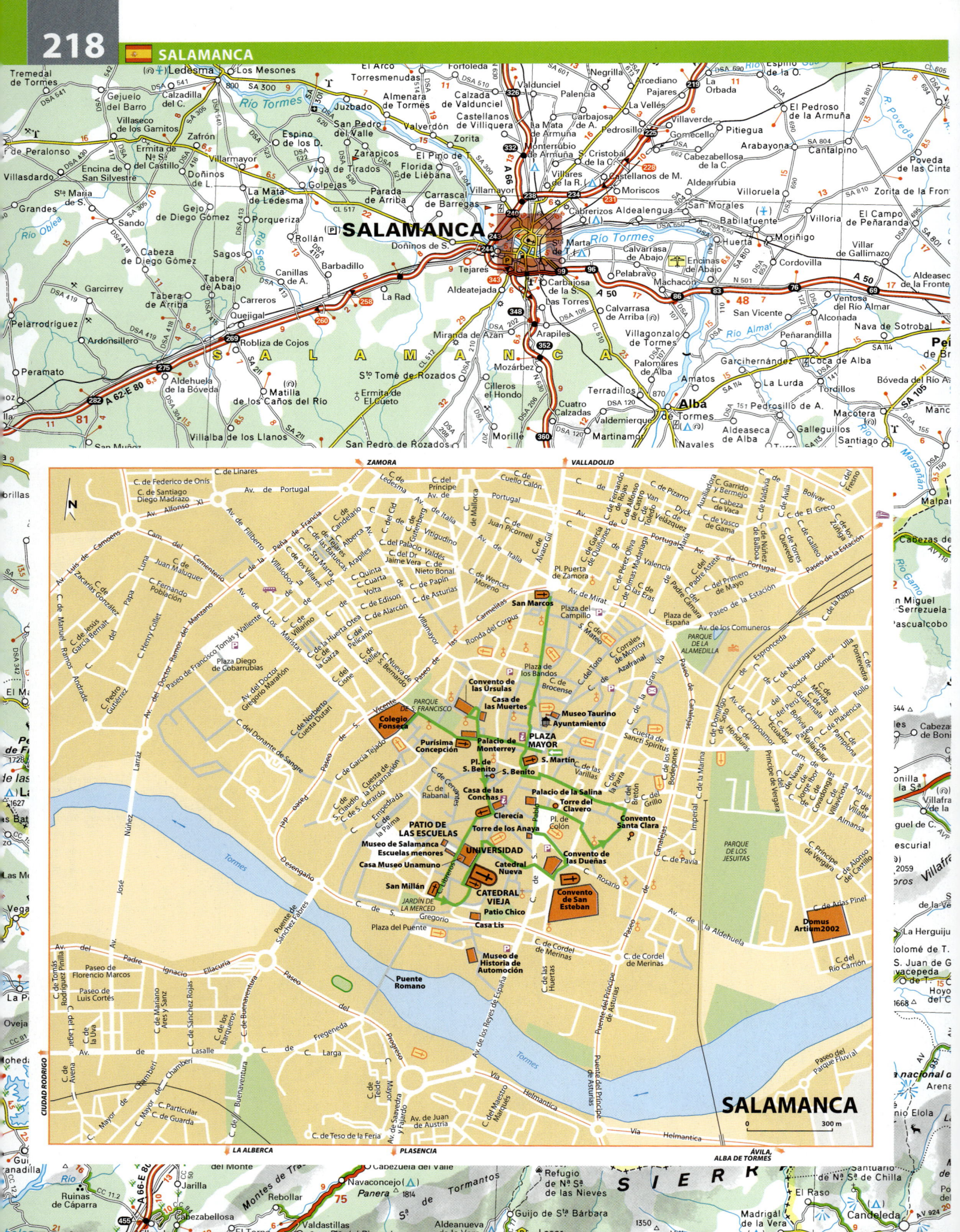

SANTA CRUZ DE TENERIFE

LA NINFA

SAN ANDRÉS TF 11

ESTACIÓN MARÍTIMA

LAS MIMOSAS

Museo militar regional de Canarias

0   200 m

N

Parque municipal García Sanabria

EL TOSCAL

Pl. del Patriotismo

Museo municipal de Bellas Artes

Pl. Alférez Provisional Pérez Galdós

Pl. San Francisco
S. Francisco

Centro de Interpretación Castillo de San Cristóbal

Castillo Imeldo Seris

Parlamento de Canarias

Bethencourt Alfonso

Palacio de Carta

Pl. de España

Pl. del Gen. Weyler

Pl. Santo Domingo

Imeldo Seris

Pl. de la Candelaria

Miraflores

A. Domínguez Alfonso

Puente Gen. Galcerán

Barranco

Ramón

Cajal

de

Santos

Pl. de la Iglesia

Puente General Serrador

Concepción

Pl. de Europa

San Sebastián

TEA

San Sebastián

Lope de Vega

Recova Municipal

Museo de Naturaleza y Arqueología

AUDITORIO DE TENERIFE, PALMETUM

PARQUE MARÍTIMO CÉSAR MANRIQUE/EL TANQUE

LA LAGUNA, PUERTO DE LA CRUZ

Costa y Grijalba

Pérez de Rozas

Rambla de Pulido

Álvarez

San Sebastián

Lower regional map

Hidalgo

los Troches

Fajana

Punta del Hidalgo

Playa del Arenal

Bajamar

Punta Gotera

Milán

TF 13

Monte de Las Mercedes

Los Batanes

Mirador de Cruz del Carmen

Tejina

Teguest

Pedro Álvarez

Socorro

San Luis

La Padilla

Las Canteras

Jardina

Ermita de Las Mercedes

El Portezuelo

San Lázaro

TF 152

TF 5

Valle Jiménez

TF 235

AEROPUERTO TENERIFE NORTE

Valle Tabares

Gracia

LA LAGUNA

Finca España

La Cuesta

San Bartolomé

Geneto

La Esperanza (El Rosario)

Los Baldios

Ortigal

El Sobradillo

Lomo Pelado

Las Rosas

Llano del Moro

Barranco Grande

Taco

Sta María del Mar

El Tablero

Máchado

San Isidro

Añaza

Barranco Hondo

Tabaiba

Radazul

Taganana

Parque rural

de Anaga

Afur

Roque Negro

Taborno

Mirador del Pico del Inglés

Valle Crispín

Valle Grande

La Cumbrilla

Roque de Fuera

Roques de Anaga

Roque de Dentro

Playa de El Draguillo

El Draguillo

Benijo

Almáciga

Chamorga

Chinobre 910

Roque de las Bodegas

El Bailadero

Embalse de Acaimo

Igueste de San Andrés

Semáforo 427

Playa del Junquillo

Faro de Anaga

Las Palmas

Roque Bermejo

Punta El Jurado

La Cumbrilla

Lomo de las Bodegas

Punta del Drago

Reserva Natural Integral de Ijuana

Punta de Anaga

Playa de Ijuana

Lomo Bermejo

Playa de Antequera

Playa de las Gaviotas

Cueva Bermeja

María Jiménez

San Andrés

La Palma

Cádiz

Gran Canaria

Los Campitos

Valleseco

Dársena Pesquera

Dique del Este

Playa de las Teresitas

STA. CRUZ DE TENERIFE ★

Punta de Roque Manzano

Playa del Muerto

Punta de la Encendida

Playa Berruguete

Playa de la Nea

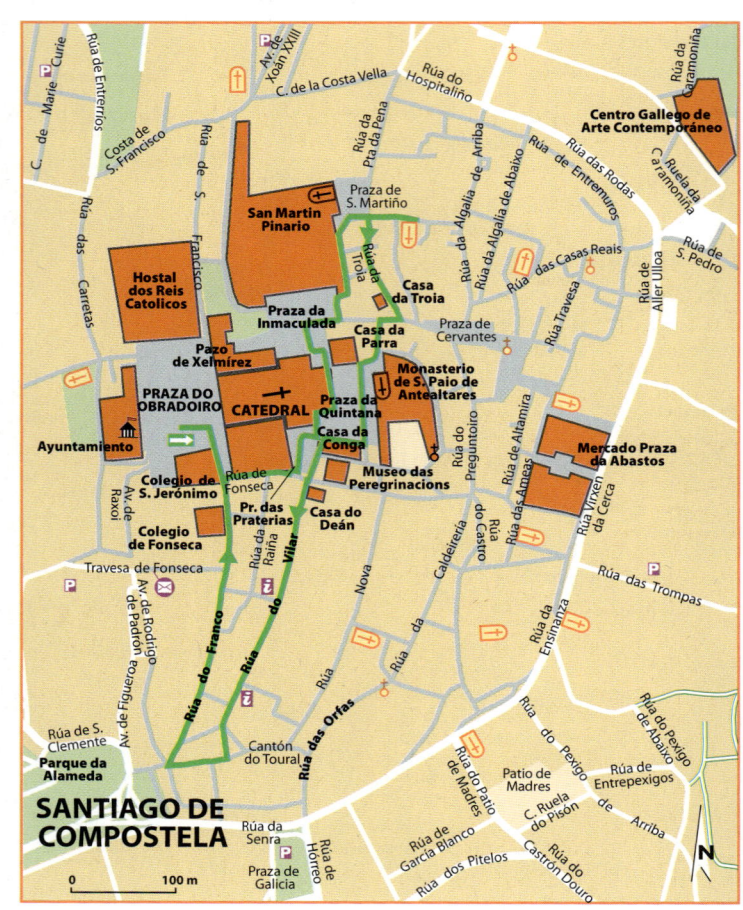

SEVILLA
Plan I

0   1 km

MÉRIDA

SAN JERONIMO
PARQUE DE S. JERONIMO
PARQUE DEL ALAMILLO
ISLA MÁGICA
JARDINES DEL GUADALQUIVIR
Torre de Don Fadrique
La Cartuja
Caix Sevilla Forum
Torre Sevilla
Capilla del Patrocinio
voir plan II
BARRIO DE SANTA CRUZ
ALCÁZAR
TRIANA
Parque de los Príncipes
PARQUE DE LOS PRÍNCIPES
Blas Infante
Plaza de España
FERIA
Av. Juan Pablo II
Av. de García Morato
San Juan Bajo
Puente de las Delicias
Aquarium
Av. Manuel Siurot
Av. del Padre García Tejero
Av. de Europa
Jardines José Celestino Mutis
GELVES
Av. de Jerez
Av. de Alemania

Museo de Artes y Costumbres Populares......B
Museo Arqueológico...........E

CÁDIZ

SEVILLA

Guadalcanal
Parque Natural
Hamapega
La Nava
Malcociñado
Peñita
San Nicolás del Puerto
Cazalla de la Sierra
Estación de Cazalla y Constantina
Constantina
Fábrica del Pedroso
El Pedroso
la Sierra Norte
de Sevilla
Villanueva del Río y Minas
Lora del Río
Cantillana
Villaverde del Río
Tocina
Brenes
Alcalá del Río
La Rinconada
San José de la Rinconada
Necrópolis romana
Carmona
Mairena del Alcor
El Viso del Alcor
Alcalá de Guadaíra
Dos Hermanas
Arahal
Utrera
Los Palacios y Villafranca

Aznalcóllar
Olivares
Sanlúcar la Mayor
Castilleja del Campo
Carrión de los Céspedes
Huévar
Pilas
Hinojos
Chucena
Ruinas de Itálica
Valencina de la Concepción
Santiponce
Camas
Espartinas
Gines
Bollullos de la Mitación
Mairena del Aljarafe
Palomares del Río
Almensilla
Coria del Río
La Puebla del Río

SEVILLA
Centre Sud
Plan II

0   200 m

SORIA

0   200 m

ZARAGOZA

Parque de STA BÁRBARA
Parque Fuente DEL REY
Plaza del Marqués de Saltillo
C. de la Ermita
Paseo del Mirón
C. de Sta Cruz
San Juan de Duero
Santo Domingo
San Pedro
Plaza de S. Pedro
Pal. de Los Condes de Gómara
Museo Numantino
C. Real
C. de la Zapatería
Plaza de Sta Catalina
Alameda de Cervantes
Plaza Mayor
S. Juan de Rabanera
Plaza José Antonio
Parque del Castillo
ERMITA DE SAN SATURIO
PUERTO DE PIQUERAS

LOGROÑO

San Lorenzo
Ezcaray
SIERRA DE LA DEMANDA
Reserva
Nacional
Monterrubio de la Demanda
Barbadillo de Herreros
Canales de la S.
Huerta de Arriba
Neila
Laguna Negra de Neila
Mansilla de la S.
Embalse de Mansilla
Viniegra de Abajo
Viniegra de Arriba
Montenegro de C.
Villoslada de C.
Lumbreras
Villanueva de Cameros
RIOJA
Torrecilla en Cameros
Nestares
Valle de Iregua
Nieva de Cameros
Peñaloscintos
Villanueva de Cameros
Almarza de C.
Rabanera
Ajamil de Cameros
Enciso
Yanguas
Villar del Río
Santa Cruz de Yanguas
Puerto de Piqueras
La Virgen de Lomos de Orio
La Póveda de Soria
Sierra de Cameros
Sierra de Urbión
Laguna Negra de Urbión
Reserva Nacional de Urbión
Quintanar de la Sierra
Duruelo de la Sierra
Regumiel de la Sierra
Covaleda
Vinuesa
El Quintanarejo
Molinos de Razón
Almarza
Rollamienta
Ventosa de la S.
Cubo de la S.
San Leonardo de Yague
San Andrés de San Pedro
Estepa de San Juan
Castilfrío de la S.
Numancia
Soria
Garray
Las Casas
Golmayo
Ermita de San Saturio
Los Rábanos
E. de Los Rábanos
Cañón del Río Lobos
Ucero
Calatañazor
Villaciervos
La Cuenca
Muriel de la Fuente
Aldehuela de C.
Fuentecantos
Carbonera de Frentes
Almajano
Narros
Renieblas
Aldehuela de Periáñez
N 122
A 11
SORIA
Río Duero
E. de la Cuerda del Pozo
N 234
Abejar
Herreros
Cidones
Villaverde del Monte
Sierra de Cabrejas
Cabrejas del Pinar
Muriel Viejo
Talveila
Herrera de S.
Cubilla
Cantalucia
Fuentecantales
Valdeavellano de U.
Torralba del B.
Rioseco de Soria
Nafría la Llana
La Revilla de Calatañazor
Quintana Redonda
Ventosa de Fuentepinilla
Osonilla
Tardelcuende
Almazán
A 15
Río Duero
Lubia
Miranda de D.
Cubo de la Solana
Villanueva de Z.

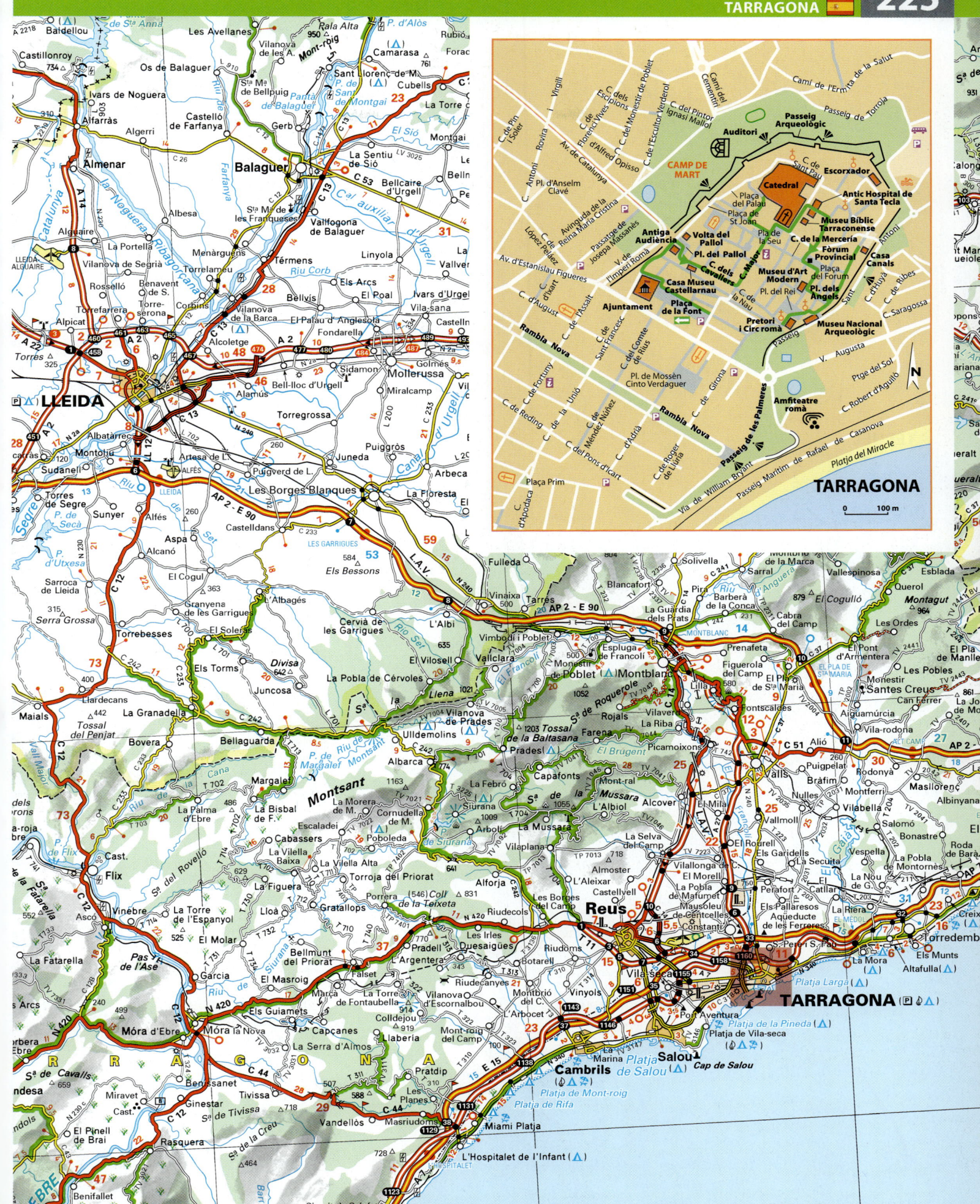

TERUEL (inset map)

ALCAÑIZ   TERRITORIO DINÓPOLIS

Acueducto

Torre de San Martín
Museo de Arte Sacro
Museo Provincial
Plaza de Pérez Prado
Pl. Venerable F. de Aranda
Catedral
Plaza de Cristo Rey
Plaza de la Catedral
Plaza del Torico
San Pedro
Aljibes medievales
Torre de San Salvador
Mausoleo de los Amantes
Plaça de los Amantes
Plaza Bretón

CUENCA, ZARAGOZA, VALENCIA

Río Turia

Los Jardincillos

Paseo del Óvalo

Plaza S. Juan

Cerro de los Alcaldes

TERUEL

0   100 m   N

Viaducto Viejo
Viaducto Nuevo
Plaza de S. Antón

Ronda de Ambeles

Main map place names

Montalbán
Martín del Río
N 211
N 420
Utrillas
Escucha
Puerto de San Just
Sierra de San Just
Galve
Alfambra
Orrios
Escorihuela
Peralejos
Celadas
Villarquemado
Cella
Caudé
Gea de Albarracín
Albarracín
Torres de Albarracín
Tramacastilla
Noguera
Bronchales
Orihuela
Reserva Nacional de los Montes Universales
Griegos
Guadalaviar
Villar del Cobo
Calomarde
Royuela
Frías de Albarracín
Moscardón
Saldón
Terriente
Valdecuenca
Javalón
Jabaloyas
Arroyofrío
Toril
Masegoso
El Vallecillo
El Cañigral
Tormón
Tramacastiel
Libros
El Cuervo
Veguillas de la Sierra
Castielfabib
Torrealta
Ademuz
RINCÓN DE ADEMUZ (VALENCIA)
Vallanca
Negrón
Casas Altas
Casas Bajas
Torrebaja
Riodeva
Javalambre
Cubla
Valacloche
Cascante del Río
Villel
Villastar
Villaspesa
Castralvo
Aldehuela
San Blas
La Guea
Teruel
Poblado Ibérico
N 234
N 330
A 23
Puerto de Escandón
Camarena de la Sierra
Sarrión
Mora de Rubielos
Formiche Alto
Formiche Bajo
La Puebla de Valverde
Valbona
Manzanera
Torrijos
Cabra de Mora
Alcalá de la Selva
A 226
Cedrillas
El Pobo
Ababuj
Monteagudo del Castillo
Aguilar del Alfambra
Hinojosa de Jarque
Jarque de la Val
Cuevas de Almudén
Mezquita de Jarque
Palomar de Arroyos
Cervera del Rincón
Corbatón
Pancrudo
Rillo
Lidón
Argente
Visiedo
Camañas
Perales del Alfambra
Villalba Alta
Orrios
Tortajada
Concud
A 1512
N 420
Alpeñes
Portalrubio
Cosa
Pozondón
El Villarejo
Barrachina
Ermita de San Cristóbal
Fuenferrada
Godos
Cutanda
Villanueva del Rebollar de la Sierra
Armillas
Obón
Peñarroyas
Vivel del Río Martín
La Rambla de Martín
Cuevas de Portalrubio
Las Parras de Martín
Lavaderos

TOLEDO

0 ——— 200 m

N

MADRID

PARQUE DE SAFONT

LAS COVACHUELAS

Hospital de Tavera

Circo Romano

Pta antigua de Bisagra

Puerta nueva de Bisagra

Santiago del Arrabal

Puerta del Sol

Murallas árabes

Cristo de la Vega

Cristo de la Luz

Centro de Arte Moderno y Contemporáneo de Castilla

Puente de Alcántara

Castillo de S. Servando

CIUDAD REAL, ARANJUEZ

Convento de Santo Domingo El Antiguo

San Vicente

Pl. de Zocodover

Museo de Santa Cruz

Puerta del Cambrón

San Ildefonso

Monasterio San Juan de los Reyes

San Román

San Pedro

Claustro

Alcázar

Santa María la Blanca

Santo Tomé

Pl. del Ayuntamiento

CATEDRAL

Posada de la Hermandad

Casa-Museo Victorio Macho

Taller del Moro

Audiencia

Sinagoga del Tránsito

Museo de El Greco

CERRO DEL BU

Tajo

Carretera de Circunvalación

| Palacio Arzobispal | B |
| Portada de S. Clemente | K |

VALENCIA
plan I

0   1 km

PALENCIA, BURGOS

LA VICTORIA

GIRON

HUERTA DEL REY

PARQUESOL

LEÓN

SALAMANCA, PALENCIA

PARQUE LAS MORERAS

MUSEO NACIONAL DE ESCULTURA

SAN PABLO

Palacio de Villena

Palacio Pimentel

San Benito

Patio Herreriano

Las Angustias

Santa María 'La Antigua'

Catedral

Universidad

Fundación Alberto Jiménez-Arellano Alonso

Plaza Mayor

Pasaje Gutiérrez

Colegio de Santa Cruz

Plaza Zorrilla

Casa de Cervantes

CAMPO GRANDE

Museo Oriental

Museo del Hospital Militar

DELICIAS

Museo de la Ciencia

VALLADOLID

0   200 m

N

SALAMANCA, CASTILLO DE SIMANCAS

MEDINA DEL CAMPO

MADRID

SEGOVIA

CASTRONUEVO DE ESGUEVA

SORIA

Palacios del Alcor

Villamediana

Tordesillas

VALLADOLID

Cistérniga

Simancas

Laguna de Duero

Tudela de D.

Boecillo

VIGO

PONTEVEDRA

VIGO

Sanxenxo / Sangenjo

Marín

Cangas

Redondela

Baiona

Porriño

Ponteareas

Tui

Valença do Minho

A Guarda

Citania de Stª Tegra

Caminha

Viana do Castelo

Esposende

BRAGA

Islas Cíes

Isla de Ons

Isla de San Martiño

Cabo de Home

Cabo Silleiro

VIGO

0 — 170 m

ISLAS CÍES

N

O BERBÉS

CASCO HISTÓRICO

Porta do Sol

Catedral

MARCO

Parque do Castro

Paseo de las Avenidas

Túnel de Beiramar

Muelle de Transatlánticos

BAIONA,
MUSEO QUIÑONES DE LEÓN

OURENSE,
PORTO, MADRID

MUSEO DO MAR,
PRAIA DE SAMIL

VITORIA-GASTEIZ

0   170 m

BILBAO · **PARQUE ARRIAGA**

N

PAMPLONA, PARQUE DE JUDIMENDI, SAN SEBASTIÁN · PARQUE DE SALBURUA, ATARIA, PABELLÓN FERNANDO BUESA ARENA

Torre de los Anda
Santa María
Calle Fray Zacarias Martínez
Bibat
Artium
Museo de Ciencias Naturales
Centre culturel Montehermoso
Muralla moderna
Villa Suso
Casa del Cordón
San Pedro
San Vicente
Museo de los Faroles
San Miguel
Pl. del Machete
Los Arquillos
Plaza de la Virgen Blanca
Catedral Nueva
Museo de Arte Sacro
Plaza de España
Plaza de los Fueros

PARQUE DE LA FLORIDA

Museo de Bellas Artes
Frai Francisco Vitoria Ibilbidea
Museo de Armería

DONOSTIA / SAN SEBASTIÁN

Pasaia
Hernani
GIPUZKOA
Zarautz
Zumaia
Getaria
Tolosa
Azpeitia
Zumarraga
Beasain
Ordizia
Lazkao
Altsasu / Alsasua
Sierra de Aralar
Sierra de Urbasa
Estella / Estella

VITORIA-GASTEIZ

Murgia
Legutio
Sierra de Urkilla
Sierra de Aizkorri
Puerto de Arlabán
Alegria-Dulantzi
Agurain / Salvatierra
Parque Natural de Izki
Campezo
Sierra de Codés
Haro
Laguardia
Oyón
LOGROÑO
Fuenmayor
Viana
Los Arcos

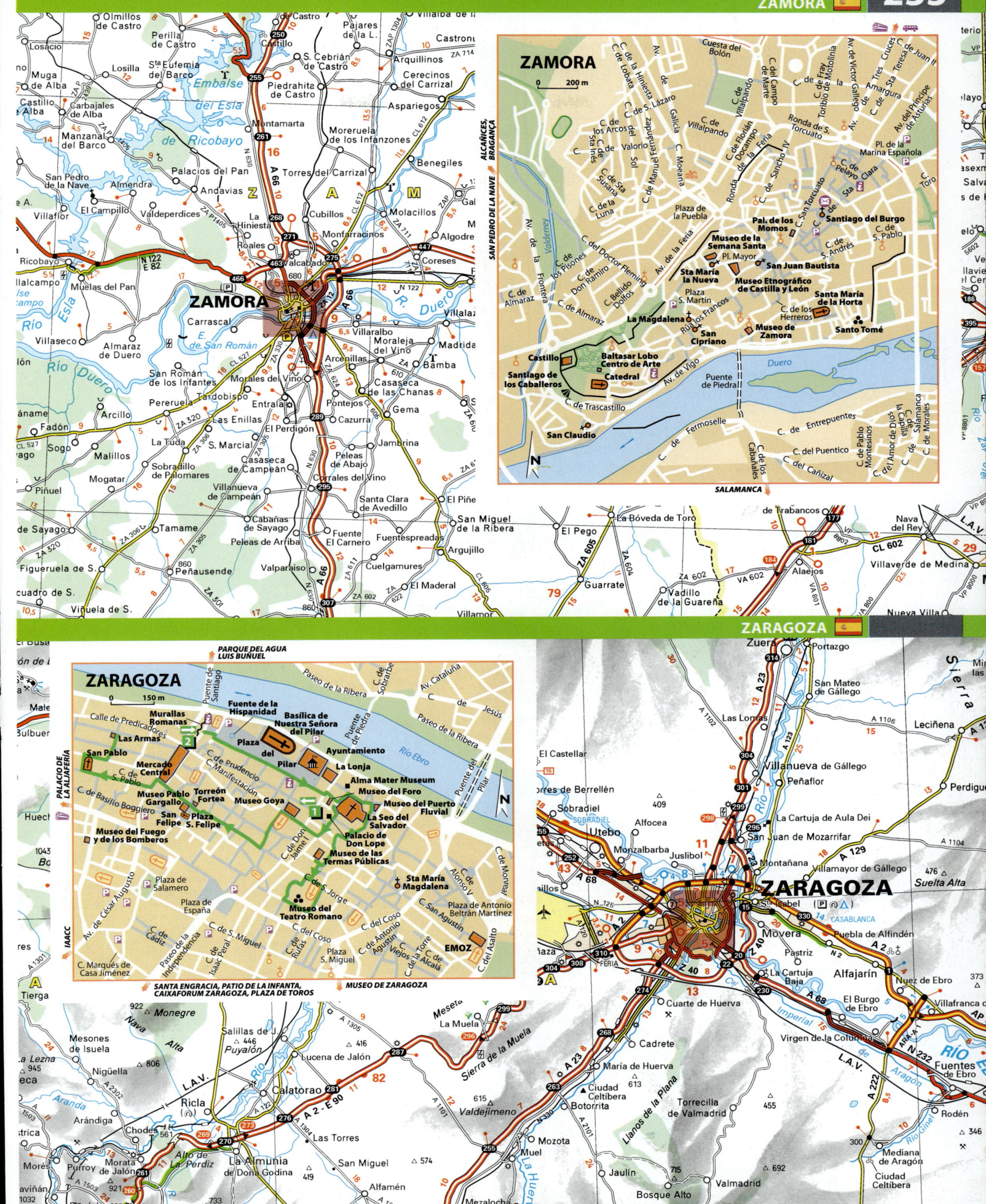

ZAMORA

0   200 m

- Pal. de los Momos
- Santiago del Burgo
- Museo de la Semana Santa
- San Juan Bautista
- Sta María la Nueva
- Museo Etnográfico de Castilla y León
- Santa María de la Horta
- La Magdalena
- San Cipriano
- Museo de Zamora
- Santo Tomé
- Castillo
- Baltasar Lobo Centro de Arte
- Santiago de los Caballeros
- Catedral
- San Claudio
- Puente de Piedra

Duero

SALAMANCA

ZARAGOZA

ZARAGOZA

0   150 m

PARQUE DEL AGUA LUIS BUÑUEL

- Murallas Romanas
- Las Armas
- San Pablo
- Mercado Central
- Museo Pablo Gargallo
- Museo del Fuego y de los Bomberos
- Torreón Fortea
- Museo Goya
- San Felipe
- Plaza S. Felipe
- Fuente de la Hispanidad
- Basílica de Nuestra Señora del Pilar
- Plaza del Pilar
- Ayuntamiento
- La Lonja
- Alma Mater Museum
- Museo del Foro
- La Seo del Salvador
- Museo del Puerto Fluvial
- Palacio de Don Lope
- Museo de las Termas Públicas
- Sta María Magdalena
- Museo del Teatro Romano
- EMOZ

Río Ebro

PALACIO DE LA ALJAFERÍA

SANTA ENGRACIA, PATIO DE LA INFANTA, CAIXAFORUM ZARAGOZA, PLAZA DE TOROS

MUSEO DE ZARAGOZA

AVEIRO

0   120 m

FIGUEIRA DA FOZ   COIMBRA

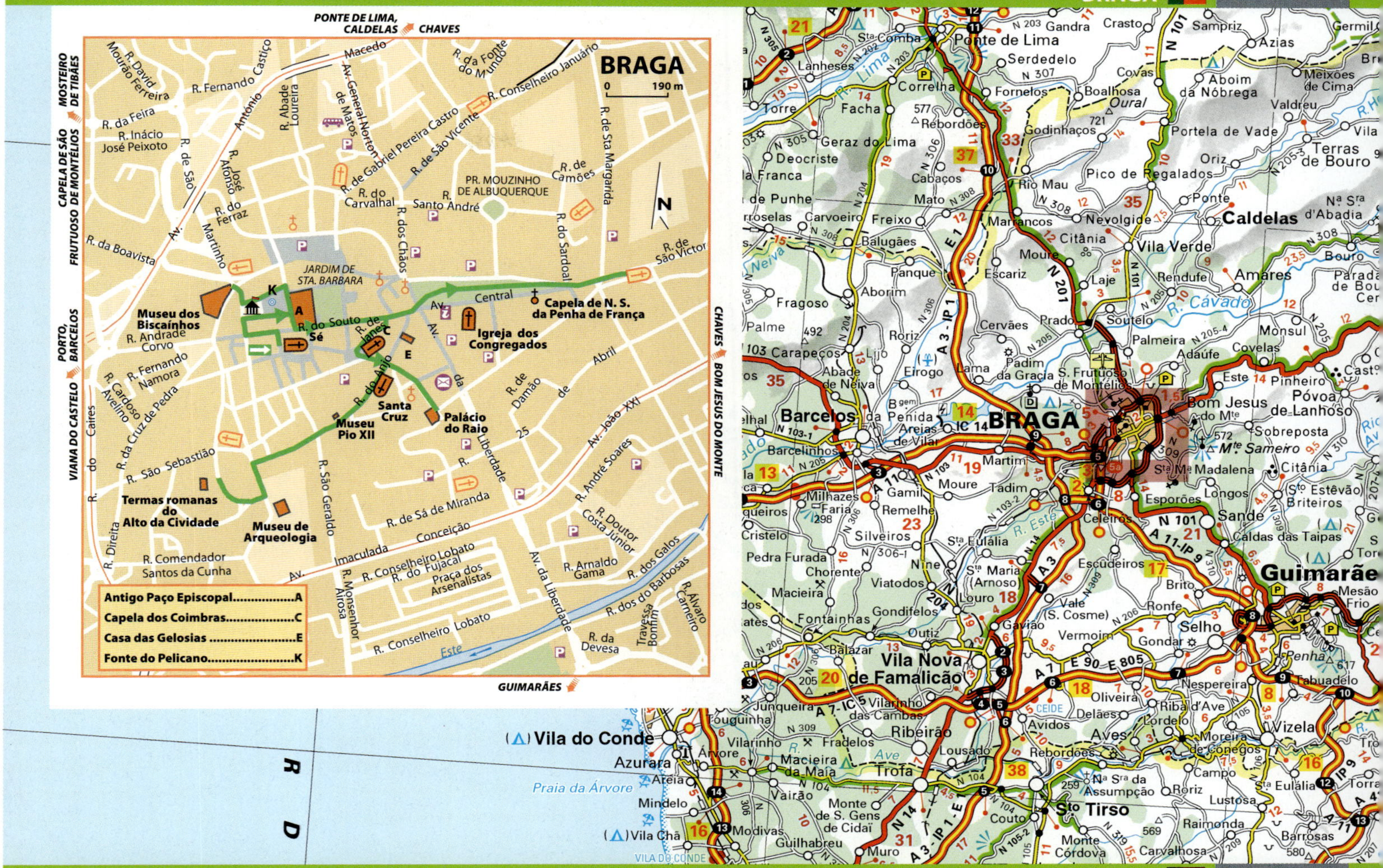

BRAGA

0 ___ 190 m

Antigo Paço Episcopal..............A
Capela dos Coimbras..............C
Casa das Gelosias ....E
Fonte do Pelicano..............K

Museu dos Biscaínhos
Sé
Capela de N. S. da Penha de França
Igreja dos Congregados
Santa Cruz
Museu Pio XII
Palácio do Raio
Termas romanas do Alto da Cividade
Museu de Arqueologia

PONTE DE LIMA, CALDELAS, CHAVES

GUIMARÃES

BRAGA

Ponte de Lima
Caldelas
Vila Verde
Amares
Barcelos
BRAGA
Guimarães
Vila Nova de Famalicão
Vila do Conde
Sto Tirso

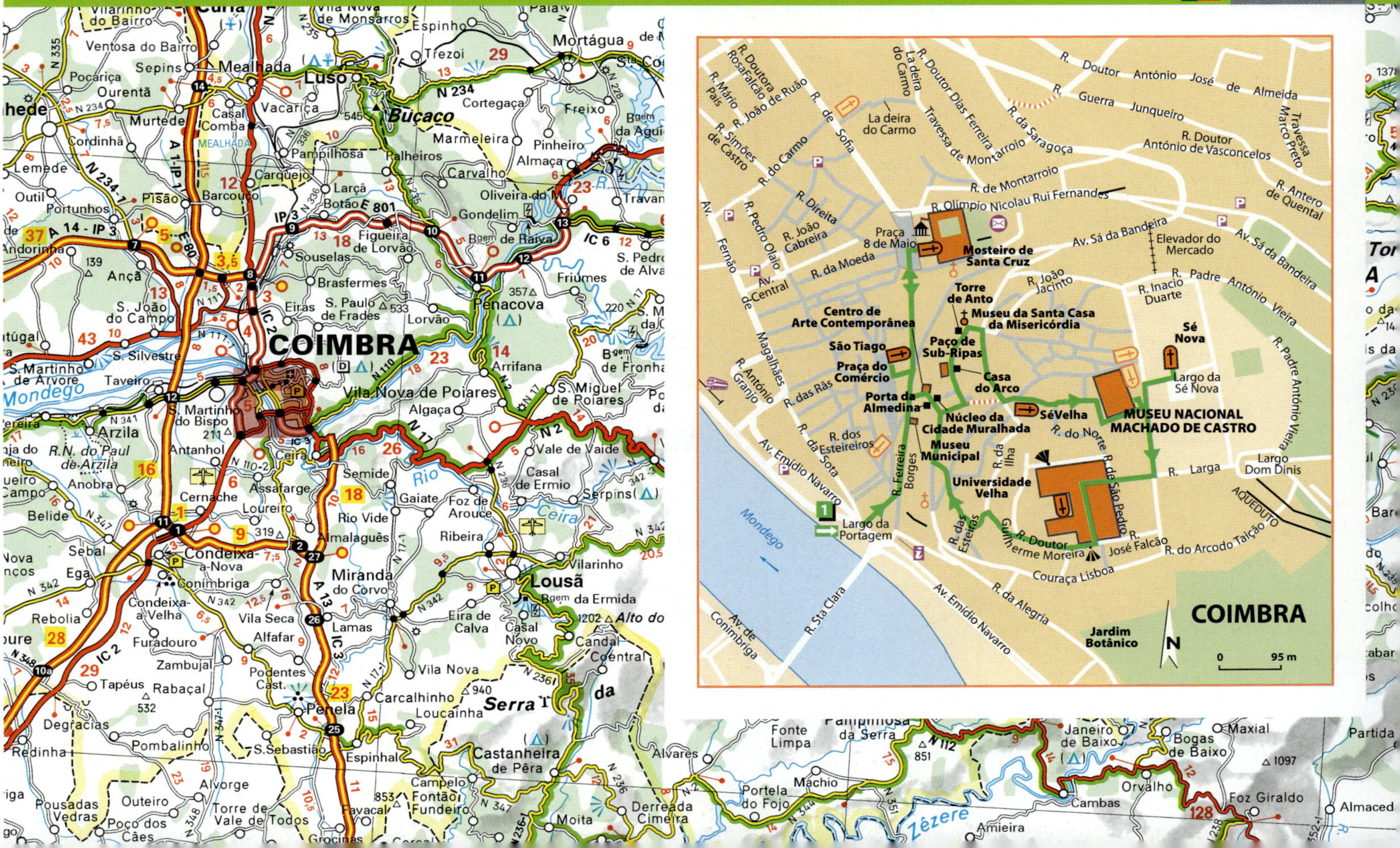

COIMBRA

Mealhada
Buçaco
COIMBRA
Condeixa-a-Nova
Lousã
Vila Nova de Poiares

COIMBRA

0 ___ 95 m

Mosteiro de Santa Cruz
Torre de Anto
Museu da Santa Casa da Misericórdia
Centro de Arte Contemporânea
São Tiago
Paço de Sub-Ripas
Praça do Comércio
Casa do Arco
Porta da Almedina
Sé Velha
Núcleo da Cidade Muralhada
Museu Municipal
MUSEU NACIONAL MACHADO DE CASTRO
Sé Nova
Universidade Velha
Largo da Portagem
Jardim Botânico

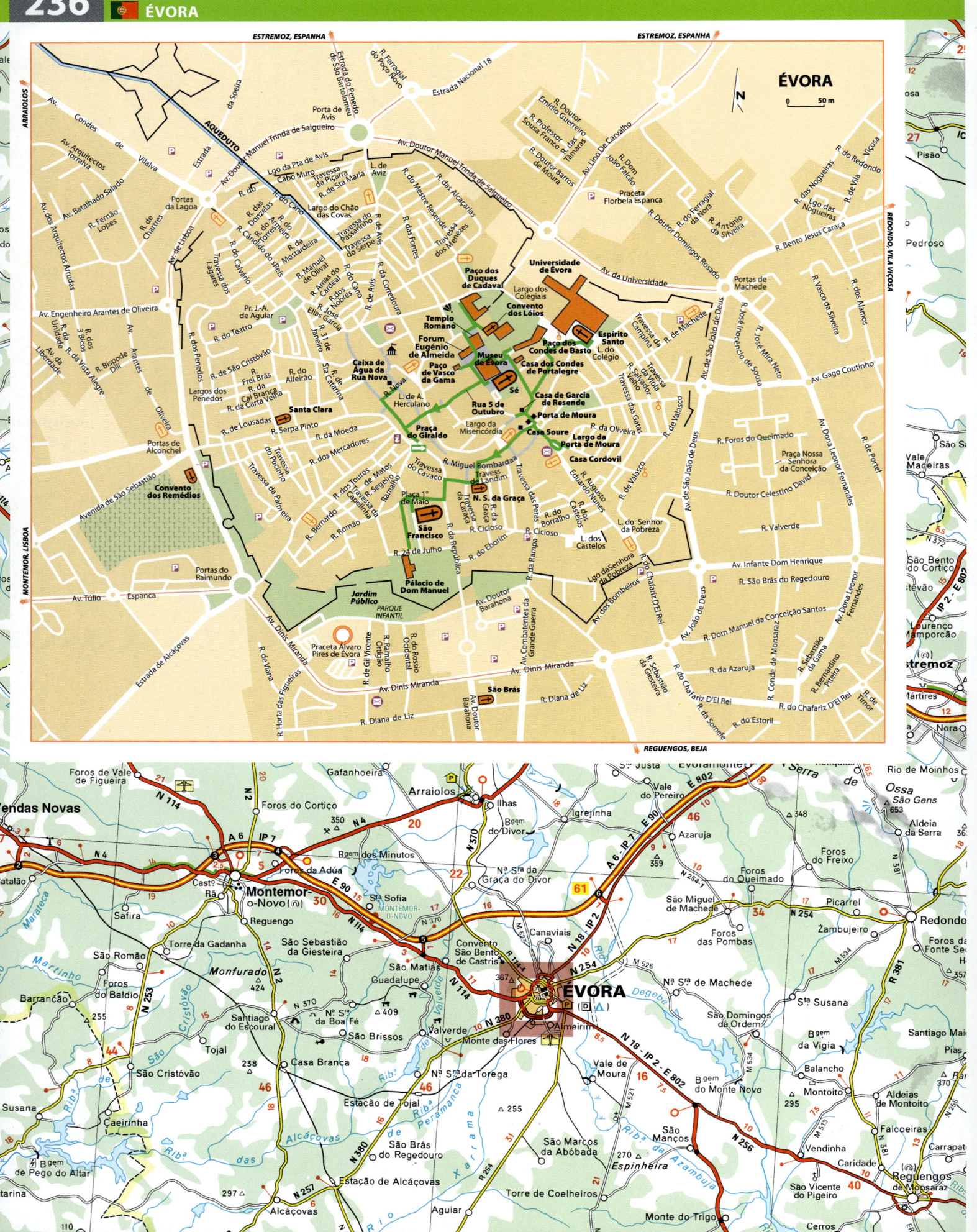

ÉVORA

Mapa da cidade de Évora e região circundante

Locais de interesse:
- Paço dos Duques de Cadaval
- Universidade de Évora
- Convento dos Lóios
- Templo Romano
- Forum Eugénio de Almeida
- Museu de Évora
- Paço dos Condes de Basto
- Espírito Santo
- Caixa de Água da Rua Nova
- Paço de Vasco da Gama
- Casa dos Condes de Portalegre
- Sé
- Santa Clara
- Rua 5 de Outubro
- Casa de Garcia de Resende
- Porta de Moura
- Praça do Giraldo
- Largo da Misericórdia
- Casa Soure
- Largo da Porta de Moura
- Casa Cordovil
- Convento dos Remédios
- N. S. da Graça
- São Francisco
- Jardim Público
- Pálacio de Dom Manuel
- São Brás

FUNCHAL

Santa Luzia
Rochinha
São João
Quinta das Cruzes
Museu Henriquee Francisco Franco
Convento de Santa Clara
Câmara Municipal
Museu Frederico de Freitas
Colégio
Museu Municipal
Pr. do Município
Socorro
Museu da Fotografia «Vicentes»
Museu de Arte Sacra
Mercado dos Lavradores
Jardim Municipal
Sé
Vila Velha
Largo do Corpo Santo
Arriaga
Santa Maria Maior
Praça do Infante
São Lourenço
Museu de Electricidade
São Tiago
Av. do Mar
Santa Catarina
Parque de Santa Catarina
Quinta da Vigia
Praça Sá Carneiro
Praia da Barreirinha
Jardins do Casino
OCEANO ATLÂNTICO
N
PONTINHA
Porto da Madeira
PORTO SANTO
0   200 m

ILHA DA MADEIRA (▲)

Ponta do Tristão
Porto Moniz (△)
Santa
Ribeira da Janela
Achadas da Cruz
Boa Ventura
Ponta de São Jorge
Seixal
Ponta Delgada
Arco de São Jorge
São Jorge
Pargo
Remal
São Vicente
Santana
Ponta do Clérigo
Ponta do Pargo
Ruivo do Paúl
Ginjas
Pico Ruivo
Faial
Fajã da Ovelha
Rosario
São Roque
Porto da Cruz
Rabaçal
Parque Natural
Boca da Encumeada
Arieiro
Paúl do Mar
Prazeres
da Madeira
Portela
Jardim do Mar
Estreito da Calheta
Serra de Agua
Ribeiro Frio
Caniçal
Prainha
Calheta
Arco da Calheta
Curral das Freiras
Eira do Serrado
Poiso
Machico
Pta. de São Lourenço
Madalena do Mar
Canhas
Estreito de Câmara de Lobos
Agua de Pena
OCEANO
Ponta do Sol
Campanário
Monte
Camacha
Santa Cruz
ATLÂNTICO
Ribeira Brava
Sta. António
Gaula
Cabo Girão
Câmara de Lobos
São Martinho
Caniço
São Gonçalo
Ponta do Garajau
Ponta da Cruz
FUNCHAL
Ponta da Cruz

LISBOA
Agglomération

0   1 km

Top agglomeration map labels:

SINTRA
PENICHE, TORRES VEDRAS
COIMBRA, FÁTIMA, VILA FRANCA DE XIRA
PONTE VASCO DA GAMA

Ameixoeira
Torre Vasco da Gama
Parque Botânico do Monteiro-Mor
Museu do Traje
Museu Nacional do Teatro e da Dança
ALTA DE LISBOA
Aeroporto Humberto Delgado (Lisboa - Portela)
Pavilhão Atlântico
AMADORA
HORTA NOVA
Lumiar
Quinta das Conchas
OLIVAIS NORTE
PARQUE DAS NAÇÕES
Oriente
Amadora Este
CARNIDE
Campo Grande
Museu Bordalo Pinheiro
OLIVAIS SUL
Oceanário
Pontinha
BENFICA
Museu de Lisboa
Cabo Ruivo
ESTADIO DA LUZ
Cidade Universitária
ALVALADE
VENDA NOVA
Reboleira
COLOMBO
Museu da Música
Alto dos Moinhos
AREEIRO
BRAÇO DE PRATA
DAMAIA
CALHARIZ
Jardim Zoológico
Biblioteca Municipal
MARVILA
ALFRAGIDE
PALÁCIO DOS MARQUESES DE FRONTEIRA
MUSEU GULBENKIAN
BEATO
ALTO DA BOAVISTA
Aqueduto das Águas Livres
Casa-Museu A. Gonçalves
SÃO JOÃO
Parque
ALTO DA SERAFINA
Estufa Fria
PENHA DE FRANÇA
Florestal
Parque Eduardo VII
Madre de Deus
Museu Nacional do Azulejo
de Monsanto
Pr. Marquês de Pombal
Museu da Água da EPAL
AMOREIRAS
RATO
GRAÇA
CASELAS
ESTRELA
Castelo de São Jorge
ALFAMA
CARAMÃO
Palácio Nacional da Ajuda
BAIRRO ALTO
ROSSIO
BAIXA
Santa Apolónia
ALTO DA AJUDA
Jardim Botânico
CHIADO
Museu Militar
FORTE DO ALTO DUQUE
Museu Nacional de Etnologia
Museu da Carris
B-MAD
PRAÇA DO COMÉRCIO
RESTELO
AJUDA
LX Factory
CCC Macau
MOSTEIRO DOS JERÓNIMOS
Experiência Pilar 7
Museu do Oriente
BELÉM
Doca de Sto Amaro
MUSEU NACIONAL DE ARTE ANTIGA
TORRE DE BELÉM
MAAT
CENTRO DE CONGRESSOS
PONTE 25 DE ABRIL
RIO TEJO

TRAFARIA, PORTO BRANDÃO
COSTA DE CAPARICA, SETÚBAL
CACILHAS
BARREIRO, MONTIJO

Bottom regional map labels:

S. Sebastião
Ericeira
P. de Ericeira
Achada
Gradil
Arruda dos Vinhos
Castanheira do Ribatejo
Foz do Lisandro
Sobreiro
Murgeira
Vila Franca do Rosário
Sapataria
Vila Franca de Xira
Carvoeira
Mafra
Igreja Nova
Venda do Pinheiro
Arranhó
Milharado
Alhandra
Assafora
Cheleiros
Sto Estêvão das Galés
Bucelas
Samora Correia
Praia de Samarra
Parque Natural
S. João das Lampas
Santiago dos Velhos
Alverca do Ribatejo
Porto Alto
Magoito
Montelavar
Pero Pinheiro
Fanhões
S. João dos Montes
Azenhas do Mar
Gouveia
Almargem do Bispo
S. Julião do Tojal
Póvoa de Sta Iria
Praia das Maçãs
Terrugem
Sabugo
Santo Antão do Tojal
Sta Iria de Azoia
Praia Grande
Colares
Algueirão Mem Martins
Caneças
Loures
João da Talha
Reserva Natural do Estuário do Tejo
Adraga
Sintra
Belas
Odivelas
Sacavém
Cabo da Roca
Perninha
Cascais
Amadora
Moscavide
Ponte Vasco da Gama
Alcochete
Praia do Guincho
Malveira
Mouro
Agualva-Cacém
Olivais
Cabo Raso
Estoril
Queluz
LISBOA
Barcarena
Carnaxide
Belém
Samouco
Boca do Inferno
Domingos de Rana
Caxias
Montijo
Cascais
Paço de Arcos
Cristo Rei
Cacilhas
Almada
Praia de Cascais
Carcavelos
Trafaria
Cova da Piedade
Lavradio
Ponta da Laje
São João
Costa da Caparica
Barreiro
Baixa da Banheira
Alhos Vedros
Bugio
Caparica
Seixal
Moita
Rio Frio
Palhais
Amora

PORTO
plan I

0   1 Km

N

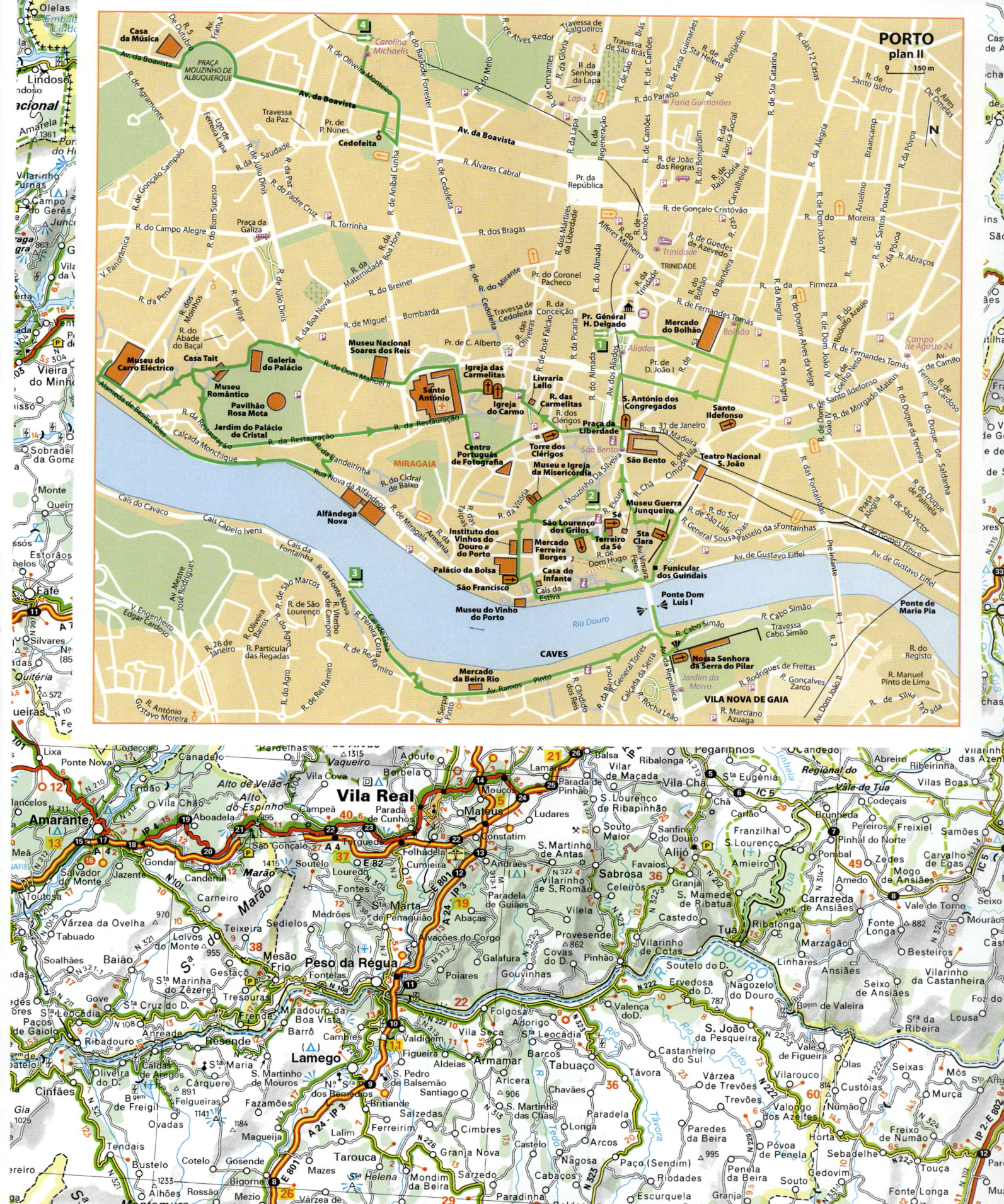

PORTO
plan II

0   150 m

N

SANTARÉM

TORRES NOVAS, LISBOA, LEIRIA

0   180 m

Convento de São Francisco
Sta Clara
N. S. do Monte
Largo do Inf. Santo
Mercado
Igreja do Seminário
São Bento
Fonte das Figueiras
Praça Egas Moniz
JARDIM DE SÃO BENTO
JARDIM DA REPÚBLICA
L. Sá da Bandeira
JARDIM DA SÁ BANDEIRA
Torre das Cabaças
Marvila
São João de Alporão
Igreja da Misericórdia
Sta Maria da Graça
Santíssimo Milagre
Jardim das Portas do Sol
RIBEIRA DE SANTARÉM
ALFANGE
ANTIGO CAMPO DE FREIRAS
Praça de touros Celestino Graça
CENTRO NACIONAL EXPOSIÇÕES
TEJO

Batalha
OURÉM
FÁTIMA
Parque
Natural
Serras
Candeeiros
Torres Novas
Entroncamento
Golegã
Chamusca
SANTARÉM
Alpiarça
Almeirim
Cartaxo
Benavente
Salvaterra de Magos
Coruche
Vila Franca de Xira
Alverca do Ribatejo
Torres Vedras
Torres Novas
Alenquer
Arruda dos Vinhos
Loures
Odivelas
Amadora
LISBOA
Reserva Natural do Estuário do Tejo
Ponte Vasco da Gama
Alcochete
Montijo
RIO TEJO

SETÚBAL (inset city map)

Museu de Setúbal
Jesus
Largo de Jesus
Barradas
Praça do Almirante Reis
Av. Combatentes da Grande Guerra
LISBOA, BACALHOA
Tavessa do Forno
ARRÁBIDA, CASTELO DE SÃO FILIPE
R. de Oliveira Martins
R. Fernando Santos
R. Jorge de Sousa
R. Frei António das Chagas
R. Acácio
R. da Escola Técnica
R. 22 de Dezembro
Av. Mariano de Carvalho
Av. Alexandre Herculano
Av. Doutor Manuel de Arriaga
Av. Capitão-Tenente Carvalho Araújo
R. Doutor Paula Borba
R. das Alcaçarias
R. Manuel Maria Portela
R. Manuel Livério
R. Gama Braga
R. de Almeida Garrett
R. de Almeida
PARQUE DO BONFIM
Av. 5 de Outubro
R. do Bocage
Pr. do Bocage
São Julião
Av. Luísa Todi
Praceta Jorna la Indústria
R. Primeiro de Maio
R. Trabalhadores
Mercado
LARGO JOSÉ AFONSO
R. da Praia da Saúde
R. Doca Delpeut
R. Ocidental do Mercado
Av. Jaime Rebelo
Galeria Municipal do Banco de Portugal
Pr. da República
Casa do Corpo Santo
Praça do Quebedo
Pr. do Exército
L. dos D. da República
Museu do Trabalho
Av. Luísa Todi
R. Teotónio Banha
R. Clube Naval
SADO
PENÍNSULA DE TRÓIA, LISBOA, ÉVORA
JARDIM LUÍS DA FONSECA

SETÚBAL

N 0 — 150 m

PENÍNSULA DE TRÓIA

Regional map

Santarém
Alpiarça
Almeirim
Cartaxo
Benavente
Salvaterra de Magos
Coruche
Samora Correia
Montijo
LISBOA
ESTORIL
Almada
Barreiro
Seixal
Palmela
SETÚBAL
Sesimbra
Cabo Espichel
Costa da Caparica
Praia da Caparica
Lagoa de Albufeira
Península de Tróia
Reserva Natural do Estuário do Tejo
Reserva Natural
Alcácer do Sal
BAIA DE
Praia de Comporta
Reserva Natural da Arrábida
Serra da Arrábida